FONDAZIONE
TOMMASO FEDERICI

# Cristo Signore Risorto Amato e Celebrato

Commento al Lezionario Domenicale
Cicli A, B, C

*di*
Tommaso Federici

## Volume II

## Ciclo A – Matteo
*(prima parte)*

**Cristo Signore Risorto Amato e Celebrato**
*Commento al Lezionario Domenicale - Cicli A, B, C*

Volume II – Ciclo A – Matteo *(prima parte)*

*Autore:*
Tommaso Federici

*Nuova edizione a cura di:*
Lamberto Crociani, o.s.m.

ISBN: 978 88 905575 6 9

© 2014 Edizioni Fondazione Tommaso Federici
Roma, marzo 2014

I diritti di riproduzione e di memorizzazione elettronica totale e parziale con qualsiasi mezzo, compresi microfilm, copie fotostatiche e formati digitali, sono riservati per tutti i paesi.

ALLA TUTTASANTA IMMACOLATA
ULTRABENEDETTA GLORIOSA SOVRANA NOSTRA,
LA MADRE DI DIO E SEMPREVERGINE MARIA
«COLEI CHE MAI ABBANDONA»

# Sommario

**Nota per il lettore** .................................................................. 9
**Dalla Resurrezione alla Pentecoste: il Tempo Pasquale**.........13
   Introduzione................................................................................ 15
      La Domenica della Resurrezione del Signore............................ 21
      *Approfondimento 5: su "Pasqua" e "Pasquale"*........................ 46
      *Approfondimento 6: La Gioia della Resurrezione*................... 106
**Dalla Resurrezione alla Pentecoste**........................................ 111
   Introduzione............................................................................... 113
      Il Giorno della Resurrezione.................................................... 117
      Domenica «di San Tommaso»
      II del Tempo Pasquale.............................................................. 123
      *Approfondimento 7: Il Crocifisso Risorto Contemplazione Salvifica*..... 136
      Domenica «di Emmaus»
      III del Tempo Pasquale............................................................. 151
      Domenica «del Buon Pastore»
      IV del Tempo Pasquale............................................................. 165
      Domenica «delle dimore nella casa del Padre»
      V del Tempo Pasquale............................................................... 179
      Domenica «del Paraclito che Resta»
      VI del Tempo Pasquale............................................................. 195
      L'Ascensione del Signore Solennità......................................... 209
      *Approfondimento 8: Il Significato dell'Ascensione*................ 222
      Domenica «della Preghiera Sacerdotale»
      VII del Tempo Pasquale........................................................... 229
      Domenica di Pentecoste........................................................... 247
      *Approfondimento 9: Sulla Pentecoste*.................................... 269
      Domenica della SS. Trinità
      I dopo la Pentecoste Solennità................................................ 283
      *Approfondimento 10: Il Silenzio Adorante*........................... 299
      Il SS. Corpo e Sangue di Cristo Giovedì dopo la SS. Trinità
      Solennità.................................................................................... 309

**Il Tempo per l'Anno o Tempo Ordinario** ............................... **317**
  Premessa ................................................................................... 319
  La Domenica del Battesimo del Signore
    I del Tempo per l'Anno - Festa ........................................... 323
  *Approfondimento 11: Sul Battesimo del Signore* ........................ *347*
  Domenica «dell'Agnello di Dio»
    II del Tempo per l'Anno ..................................................... 351
  Domenica «della prima predicazione di Gesù»
    III del Tempo per l'Anno ................................................... 363
  Domenica «delle Beatitudini»
    IV del Tempo per l'Anno .................................................... 375
  Domenica «della Luce del Mondo e del sale della Terra»
    V del Tempo per l'Anno ..................................................... 387
  Domenica «della Giustizia Nuova»
    VI del Tempo per l'Anno .................................................... 399
  Domenica «del 'siate perfetti come il Padre'»
    VII del Tempo per l'Anno .................................................. 411
  Domenica «del Padre Provvido»
    VIII del Tempo per l'Anno ................................................. 421
  Domenica «della casa sulla roccia»
    IX del Tempo per l'Anno .................................................... 431
  Domenica «della Vocazione di Matteo»
    X del Tempo per l'Anno ..................................................... 439
  Domenica «della scelta dei Dodici»
    XI del Tempo per l'Anno .................................................... 451
  Domenica «di Colui che può perdere nella Gehenna»
    XII del Tempo per l'Anno .................................................. 461
  Domenica «dell'accettazione della Croce»
    XIII del Tempo per l'Anno ................................................. 473
  Domenica «del Giubilo Messianico»
    XIV del Tempo per l'Anno ................................................. 479
  Domenica «della parabola del Seminatore»
    XV del Tempo per l'Anno ................................................... 491
  Domenica «della parabola della zizania»
    XVI del Tempo per l'Anno ................................................. 501

Domenica «delle tre parabole»
  XVII del Tempo per l'Anno .................................................... 509
Domenica «della moltiplicazione dei pani e dei pesci»
  XVIII del Tempo per l'Anno ................................................... 521
*Approfondimento 12: La parola cibo* ............................................ *528*
Domenica «di Gesù che cammina sulle acque»
  XIX del Tempo per l'Anno ..................................................... 547
Domenica «della donna cananea»
  XX del tempo per l'anno ...................................................... 563
Domenica «del primato di Pietro»
  XXI del Tempo per l'Anno ..................................................... 579

# Nota per il lettore

Quando fu maturata l'idea di una nuova edizione del commento al lezionario domenicale della Chiesa Romana, subito si pose il problema di rendere più maneggevole il testo racchiuso in un unico volume. Si pensò immediatamente a una divisione in parti separate, che se era facile determinare per l'introduzione, più complessa si presentava per la scansione dei cicli domenicali. Questo perché l'anno completo, con il commento ai testi antifonali, alle letture e all'eucologia, era quello di Matteo. Per gli altri due anni costante era il rimando al ciclo A per le parti comuni.

L'autore aveva così operato per "economia" di spazi, quindi per concentrare in un unico testo più accessibile a tutti per il costo. Se questo fu un problema dell'autore, lo è stato anche per chi ha revisionato l'opera. Pertanto nella divisione si è ritenuto di non ripetere nei singoli volumi le parti comuni ai tre anni, rimandando sempre alla celebrazione corrispondente del ciclo A.

Abbiamo così una divisione tripartita secondo il seguente schema:
— **Volume I**: Introduzione generale sulla liturgia nel suo significato, nella sua struttura e nella sua permanente e inscindibile relazione con la Parola di Dio, che è sempre annuncio del Mistero della Resurrezione. Qui si trova anche una breve presentazione dei quattro Evangeli, proclamati nei tre cicli. Al termine del volume compaiono inoltre le sigle dei Salmi per generi letterari, le Letture commentate dei 3 Cicli e l'indice dei Padri e Autori antichi.
— **Volumi II e III**: Il ciclo A, partendo dalla Domenica della Resurrezione e il tempo che da questa raggiunge la domenica di Pentecoste. Dalla Resurrezione, poi, scaturisce tutta la vita della Chiesa sulle orme del Signore Risorto, quindi subito si colloca il Tempo «durante l'anno», con le sue diverse scansioni, prima della Quaresima e dopo la Pentecoste, evidenziando i diversi cicli interni delle domeniche. A seguire, quasi a proseguimento delle

ultime settimane «durante l'anno», l'Attesa del Signore che viene, l'Avvento, con la Santa Manifestazione di Dio, Natale-Epifania. Infine in chiave tipicamente iniziatica la Quaresima con il Triduo della Passione, Morte e Resurrezione del Signore, sia per il cammino dei Catecumeni eletti, che riceveranno l'iniziazione cristiana nella Notte della Resurrezione sia per i «veterani del battesimo», che sempre devono riscoprire e approfondire la loro condizione di iniziati al Mistero che è Cristo Risorto.

— **Volume IV**: Il libro contiene il ciclo B, con i rimandi al ciclo A.
— **Volume V**: Il libro contiene il ciclo C, con i rimandi al ciclo A.
— **Volume VI**: L'ultimo volume contiene le celebrazioni più significative del Santorale Romano.

La lettura delle domeniche e delle feste del Signore, della Madre di Dio, degli Apostoli, degli Angeli e dei Santi offre sempre il posto principale all'Evangelo del giorno, cuore di tutta la celebrazione. Pertanto verso l'Evangelo si collocano l'antifona di ingresso e l'Alleluia, che offre il taglio alla pericope evangelica. Poi l'Antifona di Comunione a indicare come nell'"Oggi" liturgico la Parola si fa carne, quindi il Profeta che questa Parola ha annunciato, la risposta cantata del Salmista e l'applicazione nella vita della Chiesa mediante l'Apostolo. Di seguito le brevi spiegazioni dell'eucologia del giorno (orazioni-prefazio), che concernono la lettura ecclesiale del Mistero celebrato e dovrebbero aprire a nuovi approfondimenti della Parola celebrata.

All'interno dei vari volumi si incontrano molti approfondimenti teologici, che aiutano ad una migliore comprensione della Liturgia secondo il suo contenuto più concreto e ad un approfondimento teologico dei diversi Misteri.

Le introduzioni ai tempi liturgici aiutano ad una lettura teologico pastorale dei diversi momenti dell'anno, al di là di ogni tipo di secolare "spiritualismo".

Infine per la Quaresima dei cicli B e C, pur nella coscienza che solo il ciclo A è sempre da preferirsi e da usarsi "pastoralmente", si offrono ugualmente le spiegazioni dei testi dell'anno corrente, ma sempre raccomandando, e con buona motivazione, il ciclo A.

# Commento alle Letture

## Ciclo A
–
## Matteo

*(prima parte)*

# Dalla Resurrezione alla Pentecoste: il Tempo Pasquale

# Introduzione

È un oceano infinito di Grazia la Parola divina divinizzante che la Chiesa, la Sposa, la Madre, l'Orante con amore e intelligenza dispone come sua propria Mensa trasformante lungo tutto l'anno. Per affrontarlo, occorrono verso l'Alto il timore e il tremore davanti al Mistero che lo Spirito Santo presenta di continuo alla fede che ha creato nei fedeli, poi verso la Madre la gratitudine filiale per tanto dono, e anche, con la dovuta preparazione, la fiducia di trovare nutrimento salutare per tutti i fratelli.

E in questo, anzitutto lo Spirito Santo del Padre e del Figlio con la sua Parola interpella gli uomini, e per sé questa Parola non si fa affatto interpellare né sottoporre a critica riduttiva o negatrice. Se si esercita la sana critica, questa è anzitutto studio per meglio comprendere e rispondere alla Parola che urge. Ai fini del bene di tutti i fedeli, lo studio della Parola divina non si risolve in imprudenti e sterili «scrutamenti», termine aborrito dai Padri, che vedevano nell'eresia l'indiscreto questionare a vuoto della ricerca teologica. E del resto, quello che della ricerca non giunge alla vita, e quindi al popolo santo del Signore Vivente, resta consegnato in pagine stampate e in discorsi, e può creare solo incertezze.

Il fatto è che dobbiamo riconoscere che «siamo prima parlati da Dio», nell'atto in cui crea, battezza, conferma, santifica i figli suoi con la Grazia dello Spirito Santo del Figlio Risorto. E solo riconoscendo questo, si può «parlare», ma per parlare anzitutto «de Realtà di Dio», «nelle quali si deve stare» (così Gesù stesso, *Lc* 2,49). Perciò la Parola divina è il massimo *detonante* che i fedeli possiedano. La Parola, inoltre, vivifica e sana, come afferma la Scrittura:
La Parola tua risana tutto, Signore (*Sap* 16,12);
Il Signore guarisce chi ascolta la Voce sua (*Es* 15,26);
Egli inviò la Parola sua, e li (gli Israeliti nell'esodo) guarì (*Sal* 106,20);

Parla solo una parola, e il servo mio sarà guarito (*Mt* 8,8).

L'eccezionale importanza di questo tema biblico era stato bene compreso già nei primi tempi dai Padri. Sopra, Parte I, Cap. 10, n. 1, si è fatta risuonare una riflessione di uno dei più antichi e più grandi, S. Ireneo di Smirne (circa anno 180), che tesse l'elogio dei 4 Evangeli come Dono indicibile, e afferma che solo da essi è manifesto che il Verbo, l'Artefice di ogni realtà, l'Intronizzato sui Cherubini, e l'Adorato in eterno dai Serafini, l'Onnipotente poiché l'Onnicontenente, donò agli uomini il suo Evangelo «dalle 4 forme», contenuto tuttavia dall'Unico Spirito. Si era aggiunto che S. Ireneo mostra qui, con la «teologia simbolica», una potente teologia della storia, centrata nella *Pragmatéia*, la divina Operazione della salvezza del Padre mediante il Figlio con lo Spirito, che ha come mezzo sovrano l'Evangelo, e tutte le conseguenze scatenate da esso.

Perciò è urgente, prima di altre necessità, conoscere la Parola.

In essa, ma in effetti nell'Evangeliario e nel Lezionario che ne danno la forma di lettura "normale", con l'interpretazione "normale", omiletica e mistagogica della Chiesa, sta la sostanza della vita cristiana. Nel Lezionario dei Misteri e nelle Ore sante che proseguono la lode divina, sta tutta la spiritualità della Chiesa, non quella, sia pure nobile, di «una scuola». Sta nel continuo celebrativo: «qui per noi oggi», che fa vivere di continuo le realtà dell'Iniziazione cristiana di tutti i fedeli, clero e semplici battezzati.

Si sta assistendo a una fase di purificazione, di scarnificazione. Cadono tutte le ideologie rovinose e dissolutrici della vita umana, anche le ultime. Certo, ne nasceranno altre. Restano tuttavia le Realtà del Regno. Esse sono da conoscere, annunciare, celebrare, portare al mondo. Per questo, attuando il benefico programma del Concilio Vaticano II, questo «passaggio dello Spirito Santo nella "sua" Chiesa» (*SC* 43), occorre con urgenza ricomprendere la funzione della Chiesa locale, Diocesi e Parrocchia, i veri luoghi della comunità fedele, e riconvergere tutta la vita dei fedeli in esse, nella Diocesi, dove la Chiesa sussiste e cresce (*LG* 23; 26; *UR* 17), e perciò dove avviene la «precipua Manifestazione della Chiesa» (*SC* 41), che è la celebrazione dei Misteri, e nelle Parrocchie, che «in qualche

modo rappresentano la *Chiesa visibile* costituita per la terra intera»
(*SC* 42).

Nella Chiesa locale, Diocesi e Parrocchia, si deve finalmente insegnare a tutti fedeli la conoscenza a fondo del Lezionario, a preferenza di ogni altro aspetto mistagogico, e si debbono riportare alla *lectio divina* della Parola giorno per giorno, e alla celebrazione quotidiana dei Vespri e delle Lodi. Qui dovrebbe esercitare la sua funzione preziosa e insostituibile la «scuola di preghiera» parrocchiale, anche con l'aiuto del monachesimo diocesano, questa componente indispensabile alla vita della Diocesi.

Si deve inoltre rivalutare con urgenza l'Antico Testamento, «le Sante Scritture» (*Rom* 1,2), facendosi consapevoli che l'abbandono dell'A.T. nei secoli è stata una catastrofe spirituale; ha inoltre prodotto i frutti malefici del disprezzo per il «*Vecchio* Testamento», e i frutti omicidi dell'antisemitismo ancora arzillo in tanti nostri ambienti, complici in questo delle ideologie di destra e di sinistra, questa «cultura della morte». Sia bene fisso in mente il detto severo del Signore al ricco epulone, quest'uomo che, come «ricco scemo», non aveva tempo per accorgersi della carità verso il fratello Lazzaro: «Se essi *Mosè e i Profeti* (=l'A.T.) non ascoltano (=non praticano), neppure se Uno (è Cristo stesso!) risorgesse dai morti, saranno convinti!» (*Lc* 16,31).

E si tenga conto che sta sorgendo finalmente dovunque da sotto, nel popolo cristiano fedele, il desiderio di conoscere le Scritture. Si moltiplicano senza sosta le edizioni della Bibbia. Tuttavia, i pastori e i competenti debbono ancora molto lavorare per soddisfare il desiderio legittimo dei fratelli, di riappropriarsi della Parola della quale per secoli malvagi sono stati espropriati. La pressione sale perciò *dal basso*. E non avvenga che non si trovino i preparati che lavorino tempestivamente, come aveva avvertito il Profeta del sec. 8° a.C.:

*Ecco, giorni vengono - parla il Signore Dio! -,*
*in cui Io invierò la fame nel paese.*
*Non fame di pane. Né sete di acqua,*

*bensì di ascoltare la Parola del Signore.*
*Allora essi vagoleranno da un mare a un mare,*
*ed erreranno da settentrione a oriente*
*per cercare la Parola del Signore.*
*Ma non la troveranno!* (*Am* 8,11-12).

Fare perciò mistagogia sulla Parola è esercitare un'azione che a lungo andare, ma anche in tempi brevi, è "informare", dare forma cristiana, trasformare, vivificare, sulla via della divinizzazione.

Si vorrebbe qui richiamare, come poi si riprenderà ogni volta che il discorso lo richiederà, anche il valore propriamente ecumenico del Lezionario. Si considerino solo i momenti privilegiati in cui tutti i battezzati, che si riconoscono nelle Chiese della «Tradizione cattolica», quelle che hanno conservato l'Episcopato, il presbiterato e il diaconato, e l'intero complesso dei Misteri vivificanti, tutte queste anime fedeli, l'«immagine e somiglianza di Dio» redenta, si ritrovano quasi inconsapevolmente insieme ad adorare il medesimo Unico Signore. Da Lui tutti sperano, e solo da Lui sperano. Così avviene ogni Domenica, e in molte feste, tra le più antiche e care al cuore del popolo cristiano, come la Resurrezione, l'Ascensione, la Pentecoste, il Battesimo, la Trasfigurazione, il Natale. Forse questo potrebbe essere un punto che si potrebbe discutere, non oziosamente, negli incontri tra i fratelli cristiani.

Anche per questo, occorre «conoscere Lui e la potenza della Resurrezione di Lui» (*Fil* 3,10) e partire dalla Parola di Lui portata, consegnata e spiegata dallo Spirito Santo del Padre.

All'inizio, al centro, alla fine sta sempre la Grazia divina dello Spirito Santo. E il Mistero celebrato dona questa Grazia divinizzante. Allora si fa chiara la «logica della Resurrezione»: la Grazia divina che è lo Spirito Santo viene dalla Resurrezione (*Gv* 20,19-23) attraverso la Pentecoste (*At* 2,1-4, e 32-33). La Resurrezione è il vero inizio senza fine della Realtà nuova. La Notte della Resurrezione per questo fa cominciare la proclamazione nuova della Santa Scrittura.

È questo il vero e proprio inizio dell'Anno della grazia, detto anche Anno liturgico. Ecco la necessità di cominciare la contemplazione delle Realtà divine per celebrare Cristo Signore Risorto proprio dalla Notte santa della Resurrezione. L'Anno liturgico teologicamente termina portando a contemplare la Croce santa, il Venerdì santo, durante l'Anno liturgico contemplazione perenne, che si fissa sulle Stigmate sante del Signore Risorto. Vedi qui l'Approfondimento 7.

# La Domenica della Resurrezione del Signore

## La Veglia della Resurrezione nella Notte Santa

*1. I "segni" celebrativi*

Va tenuto conto di quanto detto finora. La Veglia della Resurrezione si pone come l'esempio emblematico della celebrazione, per il titolo suggestivo e singolare della proclamazione dell'Evangelo della Resurrezione, purtroppo l'unica volta nell'anno e di Domenica - se si fa eccezione della nuova possibilità offerta dalla Liturgia delle Ore, di leggere l'Evangelo della Resurrezione all'Ora della lettura, se si opta per il «rito vigiliare», che tuttavia si dovrebbe eseguire sempre.

Intanto una lettura dovuta delle rubriche nuove, che sono intelligenti e utili, indica l'importanza della Veglia, nel suo «di più», che porta ad integrarlo nel "di meno" celebrativo, ammesso che esista tale quantificazione. Nel nuovo *Missale Romanum*, ediz. 2a, 1975, p. 275, n. 20, si dice in modo solenne e lapidario che questa Veglia è «la madre di tutte le Veglie», riprendendo il tratto da S. Agostino, *Sermo 219*, in PL 38,1088 B; esiste un parallelo interessante in S. Giovanni Crisostomo, *Homilia in beatum Philogonium 3*, in PG 48,753 A: se la Notte santa è la «madre di tutte le sante Veglie», le altre sante Veglie, "figlie" di tanta "madre", saranno della medesima e consustanziale efficacia della loro "madre". Le Domeniche perciò sono come la Notte della Resurrezione, per il motivo preciso, già detto, che questa Notte è solo una Domenica, significata però dalla proclamazione della Resurrezione, e arricchita da singolare solennità.

La rubrica prosegue enumerando le Letture: 7 dell'A.T., 1 del N.T., l'epistola, più l'Evangelo della Resurrezione.

Al n. 21 si additano motivi pastorali per cui si può ridurre il numero delle Letture, ma solo in casi "urgenti". Casi che in realtà non avvengono mai, almeno in Italia; potrebbero essere, e piuttosto raramente, in paesi di missione o di persecuzione, o quando esista pubblica calamità. Ridurre le Letture senza motivo, talvolta solo per la fretta di andare a celebrare un"'altra" Veglia fuori della Parrocchia, è abuso gravissimo, e le autorità dovrebbero vigilare che non avvenga mai. Nel caso di riduzione delle Letture a 3 o 2 dell'A.T., si deve comunque leggere *Es* 14, l'esodo antico. La rubrica avverte, ancora una volta lapidariamente, che «la lettura della Parola di Dio è la parte fondamentale di questa Veglia». Il che significa che dove manchi il sacerdote, dove sia presente il diacono, e in terra di missione perfino il laico autorizzato dal Vescovo, la celebrazione della Parola questa Notte singolare in un certo senso adempie la sua funzione celebrativa della Resurrezione.

Le due rubriche, insomma, riportano davanti all'importanza della Veglia, così da farne tesoro per tutto l'anno.

Per comprendere meglio tutto questo, si prenda come esempio l'ideale della celebrazione, la «principale manifestazione della Chiesa» (SC 41): in cattedrale con il Vescovo, il clero, il popolo, subordinatamente in Parrocchia, essendo tutte le altre sedi del tutto secondarie e non necessarie, e questa Notte anzi in esse la celebrazione sarebbe da sopprimere, poiché sarebbe così normale, e bello, che tutti indistintamente confluissero in cattedrale, o nella Parrocchia naturale del territorio, e terminassero le conventicole che si chiudono ai fratelli.

Ideale altresì è che la pienezza celebrativa di questa Notte comprendesse i riti dell'Iniziazione cristiana, con i neobattezzati che partecipano per la prima volta al Convito nuziale della salvezza.

L'esplorazione dei contenuti di questa Notte deve analizzare anzitutto i "segni" che riempiono la celebrazione. Poi l'Evangelo della Resurrezione. E le "risposte" a esso, che sono 3 nell'ordine di importanza: la liturgia eucaristica, l'Iniziazione, il rito lucernale. Se ne daranno i motivi.

E anzitutto i "segni", illuminati e trasfigurati dall'Evangelo della

Resurrezione. Sono una parte preziosa dell'«universo simbolico» della Rivelazione biblica, che, come si è detto, procede nel «tempo della Chiesa, nello stile dell'uomo, nel regime dei segni». La struttura profonda, spirituale, intellettuale, affettiva, fisica dell'uomo ha necessità dei "segni". Spesso si dice che l'attuale Liturgia, che la Chiesa ha di necessità e con grande opportunità riformato, sia povera di «segni». E si cercano altri simbolismi artificiosi, di moda. Ma il solo elenco che si cercherà qui di organizzare, mostra quanto materiale stia sempre a disposizione per così dire in modo ovvio e naturale, come sussidi splendidi della mistagogia continua. Che però non solo non si utilizzano, ma neppure si avvertono. La celebrazione della Chiesa comprende tutti questi "segni", e altri. E il Lettore intelligente li individuerà, completando gli elenchi.

Si segue nei "segni" il complesso e lo svolgersi della celebrazione.

Il *«Rito Lucernale»* è particolarmente ricco. La rassegna comprende anche i "segni" che si ritroveranno dopo, e che si elencano una volta per tutte all'inizio. Sarà cura poi di comprendere il tutto con uno sguardo, oltre che analitico, anche sintetico sull'«universo simbolico» dei segni.

*L'assemblea*: «qui noi oggi». È il primo e insostituibile «segno liturgico», senza il quale la celebrazione non esisterebbe, poiché questa è fatta da persone e per persone, il popolo santo del Signore Vivente, la Chiesa locale, la Sposa, chiamata dal Padre nel Figlio con lo Spirito Santo. Essa è sempre assemblea gerarchica, radunata sotto il Vescovo, i Sacerdoti, il diacono, gli altri ministri, con un popolo di consacrati dallo Spirito Santo con l'Iniziazione, tutti, anziani, giovani, bambini, sposi, malati, sofferenti, poveri e ricchi (per questi ultimi sta la dura condanna di 1 *Cor* 11,17-34: non fraternizzano neppure nei beni terreni). È la Chiesa nella sua pienezza, la celebrazione, è l'Icona nuziale dello Sposo Risorto con lo Spirito Santo. la «Santa Convocazione», l'assemblea del deserto che fa esodo ma siede in permanenza, non si scioglie più, la Chiesa Sposa e Madre sempre vergine e feconda di figli di Dio benedetti, Chiesa santificata dallo Spirito Santo in tutte le sue membra, mentre esercita il sacerdozio di Cristo Signore, nei diversi gradi e modi, tutta convertita e penitente, desiderosa di essere «da carne della carne» dello Sposo con lo Spirito Santo. E qui si staglia il volere «fare assemblea», il volere «stare insieme», per proseguire così nella vita quotidiana. Occorre rifarsi sempre all'ideale.

*Il saluto iniziale*, che dà il senso dello «stare insieme». I diversi segni di croce «nel Nome del Padre e del Figlio e dello Spirito Santo», segno battesimale e crismale per eccellenza.

*Le vesti bianche* dei celebranti e dei neobattezzati: vesti sacerdotali, convitali, nuziali, regali, di vittoria. Vedi anche dopo.

*La Veglia* celebrata come «da Madre delle sante Veglie». Le tenebre, segno della vecchiaia passata, che non torna. Notte: Notte di vigilia e di attesa del Signore che viene dalla e con la Resurrezione (*Es* 12,42; il «passaggio»), per il Convito ultimo (*Mt* 24,43-44; *Lc* 14, 15-24, *Mt* 25,1-12, le 10 vergini). Attesa, tensione verso il "giorno", il «Giorno del Signore Risorto», la Luce del «Giorno nuovo» e perenne, novità di vita, preparazione al Convito che sta per consumarsi con Lui. Il Signore viene nella notte: farci trovare da Lui, suo trovare i suoi. Nella Notte si consumano tutti i mirabilia Dei. Notte perciò feconda, perché il Signore ricava la Luce dalle tenebre antiche (*Gen* 1,1-3; 2 *Cor* 4,6). Veglia che è perciò «da Festa delle Feste» (S. Gregorio il Teologo, o Nazianzeno). È la Domenica della Resurrezione, Domenica prima e nuova, Domenica eterna e permanente.

*Il fuoco*, è il «fuoco nuovo», segno dell'inizio della creazione e della luce che la esprime, segno anche di rinnovamento, di purificazione, di trasformazione, di calore e di gioia. Sua solenne accensione. È incensato e benedetto. Dà la gioia. Vedi qui 'Approfondimento 9.

*La luce*: accensione della «luce nuova» del cero, luce benedetta, segno di Cristo Risorto, «da Luce dalla Luce», segno della luce della Resurrezione, luce perenne. Cristo nello Spirito Santo è «da Luce del mondo» (*Gv* 8,12), e dona questa sua Luce: così il cero, senza diminuire e senza aumentare, all'infinito diffonde, dona e comunica la Luce della Resurrezione gloriosa e dell'Evangelo, e la gioia di contemplare tutto alla Luce di Cristo, innalzata sui fedeli e sul mondo nell'innalzamento simbolico del cero.

*Il cero*, segno di Cristo la Luce nostra e del mondo. È benedetto, incensato; tiene impressa la Croce del Signore, il numero dell'anno nuovo, del tempo, dei tempi di Dio, la Gloria divina eterna, Cristo Alfa ed Omega, i grani d'incenso, segni delle Piaghe gloriose e indelebili del Crocifisso (*Lc* 24,40; *Gv* 20,20; *Ap* 5,6).

*La chiesa edificio*: per la porta, segno di Cristo «la Porta» (*Gv* 10,7), in processione lungo la navata, la patria terrestre, si va verso l'altare, «il santuario», il segno della patria celeste. L'edificio anche come Chiesa vivente, la Chiesa locale significata da questa assemblea, quindi la Diocesi nella cattedrale (SC 41), o la Parrocchia nella chiesa parrocchiale (SC 42), i due esempi della Chiesa originale, autentica. Si va con le candele accese dal cero, le «lucerne accese» delle parabole del Regno (*Lc* 12,35-40; *Mt* 24,43-44; 25,1-12). Nella chiesa sta in evidenza lo «spazio celebrativo» con tre poli, tre «icone spaziali e temporali della Resurrezione», l'altare, l'ambone, il battistero, tipici delle cattedrali e delle chiese parrocchiali, dove sono obbligatori.

*L'altare*: centro del santuario, «icona spaziale e temporale della Resurrezione», in quanto è il segno della tomba vuota del Signore, dalla quale balza fuori Cristo, il Vittorioso sulla morte, la Vita divina dello Spirito Santo che viene di continuo ai fedeli sotto le forme convergenti della Parola della Resurrezione, del Corpo e della Coppa preziosi, frutto della Resurrezione, unica Mensa del Convito nuziale. Sull'altare deve stare permanente-mente l'Evangeliario, di lì si prende solo per proclamare l'Evangelo del giorno. Accanto all'altare sta il cero; e distaccato come deve stare, sorge l'ambone. L'altare è oggetto di venerazione, si bacia, si incensa. Racchiude le reliquie dei santi «Testimoni», i Martiri (poi di altri santi). È il luogo del sacrificio e offerta resi possibili dalla Resurrezione.

*La sede del Vescovo*, o del celebrante, è per dignità il primo posto dell'assemblea, il segno del capo di famiglia, del padre che presiede il Convito nuziale, il Sovrintendente che amministra a tutta la Famiglia il cibo buono (*Lc* 12,41-44) quando «il Signore viene»: la Parola, il Corpo e la Coppa del Mistero celebrato. È anche la sede dove Cristo stesso, che si fa presente con la sua Parola alla sua Chiesa (SC 7), parla come Sapienza divina per la bocca del celebrante che amministra la «divina mistagogia» ai fedeli.

*L'ambone*: «icona spaziale e temporale della Resurrezione», segno anche esso della tomba vuota del Signore, dalla quale l' «angelo della Resurrezione», il diacono, di continuo proclama dall'Evangelo che Cristo è risorto, lo Spirito Santo è donato, il Padre attende i figli, nella «novità» permanente. Da esso si legge anche il resto del Lezionario, e si canta il Salmo. Secondo le norme, l'ambone è obbligatorio nelle cattedrali e parrocchie. Deve stare nella navata, non in contiguità con l'altare. Norme spesso del tutto ignorate, e l'autorità non interviene.

*L'Evangeliario*: «icona spaziale e temporale della Resurrezione», Libro della Vita divina e della Grazia della Resurrezione, il cui luogo proprio è l'altare. È portato in solenne processione all'ambone, con le luci, vi è proclamato, è incensato, baciato, con esso si benedice il popolo, si ripone sull'altare fino alla prossima celebrazione. Questa notte l'Evangeliario proclama la Novità della Resurrezione.

*Il Lezionario*: si "legge" da esso il Disegno divino dalla Scrittura, che illustra l'Evangelo. Si interpreta sempre a partire dalla Resurrezione del Signore e dal dono dello Spirito Santo alla Chiesa.

*Il battistero*: «icona spaziale e temporale della Resurrezione», per la sua forma e struttura deve significare la «tomba vuota» del Signore, nella quale lo Spirito Santo immerge il catecumeno nella morte del Signore per la resurrezione, e lo fa riemergere alla Vita divina, «vita in Cristo vita nello Spirito», nella Chiesa corpo di Cristo. Secondo le norme, esso deve occupare il suo posto speciale, lontano dall'altare.

*La processione con la Croce*, la quale è il segno della Passione che ha vinto la Morte, il segno del Figlio dell'uomo che viene, il segno innalzato sui fedeli. La processione nella navata è il segno concreto di tensione lineare, con Cristo nello Spirito Santo verso la Patria. Invece la processione intorno all'altare, è segno che indica la quiete del luogo raggiunto e la gioia di stare insieme.

*L'incenso*: il cui uso va recuperato con urgenza, spiegato, e di nuovo diffuso, è il segno della preghiera della Chiesa come «sacrificio gradito» al Signore (*Sal* 140,2). Si incensano le persone dei fedeli per richiamarle a questa preghiera, si incensano l'altare, le icone, il clero, l'Evangeliario, le offerte per unirle alla preghiera.

*L'Exsultet*, la lode a Cristo Luce, il Vittorioso di questa Notte e di sempre, per la gioia donataci, e la Luce di Cristo è portata al mondo dalla «Chiesa del Dio Vivente», l'unica «colonna e fondamento della Verità» (1 *Tim* 3, 15 ).

*La «Liturgia della Parola» divina*: va inserita nei segni qui accennati, e per questo è particolarmente ricca. Oltre quanto detto, basti qui richiamare altri segni.

*Le campane*: segno della chiamata dei fedeli, segno della festa, segno della gioia comune.

*L'ascolto vigiliare*: è nella fede della Resurrezione operata dallo Spirito. Seduti, per l'ascolto della Parola, in piedi per l'Evangelo, davanti al Padre che annuncia la Resurrezione del Figlio con lo Spirito.

*Le preghiere dopo ogni Lettura*: la Chiesa aggiunge la sua voce alla Voce dello Spirito che viene dalla Parola.

*Il canto dei Salmi*: in questa Notte santa è abbondante, insistente, gioioso. Tuttavia, proprio da questa Notte non si dovrebbe dimenticare che per ogni Domenica dell'anno, secondo la sensata proposta del *Graduale Simplex*, Editio Typica Altera, Vaticano 1975 (purtroppo non resa obbligatoria), la Messa dovrebbe avere 5 Salmi: I) con l'Antifona d'ingresso; II) quello Responsoriale interlezionale, l'unico usato; III) con l'Alleluia (o Verso) all'Evangelo; IV) con l'Antifona all'offertorio (addirittura inesistente); V) con l'Antifona alla comunione. Quindi, 3 con la Liturgia della Parola, 2 con la Liturgia eucaristica. Enorme ricchezza, impedita dal non obbligo, ma anche dall'ignoranza e dalla pigrizia pastorale e mistagogica. Almeno non fossero tollerati gli sconci canti che ormai sostituiscono i Salmi.

*L'Alleluia all'Evangelo*: è il «Lodate il Signore!», la dossologia gioiosa, che deve poi risuonare ogni Domenica e festa.

*Il «Gloria a Dio nei cieli altissimi»*: l'«Inno angelico» di *Lc* 2,14, alla Nascita del Salvatore nella carne, il medesimo celebrato come

Risorto nella carne ad opera dello Spirito, e che dona la sua Carne ormai tutta riempita della potenza dello Spirito Santo.

*I riti dell'iniziazione*: se vi sono catecumeni, riti completi; se vi sono solo fedeli, concentrati nella benedizione delle acque e nel rinnovamento delle promesse battesimali.

*La processione verso il battistero* con il cero, è la «tensione lineare».

La presentazione dei catecumeni, per il battesimo che segue.

*Le Litanie*: invocare gli Angeli e i Santi, presenti e intercedenti, l'«ingente nube di Testimoni che ci circonda dall'Alto» (*Ebr* 12,1).

*La Benedizione delle acque*, grande «segno» fondante, in due preghiere costitutive: I) l'anamnesi per le «meraviglie divine» operate con l'acqua dalla creazione al Giordano, in Cristo battezzato, e l'invio degli Apostoli a battezzare le nazioni (*Mt* 28,16-20) per restaurare negli uomini l'«immagine e somiglianza di Dio»; II) l'epiclesi per ottenere lo Spirito Santo, Spirito della Croce, della Resurrezione, della Pentecoste, della divina pienezza nel battesimo.

*L'imposizione delle mani*, segno di comunicazione divina.

*L'immersione del cero*, segno della fecondità divina della fonte.

*I «gesti» dei catecumeni*: preparati, oranti, convertiti nel cuore, nella fede esplorata, con la «rinuncia al diavolo» e alle sue opere, al «vecchio e decrepito», l'amorosa fedele irrevocabile «adesione a Cristo».

*Il battesimo*: il gesto triplice nel Nome della Trinità, l'immersione nell'acqua della morte e l'emersione alla Vita, la "rinascita", la novità dell'«immagine di Dio», come figli di Dio.

*La divina confermazione*: il Sigillo dello Spirito Santo sugli «unti» come Cristo, «l'Unto» da Dio di Spirito Santo (*At* 10,38), l'«immagine di Dio» riceve adesso anche la «somiglianza con Dio», così abilitata all'Evangelo, alle opere del Regno, al sacrificio con Cristo d'offerta sacrificale al Padre, all'unione nuziale con Cristo Sposo. Vedi poi l'Approfondimento 17 (vol. III), sulla santa confermazione.

*I «gesti» dei fedeli presenti*: dopo la benedizione delle acque, con la candela accesa, rinnovano le «promesse battesimali», triplice «rinuncia» e triplice «adesione di fede». Così oggi si omette il «Credo».

*L'aspersione del popolo*, segno simbolico del lavacro.
*La processione dei neobattezzati* tra i fedeli, fino alla Mensa santa, alla cui partecipazione sono ormai consacrati.
*La veste battesimale* dei neobattezzati e dei fedeli stessi (oltre quanto già detto per i celebranti): è il segno della vittoria battesimale, della partecipazione regale e nuziale al Convito, da conservare immacolata per il Convito eterno (qui *Mt* 22,11-13).
*La prece universale* speciale, in sintonia con l'«oggi». Vedi qui la Parte I, Cap. 9.
*La Liturgia eucaristica*: si carica di tutto quello che precede, in un «universo simbolico» plenario.
*L'altare, la Mensa divina*, le luci nuove, la tovaglia nuova.
*Il pane, il vino, l'acqua, la coppa* nella singolarità della celebrazione di oggi, riflessa dalle preghiere della Chiesa che accennano sempre al battesimo.
*Il linguaggio delle mani del celebrante*, ricco simbolismo, e significativo capitolo, ancora da studiare.
*Le sante icone*: di Cristo, della Madre di Dio, degli Angeli, di Giovanni Battista, degli Apostoli, dei Martiri, dei Santi nella gloria della Resurrezione, preparando la resurrezione di tutti i fedeli.
*L'icona della santa Croce*, segno di gioia e di vittoria, Croce gemmata, «preziosa» (prezzo del riscatto), nuziale, sacrificale, eucaristica, festale, eterna. Vedi qui l'Approfondimento 21 (vol. IV).
*La processione offertoriale*: dei neobattezzati (se vi sono); anche con doni per i poveri. Tensione verso il sacrificio e l'offerta.
*L'incenso* sulle offerte, sull'altare, sui presenti (vedi sopra).
*Il Messale*, Libro «segno» della risposta di preghiera della Chiesa.
*La Prece eucaristica*: la lode e l'azione di grazie al Padre mediante Cristo Risorto con lo Spirito Santo, nella narrazione delle «meraviglie di Dio» dalla creazione al loro culmine, la Resurrezione e la Pentecoste. Narrazione della santa Cena. Anamnesi storica sacrificale offertoriale del Signore morto e risorto. Epiclesi per lo Spirito Santo sui fedeli e sulle offerte. Supplica della Chiesa per i presenti «qui oggi». Intercessione della Chiesa per tutti i viventi; per tutti i Santi, per tutti i defunti La dossologia finale, l'acclamazione

del popolo con l'Amen.

*Il «Padre nostro»* (*Mt* 6,9-13), preghiera filiale battesimale (*Gal* 4,6; *Rom* 8,15), per partecipare alla Mensa del Padre.

*Le Apologie* in vista della comunione, acclamazione del popolo: «Tuo è il Regno!».

*Il rito della pace* della Resurrezione (*Gv* 20,19-22) tra i presenti.

*La frazione del Corpo* del Signore, e la sua intinzione nella Coppa, segno dell'unità del sacrificio del Signore e di tutti i fedeli.

*L'acclamazione «Agnello di Dio»* (*Gv* 1,29.36, che è il Servo sofferente, *Is* 53,7-8, mai gli agnelli pasquali).

*La «beatitudine» proclamata*: «Beati gli invitati alla Cena delle Nozze dell'Agnello!» (*Ap* 19,9).

*La comunione* al Corpo e alla Coppa preziosi; duplice «processione» tensiva: del celebrante che porta i Doni, e del popolo verso i Doni.

*I canti alla comunione*, attuazione «qui oggi per noi» delle Realtà del Regno che si stanno celebrando e a cui i fedeli sono così avviati.

*Il rito della conclusione*: la preghiera dopo la comunione, la benedizione del popolo, il rinvio con l'Alleluia.

Come si è detto, e si ripete, l'Economia divina della salvezza avviene nel «tempo della Chiesa, nello stile dell'uomo, nel regime dei segni» o simboli sensibili. Dall'A.T. al N.T. a oggi, e fino a quando la storia sarà conclusa, per proseguire con altri Simboli divini promessi ma che attuano tutto nella divina Pienezza.

Con ciò è anche individuato il «biogramma umano», e così: I) lo spazio tempo, assunto per celebrare il Signore; II) i soggetti, Dio e gli uomini, nel continuo coniugarsi dell'Io divino e del tu umano, e dell'io umano e del Tu divino, nel Gratuito essenziale e gratificante; III) l'oggetto, il Mistero di Cristo, l'«universo simbolico» dei fedeli, quello in cui pensano, si esprimono, si muovono, vivono, comunicano, sperano.

Ora, tutti i «segni» che formano l'«universo simbolico» sono *dei fedeli*. Sono per *essi*. Occorre quindi conoscerli, riconoscerli, recuperarli, spiegarli, farli conoscere; usarli e farli usare rettamente e in modo sensato e significante. Occorre insomma farne *mistagogia continua*, essendo parte sostanziale della vita di fede e di carità.

I segni sono per gli uomini. Questo significa il recupero paziente che di essi va fatto. Ad esempio esplorando perché da 1200 anni la Coppa eucaristica è ostinatamente negata al Soggetto principale del Convito nuziale che è la celebrazione, alla Sposa del Signore, alla Chiesa Madre, all'Orante. Perché le sante icone a un certo momento sparirono dalle chiese, che nei secoli passati le avevano, in favore delle statue sempre paganeggianti; perché la Chiesa ha accettato certa arte dolciastra e oleografica, e adesso sta accettando architetture e arti figurative della non-arte e dell'anti-arte. Si scopre che certi «segni» sono stati prima «designificati» perché non più compresi né più spiegati al popolo, e poi espulsi. È avvenuto circa così per l'incenso, con il pretesto che «oggi, l'incenso non serve a nulla, non dice più nulla», e si decide così d'arbitrio la sua abolizione. L'Oriente lo conserva nel culto, con antica sapienza.

I «segni» possono accrescersi di numero, essere assunti a significare aspetti dell'universo simbolico; vedi il linguaggio dei fiori nelle chiese, se i fiori sono distribuiti ai posti giusti con arte dovuta.

Si tratta ancora una volta di mistagogia, problema che rispunta sempre a ogni angolo della vita cristiana. Si tratta di ripassare sempre per i Testi sacri, conoscendone anche l'uso sapiente che la Chiesa ne ha fatto in Oriente e Occidente: nella liturgia, nella vita. Ad esempio, come si concepisce una cattedrale che non abbia il suo solenne ambone? Che non presenti nell'abside l'icona del Cristo *Pantokrátōr* e sotto di essa quella della Madre di Dio? Gli occhi dell'assemblea si fissano a contemplare quello che tutti i fedeli saranno, e che questa celebrazione «oggi qui» li avvia a diventare. I fedeli stessi infatti sono "icone", l'«immagine e somiglianza di Dio», icone del Dio Vivente, offuscate dal peccato, e tuttavia recuperate dalla Croce e dalla Resurrezione e dalla Pentecoste, a partire dall'Iniziazione a Cristo con il suo Mistero che il Padre opera negli uomini con lo Spirito Santo.

*2. L'Evangelo e le Letture, e le «Risposte»*

Gesù Cristo Signore risorto nello Spirito Santo per la gloria del

Padre, proclamato nell'Evangelo della Resurrezione, è il centro della Notte santa. Essa gli risponde in tre modi diversi, come si disse: con la Liturgia eucaristica, con l'Iniziazione, con il rito lucernale. L'ordine dell'analisi della Vigilia deve essere teologico, tale che parte dal centro, e porta verso quella triplice risposta. La prima rassegna sulle realtà celebrate, concluso poco sopra, è stato sui "segni", mentre adesso l'attenzione si dirige sui contenuti biblici e quindi liturgici della celebrazione. Si segue perciò l'ordine teologico coerente, presentato a suo tempo, anche ai fini dell'omelia celebrativa mistagogica.

### a) La Lettura della Parola

La Liturgia della Parola, «parte fondamentale» di questa Notte, è complessa per il valore e il numero delle Letture, per i Salmi interlezionari, per le preghiere che chiudono ogni lettura di pericope biblica. Dato questo, si tralasciano le preghiere, si accenna solo ai principali temi delle Letture e dei Salmi. E si avverte che l'Evangelo della Resurrezione, che purtroppo si proclama solo questa Notte, deve essere invece tenuto presente davanti agli occhi della mente e del cuore tutto l'anno, in specie la Domenica, deve essere di continuo riproposto alla meditazione dei fedeli, alla fede dei fedeli. Esso è l'unico motivo della nostra esistenza: «Se Cristo non fosse stato risvegliato... Ma fu risvegliato!» (1 *Cor* 15,12 e 20).

### I. Intorno all'Evangelo

*1. «Gloria a Dio nei cieli altissimi»*

L'«Inno angelico» di *Lc* 2,14. Vedi poi anche l'Evangelo del Natale. Cristo nato realmente nella carne «dallo Spirito Santo e da Maria Vergine» (*Lc* 1,35), adorato nell'universo dapprima dagli Angeli, poi dai pastori. Parallelo convergente con il «Santo Santo Santo!» (*Ap* 4,8 e *Is* 6,3). Inno di lode trinitario, nel suo svolgimento. Cristo Pace e Compiacimento nella Gloria divina del Padre, che è lo Spirito Santo, i Tre il Signore Unico, per l'unica adorazione.

Apertura dossologica necessaria per la celebrazione della Domenica della Resurrezione del Signore.

*2. Colletta*

Il celebrante «raduna» la preghiera dell'assemblea intera. La Gloria della Resurrezione celebrata per la Grazia divina. Dio si crea oggi una famiglia. Oggi nei neobattezzati, come già fu nei fedeli, si rinnova l'«immagine e somiglianza di Dio», secondo il Disegno divino originario. Lo Spirito Santo da adesso e per sempre opera nei neofiti, come già nei fedeli, le Realtà divine dell'Iniziazione. È il centro del culto al Padre «nello Spirito e nella Verità» (*Gv* 4,23-24; 1 *Gv* 5,6).

*3. Ritornello salmico*

Alleluia triplice. L'*Hallelû-Iah*, «Lodate il Signore», è l'imperativo innico permanente. Chi loda già, seguiti a lodare bene; chi loda stancamente, lo faccia con tensione degna; chi non loda, si associ per la Grazia divina all'assemblea laudante: tale è il senso dell'imperativo innico biblico. È l'acclamazione tipicamente festale, già nell'A.T. (e così in molti Salmi). È il *jubilus*, prolungato nella a finale, l'espressione forte della tipica gioia resurrezionale.

*4. Sal 117,1-2.16ab-17.22-23, AGC*

Questo Salmo è importante. Per alcune parti è di uso quotidiano (l'Osanna, v. 25a; il «Benedetto dal Nome del Signore Colui che viene», v. 26a, aggiunto al «Santo Santo Santo!» della Prece eucaristica; vedi anche l'Evangelo della processione delle Palme). È uno dei pochi Salmi che dia la descrizione di una celebrazione nel santuario, ricca, articolata e dialogata.

Per l'importanza teologica, quest'«azione di grazie comunitaria» è usata responsorialmente, e in modo da occupare uno spazio contiguo, nella Notte della Resurrezione, nel Giorno della Resurrezione, nella Domenica II di Pasqua dei 3 Cicli, nella Domenica IV di Pasqua, Ciclo B. Qualche nota sarà descritta per l'Evangelo della processione delle Palme, dove si trova il v. 26 (vedi sopra). Usandosi questo Salmo, ogni volta sono scelti versetti diversi.

La sua struttura è articolata così: I) vv. 1-4, introduzione, con l'invito a confessare il Signore; II) vv. 5-27, il corpo, con anamnesi della situazione passata (v. 5-14), una prima celebrazione del Signore (vv. 15-18), una liturgia alle porte del tempio (vv. 19-24), una all'altare (v. 25), due «benedizioni» (v. 26), un'acclamazione solenne (v. 27); III) vv. 28-29, la conclusione, con la volontà di confessare il Signore e l'invito ai presenti affinché si uniscano all'Orante. Il tono del Salmo è tutto pervaso di esultanza per una vittoria riportata dall'Orante, un personaggio regale. Questo è anche uno dei pochi Salmi in cui, descrivendosi una celebrazione, si svolgono diversi interventi sacerdotali e diverse esortazioni ai fedeli presenti affinché rispondano ai ripetuti invitatori alla preghiera; un'altra nota è la viva azione di grazie al Signore, che è sempre la proclamazione di Lui, esprimendo la fiducia sempre nutrita in Lui nella passata situazione di disastro.

L'inizio, v. 1, è un imperativo innico (v. 1a), con la sua motivazione (v. 1b), identico alla conclusione (v. 29), con la quale forma un'inclusione letteraria, il che significa che i due estremi eguali del Salmo fanno del medesimo un solo immenso invito a celebrare il Signore, mentre il contenuto porta le varie motivazioni della celebrazione. Si ha qui un'immensa liturgia nazionale, movimentata e festosa.

Proprio l'esordio lo mostra, con l'imperativo innico, rivolto al popolo in assemblea, affinché «celebri il Signore». Il «celebrate il Signore» traduce il greco *exomologéomai*, ebr. *jadah*, e indica il movimento spontaneo e complesso insieme, di celebrare il Signore Unico anzitutto in quanto è Lui, con i suoi titoli e le sue opere; è verbo squisito della lode, e può essere usato come qui anche per il movimento dell'azione di grazie. La motivazione è duplice: «poiché Egli è Buono, e in eterno la misericordia di Lui», nominandosi così la Persona, un titolo, le opere; questa è anche la linea della teologia della lode. Il termine «misericordia» riferito al Signore, come si ripeterà tante volte, è il comportamento unico del Dio dell'alleanza, l'intervento soccorrevole e spontaneo, sempre gratuito. La formula del v. 1 è frequente nell'A.T. (2 *Cron* 5,13, per la fine della costruzione del tempio, eretto in verità da David, ma inaugurato dall'inetto figlio suo Salomone), e vale come motivo salmico (*Sal* 99,5; 105,1; 106,1; 135,1,-26, altra inclusione letteraria); come altro motivo innico torna nel «cantico dei tre giovani» nella fornace (*Dan* 3,89).

La causa dell'azione di grazie al Signore è che «è Buono» (v. 1a), la nota più vivida che il popolo possa tributare al suo Signore. Ma è Buono non di una bontà generica, a modello degli uomini buoni, bensì della Bontà specifica che Egli ha in sé e mostra nell'alleanza, quale comportamento suo normale, attuando il suo *éleos*, il *.hesed*, l'intervento di misericordia, adesso non più sporadico, ma manifestatosi come perdurante «nel secolo», senza intervallo di tempo, in modo perenne (v. 1b).

L'intero popolo santo è interpellato adesso affinché si unisca alla celebrazione del suo Signore. Israele per intero, come unità, deve "parlare": «Egli è Buono, in eterno è la sua Misericordia» (v. 2; 113,9-11; 134,19; *Dan* 3,83-84). E lo deve fare "adesso", poiché la sua Bontà si è manifestata nel suo eccesso straordinario, questa Notte, con la Resurrezione del Figlio suo.

E questo avvenne con prodigi inauditi (qui sotto, la teofania alla Resurrezione), dove si ripeté la gesta vittoriosa del superamento finale dell'abisso della morte, la voragine avida delle acque della morte, il «Mar Rosso» (*Es* 15,6), fattosi docile al solo mostrarsi della Mano potente del Signore. Con la medesima sua Mano il Signore esaltò insieme, allora il popolo suo, adesso il Figlio suo nella Gloria della Resurrezione. E anche il segno di questa Misericordia che dura in eterno, si ripete sempre prodigiosamente (v. 16ab).

L'Orante prosegue affermando la sua certezza di fede nel Signore. Cristo Risorto ha fatto proprie queste parole: «Io non morirò, anzi vivrò» (già *Ab* 1,12), e «Voglio narrare le opere del Signore!» (*Sal* 9,2; 6,6; 72,28; 106,22). Questo v. 17 richiama quanto Cristo aveva pregato sulla Croce con il *Sal* 21 (Evangelo della Domenica delle Palme), quando dopo la dolorosa "lamentazione", l'indicibile gemito della sua anima santa al Padre si era mutato in un grido di speranza gioiosa: «Io voglio narrare il Nome tuo ai fratelli miei, in mezzo all'assemblea voglio lodare Te!» (*Sal* 21,23). Vedi anche l'Approfondimento 16 (vol. III). Adesso con la Resurrezione questo si è finalmente avverato, e l'assemblea santa presta per così dire la bocca al suo Signore Risorto per riaffermare ancora una volta questa volontà di vivere e di celebrare il Padre.

Infatti, dalla Croce al sepolcro sembrava che la Pietra vivente fosse stata scartata da quelli che propriamente avrebbero dovuto costruire la Casa di Dio (v. 22, citato largamente, da *Is* 28,16 fino nel N.T., *Mt* 21,42; *At* 4,11; *Rom* 9,33; *Ef* 2,20; 1 *Pt* 2,4-7). Essa invece adesso è stata posta da Dio quale Pietra d'angolo, che regge tutto l'edificio nuovo (*Zacc* 4,7), dove abiteranno tutti i figli di Dio redenti dal Sangue del Figlio Unico e dalla sua Resurrezione con lo Spirito Santo (v. 22).

Questo Evento, che ha il centro nella Resurrezione, non è opera di uomini, ma del Signore stesso (*Zacc* 8,6). È la sua massima Opera, che riassume tutte le sue opere passate e che contiene quelle future. È la Meraviglia divina che i fedeli contemplano. I loro occhi non ne vedranno di più straordinarie (v. 23).

Il triplice esultante Alleluia come Responsorio è la vivace acclamazione dentro il Salmo della vittoria. Il canto di questo Salmo dà vivezza alla celebrazione, invitando i fedeli a confessare la Bontà divina e la Misericordia eterna operata nella Resurrezione con lo Spirito Santo. Tutto il popolo, dai celebranti ai neobattezzati, debbono "parlarne". Cristo non è più la Pietra rigettata, perché con la Resurrezione è diventato la Pietra Vivente che porta tutto il Tempio nuovo del Signore (1 *Pt* 2,4-8). Il suo Evento con lo Spirito Santo è opera del Padre, il massimo tra i *mirabilia* di Dio, Giorno voluto e operato dal Padre. I fedeli invocano l'Osanna soprattutto nel «Santo Santo Santo!», facendone non più un grido d'aiuto, bensì ormai un'acclamazione gioiosa e permanente. Così l'altra invocazione per la «prosperità», è per i Beni promessi, lo Spirito Santo (*Mt* 7,11; *Lc* 11,13). I sacerdoti, benedicendo Colui che viene e che è riconosciuto perché è «benedetto dal Nome del Signore», benedicono adesso anche il popolo suo, mediatori della comunione loro con il Signore: poiché Egli viene con la benedizione, la quale «torna sempre sul benedicente e unisce a Lui i benedetti». È esaltato il Signore, che operò la sua massima Epifania, la Manifestazione benefica, con la Resurrezione del Figlio e con lo Spirito Santo.

*5. L'Evangelo della Resurrezione:* Mt *28,1-10*

La Resurrezione del Signore nostro, il Dio e Salvatore Gesù Cristo, opera congiunta del Padre e del Figlio e dello Spirito Santo, ma con speciale funzione dello Spirito Santo, è l'Annuncio culmine dell'Evangelo di Dio. Essa è la Rivelazione primordiale di Dio agli uomini (*At* 2,36; *Rom* 1,3-4; 1 *Cor* 15,3-5). È il centro della fede del N.T. È il contenuto originante della fede dei fedeli.

Essa non solo conferisce tutto il significato alla Vita stessa del Signore vissuta tra gli uomini, al suo Evangelo e alle opere compiute nello Spirito Santo per adempiere la sua missione battesimale e trasfigurazionale, ma rende il medesimo significato comprensibile e partecipabile, trasmissibile e recepibile. Infatti, a Pentecoste la Resurrezione del Signore crea la Chiesa, la Comunità messianica degli ultimi tempi.

Ora, accostandosi ai testi che parlano, e in modo ricco, di Cristo Risorto con lo Spirito Santo, largamente distribuiti lungo tutto il N.T., se ne percepisce il vocabolario denso e vario, e si comprende la cura degli autori del N.T. di far comprendere come la Resurrezione realizzi per intero la Promessa antica, l'A.T. (*At* 13,32-33).

E tuttavia, proprio le 4 redazioni evangeliche della Resurrezione mostrano come un imbarazzo, e quasi una reticenza, benché motivati. Esse all'unanimità mostrano che è avvenuto l'Evento, il fatto *storico principale* della Vita del Signore. Non ne fanno per nulla un fatto «metaistorico», «metaempirico», sfuggente, come a qualcuno sembra, alla presa dell'indagine storica. Gli evangelisti narrano che si sono svolti alcuni fatti che denunciano il Fatto concretissimo avvenuto, e tacciono totalmente sul "come". Dicono dove, quando, chi, perché, non come. Dicono anche «a chi», le Donne, subordinatamente i discepoli. Sembrano di contentarsi di questo. E con totale ragione.

Prevale come una fretta: che il Fatto ormai avvenuto per sempre sia annunciato. Se si pongono i 4 testi in ordine cronologico presuntivo, ma attendibile, si ha questo, in meno di 50 versetti complessivi, che narrano i fatti al sepolcro vuoto e le apparizioni alle sole Donne fedeli, si vuole serrare da presso l'Indicibile inespresso. Tali versetti sono: I) 10 per *Matteo* (28,1-10); II) 10 per *Luca* (24,1-10); III) 8 per *Marco* (16,1-8); IV) 18 per *Giovanni* (20, 1-18).

Il come della Resurrezione è avvolto e nascosto dalla manifestazione di Dio, la massima teofania dell'intera Scrittura. È presente il Mistero finora *segreto*, e *mystêrion* significa contenuto e «strumento di rivelazione». Si ha così il paradosso divino: il Mistero *rivelato* del Padre e del Figlio e dello Spirito Santo, e insieme *impenetrabile*.

Perciò i presenti all'Evento, le Donne e le guardie al sepolcro, del Mistero che tuttavia si rivela nulla di più possono «vedere e ascoltare», se non i Segni teofanici. Così avvenne alle Donne e alle guardie, le prime nel terrore e insieme nella gioia della fede, le seconde nel terrore dell'inconoscenza della non-fede.

Le Donne videro tutta la Realtà divina della Resurrezione, che si compendia nella Semplicità del Divino: che «il Crocifisso» è ormai il medesimo che «il Risorto».

Per questo i 4 testi evangelici sono grandiosi. Nelle pieghe narrative essi racchiudono più di quanto le generazioni cristiane possano mai comprendere ed esprimere nella fede e nell'amore e nell'adorazione.

Essi vanno letti sempre, tutto l'anno, instancabilmente, in specie però al Vespro del sabato e alle Lodi della Domenica. Non vanno lasciati come confinati alla Notte della Resurrezione. Se ne deve parlare sempre. Si debbono spiegare, come per secoli e secoli non si è fatto più, al popolo santo del Signore. Se ne deve fare il centro dell'annuncio nella Diocesi e nella Parrocchia, ai bambini, ai giovani, agli anziani.

Soprattutto, la migliore «lettura» di essi è quella celebrativa. Non un'unica volta l'anno. La possibilità che si dà adesso, di celebrare l'«ufficio vigiliare» con la proclamazione delle 8 pericope della Resurrezione nella Liturgia laudativa delle Ore, precisamente all'Ufficio della Lettura, come consigliato, e purtroppo non reso obbligatorio, dall'*Institutio Generalis Liturgiae Horarum* (= IGLH), diventi la pratica costante. Questo dettato dice così:

> *Inoltre, poiché nel Rito romano, considerati in specie quanti incombono nell'opera dell'apostolato, l'Ufficio della lettura è sempre della medesima brevità, coloro che vogliano protrarre la celebrazione della vigilia domenicale, delle feste e delle solennità, procedano nel modo che segue.*
> *Prima si celebri l'Ufficio della lettura come sta nel libro della Liturgia delle Ore, fino alle Letture comprese. Poi dopo ambedue le Letture, e prima del Te Deum, si aggiungano i cantici, che per questo sono indicati nell'Appendice del medesimo libro; quindi si legga l'Evangelo, sul quale, secondo l'opportunità, si può fare l'omelia, poi si canta l'inno Te Deum e si dice l'orazione.*
> *L'Evangelo nelle solennità e feste si prenda dal Lezionario della Messa, invece, nelle Domeniche, dalla serie del Mistero pasquale, la quale è riportata nell'Appendice del libro della Liturgia delle Ore* (IGLH 73).

Tali Evangeli della Resurrezione, variamente disposti nei «tempi forti», nella serie più razionale e ordinata del Tempo per l'Anno sono gli 8 seguenti:

1) *Mt* 28,1-11.16-20;
2) *Mc* 16,1-20;
3) *Lc* 24,1-12;
4) *Lc* 24,13-35;
5) *Lc* 24,35-53;
6) *Gv* 20,1-18;
7) *Gv* 20,19-31;
8) *Gv* 21,1-14.

Al Mattutino di ogni Domenica il Rito bizantino da sempre ha la serie degli «11 Evangeli 'eotini' (mattutini)», che vale la pena di elencare per utili comparazioni tra un obbligo ultramillenario, e la timida proposta del Rito romano:

1) *Mt* 28,16-20;

2) *Mc* 16,1-8;
3) *Mc* 16,9-20;
4) *Lc* 24,1-13;
5) *Lc* 24,12-36;
6) Lc 24,36-53;
7) *Gv* 20, 1-11;
8) *Gv* 20,11-19;
9) *Gv* 20,19-31;
10) *Gv* 21,1-12;
11) *Gv* 21,14-25.

Questi Evangeli sono accompagnati da diversi e ricchi tropari «della Resurrezione». Tanta benedizione divina che oggi visita i fedeli, non si deve lasciar cadere solo per pigrizia, accidia, aridità.

*Mt* 28,1-10 premette un'annotazione temporale, connessa con la sepoltura di Gesù: «(Dopo) la sera *poi* del sabato», rimando alla dimora triduana nel sepolcro. Due persone note, Maria Maddalena e l'«altra Maria» (è Maria di Giacobbe del v. 27,56), due Donne fedeli (ma ve ne sono anche altre), erano tra le molte donne che seguirono Gesù servendolo fino alla Croce e alla sepoltura (27,56; vedi *Lc* 8,1-3), restarono a custodire il sepolcro la sera del venerdì (27,61). Poi, secondo l'uso ebraico, trascorrono il severo riposo sabatico in casa. Questo era terminato la sera prima, quando si potevano vedere almeno 3 stelle nel cielo. Adesso irrompe la prima luce del giorno «primo del sabato», ossia della "settimana". Esse vengono a «contemplare la tomba» (v. 1).

Il sabato anche il Signore si riposa (*Gen* 2,4). Il «7° giorno» fa parte dei comandamenti del Decalogo (il 3°, *Es* 20,8). È Legge santa, inviolabile. Nell'A.T. il Signore stesso opera sempre «il 1° giorno», come in *Gen* 1,1-3 (poi ad es. *Ez* 1,1, etc.). Lascia passare i primi 7, ma all'8° Giorno entra in azione, significando la pienezza del suo tempo e del suo operare. Così il 1° e l'8° Giorno sono la medesima realtà. È il «1° e l'Ultimo Giorno», Giorno della Rivelazione e dell'Operazione. Giorno escatologico, che non trova un «di più». Ogni altro giorno da adesso ne deriva e dipende.

E quando adesso il Signore entra in azione presso la tomba del

Figlio, trova solo, ad attenderne un "segno" qualsiasi, le Donne fedeli. Le uniche fedeli. I discepoli del Crocifisso, gli uomini, questa virilità vantata, i maschi sempre così privilegiati nella storia, e perfino nelle genealogie, quelli scelti, chiamati, istruiti, inviati, benedetti dai pieni poteri del Signore Gesù, sono descritti così: «allora i discepoli *tutti*, abbandonato Lui, fuggirono» (26,56b). Testo emblematico, poiché da allora "fuggono" da lui tanti, per viltà, per orgoglio, per odio, per stupidità, per immoralità, per apostasia, fino ad oggi.

Il Signore costituisce perciò da "oggi" le Donne quali depositarie in eterno del «Segno massimo» che sta per donare agli uomini, e che riguarda il suo Figlio Unico. Rivela la Resurrezione del Figlio operata dallo Spirito Santo solo alle Donne. In seno alla Comunità, a cui esse lo annunciarono nell'incredulità degli uomini (*Mc* 16,11.13.14). In eterno. Nella Chiesa antica la navata era divisa in due zone, una per le donne sotto l'ambone, da cui «anzitutto per esse» l'«Angelo della Resurrezione», il diacono, annuncia di continuo l'Evangelo della Resurrezione (S. Germano di Costantinopoli). La seconda zona era per gli uomini. E se questi sono costituiti per pura misericordia perdonante annunciatori e «testimoni» della Resurrezione al mondo (*At* 1,22; *Lc* 24,48), le Donne ne hanno diritto per prime, in un equilibrio di funzioni mirabile.

Così adesso le tenebre vecchie cedono il posto all'Alba nuova. Sta sorgendo per sempre il «Sole della giustizia» promesso (*Mal* 3,2, *Volgata*), la «Stella Folgorante e Mattutina» (*Ap* 22,16).

Le Donne nella loro fede incrollabile e nel loro amore che non si dà pace, si approssimano al sepolcro, il *Táphos* (v. 1), termine che indica la tomba regale (27,61.64.66, l'insistenza di Matteo; gli altri evangelisti parlano dello *mnêméion*, il monumento regale). Ancora oggi a Gerusalemme il luogo dove il Signore è risorto si chiama in greco *Anástasis*, la Resurrezione, ma anche il *Táphos*, ed esiste lì una pia confraternita di monaci ortodossi che lo custodiscono, e portano il simbolo dell'iniziale "T" sul copricapo e sulla veste.

Il Signore provoca adesso la sua Teofania suprema, annunciata solennemente: «*Ed ecco*, un terremoto grande avvenne» (v. 2a). "Ecco" è sempre annuncio del prodigio. Il secondo, dopo quello della

Crocifissione (27, 51-54, lunga descrizione), l'ultimo, e tuttavia esso si prolungherà nel vento impetuoso di Pentecoste (*At* 2,2). Esso è provocato «infatti (*gár*)» dall'Angelo del Signore disceso dal cielo (v. 2b). Chi era? La Chiesa Madre, quella di lingua aramaica di Gerusalemme, detta giudeo cristiana, aveva conservate più vere e vivaci memorie, e sapeva che era Cristo stesso, «l'Inviato, *Ággelos*, di Dio», che, disceso per la prima volta nella carne di Maria Semprevergine, discende per l'ultima volta nel suo corpo straziato. Questo, reso il Vivente, sarà da Lui inabitato per l'eternità (anche *Gv* 20,12). Egli possiede la Potenza del Padre. La Chiesa giudeo cristiana lo chiamava anche «Michele, *Mî-ka-'El?*, Chi come Dio?», che implica la risposta: Nessuno! Solo il Figlio. Quella Chiesa poi chiamava l'altro Angelo (in Luca, due Uomini sfolgoranti, 24,4; in *Giovanni*, due Angeli, 20,12; invece *Marco*, un Giovane, 16,5), riapparso con il Primo all'Ascensione (*At* 1,10-11), con il nome «Gabriele, *Gabrî-'El*, Potenza mia è Dio», ossia lo Spirito Santo.

L'Angelo schianta la pietra dal sepolcro e vi si intronizza (v. 2c). Il Risorto in eterno appare allora come il Dominatore della Morte e della corruzione della Morte. «Non muore più» (*Rom* 6,9, poi l'Apostolo di oggi). È il Re Vittorioso. I segni potenti della sua Vittoria sono dati: l'aspetto suo è una visione divina, Luce insopportabile di Folgore celeste (*Dan* 10,6; *Ez* 1,27), come quella che si vedrà alla *Parousía* (24,27.30). La veste sua è bianca come neve (v. 3). Si ripete la Teofania che fu la Trasfigurazione (17,2; *Dan* 7,9; *Gv* 20,12; *At* 1,10). Poiché la Trasfigurazione, anticipo della Resurrezione (Domenica II di Quaresima) è adesso resa permanente ed eterna.

La Teofania produce sempre effetti terrificanti. Ed ecco le guardie: «sconvolti e come morti» (v. 4). Nulla resiste alla Potenza dello Spirito Santo. Vedi anche *Dan* 10,8.16; *Ap* 1,17, perfino nei giusti e santi di Dio.

Ed ecco anche le Donne terrorizzate. «Avrei voluto vedere *voi*», diceva una volta al catechismo un sacerdote spiritoso.

La Visione nella Scrittura non è mai senza la Parola costitutiva. Essa risponde allo stato delle Donne. E l'Angelo parla: «Non temete!». La divina Tenerezza si preoccupa della struttura fragile dell'uomo, e la rende atta a sopportare la Realtà divina presente. Poiché la Resurrezione non è timore, è *gioia*, e fede finalmente completa. Spesso questa rassicurazione è data nelle Teofanie (ad Abramo, a Mosè, a Isaia, a Ezechiele). L'Angelo prosegue: Voi temevate, poiché cercavate – senza trovarlo, come avviene alla Sposa del *Cantico* – Gesù il Crocifisso (v. 5). Infatti Gesù resta in eterno «il Crocifisso», con le Cicatrici sante della Croce vivificante, impressi indelebilmente (*Lc* 24,40; *Gv* 20,20.27; *Ap* 5,6! Vedi qui l'Approfondimento 7.

Segue la Parola della Resurrezione: «Non sta qui», nella putredine della morte. «Fu risvegliato (*egéirō*, (dal Padre)) come Egli parlò, infatti!» (v. 6a).

Lo aveva proclamato di continuo: in 12,40 aveva dato il «segno di Giona»; in 16,21; 17,23 e 20,19, ne aveva dato i tre annunci classici; lo aveva avvertito in 26,2, all'inizio della Passione. Lo sapevano perfino i suoi accusatori, che chiedono appunto di sigillare la tomba (27,63). Il fatto della sua Resurrezione era stato annunciato da Gesù come «il Fatto», centro del Disegno del Padre. La sua Parola annunciatrice era anche Parola storica, profetica e sapienziale. Adesso avverata dalla Teofania.

Ma contro ogni merito dei discepoli, la sua Bontà si estende fino a offrire la sua Visione. Alle Donne indica il posto ormai vuoto per sempre nel sepolcro (v. 6b). E le invia, nella loro fedeltà ricompensata meravigliosamente, ma in fretta, «esse, in fretta uscite», a portare ai discepoli la Parola della Resurrezione ripetuta: «Fu resuscitato dai morti!» (v. 7a). Questo è un «passivo della Divinità», e va inteso così: il Padre Lo resuscitò, con lo Spirito Santo.

Il messaggio si completa, con la formula solenne: «Ed ecco, vi precede alla Galilea, lì lo vedrete» (v. 7b). È un'annosa questione, il fatto di questa "Galilea". Vi sarebbero state due serie di apparizioni, alquanto imbrogliate, e perciò per certa critica ritenute inattendibili, avvenute parte in Galilea, la regione palestinese, e parte a Gerusalemme; così i discepoli si sarebbero recati in Galilea regione, per vederlo, e sarebbero tornati di corsa a Gerusalemme, per vederlo di nuovo. Il fatto è molto più semplice, conoscendo la topografia di Gerusalemme. Come sapeva la Chiesa giudeo cristiana, tutti i pellegrini antichi e medievali, parte della critica moderna (G. Dalman, famoso specialista), a Gerusalemme esiste il «Monte della Galilea», che sta al culmine del Monte degli Olivi. Il nome (radice *gll*, come Golgota!) indica una roccia arrotondata, che ancora esiste, e dove la Chiesa già nel secolo 4° costruì una chiesa e un monastero. Quello è l'unico luogo dell'unica apparizione del Risorto e della sua Ascensione.

Il Risorto attende i suoi lì, per trattenersi per l'ultima volta e con immenso amore insieme a essi, prima di separarsene per ascendere al Padre. Lo aveva raccomandato, «restate in città» (*Lc* 24,49), e poi li aveva condotti sul Monte presso Betania (il versante al di là della città, sul Monte degli Olivi) ed era asceso (*Lc* 24,51). Gesù anche di questo aveva avvertito i discepoli (*Mt* 26,32), e vi insiste (v. 10.16). E chiude con la clausola solenne: «*Ecco*, Io parlai a voi», che aveva usato tante volte nella sua Vita storica.

Le Donne fedeli si precipitano fuori del sepolcro, con la reazione mista di «terrore e gioia grande», la gioia prevalendo sul timore. E «corrono per annunciare» ai discepoli. Qualche centinaio di metri di corsa, e appena si può immaginare il loro cuore in tumulto (v. 8).

Invece le reazioni dei discepoli sono bene note, e, dalle quattro narrazioni evangeliche, unanimi nel contenuto, sono diverse nei particolari. In *Matteo*, al momento dell'Ascensione dalla roccia della Galilea, «alcuni vedendo Lui, adorarono, altri invece dubitavano» ancora (28,18). *Luca*: «sconvolti e terrorizzati, credevano di vedere un fantasma» (24, 37); e dopo avere visto mani e piedi, «ancora tuttavia essi (erano) increduli per la gioia e meravigliati» (24,39-41); *Giovanni* è più sfumato. Al sepolcro, dopo una prima contemplazione, il discepolo fedele «vide e credette», *Pietro* resta dubbioso, da cui la conclusione: «ancora infatti ignoravano la Scrittura: Si deve (da parte di Dio) che Egli dai morti risorga» (20,8-9). Giovanni poi aggiunge l'episodio classico dell'incredulità di Tommaso (20,24-28).

Marco, lasciato qui volutamente per ultimo, è il più duro. L'annuncio della Maddalena li lascia increduli (16,11), e anche quello dei due di Emmaus (v. 13); così gli Undici sono rimproverati dal Risorto stesso per la loro incredulità e durezza di cuore, non credevano neppure dopo averlo veduto (v. 14). Per 3 volte, numero simbolico. Il Risorto poi avverte che chi non crederà sarà condannato (v. 16).

Luca narra che Paolo sull'Areopago di Atene predicò il *kerygma*, la presentazione della fede cristiana. Quando giunse al centro, alla Resurrezione, «alcuni lo deridevano»; altri invece, per così dire, lo rimandarono a ottobre: «Su questo, ti ascolteremo un'altra volta». Alcuni pochi gli credettero, e tra questi «una donna (!) di nome Damaris» (la predicazione, *At* 17,22-31; le reazioni, vv. 32-34).

Paolo stesso mostra che la Resurrezione non era creduta in Corinto (1 *Cor* 15,12-20): «E se Cristo è annunciato (*kērýssō*) che è stato risvegliato dai morti, come parlano tra voi alcuni, che la resurrezione dei morti non esiste?» (v. 12). Oggi è meglio? E del resto, oggi «si annuncia» universalmente e sempre la Resurrezione? È posta come unico centro della fede e dell'esistenza cristiana? È la memoria storica perenne di tutti i fedeli? È il movente della carità e della speranza, e quindi, sta al centro della preghiera della Chiesa? Ma poi, è creduta da tutti i cristiani?

Si è detto che la Teofania si spinge all'eccesso. Adesso viene la solita formula della solennità: «Ed ecco, Gesù le incontra» di persona, Presenza divina fattasi visibile e ascoltabile e palpabile (*Mc* 16,9; *Gv* 20,14; 1 *Gv* 1,1-4). Le Donne si accostano (*prosérchomai*) e trattengono i piedi del Signore (*Gv* 20,17), e Lo adorano (poi v. 17; *Lc* 24,52; anche *Mt* 8,2). È l'Incontro profetizzato dal Cantico, dello Sposo e della Sposa, che è la prima Comunità delle Donne fedeli (v. 9). Queste manifestano al loro Signore e Sposo l'amore riconoscente, l'adorazione commossa. Gesù ha di vista anzitutto le Donne fedeli, poi anche i discepoli. Perciò reitera il mandato di annunciare ad essi (vedi v. 7) che adesso chiama «fratelli miei» (*Gv* 20,17). Ai «più piccoli» tra essi va operata la carità secondo cui tutti saranno giudicati (25,40). Si realizza con la Resurrezione la profezia del «Salmo della Croce», dove il Figlio aveva pregato il Padre così: «Io voglio annunciare il Nome tuo ai fratelli miei» (*Sal* 21,23). Così Cristo è «il Primogenito di molti fratelli» (*Rom* 8, 29). Poiché «non si vergogna di chiamarli fratelli» (*Ebr* 2,11), può finalmente parlare: «Eccomi, Io e i figli che Dio mi donò» (*Ebr* 2,13). «Ecco perché dovette essere in tutto simile ai fratelli» (*Ebr* 2,17), i quali dovranno anche essi risorgere come Lui.

Infine, il Risorto vuole mostrarsi ai suoi fratelli a Gerusalemme, sul Monte della Galilea, per l'ultimo saluto prima di tornare al Padre suo (v. 10; poi *At* 1,10-11).

Tanta ricchezza non deve spaventare affatto. Essa va colta sia tutta insieme, come sta, sia a poco a poco. Crescendo per essa.

*6. Antifonia alla comunione: 1 Cor 5,7-8, Cristo fu immolato.*

Esiste l'interpretazione inveterata, diventata «tradizione» intangibile, per cui Cristo sarebbe il «sacrificio pasquale» nuovo, l'Agnello pasquale ultimo, che realizzerebbe la tipologia dell'agnello di *Es* 12. Egli sarebbe «da Pasqua nostra», sia come Agnello, sia come sacrificio dell'agnello con il rito del sangue, sia come carne dell'agnello pasquale per il convito. E da Lui si realizzerebbe il convito «pasquale» nuziale festoso gioioso permanente, come rinnovamento totale ed ultimo. A questo si canta anche l'acclamazione dell'Alleluia. Tutto questo però non quadra.

## Approfondimento 5: su "Pasqua" e "Pasquale"

Cristo Signore non è, perché non può essere affatto «da pasqua nostra». E per diverse e inattaccabili ragioni, storiche, filologiche, teologiche. Basterà riportarne qui alcune, le più importanti e definitive.

Il grave abuso della "pasqualizzazione" cristiana, che avvolge di nulla il linguaggio cristiano, va visto dalla sua derivazione storica.

## A. *Páscha* nel N.T.?

*1. L'uso di* páscha *nel N.T.*

Anzitutto qui va fatta una ricerca sui testi in cui nel N.T. si parla di "pasqua" e di "pasquale".

A) Il *páscha tôn Ioudáiôn*. Nell'ebraico dell'A.T. "pasqua" è *pesah*, dalla radice *psh*, che significa circa «saltare sopra sorpassando», il che spiega che l'Angelo del Signore passò evitando di sterminare le case degli Ebrei le cui imposte erano state spalmate dal sangue degli agnelli (*Es* 12); il termine pesah in aramaico è reso con *pisha'*; il greco non traduce ma trascrive foneticamente con *tó páscha*, un sostantivo neutro (anche in latino, però malamente sentito e reso al femminile nelle lingue che ne derivano), e anche con *tó phásek*.

B) Il termine *páscha* nel N.T. ricorre in tutto 24 volte, di cui 22 nei 4 evangeli, poi in *At* 12,4, e *Ebr* 11,28, con la formula «*páscha tôn Ioudáiôn*, pasqua degli Ebrei». Ora, già da quest'uso massiccio si desume che la «pasqua degli Ebrei» non è stata assunta affatto come «la pasqua» della Comunità apostolica.

C) Le sole 2 volte su cui invece si può discutere sono: I) *Lc* 22,14-19, sulla Cena del Signore, che non fu "pasquale", perché non fu celebrata in occorrenza di quel giovedì in cui cominciava la «pasqua degli Ebrei», come si è creduto leggendo i testi evangelici a partire dall'uso liturgico del «Giovedì santo» stabilito dalle Chiese; la Cena fu celebrata al martedì precedente, secondo un altro calendario ebraico solare e sacerdotale, legittimo e allora ancora in uso, ormai riscoperto e studiato, e posto a disposizione degli interessati, dalla famosa specialista francese Annie Jaubert. La data della Cena si deve anticipare per comprendere la complessità della Passione del Signore. Questi indizi probanti vengono da Giovanni, che data la Cena così: «Prima della festa della pasqua, sapendo Gesù che venne la sua *hôra* di passare al Padre» (*Gv* 13,1). Inoltre, quando Gesù, per indicare ai discepoli il traditore, porge a Giuda il pezzo di pane intinto nella salsa, Giovanni annota: «allora entrò in lui satana» (vv. 26-27a; vedi 13,2), e quindi Gesù dice a Giuda: «Quanto fai, fallo presto» (v. 27b). I discepoli comprendono queste terrificanti parole nel senso che, essendo Giuda l'economo della comunità, il Signore lo avesse incaricato così: «Compra quello di cui abbiamo necessità *per la festa*» della pasqua, oppure «di dare qualche cosa ai poveri» (v. 29). In sostanza Giovanni, come i Sinottici, annota che i discepoli in quel martedì della Cena avevano compreso poco del gesto e dell'insegnamento del Signore che si congedava da essi, e anzi, del resto come buoni Ebrei, ancora erano convinti che poi avrebbero dovuto celebrare anche la «cena pasquale», secondo il calendario corrente, quello che i sadducei avevano imposto nell'uso del tempio di allora; II) e il secondo testo da ridiscutere è appunto 1 *Cor* 5,7-8; vedi qui sotto.

D) Il "pasquale". Nel N.T. non esiste mai l'aggettivazione "pasquale" e simili, che offra i denominativi corrispondenti a "pasqua". Come non esistono affatto termini aburrenti quali la «pasqua di Cristo», la «pasqua settimanale», la «pasqua annuale».

E) Tanto meno esiste l'aberrante «mistero pasquale» e simili incredibili deviazioni. Paolo e il N.T. parlano solo del "Mistero" in sé e per sé (1 *Cor* 15,51; *Rom* 11,25; 16,25; *Ef* 3,3.9; 5,32), di «Mistero di Dio» (1 *Cor* 2,1; *Col* 2,2; *Ap* 10,7), di «Mistero grande» (*Ef* 5,32), di «Sapienza di Dio nel Mistero» (1 *Cor* 2,7), di «Mistero della Volontà» del Padre (*Ef* 1,9); di «Mistero di Cristo» (*Col* 4,3; *Ef* 3,4), e anche di «questo Mistero tra le nazioni che è Cristo in voi» (*Col* 1,27), di «Cristo Mistero di Dio» (*Col* 2,2), di «Mistero del Regno» come dono (*Mc* 4,11), e Paolo chiama se stesso «economo del Mistero di Dio» (1 *Cor* 4,1). E ancora, su questa via, si parla di «Mistero dell'Evangelo» (*Ef* 6,19, da annunciare), di «Mistero nascosto» (*Rom* 16,25; *Col* 1,26) ma adesso rivelato totalmente e che porta la redenzione alle nazioni pagane (*Rom* 16,25-26), di «Mistero delle Sette Stelle» (*Ap* 1,20), di «Mistero della fede» (1 *Tim* 3,9), di «Mistero della devozione» (1 *Tim* 3,16).

Paolo e gli altri Apostoli sarebbero inorriditi se avessero sentito sulla bocca di un cristiano espressioni inaudite come sono quelle correnti tra gli studiosi per delimitare la vita del Signore come «il Cristo prepasquale, pasquale e postpasquale»; o espressioni senza senso come «mistero pasquale», o «gioia pasquale» e simili. Tale linguaggio per gli Apostoli non esiste semplicemente perché non significa nulla, essendo fuori della realtà di Cristo Signore e della sua storia effettiva.

*2. L'intenzione di Paolo*

L'espressione «Cristo la pasqua nostra» sta nel contesto di 1 *Cor* 5,1-13. Qui Paolo tratta del fatto inaudito di un fedele che convive in modo adulterino e incestuoso con la sposa (è indifferente che sia vedova o no) di suo padre, probabilmente una giovane; egli è da condannare, affinché almeno si salvi (vv. 1-6a). E con ciò, rimosso lo scandalo, si salvi anche la Comunità dal pericolo di corruzione, poiché, come si sa dalla quotidianità domestica, il «poco lievito» basta a far fermentare la massa (v. 6b). Si noti che in qualche modo il fermentato nella Scrittura ha sempre qualche cosa di impuro, e così sono considerati il vino, l'aceto, il pane, il miele (da cui si ricava una potente acquavite), e tutto quello che può così degradarsi. Dopo i vv. 7-8, l'Apostolo ripete con preoccupata veemenza l'imperativo a «non mescolarsi» con tali fornicatori, assimilati ai peggiori peccatori che sono gli "avari", ossia gli avidi, animati da violenza rapace contro i beni del prossimo, essendo questa la prima forma d'idololatria: con essi nessun contatto si deve stabilire (vv. 9-13).

Nei vv. 7-8 Paolo afferma che, in analogia con l'antico e radicale precetto della pasqua ebraica (*Es* 12,15), deve essere rimossa ogni simbolica parcella di pane lievitato, diventato adesso vecchio, al fine che i fedeli possano essere il «nuovo impasto» da azimi che sono (1 *Cor* 5,7a). Allora l'impasto nuovo, restando azimo, senza la fermentazione simbolica che è la corruzione, deve essere puro e ben preparato, sarà allora lievitato dalla grazia divina nella conversione del cuore.

Poi viene l'espressione fatidica (e incriminata), unica del genere nel N.T., e del resto dell'intera Scrittura, che alla lettera nel testo greco suona alla lettera: «*kái gár tó páscha hêmôn eth'ythê Christós*, e infatti la pasqua nostra fu immolato Cristo» (v. 7b). Paolo sta parlando a greci provenienti dal paganesimo. In greco *tó páscha* è neutro, e *Christós* ovviamente è maschile. Qui la grammatica del greco del N.T. avverte che *tó páscha hêmôn* è chiaramente un accusativo avverbiale con valore temporale: «durante la pasqua di noi (Ebrei) fu immolato Cristo», in un momento di rimozione di ogni fermento d'impurità, e quindi adesso Paolo esprime un esortativo, «*heortázômen*, facciamo festa», bensì rigettando il fermento della vecchiaia e della malvagità, e invece usufruendo degli azimi della sincerità e della verità (v. 8). Paolo qui non parla, non può parlare di sacrificio, di Sangue redentore. Cristo morto ma risorto non poteva inaugurare nessuna "pasqua" cristiana, tanto meno la c. d. «pasqua eterna», e simili, ma ha inaugurato la Domenica, la Festa ultima, totale, globale, eterna, e per ammettere a celebrarla dona ai suoi fedeli anche lo Spirito Santo suo e del Padre.

## B. *Páscha* nell'A.T.

*1. Il senso e l'uso di* páscha *nell'A.T.*

Il Signore fece *pesah*, ossia "passò" in mezzo al suo popolo in Egitto per liberarlo, il 14 del mese di *Nisan* (*Es* 12-14). L'A.T. narra questo evento unico dell'esodo, che fonda per sempre Israele come popolo di Dio. Esso resta al centro del Pentateuco, è di continuo citato nei libri storici, è cantato nei Salmi, è ripreso dai Profeti come evento esemplare, che il Signore è pronto a provocare di nuovo quando per i suoi peccati Israele sarà esiliato, ma poi, se si converte a Lui, sarà ricondotto nella sua terra.

Il calendario liturgico (contenuto nel "codice dell'alleanza" di Mosè, *Es* 23,14-15; e nel testo arcaico di *Lev* 23,4-8) prescrive perciò di celebrare anno per anno il Signore come anamnesi di questo evento, nella ricorrenza del *pesah - páscha* di Lui, alla data del 14 di *Nisan*. Tuttavia, i modi della celebrazione sono due, e del tutto distinti: I) quello liturgico comunitario, il più importante che è il sacrificio ufficiale, comunitario, per mano del sacerdote nel santuario, intorno all'altare, con l'offerta del sangue della vittima, che è il vero e unico «sacrificio pasquale»; II) la cena familiare con gli agnelli preparati in via del tutto privata (*Es* 12), in forma di rito revocativo; questo è il modo secondario. Forse il fatto che dopo la distruzione del tempio, impedendosi ormai la liturgia sacrificale, sia restata a Israele solo la possibilità della cena pasquale, ha indotto la letteratura ebraica stessa, e la strana riscoperta moderna cristiana del "pasquale", a concentrare l'attenzione solo su essa, e a conferirgli il chiaro valore ideologico che non ha nel Testo sacro. Le due celebrazioni, sacrificio e cena, sono radicalmente distinte, stanno in gerarchia, avvengono nel medesimo giorno, e vanno però distinte.

## 2. Il proprio del sacrificio nell'A.T.

Il sistema sacrificale dell'A.T. ha le rubriche principali in *Lev* 1-7 e 16. Si hanno vari tipi di sacrifici, dall'olocausto che brucia al Signore come offerta totale, a quelli per i peccati, a quelli pacifici e d'azione di grazie, che comprendono il convito con la carne della vittima, il pane e il vino, il sale, l'incenso.

Le materie principali dell'offerta del sacrificio al Signore sono due: I) come materia, non la carne, bensì il *pane*: «memoriale sull'altare, sacrificio di soave aroma per il Signore... la materia più santa tra i sacrifici del Signore» (*Lev* 2,2-3); II) come simbolo centrale espressivo, il *sangue* versato intorno l'altare.

Il fatto essenziale, costitutivo e proprio del "sacrificio" era precisamente l'offerta del sangue al Signore. Si trattava di un rito gelosissimo, riservato al sacerdote (*Lev* 1,5, dall'inizio, e poi sempre). Il suo simbolismo è definito in *Lev* 17,11:

> *l'anima (= vita) della carne sta nel sangue,*
> *e Io ordinai di porlo sull'altare quale purificazione delle anime vostre,*
> *poiché il sangue, in quanto è vita, purifica.*

L'altare è il simbolo della divina Presenza. Così nel «codice dell'alleanza», di autenticità mosaica, è prescritto:

*Mi costruirai un altare di terra, sul quale Mi offrirai i tuoi olocausti
e i tuoi sacrifici d'azione di grazie, le tue pecore e i tuoi bovi.
In qualunque luogo Io vorrò che sia fatto memoriale del Nome mio,
Io verrò da te, e Io ti benedirò* (Es 20,24).

La Vita divina è santità. La Santità divina è in un certo modo comunicata donando la vita nel segno della purificazione previa. Infatti, la morte è la massima impurità, e il peccato è morte. Il sangue donato e riofferto è il simbolo sacramentale efficace della purificazione, quindi del dono della Vita e del suo sussistere, la Santità, e infine della benedizione che è comunione. L'alleanza per questo è sancita nella fedeltà divina con il sangue e con la formula che lo esplicita (Es 24,1-8).

Il riscontro del N.T., che rievoca la realtà dell'A.T., sta in Ebr 9,22: «*E senza effusione del sangue non avviene la remissione* (dei peccati)», un antico adagio conosciuto e studiato anche dai rabbini.

Qualunque altro sacrificio di una vittima, anche importante, senza l'offerta del sangue non è comunque sacrificio.

Va qui anticipato che perciò non a caso Cristo per la nuova alleanza come materia del "suo" sacrificio prescrisse il Pane come la sua Carne e la Coppa del suo Sangue, carichi dell'immane simbolismo dell'A.T. che adesso diventa Mistero sacramentale.

### 3. *Il sacrificio del* páscha *nel santuario dell'A.T.*

Il calendario liturgico dell'A.T. comprende anzitutto una rigida gerarchia delle ricorrenze festive. Il calendario liturgico arcaico di *Lev* 23 stabilisce così la dignità di esse in ordine di subordinazione: I) il sabato settimanale, la festa principale (vv. 1-3); II) secondo la decorrenza annuale: la pasqua (vv. 4-8); l'offerta del primo manipolo di grano (vv. 9-14); la pentecoste (vv. 15-22); il capo d'anno (vv. 23-25); l'espiazione (vv. 26-32); le capanne (vv. 33-43). Le capanne, o tabernacoli, sono la festa principale tra quelle annuali, non la pasqua.

Il sistema sacrificale nel santuario è previsto come quotidianità, e come corrispondenza alle singole celebrazioni. Contiene le rubriche principali *Num* 28,1 - 29,39, in un ordine inderogabile (*Num* 29,39), che si conservò fino a che esistette il tempio:

il sacrificio *tamîd*, "perenne", si offre ogni giorno la mattina alle 9 e la sera alle 15. Esso era stato prescritto al Sinai (*Num* 29,6), e precede per importanza ogni altra forma sacrificale, della comunità e di privati. Comprende 2 agnelli perfetti, con offerta di farina e olio, e libazione di vino (vv. 1-8);
i sacrifici eventuali: per la neomenia (*Num* 28,9-15); per la pasqua (vv. 16-25); per le primizie (vv. 26-30); per il capo d'anno (*Num* 29,1-6); per l'espiazione (vv. 7-11); per le capanne (vv. 12-38).

Per la pasqua si doveva quindi prima procedere nel santuario a un «accumulo sacrificale», dovendosi offrire prima di tutto il *tamîd*, poi il sacrificio pasquale. Ma se era sabato l'accumulo era maggiore, e così si avevano *tamîd*, sacrificio sabatico, infine sacrificio pasquale. Se però la pasqua cadeva di sabato, e il sabato era una neomenia, l'accumulo era enorme poiché si avevano *tamîd*, sacrificio sabatico, sacrificio per la neomenia, alla fine il sacrificio pasquale. Era il caso di quel Venerdì della Passione, che introduceva al sabato.

Nei particolari, al sabato si offrivano 2 agnelli perfetti, farina e olio, e libazione di vino (*Num* 28,9-10). Per la neomenia, 2 vitelli, 1 ariete, 7 agnelli perfetti, farina e olio e libazione di vino, e un capro per l'espiazione dei peccati (*Num* 28,11-14).

La pasqua cominciava al 14 di *Nisan*, il 15 era solennità "venerabile e santa" (*Num* n lin28,15), e il 7° giorno era «celeberrimo e santo» (*Num* 28,25). Dopo il *tamîd*, e gli altri sacrifici secondo l'occorrenza, in ciascuno dei 7 giorni si offrivano l'incenso, 2 vitelli, 1 ariete, 7 agnelli perfetti di 1 anno (v. 19), 3 oblazioni di farina con olio e libazione di vino per ciascun vitello, l'ariete e ciascun agnello (vv. 20-21), e infine il capro per il sacrificio d'espiazione per i peccati (v. 23).

Nel tempio avveniva quindi una festa immane.

Va annotato che quel Venerdì santo si offrì il *tamîd*, ma era già sabato, e neomenia, e pasqua. Si pensi all'enorme accumulo sacrificale di che poté avvenire in quel giorno in cui si consumò il Sacrificio del Signore sulla Croce santa.

*4. I resoconti storici*

Qui si nota anzitutto che esistono rari resoconti storici di quando e come avveniva e avvenne il sacrificio per la pasqua nel santuario. Anzitutto la grande celebrazione del re Ezechia (721-693 a.C.) dopo anni d'abbandono della pratica, nel resoconto di 2 *Cron* 30,1-27; v. 1, «nella casa del Signore»; vv. 2 e 5, «fare la pasqua per il Signore Dio d'Israele»; v. 15, come sacrificio nel tempio; v. 17, i leviti sacrificavano le vittime; v. 18, mangiarono il sacrificio. Poi la c. d. «pasqua ecumenica» di Giosia (638-609 a.C.), nel momento in cui il regno settentrionale era stato lasciato libero dagli Assiri in crisi politica e militare: 2 *Re* 23,21-23, con i paralleli in 2 *Cron* 35,1-19: v. 1, immolarono il sacrificio; v. 6, la prescrizione dell'immolazione; v. 9, sacrificio di 5000 agnelli e 500 bovi; v. 11, immolarono il sacrificio; v.13, arrostirono le vittime nel santuario, nei vari modi prescritti; v. 14, i leviti offrivano gli olocausti e il grasso prescritto; v. 16, offrivano gli olocausti. Infine con Esra, al ritorno degli esuli dall'esilio babilonese, terminato il tempio (*Esr* 6,13-18), quando finalmente vi si può offrire di nuovo il sacrificio di vittime prescritto (*Esr* 6,19), che immolarono (*Esr* 6,20) e mangiarono comunitariamente (*Esr* 6,21).

*5. Gli agnelli pasquali non sono sacrificio*

La pasqua si celebrava quindi essenzialmente nel tempio. Essa non è la festa principale del calendario ebraico, che invece, dopo il sabato, è le capanne. Restava la celebre prescrizione di *Es* 12 sugli agnelli, che si dovevano mangiare in stato di purità, in famiglia, pena l'estirpazione dal popolo. Ma si trattava solo di un rito familiare, un memoriale, certo con la sua solennità grande, la sua suggestività. Si deve precisare che oltretutto non esiste l'«agnello pasquale», ma solo gli agnelli pasquali, uno per ogni gruppo familiare. Inoltre, il sangue degli agnelli per un'unica volta fu spalmato sulle imposte delle case degli Ebrei in Egitto come "segno" protettivo contro l'Angelo sterminatore (*Es* 1,22-23), e poi mai più usato. Quindi, degli agnelli pasquale non avveniva, e non poteva avvenire un *sacrificio*, e il motivo e spiegazione di questo, che toglie via ogni dubbio, è che il sangue degli agnelli non era offerto al Signore nel santuario. Infatti, come informano le fonti rabbiniche (*Mišnah*, trattato *Pesahim*), per evitare forme larvate di idolatria con l'uso del sangue, era stata resa obbligatoria la mattazione degli agnelli pasquali nel tempio, ma sempre dopo i prescritti sacrifici pasquali, e il sangue degli agnelli era versato in un foro accanto all'altare che lo faceva defluire, ma non era spalmato sull'altare. La carne dell'agnello doveva essere mangiata non nel tempio, come il sacrificio, bensì in famiglia, dove proprio gli azimi sono materia principale. Non per nulla ancora nell'uso ebraico, con le tradizionali 4 coppe di vino.

## C. Cristo Signore «l'agnello di Dio»

### 1. Cristo Signore è il Sacrificio, non è la "pasqua"

Cristo Signore non è e non può essere «da pasqua nostra», né di altri. Il suo Sacrificio unico e irrepetibile, «offerto immacolato al Padre nello Spirito eterno» (*Ebr* 9,14), è certo di se stesso, in quanto solo Lui è «l'*Amnós toú Theoú*, l'Agnello di Dio che porta il peccato del mondo», il Servo sofferente (*Gv* 1,29.36). Questa proclamazione di Giovanni il Prodromo e Profeta e Battista è una citazione relativa all'*Amnós* che è il Servo sofferente di *Is* 53,7-8, che innocente e silenzioso è portato all'uccisione. Si noti che non si tratta delle migliaia di agnelli pasquali, ma dell'Unico Agnello di Dio. Egli con l'offerta volontaria della sua vita al suo Signore e Dio redimerà tutti gli uomini peccatori, avendo «posto la sua anima (= vita) quale espiazione», così che la sua morte sacrificale è unica e definitivamente redentrice (*Is* 53,10-12). Così il Figlio ha adempiuto l'intero Disegno del Padre nell'immediata e personale e cosciente obbedienza *filiale* alla Volontà paterna. Ribadisce tutto questo S. Cirillo Alessandrino, *In Giovanni* 2, che commenta *Gv* 1,29, in *PG* 73,192 A - 193 A. Ma già un maestro incomparabile come Origene, *Sulla Pasqua* 1,12-14, aveva visto bene questo, anche se nel seguito di questa sua opera, suggestionato dalla teologia dell'Asia minore, torna a parlare dell'agnello pasquale.

È singolare e significativo che nel N.T si abbiano solo 4 usi di *Amnós*, con *Gv* 1,29.36; *At* 8,32; 1 *Pt* 1,19, tutti riferiti a Cristo Signore. Anzi, il testo tardivo che è l'*Apocalisse* (verso l'anno 96 d.C.?), per togliere ogni equivoco, chiama il Risorto sempre con il titolo, altamente simbolico, di *arníon*, il maschio della pecora e capo del gregge (*Ap* 5,6.8.12.13; 6,1.16; 7,9.10.14.17; 13,8; 14,1.4 (2 volte).10; 15,3; 17,14), e Lo indica come lo Sposo pronto per le Nozze con la Sposa preparata (19,7.9; 21,9); come Capo degli Apostoli (21,14); è il Tempio eterno con il Padre (21,22), e la Luce eterna con il Padre (21,23), il Possessore del Libro della Vita (21,27), nell'unità consustanziale con il Padre, simboleggiata dall'unico Trono della gloria (22,1.3), e finalmente con il Padre è oggetto del culto celeste cosmico eterno dei suoi servi (22,3).

*2. Valori e funzioni del sangue sacrificale*

Dall'analisi dei testi biblici dell'A. e del N.T. si possono individuare alcuni valori simbolici del sangue, con le loro funzioni e conseguenze. Si tratta di valori "misterici" sacramentali. Qui si usano il suggestivo linguaggio teologico dei Padri greci, e la sua traduzione.

*I) Per l'A.T. La necessaria fonte e base di partenza.*

- a) Valore *di preservazione*: il sangue "respinge" (valore "apotropaico", dal greco *apotrépô*, respingere via) il male, la morte che incombe, si interpone e respinge l'avversità, ne preserva, come fu per gli Ebrei nella notte della pasqua, quando passò l'Angelo sterminatore ed essi furono risparmiati;
- a) valore *di purificazione* (o catartico, dal greco *katharóô*, rendere puro): poiché in quanto vita creata pura, santa e innocente dal

Signore, e da Lui donata, il sangue deterge, lava dal peccato, rende puri; si rileggano qui le note proprie del sistema dell'offerta sacrificale viste sopra;
b) valore *propiziatorio* (o *ilastico*, dal greco *hiláskomai*, propiziare): poiché il sangue, in quanto restituito sotto forma rituale al Signore, propizia la sua benevolenza;
c) valore *riconciliatorio* (o *catallattico*, dal greco *katallássô*, riconciliare, *katallagê*, riconciliazione): poiché il peccato è lontananza dal Signore, la riconciliazione purificando riaccosta i fedeli al favore divino, alla santità divina;
d) valore di *comunione* (o *koinonico*, dal greco *koinônía*): poiché il sangue come vita donata dalla Vita divina stessa, attrae alla comunione con il Signore, fa "consanguinei" con Lui, rende "parenti" con Lui; si pensi qui al sangue dell'alleanza;
e) valore *vivificante* (o *zoopoieico*, dal greco *zôê*, vita, e *poiéô*, fare): per il fatto stesso che «il sangue è la vita dei viventi» (*Lev* 17,11), supremo dono divino;
f) valore *consacratorio*:(o *telestico*, dal greco *teleióô*, rendere idoneo): per il santuario, per i sacerdoti (*Es* 29; *Lev* 8) e i leviti;
g) valore *santificante* (o *agiastico*, dal greco *hagiázô*, santificare): poiché il sangue dona, o restituisce se si è perduta, la Santità - Vita, che è il proprio della divina Esistenza.

L'accumulo di questi temi teologici, tutti ripresi nel N.T., è impressionante.

*II) Per il N.T.*

Qui sono presenti e posti in funzione anzitutto i valori del sangue visti adesso. Tuttavia, nella visuale del rapporto tra A.T. e N.T., che è coestensivamente continuità, rottura e superamento, sono introdotti in più i valori dell'adempimento propri dell'Economia ultima del N.T. Essi sono:
a) il valore della *Bevanda divina*, che viene dalla Croce e dalla Coppa della salvezza; si noti qui l'orrore per il sangue, proprio dell'A.T., perché esso era bevuto nei sacrifici delle religioni

circostanti

b) il valore di *partecipazione alla morte di Croce*; con il valore della redenzione e santificazione dei fedeli (*Ebr* 10,5-14)
c) il valore del *memoriale del Signore* morto e risorto;
d) il valore della *divinizzazione*.

Solo Cristo Signore porta nel N.T. tutti e per intero tali valori salvifici. Quale mai "altro" dei tanti agnelli della cena pasquale ebraica avrebbe potuto e potrebbe? L'autore dell'epistola agli *Ebrei* esclude da tale funzione le stesse vittime nel santuario, ben più importanti degli agnelli pasquali (ad esempio, *Ebr* 9,11-14).

Infatti Cristo Signore non venne affatto per «attuare la pasqua», bensì l'intera Economia del Padre preparata nell'A.T. Il suo Mistero nello Spirito Santo comprende la sua Incarnazione e la sua Vita tra gli uomini e la sua Morte e la sua Resurrezione e la sua Ascensione e il dono del suo Spirito Santo, e la promessa del suo Ritorno glorioso, il complesso di eventi che i Padri chiamavano l'«Incarnazione storica», e che trascendono infinitamente la tipologia di necessità ristretta della pasqua ebraica, pur di suggestivo valore.

Perciò la Chiesa degli Apostoli aveva sperimentato e sapeva e predicava che morendo e risorgendo il Signore quale Resto santo del popolo di Dio, quale Protagonista, aveva adempiuto il *sabato*, e ormai aveva aperto la via al Riposo sabatico eterno (*Mt* 11,28). E insieme aveva adempiuto l'intero sistema delle feste dell'A.T. nei loro contenuti storici e teologici: la *pasqua* ma del Signore tra il suo popolo, aprendo la via all'esodo ultimo verso la patria; la *pentecoste*, donando il suo Spirito; il *capodanno*, assegnando agli uomini la sua medesima sorte; e il *Kippûr*, sancendo la redenzione espiatrice le *capanne*, sancendo l'alleanza nuova nel suo sangue, ponendosi come *Luce del mondo* (*Gv* 8,12) e donando l'*Acqua della Vita*, lo Spirito Santo atteso (*Gv* 7,37-39); la *dedicazione* del tempio, ponendosi come il *Tempio nuovo* (*Gv* 1 2,18-22).

La generazione apostolica perciò celebrava il Signore con un'unica Festa, «il Giorno del "Signore Risorto"» o Domenica (1 *Cor* 16,1-2; *At* 20,7-11; *Ap* 1,10). E non ebbe bisogno di "altre" feste. Vedi qui il Cap. 7. E questo regime chiaro e incisivo durò in tutte le Chiese fino a dopo la metà del secolo 2°.

## D. L'autoinganno del 2° secolo

Si deve allora spiegare in breve come avvenne che in modo assai strano nella prassi, nel linguaggio, nella dottrina delle Chiese irrompessero fenomeni prima sconosciuti, che da Cristo e dagli Apostoli sarebbero stati rigettati: la "pasqua" e la "pasqualità" e tutte le fantasie annessevi e conseguenti. Alcune Chiese di "entusiasti" in Asia minore, rifacendosi ad una supposta «tradizione apostolica» (giovannea), e così distinguendosi, opponendosi e dissociandosi da tutte le Chiese che seguivano l'unica Tradizione divina apostolica, dopo la metà del secolo 2° pensarono di poter scindere il Mistero di Cristo, dimenticando che la Chiesa può fare solo "anamnesi" del Signore morto e risorto, come ancora fa la Divina Liturgia, e non prima del Signore morto e poi del Signore risorto. Comunque, quelle Chiese procedettero così: a) considerando erratamente la pasqua come la maggiore festa ebraica, si diedero a celebrare la Passione del Signore facendola cadere con la pasqua ebraica, al 14 di *Nisan*, che poteva avvenire in qualsiasi giorno della settimana, e quel giorno leggendo la pericope degli agnelli pasquali di *Es* 12; si interpretava così come se Cristo sofferente fosse uno dei tanti agnelli pasquali, realizzatore dell'inesistente "sacrificio" degli agnelli pasquali. Sopra si è esposto e dimostrato che gli agnelli pasquali non sono sacrificio; b) quindi alla Domenica successiva celebravano la Resurrezione. Ma allora, se avessero considerato come feste principali la pentecoste, avrebbero detto «mistero pentecostale», se le capanne, «mistero tabernacolare», se il sabato, «mistero sabatico», se il giubileo, «mistero giubilare», e così via.

Comunque, di lì venne anzitutto un'incoerente e fumosa interpretazione "pasquale" dell'Evento unico di Cristo Risorto; poi si aprì la via per la "riebraizzazione" dell'Anno liturgico, con il «ciclo pasquale», e via via le molte altre "feste" (fenomeno che sarà sistemato in sostanza verso l'inizio del sec. 5°, e tuttora non si arresta, in continue *innovationes*), mentre fino ad allora tutte le Chiese seguivano l'unica regale «linea delle Domeniche» che conduce dalla Pentecoste alla Parusia.

Le Chiese reagirono a questa indebita *innovatio* (mutazione in peggio) contro la dottrina e la prassi degli Apostoli, purtroppo restata fino ai nostri giorni. Come narra Eusebio nella sua *Storia ecclesiastica*, Roma minacciò di scomunicare quelle Chiese, vi fu l'intervento pacificatore di S. Ireneo di Smirne, e si venne al compromesso: anche le altre Chiese accettarono di celebrare la «"pasqua" annuale», ma alla Domenica, secondo il calendario equinoziale, dando vita così alla celebrazione della Passione al Venerdì santo.

Solo qualche decennio dopo si diffuse nel mondo cristiano l'ideologia "pasquale", in omelie e trattati dei Padri. E una volta l'anno si scisse l'Anno liturgico con quel "ciclo" che va dalla Quaresima alla Pentecoste con la "Pasqua" al centro, circa 14 (in seguito, 17) Domeniche estrapolate dal corso regolare delle Domeniche che formano l'Anno liturgico. Se si pensa che nel frattempo si ebbero le "feste" che spesso prevalgono sulla Domenica e l'aboliscono, e che dopo il 6° secolo si ebbe anche il «ciclo natalizio», con circa altre 6-8 Domeniche egualmente deviate dal loro corso regolare, allora si deve tornare a contemplare la dottrina e la prassi degli Apostoli e delle prime Chiese. Qui si scopre, pur sapendo che «indietro non si torna», che tutto questo va contro la Rivelazione divina. E se fu creduto un progresso spirituale, si cadde in crassa falsità e inganno.

## E. Conclusione malinconica: una «malattia del linguaggio» cristiano

Paolo con un grido in cui vibra la sua anima mossa dalla sua fede soprannaturale afferma in 1 *Cor* 15,12-13 e 20:

*Se si predica che Cristo fu risvegliato dai morti,*
*come dicono alcuni che non esiste resurrezione dei morti?*
*Se resurrezione dei morti non esiste, neppure Cristo fu risvegliato,*
*Ma se Cristo non fu risvegliato, vuota è quindi la predicazione nostra,*
*vuota anche la fede vostra...*
*Ma ora, Cristo fu risvegliato dai morti, Primizia dei dormienti!*

Ci si deve chiedere, due millenni dopo, se la predicazione della Chiesa e la fede dei fedeli pongano e tengano saldamente al centro Cristo Signore con la sua Resurrezione. Come è professato dal "Credo" battesimale. Il che significa: si considera al centro l'opera del Padre sul Figlio con lo Spirito Santo, e poi sugli uomini? L'«ottica della Resurrezione» è posta a fuoco? E la «logica della Resurrezione» è il nucleo propulsivo dello stesso pensiero cristiano? Senza la Resurrezione, la fede divina cristiana non rischia forse di diventare una "religione" umanista, dove prevalgono un certo moralismo più o meno naturale, e così una certa psicologia religiosa e un certo sociologismo? E infine: i Martiri gloriosi non morirono nella fede al loro Signore Risorto e nella speranza della beata resurrezione?

Rispondere è triste, anche senza fare processi per colpe. È rilevato da più parti che la Resurrezione del Signore nostro nello Spirito Santo per la gloria del Padre e per l'umana redenzione da molti secoli non è più il centro della predicazione, e della teologia, e neppure del senso liturgico comune. Ora, predicazione e teologia e senso liturgico se discentrati sono malati, avendo prodotto una terminologia, discentrata e malata, e poi da questa essendo determinati anche senza saperlo: «dimmi come parli, e ti dirò chi sei». Qui almeno i Riti orientali un poco si salvano, perché, pur usando il linguaggio "pasquale", tuttavia preservano gelosamente la Resurrezione, e il saluto è «Cristo resuscitò!», e la Domenica è chiamata "Resurrezione" ed è celebrata da lunghe ufficiature di Resurrezione; e al Mattutino delle Domeniche leggono sempre in successione gli «11 Evangeli della Resurrezione».

Ora, per i motivi inoppugnabili che vengono dalla Rivelazione divina, come si è esposto, in regime cristiano i termini "pasqua" e "pasquale" e simili non hanno fondamento, sono discentrati e malati. A guardare bene, essi si sono sostituiti al senso liturgico, alla predicazione, alla teologia e al linguaggio del N.T., e hanno portato a una mentalità e a un linguaggio che deviano in modo aperto dal centro e dalla pienezza della fede. Si pensa, si dice, e si scrive e si cicaleccia ormai solo «mistero pasquale», «Cristo pasquale», "pasqua", «Domenica di Pasqua», «gioia pasquale», «pasqua annuale», «Pasqua domenicale» e simili, e ci si compiace che questa vuotezza totale risuoni nelle orecchie. Linguaggio che elimina quello biblico, quindi è falso e vuoto, non dice quello che annuncia il N.T. Se poi si interroga anche qualcuno dei rarissimi competenti su che cosa si intenda per «mistero pasquale», subito risponde: Passione, Morte e Resurrezione. In genere si escludono l'Ascensione, la Pentecoste, la Parusia, e l'Incarnazione, e la Nascita e la Vita tra gli uomini, precisamente quanto i Padri, come si è accennato sopra, considerano l'«Incarnazione storica», e che per il N.T. è semplicemente il «Mistero di Cristo», di Cristo *Risorto*.

Di certo, celebrare l'integrale Mistero di Cristo nei suoi "varchi", che sono gli episodi della sua Vita, con la «selezione per accentuazione», è legittimo, e se bene spiegato nella mistagogia al popolo, è anche utile. Ma questo portò i suoi pericoli di frazionismo e di gerarchia, e così nella psicologia popolare la festa principale dell'anno resta sempre il Natale (con i suoi lustrini e i barbarici alberi di Natale). È stato notato che le devozioni popolari del medio evo, dovute a correnti religiose, e che in gran parte giungono fino a noi, accentuavano la nota della sofferenza e della morte, ma non guardavano mai alla speranza della Resurrezione, e perciò la pia pratica della *Via Crucis* finiva con la sepoltura del Signore. E i crocifissi, che in un certo modo fissano il Signore nella morte, creando grave equivoco sostituirono del tutto la Croce quale "segno" della Resurrezione. E la dogmatica della redenzione dissertava per secoli fino a noi su redenzione e sangue e salvezza portata da Gesù crocifisso, senza mai citare la Resurrezione. Ma allora invano Paolo ha urlato al mondo che «Cristo fu consegnato (alla morte dal Padre) a causa delle nostre colpe, e (dal Padre) fu risvegliato per la giustificazione nostra» (*Rom* 4,25). E del resto lo stesso Concilio di Trento in questa direzione non nomina mai la Resurrezione. E «la Pasqua» fu confinata a una Domenica dell'anno, un poco più solenne per il "folclore" di primavera (equinozio) che la circondava. E la Domenica fu sottoconsiderata, e ridotta quasi solo al riposo settimanale e all'obbligo di "ascoltare" la Messa.

Perciò negli anni '50 fu una vera e improvvisa bomba la restaurazione della Vigilia solenne della Resurrezione che volle Pio XII di venerata memoria. E in campo teologico fece clamore, purtroppo spentosi abbastanza presto, e fu salutata come un evento la benemerita opera di F.-X. Durrwell, *La Resurrection de Jésus mystère de salut* (1950), che ebbe molte edizioni successive e traduzioni, e fu considerato un vaticinio, perché profetizzava, forse con troppo ottimismo, che il recupero della teologia e della «spiritualità della resurrezione» sarebbe stata la riscoperta del secolo. In realtà, da tempo immemorabile e ancora oggi non si dice e non si scrive, e non si predica più in modo corrente, assiduo, insistente, secondo il N.T.: Gesù Cristo Signore Risorto, Resurrezione, Domenica di Resurrezione, Resurrezione (celebrata in forma) annuale, Mistero di Cristo, gioia della Resurrezione. Perfino le traduzioni liturgiche fanno dire al celebrante inconsapevole: «nel giorno (ma quale?) in cui Cristo ha vinto la morte e ha donato a noi la vita immortale», dove si poteva proclamare: «ha vinto la morte e *risorgendo* ha donato la Vita immortale». Ma questo non sta nel pensiero, e quindi non passa nell'espressione. Adesso si è passati allo strafalcione da imbonitori che la Domenica è la «Pasqua settimanale», e dunque che si ha la «Pasqua domenicale»; e questo rischia di passare in qualche testo liturgico. È un capolinea.

Si tratta di un capitolo interessante, anche se triste, delle «malattie del linguaggio» cristiano in senso proprio. Si possono citare esempi frequenti di malattie del linguaggio cristiano. Due stanno in bella mostra nel solo «Padre nostro», dove «come noi rimettiamo» suona nell'originale greco «come noi già *rimettemmo*»; e «liberaci dal male» generico e indifferenziato è invece «liberaci dal *Maligno*», il che molto ha contribuito a non far avvertire la presenza ossessiva del diavolo nella vita degli uomini. Si dice "natura" invece di *creazione* del Signore (come fece rilevare Romano Guardini). Si dice «salvezza dell'anima», e non *"divinizzazione"*, il vero statuto divino finale degli uomini. E si dice sempre più Maria Madre della Chiesa (e di molti altri aspetti, è una moda), che non esiste mai nella Tradizione, e sempre meno Maria Madre di Dio, che è un pilone essenziale della Tradizione. E riemerge «corpo mistico» nel senso equivoco dei secoli passati, invece di «corpo di Cristo», corpo del Mistero, che viene dal N.T.

Il problema è riconoscere di essere malati, allora si può guarire. Anche nel campo formativo, in bene e in male, del linguaggio.

## II. Verso La Resurrezione la Profezia: l'A.T.

L'A.T. è la divina Parola, coestensivamente storica, profetica e sapienziale (sopra, Parte I, Cap. 6, n. 1-5), che anche in questo corrisponde perfettamente al N.T. L'A.T. è la progressiva manifestazione del Disegno divino, la Rivelazione di misericordia via via annunciata e già divinamente, inizialmente attuata. Esso è Fatto storico. E «storia santa», già percepibile e sperimentabile, di fatto allora sperimentata, ascoltata, vissuta, celebrata per proseguire a viverla. E portatrice efficace dell'inizio della Pienezza, la quale da essa doveva scaturire, e che il Signore con sapiente e irremovibile certezza conduceva al suo epilogo con il Figlio e con lo Spirito Santo. Così l'A.T. contiene in realtà e per intero la Potenza divina che realizza quanto concepisce, vuole e decreta. Per questo il N.T. rinvia all'A.T. come alle sue «Sante Scritture».

Le 7 pericope dell'A.T. lette questa Notte, con i rispettivi Salmi che accolgono cantando la loro lettura al popolo, formano perciò un'imponente, mirabile «teologia della storia». Sotto il segno grande e unico della Resurrezione, che è escatologia, ultimezza attuante, si può e si deve ancora una volta esercitare la «lettura corsiva», dall'inizio alla fine per tornare all'inizio. Tutto appare così "nuovo" e tutto così "ultimo": la creazione, Isacco, l'esodo, l'alleanza nuziale, il convito finale, la visita della Sapienza, l'alleanza "ultima" (detta "nuova", che non significa mai "altra", bensì la medesima rinnovata divinamente).

Se la causa ultima di tutto questo è la Resurrezione, la causa iniziale affinché tutto questo diventi «nostro» è la santissima Iniziazione, come ripresenta l'Apostolo di questa Notte. E il punto prezioso di congiunzione sta precisamente nell'opera dello Spirito Santo, il quale coopera con il Padre e sia resuscita il Figlio dai morti, sia «fa con-morire e con-risorgere e con-vivifica e con-intronizza e con-glorifica e con-divinizza» con il Figlio di Dio.

*Proprio per questo va detta qui una parola ancora sul malcostume ormai imperante riguardo la celebrazione della Veglia della Resurrezione. I sanissimi principi che hanno animato la riforma della Chiesa Madre sempre amante, celebrare in modo esemplare la Resurrezione del Signore, sono frustrati da molti abusi: a) quanto all'orario, l'anticipo della Veglia, con vari pretesti, a metà pomeriggio, comunque ore prima delle 23, l'ora ideale; b) quanto al luogo, l'ardire protervo di celebrare assurdamente più Veglie nella medesima chiesa, c) quanto alle persone, restringersi a gruppi scelti, chiusi e cupi, escludendo il vero popolo di Dio; d) quanto ai contenuti, omissione delle Letture, per «fare presto», e magari andare in qualche cappellania a celebrare «altre Veglie» e simili. Ora, le rubriche, sempre intelligenti, prevedono i casi gravi in cui possono omettersi le Letture dell'A.T.: terremoti, inondazioni, calamità pubbliche, rivoluzioni... Ma nelle nostre comunità, dove si ha questo? Non è mai lecito perciò omettere le Letture dell'A.T. Se si fa, si vuole allora punire il santo popolo di Dio il quale così non ascolterà mai più il Disegno divino, né ascolterà l'unico motivo della sua fede e della sua speranza, non sarà invitato in risposta a cantare «che il Signore è Buono, e in eterno è la Misericordia di Lui» (Sal 117,1, vedi sopra). La pastorale seria e la teologia sono sorelle del medesimo sangue.*

## 1. Gen 1,1 - 2,2

La «prima creazione» (*Gen* 1,1- 2,4a) e la «seconda creazione» (*Gen* 2,4b-25) furono poste con sapienza come «portico della Scrittura». Solo la Rivelazione biblica fa conoscere la creazione divina, operata dal Signore Personale e Unico. E proprio la creazione e la Resurrezione sono i due nodi della nostra fede, sempre respinti, già in antico, dalla mentalità di tinta platonica, e dalla sua conseguenza secolare, l'ateismo. Invece proprio sulla creazione e sulla Resurrezione, l'asse portante della Rivelazione salvifica ebraica e cristiana, occorre che si insista di continuo, con pazienza ma irriducibilmente.

La pericope di *Gen* 1 è un grandioso poema. Il testo stesso la definisce come «le genealogie del cielo e della terra» (2,4a), ossia di quanto esiste e prende forma e sostanza dall'atto dell'Amore creante. I momenti che si succedono sono scanditi con solennità. Non a caso il testo è attribuito alla «tradizione sacerdotale», perciò è ieratico, ha il ritmo di una processione gioiosa che si arricchisce di partecipanti fino alla celebrazione che si attua insieme al Signore, che a suo modo celebra il «suo sabato» (2,3). Perciò il testo va proclamato in modo solenne, lento e alto.

Il Creatore irrompe dall'inizio nello spazio-tempo che crea. «Dal principio», essendo l'Unico Principio Egli stesso, «crea il cielo e la terra», dualità che significa "tutto" (v. 1,1). È il Principio creatore, la Sapienza creatrice. È Dio Principio, che è insieme Sapienza, Parola e Spirito. Lo Spirito creatore è pronto all'opera, come un'Aquila divina che aleggia sul nido che ha preparato, il «suo nido» (v. 1,2).

E Dio parla. Presente e operante, con sovrana facilità pronuncia quanto pensa, il termine *'âmar* in ebraico significando insieme pensare - parlare - effettuare. Ecco la Parola: «Esiste la luce!», e la luce esiste (v. 1,3), riflesso della Luce increata, "vita" quale segno della Vita divina stessa (sempre Luce = Vita). Dio si compiace che la luce è buona, ogni sua opera è buona, «compisti tutto con Sapienza (e) Amore!», canta il Salmista (*Sal* 103,24), e perciò «gioisce il Signore delle opere sue!» (103,31). Così il Signore separa la luce e le tenebre, opera fondamentale, che annulla dall'inizio il caos (v. 1,4), e ai due elementi dà anche il "nome", che significa dare "esistenza". Così pone nel suo ordine il 1° giorno (v. 1,5).

Il 2° giorno è ancora «di separazione», per cui il cielo divide le acque superiori (secondo la concezione antica, i grandi serbatoi in alto) dalle acque inferiori visibili. Il cielo è "firmamento", saldezza dell'opera, inizio dell'ordine. Come cede alla luce, così il caos scompare di fronte a questo mirabile ordine architettonico (vv. 1,6-8).

Ancora "separazione" ordinata al 3° giorno: tra le acque e la terra ferma, a cui Dio dà i nomi, terra e mari. E vede che «è buono», è bello. E su questo prosegue la creazione della vegetazione sulla terra, nelle specie diverse e mirabili, che possono riprodursi. Dio vede che anche questo «è buono» (vv. 1,9-13).

Manca ancora qualche elemento al *kósmos*, l'ordine. Ed ecco i luminari del cielo, quello grande, il sole, quello piccolo, la luna, principio mirabile delle stagioni; e poi le stelle. Ancora "separazione" della luce dalla tenebra, in modo però ordinato. Anche questo è contemplato da Dio ed è trovato "buono". È completato il giorno 4°, il centro della creazione (vv. 1,14-19).

Il Disegno del sapiente Architetto divino prosegue al 5° giorno, con gli animali, i viventi del mare e del cielo, mirabile proliferazione. Il Signore vede ancora una volta che tutto questo «è buono», e adesso parla la Parola della benedizione, con cui afferma la sua sovranità, il suo possesso inalienabile, la sua cura provvidenziale (vv. 1,20-23).

All'ultimo giorno della creazione, il 6°, avvengono fatti ancora più mirabili. Anzitutto, gli animali della terra, selvaggi e domestici, con le loro specie, e la loro capacità di riprodursi. Un'altra visione magnifica per varietà e bellezza: e Dio la giudica "buona", nei vari ordini ed equilibri ancora non turbati. La vita da adesso si moltiplica e pullula sulla terra intera (vv. 1,24-25).

E finalmente il capolavoro. Dio prende un attimo consiglio: «Adesso vogliamo fare l'uomo». Come? La luce dalla Parola, dalla Parola le varie "separazioni" e ordinamenti, e poi la vita del cielo e del mare, infine della terra, «dalla terra». Tuttavia, Dio trae l'uomo, per così dire, dal suo pensiero, dal suo cuore: «A immagine nostra, secondo la somiglianza nostra» (v. 1,26a). In un certo senso, l'uomo è come una statua vivente, che manifesta il divino inimitabile Prototipo. Dio esiste, è Sovrano, crea, dialoga con Se stesso, si pone in relazione con le creature, le vede, le trova buone, le benedice. Come Egli è nel cielo, l'uomo dovrà essere sulla terra. L'uomo adesso esiste, è il piccolo ma grande sovrano che deve dominare la terra (v. 1,26b), deve proseguire la creazione per quanto gli compete, deve contemplare le creature, trovarle buone perché provenienti dal suo Dio, deve benedirle, entrare in qualche modo in comunione con esse.

Dio opera subito. Crea l'immagine e somiglianza sua:

*ad immagine di Dio lo creò,*
*maschio e femmina li creò.*

Il verbo *barâ'*, creare, gesto propriamente divino, onnipotente, sovrano, unico, è usato dall'Autore sacro solo come atto di Dio. In tutta la Scrittura. Dio crea l'uomo di persona. Nella specificazione mirabile di maschio e femmina indica a) la consustanzialità tra i due; b) l'unicità dell'immagine e somiglianza; c) «immagine e somiglianza di Dio» è «l'uomo e la donna», non l'uno senza l'altra e viceversa, come affermerà Paolo (1 *Cor* 11,11!). Immagine e somiglianza, o "icona", creata santa, ma ancora non perfetta, affinché l'uomo collabori con Dio alla propria perfezione (S. Ireneo). Di qui molte conseguenze (vv. 1,26-27).

La prima è che con la benedizione Dio si unisce l'uomo. Poi il mandato divino qualificante: crescere, moltiplicarsi, riempire la terra, dominarla (v. 1,28). Poi la provvidenza, il cibo all'uomo, e il cibo ad ogni animale, nel rispetto del loro ordine (vv. 1,29-30). Il Signore dona sempre «il cibo a tutti» (*Sal* 103,23-28), «il cibo ad ogni creatura» (*Sal* 135,25; 144,15-16), ma specialmente all'uomo e con ogni amore ai poveri (*Sal* 21,27).

Viene la sanzione finale. Con l'uomo, il Signore vede che «tutto adesso è molto buono». Così, il 6° giorno è compiuto, la creazione è perfetta, tutto deve cominciare a vivere ed a funzionare secondo il mandato divino (v. 1,31). Questo è annotato accuratamente (2,1).

Dio adesso può "riposarsi". Non che non operi più, Egli Potenza sovrana eterna, ma riassume la creazione con la benedizione (v. 2,2 e 3a), la santifica, e così la insegna agli uomini. È qui il divino *Sabato* Quiete divina e Riposo eterno, che il Signore celebra, e che offre agli uomini da celebrare con Lui. La creazione è opera sacra. Il mondo è un santuario. La creatura umana è il sacerdote del santuario. I tempi sacri saranno scanditi dalla "settimana", memoriale della creazione per amore. Qui l'uomo «si umanizza», dando culto al suo Creatore, crescendo nella grazia e nella comunione (v. 4).

Cristo Risorto è il Creatore e la Creazione nuova. La caduta rovinosa dell'uomo «immagine e somiglianza di Dio» è annullata. Egli incarnandosi si fa «icona di se stesso» (i Padri), e nella sua Umanità recupera per sempre la santità divina disposta per l'uomo. Nello Spirito Santo diventa l'Icona nuova, «Spirito vivificante» (1 *Cor* 15,45), che comunica lo Spirito Santo, il quale imprime, per così dire, l'«icona di Dio» intatta negli uomini. Gli uomini ormai «sono in Lui creazione nuova », ultima (*Gal* 6,15; 2 *Cor* 5,17), poiché solo Lui è «il Primogenito di tutta la creazione» (*Col* 1,15).

Il *Grande Sabato di Dio* adesso è l'8° Giorno, «il Giorno signoriale», del *Kýrios*, il Signore Risorto, la Festa delle Feste.

Sal *103,1-2a.5-6.10.12.13-14.24-35c, I*

Questo poema, un «Inno di lode», è un'*eulogía, berakah*, una benedizione laudativa, a proclamare la quale l'Orante nella contemplazione della Persona del Signore, dei suoi titoli, delle sue opere, esorta se stesso (v. 1a), terminando il suo canto con la medesima espressione (v. 35c), e formando così l'inclusione letteraria che indica l'omogeneità della composizione.

Il contenuto della lode è esposto lungo il Salmo. Intanto però sale un grido d'ammirazione al Signore, il Dio dell'alleanza (significata dal possessivo "mio"), poiché l'Orante Lo contempla nella sua infinita magnificenza (v. 1b), riflessa in ogni ordine delle realtà create. E anzitutto Egli appare nella continua teofania. Che provoca confessione e riconoscimento universali per la Gloria che di Lui appare (v. 1c; 92,1; *Giob* 40,5), nella forma irraggiante della Luce. Questa avvolge la divina Persona come un manto di gloria permanente, che Lo rivela presente e operante, ma insieme Lo nasconde in modo impenetrabile e perenne all'occhio umano, sia quello che è indiscreto scrutatore, sia a quello umile e adorante (v. 2a; *Ger* 42,12; *Dan* 7,9; *Ab* 3,4; *Mt* 17,2, la Trasfigurazione). La luce è non solo manto, ma è anche inaccessibile Dimora divina (1 *Tim* 6,16).

Il corpo del Salmo è una lunga ammirata esposizione dell'Orante, un poeta, che passa in rassegna le più evidenti opere della divina creazione. Anzitutto, tra l'altro, la stabilità della terra (i vv. 3b-4, qui omessi; anche *Sal* 23,2), la quale non sarà più turbata (v. 5; 118,90;

*Eccle* 1,4). Essa riceve come veste l'abisso immane che la circonda (*Gen* 1,2; 7,19; e *Am* 5,8), con le acque superiori al di là delle montagne (v. 6; *Gen* 1,6-8), anche esse impedite di provocare la rovina degli uomini, salvo che una volta al diluvio antico (*Gen* 6-8).

Nella sua Sapienza il Signore dispone le fonti provvide che scorrono sulla terra (*Sal* 73,15; 77,17; 148,4, chiamate poi alla lode), in magnifici flussi che discendono le valli fino alle pianure fertili (v. 10). Il Salmista contempla anche gli uccelli dell'aria, queste miti creature di Dio ammirate anche da Gesù (*Mt* 6,26), le quali fanno ascoltare il loro canto dai nidi sulla roccia (v. 12). Inoltre l'armonia del creato si rende visibile dalle acque irrigue, che favoriscono di necessità l'abbondanza dei frutti della terra, prodotti dalla divina Disposizione (v. 13), per gli animali l'erba virente (v. 14ab), per gli uomini il pane, il vino, l'olio (vv. 14c-15). Sono qui richiamate le altre opere della creazione (*Gen* 1,29-30; 3,18; *Dt* 11,15; *Giob* 38,27; *Sal* 135,25; 146,8-9).

L'Orante di fatto conosce il testo di *Gen* 1-2, e lo rilegge in poesia accompagnata dal canto. Così può riassumere tutto il quadro operativo della divina creazione, esclamando, rapito dall'ammirazione: Signore, quanto sono numerose le opere tue! (v. 24a). È la medesima ammirazione dell'autore biblico davanti alla «tavola dei popoli» (*Gen* 10), così numerosi, vari, una contemplazione spettacolo straordinaria. L'Orante prosegue la sua esclamazione: «Tutto, Signore, creasti con la Sapienza tua» (v. 24b; *Pr* 3,19), che, come si è detto sopra, è correlata sempre con la Parola e con lo Spirito di Dio. Perciò la Presenza divina pervade la terra, che ne sente il possesso sovrano ma benefico (v. 24c).

Di nuovo l'Orante benedice il Signore, con la splendida esortazione: «Benedici, anima mia, il Signore!» (v. 35c), che richiama l'esordio e completa degnamente il canto di lode.

Il Versetto responsorio è il v. 30, adattato, è l'epiclesi per la Venuta dello Spirito del Signore che opera la creazione nuova.

La lode qui va perciò al Padre che mediante lo Spirito Santo con la Resurrezione del Figlio ha operato la sua Opera delle opere.

## 2. Gen 22,1-18

Il Padre Abramo è scelto e visitato dal Signore, che gli consegna la quadruplice benedizione, per sé, per la discendenza, per la terra, per i popoli (*Gen* 12,1-3; Domenica II di Quaresima, Ciclo A), e lo rende responsabile portatore di essa al mondo. Insieme, gli dona la speranza certa della discendenza benedetta (*Gen* 18,1-15), realizzatasi poi con la nascita d'Isacco (*Gen* 21,1-7).

Il medesimo Signore adesso mette alla prova la fede, la fedeltà, l'amore, la generosità d'Abramo, con una paradossale, seconda vocazione, che sembra annullare l'alleanza già contratta con lui (*Gen* 15 e 17). Il testo dice «dopo (tutto questo, qui in breve richiamato) Dio *tentò* Abramo» (v. 1a; *Dt* 13,3; *Gdt* 8,19.22; *Eccli* 44,22; 1 *Cor* 10,13; *Ebr* 11,17). Ma si sa che il Signore non tenta mai «oltre il potere» degli uomini (*Giac* 1,12-13; 1 *Pt* 1,6-7), anzi così vuole ancora di più stringerli a Lui e santificarli. Perciò alla chiamata: «Abramo, Abramo!», e la risposta docile è: «Sto qui» (v. 1b).

Lo schianto del cuore di padre è percepibile solo nel suo silenzio, quando il Signore annulla d'un colpo ogni sua speranza. La parola che porge ad Abramo è insistita per 4 volte, spietata, senza equivoci: «Prendi *il* figlio tuo, l'unico, l'*agapêtós*, "il diletto", Isacco». Si «prendeva» dal gregge l'agnello scelto, immacolato, perfetto (*Es* 12,3 e 5), e inoltre «maschio», e già il termine minaccia quanto segue. Questo figlio deve essere consumato in olocausto, annullato dal fuoco sacrificale, il suo sangue deve essere offerto sull'altare (*Lev* 1). Il luogo resta per adesso segreto, il Signore poi glielo mostrerà (v. 2). La tradizione in seguito lo identificherà con il Monte Sion.

L'obbedienza del Patriarca è totale, pronta, docile, incondizionata, silenziosa. La rivelazione è di notte. Di notte Abramo parte con Isacco, due servi e l'occorrente per il sacrificio, procede per 3 giorni; poi alza gli occhi e comprende che sta nel Luogo dell'Amore divino (vv. 3-4). Lascia i due servi, procede ancora con Isacco, le legna, il fuoco e il coltello sacrificale (vv. 5-6), in modo puntuale e lucido. Il dialogo straziante tra Isacco e il padre è un modello: Padre, c'è tutto, ma dove sta la vittima? Il Padre può solo rispondere: Dio la vittima provvederà per sé (vv. 7-8). Il dialogo è l'oggetto di una immensa letteratura, dove l'arte si è estesa ad esplorare le intime pieghe dell'animo del padre e del figlio. E geniali pittori fissarono la scena.

Abramo fa sul serio. Prepara tutto, e afferra il figlio «legandolo». È lo stupendo tema rabbinico della *'aqedah*, la «legatura», in forza della quale Abramo, nella sua volontà di ossequio totale al Signore, quella notte oscura ottiene da Lui ogni grazia per il futuro, la redenzione per Israele lungo le generazioni. Il gesto del padre giunge fino ad alzare il coltello per il colpo mortale (vv. 9-10).

Al Signore che legge il cuore basta la volontà espressa dal gesto. Ecco l'Angelo del Signore, ossia una mediazione del Signore stesso, che dal cielo interrompe il gesto sacrificale (vv. 11-12a). E naturalmente fa seguire la necessaria spiegazione: «Adesso so che tu "temi" Dio», vuoi eseguire ogni minima richiesta della sua Volontà sovrana. «Tu non risparmiasti *il figlio tuo, l'unigenito tuo*, per Me» (vv. 12b-13). Abramo scopre che sta lì un ariete, e lo offre in olocausto invece del figlio, e pone nome al luogo: «Il Signore provvederà» (vv. 2 e 8), che resta per sempre sotto forma di «Sul Monte il Signore provvederà» (v. 14).

Non basta. Segue un'altra chiamata dal Signore (v. 15). Il Signore adesso dona la sua ricompensa a tanta fedeltà: «Io giurai su Me stesso - Parola del Signore!» È la Parola irremovibile e fedele. La formula era: «*Haj 'Anî*, Vivo Io!», che significa: «Per quant'è vero che Io sono il Vivente!» Non esiste altra realtà maggiore. Su questo giuramento divino, quanto segue è quasi ovvio: «Tu non risparmiasti *il figlio tuo, l'unigenito tuo*». Perciò adesso il Signore semplicemente gli conferma la benedizione primitiva (*Gen* 12,1-3), reiterata in *Gen* 15,5 (*Ger* 33,22) con la moltiplicazione della discendenza innumerevole (13,16; *Sal* 77,27; *Ebr* 11,12), e il dono della vittoria sui nemici (vv. 16-17; su questa vittoria, *Gen* 24,60; *Mich* 1,9; *Lc* 1,74; e *Mt* 16,18 per la Chiesa). Ma l'insistenza è sempre l'«alleanza di fraternità» di cui Abramo è portatore. Nella sua Discendenza saranno benedette tutte le nazioni della terra (*Gen* 12,3; 18,18; 26,4; *Eccli* 44,22-

25), come si realizzerà a suo tempo, nella Discendenza benedetta, il Figlio di Abramo, il Figlio di Dio (*At* 3,25; *Gal* 3,8.16) (v. 18).

L'applicazione è mostrata splendidamente da Paolo, quando in *Rom* 8,32 afferma che «*Dio non risparmiò il suo proprio Figlio*, ma lo consegnò per tutti noi» alla morte di Croce. Il Padre si provvide della Vittima, l'Agnello che è il Servo sofferente (*Gv* 1,29.36, su *Is* 53,7-8; 1 *Pt* 1,19; *Ap* 5,12), l'Isacco Nuovo Ultimo, il Monogenito (*Gv* 1,18; 3,16), l'*Agapêtós*, «il Diletto», la Discendenza d'Abramo, il Resto (*Gal* 3,16.18), nel quale è redento Israele, e in Israele tutte le genti (*Gal* 3,18), che produrrà la discendenza senza numero, «Primogenito di molti fratelli», tutti conformi alla sua Icona (*Rom* 8,28-30).

Nella Resurrezione, l'Isacco Ultimo, Cristo Signore, si è mostrato come la Vittima efficace, il Vittorioso su tutti i nemici di Dio e quindi degli uomini: il Male, il Peccato, l'Inferno, la Morte (1 *Cor* 15, 26; *Ap* 20,14; 21,4; 2 *Tim* 1,10). Tale è lo stile dell'Agnello immacolato, offertosi al Padre « nello Spirito eterno» (*Ebr* 9,14), a cui il Padre «giurò senza pentirsi»: «Tu sei Sacerdote secondo l'ordine di Malkisedeq - Domina tra i tuoi nemici - Intronizzati alla Destra mia - Io ti ho generato - Oggi» (*Sal* 109,4.2.1.3; 2,7 e At 13,32-33.

Sal *15,5 e 8.9-10.11*, SFI

È un poema dalla forte carica sacerdotale. I vv. 8-11 sono citati nel primo annuncio di Pietro, la mattina della Pentecoste (*At* 2,25-28). Esso infatti parla apertamente di resurrezione.

L'Orante, riaffermata la sua alleanza fedele con il Signore (vv. 1-2) e il contrasto con gli idolatri perduti (vv. 3-4), proclama che solo il Signore è la parte ereditaria che gli spetta (*Sal* 72,26; 118,57; 141,6; *Num* 18,20; *Ger* 20,16; *Lam* 3,24), tratta a sorte dalla coppa favorevole (*Sal* 22,5; *Ap* 14,10). Ora, l'eredità sacerdotale consiste esclusivamente in Dio con il suo popolo (*Dt* 18,2), per dono divino (*Ebr* 1,2). Il Signore stesso dispensa tale dono (v. 5).

Per questo il Salmista adesso rimemora che il Signore era il suo pensiero costante. E del resto sa che Lui stesso sta sempre alla sua destra, protezione potente nella battaglia (*Sal* 108,31; 120,5; 141,5-6), nessuno potrà farlo vacillare mai (v. 8). Di qui la gioia infusa nel suo cuore, il centro della sua esistenza (*Sal* 12,6; 29,12-13). E tale gioia non è tenuta racchiusa gelosamente, ma si esprime nel canto della sua bocca, e forma la quiete beata della sua vita (v. 9): poiché l'Orante sa, e lo dice al suo Signore, che la sua anima non sarà abbandonata da Lui nell'abisso della morte (*Sal* 85,13; *Giob* 33,24-25; *Eccli* 25,4; *Os* 13,14; 1 *Pt* 3,19; 4,2), il Signore non permetterà mai che il Santo suo, il pio e fedele, sperimenti la corruzione finale (*Sal* 36,28; 48,16; 102,4), tema ripreso da Pietro la mattina di Pentecoste (*At* 2,27), e da Paolo in sinagoga (*At* 13,35). Il Signore dona a lui la Resurrezione e la Vita (v. 10).

Ed ecco l'ultima elevazione dell'anima dell'Orante al suo Signore. Questi gli ha rivelato le «vie sue» (*Bar* 3,13-14), che sono i comportamenti per conseguire la Vita. Non solo, ma gli ha donato la Gioia divina del Volto (*Sal* 20,7; 35,9; 64,5; anche 62,6). Che si sperimenta solo nel santuario della divina Presenza, dove la Mano munifica del Signore è larga di delizie nel Convito dell'alleanza, Convito eterno, al quale sono chiamati tutti i figli con il Figlio salvato dalla morte (v. 11).

Il Versetto responsorio, v. 1, è un'epiclesi per essere sempre salvati dal Signore sulla base della speranza dell'Orante, riposta solo in Lui.

Le realtà di questo Salmo si sono avverate nella pienezza letterale dei termini quando Cristo è risorto, l'Eredità conseguita, la Vita recuperata in eterno, la Gioia divina donata nel cuore, il Convito inaugurato.

### 3. Es *14,15 - 15,1*

È il momento più difficile dell'uscita d'Israele dall'Egitto. I carri del faraone lo inseguono, ormai stanno per assalirlo (14,6-10). Il popolo grida a Mosè il suo terrore, e il meschino rimpianto di avere lasciato la terra del benessere, quando erano schiavi ma almeno vivi (vv. 11-12). Mosè li rincuora, promettendo che "oggi" il Signore li libererà e combatterà per loro (vv. 13-14).

Il Signore allora interviene, comanda di avanzare (v. 15), e a Mosè di fendere il mare con il suo bastone per far passare all'asciutto Israele (v. 16). È il medesimo bastone, allora di Aronne, che fece prodigi davanti al faraone (7,10-12); quello che percuoterà la rupe e questa effonderà acqua nel deserto (17,5-6; Domenica III di Quaresima), e che sarà il «segno del Signore» nella vittoria contro gli Amaleciti (17,8-16). Il Signore allora promette tre eventi, indurirà il cuore del faraone, per trarlo alla perdizione con il suo esercito, ed Egli sarà glorificato in questo evento (v. 17). Allora, dice ancora, gli Egiziani "conosceranno" sperimentalmente da questa Gloria «che Io sono il Signore», il Vivente, quello già rigettato dal faraone stesso (5,2), ma che, rivelatosi a Mosè per sempre (3,14), sarà la Vita e la Salvezza d'Israele (v. 18). Come il Signore aveva già preannunciato (7,5).

Poi passa all'opera. L'Angelo del Signore che precedeva Israele (anche 23,20; 32,34; *Num* 20,16; *Is* 63,9) fin dall'inizio dell'esodo (13,21), passa come protettore alla retroguardia, con il "segno" potente della Nube (v. 19), e si pone contro gli Egiziani inseguitori, in modo che questi tutta la notte non possono avanzarsi (v. 20). La Gloria stessa del Signore adesso si manifesta, Luce di notte per Israele, e tenebra mortale per i nemici (anche *Sap* 17,1 - 18,4). Al segno di Mosè con il bastone, il Signore invia un «vento orientale», violento, caldo e secco, che prosciuga il mare durante tutta la notte (v. 21).

Il passaggio appare come due muraglie d'acqua, con l'asciutto in mezzo, dove entra Israele (v. 22), inseguito dagli Egiziani (v. 23).

Ma la notte tenebrosa e mortale è terminata, essa cede al Giorno del Signore. La morte cede alla Vita. Prosegue invece la notte e la morte per i nemici. Il Signore con la Nube e la Colonna di fuoco, dalle quali nascosto sorveglia i nemici, porta la distruzione (v. 24), e sconvolge anzitutto la cavalleria, ponendola in fuga; gli Egiziani comprendono che il Signore combatte per Israele, e cominciano a "conoscerlo" (v. 25). E Lo conoscono completamente, quando Egli ordina a Mosè di far cenno sul mare per comandare che si richiuda

(v. 26).

È l'alba. Mosè esegue le istruzioni divine, il mare travolge e sommerge le truppe nemiche, avvolte nel "caos" antico della morte (v. 27), senza superstiti (v. 28). Nel Giorno della Vita invece Israele giunge alla riva della salvezza(v. 29). Il Signore è il Vittorioso: «Liberò il Signore quel giorno Israele dalle mani degli Egiziani» (v. 30). È il bollettino della vittoria esemplare, che resterà per sempre nella formula solenne dell'alleanza (Es 20,1-2). Gli uomini qui non hanno parte. Anzi di questo, Israele ha la visione nella fede ritrovata, e solo constata la strage dei nemici e la Mano del Signore che grandiosamente ha agito. Perciò «videro, temettero e credettero nel Signore e in Mosè servo di Lui» (v. 31), tre verbi della fede che nasce da ora per sempre. Adesso Mosè con Israele può cantare il salmo della lode, l'inno della vittoria, il «cantico di Mosè», l'inno della vittoria insperata, che resterà perenne in Israele (15,1).

Il fatto storico della liberazione d'Israele è correlato alla Resurrezione del Signore. I nemici l'hanno perseguitato fino alla tomba, e questa pareva rinchiudersi su lui per sempre. Ma la Gloria del Signore, di mattina, apre il Giorno nuovo, dalla morte divoratrice alla Vita eterna. Il Fatto fu visto dalle Donne fedeli, che «temettero e credettero», e adesso nell'esultanza e nel tripudio si uniscono per formare la Comunità compatta, che canta l'inno gioioso della divina Vittoria.

*(Salmo)* Es *15,1-2.3-4.5-6.17-18*

Questo mirabile testo è detto anche il «cantico nuovo», ossia perenne. È l'inno di lode che fa anamnesi delle «meraviglie» operate dal Signore. E la somma di tutto il canto della Comunità, a cui di continuo è fatto invito: dai leviti, *Sal* 32,3; 39,4; 95,1; 97,1; 143,9; 149,1); dai Profeti (*Is* 42,10). Esso sotto la guida dell'Agnello che fa passare per sempre il mare della morte, risuona in eterno (*Ap* 5,9; 14,3) con il nome finale e rivelante di «Cantico di Mosè» (*Ap* 15,3).

L'esordio è un coortativo innico: «Vogliamo cantare al Signore, poiché eccellentemente eccelse! Il cavallo e il suo cavaliere affondò in mare!» (v. 1), e sarà il ritornello innico che è cantato poi da Miriam e dalle donne (v. 21).

La motivazione è lunga e splendida (v. 2). Il Signore del popolo suo si è posto per sempre come «la Forza e la Lode» (*Dt* 10,21; *Sal* 17,2; 58,17; 117,14; 140,7; *Is* 12,2), non esiste altra forza, e la lode da adesso e per l'eternità è il Signore stesso. Egli solo divenne la Salvezza del popolo suo (*Sal* 17,47; *Ab* 3,18). È lodato il Dio dell'alleanza ("mio"), degno di tutta la glorificazione. Si rivelò in fedeltà come il Dio dei Padri (3,6.15.16), la cui Promessa adesso magnificamente ha adempiuto con potenza. Altro motivo quindi d'esaltazione (*Sal* 33,4; 98,5.9; 117,28; 144,1; *Is* 25,1).

La sua teofania Lo mostra come un Eroe divino (*Sal* 23,8; *Ap* 19,11), e ne rivela anche il Nome, «il Signore, *Kýrios*, IHVH» rivelatosi per sempre al Roveto ardente (*Es* 3,14) come l'Unico, «Colui che esiste», nelle cui Mani divine sta racchiuso ogni esistente e ogni evento (v. 3). A Lui si deve quindi, e a Lui solo, l'affondamento del faraone con tutta la sua immane superbia e durezza di cuore, e con lui di tutto il fiore dell'esercito, e la loro tomba resta per sempre il Mar Rosso (v. 4). Così il Nome divino stesso è questa Potenza operante. I nemici del Signore davanti al suo Nome sono un nulla, e tornano nel nulla che si sono procurati con la loro protervia. L'abisso della morte li ha ingoiati, li sommerse in un lampo, vi caddero come s'inabissa a picco una pietra (v. 5).

La lode adesso si rivolge alla potenza operata: alla Mano Destra del Signore, irresistibile nella forza, che percuote i nemici una sola volta, ma con totale efficacia (v. 6). Questo tema torna a lungo nella Scrittura (*Sal* 117,15-16; *Is* 51,9), fino al N.T. La partenza era la creazione, quando il Signore con le sue Mani aveva plasmato l'uomo e gli aveva infuso l'Alito divino (*Gen* 2,7), l'arrivo è la nuova creazione che dona agli uomini la Vita divina per sempre.

L'effetto ultimo di questa operazione vittoriosa è la costituzione di un popolo sacerdotale (*Es* 19,3-6), nel segno visibile del santuario sul Monte che raduna l'Eredità del Signore. Ivi sta la Dimora divina, procuratasi dal Signore stesso, resa stabile dalle sue Mani (*Sal* 43,3; 79,9; *Ger* 32,41; *Sal* 131,13-14) (v. 17). Come nel deserto il

Signore pianterà la sua Tenda per mano di Mosè (*Es* 39,42) e poi ne prenderà possesso con la Nube della sua Gloria (40,34-38), così questa Dimora precaria alla fine dell'esodo sarà resa stabile. Era il fine dell'esodo stesso (*Sal* 77,54 e 69), poiché

> *Nell'esodo d'Israele dall'Egitto,*
> *della casa di Giacobbe da una nazione barbara,*
> *Giuda divenne il santuario di Lui,*
> *Israele il dominio di Lui* (*Sal* 113,1-2).

Ecco il «regno di sacerdoti» (*Es* 19,3-6), in mezzo al quale il Signore ama abitare per sempre. Lì il Signore sarà il Sovrano divino in eterno (v. 18; *Sal* 10,4; 28,10; 44,7; 145,10; *Ap* 11,15).

Così quando la Destra divina resuscita il Figlio di Dio dai morti, comincia la vita anche del Tempio nuovo (*Gv* 2,17-22), intorno a cui si raccolgono tutti i figli di Dio redenti per cantare il «cantico nuovo» della lode eterna al Padre che con lo Spirito Santo ha operato tante "meraviglie" divine.

Il Versetto responsorio, v. 1a, è il canto per tutto questo, adesso scandito dal ritornello che vuole celebrare il Signore che questa Notte incomparabilmente eccelse nella sua Vittoria sulla morte.

## 4. Is *54,5-14*

Il cap. 54 di Isaia è il canto della Gerusalemme nuova, la Sposa, prima sterile e triste, abbandonata da tutti, e adesso invitata ad ampliare il posto per i figli che le saranno portati numerosi nel seno. Ella non sarà più vedova sconsolata né vergognosa della sua condizione (vv. 1-4).

L'affermazione profetica più significante e più forte sta al v. 5. Il Creatore stesso sarà «lo Sposo», l'ebraico *ba'al*, che se significa «fare da padrone», vale anche «essere marito». E questo Sposo ha un Volto e un Nome divino terribile, «il Signore delle *Seba'ôt*», i Turni di adorazione celesti e terrestri, in mezzo ai quali ama abitare, nel cielo e nel suo santuario in mezzo al popolo suo. Il Nome divino è specificato di più: lo Sposo, il Creatore, è anche il Redentore da ogni male, intervenendo nella storia travagliata della Sposa, in specie nell'esilio. E appare qui con un ennesimo titolo, «il Santo d'Israele» (41,14; 43,14), quale nessuna nazione ebbe né mai avrà, il Signore, il Vivente, l'Unico, il Trascendente e Invisibile, l'Indicibile, eppure sovranamente presente ai suoi fedeli, che unisce a se stesso per farne la Sposa, in un'unica esistenza. Ora, questo Signore ha ancora un titolo, il Re dell'intera terra (*Zacc* 14,9), Colui quindi che non opera solo nel territorio ristretto di un popolo, di una nazione, fosse pure l'Israele privilegiato da tanto amore. Ma creò tutto, domina tutto, provvede a tutto. Nulla sfugge al suo dominio. Tutto fa provenire da Lui, e tutto fa tornare a Lui. Anche la Sposa desolata, abbandonata, sterile, priva di ogni speranza umana (v. 5). Tanti nomi e titoli, tutti in funzione efficace nella storia e nella redenzione.

Adesso la funzione principale è il dono della Parola creatrice. Il Signore chiama la sua Sposa proprio perché è abbandonata e afflitta nello spirito (52,13), le impone il nome di Sposa proprio perché disprezzata fin dalla sua gioventù infelice (50,1; *Mal* 2,14). Ma come avvenne tanta tristezza? Poiché il Signore ama questa sua Sposa, la punì e per correzione medicinale per un momento, che passa presto (60,10; *Lam* 3,32), l'abbandonò affinché si redimesse. E da questo abisso di miseria con l'Abisso della sua Misericordia la radunerà da ogni parte, ne raccoglierà i figli, li ricostituirà come Comunità, la Sposa (v. 7). La chiave di comprensione sta nel v. 6, dove si dice: «il Dio *tuo*», ossia dell'alleanza fedele, che il Signore non infrangerà mai. Sì, può nascondere in modo minaccioso e anche rovinoso il Volto nel suo amore geloso e irritato dall'indifferenza antica della Sposa, ma per poco tempo, in quanto prevale sempre la Misericordia eterna (55,3), la quale è il comportamento dell'alleanza con cui il Signore ama la sua Sposa. La formula solenne che chiude il v. 8 è: «Parlò il Redentore tuo, il Signore!» La Parola pronunciata non tornerà indietro.

Nella storia il Signore mostrò che agisce così per insegnare i suoi "comportamenti". A Noè, dopo il diluvio, giurò che questo non sarebbe avvenuto mai più (*Gen* 8,21; 9,11.15). Adesso è giunta l'ora della Misericordia eterna. Dopo l'amara medicina, vista guarita la Sposa, il Signore giura di non adirarsi più con lei, e neppure di minacciarla o rimproverarla (v. 9). Certo, gli elementi che sembrano i più stabili, i monti e i colli, a suo tempo saranno scossi dal terremoto. Ma la Misericordia dell'alleanza non si allontanerà più dalla Sposa. Con lei il Signore stabilisce l'«alleanza di pace», che sarà eterna (*Num* 25,12; *Ez* 34,25; 37,26; *Mal* 2,5). E "pace" è comunione salvezza integrità salute benessere spirituale, goduta dalla Comunità in quanto tale, e da portare anche alle nazioni della terra. È la divina benedizione, che pone in comunione con il Signore. Anche questo è affermato solennemente: «Parla il Misericordioso verso te, il Signore!» (v. 10).

Alleanza di pace indica anche la vita nuova, meravigliosa, nei "segni" dello splendore della divina Grazia. La Sposa era una "poveretta" sconvolta dalla bufera, nessuno esisteva per portarle consolazione umana (51,21). Il Signore donerà allora la sua consolazione, nella trasformazione mirabile del Consiglio divino per la Sposa. Egli è il Creatore, e adesso mostra la sua nuova creazione, che sarà attuata come Venuta dei tempi messianici. I nemici demolirono la Città, e il Signore la ricostruirà come sapiente Architetto, con l'ordine più bello (60,10), con le fondamenta di zaffiri (*Tob* 13,21; *Ap* 21,18-21) (v. 11), costruirà i suoi merli di iaspide e rubino, e le porte di cristallo sfolgorante (v. 12). Essa sarà la Meraviglia divina universalmente visibile, «segno» di Bontà del Signore non solo per la Sposa, ma anche per le nazioni che la vedranno e vorranno venire a lei. Sì, poiché il Signore stesso la ricolmerà di figli numerosi. E tutti essi avranno un unico Maestro, la Sapienza divina, il Signore, come ennesimo "segno" dell'alleanza nuova (*Ger* 31,33-34; *Ebr* 8,10-11; *Gv* 6,45), così che potranno "conoscerlo" di conoscenza totale amorosa nuziale unitiva. E qui sta anche il punto d'arrivo della Sposa gioiosa nei suoi figli: questi avranno la pace totale, per sempre (9,7; *Sal* 118,165), secondo la Volontà divina che prepara solo beatitudine (v. 13a). Il fondamento ultimo della Sposa sarà la Giustizia divina, che è la Misericordia sempre vigilante del Signore (v. 13b).

L'ultima esortazione alla Sposa è di stare tranquilla per ogni avversione maligna, per ogni terrore, che non si avvicinerà più alla

Città, il cui Creatore e Sovrano, con la Sposa, è il Signore stesso (v. 14).

Con la Resurrezione del Signore Gesù Cristo la moltitudine dei peccatori dispersi, adesso radunati, redenti, santificati, sono stati costituiti come la Sposa consolata, ricca di figli, ardente d'amore e forte di speranza. Istruita dal Signore stesso nei suoi figli, ella sarà posta come segno di salvezza, di pace e di beatitudine. La preparazione nuziale è l'Iniziazione battesimale operata dallo Spirito Santo.

Sal *29,2.4.5-6.11.12a.13b*, AGI

Il titolo indica che si tratta del cantico per la dedicazione della casa di David (2 *Sam* 5,11; 1 *Cron* 22,1). L'Orante perciò rende grazie al Signore perché si degnò di curarsi di lui, di non dare soddisfazione ai suoi nemici (*Sal* 24,3; 34,19-24; 37,17; *Eccli* 23,3; anche *Sal* 12,5; *Lam* 2,17), che ne chiedevano la morte (v. 2). Anzi il Signore estrasse dall'abisso della morte il suo Orante (*Sal* 15,10, vedi sopra), non lo pose con quanti scompaiono nella voragine divoratrice senza più speranza (v. 4; 27,1; 113,17).

Così adesso egli chiama i «santi del Signore», i fedeli pii e devoti, affinché cantino Salmi al Signore, e Lo confessino facendo memoriale di Lui, l'Unico Santo (v. 5; 96,12). La gioia dell'Orante deve comunicarsi agli altri, la sua salvezza è salvezza anche degli altri. E a questi dà la motivazione: il Signore si mostra irato, e lo è giustamente sempre, bensì solo per un momento (sopra, *Is* 54,7-9!), ma la sua Volontà buona dura per tutta la vita (*Ez* 18,32; 33,11). L'immagine usata è molto bella: la sera pianto e infelicità, al mattino gioia. Ieri morte, oggi Vita (v. 6; *Is* 17,14; 2 *Cor* 4,17-18).

Su questa fiducia, l'Orante innalza la sua epiclesi. Ricordando che il Signore esaudisce sempre chi L'invoca, chiede di godere ancora di questo favore, che è il contenuto dell'alleanza: la Misericordia; con essa il Signore è invocato anche come l'unico Aiuto (v. 11).

L'Orante torna sulla Grazia ricevuta. Il pianto di dolore, dove non esistevano consolatori, è stato tramutato dal Signore in danze di gioia (*Giob* 30,31; *Lam* 5,15), perché il Signore non permette che i suoi fedeli soffrano fino alla morte (v. 12a). È la promessa formale di Gesù nella Cena (*Gv* 16,20). Su questo il Salmista riafferma ancora, e solennemente, la sua volontà di celebrare il Signore in eterno poiché è il «Dio suo», il Dio della sua alleanza salvifica (v. 13b).

Con il Versetto responsorio, v. 2a, questa Notte si deve esaltare il Signore per avere operato la Resurrezione, la risalita dall'abisso della morte. Il pianto è finito. La Gioia divina sta qui.

## 5. Is *55,1-11*

Il Signore chiama adesso a sé tutti gli assetati e affamati, che da soli non possono nutrirsi, perduti nel deserto della vita (*Is* 44,3), affinché vengano a Lui, l'unico Datore dell'Acqua della Vita, lo Spirito Santo (*Gv* 7,37-39; *Ap* 22,17). Egli ha preparato il Convito (*Pr* 9,4-5; *Eccli* 51,32-33; 24,26-29), dove senza pagare nulla la generosità divina dona cibo e vino e latte (v. 1). E chiamando a sé, il Signore rimuove ogni motivo d'esitazione. Gli uomini lavorano e faticano senza neppure sfamarsi. Invece se ascoltano la sua Parola, in questa troveranno il Cibo della Vita, che nutre per l'eternità (v. 2). Occorre disporsi all'ascolto, quindi accedere a Lui (*Gv* 7,37-39). Dall'ascolto si comincia a vivere (*Pr* 4,4). Da questo Convito della Parola e del Cibo dell'eternità, il Signore sancisce la sua alleanza eterna (61,8; *Ger* 31,31-34; 32,20; *Ez* 37,26; anche *Is* 54,8, sopra; 59,21), quella che la Fedeltà irremovibile del Signore ha promesso a David e al suo Discendente in eterno, nella Misericordia gratuita (*Sal* 88,3-5.36.37), che si estende per le generazioni (v. 3). David è posto per sempre come testimone fedele ai popoli delle grazie del Signore, il Condottiero e Sovrano delle nazioni (*Dan* 9,35; *Mich* 5,2; *At* 5,31; *Ap* 17,14; 19,10), funzioni che saranno esercitate dal Figlio suo nei tempi messianici (v. 4).

A questo personaggio giunge adesso la promessa profetica. Egli come mediatore chiamerà al Signore un popolo prima mai conosciuto (54,15; *Lc* 8,22-23), e sarà posto come "segno" di raduno delle nazioni pagane che non Lo avevano prima conosciuto. Tutto questo dispone il Signore, il Dio della sua alleanza, «il Santo d'Israele», il Dio Nascosto e vicino, che glorifica il Servo suo (44,23; 60,9; *At* 3,13; anche 2 *Cron* 15,2), con la perenne teofania che riposa su lui (v. 5).

La Parola del Signore si rivolge adesso direttamente al popolo. E viene con un imperativo: Cercate il Signore! (*Ger* 29,13; *Mt* 7,7). È il massimo precetto, l'immenso tema della «ricerca di Dio». Il Signore promette di farsi trovare (*Sal* 31,6; 94,8; *Am* 5,4; *Gv* 12,35), e se è invocato promette di stare presente. «Trovare il Signore» tuttavia è impossibile. Il paradosso si risolve così, che occorre comunque e sempre "cercare", verbo che vuole dire in realtà «lasciarsi trovare da Lui», come la Sposa del *Cantico*. Allora il Signore premia donando se stesso a chi Lo cerca (v. 6).

Ma come "cercarlo"? È semplice. L'empio deve abbandonare la «sua via», ossia i suoi comportamenti nefasti (1,16-18; *Ez* 18,21.27), e così vivrà. L'empio deve abbandonare i suoi disegni malefici e convertirsi al Signore, e il Signore avrà sempre pietà del cuore che torna a Lui. È il Dio dell'alleanza, sempre illimitato nel perdono (*Sal* 129,4.7; *Eccli* 5,6), in modo che sorprende sempre l'uomo (v. 7). Infatti Egli avverte: le «Vie sue», i suoi comportamenti, sono di Bontà. Quanto pensa, è solo Misericordia, il perfetto contrario dei pensieri e delle azioni degli uomini (v. 8).

Esiste perciò tra le Vie e i Pensieri divini e quelli umani una distanza invalicabile: come il cielo non si congiunge mai con la terra (*Sal* 102,11; 91,6; *Sap* 17,1; *Rom* 11,33), così gli uomini non raggiungeranno il Signore e nemmeno quanto dispone ed esegue (v. 9).

Un altro paragone. La parola umana è sempre debole, stolta, capricciosa. Non così la Parola divina. Essa è paragonabile alla pioggia benefica, che non torna al cielo, ma disseta e feconda la terra, la fa produrre, con abbondanza di raccolto, per cui sia si può ancora seminare, sia ci si può nutrire per la vita (2 *Cor* 9,10), la quale allora prosegue (v. 10). Così è la Parola che procede con amore dalla Bocca divina (*Ez* 12,25; *Mt* 5,18). Essa non torna, quando è pronunciata, senza l'effetto voluto, ma anzi adempie la Volontà divina (40,8; *Mt* 13,8). E provoca la crescita infinita di coloro ai quali è stata inviata (v. 11).

*(Salmo)* Is *12,2-3.4cd.5-6, un «inno di lode»*

*Is* 12,1-6 è un vero e proprio Salmo, che si trova fuori del Salterio; è un vero e proprio «inno di lode», posto dopo *Is* 11,11-16, che annuncia il ritorno degli esiliati dalla terra della schiavitù. E termina il «libretto dell'*Immanuel* (6,1 - 12,6).

Verrà quel giorno felice, e l'Orante, che adesso è tutto il popolo, dovrà lodare il Signore perché la sua ira è terminata in consolazione (v. 1). Il canto prosegue proclamando il Signore, che si è manifestato come il Salvatore. Il suo popolo adesso sta nella fede, è uscito dal timore di prima (51,12; *Sal* 55,5), consapevole che il Signore è la sua Forza che attua sempre le gesta potenti dell'esodo (*Es* 15,2 e *Sal* 117,14, sopra). È la Lode per suo il popolo, non solo a parole, bensì la Lode è la Persona stessa del Salvatore, gloria e vanto del suo popolo di redenti (v. 2).

L'Orante è incaricato anche di una profezia felice: gli esiliati attingeranno nella gioia l'Acqua della Vita dall'unica Fonte che la effonda, il Salvatore divino (v. 3; *Sal* 45,5; *Zacc* 13,1; *Gv* 4,13-14; 7,37-39). Quel giorno felice (11,11), i redenti proclameranno al mondo, chiamandolo a unirsi alla loro lode: Confessate e celebrate il Signore (*Sal* 104,1), invocate il Nome suo unico, il solo che doni la salvezza, narrate tra i popoli le sue iniziative di salvezza (*Sal* 144, 5-6), nella consapevolezza che Eccelso è il Nome suo, e che dall'altezza Egli invia la sua grazia (v. 4).

Gli imperativi innici si susseguono. Il primo riprende *Es* 15,1 (vedi sopra), il «cantico di Mosè»: Cantate al Signore, Magnifico nel suo operare potente, motivo da annunciare alla terra intera (v. 5). Poi l'imperativo innico interpella Sion, la Sposa, chiamata a gioire ed a lodare (54,1; *Sof* 3,14), poiché lo Sposo, «il Santo d'Israele» (5,24; 41,14.16; *Gioel* 2,27) ha scelto ormai di abitare in lei (*Sal* 45,5; *Os* 11,9; *Dt* 23,14), per l'unione indicibile, nuziale e trasformante (v. 6).

Il Versetto responsorio, v. 3, canta la gioia di poter attingere l'Acqua alla Fonte che è il Salvatore, il motivo dominante del canto.

L'applicazione, per cui non occorre spendere molte parole, si deve portare alla santa Iniziazione, per i fedeli come memoria, per i catecumeni come momento atteso e decisivo.

## 6. Bar 3,9-15.32 - 4,4

Il libro di Baruc per sé è posto tra i «Profeti», tuttavia contiene un ricco insegnamento sapienziale.

L'imperativo fondamentale, «Ascolta, Israele!», che risuona già in *Dt* 6,4, è ripetuto nei libri sapienziali (*Pr* 2,1-2; 4,20-22), fino al N.T., fino all'*Apocalisse* (per 7 volte, simbolicamente, in 2 capitoli, *Ap* 2-3). L'ascolto è per i precetti che donano la Vita divina, che fanno acquisire la vera intelligenza (v. 3, 9). Il popolo precisamente perché non volle ascoltare il suo Signore si trova adesso in esilio, con tutte le sue colpe davanti a Lui (v. 3,10). In terra «straniera», che implica anche di «dèi stranieri», i "morti" che inquinano e contaminano nel più alto grado, che trascinano nell'abisso della morte eterna (v. 3,11; *Sal* 27,1; 87,4-5; 142,7). Così si mostra tutta la rovina di vivere con i nemici (ancora v. 3,10), nella vecchiaia decrepita di un popolo senza prospettive e speranze, una volta fiorente, adesso disperso tra i pagani.

E la causa unica di questo è che Israele abbandonò l'unica Fonte della Sapienza divina (*Eccli* 1,5; *Ger* 2,13; 17,13; *Gv* 4,10.14), da cui deriva l'Acqua della Vita, lo Spirito di Dio (v. 3,12). Vivere la Vita eterna era solo procedere nella «via di Dio» (*Is* 48,18), il Donatore della pace che non viene mai meno (v. 3,13). Quindi, il richiamo primario è imparare l'intelligenza di Dio, i soli motivi di vita che danno lunga vita (*Dt* 30,20; *Pr* 3,2). Non solo, ma che danno la Luce divina per gli occhi dell'anima, e la pace conseguente (v. 3,14). Questo insegnamento deve essere recuperato, e mai più abbandonato (*Dt* 32,29; *Ger* 9,12).

E viene la domanda fatale: ma chi conosce la Sapienza divina, chi sa dove si trova, e soprattutto, chi l'ha trovata, attingendo ai suoi immensi tesori? (v. 3,15; *Giob* 28,12.20; *Eccli* 24,5). La risposta (v. 3,32) appare spietata, e disperante per gli uomini. Solo il Signore, Colui che tutto conosce, conosce la Sapienza, e la scruta con la sua

Intelligenza, Egli che creò la terra e la popolò di animali. Egli che invia anche la luce (v. 3,33), e questa gli obbedisce docilmente, e se la richiama gli obbedisce tremando di fedeltà d'amore. Le stelle create dal loro luogo brillano, e gioiscono per il loro Creatore, e quando Egli le chiama per nome (*Sal* 146,4; *Is* 40,26; 48,13; *Giob* 38,35) rispondono prontamente: Eccoci, ed emanano la loro luce con gioia in gloria di Colui da cui ebbero l'esistenza (v. 3,35). Ecco chi è il Dio nostro, davanti al quale nulla "altro" esiste di divino (v. 3,36). Solo Lui trovò da scrutare tutto l'insegnamento (v. 3,37), portato dalla Sapienza, e lo consegnò solo a Giacobbe-Israele, il suo Servo, il suo Diletto (*Is* 42,1; *Sal* 147,19).

Per tutto questo la Sapienza è stata vista sulla terra, mentre vive con gli uomini (v. 3,38; *Pr* 8,12.31; *Sap* 1,7; *Eccli* 24,13). Comincia così la storia vera. Essa fu racchiusa nel Libro dei divini comandamenti, la Legge santa donata in eterno e che dura in eterno. Donata affinché chi la custodisce pervenga alla Vita (*Dt* 30,19; *Eccli* 24,32), mentre chi l'abbandona perisce senza scampo (v. 4,1). È così rinnovato il richiamo a Giacobbe-Israele, affinché consegua la Sapienza, e con Lei proceda per le vie di Dio nello splendore che da Lei promana (*Sal* 118,105; *Pr* 6,23; *Sap* 5,6). Tuttavia, per fare questo, occorre che esso converta il suo cuore (v. 4,2; *Is* 2,5; 60,1.3; *Ef* 5,8).

Non solo, ma Israele deve custodire gelosamente la Sapienza, non deve abbandonarla ad altri (*Mt* 21,43), poiché è la sola sua Gloria, il suo motivo d'esistenza. È la sua Sposa diletta (v. 4,3). Perciò deve esclamare d'essere beato di questo possesso (*Dt* 4,8.32-37; 33,29; *Sal* 32,12), poiché il Beneplacito divino (*Sap* 9,18) fu ormai manifestato al popolo di Dio, e questo consiste nella Volontà divina che avvenga l'unione nuziale tra la Sapienza e questo popolo santificato (v. 4,4).

Cristo Risorto è questa Sapienza divina increata, preesistente alla creazione, che si incarnò e il Padre con lo Spirito Santo Lo inviò al suo popolo, per farne la sua Sposa, affinché questa proceda ormai alla Luce che irraggia su lei, viva della Parola che la trasforma.

Sal *18,8.9.10.11*, I

È uno degli «elogi della Parola» (anche *Sal* 118). Si compone di due poemi molto belli, I) vv. 2-7, e II) vv. 8-15. I versetti qui sono scelti dalla seconda parte.

La Parola si presenta anzitutto come la Legge immacolata del Signore (*Sal* 11,7), la quale ha il potere soave e forte di convertire il cuore di chi l'accetta (*Sal* 22; 2 *Tim* 3,16). È anche la Testimonianza del Signore (*Sal* 24,10; 92,5; *Es* 25,16), fedele (*Sal* 110,8), che dona la Sapienza divina ai piccoli e poveri (*Sal* 118,130; *Pr* 1,4; *Sap* 10,21), la Rivelazione piena (*Mt* 11,25) (v. 8).

Essa consiste anche nei giusti Giudizi divini, le divine misericordie, che danno gioia al cuore che l'attende (*Sal* 118,50). È il comandamento folgorante del Signore, che dà luce alla mente dei fedeli (v. 9; 12,4).

Tra i suoi attributi però sta anche il timore del Signore, che è santo, fonte di santità. Esso porta alla vita eterna, perché significa ed è la volontà di adempiere docilmente la Volontà rivelata del Signore. A questo corrisponde che la Parola sia anche la serie infinita dei Giudizi divini, attuanti la misericordia, autentici e veridici, che hanno la Verità in se stessi (v. 10; 118,142.151.160; e 110,8).

Tutte queste realtà divine si pongono per il fedele come il Cibo più delizioso; più gradevole da possedere dell'oro o di gemme preziose (*Sal* 118,14.72.127.162; *Pr* 3,13-15; 8,10,19; *Sap* 7,8-11; *Giob* 28,12-19), più appetibile del miele che stilla dal favo prelibato e ricercato (v. 11; 118,103; *Pr* 16,24; *Ez* 3,3; *Eccli* 24,27; *Ap* 10.9-10).

Il Versetto responsorio qui è *Gv* 6,69: solo il Signore Risorto possiede queste Parole di Vita eterna, che sono Spirito e sono Vita (v. 63).

## 7. Ez *36,16-17a.18-28*

Nella sezione dei cap. 33-39 il Profeta pone una serie di oracoli, che cominciano con la formula «la Parola del Signore (fu) su me» (33,1) e terminano con la promessa: «Io effonderò lo Spirito mio sulla casa d'Israele - parla il Signore Dio!» (39,28). Il momento narrato qui è durante l'assedio di Gerusalemme, e subito dopo, tempo quindi della catastrofe nazionale, e della conseguente vita innaturale che avvolge ormai il «popolo santo del Signore Vivente», nell'esilio.

Ora, precisamente, questo periodo non fu di gloriosa resistenza all'idolatria babilonese, né almeno di tenace fedeltà al Signore, il Dio dei Padri che dona la salvezza. Al contrario. Proprio lì il popolo deportato colmò la misura dell'apostasia religiosa. Così la Parola del Signore si dirige su Ezechiele. Egli ricorda che, ancora stando nella sua terra, questo popolo la contaminò davanti al Signore con il suo comportamento che si ergeva contro la Legge santa (*Lev* 18,25), fino all'estrema contaminazione (*Lev* 18,19), che si propagava come un'epidemia (vv. 16-17a; è stato tolto senza motivo il v. 17b, offensivo alle orecchie e imbarazzante da spiegare (?)). Per tutto questo il Signore scatenò la sua terribile indignazione (7,8) su questo popolo, per il sangue da esso versato (v. 18) sia nei sacrifici umani, sia agli idoli (5,11), i *gillûlîm*, lo sterco conservato nei cuori (14,3). Perciò la terra contaminata grida vendetta al Signore (v. 19). La punizione fu spietata, da chirurgo buono che amputa, fu l'esilio tra le nazioni pagane, quando il popolo fu come disperso al vento in regioni lontane (5,10). È la giusta ricompensa del suo inaudito comportamento (18,30), colpito da questo divino giudizio (v. 19). E la stessa entrata degli Ebrei e la loro dimora tra i pagani idolatri «contaminò il Nome santo» (v. 22; 22,26; *Is* 52,5), poiché provocarono questo giudizio: Questo è il popolo del Signore! E questo uscì dalla terra «di Lui! (v. 20).

Tuttavia il Signore ebbe cura del Nome suo santo, così profanato e disonorato da Israele tra le nazioni pagane (v. 21; 20,9; *Is* 43,25; 48,11; *Dan* 3,34). E vennero le sue grandi decisioni.

Ecco il messaggio del Signore al Profeta per Israele, solenne «Parola che il Signore parla». Esclusivamente a causa del Nome suo profanato tra le nazioni, non per Israele, adesso il Signore agisce (v. 22; e v. 32; *Dt* 9,5). E anzitutto Egli «santificherà il Nome suo grande» così contaminato e disonorato, e perciò ne mostrerà l'incomparabile Trascendenza, l'incontaminabile Gloria, l'irresistibile Potenza (20,41). E sarà quindi una grandiosa teofania tra i pagani, affinché questi "conoscano" (30,19.26; 38,23; 39,7.21; 6,7) che «Egli è Colui che esiste» (*Es* 3,14, «il Signore»). È Parola solenne del «Signore delle *Seba'ôt*», ossia per adesso adorato solo dai Turni incessanti degli Angeli (v. 23).

Questa teofania santificatrice avverrà così. Il Signore strapperà il suo popolo di tra i pagani (11,17), lo radunerà da quelle regioni lontane e sparse (*Sal* 43,12) e lo ricondurrà nella sua terra (37,12.21), che fu promessa per sempre (v. 24). Ma la sua Misericordia, Bontà che perdona largamente, si spinge oltre ogni eccesso. Egli effonderà l'acqua della purificazione sul popolo (*Is* 52,15; *Ebr* 10,22), ed esso sarà reso santo da ogni contaminazione (v. 17; *Is* 4,4), e puro (*Ger* 33,8) da tutti gli idoli del cuore (37,23) (v. 25).

E non basta ancora. Il Signore creerà e donerà il cuore nuovo (11,19-20), segno dell'alleanza nuova (*Ger* 31,33, ma vedi 31,31-34), vera rigenerazione finale. E nel cuore porrà lo Spirito della Novità del Signore (*Sal* 50,12-14), che vivrà quindi in mezzo al popolo; strapperà il «cuore di pietra», quello della fragilità umana peccaminosa e della durezza insensibile (*Is* 46,11; *Zacc* 7,12), per sostituirlo con il «cuore di carne», un'esistenza sensibile davanti a Lui (v. 26). E questa esistenza avrà la Vita divina, lo Spirito del Signore, che viene da Lui (37,14). Solo così il Signore può condurre il suo popolo secondo i suoi comandamenti (11,19-20) salutari. Il popolo li custodirà e li porrà in pratica (37,24), secondo l'ideale del popolo del Signore da raggiungere (v. 27). Finalmente, il popolo abiterà nella terra promessa irreversibilmente ai Padri (28,25). È ristabilita la condizione totale affinché si abbia finalmente il trinomio vitale: popolo - Legge - terra. Allora solo si salderà la divina alleanza, secondo la formula: «Voi siete per Me popolo, e Io sarò per voi Dio» (v. 28; 11,20).

Con la Resurrezione è cessata la dispersione del peccato e delle idolatrie che inquinano il cuore degli uomini. I fedeli sono radunati come popolo dell'alleanza, popolo iniziato a Cristo dallo Spirito del Risorto, con la Legge santa del Signore nel cuore, e possono finalmente invocare il Padre come il Dio dell'alleanza: «Padre nostro!»

Sal *41,3.5bcd; 42,3.4*, due SI

Questi due Salmi in origine formavano un'unica composizione. Nella Tradizione costituivano anche il celebre canto dei catecumeni che si recavano al battistero, accompagnati dai fedeli.

L'Orante grida la sua condizione di morte: ebbe sete di Dio in terra riarsa, nel deserto della vita (62,2; 84,3; 142,6; *Is* 41,17; 55,1, vedi sopra), ma sete del Dio Forte, il Dio Vivente (*Sal* 83,3; *Ger* 10,10; 23,36; *Gv* 3,10; 1 *Tim* 4,10). Egli sa di essere chiamato da Lui (*Gv* 7,37-39), ma non sa ancora quando potrà avvicinarsi al suo Signore, per godere la gioia del Volto suo (*Sal* 26,4; 83,8; *Ez* 23,17) (v. 41,3).

Può solo rimemorare il tempo, quando si recava nel santuario meraviglioso che è la Casa di Dio (54,15), dove si raduna la famiglia di Dio, dove si celebra Lui festosamente, e si partecipa al convito della comunità sacerdotale (*Dt* 12,7.12.18; 16,11) (v. 41,5).

L'Orante desidera tutto questo, tuttavia sa che non avverrà per suo sforzo. Sa che deve implorare il Signore affinché avvenga. Perciò fa salire la sua supplica epicletica per ottenere la Luce e la Verità divine (56,4), consapevole come è che solo «nella Luce noi vedremo la Luce» (35,10; *Gv* 1,9; *At* 26,18; 1 *Pt* 2,9). La Luce e la Verità divine, quest'ultima sentita come la Fedeltà dell'alleanza, hanno il potere di condurre per sempre al luogo visibile della divina Presenza invisibile, il Monte del Signore, la Santa Sion, dove il Signore ha posto la sua Dimora con la sua Sposa (14,1; 83,2), per la comunione nuziale (v. 42,3).

Solo adesso l'Orante, un levita, può manifestare la sua piena fede. Egli adesso vuole accostarsi all'altare del divino sacrificio, che il Signore si attende da lui, per potergli così donare la gioia eterna. E l'Orante fa il voto di cantare sempre il Signore con i Salmi, celebrandolo come il Dio della sua alleanza (v. 4).

Nel Versetto responsorio, v. 41,2, l'Orante si sente come la cerva che bramisce quando nel deserto trova il torrente asciutto, e la sua sete si fa lancinante (142,6; *Gioel* 1,20; *Mt* 5,6; *Gv* 7,37). Ma la sua è sete di Dio, che sarà prontamente guarita.

## III. L'Omelia

È chiaro che questo immane materiale non può essere oggetto di un'omelia mistagogica compiuta. Manca anche il tempo, data la lunghezza della celebrazione. La breve omelia si limiterà a trattare i punti essenziali.

Cristo Risorto con lo Spirito Santo per la gloria del Padre e per l'umana redenzione; si vedrà così tutte le Domeniche, e anche in ogni altra celebrazione. È sempre Resurrezione. L'ascolto della Parola è sempre della Resurrezione, per l'intero anno.

L'Iniziazione di morte e resurrezione dei catecumeni (se vi sono) e dei fedeli, sono le Realtà del Regno consegnate a essi, queste sono l'unico contenuto centrale della loro vita, e si celebrano per l'intero anno.

Oggi la comunione al triplice Corpo di Cristo ha note singolari: alla Parola della Resurrezione, al Corpo e Coppa che vengono dalla Resurrezione, alla Chiesa dei battezzati, frutto della Resurrezione.

### b) La Liturgia Eucaristica

Questa Notte davanti all'imponenza del resto della celebrazione, la parte eucaristica appare esigua. Di essa però va compresa una certa "novità" che le deriva dalla Resurrezione e dallo Spirito Santo.

Così, la duplice benedizione sul pane e sul vino offerti: è la benedizione biblica derivata da *Sal* 103,14c-15, diretta al Signore che «fa uscire il pane dalla terra», e «crea il frutto della vite», i «santi Segni» del Sacrificio e del Convito della Resurrezione.

Le apologie del sacerdote oggi stanno alla luce del dono dello Spirito Santo scaturito dalla Resurrezione.

L'invito al popolo a pregare per il sacrificio di oggi rinvia al medesimo di allora, che ha avuto come frutto la Resurrezione del Signore.

La preghiera sulle offerte è un'epiclesi per l'accettazione divina: a) di un popolo «iniziato ai Misteri» di Cristo dallo Spirito Santo; b) in tensione irresistibile verso la Vita eterna, c) a partire sempre da questa Offerta resurrezionale celebrata oggi.

Quanto alla Prece eucaristica, nel Dialogo il Signore sta con noi mediante il Figlio Risorto con lo Spirito Santo; noi teniamo i cuori verso il cielo: «se allora siete resuscitati con Cristo (nell'Iniziazione) cercate le Realtà dell'Alto, dove sta Cristo intronizzato alla Destra di Dio» (*Col* 3,1); e di tutto si rende grazie al Signore in modo speciale.

Nel Prefazio I si enucleano diversi temi teologici: a) Cristo vero Agnello di Dio che porta i peccati del mondo (*Gv* 1,29-32; «agnello», aramaico *taljâ'*, significa anche figlio, servo, pezzo di pane. Il rinvio è sempre al Servo: *Is* 53,7-8); b) la morte volontaria ottiene la Vita, la morte è abolita, la vita è recuperata dalla Resurrezione; c) il Signore effonde mediante il Figlio e lo Spirito la Gioia della Resurrezione, che è lo Spirito Santo; d) e questa Gioia è destinata ad invadere tutto il mondo per la mediazione dei fedeli di Cristo.

La Prece eucaristica prosegue: il «Santo Santo Santo!» degli Angeli (*Ap* 4,8; *Is* 6,3), è a titolo eguale della Chiesa presente. Dio ha operato le «sue meraviglie» nel Figlio con lo Spirito Santo, per questo è lodato, gli si rendono grazie, a Lui si fa l'anamnesi storica, gli si offe il Sacrificio consacrato, che ottiene la Potenza della Resurrezione. Oggi l'epiclesi per lo Spirito Santo è sui fedeli iniziati, nuovi e vecchi, e poi sulle offerte cariche di tanto significato. La Supplica è resa efficace per la Resurrezione e lo Spirito Santo; così è l'Intercessione universale. E la dossologia finale per «tutto l'onore e la gloria» al Padre mediante il Figlio nello Spirito Santo, trae motivo e valore dall'opera massima del Padre, la Resurrezione.

### c) I Riti della Comunione

I riti della comunione hanno ancora molti temi carichi di significato specifico, tratto dalla Notte che si celebra.

Al «Padre nostro» i fedeli antichi, e quelli nuovi, confermati per accedere al Convito – la Chiesa antica non ammetteva affatto al Convito i battezzati *non cresimati*! – sono abilitati dallo Spirito Santo per il titolo dell'Iniziazione (*Rom* 5,5; *Gal* 4,6; *Rom* 8,15). All'Iniziazione il Padre chiamò tutti, uno per uno, «figlio mio!», come chiamò il Figlio Monogenito. E i fedeli, tutti e uno per uno, rispondono: «Padre nostro!», come il Figlio rispose «*'Abba'*, Padre mio!». Così essi prendono parte al Convito che il Padre prepara, con tutte le sue implicazioni: il Nome, il Regno, la Volontà di Lui; il pane del corpo, della Parola, del Mistero; il Giubileo divino che è l'abbuono di ogni debito da parte sua, e da parte dei fedeli a tutti i fratelli; la liberazione dalla tentazione finale; la liberazione dal Maligno che assale. Questo si realizza nella partecipazione ai Misteri.

L'embolismo al «Padre nostro» per questa liberazione esige l'acclamazione del popolo al Padre in questo Convito: «Tuo è il Regno», inaugurato dalla Resurrezione con lo Spirito Santo.

Il rito della pace oggi rievoca la pace e lo Spirito Santo donati dal Signore ai discepoli la sera della Resurrezione (*Gv* 20,19-23).

La frazione del Corpo del Signore e la sua immissione nella Coppa significa l'unità del Sacrificio per la partecipazione al frutto della Resurrezione

L'«Agnello di Dio che toglie il peccato del mondo» (*Gv* 1,29 e 36) richiama il Servo sofferente (*Is* 53,7-8) ma Risorto nello Spirito Santo.

Il «Beati gli invitati alla Cena delle Nozze dell'Agnello» (*Ap* 19,9) indica che la Chiesa Sposa vi è preparata dallo Spirito Santo.

La comunione oggi assume il particolare «colore» teologico, che dovrebbe mantenere tutto l'anno.

L'Antifona alla comunione ha significato anche per i neobattezzati, che partecipano per la prima volta al Sacrificio dell'Agnello.

La Preghiera dopo la comunione è un'epiclesi allo Spirito Santo, in specie per i neobattezzati: lo Spirito Santo dell'Amore del Padre, effuso nei cuori (*Rom* 5,5) dall'Iniziazione, è chiesto ancora e sempre, e tutti i fedeli saziati alla Mensa dei Misteri diventano come la Chiesa delle origini, «con cuore unico e anima unica» (*At* 2,41-47; specialmente 4,32). Così la celebrazione di è oggi pentecostale: i Misteri divini sono la Pentecoste perenne nelle Chiese, a partire dall'Iniziazione.

I riti di conclusione fanno insistere sull'Alleluia, lode resurrezionale per eccellenza, da ripetere sempre. Il popolo laudante è benedetto dal Signore.

## IV. Dalla Resurrezione alla Chiesa

*L'Apostolo:* Rom *6,3-11*

Anche questa, come l'Evangelo e la Profezia, è Parola storica, profetica e sapienziale (sopra, Parte I, Cap. 6, n. 1-5). Essa ha anche una particolare preziosità, in quanto, dopo e con i 4 evangeli, è il resoconto storico dell'esperienza di fede degli Apostoli del Signore, i soli Testimoni autentici e autorizzati della Resurrezione (*At* 1,4.21-22; 10,39.41-43). Essi hanno sperimentato vitalmente Cristo vissuto, morto e risorto con lo Spirito Santo, ma in specie Cristo in quanto nello Spirito Santo ha «adempiuto le Scritture» morendo e risorgendo e precisamente donando lo Spirito della Resurrezione (*Gv* 20,19-23; *At* 2,1-12). Per questo gli Apostoli, nella singolarità irripetibile della loro divina Testimonianza assistita dallo Spirito Santo, vincolano per sempre la fede professata dalle generazioni cristiane, la quale è in realtà e solo la fede degli Apostoli. Senza di essi non si avrebbe nessuna fede. Con gli Apostoli i fedeli sono la Chiesa Unica Santa Cattolica Apostolica.

La pericope di *Rom* 6,3-11, con diversi tagli, è usata anche nei Riti orientali. Questo conferma diversi fatti: a) che nei momenti essenziali, le Chiese, anche divise, ritrovano il loro sostrato antico, quando erano unite; b) che questa pericope ha una forte incidenza nella Notte in cui le Chiese battezzavano i loro catecumeni.

Paolo inizia con la formula solenne, che costituisce in giudizio i suoi ascoltatori: Forse voi ignorate? Certo no. Dopo tanto annuncio evangelico e tanto insegnamento apostolico nessuno dei fedeli può più affermare: Io non lo sapevo. Il contenuto da tenere costantemente davanti agli occhi della mente, nel cuore, già noto da *Gal* 3,27, è che il "battezzato", l'"immerso" in un liquido (*tingere* è l'antico verbo latino per il battesimo) fino ad affogare, è «battezzato in Cristo Gesù», dove l'"in" non indica un luogo qualunque, ma la realtà terribile e definitiva: «dentro la morte di Lui fummo immersi» (v. 3). E questa immersione è perenne, poiché produce un rivestimento divino, Cristo, di cui i fedeli «furono rivestiti» in eterno (ancora *Gal* 3,27). Il rito, insiste Paolo, è di efficace simbolismo, è Mistero potente, e accomuna significativamente con Cristo. La tomba liquida del battesimo con-seppellisce con Cristo (*Col* 2,12; 1 *Pt* 3,21), nella sua morte, senza equivoci. Come in Lui morì in eterno la vecchiaia vecchia della «carne di peccato» assunta a causa degli uomini (*Rom* 8,3; *Gal* 3,13; 2 *Cor* 5,21), uccidendola in se stesso e perciò resuscitando con la Carne glorificata (1 *Cor* 15,45), così i fedeli emergendo dalla tomba misterica risorgono con Lui, risorto mediante la Gloria del Padre che è lo Spirito Santo (v. 9; 8,11; *Gv* 11,40; 2 *Cor* 13,4). I fedeli sono liberati dall'esistenza di peccato, e condotti a procedere nella «novità della vita», ossia nell'ultimezza finale della loro esistenza redenta, santificata, sulla via della divinizzazione (2 *Cor* 5,17; *Gal* 6,15; *Ef* 4,23-24; *Col* 3,10; anche *Rom* 7,6), irreversibilmente (v. 4). Da ora, il Condottiero sovrano di essi è la medesima Gloria del Padre, lo Spirito Santo.

Paolo procede qui con una serie di *sýn*, «insieme con»; intanto si è visto «con-sepolti», e «con-resuscitati», espresso questo con un giro di parole espressivo. Viene il terzo *sýn*: siamo stati «con-piantati» (2 *Cor* 4,10), si può dire, «con-seminati» nella Morte del Signore sotto forma di Mistero, la «somiglianza» della Morte» storica del Signore essendo per noi avvenuta nel battesimo (*Fil* 3,10: «per conoscere Lui e la Potenza della Resurrezione di Lui e la Comunione delle sofferenze di Lui, "con-formato" (Paolo) alla Morte di Lui»; anche *Col* 2,12; 3,1). Così, prosegue l'Apostolo, saremo anche «con-piantati» nella Resurrezione di Lui (v. 5). È il sapiente lavoro del divino Contadino, il Padre (*Gv* 15,1), il quale nella sua coltivazione «con-pianta» i germi vitali in modo paradossale: li fa morire «in Mistero», li fa però risorgere «in Mistero», la loro vita è ormai la crescita verso la resurrezione beata e la divinizzazione. Il battesimo operato dallo Spirito del Padre e del Figlio è il punto cruciale, vera morte, benché sacramentale, vera resurrezione, benché sacramentale, poi da ottenere procedendo nella novità della Vita divina ormai piantata in noi.

Il tratto non è facile. Sì che Paolo lo spiega con altre immagini, analoghe alle prime. Anzitutto con la formula altrettanto solenne: «questo conoscendo», voi, non potete ignorarlo. L'«uomo vecchio», l'Adamo peccatore che viveva in ciascuno di noi, in noi fu «concrocifisso» con Cristo (*Gal* 5,24; 6,14; *Col* 3,9; *Ef* 4,22). Altrettanto, si può dire, dolorosamente, poiché qui occorre abbandonare la vita vecchia; se serve, parenti, lingua, cultura, usi sociali, livelli sociali, egoismi. Deve essere «distrutto il corpo di peccato», punto difficile, sul quale Paolo si era lungamente soffermato nel cap. 7 (7,24). Il corpo, è esistenza concreta, con le sue passioni, che in fondo sono le vere e uniche sofferenze, e inique, della vita prebattesimale, sofferenze che portano lontano dalla vita e dal Datore della Vita. Infatti questo corpo faceva soffrire gli uomini in modo terrificante, era «schiavo del Peccato», il peggiore dei tiranni, la personificazione malefica e rappresentativa del Male, della Morte, del Maligno. Da tale schiavitù gli uomini non potranno mai uscire se non li soccorre la Potenza della Santità divina. Essi dopo ricevuta la Santità divina, non debbono essere più schiavi (v. 6).

Infatti, spiega ancora Paolo, il peccato finisce con la morte, esso non può essere più imputato a un morto (v. 7; e v. 18; 1 *Pt* 4,1). Questo, tanto più per i fedeli, che muoiono «con (*sýn*) Cristo», di una morte per così dire molto più totale di quella naturale, più definitiva e più produttiva di effetti (2 *Cor* 4,10; 13,4; 2 *Tim* 2,11). A esaminare bene, essa negli uomini produce la fede, e provoca alla fede, e il contenuto unico di essa è la Potenza della Resurrezione di Cristo. Sì che, vivendola, ormai i fedeli «con-vivono con Cristo», vivono l'unica Vita di Lui, che è la Vita del Padre, che è lo Spirito Santo (v. 8).

Ancora una formula solenne: «noi sappiamo bene», ormai, per esperienza storica, irreversibile, vitale, sapienziale. Paolo parla per sé e per i fedeli di Roma di un fatto conosciuto da essi tutti: che Cristo resuscitato dai morti per la Potenza del Padre, lo Spirito Santo (v. 4; 1,3-4), non muore più (*At* 13,34; *Ap* 1,18), la sua Umanità è divinizzata. Non solo, la sua Umanità vittoriosa diventa sovrana, sì che la Morte (qui personificata, vedi sopra) non esercita più la sua tirannia su Lui. Egli perciò non può morire più, poiché morire significherebbe che sarebbe di nuovo schiavo della Morte divoratrice degli uomini (v. 9).

Così avviene ai fedeli «in Mistero». Nel battesimo infatti si muore al peccato una volta per sempre, come Cristo morì una volta per sempre (*Ebr* 9,26-28; 7,27; 1 *Pt* 3,18; con effetto eterno, *Ebr* 9,14). Ma morire per sempre, secondo l'Economia divina significa vivere per sempre, non più di vita autonoma, egoistica, peccaminosa e peribile, bensì della Vita divina, «vivere per Dio», da Lui, con Lui, verso Lui, mai più senza Lui (v. 10).

Perciò l'Apostolo lancia l'ultimo avvertimento, che suona come l'ultima costituzione severa in giudizio. Ciascuno dei fedeli «deve considerarsi (*logízomai*)», deve bene calcolare come sapiente amministratore questa realtà nuova, sotto i suoi due aspetti fondamentali e correlativi: I) di essere morti al peccato (v. 2; 7,4.6; *Gal* 2,19; *Col* 2,20; 3,3; 1 *Pt* 2,24), e non solo alle opere del peccato, ma anche alle conseguenze rovinose, la morte quale «suo salario» (v. 23, testo fondamentale); II) tuttavia di essere ormai viventi per sempre «per Dio», ma «in Cristo Gesù», come membra viventi del Signore Risorto (2 *Cor* 5,15; *At* 17,28; anche *Rom* 14,8), irrorate dalla Vita divina che è lo Spirito Santo, la Guida verso l'eternità (v. 11).

La santa Iniziazione è il principio di tutto questo. E ne è anche il deposito di tutti i contenuti da vivere per sempre.

## d) I Riti dell'Iniziazione Cristiana

La prima risposta alla Parola divina è la celebrazione dei Divini Misteri. Celebrazione di una Chiesa tutta iniziata dallo Spirito Santo (*Ef* 4,1-7; 5,18-33), divenuta l'Orante, nell'esplicazione del suo essere la Sposa che celebra lo Sposo Risorto con lo Spirito Santo. La seconda risposta all'Evangelo della Resurrezione è l'Iniziazione. Questo, eventualmente nei paesi nostri, dove ancora rari sono i catecumeni; ma si pensi solo a nazioni scristianizzate, dove ricomincia il flusso degli adulti che chiedono la fede e il battesimo; e ai paesi di missione, dove i battesimi di questa Notte *debbono* essere la normalità.

Alcuni grandi temi dell'Iniziazione sono stati elencati sopra. Qui si vuole ancora ricordare come l'Iniziazione stessa sia il grande Segno, indelebile, che lo Spirito Santo dona nel cuore di chi teme il Signore e decide di porsi per sempre sulle sue Vie, seguendo come discepolo fedele Cristo Signore morto e risorto, e vuole vivere la Vita divina dello Spirito Santo, e così far parte della Famiglia dei figli di Dio.

La Chiesa Madre ripropone qui tutti i massimi temi della vita cristiana. E lo fa presentando questa Notte come il molteplice punto d'arrivo del lungo, talvolta doloroso e difficile cammino quaresimale e catecumenale, per i fedeli e per i catecumeni. Arrivo che è insieme: a) l'ascolto della Parola della Resurrezione; b) l'Iniziazione dello Spirito Santo; c) il Convito dei Misteri divini trasformanti; d) il tempo della mistagogia permanente.

Va qui rivista la grande proposta, dall'«Ordine dell'iniziazione cristiana degli adulti» (OICA). Il rito per i bambini è l'adattamento di quello degli adulti. Quest'ultimo è normale dove esistano catecumeni. Si articola in 4 gradi necessari:

a) rito per fare i catecumeni;
b) il tempo della purificazione (e formazione catecumenale);
c) il momento dell'Illuminazione (battesimo e confermazione);
d) il tempo della mistagogia.

La Chiesa locale, la Madre Chiesa, accompagna i suoi futuri figli, a cui prodiga i tesori della sua carità materna, della sua dottrina e della sua grazia. Così l'OICA è anche come una vera «somma teologica» della fede della Chiesa, e questo nei *Praenotanda*, che occorre conoscere bene, nelle rubriche, assai pertinenti, nel Lezionario così ricco, nelle preghiere e riti disposti lungo le varie fasi. Tutti i fedeli sarebbero tenuti a conoscere bene l'OICA.

Ora, dal punto di vista teologico e pastorale, due istanze inseparabili (di fatto talvolta separate rovinosamente dai praticoni), l'OICA è il rituale che accompagna i catecumeni nel loro cammino verso la Grazia suprema, recuperare l'«immagine e somiglianza di Dio» deturpata dal peccato, ma finalmente restaurata dallo Spirito Santo.

A vedere bene, l'OICA è come una grande «inclusione letteraria» di questo recupero: due estremi identici all'inizio e alla fine indicano che tutto il rito nel suo svolgersi tende a tale recupero quale Dono divino.

Nei riti iniziali, dopo l'esorcismo e la "rinuncia" ai culti pagani (OICA 78-81), viene breve preghiera (n. 82). Segue il rito del segno della croce sulla fronte e sui sensi (n. 83-86), concluso da una delle più belle preghiere del rito (n. 87):

*Preghiamo.*
*Le preghiere nostre, Ti preghiamo, Signore,*
*esaudisci con clemenza,*
*e questi catecumeni N. e N.*
*che noi segnammo con il sigillo della Croce del Signore*
*custodisci Tu con la Potenza di essa (la Croce),*
*affinché, essi che conservano «i rudimenti della Gloria» tua,*
*attraverso la custodia dei tuoi comandamenti*
*meritino di giungere alla Gloria della rigenerazione.*
*Per Cristo.*

Il testo ricorda che, nonostante il peccato, i catecumeni sono e mantengono il vivente segno indistruttibile della gloria divina in atto, ossia l'immagine e somiglianza di Dio (*Gen* 1,26-27), che non può essere tolta né distrutta, può solo essere deturpata. Più precisamente, essi possiedono i *rudimenta gloriae*, ossia per così dire, l'abbozzo primitivo di un lavoro che non fu portato a termine, tuttavia sufficiente affinché, nell'assimilazione a Cristo Risorto che è l'Icona perfetta del Padre, lo Spirito Santo lo renda perfetto nella grazia, e lo renda immagine di Dio restaurata, e somiglianza con Dio perfezionabile nella grazia: quello che i Padri chiamano l'icona redenta, santificata, in corsa verso la divinizzazione. La "rigenerazione" o rinascita è l'Iniziazione, in cui si opera questa trasformazione suprema, a partire dall'illuminazione battesimale e crismale, e destinata a crescite infinite di santità.

Terminata la lunga preparazione, che assume un aspetto più sollecito in Quaresima, con rinnovata tensione e con i 3 scrutini (Domeniche III, IV, V di Quaresima), nella Notte della Resurrezione i catecumeni sono battezzati in Cristo morto e risorto nello Spirito Santo.

Di interesse immediato qui è la grande «Benedizione dell'acqua» (OICA 349), la quale si svolge, come si accennò, in 2 momenti: I) *l'anamnesi* storica: la tipologia dell'acqua, immensa teologia della storia, quale preparazione» della grazia del battesimo dello Spirito Santo, visibile nella creazione, nel diluvio, nel passaggio del Mar Rosso, nel Giordano, momento dell'Unzione dello Spirito Santo su Cristo: che dalla Croce, dal costato trafitto della sua Bontà emanando Sangue e Acqua (*Gv* 19,34), inviò dei discepoli a battezzare nel Nome della Trinità (*Mt* 28,19); II) l'*epiclesi* al Padre affinché dischiuda il seno materno della Chiesa, il fonte battesimale, che riceve così la grazia dello Spirito Santo. Ed ecco l'effetto: l'uomo (qui il catecumeno) creato «a immagine e somiglianza di Dio», purificato dalla sozzura del peccato, rinasce come "nuovo" (alla nuova infanzia) ad opera dello Spirito Santo. Lo Spirito Santo è così invocato affinché venga mediante il Figlio, e la sua divina Potenza «conseppellisca nella morte» del Signore il catecumeno, e lo faccia "conrisorgere" alla Vita di Lui.

Per la confermazione, ridotta a rito esiguo e spoglio, si deve assolutamente vedere la teologia nel Rito della consacrazione degli olii.

Ora, il Padre ha disposto dall'eternità l'invio del Figlio e dello Spirito Santo, affinché nella sua indicibile Economia di salvezza e di divinizzazione questo suo Figlio Unico nello Spirito Santo «sia il Primogenito tra molti fratelli» (*Rom* 8, 29).

Qui il rinvio è all'A.T., che in questo è categorico. Il Signore Unico, il Signore Vivente e Buono, ha creato una volta per sempre, senza pentimento, l'unica sua «immagine e somiglianza» o «icona» (*Gen* 1,26-27), vivificata dal suo Alito divino, lo Spirito del Signore (*Gen* 2,7). Questa è l'unica origine di tutti gli uomini, l'unica parentela divina donata dall'Alto, l'unica universale e comune parentela tra essi per tutti i tempi e tutti gli spazi dell'esistenza. La sorte che divinamente è assegnata a tutti gli uomini è una e medesima: contemplare in eterno, in indicibile dialogo il Volto divino di Bontà trasformante (1 *Gv* 3,1-2!), che è la divinizzazione. Per questo l'A.T. canta poemi gioiosi ogni volta che descrive con estatica ammirazione le "genealogie" che sciamano a popolare la terra a partire dall'unico Adamo e dall'unica Eva (la «tavola dei popoli», *Gen* 10,1-32). E se dopo la caduta di Adamo il peccato prolifera e si comunica a tutti gli uomini come un'inarrestabile pestilenza, il Disegno divino, che sembra frustrato alla radice, non si arresta. La Sapienza divina riassume tutto e tutti, dapprima con la vocazione d'Abramo (Domenica II di Quaresima), affinché da lui tutti siano recuperati (*Gen* 12,4a). Nella genealogia ininterrotta che da Abramo attraverso David giunge ad assumere un Volto e un Nome in Gesù Cristo (Domenica IV d'Avvento), il Figlio eterno del Dio eterno, si fa Uomo vero (*Gv* 1,14), accettando e assumendosi per intero, escluso il peccato (*Ebr* 4,15), la condizione di tutti gli uomini (*Fil* 2,6-8), quella peccaminosa, Lui, l'Impeccabile (2 *Cor* 5,21), e mortale, Lui l'Immortale (*Rom* 8,3). Cristo Signore, l'Icona perfetta del Padre (*Col* 1,15), con lo Spirito Santo deve infatti recuperare l'«icona» perfetta agli uomini, distruggendo il peccato e la sua quadruplice mortifera radice, lo *scisma*: che distrugge l'unità di ogni uomo, lo aliena dal prossimo, dal mondo, da Dio. Cristo ha recuperato con lo Spirito Santo in se stesso in quanto Icona la quadruplice unità, restituendo l'uomo al *dialogo* con se stesso, con il prossimo, con il mondo, con Dio, con efficacia salvifica e divinizzante. Così il Disegno divino si evidenzia in tutto il suo splendore: gli uomini iconicamente creati (e peccatori in quanto icona!), iconicamente redenti, iconicamente santificati, sono avviati in modo finale a essere iconicamente divinizzati.

Inoltre, le immagini bibliche, sempre stupende, presentano le sfaccettature della divina Promessa, concentrandola su un personaggio ancora misterioso, la Città di Dio, la Santa Sion, la Gerusalemme Nuova, la Sposa del Signore, la Vergine santa e la Madre feconda, la Chiesa, con tanti figli che nessuno può numerare. Quella di cui con sublime poesia il Salmista canta:

*Fatti gloriosi si annunciano di te, Città di Dio...*
*Di Sion si parlerà:*
*Sia questo, sia quello è nato in Lei.*
*Il Signore scriverà nel Libro dei popoli:*
*(Anche) questo è nato là (in Lei) (Sal* 86,3.5-6).
*Di questa Sposa, l'Icona nuziale, lo Sposo divino è il Figlio Monogenito di Dio nell'opera dello Spirito Santo. Le Nozze divine sono feconde di innumerevoli figli. Ecco lo Spirito Santo in azione. A Pentecoste, quale «Fuoco che procede dal Fuoco», riunisce una rinnovata meravigliosa «tavola di popoli» (At 2,1-6 e 7-11; anche la Vigilia di Pentecoste), distinti tra essi ma senza più separazione.*
*E tutti questi popoli, tutti questi uomini, così provvidenzialmente diversi tra loro, eppure tutti identici nell'unicità dell'«immagine e somiglianza di Dio» consustanziale e benedetta, appaiono nella visione finale del divino Adempimento come «un'immensa folla, che nessuno poteva numerare, di ogni nazione e tribù e popolo e lingua», corteo regale nuziale vittorioso gioioso festante al seguito dell'Agnello Risorto, che lo guida alle Fonti dell'Acqua della Vita, che è lo Spirito Santo, in eterno, nel gaudio eterno (Ap 7,9, e vv.1-8 e 10-17).*
*Opera efficace, tutto questo, del divino trasformante e divinizzante «luogo e momento» dell'Iniziazione.*
*Il trattato teologico spirituale dell'Iniziazione è lungo e molto complesso. Esso formava l'interesse preminente dei Padri, come fa meditare uno di essi, tra i maggiori:*
*Sulle due nascite, la prima, dico, e quella finale, non è adesso il momento di speculare. Ma della nascita centrale, e adesso necessaria, dalla quale trae il nome «il giorno delle Luci», noi speculeremo.*
*L'illuminazione (phôtismós, il battesimo) è splendore delle anime, mutamento della vita, interrogazione della coscienza a Dio (1 Pt 3,21).*
*L'illuminazione, aiuto della nostra debolezza. L'illuminazione, rigetto della carne, sequela dello Spirito, comunione (κοινōνία) del Verbo, correzione dell'uomo plasmato (Gen 2,7), diluvio (dilavamento) del peccato, partecipazione della Luce, dileguamento della tenebra. L'illuminazione, veicolo a Dio, pellegrinaggio di Cristo, sostegno della fede, perfezionamento dell'intelletto, chiave del Regno dei cieli, mutazione della vita, espulsione*

*della schiavitù, scioglimento dei vincoli, mutazione della composizione (dell'uomo).*
*L'illuminazione, che si deve numerare di più?, il più bello dei Doni di Dio e il più magnifico.*
*Come infatti alcune realtà si chiamarono «santo dei santi», «Cantico dei Cantici», che sono realtà più comprensive e più autorevoli, così anche il battesimo è la più santa d'ogni altra delle illuminazioni donate a noi.*
*E come Cristo, ch'è il Donante di questo, è chiamato con molti e diversi nomi, così anche il Dono (suo). Sia che questo lo subiamo per un fatto gioioso, infatti, alcuni amano molto qualche realtà, e volentieri si dilettano anche dei nomi, sia che la multiformità del beneficio produca per noi anche molti nomi.*
*Noi chiamiamo "Dono" il carisma, il battesimo, l'unzione, l'illuminazione, la veste dell'incorruzione, il lavacro della rigenerazione, il sigillo tutto ciò ch'è prezioso.*
*E "Dono" in quanto è donato anche a chi nulla ha offerto, e "carisma" in quanto è donato anche a chi è debitore, e battesimo in quanto il peccato è conseppellito con l'acqua, e unzione in quanto è sacra e regale, infatti (sacerdoti e re) erano unti, e illuminazione in quanto è irraggiamento, e veste in quanto è copertura della vergogna, e lavacro in quanto è detersione, e sigillo in quanto è custodia e significazione della sovranità.*
*Per esso congioiscono i Cieli, essi glorificano gli Angeli per lo splendore della parentela (con Dio).*
*Esso è l'icona della Beatitudine di lassù.*
*Esso noi vogliamo inneggiare, ma non lo possiamo per quanto ne sarebbe degno:* S. Gregorio il Teologo, Oratio 40, In s. baptisma 3-4, in PG 36,361 B - 364 A.

Appare così, evidente ed innegabile, che i fedeli debbono essere mistagogizzati sempre, se non solo, sull'Iniziazione comune, l'esperienza storica che ha segnato per sempre la loro vita, l'unico fatto vitale vero, di continuo celebrato nei Misteri, in via di attuazione eterna vivendo la fede, e al Signore sempre ricco di doni rispondendo con la carità verso lui ed i fratelli.

Se poi si aggiunge che scarsa e senza incidenza è la dottrina corrente sullo Spirito Santo e pressoché nulla quella sulla confermazione, parte centrale dell'Iniziazione, non ci si può davvero rallegrare. Qui il recupero dei contenuti biblici e patristici si fa drammatico, ed il suo ritardo allarmante. Si può ancora ascoltare S. Gregorio il Teologo, incomparabile maestro di pneumatologia.

> *Queste realtà qualcuno dirà perciò di aver trovato che non sono scritte (ossia: non si trovano nella Scrittura). Ma già verrà per te la folla dei testimoni (Ebr 12,1), dai quali è più che dimostrata a partire dalla Scrittura la divinità dello Spirito, certo, non per quanti sono troppo sinistri, o estranei allo Spirito.*
>
> *Così dunque osserva. Nasce Cristo (Lc 2,7), (lo Spirito Lo) precede (Lc 1,35). È battezzato (Lc 3,21), (lo Spirito Santo Lo) testimonia (Lc 3,22). È tentato (Lc 4,1-2a), (lo Spirito Santo ve Lo) spinge (Lc 4,18). Compie prodigi (Mt 12,22), (lo Spirito Santo Lo) accompagna (Mt 12,28). Ascende (At 1,9), (lo Spirito Santo a Lui) succede (At 2,4)*
>
> *Che dunque (lo Spirito Santo) non può delle grandezze (i megaléia di Dio), essendo Dio? Che mai non è Egli chiamato, essendo Dio, salvo l'Ingenitezza (del Padre) e la Generazione (del Figlio)? Si doveva infatti che le proprietà restassero al Padre e al Figlio, affinché non esistesse confusione nella Divinità, alla quale anche altre realtà portassero all'ordine (táxis) e all'armonia (eukosmía). E io ho terrore, pensando alla ricchezza degli appellativi, e contro questi Nomi sono impudenti quanti si oppongono allo Spirito.*
>
> *Egli è detto Spirito di Dio (1 Cor 2,11; Rom 8,9a), Spirito di Cristo (Rom 8,9b), Intelletto di Cristo (1 Cor 2,12-16), Spirito del Kýrios (il Signore, 2 Cor 3,17), Egli stesso Kýrios (2 Cor 3,18), Spirito della filiazione (Rom 8 15; Gal 4,6), Spirito della Verità (Gv 14,17; 15,26; 16,13), della libertà (eleuthería, 2 Cor 3,17), Spirito della Sapienza (Ef 1,17; Is 11,1-2), dell'intelligenza, del consiglio, della forza, della scienza, della pietà, del timore di Dio (Is 11, 2-3, per i 7 Doni dello Spirito).*
>
> *Ed Egli è anche Autore di tutto questo, tutto riempiendo con la sua Essenza, tutto contenendo, riempiendo l'universo secondo l'Essenza, incontenibile dall'universo quanto alla Potenza (Sap 1,7-10), Buono (Sal 142,10; Lc 11,13 Mt 7,11), Retto (Sal 50,12), del Principe (del popolo*

*di Dio, Cristo; Sal* 50,14), *Santificatore per Natura, non per disposizione* (*Rom* 8,14-15), *Misuratore non misurato* (*Gv* 3,34), *Che fa partecipare, non partecipante, Riempiente, non riempito, Contenente, non contenuto, Ereditato* (*Ef* 1,13-14), *Glorificato. Connumerato* (*con il Padre e con il Figlio, Mt* 28,19), *Minacciato, Dito di Dio* (*Lc* 11,20), *Fuoco come Dio* (*At* 2,3) *per apparire, come io ritengo, il Consustanziale, Spirito che crea* (*Gen* 1,2), *che crea di nuovo* (*Gv* 3,5) *con il battesimo, con la resurrezione* (*Tit* 3,5), *Spirito che conosce tutte le realtà* (1 *Cor* 2,10-12), *che insegna* (*Gv* 14,26), *che spira dove e quanto vuole* (*Gv* 3,8), *che conduce per la via* (*Sal* 142,10; *Gv* 16 13), *che parla* (*At* 10,19; 13,2), *che invia* (*At* 13,2.4), *che mette da parte* (*At* 13,2), *che è adirato, tentato* (*At* 5,9; 16,6.7), *che rivela* (*Gv* 16,13; 1 *Cor* 2,10), *che dona la Luce, che dona la Vita. O meglio, Egli stesso Luce e Vita. Che rende tempio* (1 *Cor* 3,16; 6,19), *che divinizza* (1 *Cor* 15,45.49), *che perfeziona, così che precorre il battesimo, ed è ricercato dopo il battesimo. Che tutto opera in quanto Dio, diviso in Lingue di Fuoco* (*At* 2,3), *che divide i doni, che fa gli Apostoli, i Profeti, gli Evangelisti, i Pastori e i Maestri* (1 *Cor* 12,4-28; *Ef* 4,1-12). *Intelligente, Molteplice, Intelligibile, Chiaro, Incontaminato, Non-impedito* (*Sap* 7,22, *per questi aggettivi*), *che vale come Sapientissimo e Multiforme per le operazioni, e Tuttomanifestante e Tuttochiarificante, e Autolibertà e Immutabile, Onnipotente, Onniveggente* (1 *Cor* 2,10), *Penetrante in tutti gli spiriti intelligenti, puri, tenuissimi - credo io, nelle potenze angeliche -* (*Sap* 7,23), *come anche negli spiriti profetici ed apostolici, Sincrono, ma non nei medesimi luoghi, essendo gli altri sparsi diversamente, per cui è mostrato, essendo Incircoscritto:* S. Gregorio il Teologo, Oratio 31, Theologica 5, De Spiritu Sancto 29, in PG 36,159 A - 163 C.

Questo grande Vescovo di Costantinopoli trasmette questo messaggio e appello a tutto il popolo cristiano. Occorre che contenuti simili siano raccolti, meditati, fatti propri, arricchiti, annunciati, anzitutto dai Vescovi e dal clero in cura di anime.

L'Iniziazione è la grande occasione permanente di partenza per questo, che deve proseguire in crescendo.

### e) Il Rito Lucernale

Con l'accensione e benedizione del fuoco, la preparazione del cero, la processione con il cero, il preconio pasquale, la risposta alla Resurrezione, l'adunarsi, la Luce e la gioia sono gli elementi necessari alla celebrazione del Mistero totale. Il "segno" della luce, normale nelle chiese, è quello che viene dalla Notte della Resurrezione, e anche di questo va fatta dovuta e continua mistagogia.

Una breve ma doverosa conclusione: va recuperato il vocabolario biblico. È sana norma vitale possedere «più vocaboli, più temi, più intelligenza, più ricchezza, più vita». È anche un adagio dell'antica teologia rabbinica. Il vocabolario cristiano deve essere usato, non deve essere stemperato in spiegazioni banalizzanti e cosificanti, di gente che si vergogna di parlare il «linguaggio della fede». Si chiederebbe a un medico, a un fisico, a un artista di non usare il loro vocabolario specializzato? Non accetterebbero mai. Solo i cristiani allora hanno paura di usare il vocabolario della loro fede, come eterno, «in eterno» (il «per sempre» che è stato dato ordine di sostituire dappertutto l'«in eterno», non dice l'eternità!), mistero, anima, conversione del cuore, carità (vedi qui la slavata «solidarietà umana», che dice tutto e niente)? Il Tesoro va riappropriato e goduto, di esso si deve far godere i «piccoli del Regno».

## Approfondimento 6:
## La Gioia della Resurrezione

La gioia biblica della Resurrezione, anche «dentro le tribolazioni», quasi non fa parte della predicazione cristiana. Eppure è il culmine immediato della Resurrezione del Signore. Così era sentito dalla Comunità primitiva. Così da tutti gli autori del N.T.

Esistono strani ricorsi. In effetti, la predicazione della gioia già si scontrava al tempo di Paolo con un mondo che è poco caratterizzare come triste. Come ai tempi nostri. L'eccellente livello culturale dell'ellenismo nell'impero romano così cosmopolita, il saldo ordinamento giuridico della società imposto dai Romani, i fervidi e quasi febbrili culti misterici e orientali, le filosofie popolari che insegnavano sia pure a pagamento i maestri itineranti, oltre le scuole classiche, gli operatori di prodigi e di miracoli che pullulavano, insomma tutte queste proclamate «vie alla salvezza», e inoltre, la complessa vicenda storica stessa al tempo del N.T. e di Paolo, la così detta *pax romana*, che si rivelò piuttosto come una non guerra momentanea: tutti questi fattori, e altri, promettevano tanto, ma se suscitavano qualche speranza presto delusa, non provocavano *certezza* né *gioia*. Anche quando personalità eccezionali, come anche i sollevatori politici, promettevano speranza e felicità future, mai parlavano di gioia, non era nelle loro prospettive. Eppure il mondo antico possedeva un ricco vocabolario della gioia; tuttavia non aveva l'idea, i contenuti e i motivi per una gioia vera e perenne.

Il mondo di oggi è strangamente simile a quello che affrontò Paolo. Le ideologie politiche e le teorie spicciole, il pensiero, le scienze, l'arte e la cultura in genere, parlano di benessere, di qualità della vita, ma non conoscono la gioia, non la nominano. Si parla ancora di progresso, di sviluppo, di prosperità, di felicità promesse, ma non si conosce e non si parla mai di gioia. E paradossalmente proprio su questo sembra essersi attenuata da secoli la stessa predicazione cristiana. La quale pure ha come centro «la gioia della Resurrezione».

Ha forse Paolo inventato qualche cosa? Ha solo, contro corrente, predicato la gioia promessa dal Signore, contro ogni evidenza, già nella sua Vita storica (*Gv* 16,20-22), e gioia da vivere non in un futuro più o meno probabile, ma già nell'esistenza terrena redenta. Il Risorto stesso ha provocato la gioia dal primo istante della sua Resurrezione mirabile, a cominciare dalle Donne fedeli al sepolcro vuoto, la «gioia grande» (*Mt* 28,8; vedi sopra), completata da quella dei discepoli impauriti «nel vedere il Signore» (*Gv* 20,20b). Proprio qui Paolo irrompe con questo carico di Grazia realmente esplosivo, nel mondo pagano. Il quale «giocava molto, ma non si divertiva».

Paolo porta semplicemente l'annuncio dell'*Euaggélion*, la «Novella gioiosa» secondo l'etimologia precisa, che era la predicazione apostolica comune, prima e dopo Paolo. Per comodo, si possono qui distinguere come quattro riflessi di questo.

La gioia di Paolo, predicata con tanta insistenza, è anzitutto, e si direbbe esclusivamente, «in Cristo Risorto e nello Spirito Santo». Certo, il mondo antico, privo com'era di coscienza storica e quindi di proiezione reale nel futuro vivibile, non poteva avere motivi di gioia autentica. I fedeli invece hanno contenuti e motivi, «nel *Kýrios*, il Signore» (*Fil* 3,1). Per cui si deve esultare santamente, e Paolo ai suoi fedeli, se non l'avessero compreso, ripete: «di nuovo ve lo dico», occorre «gioire sempre nel Signore» (*Fil* 4,4; Antifona d'ingresso, Domenica III d'Avvento, detta *Laetare*). E «nel Signore» gioisce egli stesso, pur tra le immani tribolazioni apostoliche, per le buone condizioni spirituali di questa sua Comunità prediletta (*Fil* 4,10).

Paolo sa tuttavia che questa gioia non è opera umana, né possibilità umana. Essa al contrario, scaturendo dalla Resurrezione, è un preciso, inaudito dono dello Spirito Santo. Che precisamente allieta anche nella tribolazione, anzi a causa della tribolazione; la Parola stessa è ricevuta nella *thlípsis*, la tribolazione sia dell'Apostolo, sia dei suoi fedeli (1 *Tess* 1,6), tema così caro a Paolo. Questa Grazia divina che è la gioia è quindi un dono operato e operante, sia pure nelle difficoltà del momento. Essa si configura anche come «il Regno di Dio», i cui contenuti, benché non tutti, sono prima di ogni altra realtà «giustizia e pace e gioia e Spirito Santo» (*Rom* 14,17).

La gioia così, dopo la carità e come suo riflesso, è «il Frutto dello Spirito Santo», Frutto unico ed indivisibile, nella mirabile tripletta iniziale di un'altrettanto mirabile serie di 3 triplette: «carità gioia pace - pazienza benignità bontà - fedeltà dolcezza temperanza» (*Gal* 5,22-23a). Quasi un prisma irraggiante della divina Ricchezza, della divina fecondità, della divina inesauribilità dello Spirito Santo del Padre e del Figlio.

Sta altresì molto a cuore all'Apostolo, perché ne dipende la pienezza della vita cristiana, anche un altro aspetto, la gioia che sorge nel cuore dei suoi fedeli. A essa egli esorta tutti (2 *Cor* 13,11). In base a essa la figura del discepolo autentico assume lineamenti certi (2 *Cor* 6,16; 13,9), poiché qui essa nasce dalla *lýpē*, la tristezza, dalla tribolazione e dalla debolezza, come non si stanca di ripetere l'Apostolo. Essi debbono gioire della speranza certa (*Rom* 12,12), e inoltre debbono «con-gioire» con quanti già sono divinamente invasi e come saturati dalla gioia della Vita nuova (*Rom* 12,15).

E non basta. Paolo considera anche un altro aspetto, la gioia causata dai suoi fedeli in lui stesso, che vede crescere in essi la fede e la vita cristiana. Lo manifesta in molti testi (2 *Cor* 7,16; *Fil* 2,17 e 18; 1 *Tess* 3,9; e poi 2 *Cor* 2,3 e 7,4). E ancora. L'elogio non adulatorio che rivolge alle sue Comunità, parla di fedeli quali «gloria e gioia» sua (già nella sua prima epistola, 1 *Tess* 2,20, forse dell'anno 50-51), e anche «gioia e corona» sua (*Fil* 4,1). E li loda che si siano resi collaboratori attivi ed efficaci «in vista della gioia», che è segno robusto di perfezione cristiana (2 *Cor* 1,24). Poiché, come avevano ben compreso i Padri, ivi sta il peccato, dove sta la tristezza antica.

Resta ancora da considerare un aspetto cospicuo del pensiero e dell'opera dell'Apostolo della Resurrezione del Signore e del Dono dello Spirito Santo del Risorto. La gioia non è una condizione statica, una volta conseguita e posseduta. Essa è sanità di vita nuova. Essa è dono riconosciuto come tale, tutto gratuito, impossibile quindi da aversi con mezzi e metodi solo umani. Essa viene dall'Alto. In qualche modo all'Alto deve tornare. Poiché è la forma sublime di comunione che unisce il Cielo e la terra nel medesimo gaudio della santità vissuta. La gioia della Resurrezione diventa elemento squisito della preghiera insistente dell'Apostolo. Anzitutto come intercessione sacerdotale epicletica per i fedeli, affinché l'Unico che possa operarlo, il Signore, li riempia della sua stessa Gioia divina (*Rom* 15,3). Inoltre, Paolo prega senza interruzione per tutti i suoi fedeli, «nella gioia» che riempie il suo cuore apostolico e sacerdotale (*Fil* 1,4). E con sincerità a lui propria, si chiede quale mai azione di grazie possa egli rendere al Signore per tutto, anche per la gioia che quei fedeli hanno prodotto in lui quando si trova davanti al Signore stesso come fervido orante (1 *Tess* 3,9).

La sua Comunità è così esortata affinché da parte sua e senza intermissione permanga nella gioia vera, per la qualche anch'essa deve ininterrottamente pregare il Signore suo e di Paolo (1 *Tess* 5,16).

Si tratta di una vera Tradizione, che a monte ha chi trasmette, l'Apostolo, a causa della Resurrezione, e in basso ha chi riceve, a causa della medesima Resurrezione. Tale «tradizione della gioia della Resurrezione» proseguì inalterata negli echi che si possono ascoltare dagli *Atti dei Martiri* gloriosi, i quali si avviavano a rendere testimonianza, la confessione suprema al loro Signore Risorto, il Grande Dio e Salvatore delle loro anime, cantando Salmi ed inni. Spettacolo incomprensibile e irritante per i loro carnefici e per il mondo, a cui i Martiri erano offerti come supremo terrificante spettacolo. Nei Martiri questo non era esaltazione fanatica, non era il gusto orrido della sofferenza e della morte, che invece evitavano per quanto potevano. Era lucida e cosciente esultanza poiché erano stati divinamente resi degni di testimoniare la loro fede inconcussa, e perché vedevano il Regno della gioia senza tramonto aprirsi gaudiosamente per loro.

Come si è accennato, non si può certo affermare che la «tradizione della gioia della Resurrezione» abbia costituito, come invece per Paolo e per la Chiesa primitiva, lo specifico cristiano nella predicazione della Chiesa, almeno a partire dai secoli della miseria (invasioni barbariche, germaniche e islamiche), per la tribolazione troppo a lungo irrompente sulle generazioni cristiane, terrorizzate dal triste trinomio «peste fame guerra». Va qui notato, però, il concomitante e inquietante fenomeno, da allora, della scomparsa, o almeno dell'attenuazione della predicazione del Signore Risorto, del Dono dello Spirito, della Gloria della Trinità beata, della divinizzazione dell'uomo.

Annunciare sempre e instancabilmente Cristo Risorto e la sua gioia, a un mondo triste come il nostro, che ancora «gioca molto ma non si diverte affatto», è offrire *nella suprema carità*, per il bene esclusivo degli uomini fratelli nostri, i contenuti veri, autentici, reali, specifici della vita cristiana. Degna quindi di essere vissuta. Nella Parola della gioia trasformante.

# Dalla Resurrezione
# alla Pentecoste

# Introduzione

La Notte santa dà inizio al «Tempo pasquale» già dalle Lodi della mattina appena seguente.

La Quaresima è il tempo a giusto titolo chiamato nel Rito romano *quadragesimale sacramentum*, dove «sacramento» equivale in pratica a «strumento di salvezza», che per essere appropriato come reale beneficio deve essere celebrato. Ma tanto più il Tempo pasquale è, per così dire, il *resurrectionale sacramentum*, il tempo della celebrazione densa e tesa, privilegiata, del Signore Risorto con lo Spirito Santo. Qui, con la tipica «lettura Omega», il Signore appare mentre riceve lo Spirito Santo, Spirito della Resurrezione, Spirito del Sacerdozio, Spirito del Sacrificio, Spirito della preghiera, inviato dal Padre sull'Umanità del Figlio Monogenito, e mentre Lo dona già la sera stessa della Resurrezione. Poi, con il ritorno a leggere di nuovo la sua Vita storica, appare mentre prima della Croce santa promette il medesimo Spirito Santo, e infine mentre Lo dona a Pentecoste. E così qui si ha il medesimo Evangelo dell'inizio (*Gv* 20,19-23 e 24-31). Il Tempo pasquale perciò è come racchiuso da una singolare, straordinaria inclusione letteraria, che indica due estremi identici tali, che come è il principio così deve essere la fine, e così però tutto il contenuto racchiuso.

Come è il 1° Giorno, tale è il 50° Giorno. E così sono tutti i 50 Giorni. Come è la Resurrezione è la Pentecoste. E così è sempre Resurrezione ed effusione dello Spirito Santo. I «50 Giorni» sono questo sacramento celebrato. A proposito della Pentecoste, si dovrà poi spiegare la ripetizione quinaria di essa, così sollecitamente posta in evidenza negli *Atti*. Poiché 5 e il suo multiplo 50, sono il numero della pienezza e della completezza.

Appunto per questo il Tempo della Resurrezione è caratterizzato da alcune particolarità.

Anzitutto vi risalta il gruppo delle 7 Domeniche, ossia 7 x 7 giorni = 49 + 1 = 50, che è il numero (5 x 10) della pienezza e completezza adesso richiamate, la Pienezza dello Spirito Santo, la completezza del Giubileo dello Spirito Santo portato dal Signore Risorto (qui *Lc* 4,18-19, che cita *Is* 61,1-2), e ormai attuato nella Resurrezione (*Gv* 20,19-23; vedi anche la Messa del Crisma).

In questo Tempo poi le 7 Domeniche e l'Ascensione sono disposte, per così dire, in modo da contemplare il Signore Risorto come in una prima sequenza, e poi il medesimo Signore mentre promette e dona lo Spirito come seconda sequenza.

Va esplorata, sempre e primariamente, la «linea degli Evangeli», praticamente solo *Giovanni*, perché solo in essi si vedono i contenuti concreti della celebrazione: a) il giorno della Resurrezione l'Evangelo proclama l'evento della Resurrezione secondo *Giovanni* (20,1-9), o il medesimo che si prolunga a Emmaus; si può dunque anche reiterare l'Evangelo della Notte; b) la Domenica II vede il Dono dello Spirito la sera della Resurrezione, ai discepoli, con l'invio per il perdono universale c) dalla Domenica III ogni Ciclo si diversifica. Il Ciclo A, riporta solo qui Luca, di nuovo l'episodio di Emmaus; d) la Domenica IV l'inizio del discorso del Buon Pastore (*Gv* 10,1-10), per il resto disposto sui 3 Cicli; e) la Domenica V la rivelazione durante la Cena: la Via, la Verità, la Vita, vedere Lui è vedere il Padre, la preparazione della dimora; f) la Domenica VI prosegue la V, con la promessa del Paraclito che rimane con i discepoli; g) infine, la Domenica VII riporta l'inizio della «Preghiera sacerdotale» (*Gv* 17,1-11a), per il resto anch'essa disposta sui 3 Cicli. La Pentecoste in un certo senso riassume e conferma i contenuti delle 7 Domeniche e dell'Ascensione, con il Dono dello Spirito Santo sia all'inizio (*Gv* 20,19-23), sia alla fine (*At* 2,1-11) dei 50 Giorni. Il cerchio così si chiude mirabilmente.

Tra i fatti da notare, è l'Alleluia all'Evangelo in questo Ciclo A, desunto dalla medesima pericope proclamata di *Giovanni* (Domenica II; V) o da un testo vicino (Domenica IV; VI), o più lontano (Domenica VII); nella Domenica III è dalla medesima pericope, ma di Luca. L'Antifona alla comunione è stata particolarmente studiata per fare blocco di realizzazione celebrativa con l'Evangelo del giorno (Domenica II; III; IV, un adattamento; VI), mentre le Domeniche V e VII la pericope è più distante, sempre nell'ambito giovanneo.

La Notte della Resurrezione, come si è visto, è uno degli inizi della lettura del Lezionario. Essi sono 4, ma sempre vi risalta la «lettura Omega», la quale, se è valida tutto l'anno, in certo modo si prolunga direttamente in questo Tempo, e in modo tipico. L'evangelo di *Giovanni*, come si è detto, è un'altra tipicità, di enorme importanza.

Inoltre, di questo Tempo, senza escludere altri momenti, è specifica in tutte le Chiese la lettura degli *Atti* in tutte le Chiese; anzi, nel Rito bizantino tale lettura comincia la stessa Notte santa. Degli *Atti*, nel Rito romano attuale si ha secondo i 3 Cicli una triplice «lettura semicorsiva». Le Chiese rileggono qui i loro primordi apostolici, motivo ispiratore perenne dell'essere e dell'agire di ogni Chiesa in quanto trae la sua vita dalla Comunità primitiva. Si rimanda qui allo schema degli *Atti*.

È anche tipico delle Chiese leggere durante questo tempo l'«epistola cattolica». Nel Lezionario romano questo gruppo di scritti del N.T., *Giacomo*, 1-2 *Pietro*, 1-3 *Giovanni*, *Giuda*, sono variamente distribuiti. Qui, nei soli Cicli A e B, e sempre in «lettura semicorsiva», con ampie lacune.

E finalmente, intorno alla Resurrezione era tradizionale in diverse Chiese leggere l'*Apocalisse*. Così, i Riti copto e etiopico la leggono per intero la mattina del Sabato santo. Nel Lezionario romano si legge solo nel Ciclo C di questo tempo.

Va indicato il grave inconveniente, che si nota a colpo d'occhio perché è troppo vistoso, che il Lezionario proprio in quest'unico periodo dell'anno nelle Domeniche e feste non legge più l'A.T. dalla mattina della Resurrezione a quella della Pentecoste compresa. Alcune spiegazioni, colte dalla bocca dei responsabili, sono confuse e prive di valore. Si argomenta infatti che, avendo la Resurrezione adempiuto tutto l'A.T., questo può essere tolto di mezzo. Va sempre obbedito alle prescrizioni ufficiali. Tuttavia si deve anche farne rilevare l'ottica a dir poco sfocata: proprio quando la Resurrezione del Signore adempie il Progetto divino, il suo primo attuarsi efficace l'A.T., proprio allora si deve poter "leggere" insieme Progetto e Adempimento. E del resto, il Tempo pasquale si inizia proprio nella Notte della Resurrezione, dove precisamente l'A.T. adempiuto dal Signore Risorto con lo Spirito Santo irraggia tutto il variegato e splendente prisma della sua gloria. Infine, si può notare, lo stesso Salmo responsoriale adempie male alla sua funzione di rispondere alla lettura degli Atti al posto della normale «Profezia dell'A.T.».

Ancora un'annotazione. Il Versetto responsorio del Salmo per tutto questo tempo può essere opportunamente sostituito dall'*Alleluia*, la tipica acclamazione della Resurrezione. La quale non dovrebbe essere limitata nel suo uso in alcuni tempi liturgici, per un male inteso senso penitenziale. Come se «Lodate il Signore!», versione letterale di *Alleluia*, potesse subire limitazioni penitenziali.

Nel Tempo pasquale, ossia dal lunedì dopo la Domenica della Resurrezione, tradizionalmente i catecumeni, che nella Notte santa furono «iniziati a Cristo con il suo Mistero», e a pieno titolo diventarono fedeli a tutti gli effetti, hanno diritto di ricevere non più la *catechesi*, ma la *mistagogia*, o catechesi mistagogica. E però questo diritto vale sempre, per tutti i fedeli, in seno alla loro Madre Chiesa, piena dell'amore dello Spirito Santo, il divino Mistagogo.

# Il Giorno della Resurrezione

La scelta dell'Evangelo, per sé *Gv* 20,1-9, oppure, se di sera, *Lc* 24,13-35, o anche la semplice ripetizione dell'Evangelo della Notte santa, mostra che le ricchezze incalcolabili della Resurrezione si presentano in una virtualità sconfinata. Ancora una volta si deve riflettere su questo momento celebrativo, poiché ogni altro momento, in specie la Domenica, dovrebbe poter esprimere tanta ricchezza, tanta vita, tanta gioia, come finora si è insistito.

## I. Intorno all'Evangelo

*1. Antifona d'ingresso:* Sal *138,18.5-6*, DSap.

La voce è del Risorto stesso, che dopo l'Evento centrale della sua vita «sta ancora» con il Padre nello Spirito Santo glorificatore (v. 18). Poiché il Padre pose da sempre la Mano sua, ossia la sua Potenza che è lo Spirito Santo, sul Figlio del suo amore, e poi Lo condusse alla Gloria (v. 5b; Lettura I), nella manifestazione mirabile della Sapienza divina infinita (v. 6a).

*2. Alleluia all'Evangelo: (Salmo) 1* Cor *5,7b-8a.*

È anche l'Antifona alla comunione della Notte santa, nell'interpretazione inveterata, intangibile, sulla quale vedi l'Approfondimento 5. Si riprende qui anche come Antifona alla comunione, e, ma a scelta, come Apostolo.

*3. Evangelo:* Gv *20,1-9*

I cap. 20-21 di Giovanni sono caratterizzati dal fatto che quando il Signore viene, agisce, si manifesta, è «Gesù», ma quando i suoi discepoli lo vedono e lo ascoltano, è «*ho Kýrios*, il Signore». Così, quanto alla pericope d'oggi, si annota che Maria Maddalena ha 4 momenti di visione progressiva: a) la pietra tolta (20,1c); b) due

Angeli (v. 12a); c) «Gesù in piedi» (v. 14a), con la nota: «ma non sapeva che era Lui»; d) «il Signore» (v. 18b), quando la visione giunge alla pienezza.

Giovanni, al contrario dei Sinottici, non descrive alla tomba la teofania della Luce, e dei Personaggi (giovani, angeli), con altri fenomeni; non nomina le altre Donne fedeli con la Maddalena. Non dà la motivazione della visita funebre. Ma dà altre preziose indicazioni. L'insistenza è sul «Primo Giorno» (v. 1), ripreso al v. 19, e poi, con i simbolismo del 7 + 1, al v. 26, l'8° giorno. La Maddalena vede la tomba vuota, corre da Pietro e dal «discepolo amato» da Gesù, forse Giovanni (vedi presentazione di Giovanni): «Asportarono il Signore!» è il messaggio (vv. 1-2). Viene la scena della visita di Pietro e dell'altro; questi per primo vede «le bende in terra», e resta fuori del sepolcro (vv. 3-5). Pietro poi vede le medesime bende, ma poiché è entrato, vede anche il sudario che copriva il Volto del Signore, e lo vede ripiegato con cura, in disparte, come un "segno": il Risorto ha fatto questo, e con calma, secondo il disegno suo (vv. 6-7). Indicando che il velo è rimosso dal suo Volto, la Rivelazione adesso ammette a contemplare l'unico Volto divino nel Volto umano del Risorto: «chi vede Lui vede il Padre» (14,9). L'altro discepolo entra, e avviene la completezza dell'atto di fede secondo Giovanni, con i due verbi tecnici: «vide e credette» (v. 8). La prima generazione deve "vedere" per testimonare (*Gv* 1,14; 1 *Gv* 1,1-4), gli uomini debbono credere senza avere visto (vedi poi Tommaso). Poiché gli occhi della fede «vedono solo credendo», come le orecchie della fede credono solo ascoltando.

L'annotazione finale dell'evangelista è carica di ambiguità: Pietro vede soltanto, ma l'altro «vede e crede», e allora come mai si dice: «Infatti non avevano ancora compreso la Scrittura, ossia che Egli deve risorgere dai morti»? (v. 9). Solo il «discepolo amato» qui «vede per amore» tutta l'Economia divina al suo epilogo. Gli altri attendono di vedere per così dire «il corpo resuscitato». Fatto che avverrà la sera stessa, ma dopo l'annuncio «secondo le Scritture» (1 *Cor* 15,1-8) portato dalla Maddalena (vv. 17 e 18). La Resurezione del Signore, Evento Omega, rinvia sempre «alle Scritture», l'A.T., l'Evento Alfa, per formare l'unica manifestazione completa del Disegno dell'amore divino per tutti gli uomini.

Ancora oggi non bende né sudario, ma le Scritture conosciute rinviano al Signore. Il Volto suo è scoperto ormai, e adorabile.

*4. Antifona alla comunione: (Salmo) 1* Cor *5,7b-8a.*

Tenuto presente quanto detto nell'Alleluia all'Evangelo e nell'Approfondimento 5, oggi, giorno di gioia, qui, nell'assemblea santificata, il Signore immolato si fa presente nelle Scritture, nell'Altare sacrificale, nella potenza dello Spirito Santo donato dalla Resurrezione e che rinnova la nostra vita. Il Sangue dell'Immolato, la sua Carne immolata sta qui, come tutto l'anno, nei «Segni santi», che trasformano in santità di vita, facendo dei fedeli partecipanti le membra vive della Chiesa, la Sposa dell'Agnello glorificato. La Festa di oggi deve restare nell'intenzione e nella concreta attuazione lungo tutto l'anno della Grazia.

## II. Dalla Resurrezione alla Chiesa

*I Lettura:* At *10,34a.37-43*

Il contesto è complesso. Cornelio è un Romano, pagano ma giusto e pio. Secondo il divino Precetto, egli attendeva la Manifestazione pregando e operando la carità; pertanto l'Angelo di Dio lo visita, e lo esorta a chiamare Pietro (vv. 1-8). Pietro a sua volta ha la visione di animali e cibi, tutti creati puri da Dio, tutti mangiabili, di cui non si deve temere, rinvio simbolico a non temere di mescolarsi con i pagani se si ha di mira solo il Disegno divino (vv. 9-16). Giungono i messi di Cornelio da Cesarea a Ioppe dove sta Pietro, il quale adesso parte per Cesarea (vv. 17-23). Qui Pietro spiega che per la visione avuta ha superato la sua remora di Ebreo di unirsi ai pagani, e chiede il motivo della sua convocazione (vv. 24-29). Allora Cornelio narra la sua visione dell'Angelo, e dichiara che con tutti i suoi è pronto all'«ascolto» (vv. 30-33). Allora Pietro annuncia il *kêrygma* apostolico, l'annuncio della Resurrezione, per la prima volta a pagani (vv. 34-43). Ai vv. 44-46 avviene di nuovo la Pentecoste.

La pericope di oggi delimita il discorso di Pietro dal v. 37 (eliminando cioè i vv. 34b-36, con la Promessa antica ai Padri), presentando tutto l'Evento del Risorto. Si tratta di un testo fondamentale, un compendio di «teologia della storia», con momenti principali. Anzitutto il Battesimo del Signore, preparato dal Battista (v. 37), inizio del "fatto" di Cristo che parte dalla Galilea, dalla predicazione del Regno (v. 37). Ora, il Battesimo è l'«Unzione di Spirito Santo e di Potenza», che assume e consacra Gesù di Nazaret come Messia regale, operatore universale del Bene messianico e unico espulsore del demonio: e questo è l'indice che «il Regno sta qui» (*Mt* 12,28; *Lc* 11,20; su *Es* 8,15), recuperato a Dio mediante il Figlio con lo Spirito Santo. La motivazione «poiché Dio stava con lui» richiama Dio che «unge di Spirito Santo», e lo Spirito Santo è la prima Presenza divina agli uomini (v. 38). La Vita storica del Signore così è presentata e testimoniata (v. 39a). Gesù «che uccisero avendolo sospeso sul legno» (v. 39b) indica l'esecuzione da parte dei Romani, di cui Cornelio certo è informato; il soggetto, per delicatezza, è posto da Pietro alla terza persona, quasi anonimo. La testimonianza prosegue: Dio ha resuscitato Gesù «al terzo giorno», cioè «secondo le Scritture» (1 *Cor* 15,3-4), intervenendo di persona, e gli ha dato di «farsi manifesto» dopo la Resurrezione, nella realtà indubitabile della carne (v. 40; ancora 1 *Cor* 14,5-7). Tale manifestazione gloriosa e umile insieme, è però concessa solo a chi adempie a una condizione: essere scelti da Dio, testimoni previsti da Dio, quelli che dopo la Resurrezione hanno «mangiato e bevuto» con il Risorto. Quest'ultima espressione ebraica indica il vivere quotidianamente, in totale familiarità (v. 41; è già richiamata in 1,4). Si tratta perciò dei Dodici e degli altri apostoli o discepoli intorno ai Dodici. A questi è prescritto di «predicare e testimoniare» anzitutto al popolo ebraico che il Risorto è ormai stabilito da Dio quale «Giudice dei vivi e dei morti» (v. 42; 1,22), e quindi che occorre temere la sua Venuta. La verità dell'Evento è ribadito con l'appello alle Scritture dell'A.T.: «i Profeti» testimoniano che chi crede in Lui, riceve dal suo Nome la «remissione dei peccati», che è il Giubileo divino dello Spirito Santo

(v. 43). Qui il rinvio biblico è imponente: *Ger* 31,34; *Is* 33,24; 53,5-6 sul Servo; *Ez* 34,16, ad opera del Pastore divino; *Dan* 9,24, dopo le «70 settimane»; *Is* 61,1, e *Lc* 4,18-19, ad opera del Re messianico, l'Unto dallo Spirito del Signore. Poi viene la realizzazione (*Gv* 20,19-23).

*Il Salmo:* Sal *117,1-2.16ab-17.22-23*, AGC

È il medesimo della Notte santa, a cui si rimanda, e con il medesimo v. 24 come Versetto responsorio. L'accento adesso è posto sul v. 24a: «Questo è il Giorno che fece il Signore», con la gioia conseguente della Resurrezione. E questa gioia può essere espressa anche dal triplice Alleluia.

*L'Apostolo:* Col *3,1-4*

Il cap. 3 di *Colossesi* tratteggia la «vita nuova» in Cristo, che è vita *battesimale*, operata dallo Spirito che fa morire e risorgere alla fonte della Grazia. Da adesso i neofiti debbono cercare e farsi trovare aderenti alle «Realtà dell'Alto», alla Gloria di Cristo alla destra del Padre, dove i battezzati sono destinati a vivere (v. 1). La loro mente mentre stanno sulla terra, non si fissa sulla terra, ma al luogo di arrivo, il cielo (v. 2). Questi due versetti hanno dato lo spunto all'esortazione «In alto i cuori» del Dialogo prima del Prefazio. Paolo ricorda la morte alle realtà vecchie, e la rigenerazione alle Realtà divine, con Cristo in Dio, in attesa della loro piena Manifestazione: noi attendiamo Cristo Risorto che viene con lo Spirito Santo, Egli Datore della Vita, che illuminerà con la gloria dello Spirito Santo i suoi fedeli, per stare con essi per sempre (vv. 3-4).

Particolarmente densa è, ovviamente, la preghiera della Chiesa.

## III. La Preghiera della Chiesa

*1. L'eucologia*

La Colletta è l'anamnesi della porta dell'eternità, riaperta dalla

Resurrezione e dal battesimo, "oggi", poi diventa l'epiclesi affinché quanti battezzati dallo Spirito Santo e da Lui rigenerati celebrano il Signore, possano risorgere alla «Luce della Vita», alla divinizzazione.

La Sequenza oggi è obbligatoria. È un testo innico tipico, quasi come gli inni della Liturgia delle Ore, dove il popolo credente può rivolgersi liberamente, oltre al Padre, anche ai santi. La prima parte ricorda e canta la gioia della celebrazione e la lode al Signore vittorioso sulla morte, l'Agnello redentore e riconciliatore, il Re eterno. Si interpella anche Maria Maddalena, la quale testimonia la visione del sepolcro vuoto e la Gloria del Risorto, nonché il messaggio ai discepoli. Poi si afferma la fede nella Resurrezione «avvenuta veramente», e si implora la Bontà del Re Vittorioso.

Il Credo oggi è professato in tutta la sua completezza.

La Preghiera sopra le offerte è professione del sacrificio offerto nella gioia tipica, della Resurrezione, che celebra tutto il Mistero: l'Iniziazione e i divini Misteri, fonte e nutrimento della Chiesa.

La Preghiera dopo la comunione è un'epiclesi affinché la Chiesa sia protetta da «benignità di amore» (*pio favore*), e gli iniziati ai Misteri giungano alla gloria della resurrezione, la divinizzazione.

*2. La Prece eucaristica*

Il Prefazio celebra il Padre sempre, oggi in modo speciale, «più gloriosamente», per il fatto di Cristo immolato, vero Agnello-Servo sofferente e Redentore, vittorioso sulla morte ma morendo, e riparatore della vita perduta dal peccato degli uomini. Perciò la gioia universale causata dalla Resurrezione.

*3. L'Alleluia*

Oggi è cantato alla fine nel giubilo, dal celebrante e dai fedeli.

# Domenica
## «di San Tommaso»
## II del Tempo Pasquale

### I. Intorno all'Evangelo

*1. Antifona d'ingresso:* 1 Pt 2,2.

L'insistenza in questo Tempo è sempre sull'Iniziazione della Notte santa, e ciò sia per i neobattezzati, sia per i fedeli veterani. L'Apostolo esorta i suoi fedeli a restare nell'innocenza battesimale, a cercare il Cibo dello Spirito Santo, «il latte razionale», terminologia del *Lógos*, il Verbo, e quindi anche dello Spirito Santo, e a crescere senza limiti verso la salvezza.

*2. Alleluia all'Evangelo:* Gv 20,29.

Il v. 29 è desunto dalla pericope evangelica. L'accento è posto sui discepoli futuri, la cui fede non pose la condizione di vedere e provare, come i discepoli di allora.

*3. L'Evangelo:* Gv 20,19-31

Giovanni non contraddice altri dati evangelici quando narra dello Spirito Santo riconsegnato al Padre affinché Lo effonda (*Gv* 19,30), e quindi descrive il dono dello Spirito Santo stesso già da Cristo morto sulla Croce, sotto forma di «Sangue e Acqua subito», nella mirabile nuova Economia dei Misteri (19,34). E che Cristo Risorto reitera questo Dono supremo e inconsumabile la sera stessa della sua Resurrezione. Il «Primo Giorno» si inizia perciò con la Resurrezione gloriosa, e si completa con lo scopo di essa, l'effusione dello Spirito Santo posseduto dal Signore stesso nella sua Umanità risorta.

Ecco la sera di «quel Giorno, il Primo della settimana», che inaugura il tempo nuovo di Dio. I discepoli stanno ancora nella fuga, e nell'inutile terrore ipotetico degli Ebrei, chiusi dentro. Ma «Gesù viene», con libera irresistibile iniziativa, e «sta in piedi al centro». Egli viene sempre, sta sempre con i suoi, è risorto per sempre. E parla ad essi: «Pace a voi!» (v. 19). Aveva promesso di non lasciarli orfani, bensì per un poco, e poi lo avrebbero riveduto, e avrebbe donato la «pace *sua*» (*Gv* 14,18; 14,19 e 16,6-23; 14,27). La condizione era di andare, o tornare dal Padre. Ora è compiuto il Disegno divino. Egli adesso mostra che è Lui, il Signore e Maestro, il medesimo: ecco le mani, ecco il costato, con i «segni» perenni, indelebili della morte vinta, le sante Stigmate (v. 20a). Così narra anche *Luca* (24,39-40, nel cenacolo). È la scena grandiosa dell'Agnello «sgozzato ma risorto» (*Ap* 5,6). I «segni» della morte nella Resurrezione sono anamnesi permanente dell'Evento e oblazione perenne al Padre, e insieme agli uomini. Così Lo «ascoltarono e contemplarono e palparono» i discepoli (1 *Gv* 1,1-4), così, nella sua Umanità divinizzata, Lo contempleranno i suoi fedeli in eterno. I discepoli gioirono per avere visto e riconosciuto «il Signore» in Gesù fattosi presente e parlante (v. 20b). Vedi l'Approfondimento 7.

La scena corre verso l'azione conclusiva. Gesù parla di nuovo e conferma il «Pace a voi» (v. 21a). Poi richiama il gesto iniziale del Padre, inviare come Unico Apostolo il Figlio, che si completa nel gesto finale del Figlio, inviare tanti Apostoli, i discepoli (v. 21b). E si sa che chi riceve i discepoli riceve il Signore che li invia, come chi riceve Lui riceve il Padre, accettandone tutta l'Economia divina. La Pace divina, l'*eirênê*, lo *šalôm* messianico, la salvezza totale, il riposo in Dio, ha il Sigillo divino. Ed ecco il culmine della Manifestazione: il Signore "soffia" e dona il suo Spirito Santo, e invita i discepoli ad «accettare lo Spirito Santo» (v. 22). I richiami biblici sono esemplari. Anzitutto all'antica creazione, quando il Signore soffia il suo Alito divino nelle narici di Adamo plasmato dalla terra e ne fa una creatura vivente (*Gen* 2,7). Il verbo greco qui è *emphysáô*, che traduce la radice ebraica *nafa.h* o l'affine *pua.h*, esso nella Bibbia greca è usato 11 volte, e significamente in tutto il N.T. solo qui, al v. 22. Nell'A.T., il verbo in *Tob* 6,8 9 e 11,11 è usato per la guarigione di

Sara e di Tobia; in *Eccli* 43,4 per la ventilazione della forgia; in *Ez* 21,36 per il soffio dell'ira divina su Ammon persecutore d'Israele, e in 22,20 per Israele stesso, che ha prevaricato. Gli usi afferenti a *Gv* 20,22 sono, oltre *Gen* 2,7, i seguenti: *Giob* 4,1, il Soffio divino cessa per l'insipienza umana; *Sap* 15,11, l'idolatra non riconosce il Soffio divino, e muore. Invece in 1 *Re* 17,21, Elia soffia e resuscita il figlio della vedova di Sarepta; in *Nah* 2,1(2), il Signore stesso soffierà di nuovo la Vita su Israele dopo l'esilio in Assiria. Infine, nella visione grandiosa della valle delle ossa disseccate, il Signore ordina a Ezechiele, sacerdote e profeta, di invocare lo Spirito del Signore affinché soffi da ogni parte sulle ossa e queste rivivano, resurrezione di tutto il popolo di Dio (*Ez* 37,9, ma vedi 1-14; poi Domenica I e V di Quaresima, Ciclo A; e la Vigilia di Pentecoste).

Nel cenacolo il Risorto appare adesso come il Signore Dio Creatore, che opera la creazione ultima, "spirando" per l'ultima volta, quella efficace per sempre, il suo Alito divino, lo Spirito del Padre e suo, lo Spirito della Croce e della Resurrezione. I discepoli che "accettano" lo Spirito Santo sono la nuova creatura redenta, l'Adamo vecchio è rigenerato. Il Disegno divino corre al suo compimento nel mondo. Questo è detto nel v. 23: la «remissione dei peccati» è il Giubileo dello Spirito Santo, quello promesso (ancora *Lc* 4,18-19 e *Is* 61,1-2). Lo Spirito Santo «è la Redenzione nostra», pregava e prega la Liturgia romana. È l'abbono totale di ogni colpa. È l'ingresso nella via regale che conduce al Padre che attende. Ma è anche il mandato regale per il bene di tutti gli uomini che accetteranno il Dono e l'Abbono divino. E il Cielo sanzionerà l'opera della Resurrezione portata dai discepoli: positivamente, perdonando; negativamente, giudicando; la materia è il peccato antico e nuovo. La speranza adesso è del tutto aperta. Il cenacolo è il luogo della Manifestazione, della Pace, dello Spirito Santo, del Giubileo. Gli uomini saranno chiamati a formare il Cenacolo dove il Signore Risorto possa venire con lo Spirito Santo tra i suoi.

Di fronte all'Evento centrale, occorre leggere subito i vv. 30-31, si tratta della finale dell'evangelo, a cui si aggiunse poi il cap. 21, dalla stessa mano del testo che precedeva. I vv. 30-31 parlano di «molti segni» operati dal Signore, ma non tramandati. Sono invece tramandati solo quelli necessari alla fede: credere che Gesù Cristo è il Figlio di Dio. Qui il v. 31, ultimo dell'ultimo evangelo raggiunge *Mc* 1,1. Giovanni, che scrive per ultimo, ha mirabilmente richiamato il fatto che l'Evangelo di Dio, nelle sue 4 forme, porta alla fede che nel Nome di Lui rigenera alla vita, e con abbondanza (*Gv* 10,10b).

I «segni» quindi vanno accettati nella fede, nell'adesione d'amore al Signore che li ha operati e li tramanda mediante i suoi discepoli testimoni. Se i segni non sono veduti, tanto più sono beati i credenti sulla sola Parola divina apostolica. Così risalta l'episodio di Tommaso (vv. 24-29). Assente e poi venuto, Tommaso non accetta il «Vedemmo il Signore» proclamato dai confratelli (vv. 24-25a). In Gesù risorto è sempre visto «il Signore». Tommaso, per timore e diffidenza, dopo lo scandalo della Croce, ha il pregiudizio di certo positivismo scientifico moderno, che si difende così: «credere solo quello che si vede». Ma arte, simbolismo, sentimenti, amore, eroismo, poesia fantasia, «si vedono»? Eppure esistono. Sono testimoniabili e di fatto testimoniati. I discepoli testimoniano a Tommaso il *fatto*, e questi ricusa la veridicità della testimonianza, la storicità del fatto testimoniato (v. 25b).

Ma 8 giorni dopo, quindi di Domenica, di nuovo stanno tutti i discepoli insieme. Viene il Signore, e per la terza volta porta la Pace sua (v. 26), per tutti. Per Tommaso porta l'invito: il dito nelle sante Mani, la mano nel santo Costato squarciato, «affinché non sia incredulo, bensì credente» (v. 27). La fede di Tommaso, sorta come un lampo che squarcia le tenebre, erompe nel grido del Salmista. «*Il* Signore mio e *il* Dio mio!», oppure: «Signore mio e Dio mio!» (v. 28). Questa proclamazione, che è anche acclamazione, non ha un parallelo rigorosamente letterario, tuttavia in modo simile era ben nota al Salmista, che si esprimeva così: «Dio mio, Signore mio!», e «Giudicami secondo la mia giustizia, Signore Dio mio!» (*Sal* 34,23b.24a; vedi anche *Sal* 5,3; 43,5, e formule simili). È la fede piena, dono della Pace e dello Spirito Santo. Essa accetta ormai l'alleanza, nel duplice «mio», che implica da parte del Signore l'offerta dell'alleanza stessa: «voi, i fratelli miei!» (20, 17!). Da adesso alla medesima alleanza sono ammessi i credenti «non vedenti» di ogni generazione (v. 29). Anzitutto quelli che ricevettero l'Iniziazione in quella Notte beata, celebrata 8 giorni prima, e dichiarati «beati».

*4. Antifona alla comunione: (Salmo) Gv 20,27.*

L'invito del Signore a Tommaso è «per i fedeli oggi qui». Essi stesero la mano supplichevole. Dal «luogo dei chiodi» hanno ricevuto il Dono dello Spirito Santo nella Parola e nella Mensa. E, non increduli ma credenti, e riuniti dallo Spirito Santo nel Cenacolo divino che è la Chiesa, sono saziati dall'esuberanza dei Beni divini scaturiti dalle Sante Piaghe. Perciò ricevono e godono del Giubileo divino dello Spirito Santo.

## II. Dalla Resurrezione alla Chiesa

*I Lettura:* At *2,42-47*

Mentre per 50 giorni ininterrotti la Chiesa e le Chiese celebrano Cristo Risorto che dona in modo perenne il suo Spirito Santo, lo sguardo è come attratto dalla Comunità primitiva, la prima recettrice del «Dono del Padre», lo Spirito Santo che crea la Chiesa. Il testo di oggi è di singolare importanza per comprendere alcuni dei principali effetti che provoca lo Spirito Santo in chi Lo riceve. Luca offre qui come uno spaccato della vita della Comunità apostolica, in uno dei tratti che la critica usa chiamare "sommari", una sintesi di come viveva la Chiesa, di quale coscienza avesse al suo sorgere. I sommari costellano la prima parte degli *Atti*, in posizione strategica, ossia, per così dire, nei momenti d'avanzamento della Comunità. Se ne possono indicare alcuni: 1,14; 2,1; 2,41-47, in pratica il testo di oggi; 4,4; 4,32-34; 5,12-16; 6,7; 9,31; 11,21; 12,24. Testi preziosi, che dovrebbero servire meglio oggi per fondare l'ecclesiologia di comunione, e per controllare le teorie e ipotesi di studio.

La pericope dei vv. 42-47 si trova in situazione strategica singolare, giungendo a concludere il capitolo fatidico della Pentecoste, che le fa da contesto. Dopo l'evento trinitario fondamentale dello Spirito Santo del Padre e del Figlio, «la Pentecoste» (2,1-13), segue la prima predicazione pubblica della Comunità adesso nata, da parte degli Apostoli ma per bocca di Pietro. È una sintesi mirabile del *kérygma* della Chiesa, l'annuncio iniziale ed essenziale, incentrato su Cristo Risorto che dona lo Spirito Santo (2,14-36). In questo Tempo, tale grande discorso è distribuito così: anzitutto mancano nel Lezionario domenicale e festivo i vv. 15-21 e 34-35; i vv. 14.22-33 si leggono alla Domenica III di questo Tempo; i vv. 14a.36-41 alla Domenica IV, e contengono le reazioni salutari dei primi ascoltatori della mattina di Pentecoste.

Già fortificati dalla Parola potente del Risorto (*Lc* 24,29), i discepoli stavano sempre insieme (*At* 1,4.14), soprattutto nella preghiera prima di ricevere lo Spirito Santo. Dopo questo Dono divino, la loro unità è ancora più rafforzata, come non si stancheranno di esortare gli Apostoli (*Ebr* 10,23). Il primo elemento di coesione è sempre la Parola divina, che li rende assidui (*proskarteréō*) alla «*didachê tôn Apostólôn*, la dottrina degli Apostoli», l'insegnamento affidato a essi dal Signore già nella sua Vita terrena, e che nella Chiesa deve essere l'anima di qualunque riflessione e speranza; con quel nome sarà intitolato qualche anno dopo il celebre scritto noto come *Didachê*, e che riporta preziosi elementi della più alta antichità ebraica e cristiana. Gli altri due elementi sono lo «spezzare il Pane» (qui, anche v. 46; e 20,7, di Domenica!), termine tecnico, anche se perdutosi, per indicare la celebrazione della Cena del Signore. Lo aveva insegnato il Signore stesso, sia quando aveva moltiplicato i pani e pesci (*Mt* 14,19), sia alla Cena (*Mt* 26,26), sia a Emmaus (*Lc* 24,30), gesto tanto fatidico da rendere il Signore riconoscibile ai due discepoli (*Lc* 24,35). Il gesto in sé spetta al capo di famiglia, e già per questo è altamente simbolico. Esso indica l'unità, significata dal pane unico, moltiplicato per così dire nei partecipanti che ne ricevono il pezzo dalle mani del padre, e mangiandone sono ancora più stretti all'unità. Lo spiega Paolo nella sua dottrina della partecipazione al Corpo del Signore (1 *Cor* 10,16-17). Ma la dottrina degli Apostoli e la celebrazione della Cena nel Segno del Pane (e della Coppa, 1 *Cor* 12,13), sono come vivificate dalle preghiere (v. 42). Con questo termine globale, che viene dall'A.T., si intende sia la vita di preghiera intensa e ininterrotta della Comunità, sia «la Preghiera» tipica, con i Salmi e il «Padre nostro», ossia la preghiera eucaristica. Così si avrebbero i 3 elementi della celebrazione del Signore Risorto: la Liturgia della Parola, la Prece eucaristica e la comunione, che sono fissate per sempre dalla Tradizione delle Chiese fino a oggi.

Un primo effetto che questa Comunità visibile esercita «su ogni anima» è il santo timore del Signore, la consapevolezza che "lì", in essi, sta presente lo Spirito messianico del Signore, atteso, operatore con il suo Re Unto, di «prodigi e segni». E questo avviene per mano degli Apostoli (v. 43). Si realizza così in potenza la promessa del Signore Risorto, che invia i suoi discepoli ad annunciare l'Evangelo «all'intera creazione», a ogni anima (*Mc* 16,15), e dando a essi la facoltà a di essere accompagnati da grandi segni (*Mc* 16,17-18). Non solo, ma mentre i discepoli eseguono la missione del loro Signore glorioso, questi stesso collabora con essi, e «conferma la loro Parola con i segni che seguono» (*Mc* 16,20). Così, come è regola nella Rivelazione biblica, la Parola ascoltata è connessa e confermata dalla visione dei segni operati nella Potenza dello Spirito Santo (v. 43).

Prosegue il sommario sulla Comunità primitiva. Anzitutto è evidenziata l'unità, i credenti, ossia gli Apostoli e i primi battezzati, «stavano insieme», formavano un gruppo compatto nella fede e nelle decisioni operative, non solo, ma possedevano tutto in comune, come sarà ripetuto diverse altre volte (4,32.34.35). Si tratta di esperimenti di comunismo», come l'antichità vide diverse volte, e codificò ad esempio con Platone, e come la storia annota fino a oggi di tali esperimenti, gli entusiasmi ardenti dell'inizio e i tristi fallimenti della fine, quasi sempre rovinosa? No. Quelle esperienze contavano sull'ingenua «solidarietà umana», senza mai fare i conti con la «legge del peccato», che è scisma ed egoismo irreprimibili, che prima o poi riemergono. Qui invece insorge il principale motivo della storia della salvezza, la «legge della carità» (v. 44). In realtà l'annotazione qui laconica di Luca sarà spiegata a lungo da Paolo, quando ricorderà alle sue Comunità e soprattutto ai benestanti delle medesime, che questa messa in comune dei beni è «opera della carità» (2 *Cor* 8,6.7.19), è «opera di bontà» (2 *Cor* 9,8), è una vera «liturgia e diaconia» (2 *Cor* 9,12) che provoca azioni di grazie al Signore. La partenza è proprio il Signore, «che pur essendo ricco, si fece povero per voi, per arricchire voi con la sua povertà» (2 *Cor* 8,9). E poiché «Dio ama il donatore gioioso» (2 *Cor* 9,7, che cita *Pr* 22,8), avverrà che i poveri, nel caso concreto, le Comunità apostoliche povere per definizione, già arricchirono i ricchi con i doni spirituali, e quindi i ricchi adesso dovrebbero dimostrare la loro gratitudine ponendo a disposizione i loro beni, in modo che la ricomunicazione con i poveri sia completa. È abolita la barriera più ostinata della divisione tra gli uomini, i beni materiali (2 *Cor* 9,12-15).

Il v. 45 prosegue mostrando come questo avveniva. I fedeli si vendevano i beni (*ktêmata*, può significare terreni e anche animali) e le sostanze, e donavano il ricavato a tutti secondo le necessità di ciascuno. Questo è il preciso comandamento del Signore, dettato nell'incontro difficile con il misterioso «giovane ricco», uomo dalla vita spirituale in apparenza sana. Significativamente il Signore l'avverte che gli manca «l'unico», la realtà più importante, e l'investe con la raffica di 6 imperativi: va', vendi tutto, dona ai poveri, vieni, seguimi, accetta la Croce (*Mc* 10,17-22, spec. v. 21; *Mt* 19,21, testo molto meno duro).

In conclusione, la prima preoccupazione della Comunità apostolica sono i poveri, che sono presi a carico, e diventano «i suoi» poveri.

Il sommario prosegue. I fedeli giorno per giorno «erano perseveranti unanimemente» (espressione ripresa da 1,14, il verbo dal v. 42; l'avverbio *homothymadón* alla lettera significa «eguale respiro»). Il luogo visibile di questo stare uniti insieme è il tempio (v. 46a). Ed il motivo è chiaro, nel tempio si procedeva al sacrificio e alla preghiera del mattino e della sera, con la lettura delle Scritture e il canto dei Salmi, e le benedizioni al Signore. La Chiesa apostolica sa bene di essere anch'essa l'Israele di Dio, non un «nuovo Israele», che di fatto è rovinosamente inteso come un «altro Israele», come se il Signore potesse avere due Disegni e crearsi due popoli differenti. Il culto dell'unico Israele è ancora unito, verrà poi il momento tragico della divisione, di due assemblee liturgiche dell'unico popolo di Dio fino a oggi.

Ma il culto della Comunità è più complesso e differenziato. Esso prosegue casa per casa dei fedeli con la «frazione del pane» (v. 42), che fa di essi «l'unico Pane» (1 *Cor* 10,16-17). Poi termina con un altro atto cultuale tipico, il «mangiare insieme», che comincia con la benedizione al Signore, e termina con un'altra benedizione per significare che è tutta liturgia. Questo avviene «con gioia e semplicità di cuore» (anche 16,34), la gioia promessa dal Signore dopo la sua Gloria (*Gv* 16,22) e adesso inaugurata dal Regno venuto, il Convito. Luca, discepolo di Paolo, pone in rilievo la semplicità del cuore. Paolo ne parla proprio a proposito delle «collette per i poveri», nei testi visti appena qui sopra. Le Chiese di Macedonia, anche se composte in fondo di poveri, tuttavia si sono quotate generosamente «con gioia e semplicità» per sovvenire i poveri di Gerusalemme (2 *Cor* 8,2), e anche i Corinzi, se faranno il medesimo, si arricchiranno «abbondando di tutta la semplicità», e chi fa la carità glorifica Dio per l'obbedienza all'Evangelo e per la semplicità con cui spartisce i beni con i poveri (2 *Cor* 9,11 e 13). La semplicità in realtà è dote eminente di Cristo stesso (2 *Cor* 11,3). Per cui si aborre ogni sfarzo, ogni ostentazione, ogni successo esterno. È un discorso a cui i cristiani dovrebbero essere richiamati sempre (v. 46).

Il sigillo del sommario che adesso termina è la lode continua a Dio, la vita diventata una liturgia laudativa, che nella sorpresa rinnovata, nella gioia, contempla Lui, i suoi titoli, le sue opere sempre mirabili, e sale all'unione personale; nella lode scompare ogni egoismo, anche il ringraziamento per i benefici ricevuti, e si tende solo a «Lui perché è Lui». La Comunità è visibile, ma non ostenta in nulla le sue qualità. La sua visibilità operante le procura la grazia, il favore permanente presso «l'intero popolo», come avverrà ancora (4,21; 5,13). E questo non è altro che la migliore presentazione. Si aprono le vie per la diffusione dell'Evangelo. E di fatto il Signore, che qui è sia il Padre, sia il Risorto, operava il prodigio ultimo, di accrescere come comunione (*epí tó autó*, sul medesimo (fatto)) i salvati, giorno per giorno (v. 47). Il movimento irresistibile è cominciato con il battesimo (v. 41). Proseguirà ancora (5,14, 11,24, etc.).

*Il Salmo:* Sal *117,2-4.13-15.22-24,* AGC

Per le note generali di questo Salmo importante, vedi la Veglia della Resurrezione.

Di fronte alle meraviglie operate dal Signore, l'Orante, come nella Notte della Resurrezione, invita Israele, il popolo amato, a proclamare l'indicibile divina Misericordia, l'amore dell'alleanza (v. 2; 134,19; 113,9,11; anche *Dan* 3,83-84). Solo se Israele "parla", celebra, e così dimostra di assumere per intero l'evento di bontà che si è verificato, lo "accetta" facendolo suo in modo reale. Questo imperativo innico pressante è rivolto nell'identica formula anche alla casa d'Aronne, a tutti i sacerdoti del popolo di Dio (v. 3); ed è ancora reiterato in modo identico per i «ementi del Signore», quelli che hanno deciso di far parte del popolo santo del Signore Vivente (v. 4); nel regime cristiano, quanti stanno per ricevere il santo battesimo.

L'Orante rievoca con fede la sua vita precedente, quando i suoi numerosi nemici lo spinsero verso l'abisso della rovina (139,5), ma il Signore venne in potente soccorso (v. 13). Dietro queste espressioni si possono rileggere diversi avvenimenti per l'Israele di Dio, e anzitutto quelli del Mar Rosso, quando Israele fu condotto alla salvezza dall'intervento personale del Signore. In questa tipologia, proclama Pietro a Pentecoste, si pone anche la morte di Cristo, dalla quale Lo sottrasse il Signore con la sua Mano invincibile che è lo Spirito Santo (*At* 2,23-27, che cita Sal 15,8-11; vedi poi Domenica III di questo Tempo).

Di fronte al soccorso divino, l'Orante, come allora Israele sulla sponda del Mare della salvezza, esclama:

*Forza mia e canto mio è il Signore*

*e fu per me la Salvezza!*

(v. 14, che cita alla lettera *Es* 15,2). Nessuna potenza, nessuna gioia che cantando commemori eventi di salvezza, possono esistere per il fedele, se non presso il suo Signore e Salvatore. Egli può cantare solo il «cantico di Mosè» (*Es* 15,1-18), il «cantico nuovo», sempre identico, sempre motivato dall'unica salvezza divina, esemplata su quella dell'esodo dalla morte. Tale salvezza ha ricostituito il popolo, le «tende dei giusti» che proseguiranno l'esodo con il Signore. Il loro culto perenne rievocherà nella gioia irresistibile la vittoria conseguita dal Signore e goduta dal suo popolo quel giorno, celebrata dal «cantico di Mosè», quando «la Destra del Signore operò prodigi» (v. 15; *Es* 15,6). La medesima Destra aveva segnalato che nessuno si può porre davanti a essa, neppure la morte imminente, e quindi adesso ha operato il massimo di tutti i Prodigi, la Resurrezione del Figlio di Dio, essendo lo Spirito Santo la Mano o la Potenza di Dio.

Il canto prosegue con l'evocazione di quel fatto che spiega l'operazione divina. Il Disegno divino comprendeva una Pietra misteriosa, salda come la Fedeltà divina, ma ancora senza nome e senza volto, sulla quale avrebbe dovuta ergersi la Casa di Dio. Ora, proprio i costruttori autorizzati la scartarono, privandosi della testata d'angolo che sorregge tutta la costruzione (*Zacc* 4,7). Il tema deriva da *Is* 8,14, e si prolunga in *Is* 28,16. È ripreso dal N.T., che ne fa un punto singolare di forza. È proclamato dai Sinottici nella parabola dei vignaioli omicidi (*Mc* 12,10; *Mt* 21,42; *Lc* 20,17). Fa parte della primitiva predicazione apostolica (Pietro, in *At* 4,11). E fa parte del dramma che Paolo traccia d'Israele, che nella sua vicenda costitutiva non accetta il Volto ed il Nome della Pietra di Dio (*Rom* 9,33); questo è ripetuto sotto altra prospettiva in *Ef* 2,20. Pietro riprende questa teologia nel magnifico tratto di 1 *Pt* 2,4-7: Cristo è questa Pietra Vivente, a cui aderiscono le piccole pietre viventi per formare con lui il tempio nuovo dello Spirito Santo; tale Pietra dona la salvezza e scampa dalla confusione finale, la rovina, ma non così avviene per gli increduli (vedi poi Domenica V). E finalmente *Ebr* 3,6 mostra come Cristo Risorto sia anche Capo di questa Casa di Dio, che sono i fedeli se conservano la fiducia e il vanto della speranza. Il v. 22 del *Sal* 117 apre così la visuale sull'adempimento finale, riccamente tessuto di teologia simbolica.

Ma come è potuto accadere questo rovesciamento della storia? L'Orante con viva esultanza risponde che è semplice opera imperscrutabile del Signore, meraviglia sempre visibile per noi, davanti alla quale possiamo solo adorare (v. 23). Ma il Signore in fondo l'aveva già preannunciato anche da altri contesti (*Zacc* 8,6), poiché sta all'opera sempre. Gli uomini piuttosto non sanno leggerlo com'è necessario.

E tutto questo avvenne nel Giorno benedetto, opera del Signore anch'esso, poiché il Signore agì in modo che avvenisse. Fu un Giorno puntuale, che si conosce perché fu preannunciato (*Is* 49,8) e adesso constatato (2 *Cor* 6,2), quello della Resurrezione, unica causa della nostra intensa gioia, esultanza indelebile sotto ogni avvenimento (*Ap* 19,7). Questo Giorno è anche permanente, la gioia deve essere perenne, non va atteso un giorno "altro" (v. 24).

Nel Versetto responsorio, v. 1, come si vide per la Notte della Resurrezione, si canta che il Signore è Buono, la sua Misericordia è eterna, la Resurrezione ne è il Segno massimo.

## *L'Apostolo: 1 Pt 1,3-9*

Dopo l'esordio (vv. 1-2), l'Apostolo comincia con la benedizione, formula classica e solenne che pervade tutta la Scrittura, rivolta all'augusta Persona che è il culmine della Rivelazione di tutto il N.T.: «il Dio e Padre nostro Gesù Cristo» (anche 2 *Cor* 1,3; *Ef* 1,3). Si sa che solo lo Spirito Santo rivela Cristo che rivela il Padre. La motivazione dell'*eulogía* è il centro dell'Economia divina della salvezza. Il Padre è benedetto, ossia lodato e ringraziato, poiché a causa della sua Bontà grande, qui *éleos*, il *.hesed* dell'alleanza fedele (v. 23; *Tit* 3,5), gratuitamente, senza alcun merito e possibilità degli uomini, li «rigenerò (*anagennáō*)», li fece rinascere a vita nuova.

Questa si configura come la «speranza vivente» che si consegue, verso la quale si è in corsa a causa della Resurrezione di Gesù Cristo dai morti (v. 3; 3,21; e 1 *Cor* 15,20).

La Resurrezione ha costituito i fedeli quali destinatari dell'eredità divina (*Rom* 8,17, opera dello Spirito Santo), che ha tre note identificanti: «incorruttibile e incontaminata e immarcescibile» (5,4; *Mt* 6,20; 1 *Cor* 9,25; 2 *Tim* 4,8; *Sap* 6,13). Essa è gelosamente e provvidenzialmente custodita da Dio stesso nei cieli, dall'eternità, per i fedeli (v. 4). Non solo, ma la Potenza di Dio, lo Spirito Santo, li custodisce anche, con una guardia attenta (*phrouroúmenoi*) che è la fede donata a essi. E questa apre il cuore per ricevere la salvezza, preparata (*Rom* 8,18), ma adesso, nel «tempo ultimo» finalmente rivelata (v. 5). Perciò il Padre ha atteso questi fedeli con divina pazienza, non attuando il suo Disegno senza essi (qui *Ebr* 11,39-40).

L'Apostolo annuncia ai suoi fedeli che in questo essi esulteranno di gioia divina (2 *Cor* 4,17; *Ebr* 12,11; *Giac* 1,2), tuttavia adesso ancora in forma diminuita, poiché è disposto dal Disegno divino che essi siano afflitti da varie tentazioni (v. 6). Queste sono però disposte con sapienza, come prova della fede. E la fede che ne esce vittoriosa è più preziosa dell'oro caduco, che si perde. Essa invece, raffinata dal fuoco ardente del crogiolo (*Mal* 3,3; *Pr* 17,3; *Eccli* 2,5; *Sap* 2,5), sarà certo una terribile sofferenza (*Giac* 3,1; *Giob* 23,10; *Is* 48,10; *Ap* 3,10), ma nella Rivelazione di Gesù Cristo (v. 13; 4,13; *Lc* 17,30) potrà da Dio stesso essere trovata (*Rom* 2,7.10; 1 *Cor* 4,5; 3,12-15) come tutta una lode e gloria e onore resi a Lui (v. 7).

Ora, Cristo Risorto dai fedeli non si vede, ma si ama (*Gv* 17,20; 20,29; 2 *Cor* 5,7; *Ebr* 11,27), e proprio perché non è contemplato si crede in Lui. È alluso S. Tommaso Apostolo. E questa fede che fa gioire di esultanza indicibile, da Dio è glorificata, benedetta (v. 8), inizio del «fine della fede» posseduta, che è la salvezza delle anime che si consegue dalla Resurrezione (v. 9; *Rom* 6,22; 2 *Tim* 4,8).

## III. La Preghiera della Chiesa

*1. L'eucologia*

La Colletta procede anzitutto all'anamnesi della fede. In queste celebrazioni, che l'hanno accresciuta, tiene un posto segnalato l'Iniziazione. Segue un'epiclesi per ottenere la Grazia divina in aumento, Grazia sapienziale, la quale sola porta a comprendere ed a vivere l'immenso Dono divino dell'Iniziazione, dello Spirito Santo, e del Sangue prezioso del Signore Risorto.

Il Credo oggi: come nella Domenica precedente.

La Preghiera sopra le offerte rivolge al Padre l'epiclesi affinché accetti l'offerta qui presentata dal popolo suo e dai neobattezzati, nella confessione del Nome divino che porta alla Vita eterna.

La Preghiera dopo la comunione rivolge l'epiclesi al Padre, affinché faccia proseguire nei suoi fedeli la Grazia divina, che deriva a essi dalla celebrazione del sacramento della redenzione che è la Resurrezione (sull'aggettivo "pasquale", vedi sopra, l'Approfondimento 5).

*2. La Prece eucaristica*

Il Prefazio è come nella Domenica precedente.

## Approfondimento 7:
## Il Crocifisso Risorto
## Contemplazione Salvifica

Cristo Signore aveva espresso una premonizione profetica, misteriosa, di tipologia contraria, quando a Nicodemo aveva assicurato:

*E come Mosè innalzò il serpente nel deserto,*
*così si deve che sia innalzato il Figlio dell'uomo,*
*affinché ognuno che crede in Lui abbia la Vita eterna* (Gv 3,14).

Questo paragone tipologico è secondo una regola del metodo rabbinico che si chiama «dal minore al maggiore». Qui, l'elemento minore, un "tipo", si presenta così. Gli Ebrei durante l'esodo avevano parlato contro il Signore per la difficoltà del cammino nel deserto (*Num* 21,4-5). Il Signore aveva permesso che serpenti velenosi e mortali punissero i ribelli e mormoratori (v. 6). Il popolo sotto il pericolo ricorre al mediatore Mosè, che intercede presso il Signore (v. 7). E il Signore gli ordina di fondere un serpente di bronzo, da porre sopra un palo, così che chiunque si volge a contemplarlo sia guarito, e così avviene (vv. 8-9). Su questo, si vedano le spiegazioni alla Domenica IV di Quaresima, Ciclo B.

L'elemento maggiore è l'antitipo del tipo, ossia il suo avveramento. Il legno qui è la Croce santa, sulla quale deve essere "innalzato", il Figlio dell'uomo, Gesù. Questo passivo è riferito agli spietati crocifissori, ma in realtà solo il Padre "innalza" il Figlio, Lo glorifica con la Croce. Infatti, questa sua esaltazione avviene nella terrificante vergogna del patibolo romano, ma è la sua gloria. Egli deve essere contemplato in quella nudità fisica totale nel sangue, estrema e abbandonata dagli uomini, e come allora gli Ebrei guardando il serpente riconobbero la loro colpa e la punizione che essa comportava, così adesso tutti gli uomini debbono contemplare il Figlio dell'uomo sulla Croce santa, e nella fede riconoscendosi peccatori e miserabili, e riconoscendo Lui come l'Innocente e Redentore, così da ricevere la Vita eterna.

Nessun uomo sarà salvato se non ha la fede, che è donata e deve essere accettata, e che nasce solo da questa contemplazione.

Perciò, una spiegazione ovvia dell'apparizione del Risorto, che se si dice in fretta e senza spiegazione diventa banale, si fissa su quel «sono Io» di *Lc* 24,39. Ossia, il Signore la sera stessa della Resurrezione, ai discepoli riuniti nel timore, vuole qui mostrare l'identità sua, del Gesù frequentato dai discepoli fino al Getsemani, poi crocifisso, il medesimo Gesù adesso risorto e vivente. Questo è del tutto giusto.

Tuttavia Cristo Risorto si mostra una volta ai discepoli radunati (Luca e Giovanni, un parallelo) e un'altra volta 8 giorni dopo, e a tutti esibisce sempre le sue sante Stigmate. Egli quindi ha una realtà sua speciale da manifestare, decisiva per i suoi discepoli di allora, ancora non fedeli, e poi per tutti i suoi discepoli fedeli di ogni generazione.

La partenza qui è dalla Croce santa e vivificante.

### 1. *La Croce offre la visione del Signore trafitto*

Qui la partenza delle considerazioni va presa dalla Profezia antica e poi dal suo Adempimento all'ultimo dei tempi. Questo sarà visto poi anche commentando la lavanda dei piedi del Giovedì santo.

La prima Comunità, nucleo della Chiesa santa degli Apostoli, proprio per l'assenza momentanea di questi, che erano fuggiti, è radunata dal Padre nello Spirito Santo nel santuario nuovo, intorno al Figlio crocifisso:

> *Stavano presso la Croce di Gesù la Madre di Lui,*
> *e la sorella della Madre di Lui, Maria di Cleofa, e Maria Maddalena.*
> *Gesù allora, vedendo la Madre*
> *e il discepolo che stava lì, che Egli amava,*
> *parla alla Madre:*
> *Donna, ecco il Figlio tuo!* (Gv 19,25-26).

Così si completa il trittico della visione del Figlio di Dio. Pilato per beffa, ossia in modo inconsapevole ma oracolare profetico, aveva già annunciato: «Ecco l'Uomo!», l'*Ánthrōpos*, l'*Adam*, che riassume il genere umano (*Gv* 19,5). E aveva aggiunto: «Ecco il Re vostro!», il Re Salvatore d'Israele (*Gv* 19,14b). «Il Figlio di Mariam», che è il Dio Monogenito (*Gv* 1,18), adesso inchiodato alla croce, è la rivelazione plenaria, perenne, da contemplare. La prima ammessa a questa contemplazione è la Madre di Dio. Con Lei, solo le Donne fedeli, e il discepolo amato, anche lui l'unico restato fedele.

Ora, questa contemplazione è propriamente salvifica, e deve essere offerta a tutto l'Israele di Dio. Perciò qui l'Evangelista anzitutto narra che dal costato della Bontà del Signore, quale Adamo nuovo addormentato sulla Croce «subito uscì Sangue e Acqua» (*Gv* 19,34). Su questo evento singolare si esercitò a lungo la riflessione dei Padri. Vedi alcuni testi al Venerdì santo.

Giovanni, presente ai fatti, annota l'adempimento in *Gv* 19,36-37:

*E colui che vide ha testimoniato, e vera è la sua testimonianza,*
*ed egli sa che fatti veri parla, affinché anche voi crediate.*

In realtà, avvennero questi fatti affinché la Scrittura fosse adempiuta:

*Osso non sarà infranto di lui (Sal 33,21)*

E di nuovo un'altra Scrittura parla:

*Guarderanno verso Colui che trafissero (Zacc 12,10) (Gv 19,36-37).*

Giovanni era l'unico dei discepoli del Signore che con la Madre di Gesù e le Donne fedeli stava sotto la Croce (*Gv* 19,25-27). È quindi anche l'unico discepolo che fu testimone oculare e auricolare dei fatti della crocifissione. Da qui viene la sua consapevole e rigorosa responsabilità nel narrare i fatti, per questi motivi: la verità storica di essi che egli deve testimoniare al mondo, il realismo delle Profezie che con la crocifissione si adempirono, la fede nel Crocifisso che nascerà in quanti ascolteranno la testimonianza veridica del discepolo.

Ora, la prima Profezia adempiuta a cui rimanda Giovanni viene dal Sal 33, un'azione di grazie individuale con molti elementi sapienziali, attraverso cui l'Orante si manifesta come il Giusto sofferente. Il Signore a lui e a quanti saranno suoi confratelli nell'ingiusto soffrire, promette così:

*Custodisce il Signore tutte le loro ossa,*
*uno solo di essi non sarà frantumato (v. 21).*

Biblicamente le ossa sono il simbolo della persona che resta anche dopo morto il corpo. L'ordinata composizione delle ossa nella pace della sepoltura sono la premessa per la futura resurrezione. Al suo Giusto sofferente il Signore ne dà la promessa formale. Non per caso nella letteratura rabbinica quando viene in questione l'imperatore Adriano, che represse la rivolta ebraica del 132 d.C., sterminò gli Ebrei, rase al suolo Gerusalemme e la riedificò completamente nuova con il nome pagano di *Aelia Capitolina*, impiantò sul luogo del tempio il culto idolatrico, impedì a ogni Ebreo di mettere piede in Palestina, i rabbini intercalano così: «Adriano, le cui ossa siano stritolate», in modo che gli sia impedita in eterno la resurrezione alla fine dei tempi.

Quasi inutile è ripetere che il controllo del testo greco dei LXX mostra senza dubbio che qui Giovani cita il Salmo, e non affatto i testi sulle ossa degli agnelli pasquali (che non dovevano essere spezzate, vedi *Es* 12,46, e *Num* 9,12)

La seconda Profezia adempiuta è *Zacc* 12,10. Essa parla di contemplare un "trafitto" allora non identificato. Occorre guardare al contesto della citazione, che è *Zacc* 12,8 - 13,1:

*E sarà in quel giorno (ultimo),*
*che proteggerà il Signore gli abitanti di Gerusalemme,*
*e sarà il debole tra essi, quel giorno, come la casa di David*
*e la casa di David come la casa di Dio,*
*come l'Angelo del Signore davanti a essi.*
*E sarà in quel giorno (ultimo), che Io cercherò di annientare*
*tutte le nazioni (pagane) che vengono contro Gerusalemme,*
*e Io verserò sulla casa di David e sugli abitanti di Gerusalemme*
*lo Spirito della Grazia e della Misericordia,*
*e guarderanno verso Me che essi trafissero,*
*e si percuoteranno di percosse come per il Diletto,*
*e soffriranno tremende doglie per il Primogenito.*
*In quel giorno si accresceranno le percosse in Gerusalemme*
*come percosse sul melograno reciso nel campo,*
*e si percuoterà la terra tribù per tribù,*
*una tribù da se stessa, e le loro donne da se stesse,*
*la tribù della casa di David da se stessa e le loro donne da se stesse,*
*la tribù della casa di Natan da se stessa e le loro donne da se stesse,*
*la tribù della casa di Levi da se stessa e le loro donne da se stesse,*
*la tribù di Simeone da se stessa e le loro donne da se stesse:*

*tutte le tribù tralasciate, tribù per tribù e le loro donne da se stesse.*

In sostanza, il Profeta, certo in modo assai oscuro, rivela che dopo un orribile misfatto, la "trafissione" di un Innocente, e di condizione regale, per ottenere il perdono nel segno operante dello *Spirito del Signore*, occorre *contemplare il* Trafitto e mostrare i segni del pentimento.

Con ciò stesso si riformerà l'unità della casa di David, il popolo santo.

Ora, la Profezia allude a fatti della storia, che riguardano un re d'Israele che fu "trafitto", e che per questo fu molto pianto dal suo popolo, il quale comprese solo allora che sarebbe stata la speranza delle tribù d'Israele. Il testo può alludere al pio e valoroso re Giosia, che era la speranza del profeta Geremia, e che cadde combattendo contro l'invasore egiziano nel 609 a.C. (scarna notizia in 2 *Re* 23,28-30). È dato più ampio resoconto di questo in 2 *Cron* 35,20-25, dove si annota che Giosia «fu sepolto nella tomba dei suoi Padri, e l'intero Giuda e Gerusalemme fecero lutto per Giosia. Geremia compose anche "*lamentazioni*" su Giosia. E tutti i cantori e cantatrici parlarono di Giosia nei loro canti fino a oggi, e li dettero da cantare come norma in Israele. Ecco, stanno scritti tra le *lamentazioni* «funebri» (vv. 24b-25).

Si può ipotizzare qui anche il lutto che Gerusalemme fece per l'altra speranza mancata, ma qui colpevolmente, per Zorobabele, discendente regale, rientrato con gli esuli da Babilonia. Egli fu sostenuto dai Profeti e dal sacerdozio, e per un momento aveva ridato la speranza alla nazione con i progetti della sua restaurazione, ma a cominciare dalla ricostruzione del segno grande e unificante del tempio (*Ag* 1,14-15; 2,1-5). L'indagine storica riscopre uno dei fatti più oscuri della storia biblica, poiché Zorobabele in realtà fu ucciso dalle fazioni avversarie in quel tempo assai cupo, ma nessuno ne diede notizia.

In conclusione, alla Croce, contemplarono il Trafitto anzitutto Maria la Madre di Gesù, le Discepole fedeli e Giovanni. Ma poi anche il popolo in folla. Infatti, in un testo in sostanza parallelo a

*Gv* 19,37, Luca aveva annotato a proposito della folla che assisteva al Golgota:

> *E tutte le folle che si erano presentate per questa visione,*
> *avendo contemplato i fatti avvenuti,*
> *battendosi il petto se ne tornarono.*
> *Stavano tutti i conosciuti da Lui da lontano,*
> *e le donne che Lo avevano accompagnato dalla Galilea,*
> *guardando questi fatti* (*Lc* 23,48-49),

un richiamo a *Zacc* 12,8 - 13,1, visto sopra. Si ha così che il popolo, ancora in una massa confusa, contempla il Crocifisso, sono «le folle», le medesime forse che avevano acclamato il Signore al suo ingresso finale in Gerusalemme (*Lc* 19,37-38), quando «tutto il popolo era sospeso ascoltando Lui» (*Lc* 19,48), «tutto il popolo che precedeva l'alba prima di Lui per ascoltarlo nel tempio» (*Lc* 21,38). Molti di essi, si può dire, lo annota ancora Luca, la mattina di Pentecoste furono trafitti nel cuore dalla Parola della Resurrezione di Pietro, e chiedevano agli Apostoli che fare (*At* 2,37). E con il battesimo anche essi ricevettero il Dono dello Spirito Santo, e furono convocati al Convito del Regno (*At* 2,38-47). E qui comincia la ricostituzione della casa di David, del popolo santo.

Perciò il Signore Risorto opererà, come si vedrà adesso, la suprema carità di ritrovare e radunare i suoi discepoli, affinché per primi essi si convertano nel cuore contrito attraverso la contemplazione di Lui, «il Trafitto», benché ormai resuscitato in eterno, e formino il nucleo della casa di David, del popolo santo. Così si presenterà ai discepoli.

## 2. *Le stigmate visione salvifica universale* (*Ap* 1,7)

La Grazia della visione salvifica del Trafitto appare come donata all'ultimo dei tempi nell'estensione a tutte le nazioni pagane, quando il Signore verrà nella gloria del Padre suo per l'ultima volta e chiuderà i destini della storia del mondo. Un testo sintetico e di molta densità, che è un piccolo mosaico di citazioni bibliche dell'A.T. e di riferimenti a testi evangelici, presenta questo quadro:

*Ecco, viene con le nubi (Dan 7,13),
e vedrà Lui ogni occhio e quelli che Lo trafissero (Zacc 12,10; Gv 19,37),
e piangeranno su Lui tutte le tribù della terra (Zacc 12,14; Lc 23,27-28).
Sì! Amen!*

La Venuta sulle Nubi della Gloria, lo Spirito Santo, è del Figlio dell'uomo, una figura divina e umana (*Dan* 7,13-14). Poiché il Figlio dell'uomo è stato trafitto dai peccati di tutti gli uomini, e ha posto la sua vita per tutti loro, a tutti loro deve estendere la sua immensa Misericordia, e offrire la sua visione di Trafitto ma Risorto e glorioso, in modo da sollecitare il "piangere" della conversione verso Lui. Allora il Risorto potrà donare il suo Spirito per il Regno del Padre.

### 3. Le stigmate visione eterna trasformante (*Ap* 5,6)

Come si è visto, la visione finale è dell'Agnello Risorto, il Servo sofferente risorto, che partecipa con il Padre al culto eterno, tributato alle divine Persone dalla corte celeste. La figura dell'Agnello si cumula così con quella del Figlio dell'uomo nella medesima Persona del Risorto. Giovanni descrive così questa visione in *Ap* 5,6:

*E io vidi in mezzo al Trono e ai Quattro Viventi e in mezzo agli Anziani l'Agnello in piedi, come sacrificato,
avente sette corna e sette occhi, i quali sono i Sette Spiriti di Dio inviati all'intera terra.*

L'Agnello è mostrato qui nel momento dell'investitura dei destini del mondo, segnati nel Libro della Vita (*Ap* 5,1-7). Solo l'Agnello Risorto può ricevere dal Padre che regna sul trono della Gloria il Libro, solo Lui può aprirne i 7 sigilli eterni e dare corso ai suoi contenuti (v. 7).

Al v. 6 l'Agnello sta in piedi, vivente, poiché «vinse il Leone della tribù di Giuda» (v. 5). È individuato dalle Stigmate indelebili di Agnello sacrificale, sulle mani e sui piedi, ma con singolare rilievo al costato della sua Bontà che fu trafitto (*Gv* 19,34).

Qui, come si disse, Egli segna anche l'Anamnesi eterna al Padre e a tutta la corte celeste. Egli morì di morte sacrificale, ma è il Risorto in eterno. Gli Eventi del Signore restano in eterno, poiché a essi lo «Spirito eterno» (*Ebr* 9,14) conferì efficacia eterna.

Da questa Teofania imponente della Bontà divina infinita, la contemplazione va dalla Resurrezione alla Croce, e torna alla Resurrezione.

Dalla Resurrezione infatti cominciò la celebrazione del Signore Risorto nella Comunità di fede.

Dalla Resurrezione in conseguenza cominciò anche la predicazione sul Signore Risorto, e la necessaria e santa mistagogia della Chiesa apostolica. Questo dura fino nella storia, fino all'ultimo, in fedeltà.

*4. Il Risorto per misericordia fa contemplare le sue Stigmate*

Alla Croce tutti gli altri discepoli erano assenti. Infatti al momento della cattura del Signore, «tutti i discepoli, abbandonatolo, fuggirono» (*Mt* 26,56). Essi non poterono contemplare il Trafitto sulla Croce, e non ebbero la visione salvifica. Adesso la ricevono senza loro merito.

a) *Le Stigmate immacolate vivificanti*. Infatti, anche dopo la Resurrezione sua il Signore appare mostrando indelebili i "Segni" santi della sua Morte sacrificale redentrice: le Cicatrici gloriose, le sante Stigmate. Non solo, ma mostrando apertamente questi "Segni" corporali, li offre da contemplare. Lì provoca per grazia la conversione del cuore, e l'apertura di esso al Dono dello Spirito Santo.

b) *Il Risorto agli Undici radunati* (*Lc* 24,36-43). I due di Emmaus avevano narrato agli Undici l'incontro con il Signore Risorto (*Lc* 24,35), i discepoli già lo sanno da Pietro a cui il Signore era apparso (*Lc* 24,34), e ne parlano tra loro, ma sono ancora confusi (*Lc* 24,36a). Il Signore allora viene (*Lc* 24,36-49), dona anzitutto il saluto della Pace, esortandoli a non temere (*Lc* 24,36b), essi così intimoriti e spaventati come per avere visto un fantasma (v. 37). Poi parla:

*Perché siete sconvolti, e perché pensieri salgono nei vostri cuori?*
*Guardate le mani mie e i piedi miei, poiché sono Io stesso,*
*palpatemi e guardate, poiché uno spirito carne e ossa non ha,*
*come voi vedete che Io ho.*
*E dicendo questo, mostrò a essi le Mani e i Piedi* (Lc 24,38-40a).

Quindi chiede da mangiare, e mangia un pesce arrostito, e (secondo alcuni codici bene attestati) anche un favo di miele, sul quale poter lasciare l'impronta reale, constatabile, dei suoi denti (Lc 24,41-43).

La scena indica che il Signore esibisce le mani e i piedi trafitti dai chiodi, e sul patibolo, estendendo le braccia in forma di croce, e più visibili risultano le Stigmate indelebili della trafittura. Così i discepoli, che erano fuggiti, vedono che il Signore Risorto è veramente quello che avevano conosciuto, e che dalle Donne fedeli avevano saputo che era stato inchiodato sulla croce e poi sepolto.

Ma soprattutto anche i discepoli possono «contemplare il Trafitto», condizione per ricevere il grande Perdono, lo Spirito Santo.

La memoria delle Stigmate del Signore resta in seguito nella Chiesa apostolica, richiamato in specie da Pietro e da Paolo, e naturalmente da Giovanni, che era stato testimone oculare della crocifissione.

a) *Ancora il Risorto nel cenacolo* (Gv 20,19-31). La medesima scena, benché con particolari varianti, è narrata da Giovanni. Il testo è l'Evangelo di questa Domenica II del Tempo pasquale.

Anche qui il Signore viene la sera della Resurrezione, agli Undici radunati e impauriti senza di Lui, e anzitutto dona la Pace (Gv 20,19). Anche qui perciò il Signore distende le braccia, e «*mostrò le mani e il costato*», il costato della sua Bontà trafitto ma vivificante (Gv 20,20), dal quale sulla Croce stessa erano sgorgati «subito Sangue e Acqua» (Gv 19,34). Sovrapponendo le narrazioni di Luca e Giovanni, senza confonderle, si vede bene Cristo Risorto in piedi, con le braccia estese, e si ha la visione della scena della crocifissione: le mani e i piedi, e il costato al centro.

Solo dopo la contemplazione delle sue trafitture, il Signore Risorto dona di nuovo la Pace ai discepoli (*Gv* 20,21), e quindi soffia su essi il suo Spirito Santo (*Gv* 20,22). Il Risorto infatti è il Dio Creatore (*Gen* 2,7), che con l'indicibile Incarnazione si è fatto anche l'Adamo Ultimo: e come precisamente in quanto Uomo, dallo Spirito del Padre è trasformato in «Spirito vivificante» (1 *Cor* 15,45), è reso capace finalmente di donare lo Spirito Santo all'umanità peccatrice, come 5 volte aveva promesso nella Cena.

Il Dono dello Spirito Santo è Dono che proviene dalla Croce e dalla Resurrezione. Egli è il grande Perdono del Giubileo biblico (*Is* 61,1-2), quello annunciato da Cristo battezzato (*Lc* 4,18-19), e ormai ottenuto. L'immensa Carità del Padre mediante il Figlio affida lo Spirito Santo ai discepoli, che li invia a portarlo al mondo (*Gv* 20,22b-23).

Otto giorni dopo ripete il fatto con Tommaso (*Gv* 20,24-27), che erompe con il grido: «Signore mio e Dio mio!» (*Gv* 20,28).

Questa è l'Icona indelebile del Risorto. Come si è visto, essa torna anche in *Ap* 5,6, detta dell'Agnello, il Servo sofferente (*Is* 53,7-8) che toglie il peccato del mondo, e che è risorto.

Il Signore mostra che la «contemplazione del Trafitto» in seguito avverrà non per visione, per così dire, fisica, bensì per la fede: beati quanti ormai crederanno senza vedere (*Gv* 20,29).

Il Risorto compie poi «molti altri "segni" prodigiosi davanti ai discepoli ormai liberati dall'angoscia. L'Evangelista non tiene conto di questi "segni" ultimi, ma riferisce quelli operati dal Signore dal Battesimo alla Croce: i discepoli futuri dalla Parola scritta sul Signore tra gli uomini, diventata Santa Scrittura, avranno la fede. L'Oggetto è sempre unico: Cristo Signore Risorto che, rivelato solo dallo Spirito Santo, rivela il Padre e con lo Spirito Santo a Lui riporta i suoi fedeli.

Il dono della conversione del cuore, opera dello Spirito Santo, sarà consegnato dallo Spirito Santo stesso a partire dall'Iniziazione a Cristo e al suo Mistero.

La contemplazione eterna sarà quindi del Trafitto e Risorto: «saremo simili a Lui, poiché Lo vedremo come è» (1 *Gv* 3,1-2).

*5. Una nota iconologica*

Questa contemplazione è resa più agevole dalle sante icone dell'antica Tradizione indivisa. Infatti, si osservi bene come gli iconografi rappresentano la posizione dei piedi del Signore inchiodati sulla santa Croce. Essi non sono uniti e paralleli, bensì formano un angolo di quasi 90 gradi. Adesso si guardino altre icone: quella della Resurrezione, anzitutto, poi quella dell'incontro del Signore al sepolcro con le Mirofore, le Donne fedeli, poi con Tommaso apostolo. Infine si prenda l'icona «della maestà», ossia di Cristo Signore sul trono della gloria eterna. Invariabilmente i piedi del Signore sono rappresentati con la stessa posizione che avevano sulla Croce. È probabile che questo sia ignorato dagli stessi iconografi, che tuttavia continuano a dipingere fedelmente un tratto prezioso.

*6. Nota finale*

Il «Mistero di Dio Padre e di Gesù Cristo» rivela che il Padre dall'eternità divina e poi anche nel tempo della storia degli uomini, fa inabitare nel Figlio «*tutti i Tesori* nascosti della sapienza e della scienza» (*Col* 2,3). Cosicché dopo la Resurrezione «i Tesori della Divinità» inabitano ormai in Cristo Signore e anche nella Chiesa suo corpo, la sua Sposa (*Col* 1,19) ma "corporalmente" (*Col* 2,9). E i *Tesori*, la *Divinità*, la *Ricchezza* divina, la *Grazia*, la *Gloria*, sono tutti termini che, ovviamente con molti altri, richiamano sempre e solo lo Spirito Santo.

Dello Spirito Santo, il Padre è il Principio e la Fonte divina infinita eterna, ma ormai ha stabilito quale Fonte inesauribile dello Spirito Santo l'Umanità risorta del Figlio (*At* 2,32-33).

I fedeli iniziati a Cristo nel suo Mistero, partecipando alla Parola e al Corpo e alla Coppa di Cristo e alla Chiesa Sposa, ricevono lo Spirito Santo. La Chiesa antica ne aveva la viva coscienza. Così, la Narrazione della Cena contenuta nell'Anafora di S. Giacomo greca (della Chiesa Madre di Gerusalemme, e circa dell'anno 340), afferma che dopo avere cenato il Signore «riempì la Coppa di Spirito Santo» e la distribuì ai suoi discepoli. Infatti, la Rivelazione mostra che il sangue è il "segno" primario della vita che sta nei viventi (*Lev* 17,11). Vedi l'Approfondimento 5.

Ora, poiché «in Dio tutto è uno, salva la Trinità delle Persone», la Vita di Cristo è l'unica Vita divina del Padre e del Figlio e dello Spirito Santo, vissuta in eterno e infinitamente dai Tre, ed è lo Spirito Santo.

Il Sangue di Cristo è perciò il Segno primario che indica la Vita stessa di Cristo anche come Uomo, in specie dopo la Resurrezione, e che è lo Spirito Santo. E il fine della Croce attraverso il Sangue versato è di donare lo Spirito Santo agli uomini peccatori e immeritevoli.

Il suo Sangue è il Segno supremo con cui Cristo Signore e Sposo dona lo Spirito Santo alla sua Sposa diletta, la Chiesa.

E lo Spirito Santo è il Fine divino ultimo della divina Redenzione decretata dal Padre mediante il Figlio. La Chiesa dei Padri, da S. Ignazio d'Antiochia e da S. Ireneo di Smirne, attraverso Origene e S. Cirillo Alessandrino, e altri, ne aveva la vigile coscienza. E ne risuonavano gli antichi testi liturgici, prodotto dell'età patristica. Se ne può presentare qui un esempio magnifico dall'antico *Messale Romano* per la Feria III dentro l'Ottava di Pentecoste come Preghiera dopo la comunione, vera proclamazione secondo lo spirito della *Lex orandi*:

*Mentes nostra quaesumus, Domine,*
*Spiritus Sanctus divinis reparet sacramentis:*
*quia Ipse est remissio omnium peccatorum.*
*Per Dominum nostrum.*

Lo Spirito Santo, «la Remissione di tutti i peccati», restaura la mente, l'anima dei fedeli, in forza dei «divini sacramenti», i Divini Misteri celebrati. Questa preghiera è ancora in uso nel *Messale Romano* attuale, dove è stata trasferita al sabato dopo la Domenica VII di Pasqua, ma trasformata con variazioni nella seguente Preghiera sulle offerte:

*Mentes nostras quaesumus, Domine,*

*Spiritus Sanctus adveniens divinis praeparet sacramentis,*
*quia ipse est remissio omnium peccatorum.*
*Per Christum,*

dove però con il debole *praeparet*, relativo alle «menti nostre», si allude alla disposizione per la futura venuta dello Spirito Santo (all'indomani, alla Pentecoste), e si smantella così il capolavoro biblico teologico dell'originale, che con *reparet* considerava lo Spirito Santo come venuto, presente e operante con infinita efficacia nei Misteri celebrati, che segna la rigenerazione finale salvifica.

Questo tratto teologico decisivo viene in nucleo come Preghiera dopo la comunione alla Domenica XXXII del Tempo per l'Anno:

*Gratias Tibi, Domine, referimus sacro munere vegetati,*
*tuam clementiam implorantes, ut, per infusionem Spiritus tui,*
*in quibus caelestis virtus introivit, sinceritatis gratia perseveret.*
*Per Christum.*

L'accento è sul nutrimento (*vegetati*) efficace che proviene dalle sante Offerte (*sacrum munus*), mentre l'epiclesi chiede, dall'effusione del divino Fluido dello Spirito Santo come Potenza celeste (vedi *Rom* 5,5), che questa resti efficace (*perseverare*) nei fedeli permeati dalla Grazia.

Questi contenuti divini perenni dimorano e vivono nella Chiesa, la Sposa, la Madre di misericordia, «la Madre sempre nel parto» doloroso (S. Ippolito di Roma). Quest'ultima espressione veniva dalla comprensione di se stessa che la Chiesa aveva acquistato dallo scempio del suo corpo nuziale durante le persecuzioni.

### 7. *Una conclusione*

Anche per tutto quello che adesso è stato meditato, nei suoi contenuti singolari, questa Domenica II di Pasqua, si pone come esemplare per l'intero anno liturgico della Chiesa. Anzi, quei contenuti "segnano" l'intera esistenza redenta dei fedeli, i discepoli del Signore Risorto lungo le generazioni. Infatti essi sono chiamati ad amare, a contemplare, a celebrare, e quindi a conoscere, in una specie di incessante moto pendolare:

A) Cristo Signore Risorto, adesso, nella gloria del Padre che è lo Spirito Santo;
B) e così facendo continua memoria della sua Umanità immacolata, straziata, inchiodata e trafitta sulla Croce «per noi uomini e per la nostra salvezza»;
C) la medesima Umanità, Lui, che i fedeli suoi contempleranno con le sue sante Stigmate per l'eternità beata; e in questo si rivela il suo Volto umano adorabile, che manifesta l'unico Volto divino della Bontà del Padre e del Figlio e dello Spirito Santo;
D) ma di questo è donato il «Segno levato in alto», la Croce gloriosa, vittoriosa, vivificante, divinizzante, gioiosa (II Lettura di oggi), gemmata, festale, nuziale. Croce perenne misterica e battesimale e crismale e liturgica;
E) tuttavia di nuovo tornando a Cristo Signore Risorto, sempre amato e celebrato.

E così di continuo ricominciando. E insegnandolo ai fratelli. E annunciandolo e testimoniandolo al mondo degli uomini.

# Domenica «di Emmaus» III del Tempo Pasquale

Il corso di queste Domeniche fa ancora attenti alle vicende che di necessità seguono la Resurrezione del Signore, in specie alla sera di quel giorno. Intanto la tensione celebrativa resta forte. Già si vede il Dono dello Spirito, la sera, nel cenacolo (Domenica II), e di nuovo la sera, ad Emmaus, sotto la forma squisita ed efficace della teologia simbolica: la luce delle Scritture e il Fuoco nel cuore.

## I. Intorno all'Evangelo

*1. Antifona d'ingresso:* Sal *65,1b-2*. AGC.

L'Orante vuole cantare al Signore per tutti i benefici di cui fu gratificato. Nella versione ispirata, che è quella greca, seguita dalla Volgata, il titolo di questo Salmo è molto singolare: «canto del Salmo di resurrezione» (v. 1a). Di fatto il poema parla delle prove di morte subite, e insieme dell'intervento onnipotente del Signore, che libera e dona la sua pace ai suoi fedeli. L'applicazione alla Resurrezione è conseguente. Perciò l'Orante, nel tempo della salvezza, tempo benedetto, con un imperativo innico investe la terra intera affinché "giubili" festosamente in Dio (v. 1b; anche *Sal* 80,2; 94,1; 97,4; 99,1). La Redenzione è avvenuta (*Is* 44,23).

Ma la terra intera, ossia tutte le nazioni, sono chiamate con un altro imperativo innico alle parole d'esultanza e d'adorazione dovute al Signore Vivente, i *Salmi*, non perciò altri inni e canti, che sarebbero propriamente profani e non accettati dal Signore che si vuole celebrare (v. 2a). Lezione valida oggi, con le assemblee invase e invasate da canti scipiti e banalizzanti (nuovo stile occidentale della preghiera?). Il destinatario unico dei Salmi è il Nome divino adorabile, Potenza di salvezza e Presenza di Bontà sempre operante, Nome glorioso e indicibile (*Is 42,12*), che deve diventare ormai per i fedeli la Lode a cui si tributa la glorificazione (v. 2b). Non esiste motivo più grande dell'opera massima della Redenzione avvenuta, la Resurrezione di Cristo.

*2. Alleluia all'Evangelo:* Lc *24,32, adattato.*

Si accentua la proclamazione dell'Evangelo di oggi con la riproposizione del nucleo sostanziale del fatto avvenuto ad Emmaus. Lì il Signore Risorto aprì le Scritture con tutto il loro significato, come poi ripeté ancora ai discepoli nel cenacolo (v. 45), e riempì il cuore dei due fuggitivi con il Fuoco bruciante dello Spirito Santo (*Sal 38,4*; *Ger 20,9*). Il testo qui è usato in forma epicletica, per chiedere al Signore stesso di ripetere ancora e sempre questi fatti benedetti per i fedeli qui presenti oggi.

*3. Evangelo:* Lc *24,13-35.*

L'episodio di Emmaus, accennato anche da *Mc* 16,12-13, mostra le contraddizioni che i discepoli soffrono dopo la Resurrezione, un Evento che li soverchia finché non venga il Risorto stesso con il suo Spirito Santo a donare la fede. Così tra i discepoli alcuni restano insieme, spauriti e indecisi, altri fuggono. Solo la Pentecoste segnerà la loro compatta unità, e insieme il loro sciamare per il mondo non più in fuga, ma in schiere ordinate per annunciare l'Evangelo della Resurrezione fino ai confini del mondo.

Viene adesso il fatto, annunciato dalla formula solenne: «Ed ecco», che introduce le figure di "due", senza altra esplicitazione; non sono certo proprio i discepoli che il Signore aveva istituito per inviarli «due a due», ma con ben altra missione (10,1). Ma ai discepoli il Signore aveva anche promesso che se «due o tre» fossero riuniti nel Nome suo, Egli sarebbe stato con essi (*Mt* 18,20). Quei due «proprio quel Giorno» in cui si era manifestato come «il Vivente» (24,5), e che le Donne fedeli avevano annunciato come tale ai discepoli increduli (24,9-11), se ne vanno, fuggono verso un villaggio distante 160 stadi (testo greco, circa 26 chilometri da Gerusalemme), chiamato Emmaus; si discute ancora in archeologia sul sito, rivendicato a diverse località (v. 13).

I due «si intrattenevano familiarmente» (*homiléô*, da cui omelia), discutendo su tutti quei fatti, per loro ambigui, che avevano constatato (v. 14). Essi discutono e dibattono (*syzêtéô*), privi di certezze, e quindi le loro conclusioni sono vaghe. Gesù allora si avvicina a essi e cammina insieme (v. 15). Gli occhi dei due sono trattenuti dal riconoscerlo, non sono ancora posti in condizione, come sarà tra poco (v. 16; v. 31; e *Gv* 20,14; 21,4). La visione del Risorto infatti è condizionata da due fattori, l'iniziativa del Risorto, e la fede necessaria, ambedue doni grandi. Non a caso Luca, come Giovanni, nel seguito della Resurrezione fa sempre intervenire "Gesù", il medesimo che i discepoli avevano visto da vivo; e quando questi lo riconoscono, appare sempre come «il Signore» nello splendore plenario del suo significato.

Gesù allora chiede che siano questi discorsi dibattuti tra essi, a cui non si trova soluzione; e chiede come mai siano tristi (v. 17). Uno dei due è Cleopa, che intesse il dialogo con Gesù, con una certa sorpresa irritata: Tu abiti a Gerusalemme, e solo tu ignori i fatti di questi giorni, dunque il processo, la condanna, la croce, la tomba (v. 18). E Gesù quasi con indifferenza ribatte: Quali fatti? (v. 19a).

Qui (vv. 19b-24) comincia l'anti-evangelo dei discepoli disperati. Per comprenderlo bene, occorre rileggerlo con la sintesi *kerygmatica* tracciata da Pietro a Cornelio, in *At* 10,34-43 (vedi Messa Giorno della Resurrezione; e Domenica del Battesimo del Signore). Si ha il negativo della non-fede, che doveva essere di molti discepoli anche dopo la Resurrezione, e fino alla Pentecoste, e si ha il positivo della proclamazione di Cristo e della Chiesa nei secoli

Il sunto negativo di Cleopa corre su un filo diretto: Gesù Nazareno era in fondo un semplice "uomo", benché "profeta" (7,16; 13,33; *Mt* 21,11), accreditato da Dio e dal popolo come potente in «parole ed opere» (v. 19; *At* 1,1; 2,22). Il suo fallimento disastroso fu la consegna alle autorità (*At* 2,23; 5,30; 13,13 27-28; 23,13.35; 1

*Tess* 2,15; 1 *Cor* 2,8), la condanna a morte, e l'infamia terrificante della croce (v. 20). La reazione dei discepoli a tutto questo è solo una: «Noi speravamo», allora, adesso non più. E la speranza era riposta, benché non bene, su quell' «uomo» che, forse, stava per redimere Israele, ma in senso politico e nazionale (v. 21a), contro i Disegni divini (*Lc* 1,68; 2,38; *Mt* 20,28; 1 *Pt* 1,18). E tuttavia ormai sono passati «3 giorni» da quanto avvenuto, la promessa antica della resurrezione non si è verificata. Tutto è perduto (v. 21b) Benché le donne del gruppo abbiano assistito, dicono esse, a una scena strana e per loro stupefacente. Recatesi all'alba (vv. 1.3) al sepolcro (v. 22), non trovano «il corpo di Lui», ma corrono dai discepoli con due notizie parallele: la visione degli Angeli (*Gv* 20,12) e la Parola sulla Vita di Lui (v. 23). È la Rivelazione plenaria, Visione e Parola. Così alcuni discepoli corrono al sepolcro (*Pietro*, v. 12; *Gv* 20,3-10), trovano tutto come le donne avevano riferito, ma non trovano affatto "Lui" (v. 24). Non «Lo videro», l'unica prova valida per loro. Come i due adesso «non Lo vedono», non trovando motivo di speranza, come del resto gli altri discepoli.

Luca introduce adesso le parole dure del Signore semplicemente con la formula: «Ed Egli parlò a essi». L'esordio ha la violenza profetica e sapienziale, che colpisce direttamente i due come «insensati e tardi di cuore», facendo anche appello alle loro persone, al loro centro, il cuore, dove sta tutta l'esistenza, la volontà, l'intelligenza, la decisione, la sensibilità. La rampogna è contro l'ottusità a credere all'intero messaggio «dei Profeti», ossia dell'A.T. (v. 25). Da essi avrebbero saputo bene che «si doveva (déi) che soffrisse "il Cristo"», il Messia glorioso atteso. Appare qui il Decreto immutabile divino (verbo *déi*, si deve da parte di Dio, che così irrompe nell'umano), di cui poi i discepoli prenderanno coscienza (7,44 e 46; 9,22; *Ebr* 2,10; 12,2; 1 *Pt* 1,11; *At* 3,18; 17,3; anche sopra, l'introduzione a Matteo). Solo così Egli sarebbe entrato nella Gloria divina che gli spetta (9,26). Perciò «il Cristo», il Messia, doveva presentarsi non sotto l'aspetto glorioso e invincibile, come si attendeva, ma sotto l'aspetto irriconoscibile del Servo sofferente, proprio quanto non ci si attendeva; e sarebbe stato poi manifestato come il Figlio dell'uomo glorioso (*Dan* 7,13-14).

Questo tratto è fondamentale, in quanto coniuga per la prima volta nel N.T. due figure così opposte come il Messia e il Figlio dell'uomo, circonfusi di gloria sia terrena, sia divina, e l'umile e mite figura del Servo sofferente. Il Signore Risorto unifica in sé le visuali dell'A.T., che per sé sarebbero eccentriche l'una rispetto all'altra (v. 26).

Adesso il Risorto inaugura l'ermeneutica divina nuova (*Gv* 1,18!), la fissa per sempre e la rende normativa per gli Apostoli e per la Chiesa di tutti i tempi. Vedi il Cap. 5, n. 1-2, e l'Approfondimento 2. Contro di essa poco possono duemila anni di negazioni ricorrenti. Gesù adesso «spiega (*diermêneuô*)», fa ermeneutica espositiva. Comincia a spiegare come le Scritture «parlano di Lui». Anzitutto «da Mosè», espressione che indica l'intera Torah, il Pentateuco. Qui si possono citare solo alcuni testi: *Gen* 23,15; 12,1-3; *Num* 21,9; 24,17; *Dt* 18,15-18. Poi il Signore passa ai "Profeti", altra espressione tipica per indicare il resto delle Scritture, nella divisione «Profeti anteriori» o libri storici, e «Profeti posteriori», i libri profetici e sapienziali (v. 27). Anche qui si possono trovare solo alcuni testi, come *Is* 7,14; 9,6; 52,13 - 53,12; 42,1-9; 49,1-6; 50,4-11; *Mich* 5,2; *Dan* 7,13-14; 9,24-27; *Zacc* 6,12; 9,9; 12,10; 13,7; *Mal* 3,1; *Sal* 2,7; 8; 109,1-4; anche *At* 13,27. Così il Signore passa in rassegna «tutte le Scritture».

Il viaggio è al suo termine, il villaggio è vicino. Gesù mostra di proseguire (*Mc* 6,48), poiché desidera che i due Lo trattengano (v. 28). La teologia simbolica qui insegna che si è giunti alla Casa di Dio, dove Dio è l'Ospite che accoglie, ma desidera che i suoi ospiti manifestino con amore l'ansia di essere accolti. Così si ripete la costrizione di Abramo verso i Tre Personaggi (*Gen* 18,3-4) e di Lot verso gli Angeli (*Gen* 19,3), che si riprodurrà nella Chiesa antica (a Filippi, Lidia verso Paolo e i suoi accompagnatori, *At* 16,15). I due formulano una vera epiclesi: «Resta con noi!», con il motivo che è sera e il giorno ormai declina (v. 29). Il Sovrano Ospite esaudisce l'ansia palese dei due, ed entra con essi per ospitarli nel Convito, e come nella Cena si pone a mensa con essi. Ha spiegato la Scrittura, adesso può sigillare la sua Parola con il Pane. E ripete i gesti a Lui consueti, accettando dal Padre il Pane del suo Corpo, benedicendo per questo il Padre, spezzando il Pane e distribuendolo (22,19). È il Dono supremo (v. 30). E qui il Dono produce l'effetto divino: divinamente sono aperti gli occhi dei due, che prima erano chiusi (v. 16), e divinamente ricevono l'esperienza vitale di Lui, l'*epígnôsis*, la conoscenza più profonda, totale. A questo punto tuttavia Egli si sottrae di nuovo alla loro vista (v. 31).

La reazione dei discepoli è fissata come uno dei testi più commoventi. Se prima lungo la via dialogavano sulla disperazione, adesso dialogano sulla gioia della fede piena. Essi riconoscono che il loro cuore era bruciante, mentre il Signore faceva esodo con loro e «parlava e apriva le Scritture» (v. 32), riaccendendo quindi per sempre la speranza e l'amore. Proprio da questo Lo riconoscono, perché Egli precisamente usava sempre prima spezzare il Pane della Parola, solo dopo quello della mensa, in un'unica azione divina. Solo in questo il Signore vuole essere riconosciuto e contemplato, perciò corporalmente non si fa vedere più. Ha mostrato per sempre come la sua Presenza sia il Fuoco dello Spirito Santo che consuma il cuore degli uomini (*Sal* 38,4; *Ger* 20,9), nella continua spiegazione delle Scritture (*Lc* 24,45!).

Così il Signore conferma e sigilla per sempre che la Liturgia nella Parola e nei Divini Misteri è la *forma suprema della conoscenza di Dio e del suo Mistero*. Vedi qui la Parte I, Cap. 1, n. 2. La Chiesa deve imparare qui come dovrà agire per sempre.

I due adesso "sorgono" (*anistánô*, verbo che allude anche alla resurrezione) per tornare a Gerusalemme dagli Undici riuniti con gli altri discepoli (*At* 1,14); i quali stanno come in istintiva attesa di qualche cosa (v. 33). Può così avvenire lo scambio delle esperienze avvenute. Gli Undici annunciano ai due l'Evento: «Veramente fu resuscitato il Signore e si mostrò a Simone» (v. 34; 1 *Cor* 15,3-8) in Gerusalemme. Ma anche i due hanno da comunicare sia quanto avvenne lungo la strada, la spiegazione delle Scritture, sia come riconobbero il Signore dallo «spezzare il Pane» (v. 35).

Così lo «spezzare il Pane» resta come uno dei termini tecnici, per indicare il Convito della Mensa del Signore (*At* 2,42 e 46; Domenica II, sopra). E implica sempre la spiegazione delle Scritture e il Fuoco dello Spirito Santo nel cuore di chi le ascolta.

Dallo scambio dei discepoli, adesso l'Evangelo si è ricomposto in un primo convergere della Comunità. Manca solo il Sigillo, che è la Presenza del Signore stesso, nel cenacolo, per poter promettere e donare lo Spirito della Pentecoste, con l'invio a portarlo al mondo (poi i vv. 36-49).

*4. Antifona alla comunione:* Lc *24,35.*

In esodo permanente verso la resurrezione e la divinizzazione, la Chiesa Sposa ascolta come discepola fedele quanto il Signore Risorto parla mediante lo Spirito Santo, l'unico suo divino Maestro; apre di continuo i suoi occhi sulla verità delle Scritture, e di continuo accetta da esse il Fuoco dello Spirito. Poi presta le sue mani allo Sposo per spezzare il Pane e versare la Coppa, e in questa indicibile comunione riconosce di continuo il Signore Risorto, al quale si unisce nuzialmente nel Convito del Regno. Di qui la Chiesa torna a spezzare il Pane: quello della Parola quello della carità corporale, quello della Mensa, a tutti gli uomini che credono senza avere visto, convitandoli presso l'Ospite divino che li attende.

## II. Dalla Resurrezione alla Chiesa

*I Lettura:* At *2,14.22-33*

Il primo annuncio o *kêrygma* della Chiesa, la mattina stessa di Pentecoste, a Gerusalemme, per bocca di Pietro, capo e «corifeo degli Apostoli», si estende, come si disse, in *At* 2,14-36, letti in parte questa Domenica III e poi nella Domenica IV, a cui si rimanda.

Pietro, riempito di Spirito Santo, prende la parola, con la formula dichiarativa solenne: «Uomini ebrei e tutti quelli che abitate in Gerusalemme, questo a voi noto sia, e date orecchio alle parole mie» (v. 14b), «ascoltate queste parole (o discorsi)» (v. 22a). La mente corre subito all'antecedente più prestigioso, l'«Ascolta, Israele!» di *Dt* 6,4. Con tali formule il popolo è costituito in giudizio, poiché dopo le parole che seguono ciascuno deve assumersi la decisione finale per sempre.

Pietro perciò esordisce subito sui contenuti. Anzitutto pone avanti il nome, «Gesù il Nazareno», poi richiama quanto gli ascoltatori stessi già sanno, come dirà la conclusione di questo v. 22, sull'Uomo approvato (*Lc* 24,19!), autorizzato da Dio in favore degli ascoltatori presenti (*Gv* 3,2), per così dire testimoniato da Dio in forza di «potenze e prodigi e segni». Questa è la formula ricorrente nell'A.T. per ricordare quanto Dio operò dall'Egitto all'ingresso nella terra promessa (ad es. *Dt* 6,22-23). Tale tratto di Gesù era noto ai due di Emmaus (*Lc* 24,19, vedi sopra), e Pietro in altro contesto, nel discorso a Cornelio, lo darà come caratteristico del Signore (10,38). Ora però, Dio stesso mediante Gesù operò quei fatti, proprio in mezzo ai presenti, come appunto essi sanno (*Mt* 12,28). Stava infatti in azione la Potenza di Dio, lo Spirito Santo in Gesù il Nazareno.

Il Consiglio divino immutabile, la sua Prescienza onnipotente dall'eternità aveva decretato che Gesù fosse consegnato nelle mani degli iniqui, i Romani senza la Legge divina; ma tutti i presenti, e qui come rappresentanti di tutti gli uomini peccatori, Lo "affissero", verbo che allude alla Croce, e così Lo uccisero (3,13; 5,30). Si ha qui una vertiginosa teologia della storia, provocata dall'Eternità che irrompe nello spazio tempo dell'iniquità e della rovina di tutti gli uomini. Il Disegno divino è eterno (*Lc* 22,22; *At* 3,18; 4,28), è Disegno sapienziale, e quindi predestinante con onniscienza (1 *Pt* 1,2 e 20). Corre alla conclusione prefissata, non trova ostacoli, travolge Gesù stesso, in apparenza solo vittima predestinata (v. 23). Ma questo è in realtà solo l'inizio del divino Disegno.

Viene inevitabilmente il culmine: «Dio Lo resuscitò». È il centro del *kêrygma* di Pietro, degli Apostoli, della Chiesa. Ricorre immutabile, e insieme con infinite variazioni, per tutto il N.T., e qui è imbarazzante rinviare ai testi (alcuni sono: *At* 2,32; 3,15; 4,10; 10,40; 13,30.33.34.37; 17,31; *Rom* 4,24; 10,9; 1 *Cor* 6,14; 15,4-8.15.20; 2 *Cor* 4,14; *Gal* 1,1; *Ef* 1,20; 2,5; *Col* 2,12; 1 *Tess* 1,9-10; *Ebr* 13,20; 1 *Pt*

1,21...).

Per ottenere questo, Dio «dissolse le doglie della morte» (*Sal* 17,5-6; 114,3), le «sofferenze messianiche» (.*heble ha-Mašia.h*), i terrificanti i dolori del «parto messianico» attesi all'ultimo dei tempi per il Re consacrato dallo Spirito del Signore, il Servo. Egli apparirà come il Figlio dell'uomo glorioso solo dopo la missione presso gli uomini ai quali è inviato. E stando Egli nel pieno possesso dello Spirito del Signore, era impossibile che la Morte (personificazione) potesse dominarlo per sempre (*Gv* 10,18; 2 *Tim* 1,10; *Ebr* 2,14; 1 *Pt* 3,21). Lo Spirito della Vita divina è onnipotente e irresistibile (v. 24). Come era stato già annunciato, e doveva essere conosciuto da ogni Ebreo fedele.

Infatti David parla di Lui, quando nel *Sal* 15,8-11 (vedi l'analisi per la Notte santa della Resurrezione) aveva cantato:

*Io preponevo il Signore davanti a me sempre,*
*poiché Egli sta alla destra mia, affinché io non sia scosso.*
*Perciò gioì il cuore mio e si allietò la bocca mia*
*e in più anche la carne mia abiterà nella speranza,*
*poiché Tu non lascerai l'anima mia all'Inferno*
*né darai che il Santo tuo veda la corruzione.*
*Tu facesti note a me le vie della Vita,*
*mi riempirai di gioia con il Volto tuo*

(vv. 25-28). Gesù il Nazareno aveva cantato questo Salmo fin da bambino, era cresciuto nella sua consapevolezza, era la norma della sua esistenza dedicata al Padre e agli uomini con lo Spirito Santo, era la sua fede irremovibile e la sua speranza incrollabile. Il fine della sua vita, adempiuto il Disegno eterno, era perciò la visione eterna del Volto del Padre, la beatitudine eterna che con la Croce e la Resurrezione Egli ha procurato a sé e a tutti i suoi fedeli. E se la corruzione orribile della Morte, la Nemica di Dio, l'ultima Nemica, (1 *Cor* 15,26; 2 *Tim* 1,10; *Ap* 20,14; 21,4), nulla poté contro il Santo di Dio (*Ebr* 7,26; *Sal* 88,49; *Lc* 2,26; *Gv* 8,51; *Ebr* 11,5), nulla potrà contro i redenti da Lui.

Pietro adesso ai fratelli che l'ascoltano si rivolge «con franchezza» (la divina *parrhêsía*; anche 4,13.29-30; 9,27-28; 13,46; 14,3; 18,26; 15,8; 26,26), che è spinta dalla divina Verità. E parla di David, «il patriarca», il padre della nazione. Il Salmo non si riferisce a lui, che invece morì (1 *Re* 2,10; *Esr* 3,16) e fu sepolto per sempre, tanto che la sua tomba è ancora visibile (probabilmente presso la fonte di Siloè), testimonianza irrefragabile (v. 29). Ma come profeta (2 *Sam* 23,2; *Mt* 22,43; *Ebr* 11,32; *Gv* 11,50-51), che parlava nello Spirito Santo (*Mc* 12,36), sapeva bene che con fedele promessa, sigillata da giuramento divino, Dio gli aveva preannunciato che un suo Discendente si sarebbe seduto sul trono della sua regalità (2 *Sam* 7,12-13; *Sal* 88,4-5; *Lc* 1,32), in eterno (v. 30). Profeticamente contemplando il futuro, egli parlò quindi solo della Resurrezione di Cristo, che realizzò l'intera predizione del Salmo (15,10), in quanto Dio non L'abbandonò all'Inferno, né la sua carne provò lo sfacelo della corruzione (v. 31; e v. 27).

Così Pietro nello Spirito Santo può adesso testimoniare (1,22; 3,15; 4,33; 5,32; 10,39.41; 15,31; 1 *Pt* 5,1; *Gv* 15,27; 1 *Cor* 15,15) il centro di tutto l'Evento: «Questo Gesù, resuscitò Dio» (v. 32; e v. 24). Tale è la testimonianza di tutti i discepoli, corale, immediata, potente, nello Spirito Santo. E a questo è apposta la spiegazione, in un testo denso tra i più importanti del N.T. Dio con la sua Destra (*Es* 15,6; *At* 5,31; *Ef* 1,20), la Potenza dello Spirito Santo, «esaltò questo Gesù». E questi, avendo ricevuto dal Padre in eterno la Promessa, che è lo Spirito Santo (*Gal* 3,14; *Lc* 24,49), ha effuso questo Spirito a Pentecoste, quella stessa mattina (v. 17). Così il Risorto nella sua Umanità è stato costituito dal Padre in eterno come unica Fonte dello Spirito Santo. I testi fondamentali qui sono *At* 2,32-33, e 1 *Cor* 15,45: Egli infatti, come Uomo, divenne «Spirito vivificante», per tutti gli uomini.

La clausola finale è del tutto singolare. Pietro infatti afferma che i presenti «sia vedono sia ascoltano» *questo* Spirito (v. 33). È il "segno" della Rivelazione plenaria, che avviene sempre attraverso «la visione e l'ascolto», l'Icona e la Parola. Ora, dove lo Spirito Santo è visibile, dove ascoltabile? Egli che è l'Invisibile per natura, e il Silenzioso per essenza? È semplice. Nei discepoli del Risorto che sono pieni del Fuoco dello Spirito Santo, e sono rigenerati, i loro volti sono mutati, le loro parole sono "altre", nuove, straordinarie. Lo Spirito Santo è presente e parla in essi, da adesso fino al Ritorno del Signore.

*Il Salmo:* Sal *15,1-2a e 5.7-8.9-10.11,* SFI

Questo Salmo con i vv. 5.8-11 è stato analizzato nella Notte della Resurrezione, alla quale si rinvia. Restano solo i vv. 1-2 e 7.

L'Orante innalza al suo Signore l'epiclesi affinché Egli lo custodisca per la salvezza, e come motivazione riafferma la sua fiducia: egli ha sempre sperato nel Signore, l'Unico suo interlocutore (v. 1). Non solo, ma nella stessa fiducia ha parlato al suo Signore, proclamando solennemente la formula dell'alleanza: «Signore *mio* Tu sei!» (v. 2a; qui *Es* 15,2; *Is* 25,1; *Sal* 49,7-13; 72,25; *At* 17,25).

Per tutti i benefici ricevuti, adesso l'Orante può riaffermare la sua volontà di benedire (*eulogía, berakah*) il Signore, che come Sapienza infinita eterna gli donò l'intelletto, il dono regale più ambito (*Sap* 7,7), con cui reggere nella giustizia e nella santità il popolo di Dio (v. 7a). Così perfino di notte (*Sal* 41,9) la parte della sua persona dove confluisce la riflessione e il giudizio, i reni (*Sal* 7,10; 25,2; *Sap* 1,6; *Ger* 11,20; 17,10; 20,12), sono come la fonte vivace dell'istruzione ricevuta dal Signore (v. 7b).

Con il Versetto responsorio, v. 11a, si canta il Signore che all'Orante indicò da seguire (*Bar* 3,13-14) i soli comportamenti che portano alla salvezza, le Vie della Vita (*Mt* 7,14).

*L'Apostolo: 1* Pt *1,17-21*

Prosegue la lettura dell'epistola 1 Pietro. L'Apostolo ai suoi fedeli rivolge l'avvertimento grave: essi che invocano il Padre (*Mal* 1,6; *Mt* 23,9; *2 Cor* 6,18), debbono sapere che Egli non conosce preferenza di persone (*Dt* 10,17; *At* 10, 34; *Rom* 2,11), e giudica ciascuno con l'unico criterio delle opere attuate nella sua esistenza (*Mt* 16,27; 25,31-46). Perciò essi debbono vivere questa esistenza, che è breve, nel timore salutare di Dio (v. 17; 3,16; 2 *Cor* 7,1; *Fil* 2,12). E debbono quindi acquisire la sana consapevolezza che come provenienti dal paganesimo, dove seguivano la corruzione e l'immoralità dei loro antenati (*Ef* 4,2), essi sono stati redenti (*At* 20,28; 1 *Cor* 7,23). E non come schiavi, riscattati da argento o da oro caduchi e inutili (*Is* 52,2; *Mt* 20,28; 1 *Cor* 6,20; *Tit* 2,14), che cadono nella corruzione (v. 18), bensì dal Sangue prezioso, il tremendo prezzo del riscatto, e unico riscatto, versato da Cristo quale Agnello immacolato e incontaminato (*Ebr* 9,14), l'Agnello di Dio che porta i peccati del mondo (*Gv* 1,29.36), il Servo sofferente (*Is* 53,7-8; è escluso ancora una volta l'agnello pasquale di *Es* 12), che pose la sua vita per i "molti", ebraismo per "tutti" (v. 19).

Ma l'Agnello era da Dio preconosciuto e predestinato al sacrificio redentore dall'eternità, prima quindi della creazione del mondo (*Rom* 16,26; *Ef* 3,11; *Ap* 3,18), tuttavia fu manifestato da Dio non prima di questi fedeli, sui quali sono giunti gli ultimi giorni (v. 20; *Ebr* 11,39-40; 1 *Cor* 10,11). Dio imperscrutabilmente ha atteso per acquistarsi questo popolo, dei credenti in Lui (*Gv* 12,44), mediante l'Agnello. Egli resuscitò dai morti l'Agnello (*Rom* 10,9; *At* 2,24, vedi sopra) e l'innalzò alla sua stessa Gloria, lo Spirito Santo (*At* 3,13; *Ebr* 2,9; *Gv* 12,7.39; 17,1-3). Solo così la fede e la speranza dei fedeli, dono divino esse stesse, sono ormai rivolte esclusivamente a Dio (v. 21).

## III. La Preghiera della Chiesa

### 1. L'eucologia

La Colletta: il popolo battezzato deve esultare, poiché è stato divinamente rigenerato alla Vita eterna, e mentre gioisce per la filiazione divina donatagli, deve restare teso verso la propria resurrezione, nella speranza ferma del premio gratuito dall'Alto.

Il Credo oggi: come nelle Domeniche precedenti.

La Preghiera sopra le offerte è un'epiclesi per ottenere la divina accettazione delle offerte di oggi, nella triplice menzione della gioia: come Chiesa adesso, il dono attuale della gioia divina, e l'esultanza eterna che è attesa con fede.

La Preghiera dopo la comunione è un'epiclesi, affinché la grazia della rigenerazione battesimale conduca i fedeli alla loro divinizzazione, che si inizierà con la resurrezione della carne, sotto l'amorevole e continua custodia divina.

*2. La Prece eucaristica*

Il Prefazio: a scelta, 1 dei 5 previsti.

# Domenica
# «del Buon Pastore»
# IV del Tempo Pasquale

Questa Domenica è caratterizzata, nei 3 Cicli, dalla lettura dell'importante pericope di *Gv* 10, detta «del Pastore Buono», distribuita così: Ciclo A, vv. 1-10; Ciclo B, vv. 11-18; Ciclo C, vv. 27-30, con omissione di alcuni versetti. Il Pastore Buono conduce il suo gregge, ma individuando le singole pecore, ossia dei singoli fedeli, verso la Casa del Padre, che la teologia simbolica chiama l'Ovile unico.

## I. Intorno all'Evangelo

*1. Antifona d'ingresso:* Sal *32,5b-6a*, I.

Questo Inno è per intero una poetica e forte dossologia al Signore. Esso in specie è prezioso per la teologia che scaturisce soprattutto dai vv. 6 e 9, che cantano il Signore per l'irresistibile sua Potenza divina creatrice. Con totale facilità infatti Egli crea l'universo con la sua Parola (v. 6a) e con lo Spirito suo (v. 6b), parla e comanda, e tutto esiste (v. 9; rinvio immediato è a *Gen* 1,1-3.6-7.8-31; a *Gdt* 16,7; *Sap* 9,1; *Gv* 1,1-3; *Ebr* 11,3 e 1,1-4). Per questo motivo il Signore con la sua Misericordia, ossia il suo comportamento dell'alleanza fedele, riempie la terra intera, l'intero spazio tempo dell'esistenza (v. 5b; anche 103,24; 118,64; *Is* 6,3; 11,9; *Ab* 3,3). Sì che ne gioiscono e lodano i giusti e retti di cuore, celebrando il Signore con Salmi (con cetra e arpa decacorde), con il «cantico nuovo», il grande grido di giubilo che sale al cielo (vv. 1-3), a motivo della Parola giusta e dell'Opera fedele del Signore (v. 4). I Padri a partire da testi così densi ed essenziali svilupparono pagine mirabili di teologia trinitaria. La Parola e lo Spirito del Padre sono i fattori della Resurrezione del Figlio e della Pentecoste sui discepoli, e proprio questa è la divina Misericordia finale che riempie la terra. L'Alleluia finale si pone come la nota del giubilo adorante e laudante di oggi.

## 2. Alleluia all'Evangelo: (Salmo) Gv 10,14.

Nell'espressione «Io sono il Pastore Buono», si distingue la formula giovannea «Io sono», che rinvia direttamente all'indicibile rivelazione che il Signore, nascosto ma presente nel Roveto che arde e non si consuma, fa a Mosè del suo «Nome» divino, la sua stessa Esistenza ed Essenza personale: IHVH, «Colui che unico esiste», in greco *ho Kýrios*, «il Signore» (*Es* 3,14.16). Il Signore Unico si rivela inoltre qui come Colui che dopo il primo e il secondo esodo (per quest'ultimo, *Ez* 34), si è fatto di nuovo il Pastore che con Bontà amorevole percorre la strada insieme al suo gregge verso la Patria, come aveva promesso (*Is* 40,11; *Ez* 34,12.23; *Zacc* 13,7) e come adesso realizza (*Gv* 21,15.17; *Ebr* 13,20; 1 *Pt* 2,25; 5,4; *Ap* 7,17). Questo Amore causa e fonda la conoscenza del Pastore con le pecore sue e di queste con Lui (10,27; *Nah* 1,7; 2 *Tim* 2,19). È una conoscenza specifica, quello stretto rapporto biblico che è anzitutto di amore nuziale. Esso è significato anche dalla formula dell'alleanza o di appartenenza reciproca, «mie pecore», che indica possesso e fedeltà. Il testo così orienta la lettura dell'Evangelo di oggi, indicandone i punti di forza.

## 3. L'Evangelo: Gv 10,1-10

Il discorso che Gesù sta per iniziare ha forma parabolica, confermata dal termine *paroimía* del v. 6 (vedi 16,25.29), da tradurre con parabola, usato normalmente dai Sinottici; con *parabolé*, i Settanta per lo più traducono l'ebraico *mašal* (*Pr* 1,1; 25,1; *Eccli* 6,35, etc.). Le figure della parabola qui sono molte: l'ovile, le pecore, il ladro, il predone, il portinaio, lo straniero, la voce familiare e quella estranea, la porta, l'entrare per essa, l'uscire con le pecore al seguito, il fuggire l'estraneo, i pascoli che saranno trovati solo con il Pastore Buono.

La clausola iniziale è solenne: «In verità, in verità io parlo a voi». Essa va tradotta e spiegata così: Io, il Dio-Amen, il Fedele (*Is* 65,16; *Ger* 4,2; 10,10; *Sal* 71,17; 2 *Cor* 1,17-22; *Ap* 3,14), parlo a voi. È il Dio Verbo che dona la sua Parola e rivela altri aspetti della sua identità divina. Che chiama all'ascolto. Che costituisce la sua Parola come giudice infallibile (12, 48c). Perciò vuole che questa Parola sia accettata e compresa per la vita.

Il primo enunciato di questa Parola è misterioso. Si parla di uno che si rifiuta di passare per «la porta» unica che ha l'ovile, ma ne scala il recinto in modo furtivo; questi è bollato come «ladro e brigante» (v. 1). Il v. 10 spiega che il medesimo malfattore viene solo per tre motivi orribili, rubare, scannare e portare rovina, il perfetto contrario del Proprietario. Questi invece entra attraverso la porta unica, quella normale e visibile, appositamente preparata, ed è «il Pastore delle pecore» (v. 2). Un Proprietario ottimo, che ha tutto predisposto per il bene delle sue pecore, tanto che ha posto anche il portinaio, il fedele guardiano (*Ez* 44,11; *Mc* 13,34; *Lc* 12,36), che riconosce il Pastore e gli apre subito il libero accesso. Così le pecore possono ascoltare da vicino la voce del Pastore. Vi sono abituate (v. 14), perché Egli le chiama sempre a una a una, fa un appello affettuoso e ordinato per raggrupparle e condurle fuori, a pascolare (v. 3). E dopo averle fatte uscire dall'ovile, non le invia o le segue, bensì le conduce di persona, procedendo davanti a esse e le protegge, e indica la via, e le avvia al pascolo buono e alle acque limpide (qui *Sal* 22). Così le pecore debbono "seguirlo" come fedeli discepole dietro il Maestro; esse si affidano totalmente a Lui, ne conoscono per intero la voce carezzevole e le sue inflessioni amorevoli (v. 4). Come la Sposa del *Cantico* (*Ct* 2,8.10; 5,2).

Invece esse si rifiutano di seguire il discepolato dell'estraneo, anzi lo rifuggono, «non lo conoscono», non accettano la sua voce dura e che promette ogni male, sia esso uno solo, siano molti estranei (v. 5; v. 27; e 12,13). Si tratta di «dei stranieri», formula biblica frequente, contro l'abominazione del culto idolatrico (qui basterà indicare *Es* 20,3, il 1° dei 10 comandamenti; 34,14; e la catechesi insistente del *Deuteronomio*: 6,14; 8,11; 11,16; 13,6; 17,3; 18,20; 31,8;

32,12; inoltre *Ger* 1,16; 5,19; 7,18; *Mal* 2,11; *Sal* 43,21; 80,10).

L'evangelista annota adesso che «Gesù parlò a essi questo proverbio (*paroimía*)», e che tuttavia quelli non ne compresero il contenuto (v. 6; 12,16; 16,17-19; *Mt* 9,31; *Mc* 4,13). Infatti la parabola è per «chi ha orecchi da comprendere e dunque comprenda» (*Mc* 4,9). I discepoli comprenderanno solo dopo che a essi sarà stato donato lo Spirito Santo (vedi le 5 promesse dei cap. 14-16).

Ma la bontà del Pastore Buono è inesauribile. Gesù parla di nuovo. Con la medesima formula solenne del v. 1, ma questa volta con una specificazione ulteriore, una più completa rivelazione: «Io sono - la Porta delle pecore» (v. 7; v. 9; 14,6; *Sal* 117,20; *Mt* 7,13-14; *Ef* 2,18). «La Porta», con l'articolo, indica la Porta unica, che esclude altri «ingressi» non legittimi, d'inganno e di violenza. La Porta si pone come l'unico accesso all'Ovile, alla Casa di Dio, al Santuario della divina Presenza, attraverso la quale «passano i giusti» (ancora *Sal* 117,20). Alcuni commentatori, rifacendosi ad antiche descrizioni del tempio di Gerusalemme, vedono in questa Porta il rinvio simbolico alla suntuosa porta che dall'atrio dove si ergeva l'altare dava accesso al santo dei santi, il cui ingresso era inibito a tutti, salvo che ai sacerdoti. I suoi stipiti presentavano un fregio d'oro, che partiva dalla base e si congiungeva sul frontone, e rappresentava una vite con foglie ed enormi grappoli d'uva. Vedi Giuseppe Flavio, *Antiquitates iudaicae* 11,395; *De bello iudaico* 5, 210; e Domenica V del Tempo pasquale, Ciclo B. La Porta indica così anche la Vigna di Dio (*Gv* 15,1). Perciò il Signore ripete che quanti vennero prima di Lui sono ladri e briganti, ribadendo il v. 1; il rinvio qui è a *Ger* 23,1-2:

> *Guai ai pastori*
> *rovinanti e disperdenti il gregge del pascolo mio*
> *- oracolo del Signore!*
> *Perciò così parla il Signore Dio d'Israele*
> *contro i pastori pascolanti il popolo mio:*
> *Voi disperdeste il gregge mio e lo cacciaste,*
> *e non vi curaste di essi.*

*Ed ecco Me Visitante contro voi*
*per la malvagia opera vostra*
*- oracolo del Signore!*

Cosi le parole gravi pronunciate da Gesù, sono anche una sentenza di rinvio a giudizio per i pastori malvagi di tutti i tempi (v. 8).

La dichiarazione che segue è la ripetizione della formula del v. 7, ma in forma più concisa: «Io sono - la Porta», in assoluto, dove va sempre distinto l'«Io sono» di *Es* 3,14, e «la Porta». La Persona divina si rivela nella sua funzione, che è donare l'accesso mediato da Lui. Occorre perciò accettare di «entrare attraverso Lui» (*At* 1,21; 9,28), nella coscienza che è l'unico Ingresso necessario (*At* 5,34; 4,12) per ottenere la salvezza (v. 6): Lo aveva già affermato (9,40), e lo prometterà con più profonda rivelazione durante la Cena, quando affermerà solennemente di essere «la Via e la Verità e la Vita» unica (14,6). La salvezza è il conseguimento della Verità che è la Vita divina, posseduta però raggiungendo la Via e percorrendola fino alla fine. In forma di teologia simbolica, e con un bel semitismo, il Signore assicura che il salvato cosi, «entrerà e uscirà»; le due estremità indicano che il loro contenuto, ossia essere e vivere, sarà normale e nella piena libertà dell'esistenza redenta, e questo si configura come «trovare il pascolo» (v. 9). Questo gregge di salvati avrà il pascolo santo, il Cibo divino, la protezione e la sicurezza dal Pastore Buono, già in azione nell'A.T. (*Sal* 22; *Ez* 34,14), adesso venuto per donare i pascoli eterni.

La contrapposizione violenta di due operazioni inconciliabili che hanno per oggetto l'unico gregge, è presentata al v. 10. Come già si è anticipato, in agguato sta «il ladro», che viene solo per rubare e uccidere e rovinare. Già una volta venne, rubò, uccise, rovinò, questo Ladro malvagio, contro Adamo, e come tale seguita a operare, sì che il Signore già lo ha definito per sempre:

*Quello omicida era dall'inizio, poiché non sta verità in esso.*
*Quando parla la menzogna, di suo proprio parla,*
*poiché è menzognero e il padre di essa* (*Gv* 8,44).

E troppi uomini accettano di averlo come padre, e se fanno del tutto per esserne compiaciutamente figli, ne riceveranno l'«immagine e somiglianza» rovesciata e irrimediabilmente deformata, tanto da essere a loro volta seme infausto di rovina eterna: «e la zizzania poi sono i figli del Maligno, e il Nemico che la seminò è il Diavolo» (*Mt* 13,38c-39a).

Tuttavia contro questa cupa visione sta l'irraggiamento della certezza divina. Il Signore adesso proclama la vittoria già in prospettiva: «Io venni affinché la Vita possiedano, e abbondantemente possiedano» (v. 10). In fondo, l'evangelo di Giovanni è la «monotonia magnifica» e sfolgorante, poiché ripete sempre pochi, densi, definitivi punti:

*In principio sussisteva il Verbo...*
*e Dio era il Verbo...*
*Tutto mediante Lui fu fatto...*
*Quanto fu fatto, in Lui era vita,*
*e la Vita era la Luce degli uomini...*
*Quanti poi accettarono Lui,*
*Egli donò a essi potere di diventare figli di Dio...*
*E il Verbo si fece carne,*
*e contemplammo la Gloria di Lui...*
*Poiché dalla Pienezza di Lui noi tutti ricevemmo...*
*Dio nessuno vide mai,*
*il Monogenito Dio, che sussiste rivolto al Seno del Padre,*
*Egli ne fece esegesi* (*Gv* 1,1-18).

Ecco la Vita del Pastore, posta per le pecore sue (v. 11), Vita che è da Dio, che è Dio, che è Pienezza divina, che è lo Spirito Santo. Ma occorrerà il Trono della Misericordia che è la Croce santa e vivificante, affinché lo Spirito Santo sia riconsegnato al Padre, e il Padre dal costato trafitto della Bontà del Figlio possa donarlo agli uomini (*Gv* 19,30.34). Croce perenne di Pentecoste infinita.

4. Antifona alla comunione: composizione di testi da *Gv* 10. Il testo si presenta come un breve *kérygma*, enunciando i punti essenziali della fede apostolica. Oggi la Chiesa Sposa celebra il suo Signo-

re, il Pastore Risorto, donatosi volontariamente e liberamente alla morte salvifica per il gregge suo (*Gv* 10,11), disceso perciò dall'Oceano infinito della Divinità beata fino alla degnazione di farsi mortale (*Fil* 2,6-11). Ma il Pastore Buono è amato dal Padre perché pone la sua vita per le sue pecore. E spontaneamente la pone. Tuttavia per la sua stessa Potenza divina se la riprende sovranamente, insieme essendo resuscitato dallo Spirito Santo ma risorto per la sua Divinità (*Gv* 10,17-18). Il suo Dono prosegue però «oggi qui», concretato in modo mirabile nell'effusione supereffluente dello Spirito Santo, che opera in modo coestensivo e compatto a partire dalla Parola proclamata, proseguendo nella Mensa dei Misteri divini, e terminando nel radunare il «gregge» di Dio, questa Chiesa, la Sposa dell'Agnello immolato e risorto. Di essa il Grande Vescovo e Pastore delle anime è Cristo Gesù. E la Chiesa, la Sposa, la Diletta, l'Orante, nutrita divinamente, è così avviata divinamente verso la Vita, e Vita eterna e abbondante, secondo il Disegno del Padre realizzato nel Figlio Buon Pastore con lo Spirito Santo. E lo Spirito Santo è l'unico Condottiero divino della Chiesa fino alla fine dei tempi.

## II. Dalla Resurrezione alla Chiesa

*I Lettura:* At *2,14a.36-41*

Prosegue dalla Domenica precedente la lettura del *kérygma* di Pietro la mattina della Pentecoste. Il parlare proclamante di Pietro era cominciato con la formula profetica solenne: «Uomini ebrei e tutti quelli che abitate in Gerusalemme, questo a voi sia noto, e date orecchio alle parole mie» (v. 14b). Aveva poi insistito nel corpo del discorso: «Uomini Israeliti (titolo di nobiltà), ascoltate queste parole» (v. 22a), e ancora: «Uomini fratelli, è permesso parlare con franchezza a voi» (v. 29a). Adesso si conclude con la formula dichiarativa in giudizio di tutti gli ascoltatori: «Con certezza allora conosca l'intera casa d'Israele!» (v. 36a). Pietro vuole far seguire la conclusione e come il sunto di tutto il suo annuncio.

Questa è un'altra formula *kerygmatica* sintetica, che va letta nel suo ordine coerente così: Voi avete crocifisso *questo Gesù* - tuttavia Dio Lo costituì *sia Signore, sia Cristo*. Il testo è difficile, e si presenta con diversi problemi (v. 36).

Anzitutto va compreso il «voi Lo crocifiggeste» (v. 36b). Va annotato che l'affermazione è volutamente incompleta e teologicamente non adempiuta. Pietro vuole impressionare gli ascoltatori (poi v. 40), indurli alla conversione (v. 38), e ci riesce (v. 41). Tuttavia, qui si deve evitare ogni tentazione benché minima di antisemitismo e di antiebraismo, che ancora prolifera nella Chiesa e nelle Chiese, e talvolta con mille pretesti assurdi, e perfino apertamente, da destra e da sinistra. Dai testi apostolici (*At* 3,17-18; *At* 13,27) risulta la verità, per cui: A) che la responsabilità della morte del Signore, per così dire immediata, è da attribuire ad alcune autorità ebraiche sobillanti, e alla ferocia, iniquità (iniquo è «non equo», in disprezzo alla legge) e odio con disprezzo verso tutti gli Ebrei di Pilato, nonché al manipolo di soldataglia che eseguì la sentenza; B) che tutti questi furono gli strumenti del misterioso Disegno del Padre, cooperatori per così dire della Redenzione; la permissione divina è imperscrutabile; C) che Gesù fu consegnato alla morte dal Padre, fu tradito da Giuda, altra permissione ancora più misteriosa di Dio, fu rinnegato da Pietro, ma si consegnò spontaneamente alla morte per noi; D) che tutti gli uomini senza alcuna eccezione sono peccatori, e perciò responsabili della morte del Signore. Si rinvia qui alle pagine illuminanti di S. Massimo il Confessore e di J.H. Newman, sotto, Domenica delle Palme; E) che il più antico e risalente *kérygma* della Chiesa primitiva, di lingua aramaica, parla questo linguaggio:

> *Io rendo noto a voi, fratelli, l'Evangelo che noi evangelizzammo a voi,*
> *quello che anche riceveste, nel quale anche state saldi,*
> *mediante il quale anche siete salvati...*
> *Io infatti trasmisi a voi primariamente quanto io anche ricevetti:*
> *Cristo morì per i peccati nostri secondo le Scritture,*
> *e fu sepolto, e fu resuscitato al terzo giorno secondo le Scritture...*

Il testo è 1 *Cor* 15,1-4. I suoi paralleli, più tardivi, nel N.T. sono numerosi, tanto da formare una vera rete di diffusione, per cui i rimandi sono difficili (si potrebbero qui leggere *Rom* 4,25; tutto *Rom* 3 e 5; gran parte di *Galati*; testi irti di difficoltà come *Rom* 8,3; *Gal* 3,13; 2 *Cor* 5,21; 1 *Pt* 1,20-21; 2,21-25...).

Considerato tale contesto più ampio e comprensivo, la formula «Dio Lo costituì e Signore e Cristo», nella sua complessità, è essenziale per la fede. Il testo alla lettera ha «Dio Lo fece (*poiéō*)» (v. 36b). Esso non può essere intesa in senso ariano, come si usò e si usa ancora, come se «questo Gesù» prima non fosse stato il *Kýrios*, IHVH, il Signore Dio, e adesso il Padre, non si saprebbe come, «lo fa Dio». La versione «Lo costituì» è la migliore interpretazione, e spiega bene tutto: a partire dalla Resurrezione, ad opera dello Spirito Santo, il Padre *per gli uomini* costituisce, manifesta, rivela che anche il Figlio suo è il Signore, partecipante della sua Divinità eterna unica. È l'assoluta novità del N.T. Un testo parallelo, anch'esso difficile, è *Rom* 1,4. In questi passi si deve notare con cura che risulta sempre la duplicità ormai coessenziale in Cristo, quello che la Chiesa dei grandi Concili, la Chiesa dei Padri, chiama il problema «delle due essenze (o nature) nell'unica Persona divina sussistente» del Figlio di Dio. Così in *At* 2,36, «questo Gesù», Uomo storico e visibile, è «*e* Signore *e* Cristo», sia Dio, sia Uomo; in *Rom* 1,3-4, è «nato dal seme di David secondo la carne, (il medesimo) presentato come Figlio di Dio in Potenza secondo lo Spirito di santità a partire dalla Resurrezione dei morti» (per altre spiegazioni, vedi la Domenica IV d'Avvento).

Gesù è quindi rivelato alla fine dei tempi come il Signore Unico e *ho Christós*, «l'Unto», il Re messianico, dove Re significa solo Salvatore del suo popolo. Formule simili ricorrono anche in 5,31; 10,36; *Rom* 14,9; e *Rom* 1,4 citato sopra. La Resurrezione con il Dono dello Spirito Santo perciò è la Rivelazione finale del Disegno divino in Cristo Signore. Da adesso gli uomini hanno un unico Nome nel quale saranno salvati, dirà ancora Pietro (*At* 4,12), «il Signore nostro Gesù Cristo il Nazareno» (*At* 4,10). Dio ha rimesso in Lui ogni potestà di salvezza, proclamano altri contesti del N.T. (*Mt* 28,18; *Gv* 3,35; 13,3).

Luca annota adesso la reazione degli Ebrei che ascoltano Pietro. E anzitutto l'efficacia della Parola della salvezza: «avendo ascoltato», è l'ascolto qualificato, teologico, di fede, rimosso ogni rifiuto. Questo porta immediatamente alla «trafittura (*katanyssô*) del cuore» (v. 37a). Poiché la Parola accettata trafigge il cuore degli uomini, essendo più affilata di qualsiasi spada (*Ebr* 4,12), divide l'anima e lo spirito, le giunture e le midolla, distingue i sentimenti del cuore (ivi). È l'Arma dello Spirito Santo, dura e invincibile (*Ef* 6,17), divina e santa chirurgia che giunge provocando inenarrabile dolore fino al centro dell'uomo, il cuore. E tuttavia così risanandolo da ogni male di morte. La prima Spada ferisce, accolta nel dolore e nella sorpresa, e per primi l'accolgono così i nostri fratelli maggiori, gli Ebrei, i quali confluiscono a formare la prima Chiesa di Dio insieme con gli Apostoli. La Parola Spada nel loro cuore ha rievocato in un istante l'A.T. (*Is* 49,2; *Os* 6,5) adesso avverato e attuato in ogni sua mirabile Promessa. A gente che questo proprio si attendeva, che resta da fare? Rivolgersi agli Apostoli, e chiedere con umiltà ma anche con fede nascente e con remissione nelle Mani divine: «Noi che faremo, uomini fratelli?» (v. 37b). Sta adesso nascendo la prima fraternità cristiana, quella che si affida con fiducia a Dio ma mediante i fratelli. E così è accettata la fraternità offerta dagli Apostoli dentro l'unica Famiglia di Dio (v. 29).

La risposta di Pietro è per i presenti, ed è per i futuri, essa indica la Vita divina che vuole scendere ad abitare negli uomini per sempre. «Convertitevi!» è la prima parola. Come si vedrà nella Domenica II d'Avvento, la conversione, messaggio centrale dei Profeti dell'A.T., è il nucleo della predicazione del Battista al limitare del N.T. È l'inizio dell'annuncio dell'Evangelo portato dal Signore stesso (*Mt* 4,17; *Mc* 1,15). È l'inizio della predicazione della Chiesa, come qui. Ed è l'ultima parola della medesima Chiesa, come rivela l'*Apocalisse* (le 7 volte simboliche in 2,5; 2,10c; 2,16; 2,21.25; 3,3; 3,11; 3,19), sotto la Potenza dello Spirito della conversione (*Ap* 2,7; 2,11; 2,17; 2,29; 3,6; 3,13; 3,22, anche qui 7 volte simboliche, segno della pienezza).

La conseguenza della conversione di fede è il battesimo (8,12;

22,16; *Mt* 28,19) «nel Nome di Gesù Cristo per la remissione dei peccati» (8,16; 10,47-48; *Rom* 6,3; *Gal* 3,27; 1 *Cor* 1,13.15). E la formula battesimale più antica, della Chiesa aramaica, a cui si aggiunge quella dell'unico Nome del Padre e del Figlio e dello Spirito Santo (*Mt* 28,19). Gli effetti del battesimo sono stati almeno in parte descritti nella Notte della Resurrezione, alla quale qui si rinvia. La «remissione dei peccati» è la formula del Giubileo biblico dello Spirito Santo (qui l'Evangelo della Domenica del Giorno di Pasqua; della Domenica II del Tempo pasquale; e poi della Pentecoste).

Gli effetti della conversione di fede e del battesimo sono due. Anzitutto ricevere il Dono inconsumabile dello Spirito Santo, «da Promessa» del Padre (anche 8,15.20; e *Lc* 24,49; *Gv* 14-16) per gli Ebrei presenti e per i loro figli (v. 38). In concreto, la Croce e la Resurrezione hanno come unico scopo il Dono dello Spirito Santo, che è la Redenzione, la santificazione, la divinizzazione.

In secondo momento la Promessa così ottenuta dagli Ebrei e dai loro figli è estesa a «quanti stanno lontani» (22,21; da *Is* 57,19; anche *Gioel* 3,1; testo di *Is* 57,19 citato in *Ef* 2,13.17), «quanti ne convocherà il Signore» Dio nostro (vedi *Gioel* 3,5). Ora, dopo il battesimo nel Nome del Figlio e dopo il Dono dello Spirito Santo, il Signore e Padre convoca al Convito della salvezza, sigillo del suo Amore (v. 39).

Pietro, secondo il resoconto di Luca, che di certo è redatto in un certo schematismo, testimonia il *kêrygma* con molte altre spiegazioni, ed esorta i presenti a «salvarsi da questa generazione distorta». La "generazione" indica la cultura d'appartenenza, sempre deviata dalle Vie di Dio, perciò prava e malvagia (qui *Num* 16,26; *Ger* 51,6.45), dalla quale occorre separarsi per non esserne complici e travolti dall'ira divina (*Dt* 32,5; *Mt* 17,16; *Fil* 2,15). È uno strappo nella carne, come quello chiesto ad Abramo (*Gen* 12,1-3), ma necessario e salutare (v. 40).

La generosità degli Ebrei presenti, che in parte abitavano a Gerusalemme, in parte provenivano dalla diaspora ebraica (vv. 8-11), è totale. Essi accolgono la Parola divina, si fanno battezzare, e già quel giorno benedetto formano il gruppo compatto nella Chiesa nata allora, di «circa tremila anime» (4,4; 11,21). È il primo nucleo che si assembla intorno agli Apostoli. Esempio mirabile. Essi sono i Padri nostri nella fede divina (v. 41).

Il seguito va riletto dalla Domenica II del Tempo pasquale.

*Il Salmo:* Sal *22,1-3a.3b-4.5.6,* SFI

È il «Salmo del Pastore divino», ottimamente contestualizzato con l'Evangelo del Pastore Buono. Sia pure sotto altra visuale, sarà analizzato alla Domenica IV di Quaresima, alla quale si rinvia.

*L'Apostolo: 1* Pt *2,20b-25*

Prosegue la lettura della 1 Pietro. L'Apostolo, ascoltato qui sopra nella sua prima proclamazione di Cristo Risorto, ne spiega altri aspetti, con la dovuta applicazione ai fedeli nella loro situazione difficile per la fede e per la perseveranza. Essi infatti sono esposti a operare il bene, secondo i santi precetti della legge della carità inaugurata dal Signore, e insieme a essere mal compresi e perfino perseguitati. Pietro sa che essi però restano nella costanza della sopportazione, della pazienza nel patire (*páschô*, soffrire, patire, da cui pazienza). E avverte che questo non è merito umano, ma «tutto è grazia» che viene da Dio per provare e per purificare (v. 20b). Tanto più che non si tratta di novità, tutt'altro. Si pone per i fedeli l'esempio supremo, al quale il Padre li chiama: Cristo stesso soffrì per essi (vedi sopra, *At* 2,36), e occorre partecipare alla sua Passione. Anzi egli ne lasciò quasi l'«impronta, l'*hypogrammón*», l'esempio (*Mt* 11,29; *Gv* 13,15; *Fil* 2,5; 1 *Gv* 2,6), da seguire fedelmente ricalcandone le vestigia. Proprio per questo il Padre dona per grazia la sua vocazione (*Mt* 16,24; *At* 14,22; 1 *Tess* 3,3; 1 *Tim* 3,12), affinché per questa Via, che è la vera Via della Croce, si giunga alla perfezione (v. 21).

L'esempio però è anche descritto nei particolari più rilevanti, da conoscere per farli propri. Al contrario di tutti gli uomini, Cristo quale Servo sofferente (qui, *Is* 53,9) non conobbe affatto il peccato (lo riconosce perfino il cinico Pilato: *Lc* 23,4.41; *Gv* 18,38; 19,4.6), fatto noto nel N.T. (*Ebr* 4,15; 1 *Gv* 3,5; 2 *Cor* 5,21). Nella sua bocca non esisteva inganno (ancora *Is* 53,7). Era la Santità divina stessa (v. 22). Non solo, ma quando era maledetto dalla folla e dai soldati, e così anche nella sua Vita pubblica (*Gv* 8,48-49; *Is* 53,7; 1 *Pt* 3,9), non si vendicava, come pure avrebbe potuto, maledicendo a sua volta, bensì pregava per i suoi nemici e uccisori (*Lc* 23,34). Nella Passione non minacciava vendette, che pure erano in suo potere (l'aiuto celeste rifiutato: le 12 legioni di Angeli, *Mt* 26,53; i suoi "ministri", gli Angeli combattenti, *Gv* 18,36). Egli voleva infatti consegnarsi per amore degli uomini all'unico Giudice giusto, che giudica la sua causa in modo supremo, il Padre (v. 23; testo difficile, dove già dal sec. 2° si è letto «al giudice ingiusto», Pilato, per attenuare il paradosso, che invece va tenuto).

La descrizione prosegue impietosamente. Cristo è il Servo sofferente, che sulla Croce, nel suo corpo, portò da solo i peccati nostri (citazione di *Is* 53,4.11-12; qui anche *At* 8,28-35; 1 *Gv* 3,5) per distruggerli d'un colpo solo, al fine che gli uomini, esclusi dalla vita, resi assenti (*apogínomai*) da essa, quindi morti per i peccati, vivessero ormai per la Giustizia, che è la Misericordia divina ottenuta ad essi (*Rom* 6,11; 7,4.6; *Col* 2,20; 3,3; *Ebr* 9,28). Propriamente, dalle sue sante Piaghe di Servo sofferente gli uomini furono salvati (*Is* 53,5). Infatti tutti erano «quali pecore perdute» nella rovina eterna (*Is* 53,6; *Ez* 34,5-6; *Gv* 10,12-13; *Mt* 10,6; e il testo prezioso di *Sal* 118,176) (v. 24).

Ma adesso, all'era della Redenzione plenaria, i fedeli si sono convertiti «al Pastore e Vescovo delle anime» (5,4; *Ebr* 13,20; e *Gv* 10,4). Il Pastore che si cura di ciascuna anima. «Il Vescovo», ossia il divino Visitatore (*epískopos*, da *episkopéō*, visitare), viene per vedere lo stato di ciascuna anima, e poi lungo la via lunga e difficile l'accompagna per sempre, fino alla Casa del Padre (v. 25).

## III. La Preghiera della Chiesa

### 1. L'eucologia

La Colletta è un'epiclesi che si rivolge al Signore chiedendo di giungere alle gioie celesti, con questa motivazione: come la Fortezza del Pastore Buono è giunta ormai alla Gloria divina, così dunque vi possa giungere anche la bassezza e debolezza del suo gregge ancora lungo la via, che non può vantare di suo alcun merito.

Il Credo va riletto come per tutto questo tempo, vedi il Giorno della Resurrezione.

La Preghiera sopra le offerte è un'epiclesi generica, la quale chiede che sia accettata l'azione di grazie motivata dalla Resurrezione, e che prosegua la redenzione dei fedeli, fino a che giungano alla Gloria eterna.

La Preghiera dopo la comunione per eccezione non felice, è rivolta, contro le severe norme liturgiche della più antica Tradizione, non al Padre mediante il Figlio nello Spirito Santo attuante tutto, bensì direttamente al Figlio, escludendo così il Padre quale Termine ultimo di ogni adorazione, come è il Principio di ogni vita. Si chiede lo sguardo propizio del Buon Pastore, e l'ingresso nei pascoli eterni del gregge redento dal «prezzo del Sangue» di Lui.

*2. La Prece eucaristica*

Il Prefazio è a scelta tra i Prefazi pasquali.

# Domenica
## «delle dimore nella casa del Padre»
## V del Tempo Pasquale

Lo sguardo della Chiesa è ancora concentrato sul suo Signore Risorto, mentre presenta se stesso come « la Via e la Verità e la Vita», e come «il Visibile del Dio Invisibile» (i Padri).

### I. Intorno all'Evangelo

*1. Antifona d'ingresso:* Sal *97,1-2*, SRD.

L'Orante del Salmo può essere un personaggio sacerdotale o un levita, il solo autorizzato a dirigere il canto della santa assemblea nel santuario della divina Presenza. Così con un tipico imperativo innico egli invita i confratelli oranti a disporsi alla divina Presenza, e a modulare «il cantico nuovo», la lode perenne e sempre la medesima motivata dal fatto che «fatti mirabili operò il Signore» (v. 1a). Su questo, vedi qui anche la spiegazione che è stata data per la Messa del Giorno di Natale.

Tale invito è frequente nella Scrittura dell'A.T. (*Sal* 32,3; 39,4; 95,1; 143,9; 149,1; *Gdt* 16,2.15; *Is* 42,10, etc.), e del N.T., dove se ne scopre il senso ultimo. Infatti in *Ap* 5,9 all'Agnello, il Servo sofferente (*Is* 53,7-8) ma risorto, i 4 Viventi e i 24 Anziani cantano il «cantico nuovo»; in *Ap* 14,3 i 144.000 redenti in Sion cantano ancora all'Agnello questo «cantico nuovo». Ma ecco in *Ap* 15,3 gli Angeli, in un'immensa liturgia, cantano il «cantico di Mosè, il servo di Dio, e il cantico dell'Agnello», rivelando: I) il «cantico nuovo» significa «primo e ultimo». Quando il Signore con Mosè fece passare il Mar Rosso alla massa degli scampati dalla schiavitù dell'Egitto, creandosi così il suo popolo diletto, Israele, questo cantò il canto della divina Vittoria (*Es* 15,1-18); II) il Signore opera ancora quel fatto antico sempre mirabile, così che l'esodo redentore diventa tipologico nella storia. Perciò quel "cantico" celebra in permanenza il Signore che in modo permanente riporta la vittoria sui nemici del suo popolo santo, nemici anche di tutti gli uomini: il Peccato, il Male, la Morte, l'Inferno (personificazioni del diavolo), che in realtà sono i nemici del Signore stesso.

E precisamente il «cantico nuovo» è di rigore "oggi", adesso, all'ultimo dei tempi, quando il Signore nell'Agnello che morì ma che fu resuscitato dallo Spirito Santo, riportò la Vittoria finale ed eterna su quei nemici, e così fece passare il suo popolo scampato dalla schiavitù del peccato al Mare di cristallo, che segna la sfera divina (*Ap* 15,2). Questo è il passaggio dalla schiavitù vecchia del peccato alla Libertà divina, dalla Morte alla Vita, e Libertà (*Gal* 5,1) e Vita (*Gv* 6,63) sono due splendidi nomi dello Spirito Santo. La redenzione dell'Israele di allora, dall'Egitto, ripetuta più volte nella storia, si prolunga e si attua nella divina Redenzione portata adesso agli uomini dal Signore, con il massimo evento tra le sue «gesta mirabili», la Resurrezione del Figlio. Preannunciata dall'A.T., testimoniata e predicata dagli Apostoli (*At* 10,34-38) nel mondo intero, essa è la Rivelazione finale dello Spirito Santo: la Giustizia divina, il nome che indica l'infinita Misericordia, giunge adesso a investire le "nazioni" (*Sal* 93,3; *Is* 42,6; 49,6; *Lc* 2,31). Investite dall'evento dell'Iniziazione, quelle "nazioni", ossia i fedeli redenti, sono invitati dall'Orante con ben 4 imperativi innici, giubilate, cantate, gioite, salmodiate (*Sal* 97,4), a unirsi nella lode che come popolo santo, l'Israele di Dio, i fedeli innalzano al loro Signore Vivente (*Sal* 97,5): cantando ancora e sempre la divina Vittoria, la medesima ma rinnovata. Per questo il canto di *Es* 15,1-18 è "nuovo" nel senso biblico, ossia è il medesimo, il primo e l'ultimo e l'eterno. Al Mar Rosso e al Mare di cristallo il Signore a tutto il mondo degli uomini, anche alle nazioni pagane, rivelò la sua "Giustizia", che biblicamente è l'intervento divino, misericordioso e soccorritore, sempre pronto a produrre l'Evento dell'azione redentrice (*Sal* 97,2). E questa è la Resurrezione del Figlio. Così la Rivelazione della Gloria irraggiante e trasformante è accolta dal giubilo universale (v. 2).

*2. Alleluia all'Evangelo: (Salmo) Gv 14,6, «la Via e la Verità e la Vita».*

Il versetto si trova incorporato nell'Evangelo del giorno, nel quale va riletto e compreso. La nota che vuole accentuare il significato della pericope evangelica è «la Via», il termine preminente della tripletta di titoli. Cristo Risorto è la Via vivente aperta verso il Padre nello Spirito Santo, Via disposta ad accogliere tutti, ma anche Via obbligata ed esigente, senza la quale si resta fuori del Regno.

*3. L'Evangelo: Gv 14,1-12*

Durante la Cena (*Gv* 13,1 - 17,26) il Signore prima consacra i discepoli con la lavanda dei piedi (vedi la Messa della Cena del Signore), poi predice il tradimento di Giuda e il rinnegamento di Pietro, ma comunque dando il «comandamento nuovo» della carità (qui 13,1-20.21-30. 31.35.36-38). Poi entra in una rivelazione più profonda del suo essere e del suo rapporto con il Padre.

Di fronte al fatto di Giuda, e alla cupa previsione del rinnegamento di Pietro, il principale discepolo, gli altri sono sorpresi e sconvolti. Il Signore li rassicura: Non sia turbato il cuore vostro, come ripeterà al v. 27, e in 16,22-23 (1 *Pt* 3,14). Poi li invita alla fede incrollabile, in Dio Padre e in Lui stesso (v. 1). Poiché questa fede consiste nel credere nel Padre, l'Unico Vero Dio, e nel Figlio che inviò, e questa è anche la Vita eterna (17,3; *Mc* 11,22; *Gv* 12,44).

Il Padre nella sua dimora, il santuario celeste e terreno, attende i figli che credono e che si affidano a Lui. È la Casa della Santità (2,16), che non deve essere contaminata, quella in cui anzitutto deve stare il Figlio (*Lc* 2,49). E della quale il Figlio è costituito Capo, ma Casa che infine sono i fedeli stessi (*Ebr* 3,6), i molti fratelli dell'Unico Figlio (*Rom* 8,29). Verso questa dimora, situata intorno al Padre, Cristo adesso, nella tensione dei discepoli che poco comprendono, annuncia che sta per recarsi (16,7; 8,21-22; 17,24), al fine di preparare un posto ai discepoli. Poiché la Casa del Padre è illimitata, e dispone di molte *monái*, le dimore (v. 2). Viste da vicino, le "dimore" sono molte, per tutti e per i singoli fedeli. Ma la loro essenza ultima è complessa.

Il Signore prosegue la sua promessa al v. 3. Egli parte e prepara questo "luogo" per i discepoli, tuttavia poi viene ancora per "assumere" con sé tutti (19,28; «trarrò tutto a Me», 12,32, con la Croce e sulla Croce), così che dove sta Lui (12,26; 17,24; *Mt* 18,10), ossia nel Seno del Padre (1,18), stiano anche i discepoli. Ecco la complessità della "dimora". Qui appare anche un aspetto duplice, anzitutto perché sembra che la preparazione avvenga presso il Padre, e poi il Figlio viene dai discepoli e li porta con sé nel Padre, nelle loro "dimore". Sembra così tutto spostato verso l'eternità, all'ultimo dei tempi avverrà l'ingresso di tutti e di ciascuno nelle "dimore". Tuttavia in 14,17 (vedi la seguente Domenica VI) è promesso «l'altro Paraclito», lo Spirito della Verità, e la Verità è Cristo (14,6) e lo Spirito Santo (1 *Gv* 5,6). Il Paraclito viene adesso affinché «dimori (*ménô*)» (verbo da cui *monê*, dimorare e dimora) nei discepoli «per il secolo», in eterno (vv. 16-17). E questo già sulla terra. Ecco allora la realtà intera:

A) va tenuto fermo che lo Spirito Santo è «Colui nel quale tutto sussiste in eterno» nel cielo, e «Colui nel quale tutto avviene» sulla terra. Egli è la Dimora divina dell'Amore di Carità del Padre e del Figlio;

B) e allora si ha: I) sulla terra, prima viene solo lo Spirito Santo che «farà dimora», e prepara quindi i discepoli a ricevere la «dimora del Figlio» che porta il Padre; lo schema è quello della rivelazione del N.T.: solo lo Spirito Santo rivela Cristo, che rivela il Padre e riporta al Padre; II) i discepoli ad opera dello Spirito Santo diventano «dimora della Trinità», però nella distinzione e funzione di ciascuna divina Persona; III) ma i discepoli sono destinati alla Dimora celeste, e qui la Casa del Padre è propriamente dove inabita la Trinità beata, che è l'Ospite divino degli uomini redenti, santificati, divinizzati; IV) perciò la "dimora" è reciproca. Come in Seno alla Trinità beata ciascuna Persona contiene senza aumento né diminuzione le altre Due Persone, e questo in modo interreciproco e infinito, così la Trinità conterrà tutti i redenti, e tutti i redenti conterranno la Trinità. È questa la Vita eterna, vista dalla sua prospettiva primaria, benché non unica.

Il Signore avverte i discepoli che essi conoscono «la Via» per la quale Egli si reca (v. 4). È evidente che vuole innescare una rivelazione ulteriore. Così Tommaso ingenuamente obietta che essi non conoscono il luogo di arrivo, e tantomeno la via (13,36), mostrando che in lui, e nei confratelli ancora così incerti, gli anni trascorsi con il Signore ancora non hanno prodotto effetti validi di comprensione (v. 5).

Il Signore allora rivela i suoi titoli, relativi alla questione che vuole introdurre: «Io sono - la Via e la Verità e la Vita» (v. 6a). Si riconosce subito la formula complessa di rivelazione, ossia l'«Io sono» della divinità (*Es* 3,14; frequente in Giovanni, come si è detto), e le 3 specificazioni. La prima, *la Via*, è la più importante per l'argomento. Essa indica l'accesso nuovo al Padre. Non è un semplice trascorrere da questo mondo all'altro, perché la Via è una Persona vivente; si deve percorrere un tragitto, certo, ma allora si deve percorrere *Lui* (*Ebr* 9,8; 10,20; *Rom* 5,2), in un certo senso, fino all'arrivo. Questo è ribadito dall'affermazione che segue (v. 6b): nessuno va al Padre se non mediante la Persona del Figlio, la Via. È un dato costante del N.T. Esiste un unico Mediatore tra Dio e gli uomini, l'Uomo Gesù Cristo (1 *Tim* 2,5), che ha esercitato le funzioni finali ed efficaci della mediazione sacerdotale unica che introduce al Padre (*Ebr* 8,6; 12,24). E tutto questo richiama «la Porta» (10,9; e Domenica precedente).

Questa Via si rivela anche come *la Verità*, che rinvia al Verbo Dio (1,14.17), la Realtà finale del Padre (1,18), l'unico Rivelatore del Padre (*Mt* 11,27). E la Verità in Dio, quindi per gli uomini, è la Vita divina stessa, altra qualità del Verbo, espressa con il simbolismo della Luce (1,4). *La Vita* indica a sua volta la prima qualità visibile dell'Esistenza divina (11,25; 1 *Gv* 5, 20; 1,4.16). Forse nei moderni si è perduto il senso che la Vita divina è l'unica Esistenza vera, e che gli uomini ricevono, non si danno, vita ed esistenza, e neppure in senso proprio di creatori e di padroni le trasmettono ai discendenti, come in senso proprio non le hanno ricevute dagli antenati.

Ora, più delle antiche letterature, la Scrittura narra tutta l'ansia degli uomini di vivere, e insieme è anche tutto un inno alla Vita divina e alla vita umana, nella speranza del prolungamento indefinito di questa. Il Signore ai discepoli, quindi anche a quelli futuri, già ha promesso che donerà la Vita, e abbondantemente la donerà (*Gv* 10,10; Domenica IV, qui sopra). Ma finalmente, «da Vita» che è Lui è la «da Dimora» delle Persone divine nei fedeli, e di questi in Esse.

Tant'è vero, che Gesù aggiunge (v. 7): «Se avete conosciuto (*ginôskô*) Me, anche il Padre mio avete conosciuto (*óida*)». Con una sfumatura, il primo verbo, *ginôskô*, implica il conoscere, riconoscere, avere esperienza profonda, il secondo, *óida*, indica l'acquisizione ormai posseduta di quella conoscenza. La Rivelazione divina sta qui tutta presente, nel suo culmine indicibile. In realtà, I) il Padre può essere conosciuto solo nel Figlio; II) la conoscenza del Padre è il Figlio; III) conoscere il Figlio è già conoscere il Padre; IV) il Padre e il Figlio sono «l'Unica Realtà» (10,30). Per questo il Signore insiste su tale punto centrale e obbligante (8,19; 12,45; 15,24; *Col* 1,15; *Ebr* 1,1-3); e vi insiste Giovanni (1 *Gv* 2,14). Non solo, ma qui Gesù afferma addirittura che tale conoscenza è ormai avvenuta. Da adesso, è chiaro che con Lui stesso vale quando afferma: «Lo conoscete (il Padre) e Lo vedeste». Nel Figlio presente ai suoi discepoli. Vedi anche Domenica XIV del Tempo per l'Anno.

I discepoli però sono adesso in grande confusione. Interviene allora Filippo, di Betsaida, il paese di Pietro e di Andrea che sono tra i primi vocati dal Signore (1,43-44); Filippo si era fatto tramite con i Greci che volevano parlare con Gesù (12,21). Egli chiede che Gesù «mostri il Padre», «Colui che nessuno vide mai» (1,18a), il Dio Invisibile per definizione (*Col* 1,15), che nessuno può vedere mai, e quasi seccamente aggiunge: Ai discepoli, questo basta (v. 8). La medesima richiesta, in un momento di crisi mortale, il fedele servo Mosè, l'unico indenne dall'apostasia idolatrica del vitello d'oro, aveva rivolto al Signore, che ormai trattava solo con lui (*Es* 33,18). La risposta era stata tremenda: «Tu non potrai vedere il Volto mio. Poiché l'uomo che vedrà il Volto mio, non vivrà!» (*Es* 33,20). Filippo, da buon Ebreo, conosce la Scrittura, e quindi la sua domanda è oltre l'inosabile, cerca di ribaltare proprio quanto appena aveva detto Gesù (v. 7). Ma è evidente, Gesù stesso conduce sapientemente il dialogo in modo da farsi avanzare domande a cui dare risposte definitive.

E la risposta definitiva, che ricalca il v. 7, riporta sempre a Gesù presente, «ascoltabile, visibile, palpabile» (1 *Gv* 1,1-4). Da molto tempo Gesù ha vocato i discepoli, questi vivono con Lui, e come mai «non Lo conoscono», nulla ne hanno compreso. Quanto Gesù afferma dovrà poi «essere confermato» dallo Spirito Santo, tuttavia proprio per questo è necessario che sia detto adesso, da Lui, da nessun altro, poiché Egli solo è l'unico Rivelatore del Padre. Le parole perciò sono: «L'avente visto me, ha visto il Padre», due verbi al perfetto, con valore durativo (8,19; 12,45). Cristo quindi si rivela come l'Unica Icona del Padre (*Col* 1,15), il Dio Invisibile (*Gv* 1,18), l'unica Forma della visione del Padre, l'unica adesso donata agli uomini. Egli è l'Icona consustanziale del Padre, perfetta nella Divinità e la medesima perfetta nell'Umanità. Icona nella storia degli uomini. Volto contemplabile. Bocca parlante e ascoltabile. Carne veramente nata dalla Madre, quindi palpabile. Dono supremo, l'unico possibile, del Padre agli uomini. Realizzazione suprema della Dimora di Dio tra gli uomini (1,14). Termine finale, il Fine della Rivelazione. Meta adempiuta della Redenzione. Da adesso, nulla più di nuovo. Anzi, nulla «di più». Perciò Gesù rimprovera Filippo per la sua domanda così inabile (v. 9).

E poi gli contesta la mancanza della fede, che deve convergere sul centro, già annunciato (10,30): il Figlio sta nel Padre, e il Padre sta nel Figlio, con reciproca indicibile immanenza (v. 10a). Non solo, ma queste non sono «parole sue», inventate da Lui, bensì «il Padre immanente» nel Figlio (verbo *ménō*) realizza queste parole come opere sue (10,38). Il Figlio si è fatto con umiltà e con fattività «l'Angelo del Grande Consiglio» (*Is* 9,6, testo greco; vedi la Messa del Giorno di Natale, Antifona d'ingresso), per servire il Disegno del Padre in favore degli uomini, suscitatore di opere della salvezza (v. 10). Perciò Gesù esorta adesso a credere a quella divina immanenza, ripetuta con tanta insistenza: Egli nel Padre e il Padre in Lui

(v. 10; già in 10,30). Altrimenti occorre almeno credere alle opere del Padre eseguite dal Figlio, opere potenti, opere propriamente divine, che un uomo per sé solo non potrebbe mai realizzare. Era questa la materia di altri insegnamenti di Gesù nel passato (7,16; 8,28; 12,49), che sono stati anche resi visibili nei "segni" concreti già operati (v. 11).

Perciò Gesù riassume adesso tutto il discorso con affermazioni aperte dalla formula solenne: «Amen, Amen, Io parlo a voi», che come si è già spiegato, è la riaffermazione del Dio Amen, il Fedele a se stesso, che dona la sua Parola più alta, definitiva. Quanto segue è fondante. Gesù afferma che tanto è vero tutto quello finora annunciato, che il credente in lui formerà con Lui un'unità tale di vita, che eseguirà le medesime opere sue (5,36 e 20). E le opere sue, come si sa, sono la Parola dell'Evangelo della Grazia e i "segni" potenti che l'accompagnano per la salvezza degli uomini. Inoltre, il credente in queste condizioni opera «opere maggiori» di quelle viste eseguire dal Signore (*Mt* 17,19; 21,21; *Mc* 16,17-18). Tratto abbastanza difficile da comprendere, se non ci si pone dalla visuale del Signore stesso, non da quella, sempre opaca, degli uomini. Poiché, aggiunge Gesù, adesso Egli va dal Padre (v. 12; vedi poi v. 28; 16,17-18.28). E si comprende tutto, allora. Dal Padre invierà lo Spirito Santo che investirà i discepoli. Questi andranno nel mondo per attuare nello Spirito Santo l'Opera del Padre e del Figlio. E quanto era di potenza divina irresistibile e tuttavia quasi occulta, come velata, che Gesù dispiegava sulla terra, sarà adesso applicata illimitatamente. I «7 segni» che Gesù aveva operato erano solo un inizio, e perfino debole per quanto "significante", della Resurrezione che inaugura l'era finale della salvezza.

In effetti, a Cana Gesù aveva trasformato l'acqua in vino (2,1-12), e aveva moltiplicato i pani e i pesci (6,1-15); i discepoli trasformeranno con lo Spirito Santo il vino e il pane nel suo stesso Sangue e Corpo, e inoltre da 2000 anni moltiplicano di continuo il Pane della Parola, quello del corpo e quello dei Divini Misteri. Aveva guarito il figlio dell'ufficiale regio (4,46-54); i discepoli da duemila anni curano i corpi e le anime di infinite persone «a immagine e somiglianza di Dio». Aveva guarito il paralitico alla piscina probatica (5,1-9); i discepoli restituiscono la possibilità di percorrere le Vie di Dio a gente senza numero. Aveva camminato sulle acque (6,16-21); i discepoli percorrono i mari per annunciare la Parola. Aveva ridato la vista al cieco nato (9,1-41); i discepoli portano la sua stessa Luce al mondo. Aveva resuscitato Lazzaro (11,1-45); i discepoli preparano alla resurrezione promessa tutti i suoi fedeli (v. 12).

Ma per tutto questo è necessario lo Spirito Santo (già in 14,16-17).

*4. Antifona alla comunione: (Salmo)* Gv *15,1a.5.*

Sul senso globale dell'Evangelo della Vite vera, si rimanda alla Domenica V del Tempo pasquale, Ciclo B. Il testo d'oggi ne ripresenta il nucleo. La Vite o Vigna di Dio era stata piantata a partire dall'esodo (*Es* 15,17; *Sal* 79,9-14), ed era stata la cura permanente del Signore (*Sal* 43,3; 79,9), anche nei momenti della crisi grave del popolo (*Is* 5,2; *Ger* 2,21; 32,41), poiché la Vigna è il popolo. Essa però riassume la relazione che vincola organicamente il Signore con Israele, sì che la Vigna è anche la Sapienza divina increata ed eterna, che porta molto frutto (*Eccli* 24,23), che vivifica gli uomini. Perciò i discepoli sono i tralci innestati in questa Vite divina, che è il Signore disceso sulla terra per incarnarsi e portare anzitutto lui Frutti di Vita eterna, che è lo Spirito Santo, e far portare frutto anche ai suoi discepoli (*Col* 1,6.10). Così se il Signore è la Vite Vera (v. 1a), unica, vivente, rigogliosa, che fa crescere i discepoli in stretta unità con lui come "tralci", sotto la cura assidua del Padre (v. 5), allora da questa unità va riconosciuta la realtà: poiché vigna e vite dicono frutto, che è l'uva abbondante, questa dice vino, che indica la Coppa del Sangue del Signore, il sacrificio, significato nei Misteri, e rivela che tutto questo è il Convito, la Vita eterna.

E «oggi qui» i fedeli, innestati santamente nella Vite vera dall'Iniziazione operata dallo Spirito Santo (anche *Rom* 11,17; 1 *Cor* 12,12.27), diventati *sýmphytoi*, innesti viventi (*Rom* 6,5; e l'Apostolo della Notte della Resurrezione), tralci che vivono della divina Linfa che è lo Spirito Santo, vogliono portare molto frutto al Padre, e vogliono «fare dimora» nel Signore Risorto, come Egli nel Padre e il Padre in Lui. Perciò accettano che lo Spirito Santo prepari dentro di essi questa divina Dimora. Per questo ricevono con infinita abbondanza la divina Linfa della Parola della Vita, della Mensa del Pane e della Coppa preziosa del Sangue del Figlio di Dio, il Vino messianico del Convito della grazia e della salvezza. E così formano l'unità e la comunione fondata e causata dall'Amore divino, nello scambio fraterno, la Chiesa Unica Santa, la Sposa del Signore, questa «vite feconda intorno alla Mensa» nella Casa di Dio (*Sal* 127,3), che i Divini Misteri vivificanti e trasformanti sigillano per l'eternità.

## II. Dalla Resurrezione alla Chiesa

*I Lettura:* At 6,1-7

La Chiesa dalla Pentecoste seguita a crescere (2,41.47; 4,4; 5,14; *Col* 1,5-6). Certo, nella moltitudine avvengono le prime incomprensioni, i primi dissapori, i primi screzi. Ecco gli «ellenisti» (9,29; 11,20), cristiani provenienti come Ebrei dalla diaspora, oppure dal paganesimo; secondo alcuni studiosi, erano ferventi propugnatori dell'avversione al tempio ancora in funzione, e nucleo propulsivo dell'evangelizzazione tra le nazioni pagane. La lamentela è motivata dal fatto che gli Ebrei cristiani, praticamente il gruppo dirigente, che deteneva anche l'amministrazione dentro la Comunità, nella *diakonía*, il ministero caritativo quotidiano (4,35), trascuravano le vedove degli ellenisti (v. 1). E si sa quanto la cura della Chiesa antica per le vedove fosse grande, risalendo all'A.T., che invoca Dio come «il Padre degli orfani e il Giudice delle vedove» (*Sal* 67,6a; 9,35 145,9; *Dt* 10,18).

La Comunità è radunata dai Dodici. Essi sentono il problema. E nell'assemblea dichiarano che non è bene che essi abbandonino la Parola divina che deve essere annunciata, e prestino servizio quotidiano alle mense (v. 2; 1 *Cor* 1,17). In spirito fraterno, esortano invece l'assemblea a scegliere persone da destinare alla mensa dei poveri, ma che siano testimoniati, ossia riconosciuti come esemplari (1 *Tim* 3,7), che abbiano una fama eccellente, semplici fedeli, ma riconoscibili dal fatto che siano «pieni di Spirito Santo e di Sapienza» (v. 3; e v. 5; 7,55; 11,24; *Lc* 1,15; 4,1, detto di Gesù stesso). I Dodici invece si riservano la *proseuchê*, la preghiera comunitaria, quotidiana e culminante nella Cena, e la *diakonía* della Parola, il ministero che è l'annuncio dell'Evangelo per la fondazione delle Chiese, e anche la dottrina della sua spiegazione in comunità (qui Domenica II del Tempo pasquale). In questo essi persevereranno sempre (v. 4), come già si vede in 1,14. È evidente che i Dodici conferiranno l'incarico ufficiale; quelli scelti, li porranno «su questa necessità», con la necessaria autorità.

È possibile qui vedere molti particolari della Comunità primitiva, perdutisi nel corso dei secoli, quando i poteri di scelta sono stati espropriati via dal popolo fedele e riservati solo a pochi. Qui invece il popolo liberamente e con sapiente certezza sceglie, perché conosce le persone sempre meglio dell'autorità. L'autorità non può rifiutare la scelta, però, e giustamente, se ne riserva la ratifica, e il conferimento dell'ufficio.

Tale proposta, e atteggiamento, piacciono all'assemblea. La quale felicemente sceglie 7 persone, tutte con nomi greci; 6 di essi sono Ebrei, solo il 7° è proveniente dal paganesimo. Tra essi anzitutto Stefano, che presto sarà martire (7,8-60), Filippo, che andrà missionario in Samaria (8,5; e 8,26-40, l'incontro con il ministro etiope), e poi ospiterà Paolo a Cesarea (21,8). Gli altri sono noti da diversi episodi della tradizione successiva (v. 5).L'assemblea li presenta ai Dodici, e questi durante la preghiera eucaristica solenne impongono a essi le mani (v. 6). È istituito divinamente un grado importante nel «collegio sacerdotale», il terzo, essendone il primo i Dodici con gli altri Apostoli e i loro successori, i Vescovi; il secondo con vari nomi, profeti, dottori, evangelisti, che saranno poi chiamati con il nome ebraico di Anziani, i Presbiteri (1 *Cor* 12,28; *Ef* 4,11; ma anche i Vescovi per molto tempo erano chiamati Presbiteri). Tutti questi formano il «collegio sacerdotale» dentro l'unico sacerdozio santo dell'intero popolo di Dio (1 *Pt* 2,1-10).

Segue un "sommario" sulla Comunità. Che comincia in modo paradossale: «E la Parola di Dio cresceva», dove si attenderebbe «il numero dei battezzati cresceva»; l'espressione invece ritorna in 12,24 e 19,20. Ma è chiaro che la Parola debba crescere, seminata com'è nel campo del mondo e delle anime, come il Seme vigoroso che porta il 100 e il 60 e il 30 (qui *Mc* 4,8, con il verbo *auxánō*, crescere, come in *At* 6,7). Ed è Parola che non cresce per merito del seminatore, l'Apostolo, ma al contrario «da sé, *automátē*, fruttifica» (*Mc* 4,28). E in questo crescere, precisamente la Parola divina moltiplica il numero dei discepoli, "molto".

Avviene anche un fatto in genere poco osservato, e poi ignorato dalla teologia: «un'ingente folla dei sacerdoti obbedivano alla fede» divina (v. 7). I sacerdoti ebrei accorrevano in massa nella Chiesa. Se ne hanno diverse testimonianze, che sfatano il mito corrente che «tutto Israele rigettò Gesù». In Israele, la minoranza qualificata, formata da quelli che mantenevano l'osservanza scrupolosa della divina *Torah*, e ne detenevano lo studio, ossia i sacerdoti sadducei e i loro scribi, e i capi dei farisei (appunto, non tutti), non accettarono il Nome ed il Volto del Messia, che pure attendevano e attendono. Ma non così la massa degli Ebrei, in Palestina e nel mondo intero. Se si rileggono alcuni testi, si vede un'altra realtà: come *At* 15,5: «alcuni della setta dei farisei, che avevano creduto», si trovano presenti al Concilio di Gerusalemme; 21,20: a Paolo la Comunità radunata intorno a Giacomo dichiara: «Tu vedi, fratello, quante sono le decine di migliaia che tra gli Ebrei hanno creduto, e sono tutti zelanti della Legge (farisei)»; *Gv* 12,42: «tuttavia, anche tra i capi (degli Ebrei) molti credettero in Lui», anche se per paura degli osservanti non Lo confessavano apertamente. Nell'impero persiano, nell'impero romano, i nuclei germinali delle Chiese che via si andavano costituendo era invariabilmente formato da masse ingentissime di Ebrei fedeli. Le Chiese orientali conservano molti elementi dell'antica ebraicità fondante. La Parola cresceva!

*Il Salmo:* Sal *32,1-2.4-5.18-19, I*

Questo Salmo ricorre nella Domenica II di Quaresima, alla quale si rinvia per i vv. 4-5.18-19. Qui restano da spiegare solo i vv. 1-2.

L'Orante, al solito sacerdote o levita che dirige la preghiera, rivolge il suo imperativo innico ai giusti, affinché gioiscano nel Signore (anche *Sal* 31,11). L'assemblea è formata di pii e giusti, i retti davanti a Dio e agli uomini, e proprio a questi si conviene la lode al Signore (*Eccli* 15,9), che è la salita alla comunione divina, al "Tu" divino celebrato in modo disinteressato, solo «perché sei Tu!» (v. 1).

Ma non si tratta di semplice lode verbale. La lode deve essere espressa coralmente, il modo che forma unità anche nell'assemblea, e che è il canto. Due imperativi innici sono adesso rivolti ai giusti e retti: essi debbono celebrare il Signore con la cetra, uno degli strumenti specializzati per accompagnare i Salmi (56,6; 70,22; 91,4; 143,9; 150,3), debbono quindi cantare i Salmi con il decacordo, la chitarra a 10 corde, altro strumento apposito (v. 2). E il coro sapiente, che nasce dal profondo del cuore dei fedeli, sale a unire il cielo con la terra.

Il Versetto responsorio, v. 22, canta la Misericordia divina, ossia il movente dell'alleanza, che sta in perennità sui fedeli, secondo l'unica speranza che essi ripongono, e che ha per oggetto esclusivo il Signore.

*L'Apostolo: 1* Pt *2,4-9*

Il testo, prezioso tra altri, descrive e quasi gioiosamente annuncia le conseguenze del battesimo, termine che nel N.T. e poi nei Padri indica sempre l'Iniziazione completa (vv. 1-3). In forza di esso, i fedeli si sono accostati alla Pietra Vivente (vv. 6.9), hanno aderito ad essa per formare con Lui «d'unico Spirito» (1 *Cor* 6,17). Lo hanno conosciuto e amato, vogliono formare con Lui una comunione eterna e per sua costituzione, anche singolare. Poiché dalla Pietra Vivente viene la Vita che è lo Spirito Santo (1 *Cor* 10,1-4). Gli uomini possono anche averla rigettata (*Sal* 117,22; e la Notte della Resurrezione), ma Dio la considera eletta e onorata (*Is* 28,16) (v. 4).

Ora, nella perfetta assimilazione alla Pietra, i fedeli debbono lasciarsi scalpellare da Dio quali pietre a loro volta viventi (*Ef* 2,20-22) di Vita divina, e poi lasciarsi liberamente disporre nella costruzione nuova, la Casa dello Spirito Santo (*Ebr* 3,4-6, a cui sovrintende Cristo come Figlio di Dio), costruzione che cresce (1 *Cor* 3,9), Casa la cui caratteristica principale è di essere nello Spirito Santo l'unico sacerdozio santo che possa servire il Signore. E questo avviene nell'unico mezzo, l'offerta delle vittime sacrificali che sono le vite dei fedeli stessi, nello Spirito Santo, Spirito del sacerdozio sacrificale (*Is* 61,6; *Rom* 12,1-2; *Fil* 3,3; *Ebr* 13,15). Solo tali sacrifici sono accetti a Dio, poiché sono offerti a Lui per la mediazione di Gesù Cristo (*Rom* 15,16; *Fil* 4,18), l'unica Vittima sacrificale nello Spirito Santo (v. 5; *Ebr* 9,14).

La motivazione che esplicita questo tratto è ovviamente contenuta nella Santa Scrittura. È citato qui per intero *Is* 28,16 (*Rom* 9,33): «Ecco, Io pongo in Sion la Pietra di fastigio eletta onorata, e chi crede in essa non sarà confuso» da nessun nemico. Questa Pietra è da intendere come Pietra angolare, e insieme la chiave di volta che corona in alto l'arco, sorreggendolo tutto con la sua forza (v. 6). È la Pietra che dà stabilità e dignità di bellezza a tutto l'edificio. È il coronamento del Disegno divino.

Ed è anche la Pietra in cui i credenti ricevono tutto il loro onore (2 *Cor* 2,16). Per gli increduli invece diventa la Pietra rigettata dai costruttori, ma posta come fastigio della costruzione (*Sal* 117,22; *Mt* 21,42). Inoltre, per i medesimi increduli essa diventa occasione di urto rovinoso, di "scandalo", ossia d'inciampo e caduta (*Is* 8,14; *Rom* 9,33; *Mt* 21,44). Essi urtano nella Parola (*Rom* 9,22; *Giud* 4), fattisi increduli, benché fossero posti in essere proprio nella Parola (vv. 7-8).

Al contrario, i credenti e fedeli godono delle prerogative promesse in antico. Viene un testo ricolmo di citazioni dell'A.T.: gente scelta (*Dt* 10,15; *Is* 43,20-21), regale sacerdozio, nazione santa (*Es* 19,6; *Dt* 7,6; *Ap* 1,6; 5,10), popolo dell'acquisizione, ossia dello speciale possesso che spetta al Signore (*Es* 19,5; *Mal* 3,17; *Tit* 2,14), ma quello che del Signore annuncia al mondo le gesta potenti (*Is*

43,21). E tra queste, la più misericordiosa, avere chiamato dalle tenebre dell'idolo-latria e del peccato che provenivano dal paganesimo (*Is* 42,18; *Fil* 2,15; *Ef* 5,8; *At* 26,18), per donare a essi la Vita, che è la Mirabile Luce divina increata (*Sal* 35,10, in cui si procede e si vede la Luce, origine felice di tutta l'esistenza umana redenta (v. 9).

## III. La Preghiera della Chiesa

*1. L'eucologia*

La Colletta richiama il santo battesimo, operazione redentiva che rende figli di Dio veri, e con epiclesi chiede l'Amore del Padre verso questi figli diletti, quanti hanno aderito a Cristo, affinché conseguano la pienezza battesimale: la libertà dello Spirito Santo e l'Eredità eterna; e questa eredità sono Dio e i fratelli.

Il Credo: vedi quanto detto nelle Domeniche precedenti.

La Preghiera sopra le offerte richiama la «formula di scambio», i commercia, in forza dei quali i Misteri divini celebrati fanno partecipare alla Divinità (2 *Pt* 1,4), donano la divinizzazione, poiché «il Verbo si fece quello che gli uomini sono, affinché gli uomini diventassero quello che Egli è»; perciò si chiede con epiclesi di conseguire la Verità totale già acquisita in modo incoativo con il battesimo dello Spirito Santo.

La Preghiera dopo la comunione è un'epiclesi per ottenere la Benevolenza divina, affinché quanti sono sapienzialmente istruiti dai Misteri divini, possano conseguire da questa celebrazione la « novità della vita », donata inizialmente e come in nucleo al battesimo dallo Spirito Santo.

*2. La Prece eucaristica*

Il Prefazio è a scelta, da 1 dei 5 Prefazi pasquali.

# Domenica
# «del Paraclito che Resta»
# VI del Tempo Pasquale

## I. Intorno all'Evangelo

*1. Antifona d'ingresso:* Is *48,20 (adattato).*

Il «Secondo Isaia» (*Is* 40-55) pronuncia la sua profezia durante l'esilio babilonese (circa 550 a.C.) come una squilla improvvisa e inattesa di risveglio per il popolo che era prostrato e demoralizzato. Il Profeta fa risuonare la Voce divina dappertutto, per annunciare nella gioia rinnovata (41,8; 44,21; *Lc* 1,54) che il Signore liberò Giacobbe servo suo, il popolo suo, verso cui l'alleanza fedele è indefettibile. Il Profeta si serve del passato profetico, che nella visuale storica vede la realtà annunciata come già avvenuta, in forza della Parola stessa che la proclama. Così la Voce divina della gioia deve diventare anche voce umana di gioia per la redenzione (v. 5; e 42,1). La patria è vicina. Così essa risuona anche in questo tempo dopo la Resurrezione, la Fonte unica del Dono dello Spirito Santo, che è la Redenzione stessa, la Libertà divina donata agli uomini (*Gal* 5,1; 2 *Cor* 3,17). Dalla Libertà dello Spirito è creato il popolo redento e santificato, popolo della divina alleanza fedele. E oggi da questo popolo esce la voce del giubilo, e lo annuncia al mondo.

*2. Alleluia all'Evangelo:* Gv *14,23.*

L'amore verso il Signore è stato tante volte ansiosamente richiesto da Lui stesso ai suoi discepoli (8,31; 15,10; 21,23; 1 *Gv* 5,3; 2 *Gv* 6), porta al segno tangibile, praticare la Parola da Lui portata e donata a essi. Solo allora il Padre ama i discepoli così visitati dallo Spirito Santo, quelli che dallo Spirito Santo vivono la Vita nuova. Questa è la preparazione immediata alla Venuta del Figlio (*Ap* 3,20; *Ct* 5,2), il quale promette che, venendo, porterà con sé il Padre, con il quale porrà in essi la loro augusta Dimora trasformante.

### 3. *L'Evangelo:* Gv 14,15-21

La pericope sta in consecuzione con quella della Domenica precedente, con la quale è bene che sia letta.

La rivelazione durante la Cena, in un'atmosfera che si intuisce bene come tesa negli animi, prosegue sempre ricca e densa. I discepoli all'inizio si sono visti consacrare dalla lavanda dei piedi; hanno ascoltato la predizione che Giuda tradirà e Pietro rinnegherà; hanno ricevuto il comandamento nuovo dell'amore; hanno saputo che il Signore è la Via e la Verità e la Vita, l'unico accesso al Padre; e che del Padre è l'Icona perfetta, che Lo rivela per intero, in quanto Egli sta nel Padre e il Padre in Lui; e che i discepoli per questo compiranno «opere maggiori» di quelle del Signore stesso. Ma nulla ancora hanno compreso.

Il Signore lo sa. Adesso comunica altre realtà misteriose e profonde, in specie una, il culmine, il Dono dello Spirito Santo. Lo Spirito Santo rivelerà totalmente la Realtà di Cristo, che è Realtà del Padre, poiché «in Dio, tutto è Dio», tutto è comune alle Tre divine Persone, eccettuate la Paternità, la Filiazione e la Spirazione che sono proprie delle rispettive Persone, consustanziali per l'essenza o natura, tuttavia inconfondibili quanto alle divine Ipostasi o Persone (i Padri greci).

Ora, durante la Cena lo Spirito Santo è promesso 5 volte, numero della pienezza pneumatica: I) 14,16-17; II) 14,26; III) 15,26-27; IV) 16,7-11; V) 16,13-15. Però nella «Preghiera sacerdotale» (17,1-26) la promessa dello Spirito Santo, che non è mai nominato, è come prospettata sotto l'annuncio di una serie di doni, in un Dono unico, che sarà ricevuto dalla Parola e dal Convito. Lo Spirito Santo resta il Mistero dei Misteri in Dio. Ogni promessa fatta di Lui ne rivela anzitutto la Divinità, e poi le funzioni che svolgerà nella Comunità dopo la glorificazione di Cristo. Le svolgerà Egli solo, la prima delle divine Persone che investe la Comunità e ciascun fedele, e rende così possibile che Cristo venga e riveli il Padre e con lo Spirito Santo riporti al Padre.

La prima promessa dello Spirito Santo appare subito sotto una condizione ostativa, senza la quale lo Spirito Santo neppure viene: «Se mi amate, custodite (*teréō*) i comandamenti miei» (v. 15), come è ripetuto al v. 23 (sopra, Alleluia all'Evangelo), come è anticipato in 8,31, come è insistito in 15,10. E anzi Giovanni vi torna nelle sue epistole: (1 *Gv* 5,3; 2 *Gv* 6). L'amore verso il Signore è esso stesso un grido d'amore lanciato a Israele:

*Ascolta, Israele!*
*Il Signore Dio nostro è il Signore Unico!*
*Tu ami perciò il Signore Dio tuo con l'intero cuore tuo,*
*con l'intera anima tua, con l'intera forza tua!...*

Osservare con esattezza i comandamenti del Signore Dio nostro, già risuona dall'inizio della creazione d'Israele (*Dt* 6,4-5.17). La predicazione profetica, la riflessione sapienziale, il canto dei Salmi non sono che un immenso inno che invita ad amare il Signore Unico. L'amore deve essere fedele, seguire la Persona in tutto, aderire alla sua Volontà, essere grati che Egli ama in tutto, che per esclusivo bene dei fedeli comanda a essi di amare Lui e del medesimo amore amare il proprio prossimo (*Lev* 19,18). Questo amore è vero e convalidato se è anche «timore di Dio». Ossia, secondo il linguaggio biblico profetico e sapienziale (*Pr* 1,7; 9,10; *Sal* 110,10; *Eccli* 1,16; *Dt* 4,6; *Giob* 28,28), l'«inizio della conoscenza», nella coscienza storica che è ossequiare il Signore con tutta l'anima, e attuare in ogni aspetto la sua Volontà rivelata, sia nel culto, sia nella relazione con gli uomini. Insomma, vivere i suoi comandamenti salvifici.

Il Signore nella Cena ha confermato tutto questo. Non solo, ne ha data la misura smisurata concentrando tutti i comandamenti, che quindi non possono essere annullati, nel comandamento della carità: è il «comandamento nuovo». L'aggettivo "nuovo" biblicamente è da leggere come ultimo, in un crescendo riassuntivo, che consiste nell'amarsi reciprocamente, e che si obiettiva come proclamazione missionaria, poiché «da esso riconosceranno che siete voi i miei discepoli» (*Gv* 13,34-35). I cristiani spesso rimproverano assurdamente i loro fratelli maggiori, gli Ebrei, «perché si aiutano tra loro, stanno molto uniti e collegati, si difendono», senza comprendere che quello è amore. Anche quei cristiani dovrebbero finalmente farlo, e compiacersi che altri lo facciano. E ci si può chiedere se essi si siano sempre presentati al mondo «in regola» con il comando così deciso e severo del Signore.

Ora, precisamente questa è la condizione posta da Lui. Se è ottemperata, Egli interverrà in modo vivo, ossia efficace. Allora come Figlio che è il Diletto del Padre e amato dai discepoli, come Sacerdote e unico Mediatore, innalzerà al Padre l'epiclesi suprema, quella per ottenere il dono dello Spirito Santo. Poiché in senso stretto ogni richiesta è "supplica" e "intercessione", ossia è epiclesi per ottenere la Presenza divina. Ma la divina Presenza trinitaria è impossibile se prima non si è ricevuta la presenza dello Spirito Santo, come parla la Scrittura.

Il Padre non può rifiutare l'intercessione epicletica del Figlio, e ai discepoli di Lui invia l'«altro *Paráklētos*». L'epiclesi del Figlio è urgentissima (14,26; 16,26; 17,9.15.26), la riflessione del N.T. giunge a comprendere che è perenne, eterna (*Ebr* 7,25). La necessità dei discepoli di ottenere lo Spirito Santo è drammatica, poiché lo Spirito Santo deve venire e svolgere anzitutto la funzione di *Paráklētos*. Delle 5 promesse, ben 4 hanno come oggetto lo Spirito Santo in quanto Paraclito (14,16.26; 15,26; 16,7). Non solo, la dottrina giovannea è complicata dal fatto che in 1 *Gv* 2,1 è affermato esplicitamente: «Se qualcuno pecca, il Paraclito abbiamo presso il Padre, Gesù Cristo Giusto, ed Egli è Propiziazione in favore dei peccati nostri, non dei peccati nostri solo, ma anche per l'intero mondo». Così la funzione di *paráklētos* è duplice. Una in cielo, Cristo Paraclito, a sua volta in funzione duplice, I) come Avvocato nel giudizio contro i peccati e contro il peccato del mondo, e Avvocato potente, che ottiene l'assoluzione, II) e un'altra come Sacerdote che opera il *hilasmós*, la propiziazione, la distruzione del peccato con il suo sangue; il richiamo è a *Lev* 16, al rito del grande giorno del *Kippûr*, quando il sommo sacerdote entra nel Santo dei Santi con l'aroma soave e con il sangue sacrificale.

L'altra funzione paracletica avviene sulla terra ed è svolta dallo Spirito Santo, quale Avvocato onnipotente nel giudizio escatologico inaugurato in questi tempi, che sono gli ultimi tempi, dalla Croce del Signore. Come operi lo Spirito Santo, che è la stessa Libertà divina, è un mistero. Paolo apre uno spiraglio, quando in *Rom* 8,26-27 mostra in opera il Paraclito: Egli aiuta la debolezza degli uomini con l'intervento soccorritore spontaneo (*synantilambánomai*), e poiché essi non conoscono che cosa pregare come si conviene (greco *déi*), ossia secondo il Disegno divino, lo Spirito Santo soprinterviene a supplicare il Padre con gemiti indicibili ed efficaci. Così i fedeli sono assistiti sulla terra e dal cielo, e sono assolti dal tremendo giudizio escatologico, scatenato dal «mondo» del peccato.

Non solo, ma lo Spirito Santo, che è la stessa Fedeltà di Dio, starà con i fedeli in eterno. Al versetto successivo è insistito, con il verbo *eimí*, stare, come qui, e con l'aggiunta del verbo *ménō*, restare. Nella Domenica precedente si è vista la teologia della Dimora divina nei fedeli, che qui va richiamata. Lo Spirito Santo è dono eterno, effuso com'è nei cuori dei fedeli quale Ospite divino perenne (*Rom* 5,5) (v. 16).

La sua qualità, quella operante di Paraclito, è di essere lo Spirito della Verità divina, come è detto altre volte nella Cena (15,26; 16,13), come conosce la tradizione paolina (1 *Cor* 2,12.14) e l'ulteriore tradizione giovannea (1 *Gv* 2,27; 4,6). Ora, in 14,6 Gesù aveva affermato d'essere «la Verità», la Realtà divina che è la somma della Rivelazione. Ma precisamente lo Spirito Santo «è la Verità» (1 *Gv* 5,6), e solo come tale viene per attuare nei discepoli la Realtà di Cristo Verità Verbo che riporta al Padre, e che nell'interiorità di ciascun uomo è la Vita divina. È chiaro perciò che il mondo non può tollerare lo Spirito Santo Verità che porta la Verità (1 *Cor* 2,14). Già in antico per la loro malvagità gli uomini hanno reso impossibile che lo Spirito del Signore «restasse (*epiménō*)» su essi, il Signore aveva dovuto ritirare il suo Dono da loro (*Gen* 6,3). La storia della salvezza è tutto un immenso, corale, continuo e terrificante rifiuto della Presenza operante dello Spirito del Signore negli uomini, e la salvezza, come sta rivelando il Signore, consiste proprio e solo nella Dimora dello Spirito della Verità divina. Se il mondo si rifiuta di «vedere e di conoscere» lo Spirito Santo, non sarà così per i discepoli amati. Essi «Lo conoscono», ne hanno la medesima esperienza dell'Uomo Gesù loro Signore e Maestro, per il fatto che finalmente il grande scisma degli uomini è sanato dallo Spirito del Signore. Donato dal Padre mediante il Figlio, lo Spirito Santo adesso «resta e sta (*ménô* e *eimì*)», pone la sua *Monê*, la Dimora trasformante nei discepoli (anche *At* 2,4; *Mt* 10,20; 1 *Gv* 2,27; 2 *Gv* 2; *Rom* 8,9 e 26, testi capitali). Questa Dimora avrà molte altre funzioni, che le altre 4 promesse indicheranno in successione (v. 17).

All'improvviso Gesù parla adesso della sua assenza. Egli non lascerà orfani i discepoli, poiché tra poco Egli "viene" (al presente) a essi. La sua Venuta è finale, e ancora una volta è il Dono dello Spirito Santo, che adempierà la funzione paterna verso i discepoli (v. 18). Resta ancora poco, poi «il mondo», gli uomini immersi nel peccato, non vedranno più Gesù. Invece i discepoli nonostante l'*apousía*, l'assenza reale, e in attesa della *Parousía*, la presenza reale, con gli occhi della fede Lo vedono, anche se partirà (7,33; 16,16). Infatti resta «visibile» (12,45) ad opera dello Spirito Santo, e la fede farà riconoscere Lui anche nel volto dei fratelli (*Mt* 25,31-46). In effetti, Cristo è «la Vita» (14,6), il Vivente, e per lui anche i discepoli vivranno quella Vita (*Rom* 5,10; *Ef* 2,5; *Ap* 20,4) (v. 19).

Quando avverrà questo, «tra poco», si tratterà dell'«ultimo giorno», dei tempi nuovi (16,23.26). Allora lo Spirito Santo farà conoscere che Cristo sta nel Padre (10,38), con cui forma una Realtà Unica (10,30; 17,21.23), ma che anche i discepoli staranno in Lui ed Egli in essi (15,4-7; 17,21.23). È la reciproca Dimora, la reciproca immanenza, lo stato finale della beatitudine divina promessa a tutti gli uomini, e resa così possibile (v. 20).

Il discorso è circolare, e si chiude tornando all'inizio (v. 15). Il Signore ripete sotto altra forma il rapporto tra comandamenti e amore verso Lui. Il criterio distintivo è sempre unico: possedere e conservare i suoi comandamenti, e solo questo è amare Lui (anche

2 *Cor* 3,18; 1 *Gv* 5,3). Un amare carico di conseguenze, poiché chi ama il Figlio diventa come il Figlio, l'amore per il Figlio è trasformante. Il Padre, che per sé ama solo il Figlio Unico, allora deve amare anche tutti questi altri figli nel Figlio (*Rom* 8,29). Non solo, ma anche il Figlio che ama questi figli del Padre suo, i suoi fratelli, darà a essi il culmine della rivelazione: si manifesterà totalmente a essi (7,4; *At* 10,40-41), quale Icona perfetta del Padre nello Spirito Santo, Colui che solo rende visibile il Dio Invisibile (*Col* 1,15), e dei fratelli farà altre icone assimilate a Lui, (*Rom* 8,29) per riportarle tutte al Padre (v. 21).

*4. Antifona alla comunione:* Gv *14,15-16.*

«Oggi qui» per i fedeli si realizzano le realtà divine che il Signore promette a chi Lo ama. La celebrazione deve essere il sigillo della loro osservanza dei comandamenti del Signore, e la forza per seguitare a osservarli anche dopo. Il Signore in perpetua epiclesi al Padre ottiene a essi il Paraclito onnipotente, lo Spirito Santo dell'Amore eterno, che pone la sua Dimora nei fedeli. E li assiste nella prova terribile della loro esistenza, che è il giudizio continuo a cui sono sottoposti dal Maligno. E questa divina Dimora dello Spirito Santo, che rende possibile la Venuta del Figlio che in modo indiviso porta il Padre, prende la forma della Parola che si ascolta e si mangia, dei Divini Misteri del Corpo e della Coppa del Signore, e della comunione che si deve fare di continuo con la Madre, la Chiesa, la sede della Trinità beata.

## II. Dalla Resurrezione alla Chiesa

*I Lettura:* At *8,5-8.14-17*

Lo schema degli Atti (dato sopra) fa notare che la Pentecoste, avvenuta almeno 2 volte a Gerusalemme (*At* 2,1-11 e 5,31), si ripete anche fuori della città santa, fuori del popolo santo, presso quello strano popolo parente ma nemico, i Samaritani, che pur in scisma dagli Ebrei, attendevano anche essi il Messia (*Gv* 4,25).

Quando Stefano era stato messo a morte, la persecuzione aveva investito e disperso la Chiesa, e a Gerusalemme erano restati solo gli Apostoli (*At* 7,58-60; 8,1). Tra i dispersi, e in modo provvidenziale, alcuni approfittavano per annunciare l'Evangelo, ossia per «evangelizzare la Parola» (8,4). Tra questi, Filippo, il diacono (6,5), sceglie Samaria, e ivi «annuncia (*kerýssō*) Cristo», ossia il *Christós*, il Messia atteso anche dai Samaritani (v. 5; e *Gv* 4,25!). Come sempre la Rivelazione che si presenta per la prima volta assume sempre le due forme costitutive, ascoltare e vedere. Così la Parola annunciata da Filippo trova i Samaritani che si facevano attenti (*proséchō*), raccolti in folla, anzi unanimi (*homothymadón*, come a Gerusalemme, in 2,46) ad ascoltare i suoi discorsi, e a vedere (8,13) i "segni" che egli operava (v. 6). Il Signore infatti aveva promesso ai discepoli che la Parola dell'Evangelo annunciata sarebbe stata «confermata dai segni» prodigiosi che l'avrebbero accompagnata sempre (*Mc* 16,20). E questo si verifica puntualmente, come qui. I "segni" sono i medesimi che operava il Signore. Anzitutto, e in modo significativo, Filippo espelle da poveri tormentati gli «spiriti immondi» (*Mc* 16,17), proprio quelli che impediscono negli uomini il Regno di Dio, che Cristo è venuto a recuperare al Padre, e il cui recupero incessante ordina che i discepoli proseguano; erano curati anche paralitici e zoppi, rimessi in condizione di procedere sulle vie di Dio (v. 7).

La conseguenza è la «gioia grande» (v. 39; *Gv* 12,22), il Frutto dello Spirito Santo (*Gal* 5,22), il quale sta quindi prima, durante e dopo l'annuncio dell'Evangelo e l'operare i segni (v. 8). Ma manca alla completezza il Dono dello Spirito Santo stesso.

Vi provvede la Chiesa Madre, come sempre. La questione appare importante. Gli Apostoli restati a Gerusalemme nonostante la persecuzione (8,1), al resoconto che ormai Samaria accoglie la Parola di Dio, decidono d'inviare due dei personaggi più autorevoli, Pietro e Giovanni (3,1). È la prima realizzazione di quanto il Signore Risorto aveva preannunciato, che nel Nome suo si doveva annunciare la conversione e la remissione dei peccati, ossia il Giubileo di Grazia dello Spirito Santo, a tutte le nazioni, *a cominciare* da Gerusalemme (*Lc* 24,47). E proprio per questo era stato effuso lo Spirito

Santo a Pentecoste. Così partono i due Apostoli, come testimoni autorizzati «di questi fatti» (*Lc* 24,48), resi tali da Cristo e dallo Spirito Santo ricevuto (10,39-42). Si nota poi ancora una volta la decisione del collegio apostolico, accettata senza discutere dal capo, Pietro, oltre che da un apostolo importante come Giovanni. È l'aspetto sinodico della Chiesa, dove l'armonia regna in tutto il gruppo nel quale riposa la pienezza dell'autorità, accettata da tutti, capi e gregari. Tale aspetto è restato solo in Oriente. In Occidente l'autorità si è concentrata sempre di più, con scollamento evidente e insanabile tra la base e il vertice (v. 14).

I due "discendono" da Gerusalemme che sta in alto (come «si sale» a Gerusalemme per indicare che ci si arriva), giungono e prendono cognizione subito dello stato dei fatti. I Samaritani convertiti erano solo stati battezzati «nel Nome del Signore Gesù» (v. 16b), e non avevano ancora ricevuto lo Spirito Santo (v. 16a). Pietro e Giovanni allora anzitutto pregano l'epiclesi per lo Spirito Santo (v. 15), poi impongono le mani sui fedeli. E finalmente su questi viene lo Spirito Santo (la pratica in *Ebr* 6,2; 1 *Tim* 4,14; essa è restata permanente nelle Chiese della Tradizione "cattolica", ossia le Chiese orientali e la Chiesa romana). È un'ulteriore Pentecoste, la prima fuori del territorio della Giudea. Gli auspici si aprono per altri ampliamenti, che subito verranno (poi 10,44-46; 19,6-7). La Pentecoste è il fatto permanente della Chiesa (v. 17). Ogni imposizione delle mani sacerdotali è Pentecoste (6,6; 9,17; 19,6). Ancora oggi, e sempre.

*Il Salmo:* Sal *65,1-3a.4-5.6-7a.16 e 20*, AGC

L'Orante dopo la prova terribile che aveva investito l'esistenza stessa della sua comunità (vv. 10-12), durante la quale tuttavia essa aveva mantenuta fedelmente la certezza nel Signore, erompe in inni gioiosi di azione di grazie, poiché la loro preghiera fu esaudita (v. 17) dal Signore ricco di misericordia.

Il primo grido è l'imperativo innico all'intera terra, affinché giubili per questo grandi fatti causati dal Signore (v. 1; anche 80,2;

94,1; 97,4; 99,1; *Is* 44,23). E la terra intera, in pratica le nazioni pagane, sono invitate con un altro imperativo innico a unirsi alla lode del popolo di Dio, che adesso avviene nell'esultanza, e a usare il suo mirabile linguaggio sacro, i Salmi, da cantare alla Gloria del Nome divino, da far conoscere dovunque (v. 2a; *Is* 42,14). Segue l'altro imperativo, di far risuonare gloriosamente nel mondo la lode che spetta al Signore, così che questo culto universale abbia anche una forte spinta missionaria (v. 2b). La terra intera ne deve risuonare. Ora, il contenuto, oggetto del 4° imperativo innico, si può ridurre a una confessione di rinnovata sorpresa e di stupore davanti a Dio, a cui si deve perciò solo proclamare: «Quanto terribili, le gesta tue!» (v. 3a; 144,6; *Es* 34,10; *Dt* 10,21). Così si riconosce che solo Lui può operarle, e che gli uomini, che ne godono tutti i benefici, possono solo acclamarle.

Però insieme l'Orante sente la necessità di far rivolgere al suo Signore un'altra confessione di culto esclusivo, con 3 iussivi (imperativi della 3a persona). Tutta la terra deve adorarlo, salmodiare a Lui, cantare Salmi a Lui (v. 4; 21,28; 85,8). Non esiste più per nessuno un altro oggetto di adorazione e di amore.

Il discorso adesso si dirige a un interlocutore non individuato, e sta al plurale, quindi va alle nazioni. Queste sono invitate a venire presso il popolo di Dio (v. 16; 45,9) per prendere atto, contemplandole, delle opere salvifiche del Signore, il quale nel suo comportamento con gli uomini è «Terribile», ossia imprevedibile, irresistibile, tanto da incutere ammirato timore e reverenza (v. 5; 46,3). E così basterà all'Orante enumerare qualche opera divina.

Ma quali? Esistono opere tanto varie? O il Signore in fondo ha compiuto un'unica opera della salvezza, e tutte le altre non sono che variazioni di quella originale? Infatti. La gesta mirabile nel principio dei principii fu una, l'esodo, quando il Signore prosciugò il Mar Rosso (*Es* 14,21; *Sal* 113,3). Questa fu ripetuta al passaggio del Giordano (*Gios* 3,14-17; *Sal* 73,15). E basta tanto per esultare in Lui (v. 6).

Con questa medesima Potenza irresistibile il Signore si dimostra come il Sovrano unico e eterno (v. 7; *Sap* 8,1).

L'Orante si rivolge perciò a quanti, nel popolo di Dio e tra le nazioni pagane, temono il Signore. Come sapiente in Israele, li convoca ad ascoltare la narrazione ammirata di quanto il Signore operò per l'anima sua, per la sua vita (v. 16; anche v. 5; e *Mc* 5,19; *Lc* 8,39). La narrazione non è che un momento, ma per il Salmista dura tutta la sua vita.

Perciò termina con la benedizione (*eulogía*, *berakah*): «Benedetto il Signore!» A Lui va riferita ogni benedizione, per tutto e per sempre. Ma oggi in specie per il fatto singolare, che non ha trascurato la preghiera dell'Orante, anzi gli ha manifestato ancora una volta la sua Misericordia salvatrice (v. 20).

Il Versetto responsorio, v. 1, è l'invito innico a giubilare, rivolto a tutta la terra, e i presenti così rievocano la Misericordia divina, manifestata nella Resurrezione di Cristo con il Dono dello Spirito Santo.

### L'Apostolo: 1 Pt 3,15-18

In questa sezione (3,13 - 4,19) Pietro mostra come Cristo sia da glorificare per la Passione e per la Resurrezione nello Spirito Santo, da cui provengono da una parte il Giudizio divino, dall'altra la manifestazione della sua Gloria.

La prima esortazione di Pietro ai suoi fedeli allora è a santificare dentro il cuore il Signore Cristo (*Is* 29,23; *Mt* 6,9), il che deve avvenire facendone conoscere in continua proclamazione la gloria divina e la Resurrezione. Ma per questo occorre una speciale, accorta, vigile preparazione (*Col* 4,6), tipica dei cristiani, fare l'*apologia*, la difesa motivata della speranza che sta in essi, a chiunque ne chiede ragione (v. 15). Fatto che nei secoli avvenne, talvolta animosamente, ma adesso francamente trova troppi fratelli «impreparati», di fronte alla pressione del mondo, in particolare delle sètte pullulanti come germi malefici. Questa preparazione è difficile, perché richiede diverse qualità importanti. L'Apostolo le descrive con un'avversativa: «state preparati... tuttavia». Occorre dare conto con mitezza (2 *Tim* 2,25) e con timore, due qualità proprie del Signore stesso

(*Mt* 11, 29), sempre con la buona coscienza (2,12) della realtà divina e della realtà umana, quindi vivendole per intero. Così che i detrattori non possano trovare pretesti, ma siano e restino confusi dalla santità dei fedeli, anche se, come avviene normalmente, si rivolgono con calunnie odiose contro l'adesione fedele a Cristo (2,15; *Tit* 2,8), che invece è irreprensibile (v. 16).

La norma che segue è la regola d'oro del N.T., di difficile accettazione per l'uomo normale, in specie per l'«uomo moderno». Infatti, è meglio operare il bene secondo la Volontà divina (2,20; 4,15-16) e soffrire, come avviene quasi sempre, piuttosto che operare il male (v. 17). Il dovere al bene non deve mai far esitare se ne viene discapito a chi lo pratica. La motivazione è univoca e chiara, e si concentra sempre sul Signore. Cristo infatti preferì morire una volta per sempre per i peccati degli uomini (*Rom* 2,1-2; 4,25; 6,10; *Ef* 3,12; *Ebr* 7,27; 9,26.28; 10,10), Egli che era l'unico Giusto, consegnatosi alla morte per gli ingiusti che sono tutti gli uomini. Il suo scopo era consumare il sacrificio redentore. In esso offrì una volta per sempre anche gli uomini (*Ebr* 10,10.12.14) al Padre, che li accettò. Ma la gloria divina di Cristo è tale che pur messo a morte nella sua esistenza umana, «la carne» (4,1; 2 *Cor* 13,4; *Col* 1,22), tuttavia fu vivificato «nello Spirito» (4,6). Dove si può intendere insieme il duplice significato, che fu vivificato nel suo spirito umano e così divenne «Spirito vivificante» (1 *Cor* 15,45); e che fu resuscitato dal Padre ad opera dello Spirito Santo (v. 18). È la base irremovibile di tutto il comportamento cristiano.

## III. La Preghiera della Chiesa

### 1. L'eucologia

La Colletta è un'epiclesi, che s'innalza al Padre chiedendo che i fedeli possano celebrare attivamente i «giorni della gioia» della Resurrezione, in modo che l'anamnesi che di essa fanno diventi operazione attiva nella loro esistenza.

Il Credo è come nelle Domeniche precedenti.

La Preghiera sopra le offerte è un'epiclesi che chiede che il sacrificio di oggi sia accettato, e che i fedeli da esso siano trasformati nella Realtà divina del Mistero celebrato.

La Preghiera dopo la comunione fa anamnesi della redenzione divina che proviene dalla Resurrezione, e poi diventa un'epiclesi affinché il Mistero celebrato oggi porti frutti nei fedeli, e questi siano corroborati dal Cibo della divina salvezza.

*2. La Prece eucaristica*

Il Prefazio va scelto tra i 5 Prefazi pasquali.

# L'Ascensione del Signore
# Solennità

La Chiesa antica, in specie la Chiesa Madre di Gerusalemme, seguiva fedelmente il testo del N.T., e sapeva bene che la Resurrezione e la Pentecoste formano in effetti un unico Giorno festale, di 50 giorni giubilari (come si è detto: 7 x 7 + 1 = 50), scanditi dalla Domenica. Questo Giorno celebra l'unico Evento della Resurrezione e del Dono dello Spirito Santo. Dono anzitutto al Signore Gesù stesso, il 1° di quei 50 giorni, la Domenica primigenia della Resurrezione. Poi agli uomini, al 50° di quei 50 giorni, la Domenica della Pentecoste. Ma per donare lo Spirito Santo, il Signore doveva ascendere al cielo presso il Padre, nella sua eterna Gloria. Il N.T. anche di questo dà diverse descrizioni. E la Chiesa antica, almeno dal sec. 4°, conosceva varie soluzioni celebrative dell'«Assunzione», o «Ascensione» del Signore: o il giorno stesso della Resurrezione, secondo *Gv* 20,17 e 19-23; oppure 40 giorni dopo, secondo *At* 1,1-11, sempre dentro il numero simbolico dei 50 giorni. Ma poiché il N.T. unanimemente proclama che l'Assunzione è finalizzata alla gloria del Signore e al Dono dello Spirito Santo alla sua Chiesa, si erano compresi due tipi di celebrazione: quello più antico, che celebrava insieme Assunzione e Pentecoste al 50° giorno, perciò ancora e sempre di Domenica; e quello meno antico, che fissava l'Assunzione da celebrare secondo il numero simbolico di 40 (ancora il 40 della Quaresima, numero dell'attesa) dopo la Resurrezione, quindi un giovedì, giorno teso pur sempre a 10 giorni dopo, alla Pentecoste dello Spirito Santo.

Il contenuto resta il medesimo. L'Ascensione fa celebrare il Signore crocifisso e sepolto, risorto al 3° giorno, glorificato, esaltato alla Destra del Padre dal quale è "assunto" (ma anche ascende di sua divina potenza personale), al fine di esercitare il suo culto sacerdotale eterno di lode e d'azione di grazie, ma anche d'intercessione epicletica; questa, intesa ad ottenere lo Spirito Santo del Padre e suo per gli uomini redenti. Tutte queste azioni e situazioni formano l'anamnesi della celebrazione eucaristica orientale, mentre l'Occidente la restringe alla morte resurrezione ascensione. Resta comunque da tenere sempre presente che l'Assunzione è evento essenziale della continua celebrazione che la Chiesa fa dei divini Misteri. Perché è evento essenziale nello stesso Disegno divino anzitutto per l'Umanità del Figlio Unico. In realtà il Padre vuole che l'Umanità del Figlio Dio diventi l'unica Fonte dello Spirito Santo (*At* 2,32-33). Per questo con lo Spirito Santo la divinizza per prima, e Cristo quale Adamo ultimo diventa «Spirito vivificante» (1 *Cor* 15,45), finalmente idoneo in quanto Uomo a donare lo Spirito Santo per divinizzare anche gli uomini fratelli.

Per questo, i testi della solennità dell'Ascensione oggi mostrano una singolare completezza, con un'esuberante ricchezza.

## I. Intorno all'Evangelo

*1. Antifona d'ingresso:* At *1,11.*

L'icona dell'Ascensione, che rappresenta il Risorto sollevato dalla Nube dello Spirito Santo e portato sullo scudo della vittoria da due angeli, è la medesima icona della Venuta ultima. Contemplare lui asceso, significa attenderlo che venga. È *la* contemplazione della Chiesa, semplicemente, fino alla Venuta.

*2. Alleluia all'Evangelo:* Mt *28,19a.20b.*

L'Ascensione comprende di necessità l'invio dei discepoli in missione alle nazioni pagane, con la promessa formale della Presenza del Signore, indefettibilmente. Così è orientata la proclamazione evangelica.

*3. L'Evangelo:* Mt *28,16-20*

L'epilogo di *Matteo* è grandioso, come lo è tutto il suo evangelo. Già dalla scena iniziale. I discepoli, ancora in undici dopo la morte tragica di Giuda (27,1-10) e prima della ricostituzione del collegio dei Dodici con l'elezione di Mattia (*At* 1,12-26), si recano «alla Galilea», ossia, «al Monte dove aveva ordinato Gesù» (v. 16). Tale ordine era stato dato prima della morte (26,32), e poi alla tomba stessa al momento della teofania della Resurrezione (20,7).

Va ripetuto che non si tratta della Galilea in quanto la regione settentrionale della Palestina, dove sta Nazaret e da dove Gesù aveva cominciato la predicazione. «La Galilea» infatti era ed è un'altura in forma di piccola cupola (dal nome ebraico che viene dalla radice *gll*, tondeggiare), che si trova a Gerusalemme stessa, ad oriente di fronte al tempio, sulla sommità del Monte degli Olivi. «Il Monte della Galilea» è il luogo dell'Ascensione.

La verità di questo viene anche da altre fonti. Il toponimo «da Galilea» di Gerusalemme è attestato nella tradizione ininterrotta, orale e scritta, sia della Chiesa Madre giudeo cristiana, sia dei viaggiatori fino a tutto il medio evo; ne esistono molti e concordi documenti pubblicati dallo «*Studium Biblicum Franciscanum*» di Gerusalemme, ai quali ci si dovrà sempre riferire. È così tolto ogni argomento alla critica superciliosa, che è costretta a districarsi tra apparizioni contraddittorie di Gesù Risorto avvenute tra Gerusalemme e la Galilea come regione settentrionale della Palestina, non sapendosi spiegare come i discepoli Lo videro a Gerusalemme, poi in Galilea, poi a Gerusalemme. I Discepoli lo videro solo a Gerusalemme, dove ascese al cielo dalla «Galilea», la gloriosa collina dell'ascensione. Solo dopo Gesù si manifestò anche in Galilea, sul lago ad esempio (*Gv* 21,1-14). Purtroppo le condizioni culturali dopo il medio evo, e lo stesso stato dei luoghi sotto l'occupazione musulmana, fecero stranamente dimenticare del tutto agli studiosi l'esistenza della collina chiamata sempre, sul luogo, «la Galilea». Eppure alla fine del 1800 ed all'inizio di questo secolo i più accurati topografi occidentali della Palestina conobbero distrattamente l'esistenza del Monte della Galilea, ma ne respingevano l'identificazione, per poter meglio negare perché contraddittorie queste "plurime" apparizioni; così ad esempio annota nella descrizione della terra santa Gustav Dalman, famoso specialista degli anni Venti.

Questa salita sul Monte è seguita da una visione e dall'adorazione. Già nell'A.T. si era verificata una scena simile. Il Signore a Mosè ordina così: «Io sto con te. E questo è il «segno» che Io ti invio (a Israele): quando tu avrai tratto via questo popolo dall'Egitto, voi adorerete Dio su questo Monte» (*Es* 3,12). Poco prima intorno al Monte aveva fatto vedere il Roveto ardente (*Es* 3,1-5). È il Sinai, il Monte della teofania e della Gloria, da dove il Signore, dopo l'esodo dall'Egitto, ripete a Mosè: «Voi stessi avete visto» (*Es* 19,4). Il Monte, il precetto di salirvi, la visione, l'adorazione: allora, come qui, adesso, con il Signore della Gloria, Cristo Risorto. Allora come qui, con il passaggio dalla morte alla vita, e con una parola data prima di questo "passaggio", e dopo. Allora come qui, il Signore dà ai discepoli i comandamenti da osservare diligentemente.

I discepoli quindi vedono il Risorto e Lo adorano, benché ancora dubitassero (v. 17); quest'ultimo tratto si può leggere anche: benché alcuni dubitassero. Anche Mosè dubitò dopo la visione e l'adorazione (*Es* 3,13; 4,1.10.13...), anche se poi fu il più fedele annunciatore del suo Signore.

E come il Signore discese sul Monte per incontrarsi con Mosè, adesso il Risorto «si accosta» Lui ai discepoli (11,27), mentre è normale che in Matteo tutti si accostino a Lui per la sua maestà (vedi l'introduzione a Matteo). È un gesto d'amore non meritabile dai discepoli, come non lo era da Mosè. E come il Signore a Mosè, adesso Gesù parla ai discepoli (v. 18a).

Le sue parole, solo 50 in 2 versetti e mezzo, sono dense di significato. La prima di esse è la formula della regalità (v. 18b): «Fu donata a me l'intera potestà in cielo e sulla terra». La formula richiama *Dan* 7,13-14. L'Antico di giorni, il Dio eterno, dona al Figlio dell'uomo ogni potere di salvezza su tutte le nazioni, nello spazio tempo della redenzione, da adesso per sempre, dal cielo alla terra, dall'eternità alla storia, fino all'eternità. Il N.T. è pieno di questa consapevolezza (*Gv* 3,35; 5,27; 13,3; 17,2; *At* 2,36; *Rom* 14,9; *Ef* 1,20-22). Ora, si è detto più volte, la figura misteriosa del «Figlio dell'uomo» indica un personaggio complesso. Secondo *Dan* 7,13-14, anzitutto Egli viene da Dio, è convocato da Dio, va a Dio, quindi è una Figura preesistente (le recenti negazioni critiche, anche cattoliche, per far risultare il Figlio dell'uomo come una figura simbolica solo collettiva, oltre che non fondate nei testi e nella Tradizione, sono quasi comiche). Inoltre, appare sotto le sembianze di un semplice uomo, e il titolo stesso «figlio di *adam*» significa «uomo nato da uomo», ed è applicato anche ad altre persone (*Sal* 8, che è messianico, applicato a Cristo in *Ebr* 2,6-9; inoltre, ad esempio Ezechiele usa molto questo determinativo, applicato a lui stesso). In più, il destino del Figlio dell'uomo si deve svolgere tra gli uomini, benché non solo tra questi. Infine, Egli appare anche nel contesto di una comunità, perseguitata e da salvare, i «santi dell'Altissimo» (7,18.22. 25.27), ai quali anche spetta il Regno.

Gesù si dà un unico titolo, umile e insieme glorioso: il Figlio dell'uomo. A Lui solo è rimesso dal Padre il potere salvifico, e la missione salvifica. Questa missione adesso ha adempiuto nella parte costitutiva. E lo dichiara ai discepoli con solennità finale. Essi poi ne daranno anche la descrizione, ad esempio quando alla Nascita del Salvatore gli eserciti angelici cantano la lode a Dio relativamente al Nato: «Gloria a Dio nei cieli altissimi - pace sulla terra - tra gli uomini l'*Eudokía*» divina in funzione (*Lc* 2,14). Gloria, pace, *Eudokía*, in cielo, in terra, tra gli uomini. Ecco la missione adempiuta del Risorto.

Dopo la dichiarazione, viene la missione dei discepoli. Per comprenderla occorre guardare lo schema: a) predicare e insegnare; b) santificare nel Nome, con il battesimo; c) ancora insegnare; d) custodire tutti i comandamenti ricevuti dal Signore.

Quindi il Signore invia i suoi discepoli con il carico della salvezza per le nazioni. Il testo dice alla lettera: «Andati, fate discepole tutte le nazioni» (*Mt* 24,14; *Mc* 11,17; *Lc* 24,47; *Rom* 1,5); *poreuthéntes* è un participio aoristo, con funzione di imperativo puntuale, e può anche essere tradotto con l'imperativo "andate"; anche «fate discepole» è un imperativo aoristo; si indica così l'evento storico. Ora, andare significa uscire da Gerusalemme, assumere una decisione gravida di enormi conseguenze. I discepoli dovranno formare un «popolo di popoli», infrangendo le loro stesse barriere culturali e religiose. Sarà uno strappo doloroso nella loro carne, immane. Lo stesso N.T. sarà scritto nella lingua della nazione pagana per eccellenza, il greco, tanto che l'espressione «i Greci, *hoi Héllênes*» sarà usata nel N.T. e dai Padri greci stessi proprio per indicare la paganità.

Fare discepole le nazioni pagane del mondo, significa fare di esse il «corpo di Cristo» morto e risorto. Il segno misterioso di questo è il battesimo (*Rom* 6; e la Notte della Resurrezione). E discepoli dovranno battezzare (*baptízontes*, altro participio con funzione di imperativo), ossia far passare dalla morte dell'idolatria e del peccato alla Vita divina. E la Vita divina è il Nome Unico del Signore Unico dell'A.T. Il Nome da ora è invocato dalla Rivelazione più alta, secondo la consustanzialità del Padre e del Figlio e dello Spirito Santo. Per la salvezza, su ogni battezzato a cui è stato proclamato l'Evangelo e che è stato istruito in esso (13,52; *Gv* 14,23), ha aderito nella fede e nella fedeltà al Dio Vivente. Il battesimo è «nel Nome» divino in genere (*At* 8,16; 1 *Cor* 1,13.15). E in antico anche nel solo Nome di Cristo (1 *Cor* 12,3).

La Chiesa antica mostra di avere anche altre formule, e questa di Matteo è destinata a restare l'unica in tutte le Chiese. Il Nome divino, la Potenza personale che indica l'Esistenza e l'Essenza, mentre resta unico poiché «il Signore Dio nostro è il Signore Unico!» (*Dt* 6,4) dall'eternità all'eternità, in modo immutabile e indicibile, rivela tuttavia che vanno comprese Tre e solo Tre Persone divine della medesima Esistenza ed Essenza e Maestà e Potenza e Sapienza e Volontà, che si fanno contemplare come il Padre e il Figlio e lo Spirito Santo (v. 19). Per la prima volta nel N.T. le Persone divine che sono il Signore Unico sono contemplate come poste sul medesimo piano. Tutto il N.T. deve essere letto in questa luce e prospettiva, sotto pena di acerbi inganni, o di insopportabili falsità, come fecero gli ariani di ieri e gli ariani che rispuntano oggi. E tutto il N.T. non solo autorizza tale lettura, ma la esige e la favorisce (v. 19).

Il Signore seguita a illustrare la missione da cui dipende la salvezza degli uomini. Ancora un participio con funzione d'imperativo, "insegnanti", ossia, insegnate a essi, adesso non più «le nazioni», ma gli uomini, le persone singole e in comunità. Di questo insegnamento divino il contenuto è tutto quello che il Signore comandò (*entéllomai*, dare precetto) ai discepoli (v. 20a). Il punto è interessante. I discepoli ascoltarono il Maestro. Nulla compresero, anzi alcuni ancora dubitano. Come insegneranno quanto non compresero? Va risposto qui che anzitutto il Signore dopo la Resurrezione stette con essi alcun tempo (40 giorni simbolici), e già allora, prima della Pentecoste (*At* 2,1-4) «dette i comandamenti mediante lo Spirito Santo» (*At* 1,1-2). In secondo luogo, l'Ascensione è vista concordemente nel N.T. come condizione per il Dono dello Spirito della Verità, il quale introdurrà i discepoli «nell'intera Verità» (*Gv* 16,13), fino a oggi. Perciò qui le parole del Signore mentre lascia i suoi discepoli sottintendono chiaramente la divina effusione dello Spirito Santo.

Si è detto, e non si vuole essere monotoni, che l'evangelo di Matteo è grandioso, che grandiosa è la scena finale. Adesso si deve dire che grandiose sono anche le parole finali di questa scena (il v. 20b).

Esse sono introdotte dalla formula solenne, che introduce alla teofania e alla profezia: «Ed ecco», con cui si esige da parte degli ascoltatori la massima attenzione. E viene la promessa dell'*Immanuel*, «Con noi Dio» che è Gesù, come l'Angelo aveva annunciato a Giuseppe (1,23; e Domenica IV d'Avvento). Ma Egli stesso aveva anche promesso di stare presente ai suoi discepoli, se due o tre di essi si riuniscono e stanno uniti nel Nome suo (18,20; anche *Gv* 12,26; 14,3.23; 17,24; *At* 18,10). Adesso starà presente ai suoi in eterno, già da adesso e «fino alla fine del secolo» che inaugura l'evo eterno (13,39). Come ancora è e sarà. Risorto. Pieno di Spirito Santo. Tornato finalmente al Padre. In ansiosa attesa dei suoi. Che come Sovrano della Gloria e come Giudice dei viventi e dei morti (*At* 10,42) tornerà a riprendersi dopo il Giudizio finale. Immenso atto d'amore che ha come epilogo l'introduzione nella Casa del Padre. Il quale allora sì «starà del tutto in tutti» (1 *Cor* 15,28c), con il Figlio e con lo Spirito Santo. Unico immortale eterno beato *Immanuel*.

*4. Antifona alla comunione:* Mt *28,20.*

«Oggi qui» per i fedeli la Presenza del Risorto, formalmente promessa «per tutti i giorni», si realizza nel dono perenne dello Spirito Santo, che a essi giunge dall'ascolto della Parola, dalla partecipazione ai divini Misteri, dall'essere membra della Chiesa, la Sposa del Signore Risorto e Asceso nella gloria. Questi sono i maggiori «Segni che accompagnano» i discepoli del Signore lungo la loro via alla patria, nell'attesa della Venuta per l'ascensione di tutti insieme a Lui.

## II. Dalla Resurrezione alla Chiesa

*I Lettura:* At *1,1-11*

Il testo è decisivo, di importanza enorme per la teologia e la spiritualità, per la mistagogia e la pastorale. Luca infatti compone un Evangelo su Gesù Cristo. Ma anche un «evangelo storia della Chiesa», gli *Atti*. Di una Chiesa esemplata sul suo Signore, nato, battezzato, trasfigurato, inviato a predicare l'Evangelo, ad accettare la Croce, per salire al Padre. È la missione intesa dal divino Disegno. Come il Signore, perciò, è la Chiesa di Lui. La Chiesa assume inizio «da quanto Gesù cominciò a operare e a insegnare» (v. 1; Luca ne ha già dato resoconto nel suo evangelo, *Lc* 1,1-4), e dalle parole del Signore dette nello Spirito Santo agli Apostoli scelti da Lui (v. 2; e *Lc* 24,44-49). Allora il Figlio può essere «assunto» dal Padre. Ha lasciato recettori dei suoi precetti i discepoli istruiti nello Spirito Santo, in specie nel periodo normativo dei 40 giorni dopo la Resurrezione (numero simbolico, vedi sopra), manifestandosi a essi come il Vivente, e insegnando a essi i Misteri del Regno di Dio che viene (v. 3). Così l'insegnamento della Vita storica si salda con quello dopo la Resurrezione, e tutto deve essere portato agli uomini. Tuttavia, la condizione è ricevere lo Spirito Santo nel battesimo nuovo, inaudito; così diverso da quello del Battista, finora l'unico conosciuto. Lo Spirito Santo è «la Promessa del Padre», donata in modo formale e ripetuto, e tra poco realizzata. Il luogo di questo è il cenacolo, dove ora il Risorto parla e dove irromperà lo Spirito Santo (vv. 4-5).

Eppure, lo Spirito Santo che, venuto, inaugura il Regno con il Convito nuovo, è argomento che interessa di meno i discepoli. Essi sono ancora tesi al regno umano, alla liberazione politica, sogno di sempre, che occupa tanta parte dell'epoca moderna. Il «Regno di Dio», che tuttavia attraversa la storia degli uomini, non è fondato sull'umano e sul politico; biblicamente infatti significa la condizione della salvezza totale per il popolo, ma portata dal «Re Salvatore» di tutti, salvezza di Dio per tutti. E Dio per questo ha tempi e condizioni e momenti privilegiati, da Lui solo intesi. Perciò il Signore esclude che i discepoli possano gestire i pronostici del Regno di Dio, operanti solo divinamente (vv. 6-7), e insiste di nuovo che si deve "accettare" (più che ricevere passivamente) lo Spirito Santo che viene dall'Alto come Potenza irresistibile (v. 8). Così i discepoli saranno nello Spirito Santo testimoni del Risorto in tutta la terra. A partire da Gerusalemme, dalla Comunità Madre che sarà feconda di figli, nelle Comunità figlie nel mondo.

Finalmente, il Risorto, il Figlio dell'uomo glorioso (*Dan* 7,13-14) è «rapito via» dalla Nube della Gloria divina, lo Spirito Santo, che Lo aveva preso sotto protezione divina alla Trasfigurazione, e che del resto il Signore stesso aveva preannunciato durante la Passione (vedi *Mt* 26,64, e par.). È questa la Gloria del Padre che «assume» a sé il Figlio (v. 9). I discepoli sono attoniti, perché non comprendono le Scritture prima del dono dello Spirito Santo, e guardano «verso l'alto». Intervengono «due Uomini» in vesti bianche. È una teofania (v. 10), la medesima dei due Uomini che Luca descrive al sepolcro (*Lc* 24,4). Qui la Chiesa Madre giudeo cristiana vedeva giustamente la forma simbolica teofanica della divina Presenza del Padre, che sono Cristo e lo Spirito Santo. Le parole dei Due sono fondamentali: «Uomini Galilei, perché state fermi a guardare verso il cielo? Questo Gesù, l'Assunto via da voi verso il Cielo, così verrà, nel modo onde Lo contemplaste procedente verso il Cielo» (v. 11). È uno dei testi base della «teologia di Cristo Icona», e della sua icona liturgica. Esso avverte che come Egli è dopo la Resurrezione, la quale è lo stato ultimo, così resterà in eterno. Sarà visibile *così* in eterno. *Tale* tornerà tra gli uomini nella Venuta ultima, quando per eccesso di amore verrà a prendersi i suoi per stare con essi per sempre. E si mostrerà come «il Visibile del Dio Invisibile», l'Icona perfetta di Dio. E Icona trasformante ad opera dello Spirito Santo, per rendere gli uomini «simili a Lui per vederlo come Egli è» (1 *Gv* 3,1-2). Altra "icona" non esiste. L'icona del Signore mostra l'unico Volto della Bontà del Padre e del Figlio e dello Spirito Santo, reso visibile in eterno.

*Il Salmo:* Sal *46,2-3.6-7.8-9*, SRD

Il v. 6 di questo splendido canto, un «Salmo della Regalità divina», ambienta perfettamente il contenuto nella celebrazione del Signore Risorto e adesso asceso al cielo. Per sé, esso canta il Signore eterno, la sua potenza nella creazione e nella storia, i suoi interventi vittoriosi, il giudizio che viene a inaugurare per sempre, la sua regalità incontrastabile, il culto a Lui dovuto nel santuario, dall'universalità dell'esistente, creatura, uomini, nazioni pagane, Israele.

L'Orante, come sempre forse un levita, rivolge due imperativi innici a tutte le nazioni della terra, affinché applaudano a Dio (*Is* 55,12) e in coro giubilino per Lui con voce risonante e gioiosa (v. 2). E ne dà la motivazione del suo canto, un'altra ne ripeterà al v. 8. Qui la motivazione è la teofania del Nome divino: «il Signore», con due titoli, «l'Altissimo», ossia l'Inaccessibile inacceso, il sovranamente ed eternamente Trascendente, e «il Terribile», l'Irresistibile che incute terrore di morte ai suoi nemici (v. 3a; 65,5; 75,8; 88,8; 95,4). Quest'ultimo tratto gli venne sia dal passaggio del Mar Rosso, da cui il titolo gli resta (*Es* 15,11; cfr *Dt* 7,1), sia dalla creazione, in cui vince il caos primordiale, e altresì come la Sapienza infinita che confonde ogni piccola intelligenza (*Eccli* 1,8), e come Sovrano vittorioso su ogni nemico (*Dan* 9,4). Forse di questo si è persa ogni cognizione; e se ci si lamenta che Dio ormai mostra la sua «assenza e silenzio», gli si rinfaccia anche di essere un Dio crudele e cinico, e qualcuno si spinge ad argomentare che se Dio permette il male, non è buono, «dunque non esiste». Con ingenuità e rozzezza qui ci si dimentica che ogni male viene sempre e solo dagli uomini che lo rivolgono contro gli uomini. La Terribilità di Dio quale «Re Grande sopra tutta la terra» degli uomini, si risolve in realtà nella tenerezza verso di essi, che vuole tutti salvare (v. 3; 102,19; *Zac* 14,9; *Mal* 1,14; *Ap* 11,15). E qui mai va dimenticato che Re significa sempre il Salvatore del suo popolo.

Il v. 6 è l'acclamazione probabile durante la processione, al momento in cui l'arca della divina Presenza torna nel santuario, e "sale" verso il santo dei santi dove riposa sempre. Da lì il Signore protegge il popolo, lì il popolo si raduna a convegno e tributa culto e adorazione al suo Signore (67,19; 2 *Sam* 6,15; 1 *Cron* 15,28). E adesso grida il suo giubilo, e fa risuonare squilli delle trombe sacre che annunciano il gaudio festale (v. 6). La festa deve seguitare con la medesima intensità. L'Orante rivolge ben 4 imperativi innici identici, "Salmodiate!" al Re (v. 3) dell'alleanza, che è Dio (v. 7). L'invito suppone le «scuole dei Salmi», insegnati a tutto il popolo e conosciuti da tutto il popolo. Sia permesso di dirlo, proprio al contrario di noi, poiché la pastorale sembra che non pensi di creare le «scuole di preghiera» in ogni Parrocchia, e in genere non si ha amore e stima per i Salmi, e prevalgono sciagurati, banali, scialbi canti usa e getta. Il recente Documento pontificio, la Lettera apostolica «*Vicesimus quintus annus*» (del 4 dic. 1988, edita il 14 maggio 1989) avrà qualche effetto? Stanti i fatti, si deve amaramente dubitare. Eppure il Documento richiama vigorosamente al canto dei Salmi e alla celebrazione delle Ore.

La seconda motivazione, v. 8, è che tanta gioia e tanti canti di Salmi si devono dai fedeli al Signore quale Re Salvatore dell'intera terra. Come indica l'imperativo innico, a Lui si conviene di salmodiare, cantare Salmi in modo sapiente, compreso, ricco, con arte.

La conclusione è splendida, come l'intero componimento: «Dio regnò», formula classica per indicare la sua Sovranità universale salvifica. Adesso il suo Regno si estende a tutte le nazioni. È Regno in sé compiuto, che per sé di nulla ha necessità, né d'altro (21,29; 1 *Cron* 16,31). Tuttavia la benignità sovrana vuole raggiungere, comprendere e salvare tutte le nazioni (71,11; Is 49,7.23), che sono create dalla divina Bontà (v. 9). Il luogo del regnare del Signore resta in eterno la sua Dimora: nel cielo, dove ha il suo trono magnifico (102,19), e insieme si estende alla terra, a partire da Sion, dove l'arca dell'alleanza è il trono del Signore tra gli uomini. Lì è amato, adorato e servito dalle miriadi di miriadi delle *Seba'ôt*, i Turni angelici e dei suoi santi, qui dalle miriadi delle *Seba'ôt* terrestri, gli uomini redenti (v. 9b).

La contemplazione viene adesso dall'applicazione a Cristo Signore Risorto, oggi assunto al cielo, la quale è del tutto naturale e agevole, e punto per punto.

Con il Versetto responsorio, v. 6, si canta il Signore che oggi ascende al Santuario celeste, il Padre, nella gioia giubilante e acclamante dei suoi Angeli e dei suoi fedeli, e con il Padre e con lo Spirito Santo è amato e conosciuto, riconosciuto, adorato come Signore Unico.

*L'Apostolo:* Ef *1,17-23*

Il testo paolino completa meravigliosamente le Scritture proclamate. Dopo il celebre «inno» (1,3-14), dove si canta la benedizione divina eterna del Padre mediante il Figlio nello Spirito Santo per gli uomini redenti, Paolo tratteggia il primato cosmico e universale dell'Umanità risorta del Signore quale opera mirabile del Padre (vv. 15-23). Comincia con l'epiclesi al Padre affinché conceda il dono inconsumabile dello Spirito Santo, che è la Sapienza divina, l'Unico che doni l'*epígnôsis*, la «conoscenza profonda», sperimentale delle Realtà divine (v. 17). Queste producono nei fedeli la speranza della vocazione divina, i tesori della Gloria, l'Eredità dei "santi", i fedeli stessi per i quali Paolo sta pregando (v. 18). Tali immensità preziose provengono dall'unico onnipotente Fatto divino: Cristo resuscitato dal Padre con lo Spirito Santo sua Potenza, è stato intronizzato alla Destra (*Sal* 109,1) quale Figlio e Re e Messia e Vittorioso sulla morte, e quale Sacerdote eterno (vv. 19-20). Paolo accentua che Egli è tale in quanto Uomo, il Figlio dell'uomo al quale il Padre ha sottoposto ogni ordine dell'esistenza creata (*Sal* 8,6-7), conferendogli in eterno il primato incontestato su tutte le "potenze" angeliche e celesti (vv. 21-22). E in quanto Uomo, il Signore è stato anche reso Testa del corpo che è la Chiesa, e costituito come «la Pienezza di Dio» che è lo Spirito Santo, in modo che ormai può farla confluire nella Chiesa (v. 23).

Per comprendere le implicazioni di tutto questo, occorre rileggere con interesse l'aureo libretto di Erik Peterson, *Il Libro degli Angeli*, quando spiega il «Santo Santo Santo!», il *Triságion* angelico rivolto al Padre (*Ap* 4,8). Il testo d'origine, *Is* 6,3, aveva la formula: «Santo Santo Santo il Signore dei Turni adoranti (.*Seba'ôt*)! Piena è la *terra* della Gloria di Lui!»; aggiungiamo noi, il *Sal* 98,3.5.9 reiterava «Santo Santo Santo!» nel tremore della *terra*. Ma adesso, con l'assunzione dell'Umanità gloriosa del Figlio di Dio presso il Padre, «pieni sono i cieli e la terra della Gloria» di Dio. Poiché la Gloria del Padre riposa sul Figlio Risorto per sempre, riposa sull'Umanità divinizzata dell'Unigenito, introdotta ormai fino negli Abissi infiniti del Seno personale della Divinità. Egli è adorato dagli Angeli anche nella sua Umanità gloriosa, e i fedeli ormai sono ammessi per grazia a questa lode eterna, nel cielo come nella terra

Cosi gli effetti dell'Assunzione del Signore sono verificati in molteplici direzioni.

## III. La Preghiera della Chiesa

*1. L'eucologia*

Le preghiere di oggi sono ricche, sia pure nella solita forma lapidaria.

La Colletta esprime la gioia grande, ed è implorata epicleticamente, poiché se nel cielo ha preceduto la Gloria del Capo, Cristo Risorto, allora è immortale la speranza che il «corpo di Lui» segua la medesima sorte, che è la divinizzazione degli uomini.

Il Credo evidenzia la formula «...e ascese al cielo, intronizzato alla Destra del Padre, e di nuovo viene con la gloria per giudicare i vivi e i morti, il suo Regno non avrà fine».

La Preghiera sopra le offerte è un'epiclesi per lo «scambio (*commercia*)» tra questi Misteri sacrificali e la sorte eterna degli offerenti.

La Preghiera dopo la comunione ribadisce che con Cristo il nostro essere uomini, la «nostra sostanza» umana, vive ormai il consorzio eterno procurato dalla Resurrezione e Ascensione con il Dono dello Spirito Santo, e chiede che i fedeli vi possano giungere.

*2. La Prece eucaristica*

Il Prefazio: il I dell'Ascensione ricalca la teologia della Colletta. Il Prefazio II esplicitamente parla della partecipazione dei fedeli alla divina natura (2 *Pt* 1,4), che è cominciata già con la Umanità del Signore asceso a vivere al livello della Divinità. È il tema della divinizzazione.

# Approfondimento 8:
# Il Significato dell'Ascensione

Contemplare il Mistero di Cristo Signore Risorto comporta ovviamente riflettere sull'Ascensione, che si può proseguire senza limiti.

L'Ascensione porta la Resurrezione al suo punto terminale, l'ingresso finale dell'Umanità risorta del Signore nella gloria eterna infinita del Padre e dello Spirito Santo. Insieme, come condizione necessaria, essa prelude immediatamente alla Pentecoste dello Spirito Santo che irromperà nella vita dei discepoli del Signore.

*1. Il fatto trinitario*

Nell'Ascensione si manifesta il Padre all'opera con lo Spirito Santo, per quanto è manifestato il Figlio. Il Padre infatti "assume" il Figlio alla sua Gloria. I verbi qui sono numerosi: prendere verso l'alto, *analambánō*, da cui *Análēpsis*, propriamente "Assunzione", il termine principale, restato prevalente nel Rito bizantino; sollevare in alto, con diversi verbi; rapire; esaltare; glorificare; intronizzare.

Lo Spirito Santo è Colui «*in quo*, nel quale» tutto esiste e tutto questo avviene. Infatti Egli è l'Operatore universale di tutto quello che riguarda l'Umanità del Figlio.

Anche il Figlio per la sua potenza divina è attivo nell'Ascensione: viene via dai discepoli; si separa dai discepoli; ascende, *anabáinō*, da cui *Anábasis*, Ascensione; passa al Padre; va, si reca dal Padre; si intronizza.

## 2. L'adempimento delle Profezie

Si adempiono le profezie dell'A.T., e insieme quanto il Signore aveva anticipato e predetto ai suoi discepoli. Anzitutto si realizza l'oracolo antico, misterioso e oscuro del *Sal* 109,1, del Signore che parla al Signore di David: «Intronizzati alla mia destra», tema ripreso diverse volte nel N.T.

Poi l'oracolo sul Santo non abbandonato dal Signore, del *Sal* 15,8-11, ripreso da Pietro a Pentecoste (*At* 2,30-35).

Quindi sul Giusto Servo sofferente vivificato ed esaltato (*Is* 53,10-11, e 7-8), nella figura dell'Agnello di Dio (*Gv* 1,29. 36).

E ancora, sul Risorto, proclamato Figlio e Re messianico, come in *At* 13,32-33 annuncia Paolo, che cita il *Sal* 2,7. Il N.T. qui mostra la connessione con l'oracolo del *Sal* 109,3, sulla generazione divina del Signore, il Figlio, il Re.

Sul Figlio Re con il suo trono eterno, ancora *Sal* 109,1, citato nel N.T. (*Mc* 16,20; *Ebr* 1,8-9, con rimando anche al *Sal* 44,7-8).

Sul Sommo Sacerdote eterno glorificato, ancora *Sal* 109,4, citato in *Ebr* 1,3-4, e lì più volte.

## 3. La redenzione "fisica"

La teologia biblica della redenzione fisica, ossia storica, è il caposaldo del N.T. e dei Padri della Chiesa, però si è perduta dietro lo spiritualismo della «salvezza dell'anima».

La redenzione divina è anzitutto cosmica. Deve raggiungere tutti gli elementi "cosmici". Anzitutto l'uomo creato nella sua interezza, anima e corpo, "la carne", poi altri elementi: acqua, pane, vino, olio. Poi l'intero universo, come presenta Paolo nelle pagine difficili di *Rom* 8,17-25; *Ef* 1,10, «ricapitolare tutto in Cristo, le realtà del cielo e quelle sulla terra».

Infatti «quanto non è assunto, non è curato» (S. Gregorio il Teologo). Il Figlio di Dio quindi si assume per intero la condizione creata, nel tempo e nello spazio creati, nella storia degli uomini creati. Si fece «in tutto simile a noi - escluso il peccato» (*Ebr* 4,15).

Ma si assunse come proprio, Egli l'Impeccabile per natura (2 *Cor* 5,21), l'intero peccato degli uomini, accettò la «forma dello schiavo» (*Fil* 2,6-7), si fece l'Adamo Nuovo Ultimo, assoggettatosi volontariamente alle conseguenze del peccato, la morte (*Rom* 8,3). Si assunse perciò anche la sofferenza e la morte, da dentro, le visse per intero, per ucciderle in se stesso, e quindi negli uomini suoi fratelli.

Perciò il Figlio di Dio, Egli stesso Dio da Dio, il Verbo Dio, nella metonimia espressa dal «farsi carne» (*Gv* 1,14), in realtà si fece immagine e somiglianza creaturale di se stesso Dio, per recuperare agli uomini l'immagine e somiglianza di se stesso Dio, per assimilarli infine a se stesso in quanto è Dio e Uomo.

Infatti l'Adamo antico aveva gettato nella rovina se stesso e l'umanità di cui era responsabile, e di qui anche la creazione, rovinata nella donna (i dolori del parto), nell'uomo (il lavoro ingrato, il sudore della fronte, le spine e triboli dalla terra), nella terra ormai maledetta, e infine nell'esilio dall'Eden e nella morte, che non stavano nel Disegno divino (*Gen* 3,7-24).

S. Ireneo di Smirne, acuto interprete delle Scritture, ha colto qui per primo e forse meglio di tutti il cuore della divina Economia: A) il Padre giudicò che riguardo ad Adamo non era giusto che dove Adamo era stato sconfitto dal serpente, e con lui l'intera creazione che dipendeva da lui, vincesse l'intervento divino esterno; B) in tal caso, Adamo sarebbe stato di certo salvato, e la creazione sarebbe stata restaurata, tuttavia egli sarebbe restato comunque e sempre lo sconfitto dal serpente, e così passivo recettore di una grazia divina del tutto esterna, e perciò sull'umanità e sulla creazione, di cui era stato fatto responsabile, non avrebbe esercitata la funzione divinamente assegnatagli; C) dove Adamo fu sconfitto dal serpente, era necessario che proprio Adamo vincesse sul serpente, e riscattasse l'umanità e redimesse l'intera creazione; D) Dio restò Dio ma si fece anche Adamo, l'Adamo Ultimo per riscattare l'Adamo antico e tutta la sua discendenza, e l'intera creazione, realtà di cui era l'unico responsabile verso il bene.

La guerra ultima fu affrontare il serpente antico, il Nemico, il Maligno, proprio sull'intero suo regno e ambito, che è il Male in ogni sua forma, il peccato, la Morte, gli Inferi predatori spietati dell'umanità.

Il campo della battaglia fu infine circoscritto alla croce. L'esito della battaglia fu la morte di Dio incarnato, che proprio così sconfisse l'ultima Nemica, la Morte degli uomini (1 *Cor* 15,26; *Ap* 20,14; 21,4).

La Vittoria fu la Resurrezione. Lo Spirito Santo poté invadere l'Umanità del Dio fattosi Adamo Ultimo. Questa Umanità fu perciò trasformata in «Spirito vivificante» (1 *Cor* 15,45), ossia ormai capace, come umanità vera personale, di donare lo Spirito Santo agli uomini.

Il trofeo della Vittoria fu l'Assunzione al cielo. L'effetto della Vittoria fu l'effusione dello Spirito Santo. Sugli uomini, a Pentecoste, la Pentecoste permanente fino alla fine dei tempi. Sulla creazione, e intanto sul corpo umano nell'Iniziazione a Cristo con il suo Mistero, e quindi sull'acqua e sull'olio e sul pane e sul vino... Poi con il conferimento della santità della vita e con il lavoro nella carità, che redime l'universo. Non è visuale spiritualeggiante, è Rivelazione divina, fino ai «cieli nuovi e terra nuova» che debbono preparare i fedeli nella fede e nelle opere.

L'Ascensione mostra precisamente questa Redenzione "fisica", ossia dell'intera *phýsis*, la "natura" creata, l'opera delle Mani divine, a cui Dio mai rinuncia.

Tutto ciò è proclamato dalla divina Rivelazione, perciò è vero, autentico, crudamente reale. Se si è perso nella visuale cristiana occidentale, che è del tutto platonica e neoplatonica e sotto l'ipoteca degli idealismi barbarici, occorre farne intensa mistagogia, recuperando la sanità mentale della fede.

*4. Se ascese, prima discese*

Resta un problema pauroso. Cristo crocifisso risorto asceso non opera solo per i suoi contemporanei e per le future le generazioni dei suoi fedeli, come si recita nella formula di fede: «per noi uomini e per la nostra salvezza». Infatti «noi uomini» significa l'intera umanità, perciò anche gli uomini vissuti prima dell'incarnarsi del Figlio di Dio «dallo Spirito Santo e da Maria Vergine».

Il «Simbolo apostolico» della Chiesa romana (forse fine del sec. 2°), sintesi della fede battesimale, nel suo articolo 2°, sul Figlio, fa recitare:

1. *E (credo) in Gesù Cristo, il Figlio suo unico, il Signore nostro,*
2. *il quale fu concepito dallo Spirito Santo, nacque da Maria Vergine,*
3. *patì sotto Ponzio Pilato, fu crocifisso, morto e sepolto,*
4. *discese all'inferno, il terzo giorno resuscitò dai morti,*
5. *salì al cielo, siede alla destra di Dio Padre Onnipotente,*
6. *di là ha da venire a giudicare i vivi e i morti.*

Il N.T. ha numerosi passi, tutti brevi e allusivi, ma chiari, che Cristo riscattò anche quelli che erano morti prima di Lui. I testi esplicti sono splendidi: *At* 2,24-28; *Rom* 10,6-7; *Ef* 1,15-23; *Ef* 4,8-10; 1 *Pt* 3,18-20; 1 *Pt* 4,6. Vi sono poi molte altre allusioni, ben chiare, tra le quali quelle dell'*Apocalisse*.

L'icona unica e classica della Resurrezione mostra la santa *Káthodos*, la "Discesa" del Signore agli Inferi per riscattare i morti lì detenuti dalla tirannia della Morte e del Maligno, il Nemico. Il Signore in vesti bianche di vittoria irrompe negli Inferi, le rocce si aprono per aiutarlo, le porte degli Inferi sono schiantate, satana è precipitato nella tenebra della morte eterna, il Signore porge la mano al padre suo antico, Adamo, e lo rialza dalla tomba, i morti si radunano intorno a Lui, e in alto due Angeli brandiscono il Trofeo, la Croce santa.

Che senso ha questo? Immane. Infatti se la Croce e la Resurrezione avessero avuto effetto solo per Cristo e per i contemporanei e le future generazioni, allora satana avrebbe comunque detenuto intatto il suo «regno del Male e della Morte», che nell'eternità si sarebbe innalzato minacciosamente e trionfalmente contro il Regno dei cieli, della Luce e della beatitudine. La creazione non sarebbe stata riscattata, e in un certo senso satana avrebbe cantato in eterno il terrificante inno della sua vittoria: «Dio, Tu hai il *tuo* Regno, ma ecco il *mio* regno!», quello della rovina perenne per gli uomini.

Dio non rinuncia mai alla sua creatura. E nel Figlio con lo Spirito Santo se l'è ripresa. La maledizione antica è vinta e rovesciata in benedizione eterna.

All'Adamo antico, l'«immagine e somiglianza di Dio» (*Gen* 1,26,27) che è la «gloria di Dio», destinato al primato su ogni ordine della creazione (*Gen* 1,28), era stato predetto che sarebbe «tornato alla polvere» (*Gen* 3,19), dalla quale pure era stato preso e plasmato per ricevere l'Alito divino e così essere anima vivente (*Gen* 2,7).

L'Adamo Ultimo è «tornato alla terra», anzi fino ai suoi ultimi abissi di morte, ma oggi «torna al Cielo», dove era destinato anche quello antico, e con sé porta irresistibilmente tutti i suoi fratelli.

Come canta il Prefazio del giorno, dove sta la Testa sta finalmente il Corpo.

# Domenica
# «della Preghiera Sacerdotale»
# VII del Tempo Pasquale

Questa Domenica la «Preghiera sacerdotale» (*Gv* 17,1-26), è proclamata nella sua distribuzione sui 3 Cicli, così: Ciclo A, vv. 1-11a; Ciclo B, vv. 11b-19; Ciclo C, vv. 20-26. Va detto subito che il testo nella sua struttura letteraria ha una divisione diversa: a) vv. 1-8, Cristo prega il Padre anzitutto in proprio favore; b) vv. 9-19, adesso intercede per i discepoli presenti alla Cena; c) vv. 20-26, finalmente intercede anche per tutti i discepoli futuri. Dentro questa tripartizione si possono notare altre strutture minori, molto discusse oggi dagli esegeti, che non giungono a nessun accordo sostanziale.

Qualcuno dubita perfino della legittimità del titolo «Preghiera sacerdotale». Sembra però a torto. I Padri greci, che conoscevano non solo la loro lingua, il greco (da noi faticosamente imparato sui libri e strapazzato nella pronuncia artificiosa, detta «erasmiana»; pensate se si pronunciassero l'inglese e il francese come sta scritto...), e che erano così vicini per spazio e tempo al senso e all'indole della Rivelazione biblica, avevano visto giusto. Così uno dei maggiori tra essi, commentando l'evangelo di *Giovanni*, aveva potuto affermare con sicuro senso della realtà:

*Intercede* di nuovo, come Uomo, il *Riconciliatore* e *Mediatore* di Dio e degli uomini, e il veramente Grande e tuttosanto nostro *Sommo Sacerdote*: S. Cirillo Alessandrino, *In Ioannem* 17,9, in PG 74,505,

usando tutti termini tecnici: *mesitéuô*, intercedere; *diallaktês*, riconciliatore; *mesítês*, mediatore; *mégas archieréus*, grande sommo sacerdote; *panágios*, tuttosanto, come si conveniva già nell'A.T. al sommo sacerdote che si accostava nel santuario al suo Signore per tutto il popolo (*Es* 29,6; 39,30; *Lev* 8,9; *Sal* 105,16).

Secondo i migliori specialisti (André Feuillet), il testo di *Gv* 17 è disposto secondo la teologia simbolica per ricalcare la struttura del rito del *Kippûr*, l'Espiazione, descritto in *Lev* 16, per il 10 di *Tišrî* (circa fine di settembre), quale immensa liturgia nazionale penitenziale. Allora il sommo sacerdote per l'unica volta nell'anno entrava nel santo dei santi con l'incenso, simbolo della preghiera, anche per fare un'impenetrabile cortina che rendesse invisibile il luogo, e poi entrava con il sangue sacrificale; dalla tradizione successiva si sa che solo quel giorno poteva invocare il Nome divino IHVH con l'intera pronuncia, altrimenti sostituito con *'Adônaj*, il Signore. In effetti il sommo sacerdote sacrificava anzitutto per se stesso e quindi per la sua casata sacerdotale (*Lev* 16,11), poi per tutti i figli d'Israele (16,15), supplicando il Signore in quest'ordine. Ora, rilevano i Padri e i moderni, in *Gv* 17 Cristo quale Sommo ed unico Sacerdote del Padre invoca il Nome divino, sta per entrare nel Santuario celeste, che è il Padre stesso, con l'aroma soave dell'offerta di se stesso (vedi testi come *Ef* 5,2) e con il suo sangue prezioso, e precisamente innalza al Padre suo la supplica epicletica per se stesso, e l'intercessione epicletica per questi discepoli, e poi per tutto il popolo dei futuri discepoli. Si veda qui anche la corrispondenza con la teologia dell'epistola agli *Ebrei*.

Il testo di *Gv* 17 così termina l'enorme, complesso blocco di testi della Cena (*Gv* 13,1 - 17,26), che avviene in una tensione ben rilevabile. La Preghiera finale conferisce ulteriore densità. Gli antichi anche qui avevano visto bene, e consideravano la Preghiera sacerdotale come testo consacratorio; avevano anche ben compreso che esso era una specie di parafrasi giovannea del «Padre nostro» sinottico, del quale contiene almeno i principali temi: il Nome, la Volontà, il Regno futuro, il «dono» che allude al Pane, la purificazione dal male, la custodia e la liberazione dal peccato in vista della santità.

Questa Domenica si presenta perciò con tutta la sua enorme ricchezza, e viene a coronare degnamente questo Tempo, in prossimità della Pentecoste.

Sia permesso annotare che proprio questa Domenica è stata

abolita in quelle nazioni dove la «civiltà del lavoro», ossia lo sfruttamento economico oppressivo della vita degli uomini, ha decurtato le feste; come si sa, l'uomo moderno produce troppo poco. Perciò in quelle nazioni si è spostata la Solennità del 40° giorno, l'Ascensione, dal suo legittimo giovedì alla Domenica seguente solo perché seguente. Così sotto un motivo "pastorale" (sempre quello) in pratica si è disatteso il simbolismo biblico del numero 40 in rapporto al numero 50 della Pentecoste, e delle 7 Domeniche che portano alla medesima Pentecoste, ma soprattutto si è abolita un'altra Domenica. Il che prova come in Occidente la Domenica sia il giorno più debole della settimana, un giorno di riserva per impiantarvi ogni ideologia nuova. Si sa, di fronte a «motivi pastorali», che sono innovationes nel senso temibile che tale termine e la sua realtà ebbero nei secoli, è inutile richiamare la Tradizione antica comune intangibile. Infatti qui la risposta facile è che si tratta di "pastorale", fatto preminente nella Chiesa, e che si lascia la "teologia", aspetto secondario, agli studiosi.

La Tradizione antica faceva tesoro della teologia in vista della pastorale. Essa aveva già risolto il problema dell'Ascensione (e altri problemi), in modo adeguato. Si trattava di un'impostazione di calendario, dove non si usano «pensate pastorali», ma si mette in opera il senso profondo della contemplazione del Mistero del Signore, della teologia in funzione della pastorale del popolo santo. Nei primordi festali, la Chiesa antica festeggiava l'Ascensione del Signore Risorto nel giorno stesso della Pentecoste dello Spirito Santo quale unico Evento trinitario, assumendo e valorizzando il simbolismo giubilare del $7 \times 7 + 1 = 50$, e con il giusto richiamo al Giorno della Resurrezione. Solo più tardi si ebbero le due date festali dell'Ascensione al 40° giorno, simbolismo dell'attesa, e della Pentecoste al 50°, simbolismo della pienezza.

L'Ascensione, ammesso (ma non concesso) che si dovesse spostare per preservare una festa del Signore (ma feste del tutto minori come il 1° novembre e l'8 dicembre sono parse intangibili!), mai avrebbe dovuto abolire una Domenica del Signore, ma poteva essere di nuovo allineata, come all'inizio era pacifico, alla Domenica di

Pentecoste. Poiché la legge suprema del calendario della Chiesa, che deve obbedire alla regola apostolica della Domenica come vera Festa del Signore, e unica Festa del Signore (1 *Cor* 16,2; *At* 20,7; *Ap* 1,10), era comunque salvare la Domenica, il Giorno plenario della celebrazione di Cristo Risorto con lo Spirito Santo nel suo Mistero. E questo indicibile Mistero non può essere parcellizzato da nessun'altra celebrazione, la quale è sempre inferiore e deve cedere comunque alla Domenica.

In più, abolita la Domenica VII di Pasqua in quelle nazioni, non si è pensato che si provocava un danno ai fedeli, danno "pastorale" ingente perché "teologico". Di fatto la «Preghiera sacerdotale» del Signore (*Gv* 17) non si proclama più al popolo di Dio, che non ascolterà più quel testo, non saprà più che il suo Signore prega per sé, per gli Apostoli, per tutto il popolo dei suoi fedeli durante la Madre di tutte le Cene, come del resto Egli seguita a operare in tutte le Cene figlie. È in gioco la contemplazione del Mistero, che esattamente dalla "teologia" scorre in modo benefico sulla "pastorale" della celebrazione.

Se il Concilio Vaticano II ha caldamente esortato ad «aprire in modo più ricco i Tesori biblici» al popolo di Dio *(SC 51)*, qui una parte illuminante di quel Tesoro insostituibile è sottratta alla Chiesa Orante, il Soggetto principale.

## I. Intorno all'Evangelo

*1. Antifona d'ingresso:* Sal *26,7a.8-9a,* SFI.

Qui L'Orante si rivolge con fiducia al Signore, e innalza a Lui l'epiclesi per l'ascolto e l'esaudimento della sua voce di preghiera, con cui egli "gridò", ossia intensamente invocò il Signore (v. 7a). E si ricorda che il pensiero principale del suo cuore era parlare al Signore, andando alla ricerca del Volto divino, come ancora saldamente si propone di seguitare a fare (v. 8). Poi supplica epicleticamente il Signore di non distogliere da lui il Volto suo, ché sarebbe la sua rovina (v. 9a); questa è la forma negativa dell'«epiclesi per il Volto». Vedi poi il Salmo responsoriale.

## 2. *Alleluia all'Evangelo:* Gv *14,18a.28a; 16,22c.*

Il Signore promette per la prima volta lo Spirito Santo Paraclito nella Cena (14,15-17; vedi sopra, Domenica VI). Lo Spirito Santo verrà e porrà la sua dimora nei discepoli, e segnerà l'inizio della filiazione divina per essi e per quanti da essi crederanno nella fede. La Presenza *paterna* è mediata dal Signore Risorto, che ascende al Padre e intercede per il Dono del suo Spirito Santo. Così i discepoli non saranno abbandonati come orfani, e anzi proprio ascendendo al Padre Cristo può "venire" di nuovo ai discepoli, mediante lo Spirito Santo "dimorante", che prepara la Dimora finale al Figlio indivisibile dal Padre. Così il circolo dell'indicibile Economia salvifica si salda, per la gioia divina e perfetta dei discepoli.

## 3. *L'evangelo:* Gv *17,1-11a*

La Preghiera sacerdotale (*Gv* 17,1-26) sono le ultime parole del Signore ai discepoli durante la Cena, espressioni della preghiera che sgorga dal profondo dell'anima umana del Figlio e sale al Padre, un modello quasi irripetibile.

Va tenuta presente la probabile divisione dell'intero testo in 3 momenti, come si è detto sopra. Il primo momento comprende i vv. 1-8. L'esordio pone fine ai precedenti discorsi: «Questo parlò Gesù». Adesso egli esercita il suo ufficio sacerdotale, cominciando da un gesto sacerdotale tipico in Lui, alzare gli occhi «al Cielo», al Padre. Lo aveva già fatto al momento della resurrezione di Lazzaro (11,41). I Sinottici lo narrano quando moltiplicò i pani e i pesci, gesto liturgico per eccellenza (*Mt* 14,19; *Lc* 9,16 *Mc* 6,41); anche quando guarì il sordo muto, riammesso così nella comunità celebrante dove si ascolta la Parola e si cantano le lodi al Signore (*Mc* 7,34, l'*Effeta*, che diventò anche parte del rito battesimale della Chiesa). La contemplazione del Cielo indica la stretta relazione che «il Riconciliatore e Mediatore e veramente Grande e Tuttosanto Sommo Sacerdote nostro» ha con il Padre, e che fonda l'efficacia redentrice e salvifica del Signore.

La prima parola è l'invocazione "Padre!", dove sotto il greco si riconosce l'aramaico *'Abbâ'!*, che indica la relazione singolare e unica di paternità e filiazione che regna sovrana tra le due Persone divine. Il Padre al Figlio Monogenito nulla può negare. L'invocazione punteggia la Preghiera, scandendola ai vv. 5.11.21.24.25; ai vv. 11 e 25 è aggiunto un titolo, Padre Santo, e Padre Giusto.

La prima espressione che segue è una constatazione di fede e di fiducia, certo nel tremore del fatto imminente: «Venne la *hôra*». Giovanni pone molto in rilievo l'importanza teologica di questa *hôra* di Cristo, in quanto essa segna il momento anche temporale decretato dal Padre, che decide l'esistenza umana del Figlio. Infatti, la *hôra* del Padre attua la sua Economia salvifica. E mentre a Cana non era ancora giunta (2,4), e neppure quando si tenta di catturare Gesù nel tempio (7,30; 8,20), tuttavia alla Samaritana (4,21.23), ai discepoli in relazione alla resurrezione dei morti (5,25.28) e quanto alla sua propria «glorificazione» (12,23 e 27 (2 volte)) il Signore assicura che ormai essa "viene" o "venne". All'inizio della Cena ne è del tutto consapevole (13,1), e lo conferma esplicitamente ai discepoli attoniti e muti, intimoriti e minacciati (16,2), quando finalmente potrà parlare del Padre in modo aperto, non più in «parabole» come finora, poiché dopo parlerà lo Spirito Santo (16,25). È la *hôra* terrificante, quando tutti Lo abbandoneranno, tuttavia il Padre resterà sempre con Lui (16,32). E si comprende meglio la *hôra* se si considera che essa è il momento deciso dal Padre per la "glorificazione" del Figlio, che è il contrario di quello che gli uomini intendono per "gloria", e il contrario anche e soprattutto i discepoli si attendono. Essa è la Croce, il patibolo dell'infamia, assunto dal Padre come trono della Gloria del Figlio.

E il Figlio, nell'obbedienza totale al Padre, gli chiede epicleticamente di essere "glorificato" proprio in questo modo che ribalta ogni logica umana. Non si tratta di una richiesta superba ed egoistica, anzi la glorificazione del Figlio è necessaria perché procura precisamente anche la Gloria del Padre (13,31.32), essendo anzitutto la glorificazione «del Figlio» come tale, a nessun altro titolo (v. 1). Si manifesta ancora di più la relazione paterna/filiale che unisce i Due.

Tale relazione impone un Dono e una missione. Il Padre infatti donò al Figlio «la potestà su tutta la carne», il potere salvifico in favore di tutti gli uomini. È Dono dell'amore del Padre che rimette tutto al Figlio (3,35) in quanto «Figlio dell'uomo» (*Dan* 7,13-14). Questo è il titolo unico che il Signore rivendica per sé, e che in modo graduato rivela ai discepoli (*Mt* 11,27, al «Giubilo messianico»), e finalmente in pieno dopo la Resurrezione (*Mt* 28,18; vedi l'Ascensione). La missione è conseguente. Il Padre con la potestà salvifica ha donato al Figlio anche l'oggetto di essa, e per intero; in un neutro collettivo, «quanto donasti» al Figlio, ossia tutti gli uomini, tutto il cosmo da redimere. E il fine ultimo è chiaro, il Figlio a «tutto questo» deve a sua volta «donare la Vita eterna», lo Spirito Santo (v. 2). Lo aveva anticipato come Pastore Buono: «Io venni affinché le pecore abbiano la Vita, e abbondantemente abbiano» (10,10b; anche 18,28; 1 *Gv* 2,25). Ma «la Vita» è anche Egli stesso (14,6; e le Domeniche IV e V del Tempo pasquale), nel dono dello Spirito Santo (19,30.34).

Perciò Gesù dà la definizione, unica nel N.T., dell'essenza e della sostanza della «Vita eterna». Per il Dono dello Spirito Santo che fa aderire alla Vita che è Cristo stesso, è «conoscere l'Unico Vero Dio», il Padre, in modo vitale, sperimentale (vedi *Ger* 10,10; *Gv* 14,6). La formula va ritenuta alla lettera, anche se forse non a pieno compresa, poiché la figura centrale del Padre in genere è troppo sfumata, lontana, per non dire quasi cancellata, benché si professi: «Io credo nell'Unico Dio, che è il Padre Onnipotente», e in Lui «(credo) nell'Unico Signore Gesù Cristo, e nello Spirito Santo, signoriale, del Signore Risorto, il Vivificante - nella Chiesa».

Forse si deve insistere sulla Realtà centrale, per cui il Signore Unico dell'A.T. non è un Dio generico, il «dio anonimo», senza fisionomia, non è un essere più grande, anche molto grande, a cui si possono assimilare altre concezioni di "Dio" o addirittura di "dio" o di "dei" apparse nei millenni tra gli uomini e le culture, concezione intorno alla quale tutti gli uomini si possono ritrovare (tendenza nichilista moderna). L'originalità indicibile della divina Rivelazione, che è unica e non ripetibile, si può indicare in alcuni punti di fondo, che, è ovvio, ne richiamano poi molti altri:

a) il Signore Unico dell'A.T. dall'eternità contiene nel suo Seno divino paterno il Figlio Monogenito, in reciproca relazione di amore eterno (*Gv* 1,18);
b) il Signore Unico dell'A.T. manifesta agli uomini nel tempo, «a partire dalla Resurrezione dai morti», che Egli è Padre e che il Figlio suo Monogenito è anch'Egli il Signore Unico nello Spirito Santo (*Rom* 1,4, testo arcaico);
c) il titolo principale del Signore Unico dell'A.T. rivelato ormai agli uomini, è «il Dio e Padre del Signore Gesù Cristo» (*Ef* 1,3);
d) la salvezza degli uomini consiste ormai nel ricevere la suprema Rivelazione dello Spirito Santo, mediata da Cristo, e che è conoscere e amare il Padre di Cristo Signore, che sta nel Figlio;
e) il Signore Unico dell'A.T., sussiste ed è contemplato nel Padre e nel Figlio e nello Spirito Santo (*Mt* 28,19), e questo è rivelato da Cristo Risorto nello Spirito Santo;
f) questa suprema "conoscenza" è «conoscenza d'amore», che porta alla Vita eterna, che è la Vita eterna.

La conoscenza del Padre, donata dal Figlio che è rivelato dallo Spirito Santo, trova anche altre formulazioni nel N.T. (*Gv* 12,50; 1 *Gv* 5,20; 1 *Tess* 1,9; 2 *Pt* 1,1-3), sempre in rapporto alla Vita divina, e alla divinizzazione degli uomini. Tuttavia la «Vita eterna» è insieme, in modo coestensivo e coessenziale anche «conoscere Colui che Tu inviasti, Gesù Cristo» (v. 3). È riconoscere il Disegno divino paterno, che decretò dall'eternità l'invio del Figlio, il Verbo Dio che si fece carne e abitò e abita tra gli uomini (1,14). Ed è anche, accettando il Disegno e la missione, sottomettersi al Verbo e farsi investire totalmente dalla sua carne.

Questo appare dalle parole che seguono. Sono un'anamnesi strana, perché di un fatto non ancora avvenuto, ma che con il «passato profetico» è visto come ormai adempiuto. Il Figlio fa memoriale al Padre che già Lo glorificò sulla terra (anche 4,34; 8,54; 12,23), poiché ormai ha adempiuto (*teleióō*) «l'opera» che il Padre gli affidò da compiere (4,34; 5,36; 19,30; 2 *Tim* 4,7). Ora, proprio sulla Croce il Signore Gesù sa che «tutto (l'opera del Padre) fu adempiuto (*teleióō*)» dal Padre stesso in Lui (19,28), e quando reclina il capo in segno d'assenso alla Volontà del Padre, può proclamare: «*Tetélestai*, È stato adempiuto!» dal Padre tutto il suo Disegno, tutta l'opera affidata al Figlio, che si consuma nel «popolo adempiuto», ossia ormai nato dalla Croce (19,30; vedi Evangelo del Venerdì Santo). Perciò può riconsegnare al Padre lo Spirito Santo, affinché il Padre Lo effonda per far nascere questo popolo. Questo avviene dalla trasfissione del costato della Bontà del Figlio, sotto la forma simbolica di Sangue e Acqua, la nuova Economia dello Spirito (19,34). Tutto quindi è visto adesso nella prospettiva dell'avveramento (v. 4).

L'epiclesi per la glorificazione perciò è insistentemente ripetuta (v. 1b). Però adesso con una nuova rivelazione, più profonda. Il Figlio chiede al Padre di essere glorificato «presso Lui» (anche v. 24; e già 1,1.14.18), tuttavia con la medesima Gloria che possedeva in eterno, «prima che il mondo esistesse», e la possedeva «presso il Padre». È il parallelo prezioso dell'«inno dei Filippesi» (*Fil* 2,6-11, in specie il v. 6): il Figlio è Dio e gode dall'eternità della massima prerogativa divina, possedere la Gloria, che è la Vita del Padre, che è lo Spirito Santo. Contestualmente però si rivela che in qualche modo il Figlio ha accettato la *kénôsis*, lo svuotamento momentaneo e assai misterioso delle prerogative divine, per diventare Uomo vero, destinato alla Croce (ancora *Fil* 2,7-8). E proprio la Croce è il luogo e momento del recupero della Gloria divina, della sovresaltazione del Figlio (ancora *Fil* 2,9-11), come Egli aveva preannunciato in forma misteriosa, parabolica (il Serpente innalzato che salva donando la Vita eterna, *Gv* 3,14-15; anche 8,28; 12,32.34; e *Mt* 16,21). Il Figlio quindi viene dall'eternità gloriosa dove sussiste rivolto con amore verso il Seno del Padre (1,18b) con lo Spirito Santo, e se ancora per poco ha rinunciato in forma misteriosa a quell'indicibile beatitudine, sa che all'eternità medesima sta per tornare, secondo la Volontà del Padre suo (v. 5).

E al Padre suo traccia una specie di rendiconto. È un'altra anamnesi. Egli manifestò (*phaneróô*, verbo della rivelazione) il Nome del Padre, la sua Essenza divina trascendente, che è essere Padre del Figlio Gesù Cristo, e mediante Lui è anche il Padre di tutti gli uomini (i vv. 9 e 24; 8,5-6; e *Mt* 6,9; *Pr* 8,22-23). È il culmine della rivelazione del N.T., che risuona nella predicazione apostolica (qui, *Ef* 1,3). Ora, gli uomini a cui manifestare il Nome divino del Padre sono stati scelti, benché non sottratti, dal mondo (v. 15), il mondo malvagio, delle tenebre; ed essi sono l'altro dono del Padre al Figlio (vv. 2b e 9). Per sé il Figlio riconosce che essi appartengono alla Fonte della Vita, il Padre, ma il Padre li dona come eredità preziosa al Figlio (v. 9). Il Figlio qui parla in quanto Uomo, poiché poco dopo afferma che, essendo Egli anche Dio, tutto è comune tra Lui e il Padre suo (ancora v. 10); mentre come Uomo sa quale prezzo costi accettare tale eredità. Assunta la quale, il Figlio si è posto come annunciatore del Padre, della Parola del Padre, che ha insegnato a custodire (v. 14; 15,15; già 8,26; 12,49; poi 16,30). Questa è anche l'ultima raccomandazione del Signore mentre ascende al Padre (*Mt* 28,20a; ancora l'Ascensione). Nella Parola del Padre infatti sta lo Spirito Santo e sta la Vita (6,63). È l'istanza suprema della salvezza (v. 6).

Questa comunicazione della Parola ha portato i discepoli a riconoscere "adesso" che Cristo nulla porta di suo esclusivo al mondo, bensì che tutto questo "Dono" così complesso proviene dal Padre, e presso di Lui era previsto dall'eternità (v. 7). E proprio perché complesso, il Dono si configura anzitutto come «le Parole» del dialogo eterno indicibile che si svolge tra Padre e Figlio nello Spirito Santo, Parole donate al Figlio e da questi finalmente donate fedelmente ai discepoli (v. 14; 15,15; 8,26; 12,49; 16,30). Accettando queste Parole, «i detti e fatti» del Signore (*At* 1,1-2), i discepoli possono conoscere che il Figlio «esce da presso» il Padre, divino Torrente dalla Fonte consustanziale. Conoscono che il Padre e il Figlio sono l'Unica Realtà (10,30), e credono finalmente che il Padre inviò a essi il Figlio (6,70; 11,42; 16,30; poi i vv. 21 e 25). Così la Rivelazione è completa. Nel Figlio ascoltano la Parola Verbo del Padre, e contemplano l'Icona perfetta del Padre (14,9; e Domenica V del Tempo pasquale, sopra): ascolto e visione, che portano alla fede salvifica (v. 8).

Si inizia qui la sezione della Preghiera sacerdotale dedicata ai discepoli di allora, vv. 9-19. Le suppliche epicletiche finora rivolte da Cristo al Padre a favore di se stesso, diventano intercessioni epicletiche per i discepoli, ancora ignari, ma sui quali per il seguito peserà in modo tremendo tutto il carico della missione che il Padre affidò al Figlio, e che il Figlio prosegue per la mediazione dei discepoli. Il Sommo Sacerdote prega adesso per i futuri suoi confratelli nel Sacerdozio.

Cristo «chiede (*erōtáō*) per essi» (anche v. 20; 6,37.44.65; 14,16; 16,26; è una preghiera continua, insistente). Non direttamente per il mondo, che pure deve essere salvato, ma per i discepoli che a esso porteranno la salvezza ottenuta dalla Croce. Essi sono del Padre, che li ha creati e li ha scelti (vv. 2b.6) per affidarli alla missione del Figlio, a cui li dona (v. 9). Tuttavia il Figlio riconosce, come si è anticipato sopra, che tutto quello che possiede Lui è del Padre, ed è suo quanto possiede il Padre (16,15; *Lc* 15,31), così che mentre «in Dio tutto è comune alle Persone divine», nell'Economia della storia il Figlio, che è anche Uomo vero, riceve dal Padre l'eredità. E prosegue affermando che dai discepoli ricevuti dal Padre già fu glorificato (v. 10). Il che richiama apertamente all'opera dello Spirito Santo nei discepoli, che è di glorificazione (16,14-15, la quinta e ultima promessa dello Spirito Santo nella Cena). Perciò, glorificato divinamente dal Padre con il Dono dello Spirito Santo (v. 1), Cristo è glorificato dallo Spirito Santo anche mediante i discepoli, in forma anche umana, di amore e di adesione e di culto.

Così appare chiara dalle ulteriori parole la duplice prospettiva. Il Figlio ormai non sta più nel mondo, dove era venuto da presso il Padre. Vede se stesso già tornato al Padre (13,1; 14,12), l'unica sua aspirazione. La quale, tuttavia, lacera l'intimo della sua esistenza umana, sapendo quale ingresso si ponga per Lui da traversare, il diaframma mortale della Croce. I discepoli invece sono destinati a restare nel mondo per eseguire la missione affidata ad essi dal Figlio (13,1), e questo li costituisce in pericolo mortale (v. 11a). Perciò adesso Cristo invoca epicleticamente il suo «Padre Santo», affinché li conservi nel Nome suo, e così, espletata la loro missione, «siano unica realtà» come il Padre e il Figlio (v. 11b.21). Ma per espletare la loro missione già adesso debbono essere «unica realtà» come il Padre e il Figlio, alla quale aggregare infiniti discepoli; per questi intercederà il Signore tra poco (vv. 20-26).

Per il seguito della Preghiera sacerdotale, si rinvia alle Domeniche di questo Tempo, VII, Ciclo B, e VII, Ciclo C.

*4. Antifona alla comunione: Gv 17,20a.22b.*

Il v. 22 parla così: «E la gloria che Tu donasti a Me, Io donai a essi (i discepoli futuri), affinché siano "unica realtà" come Noi "Unica Realtà"; l'«Io prego, Padre» è adattato dal v. 20a. La suprema epiclesi sacerdotale del Figlio al Padre è per l'unità tra i discepoli, affinché essa abbia fonte e causa nell'Unità divina che regna tra il Padre e il Figlio nello Spirito Santo. E lo Spirito Santo, la Gloria divina, è donato ai discepoli a quello scopo preciso. La realizzazione di questo è a sua volta fonte e causa della salvezza degli uomini.

E precisamente «oggi qui» si riceve lo Spirito Santo nella Parola, nella Mensa, nella Chiesa Sposa. E celebrando il Signore Risorto nella sua infinita Potenza redentrice, santificante e divinizzante, i fedeli diventano per così dire di più l'«unica realtà"» voluta da Cristo, e causata dall'Unità divina stessa. L'epiclesi del Signore al Padre per essi è perciò perenne, efficace per se stessa, tuttavia è condizionata dalla loro resa senza condizioni, per lasciarci compaginare nella compatta Comunità posta per la salvezza del mondo. Questo va tenuto presente in ogni celebrazione. È anche un grave richiamo all'urgenza di riformare l'unità tra i cristiani tra essi orribilmente separati, alienati, ostili, oggi in uno strano rinnovato furore, che si presentano senza i titoli di cui il Signore ottenne dal Padre che fossero insigniti.

## II. Dalla Resurrezione alla Chiesa

*I Lettura:* At *1,12-14*

Il primo dei «sommari» degli Atti presenta uno «spaccato» della Comunità degli Apostoli, che dopo l'Ascensione (1,1-11; vedi sopra) hanno compreso quanto il Signore vuole da loro: «Voi poi risiedete nella Città, finché sarete rivestiti dall'Alto di Potenza», lo Spirito Santo (*Lc* 24,49b).

Asceso il Risorto al Padre, i discepoli tornano nella Città (*Lc* 24,52). È descritto accuratamente il Monte dell'Ascensione, «detto dell'Oliveto» (*Zacc* 14,4), distante da Gerusalemme la distanza che si può percorrere di sabato secondo le norme rabbiniche (*Gv* 11,18, un'altra determinazione). Ora, i rabbini avevano discusso a lungo sul sabato, giorno di assoluto riposo per dedicarlo al Signore e ai fratelli, e avevano ammesso che si potesse percorrere non più di 2000 passi, senza trasportare alcun peso (v. 12).

Entrati in città, i discepoli salgono nella sala superiore, il cenacolo (*Mc* 14,15; *At* 9,37.39; 20,8); si tratta dell'ambiente principale della casa ebraica, dove si accolgono gli ospiti. Qui prendono dimora gli Undici, restati in numero incompleto per la morte di Giuda. Essi dovranno ricostituire questo numero (poco dopo la sorte che cade su Mattia, 1,15-26). Infatti i Dodici rappresentano le dodici tribù del popolo di Dio, nel loro titolo primario di «testimoni della Resurrezione» (1,22), destinatari con tutto il loro popolo della missione al mondo che la Pentecoste verrà a inaugurare. Essi furono scelti accuratamente dal Signore, e nominati uno per uno (*Mt* 10,2-4); a essi è anche dato un capo e corifeo, Pietro; nella lista Giacomo e Giovanni, e poi Andrea, occupano un posto segnalato (v. 13).

L'annotazione verte poi sull'intera comunità: «tutti questi» si raccoglievano tra loro (2,1.42; 6,4; 12,5; *Ef* 6,18; *Fil* 1,27) nella perseveranza unanime (*homothymadón*, unico respiro) nella preghiera (v. 14a). Il tratto ricorre in 2,46; 4,24; 5,12; 8,6; 15,25; e *Rom* 15,6. Non si dice il contenuto della preghiera, ma si può forse immaginare, è la supplica epicletica insistente per ricevere lo Spirito Santo promesso, che il Risorto sta per donare secondo la formale ripetuta promessa (1,4; *Lc* 24,48a). Il cenacolo è il santuario della preghiera che sale al Padre.

I Dodici sono il nucleo propulsivo della comunità. Intorno a essi, perché facenti parte con essi, si radunano insieme «le Donne» fedeli (*Lc* 8,2; *Mt* 27,55; *Mc* 16,9), che avevano seguito il Signore nella sua Vita pubblica (*Lc* 8,1-3), fino alla Croce, e che avevano ricevuto la sua apparizione di Risorto. Con le Donne sta anche Maria, la Madre del Signore, che con le Donne era stata sotto la Croce (*Gv* 19,25), e che, piena di Spirito Santo (*Lc* 1,28 e 35), si fa umile Figlia della Chiesa (S. Agostino), attendendo, insieme a essa, la Pentecoste, che per lei però sarà la seconda. E stanno finalmente «i fratelli» di Gesù (*Mt* 12,46; 13,55), che si sa bene che erano i cugini, tra la sua numerosa parentela; questa ancora esisteva almeno fino al 3° secolo, e da essa era scelto il Vescovo di Gerusalemme, il primo dei quali fu appunto Giacomo; ebbe anche gloriosi martiri tra i suoi membri (v. 14b).

Su questa compatta comunità adesso scenderà lo Spirito Santo, il Fuoco divino creatore. Questa comunità porterà poi la Pentecoste in tutto il mondo.

*Il Salmo:* Sal *26,1.4.7-8a*, SFI

L'Orante riafferma all'inizio la sua ferma fiducia nel suo Signore, proclamandolo sua unica Luce (18,9; *Is* 60,20; *Mich* 7,8), Colui sotto la cui guida divina si deve procedere, nella cui Luce si vede la Luce (*Sal* 35,10b; *Gv* 1,9; *At* 26,18; 1 *Pt* 2,9). È la Luce divina increata, la mirabile manifestazione della Vita divina. In quanto tale, il Signore è anche la salvezza del Salmista. Egli pertanto può attestare con fierezza fondata che nulla può temere, da chiunque venga (22,4; 55,5.11; 117,6; *Is* 12,2; 51,12; *Rom* 8,31). In parallelismo sinonimico, aggiunge anche l'affermazione che il Signore protegge sempre la sua esistenza, perciò egli mai tremerà per qualunque minaccia (v. 1).

Per questo ricorda che al Signore ha innalzato una sola supplica epicletica, e il suo contenuto forma l'oggetto del suo unico desiderio (25,8; 83,2.3.11; *Lev* 10,42): porre la sua dimora nella Casa di Dio (14,1; 22,6; 41,5; 60,5; 64,5; *Lc* 2,49), lo struggimento del suo cuore fedele (83,3), per sempre. Ivi solo egli sperimenterà le «delizie del Signore», che sono il culto divino, la partecipazione al convito sacrificale, sentirsi parte dell'assemblea sacra. Questo si può avere solo recandosi in sacro pellegrinaggio al santuario (v. 4).

Di questo adesso l'Orante innalza la supplica epicletica al fine di essere ascoltato nella sua pressante richiesta, poiché invoca sempre, di ricevere la divina Misericordia, che esaudisce ogni sua domanda (v. 7).

Il suo cuore, quindi la sua intelligenza e la sua volontà, stanno in continuo dialogo con il Signore, un dialogo permanente e appassionato da ambo le parti. L'Orante lo condensa esprimendo il suo intenso programma di vita, di cui si è fatto anche annunciatore tra i fratelli: «Cercate il Volto di Lui!» (v. 8; 23,6; 104,4). Ora, il Volto divino si deve "cercare" sempre, tuttavia il luogo dove il Signore più si fa cercare è il santuario (*Dt* 4,29; *Es* 33,7 con *Sal* 23,6; e Domenica IV d'Avvento). Ivi il Signore si fa trovare. Ivi la Luce del Volto suo si rifrange sui fedeli. Ivi la sua protezione sovrana è donata senza mai venire meno.

Con il Versetto responsorio, v. 13, l'Orante fa ripetere con lui che la sua fiducia totale è di sperimentare i Beni eterni che il Signore elargisce a chi Lo ama già durante l'esistenza terrena.

### *L'Apostolo: 1* Pt *4,13-16*

Ai suoi fedeli Pietro traccia un difficile itinerario di vita. E anzitutto, e paradossalmente, invita i cristiani a gioire (*cháirō*) nella misura in cui essi accettano di prendere comunione (*koinōnéō*) alle sofferenze di Cristo Signore (*At* 5,41; *Gal* 6,14-17; *Rom* 8,17; *Fil* 3,10-11), nella perfetta assimilazione a Lui. Il fine qui non è soffrire per soffrire, che non è un programma cristiano, e neppure umano. La fede cristiana è vita e tende alla vita. Ma la sofferenza è inevitabile. E il fine allora è che nelle sofferenze di Cristo precisamente si rivela appieno la Gloria di Lui (1,5-7; 5,1; *Giud* 24), e in questa i fedeli debbono gioire esultando (*cháirō* e *agalliáomai*, un imperativo e un participio rafforzativo), e così trovano la pienezza della loro esistenza (v. 13).

L'itinerario prosegue, senza nascondere la sorte che attende i fedeli. Essi inevitabilmente per il Nome di Cristo soffriranno gli obbrobri dagli estranei. Proprio qui sta la beatitudine, dono divino (*Sal*

83,11; *Mt* 5,11; *Ebr* 11,26; 13,13). Il dono si configura, nell'accettazione degli improperi così motivati, nel fatto che il Signore fa riposare in modo permanente sui fedeli ogni suo Bene divino, la Gloria che è lo Spirito Santo (v. 14).

Vivere così esclude d'altra parte ogni e qualsiasi fatto peccaminoso, come l'omicidio, il furto, la maldicenza e l'avidità dei beni altrui. Questa, sotto altro nome (nel N.T., *pleonexía*, qui invece è *allotriepískopos*), è da Paolo bollata come «culto degli idoli» (*Col* 3,5), il peggiore dei peccati verso il prossimo, che rovina l'esistenza. È così esemplificata, senza escludere altri misfatti, la II tavola della Legge santa del Signore, il Decalogo, nei comandamenti 5°, 7°, 8°, 9° e 10° (v. 15). Come quasi sempre, i doveri verso Dio sono come ricondotti e sintetizzati nei doveri verso il prossimo, al quale per onorare Dio non si deve arrecare il minimo danno, il minimo disturbo.

In conclusione, il cristiano in quanto tale non deve vergognarsi della sua condizione di malessere in un mondo dove sono violati tutti e 10 i comandamenti divini, un mondo che riserva feroci atteggiamenti verso chi non partecipa alla ribalderia comune. Invece il cristiano per tutto questo darà gloria a Dio nel Nome suo santo, partecipando così a pieno titolo della sua Santità, che è la Gloria di Lui e dei suoi figli (v. 16). In tutto questo il fedele starà sempre sotto la Guida divina dello Spirito Santo.

## III. La Preghiera della Chiesa

### 1. L'eucologia

La Colletta fa risaltare il tema dell'Ascensione; è innalzata un'epiclesi per l'accettazione delle preci della Chiesa, affinché il Signore asceso alla Gloria del Padre, secondo la sua promessa si faccia sentire presente ai suoi che ancora pellegrinano sulla terra, in attesa della sua Venuta, e così lo raggiungano. Tale Presenza, come è ovvio, è lo Spirito Santo.
La Preghiera sopra le offerte è generica; è un'epiclesi affinché il sacrificio sia accettato, poiché il suo effetto ultimo e vero è la Vita

eterna nella Gloria celeste.

La Preghiera dopo la comunione: ancora il tema dell'Ascensione: dove adesso sta il Capo, si chiede che il Mistero celebrato operi affinché stia anche il corpo suo.

*2. La Prece eucaristica*

Il Prefazio si può scegliere tra i 5 Prefazi pasquali. Tuttavia, migliore scelta è invece uno dei 2 Prefazi dell'Ascensione.

# Domenica di Pentecoste

Incarnazione Croce Resurrezione Ascensione Pentecoste Parusia nello Spirito Santo del Padre e del Figlio: tale il Mistero plenario di Cristo Signore, e tale l'anamnesi perenne della Chiesa.

Se tutto deriva dalla Croce e dalla Resurrezione che si consuma con l'Ascensione, però allora tutto è reso possibile dalla Pentecoste dello Spirito Santo.

### A. La Vigilia di Pentecoste

La ricchezza celebrativa della vigilia della Pentecoste, come quella della vigilia del Natale, è pari a quella del Giorno. E in un certo senso essa si spreca per il peso preponderante del solenne Giorno a cui introduce. Va notato che finalmente si torna a leggere l'A.T., la sola lettura che conferisce profondità storica al N.T., e la ricca scelta delle pericope anticotestamentarie illustrano in modo adeguato l'Evento del giorno dopo. Di esse va tenuto contro anche per la celebrazione del grande giorno che segue. Qui lo sguardo va solo alle tematiche principali.

### I. Intorno all'Evangelo

*1. Antifona d'ingresso:* Rom 5,5; 8,11.

Dall'Iniziazione a Cristo nel suo Mistero, ma specificamente con la santissima confermazione, il Padre versa nel cuore dei suoi figli lo Spirito Santo come Carità divina ormai dimorante (5,5), e comincia la vita in Cristo operata nei fedeli dallo Spirito Santo» (8,11).

*2. Alleluia all'Evangelo.*

«Vieni, Santo Spirito» è la più celebre epiclesi per ottenere la visita fedele del Paraclito. Il testo con 3 verbi all'imperativo chiede direttamente allo Spirito Santo di venire per riempire della sua divina Pienezza il cuore dei suoi fedeli in attesa (ancora *Rom* 5,5), e di accendere in essi il Fuoco della sua Carità (*Lc* 24,32; e *At* 2,1-4).

### 3. L'Evangelo: Gv 7,37-39

Le capanne (o tabernacoli, o tende, *sukkôt*, in greco *skênopêgíai*) erano, dopo il sabato, la festa principale dell'anno liturgico ebraico. Tale festa era centrata su questi temi: l'autunno, ultima festa, sacrificio d'azione di grazie per il raccolto, propiziazione per le piogge necessarie, rinnovamento dell'alleanza, processione dalla fonte del Gihon portando in un vaso d'oro l'acqua da libare sull'altare, grande luminaria la sera, implorazione per il dono dello Spirito del Signore. Festa quindi dell'acqua e della luce, e dello Spirito del Signore, festa plenaria ed escatologica, che tendeva al rinnovamento della creazione.

Cristo Signore vi assiste nel tempio (*Gv* 7,37-39). Si pone in piedi sul gradone che separava l'atrio degli Israeliti da quello delle donne, e quindi all'intera assemblea raccolta e orante annuncia la realizzazione di quella festa. Il testo è mirabile, nella punteggiatura vera (fu artefatta da Origene per fargli dire che l'acqua viene dal fedele in quanto è il vero "gnostico"):

> *Gesù…gridò, parlando:*
> *Chi ha sete, venga a Me, e beva chi crede in Me.*
> *Come parlò la Scrittura:*
> *Fiumi dal suo (di Cristo) ventre scorreranno di Acqua vivente.*
> *Questo parlò dello Spirito che stavano per ricevere i credenti in Lui.*
> *Ancora infatti non esisteva lo Spirito,*
> *poiché Gesù ancora non fu glorificato.*

Se si segue il testo in ordine inverso, ossia dalla conclusione alle premesse, si comprende che Gesù doveva prima essere glorificato dal Padre, e per Giovanni questo significa l'innalzamento sulla Croce. In forza della glorificazione, Gesù nella sua Umanità è divinamente trasformato nell'unica Fonte inesauribile dello Spirito Santo, che quindi ancora non poteva esistere in funzione. Lo Spirito Santo viene perciò solo da Gesù glorificato, e investe gli uomini sotto la forma di Fiumi infinitamente supereffluenti d'Acqua vivente e vivificante, promessi dalla Scrittura, ossia dall'A.T. Un testo unico, preciso, qui non è identificato, ma invece se ne possono citare molti dai libri storici, profetici e sapienziali, e dai Salmi (ad esempio *Sal* 45,5, CS; 64,12, AGC). In specie, si ha qui la tipologia del tempio della divina Presenza in Sion, esso è questa Fonte, che irrompe su tutti «dal lato destro» dell'altare (*Ez* 47,1-3). Per Giovanni, precisamente Cristo è il Tempio escatologico (*Gv* 2,19-21), e il lato destro di questo Tempio è il costato della sua infinita Bontà trafitto sulla croce (*Gv* 19,34).

Ma per ricevere i Fiumi divini dello Spirito Santo occorre: I) avere sete di Dio, e II) quindi venire a Cristo, per III) bere da Lui, IV), avendo già prima creduto in Lui.

Per completare, alla medesima festa il Signore annuncia: «Io sono la Luce del mondo» (*Gv* 8,12), l'altro grande tema delle capanne.

Così in questi temi centrali la Pentecoste è magnificamente presentata come l'avvio vero del regime cristiano nella sua interezza.

Come per i discepoli che vissero con il Signore la Croce e la Resurrezione formarono «il prima» e «il dopo», per cui nulla ormai è eguale a prima, e tutto sarà come dopo, così la Pentecoste forma «d'adesso» perenne della Chiesa di Dio che allora lo Spirito Santo creò per il Padre unendola nuzialmente al Figlio.

*4. Antifona alla comunione:* Gv 7,37.

Si canta nella gioia l'invito del Signore agli assetati, affinché vengano a Lui e bevano da Lui l'Acqua vivente dello Spirito Santo. Questa Acqua si dona ai fedeli nella triplice comunione alla Parola, all'altare e alla Chiesa, il corpo nuziale di Cristo Risorto.

## II. Verso L'Evangelo: l'A.T.

*La Profezia*

Si può scegliere 1 delle 4 Letture dell'A.T. che sono qui proposte.
1. La torre di Babele (*Gen* 11,1-9) sta sotto il segno della

ribellione e della prevaricazione contro Dio, che si risolve a danno degli uomini. Il precetto del Signore agli uomini in *Gen* 1,28, iniziale e fondante, era di crescere, di moltiplicarsi e di riempire la terra. Egli stesso ha creato beneficamente 70 popoli, numero simbolico della pienezza (la «tavola dei popoli», *Gen* 10,1-32), poiché dalla diversità viene la ricchezza. Tuttavia la prevaricazione degli uomini li porta a fondare agglomerati confusi, oggi si parla di "megalopoli", in masse promiscue quasi senza più identità personale nei singoli, masse caotiche che perdono di vista il loro bene e il bene di ciascuno, gonfie di superbia e di autonomia sempre illusorie; masse senza difesa morale, alle quali la cultura egemone impone facilmente la sua immoralità degradante; mentre si impoverisce la terra abbandonata, che diventa sterile deserto. È questa la tecnica precisa della ferocia e della barbarie islamica, per cui i musulmani non sono i "figli del deserto", come si diceva romanticamente, bensì sono i precisi e spietati «padri del deserto» (dal Marocco al Pakistan). Ora, le masse della torre di Babele vogliono «raggiungere il cielo», ossia osano sfidare Dio comparandosi e Lui e abolendolo. E creano una loro unità umana deleteria, la tirannia culturale, politica e religiosa dell'«unica lingua», espressione semitica per indicare la politica unica. Tale "unità" è contro natura, e resta paradossalmente come diversità immersa nel peccato. I Padri hanno visto bene: «ivi il peccato, dove la moltitudine» (Origene). Dio non può che ricondurre gli uomini nei loro limiti creaturali. Perciò Egli scende a ristabilire la ricca diversità, nell'unità sostanziale del genere umano, che deve dirigersi verso altre vie: ecco la genealogia di Abramo (*Gen* 11,10-32), e la sua vocazione come «Padre di molte nazioni», semitismo per dire «di tutte le nazioni» nell'unità del divino Disegno (*Gen* 12,1-3).

2. La teofania del Sinai in vista dell'alleanza (*Es* 19,3-8a.16-20b). Il Signore si manifesta nel terremoto, nella tempesta di tuoni e folgori di fuoco, e si prepara il popolo suo quale «regno di sacerdoti e nazione santa» (vv. 3-6). Così, mentre si fa

presente al suo popolo, che deve adorarlo da lontano, pone il necessario mediatore, Mosè (vv. 16-20), in forza del sangue del sacrificio (*Es* 24,1-8) in cui stipula l'alleanza con il suo popolo.

3. La resurrezione del popolo dei morti (*Ez* 37,1-14). Il popolo in esilio adorava gli idoli, e quindi era morto spiritualmente, era diventato simbolicamente un immane ammasso di ossa aride. Ma il Signore non permette la morte. Egli invia il sacerdote e profeta Ezechiele, affinché invochi lo Spirito del Signore su quei "morti" e li vivifichi nella resurrezione di vita, lo purifichi e lo introduca di nuovo nella patria. Questo avviene per la Parola onnipotente del Signore, con cui Ezechiele epicleticamente invoca lo Spirito del Signore affinché venga, e faccia vivere questo popolo resuscitato davanti al Signore nella fedeltà divina alla sua alleanza. Per il commento a *Ez* 37,12-14, vedi la Domenica V di Quaresima, Ciclo A.

4. L'effusione dello Spirito del Signore su ogni carne, promessa per i tempi escatologici (*Gioel* 2,28-32). In spirito di pentimento per le sue prevaricazioni, il popolo radunato dai sacerdoti celebra una liturgia penitenziale nazionale, con la confessione dei peccati. Allora il Signore restituirà la prosperità e l'abbondanza (2,1-27), il cui "Segno" supremo è il Dono dello Spirito del Signore, Spirito di profezia per l'intero popolo, in ogni categoria. E tra segni e prodigi finalmente il Signore viene, e chi si radunerà sul Monte della santa Sion e invocherà il Nome divino, sarà salvato. Questa profezia sarà annunciata da Pietro come adempiutasi il giorno di Pentecoste (*At* 2,16-21).

*Il Salmo:* Sal *103,1-2a.24.35c.27-28.29bc-30, I*

Lo splendore di questo Inno di lode si rivela sia nella Vigilia della Resurrezione, dove è usato come il 1° dei Salmi responsori, sia nel Giorno della Pentecoste; a queste due celebrazioni si rimanda. Nella scelta dei versetti d'oggi, l'Orante dal fondo della sua anima innalza la sua "benedizione" al Signore per la magnificenza divina nella creazione e nella dispensazione generosa di ogni bene alle creature. Queste, animate e inanimate, si attendono tutto dal divino Datore della vita, il Donante Sapiente e Buono, dall'illimitata generosità. Ma il Dono ultimo e maggiore è lo Spirito divino, presente da sempre nella storia, fin dalla faccia dell'abisso primordiale (*Gen* 1,1-3), come adesso sulla faccia della terra, e l'intera creazione sarà rigenerata e vivificata.

Il Versetto responsorio, v. 30 adattato, canta l'epiclesi allo Spirito Creatore per la sua venuta.

## III. Dall'Evangelo alla Chiesa

*L'Apostolo:* Rom *8,22-27*

Gli uomini con la loro natura creata sana e buona, ma diventata peccaminosa, corrompono anche la creatura di Dio, quella animale e quella inanimata. Paolo richiama i gemiti delle doglie di un parto doloroso emessi da questa creazione che attende e sospira la sua redenzione. Gli uomini stessi, quando saranno redenti, debbono riportare la libertà e la gloria anche alla creazione, che fu sottoposta in origine ad essi (*Gen* 1,28). Solo lo Spirito Santo interviene allora nella preghiera dei fedeli, anche Lui gemendo in modo indicibile, ma efficace, perché è Dio che conosce Dio e il suo Disegno, e solo Lui sa intercedere, sa che cosa pregare «secondo Dio», che solo così accoglie la preghiera dello Spirito Santo «per i santi», gli iniziati a Cristo con il suo Mistero.

## IV. La Preghiera della Chiesa

*1. L'eucologia*

La Colletta chiede che in forza del Mistero dei 50 Giorni derivanti dalla Resurrezione, le nazioni giungano alla confessione dell'unico Nome divino che salva.

La Preghiera sulle offerte è un'epiclesi al Padre affinché infonda il suo Spirito nei Doni, così che alla Chiesa derivi la carità, e nel mondo risplenda la verità divina del Mistero salvifico.

La Preghiera dopo la comunione è un'epiclesi per ottenere la Fiamma dello Spirito Santo come si manifestò agli Apostoli a Pentecoste.

*2. La prece eucaristica*

Il Prefazio è della Messa del giorno della Pentecoste.

## B. La Domenica di Pentecoste

Per la Pentecoste dello Spirito Santo occorre tenere presente quello che si deve affermare per la celebrazione annuale della Resurrezione del Signore, e per l'Ascensione se si celebra di Domenica (ma con infrazione della Tradizione): si tratta qui sempre ed essenzialmente della *Domenica*. Una Domenica segnalata, per essere il termine del ciclo di 7 x 7 Domeniche attraverso le quali la Potenza della Resurrezione, che è lo Spirito Santo, irrompe sui discepoli di Cristo Signore Risorto, e attraverso essi sulle nazioni del mondo. Così le due Grandi Sorelle, la Domenica della Resurrezione e la Domenica della Pentecoste formano il complesso compatto di un «Giorno unico» nei 50 giorni di «gioia della Resurrezione». Il numero 50 è un multiplo del numero 5, che in senso biblico è simbolo della pienezza. La Scrittura, e in specie il N.T., si serve infatti del simbolismo dei numeri per rivelare anche così la Realtà divina.

Si ha qui la «Pienezza (*plêrôma*) dello Spirito Santo», Colui che operò la Resurrezione di Cristo, e il medesimo operò la Pentecoste della Chiesa. Così per la perenne operazione dello Spirito Santo su Cristo e sulla sua Chiesa, si può affermare che I) è sempre Domenica; II) è sempre Resurrezione; III) è sempre Pentecoste.

La Teofania trinitaria di Domenica, che è la Pentecoste, fa celebrare sempre e solo Cristo Risorto. Occorre rifarsi sempre all'anamnesi invariabile dei divini Misteri: «facendo memoriale della Morte, della Resurrezione e dell'Ascensione del Figlio tuo, noi, Padre, offriamo a Te...». La celebrazione nello Spirito Santo parte dall'Evangelo di oggi, questo «varco al Mistero» totale, per giungere all'adorazione indivisibile della Trinità santa, consustanziale e indivisa, il Signore Unico che sussiste senza aumento né diminuzione, senza confusione e senza separazione, e così si fa contemplare nelle Persone divine del Padre e del Figlio e dello Spirito. Del Signore Unico, unico è il Disegno salvifico per gli uomini, attuato nell'Economia indicibile della Grazia dello Spirito Santo per la Volontà del Padre e per la mediazione volontaria del Figlio. Perciò la Pentecoste non è affatto «festa dello Spirito Santo», né la solennità della SS. Trinità è «festa della Trinità». Al contrario, è sempre «Festa di Cristo Risorto», che dona lo Spirito del Padre e suo e rivela la Trinità. Qualche annebbiato dogmatico si agita per far istituire perfino la «Festa di Dio Padre». Scorie del medio evo.

Per comprendere questo, oltre l'evidente scarsa dottrina corrente sullo Spirito Santo, occorre partire sempre dal Disegno divino, e quindi dalla Vita storica di Cristo Signore con lo Spirito Santo. Ora lo Spirito Santo già nell'A.T. è «Dio in quanto si comunica agli uomini», il primo divino Approccio agli uomini. Perciò si prospetta la «pienezza dei tempi» (*Gal* 4,4-6), in quanto lo Spirito Santo è la Presenza e Dimora divine e totali nell'Umanità assunta dal Verbo Dio: dall'Annunciazione a Maria Vergine, attraverso la crescita umana, fino al Battesimo e alla Trasfigurazione, a tutto il ministero messianico, che si attua nell'Evangelo annunciato e nelle opere compiute (testo sintetico capitale, qui, *At* 10,34-43; vedi I Lettura del Giorno della Resurrezione), alla Croce (che è l'offerta nello Spirito eterno, *Ebr* 9,14), alla Resurrezione (*Rom* 1,1-4; 8,1-15). Ma al Battesimo, annota solo *Giovanni* (1,29-34), lo Spirito Santo "resta" sul Signore (rilettura di *Gen* 2,7 e 6,1-3; vedi dopo). E pieno di Spirito Santo (*Lc* 4,1: non dunque passivamente «riempito», ma portatore originale!), il Signore promette il medesimo Spirito Santo, con insistenza: quale Acqua della Vita (*Gv* 4,10.13-14.22-24), quale "Fiumi" di quest'Acqua Vivente (7,37-39; Evangelo della Vigilia), quale Presenza divina totale e dimorante, il Rivelatore unico e il divino Condottiero unico (*Gv* 14-16), quale Dono misterioso, immensamente ricco, indicibile e unificante (*Gv* 17, la «Preghiera sacerdotale»; vedi Domenica VII nei 3 Cicli). E lo Spirito Santo "resterà", "dimorerà" per sempre nei discepoli del Risorto asceso al Padre (*Gv* 14,26, altra rilettura attuante di *Gen* 6,3). Tale è il Dono della Pentecoste dello Spirito Santo del Padre e del Figlio.

L'Evento trinitario che formano, quale unico indivisibile contesto, la Croce, la Resurrezione, l'Ascensione con la glorificazione, l'esaltazione e l'intronizzazione alla Destra della Maestà divina (*Ebr* 1,1-4) per la continua onnipotente intercessione al Padre (*Ebr* 7,25), tale Evento manifesta Cristo Signore Risorto nell'esercizio plenario perenne del suo Sacerdozio unico, e lo scopo di tutta la sua Vita, ossia dell'Incarnazione storica: ottenere anzitutto per sé, e poi per i discepoli, lo Spirito Santo. Spirito del Signore, Spirito Dio, Spirito del Padre e del Figlio nella coeternità beata, Comunione divina unificante (2 *Cor* 13,13), Gioia divina redentrice, trasformante, divinizzante (*Gal* 5,22-23). Ma sempre e solo a partire dall'opera perenne che lo Spirito Santo esercita anzitutto sull'Umanità santa del Verbo. Questa, Umanità inalterabile, dallo Spirito Santo è resa «Spirito vivificante» (1 *Cor* 15,45). Ossia Umanità divinizzata capace finalmente di trasmettere il medesimo Spirito Santo Dio, e di divinizzare così gli uomini redenti (1 *Cor* 15,49: l'Adamo Ultimo per l'Eva ultima, la Comunità dei redenti, la Madre dei viventi nuovi).

Lo Spirito Santo è quindi il Giubileo divino della Grazia totale, e Grazia totale Egli stesso. Il quale porta e dona l'abbuono totale di ogni debito, e colpa, e peccato, e caduta. E la riformazione dell'Eredità divina, la Famiglia divina del Padre, la quale ha ormai come Capo il Risorto (*Ebr* 3,6), e come sorte eterna la divinizzazione, ossia che gli uomini vivano ormai «al livello della Divinità».

È impossibile quindi separare Cristo dallo Spirito Santo. La cristologia è anche, in modo coestensivo e coessenziale, pneumatologia, e altrettanto la pneumatologia è cristologia. Poiché il Figlio con lo Spirito Santo formano l'unica Missione del Padre per la divina Economia d'amore e di salvezza. Perciò la norma del N.T., così cara ai Padri greci (S. Ireneo di Smirne; S. Basilio il Grande, S. Gregorio il Teologo, S. Cirillo Alessandrino), così da essi insistita, va qui rievocata e posta al centro: «solo lo Spirito Santo, Dono del Padre dal Figlio, rivela Cristo Risorto - solo Cristo così rivelato a partire dalla propria Persona rivela il Padre - e solo Lui con lo Spirito Santo riporta al Padre». Centro di questa Rivelazione unica e unitaria è la Resurrezione, opera dello Spirito Santo (ancora *Rom* 1,1-4; 8,1-15; 1 *Cor* 15,45; e il *kêrygma* nel N.T.). Lo Spirito Santo trasforma l'Umanità risorta e glorificata e divinizzata del Signore in Fonte unica dello Spirito stesso, come proclama il testo fondamentale di *At* 2,32-33.

E così la Resurrezione di Cristo nello Spirito Santo deve diventare inevitabilmente la Pentecoste dello Spirito Santo per gli uomini, secondo l'assioma paolino singolare: «se a Cristo, allora anche a noi» (qui *Rom* 8,1-11; 6,5-8; 1 *Cor* 6,14; 2 *Cor* 4,14), tante volte ripetuto dai Padri. E questo mostra l'intera celebrazione di oggi.

## I. Intorno all'Evangelo

*1. Antifona d'ingresso:* Sap *1,7.*

La visuale è grandiosa. Lo Spirito del Signore, la Sapienza divina eterna, è Presenza divina come Creatore permanente dell'universo. Lo domina, lo contiene e lo comprende tutto, e conosce alla perfezione ogni sua minima "voce" o notizia, o dato o realtà. È presente, ma senza confondersi con la creatura, alla quale dona l'esistenza (vedi qui anche *Gen* 1,1-3).

*2. Alleluia all'Evangelo*

L'epiclesi famosa «Vieni, Spirito Santo». Si chiede che venga nel cuore, come avviene (*Rom* 5,5; 8,11, sono in alternativa anche Antifona d'ingresso), Fuoco trasformante di carità.

*3. L'Evangelo:* Gv *20,19-23*

Per l'analisi, si rimanda all'Evangelo della Domenica II del Tempo pasquale. Qui si richiamano alcuni temi. La pericope di *Gv* 20,19-23 forma la grande inclusione letteraria di questo Tempo: dalla

Resurrezione alla Pentecoste, dalla sera della Resurrezione alla mattina di Pentecoste l'effetto della Resurrezione è permanente. È il Dono dello Spirito Santo agli uomini. È sempre Resurrezione ed è sempre Pentecoste (vedi anche dopo). Con lo Spirito Santo, adesso Dio è definitivamente *Immanuel*, «Con noi Dio», poiché il Signore Unico è indivisibile e non è concepibile se non nella Trinità delle Persone. E dove sta lo Spirito Santo stanno di coerente necessità il Padre e il Figlio. Il Dono è sempre trinitario. Perciò è elargito di *Domenica*.

Lo Spirito Santo, Giubileo divino (vedi i termini tecnici giubilari: «remissione dei peccati» o dei debiti), è la Comunione divina con Dio, il Vivente; è Comunione di Vita indivisa, scambio d'amore e di ogni bene in Dio, e da Dio a tutti i fedeli con i fratelli.

Nella lunga e difficile preparazione che è l'A.T., lo Spirito del Signore è donato alla creazione (*Gen* 2,7; Domenica I di Quaresima), tuttavia deve abbandonare l'uomo, protervamente fattosi solo "carne" nemica di Dio (*Gen* 6,3), e Dio rispetta la libertà decisionale. Tuttavia nell'evento fondante del popolo di Dio, l'esodo, già Mosè e Giosuè e i 70 + 2 Anziani del popolo, e gli artefici del santuario, ricevono lo Spirito del Signore per la loro missione (*Num* 11,17; *Dt* 34,9; *Es* 31,1-5; 36,1-2); anzi Mosè vorrebbe lo Spirito del Signore sull'intero popolo (*Num* 11,29). Alcuni Giudici, e poi Saul, David, i profeti ricevono lo Spirito del Signore, però tutti e sempre limitatamente al tempo della loro missione. Ma la Promessa è per il Dono stabile: sul Re messianico per il suo popolo (*Is* 10,33 - 11,10; 32,15; 61,1-2); e sul popolo stesso, tutto da "rigenerare", da ricreare, da resuscitare a vita nuova nei «tempi ultimi», dopo l'esilio e la lontananza dalla Legge santa e dalla terra promessa (*Ez* 36,16-18, che rilegge il grande testo di *Ger* 31,31-34), vero evento di fondazione resurrezionale (*Ez* 37,1-14), riparatore della catastrofe nazionale (*Gioel* 2,28-32). Così il Dono dello Spirito del Signore si profila come l'Evento ultimo, il Giubileo donato: *Is* 61,1-2; *Lc* 4,18-19, il Gratuito divino assoluto.

Con il «soffiare» del Risorto (greco *emphysáō*; vedi Domenica II del Tempo pasquale), i discepoli sono perciò creati di nuovo (ancora *Gen* 2,7). Sono iniziati a Cristo e al suo Mistero indivisibile. Ricevuto il Giubileo della Grazia divina, sono costituiti come *pneumatofòri*, portatori dello Spirito Santo agli uomini, con la missione di effondere il frutto della Croce, di donare perciò *l'áphesis*, la remissione dei peccati quale Giubileo di Grazia dello Spirito Santo (*Lc* 4,18-19; *Is* 61,1-2), di radunare la Famiglia di Dio quale Dimora trinitaria, di indire il Convito del Giubileo, di fare degli uomini peccatori e dispersi il "corpo" prezioso del suo Capo, il Risorto: il popolo di Dio, il tempio di Dio e dello Spirito Santo, l'*Ekklēsía* di Dio, la Convocazione permanente, la Sposa del Verbo, la dimora dello Spirito Santo, della Sapienza, del Verbo. Da dove la Bontà divina raggiunge tutto e tutti.

*4. Antifona alla comunione:* At *2,4a.11c.*

Nella memoria degli Apostoli di allora, anche i fedeli «oggi qui» sono riempiti tutti di Spirito Santo, per la Grazia della Parola e dei divini Misteri, e per la Grazia di essere la Chiesa, l'Unica, la Santa, la Cattolica, affidata agli Apostoli, corpo di Cristo e tempio dello Spirito Santo, dal quale verso il Trono della grazia si innalzano le lodi per «le grandi gesta» di Dio per tutti gli uomini.

## II. Dalla Pentecoste alla Chiesa

*I Lettura:* At *2,1-11*

L'evento della Pentecoste al «50° Giorno», una Domenica, sta in stretto rapporto con la Resurrezione al «1° Giorno», una Domenica. Qui il numero 1 è il primordiale simbolo significante della Totalità e dell'Assolutezza divina che è lo Spirito Santo del Padre, la sua operazione irresistibile manifestatasi nel resuscitare l'Umanità del Figlio, e l'inizio del suo irrompere nuovo nel tempo degli uomini. Allora la Resurrezione quella sera stessa diventa Dono dello Spirito Santo, espirato quale Alito divino (*Gen* 2,7) dal Risorto sui discepoli (*Gv* 20,19-23).

Il 50, simbolo significante, indica la Pienezza divina dello Spirito

Santo, il Dio Onnipotente che viene quale Potenza e Fuoco di creazione ultima, e quale Impulso per la vita nuova (*At* 2,1-4).
La pericope di *At* 2,1-11 si lascia dividere facilmente in due sezioni, i vv. 1-4 e 5-11.

*a) Il Fuoco e la Pienezza dello Spirito Santo*

I discepoli obbediscono al Signore, restano insieme, in preghiera (*At* 1,12-14), nell'epiclesi per ricevere lo Spirito Santo che è la Promessa del Padre (1,8). Passano quindi 10 giorni dall'Ascensione.

Adesso il Padre «adempie il Giorno della Cinquantena» resurrezionale (v. 1a), che trova i discepoli sempre insieme (v. 1b). Dal cielo e all'improvviso, per iniziativa divina, avviene la Teofania, preceduta dal rombo del Vento impetuoso, lo Spirito Santo che spira dove vuole (*Gv* 3,8), e, come «riempie l'universo» (*Sap* 1,7), così «riempie l'intera casa» del raduno dei discepoli (v. 2). Si inizia l'universo nuovo.

Lo Spirito Santo e Cristo sono «la Pienezza» divina del Padre, come ancora meglio si vedrà tra poco. Perciò è fondante che nel N.T. si ha solo 2 volte il fatto della "casa riempita": I) qui, e II) in *Gv* 12,3, quando a Betania Maria unge i piedi immacolati del Signore con aroma prezioso e soave, e questo odore riempie la casa; si ha allora la preparazione simbolica alla sepoltura del Signore, e questa è preceduta da un «segno» di Pienezza, l'aroma soave del Sacrificio del Signore, l'Oblazione gradita al Padre (*Ef* 5,2) «nello Spirito eterno» (*Ebr* 9,14).

Ma si deve richiamare un altro fatto. Luca narra che Maria dall'Angelo è salutata come «la *Piena* di Grazia» per singolare privilegio (*Lc* 1,28). Questa Grazia divina deriva dall'unica Fonte inesauribile, l'Umanità di Cristo Signore Risorto (At 2,32-33). In Maria avviene la specifica prolessi, la Grazia della Resurrezione in lei opera e ha efficacia già in anticipo. La Grazia è lo Spirito Santo, e il Figlio di Dio nasce precisamente «dallo Spirito Santo e da Maria Vergine». A Maria così l'Angelo rivela che è «piena di grazia». In lei si realizzano le profezie, in quanto è la Vergine Figlia di Sion, la

Città santificata, la dimora di Dio, il tempio dello Spirito Santo (vedi la Domenica IV d'Avvento, Ciclo B; il 25 marzo; l'8 dicembre). Il privilegio di Maria, la Grazia della Resurrezione, diventa Dono ormai comune nella Comunità, la Sion nuova, la Città santificata, la dimora di Dio, il tempio dello Spirito Santo (1 *Cor* 3,19; 6,16; 2 *Pt* 2,1-10).

Adesso (v. 3) si manifesta il Fuoco unico dello Spirito Santo. Giovanni il Battista aveva promesso che «Colui che viene» avrebbe battezzato «con lo Spirito Santo e con il Fuoco» (*Lc* 3,16; *Mt* 3,11). Questo battesimo è la nuova creazione del divino Creatore. Ora caratteristica dello Spirito Santo Fuoco è che il Fuoco è unico, e tuttavia senza frazionarsi si divide su ciascuno in una fiamma, tale tuttavia che ciascuno riceva l'intero Spirito Santo indivisibile.

Il Fuoco è il "segno" escatologico della Pienezza divina. Infatti ciascun discepolo è riempito per intero dell'intero indivisibile Spirito Santo (v. 4a), e ciascuno comincia a parlare le lingue dell'evangelizzazione che sta per cominciare (v. 4b).

Il simbolo del Fuoco nella Scrittura sta in rapporto con due entità divine essenziali: la Parola divina e lo Spirito del Signore.

La Parola Fuoco si manifesta a Emmaus, come si è visto, versata dal Risorto lungo la via nel cuore dei discepoli (*Lc* 24,32).

Lo Spirito Santo come Fuoco è il segno dell'accettazione consumante che il Padre manifesta sul Sacrificio del Figlio. Essa avviene nel Battesimo della Croce. Il Figlio aveva annunciato che ormai doveva «gettare il Fuoco sulla terra» (*Lc* 12,49-50).

Già nell'A.T. si anticipa la tipologia di questo Fuoco divino che accetta e consuma il sacrificio dei soli capi del popolo santo:
per Abramo al momento dell'alleanza divina (*Gen* 15,17);
per Mosè e Aronne quando inaugurano il culto sacrificale (*Lev* 9,23-24; 2 *Macc* 2,10-11);
per Gedeone al momento della sua vocazione (*Gdc* 7,19-24);
per i genitori di Sansone al momento della nascita di questo (*Gdc* 13,19-23);
per David sull'aia dove sarà costruito il santuario (1 *Cron* 21,26-27);
per Salomone quando inaugura il tempio (2 *Cron* 7,1-2; 2 *Macc*

2,10.12);
per Elia nel suo sacrificio sul Monte Carmelo (1 *Re* 18,38);
per il Re messianico (*Sal* 19,4b nella versione ebraica letta bene).

Vedi anche l'Approfondimento 22 (vol. V), sul Fuoco divino del sacrificio.

Nel N.T. questo simbolismo ricorre in *Gv* 21,1-14, nella terza manifestazione del Signore Risorto, sul lago, quando Egli convita i discepoli, e questi vedono il Pesce sul Fuoco e il Pane (vv. 9.13-14; vedi Domenica III del Tempo pasquale, Ciclo C). Come avviene ai pesci pescati, il Pesce divino lascia, ma volontariamente, il suo ambiente per entrare nell'ambiente umano, dove è inevitabile che muoia, e, volendo essere Cibo buono, si lascia cuocere con il Fuoco divino. Questo è il Segno supremo dell'accettazione *paterna* del sacrificio *filiale*, consumato dal Fuoco dello Spirito Santo. S. Agostino, commentando quella pericope giovannea, conclude con la splendida formula lapidaria: «*Piscis assus, Christus passus*, Il Pesce arrostito è Cristo che ha patito». Egli parla più volte del Fuoco divino che investe i fedeli mediante l'eucarestia (vedi ad esempio *Sermo* 227, in PL 38,100; *Sermo* 272, in PL 38,1247).

Resta in tutti i Riti orientali la densa e tipica teologia che i Divini Misteri sono il Fuoco che comunica lo Spirito Santo. Le Liturgie della tradizione sira chiamano l'eucarestia *gmurtâ'*, la brace. Il Rito bizantino compie il gesto liturgico dello *Zéon*, versare un poco di acqua bollente nella Coppa consacrata. Così il Rito copto e il Rito etiopico parlano dell'eucarestia come Fuoco.

La Pentecoste segna l'Iniziazione dei discepoli al loro Signore con il suo Mistero. Essi sono abilitati: A) alla divina *Leitourgía*, l'«opera *per il* popolo» che il Padre adempì nel Figlio con lo Spirito Santo, e che adesso deve essere adempita dalla Chiesa degli Apostoli, nelle 3 operazioni concomitanti: I) l'Evangelo (*Rom* 15,16); II) le opere della carità del Regno (2 *Cor* 8,1 - 9,12); III) il culto immacolato al Padre (*Gv* 4,23-24); B) alla vita di perfezione, di assimilazione a Cristo Crocifisso, che porti ad essa i fratelli, facendo sviluppare in essi i talenti divini; C) alla divina comunione nuziale consumante.

In questo, di certo Paolo resta nella Chiesa il grande maestro, non solo delle nazioni.

*b) Lo Spirito Santo e le nazioni*

I vv. 5-11 di *At* 2 descrivono le nazioni presenti alla Pentecoste. Secondo l'antichissima prescrizione delle «tre volte» o feste, gli Israeliti dovevano "salire" al santuario per la pasqua, per la pentecoste e per le capanne (calendario arcaico di *Es* 23,14-17, nel contesto del «codice dell'alleanza», *Es* 20,22 - 23,19, di accertata redazione di Mosè; *Lev* 23,4-44, altro calendario arcaico; specificazioni, in *Num* 28-29). Al momento della venuta dello Spirito Santo sui discepoli sta a Gerusalemme una folla di pii pellegrini ebrei provenienti dalla diaspora, e con essi i proseliti da ogni nazione. Tutti questi si stupiscono che i discepoli, identificati come Galilei, parlino le lingue, in modo tale che ciascuna nazione comprenda la sua (vv. 5-8). Non si tratta di glossolalia, questa confusione mentale che sfocia in parole senza senso, le quali poi debbono essere interpretate (vedi qui 1 *Cor* 14, il capitolo classico in questo). Ma ciascun discepolo che ha ricevuto lo Spirito Santo parla la lingua comprensibile di ciascuna nazione. Altri spiegano che i discepoli parlano aramaico, e lo Spirito Santo dona a ciascuna nazione di comprendere nella propria lingua.

I presenti si recensiscono, e si contano, si tratta di 15 nazioni, più 2 volte la Giudea. Secondo la carta geografica del mondo allora conosciuto si ha come un semiarco, che nel territorio dell'impero romano va dalla Cirenaica fino all'Asia minore e di qui a Roma, e poi si ha un raggio che si prolunga verso la Mesopotamia, l'Elam, la Persia e la Media, in pratica i principali territori della diaspora degli Ebrei. Essi furono precisamente le principali direzioni della missione degli Apostoli, il cui centro di smistamento poi fu Antiochia.

Il raduno festivo di queste nazioni è raggiunto dall'improvvisa effusione dello Spirito Santo, che in un certo senso richiama all'unità. Il parallelo è in contrasto tra l'ordinata «tavola dei popoli di *Gen* 10, disposta dal Signore, e la torre di Babele di *Gen* 11,1-9, nella rappresentazione della «moltitudine come peccato» che è dispersione mortale. Ma questa oggi è superata dall'Unico Spirito Santo, che rispetta la moltitudine e tuttavia riporta all'armonia del Disegno divino, e all'unicità della lode che glorifica Dio. Si fonda qui la «cattolicità della Chiesa» nelle Chiese, ossia la diversità nello scambio interreciproco illimitato dei doni spirituali, delle persone e anche delle risorse materiali. Gli Atti ne sono la mirabile narrazione primordiale. La Chiesa dei sec. 3° e 4° ne saranno la dimostrazione. Le eresie come bestemmie variate contro la verità "cattolica", e gli scismi come automutilazioni causate dall'odio e dall'arroganza di potere, ne saranno la dimostrazione e *contrario*. Questo fino alla gravissima situazione di oggi.

*Il Salmo:* Sal *103,1ab.24ac.29bc-30.31.34, I*

Il *Sal* 103 è un «Inno di lode» più volte incontrato. È anche il primo dei Salmi responsori della Veglia della Resurrezione, sia pure con un'altra scelta dei versetti. Esso è uno splendente poema dossologico al Signore Onnipotente, Creatore benefico e Sovrano augusto.

Nei versetti disposti oggi per il canto, l'Orante con un coortativo (la forma d'imperativo rivolta a se stesso) erompe così: «Benedici, anima mia, il Signore!» (v. 1a), un grido di giubilo ripetuto come clausola finale del poema (v. 35c), il quale così si deve intendere che è tutto un'unica e continuata "benedizione" al Signore. Il *Sal* 102,1.2.22, affine al *Sal* 103, usa il medesimo linguaggio dell'anima, e il medesimo procedimento letterario. Il Signore riceve l'*eulogía*, la *berakah*, innalzata dal Salmista con tutta l'anima, anzitutto perché è il Signore Dio dell'alleanza divinamente fedele, espressa nella metà della formula: «Signore Dio *mio*». Questa a sua volta suppone che il Signore già abbia offerto l'alleanza all'Orante, che in fondo rappresenta qui e sempre l'intero popolo fedele, con la prima metà della formula: «Tu sei il popolo *mio*».

Ora, è caratteristica della lode dossologica rivolta al Signore, che si debba celebrare con stupore continuo e quindi con solennità anzitutto in quest'ordine: I) Lui in sé, «perché è Lui!», e quindi la sua augusta Persona, nella maestà vivamente ammirata e così cantata,

II) poi Lui per i suoi titoli magnifici e numerosi, qui solo «Potente molto» (v. 1b; il resto è espunto); e infine, III) per le opere divine magnifiche, che riempiono il creato (v. 24ac). La benedizione ravvolge tutto questo di gioiosa sorpresa, e di rinnovata ammirazione estatica. E, per restare al primo titolo divino, «il Potente molto», l'Orante fa anamnesi della magnificenza divina che si manifesta agli uomini. Per essa il Signore è circondato dalla "confessione" o celebrazione continua del mondo trascendente nei suoi innumerevoli «Turni adoranti perenni», le *Seba'ot* angeliche, le quali hanno come inimmaginabile ambito i cieli e la stessa creazione, e alle quali fanno emulazione i «turni adoranti perenni» terreni, dei sacerdoti e del popolo, che si fanno anche portavoce della creazione e delle stesse nazioni pagane. Tale immane celebrazione è il riconoscimento stupito della divina Gloria (v. 1c; *Sal* 92,1; e *Giob* 40,5) che irrompe e sfolgora nell'intero universo creato. Così il Signore amato e celebrato si manifesta sempre in una continua teofania di Luce divina, che Lo avvolge nascondendolo, certo, come l'Invisibile, ma rivelandolo in modo altrettanto reale, perché è infinita Presenza (v. 2; e *Ger* 43,12; *Dan* 7,9; *Ab* 3,4). Paolo codificherà una formula insuperabile: «d'Unico Immortale, Colui che dimora nella Luce inaccessibile» (1 *Tim* 6,16). La stessa Trasfigurazione di Cristo Signore mentre fa sfolgorare la sua Umanità con la Luce divina increata che la inabita, ne nasconde la Divinità trascendente (*Mt* 17,2, e par.).

Dopo la Persona e i titoli, sono cantate le opere divine. L'Orante erompe di nuovo in un'acclamazione ammirata di fronte all'imponente molteplicità e alla variazione incalcolabile che il Signore si è degnato di porre nel creare l'universo e i suoi abitanti. Non si tratta solo di opere inanimate e come morte, ma di opere magnifiche e significanti, tali che in qualche modo, anche se talvolta per puro riflesso lontano, come gli astri del cielo, sono l'indizio innegabile della stessa divina magnificenza (v. 24a), la quale ricolma di esistenza reale e di vita e vitalità l'intera terra (v. 24c). Questo è uno dei maggiori temi della divina Rivelazione, nell'A.T., che da *Gen* 1 al *Sal* 8 e poi a *Sap* 13, giunge a Paolo. L'Apostolo ammonisce che gli uomini dalle opere possono risalire alla Potenza del Creatore, conoscerlo e riconoscerlo dandogli gloria (*Rom* 1,17-32).

Ora, la creatura porta tale pienezza perché il Signore ha posto in essa lo Spirito suo divino, la sua stessa Vita immortale, che vi "aleggia" dall'inizio (*Gen* 1,1-3) e sempre. Tutta la vita viene dallo Spirito del Signore. Ma se il Signore per assurdo se Lo riprendesse (vedi *Sal* 145,4; *Giob* 34,14-15), la creazione e le creature tornerebbero al non essere, e gli uomini alla terra da cui furono tratti, insomma, tutto tornerebbe al caos che è il nulla (v. 29; vedi *Gen* 3,19). Ma quando il Signore dall'Abisso insondabile del suo Amore invia il suo Spirito, il suo stesso Alito della Vita divina vivificante (*Gen* 2,7; *Giob* 33,4), l'intera creatura sorge dal nulla ed è creata ed esiste nella magnificenza e nello splendore conferiti dalla Potenza divina, e la terra riceve il "rinnovamento", che è la creazione continua, ed è la dignità suprema di essere chiamata a vivere davanti al suo Creatore. Questo avviene perché il Volto del Signore la guarda e se ne compiace (v. 30), poiché nelle sue opere «tutto è molto buono», esclamazione divina di compiacimento che chiude la creazione (*Gen* 1,31).

Il v. 31 è una dossologia, la stupenda esortazione al Signore, che Egli stesso sia lieto nelle sue opere. Il che significa che le opere debbono contribuire a far gioire il Signore. Non per nulla Nehemia quando restaura la nazione intorno alla *Tôrah* e al culto divino, esorta il popolo così:

*Questo giorno è sacro al Signore,*
*non vogliate essere tristi,*
*la gioia del Signore è la vostra forza!* (*Neh* 8,10).

Allora il Salmista erompe anche lui nell'esultazione: la sua volontà di gioire nel Signore sale come epiclesi affinché il Signore accolga a sua volta con benevolenza le espressioni gaudiose (v. 34).

Il Versetto responsorio è il v. 30 modificato come epiclesi celebre al Signore, affinché invii lo Spirito suo e avvenga la creazione nuova.

*L'Apostolo: 1* Cor *12,3b-7.12-13*

L'Apostolo è tratto dal cap. 12 di 1 Corinzi. Il capitolo sembra contestare oggi l'orribile abuso che ne fanno i sedicenti "carismatici" di ogni razza, conventicole antiecclesiali, che per interpretazioni errata dottrina presumono di "possedere" solo loro e di "dare" solo loro lo Spirito Santo al clero e ai laici.

Per Paolo, la base è l'arcaica formula battesimale della comunità primitiva: «Signore, è Gesù!», che è suggerita solo dalla mozione che viene dallo Spirito Santo (v. 3).

I vv. 4-7 trattano il problema oggi ancora non ben compreso: solo lo Spirito Santo opera nella Chiesa le realtà divine, numerose, misteriose e articolate. Alcune sono destinate a cadere senza danno né rimpianto, ad esempio le lingue, di cui già nel sec. 2° le Chiese non si servivano più, perché creavano solo confusione e poi scherno e scandalo. Esse restarono nei secoli solo nelle conventicole, insieme eretiche nella dottrina e scismatiche nell'organizzazione, degli "entusiasti", come certe sette gnostiche e i montanisti, in quelli che osavano impunemente e cocciutamente «costruire comunità» accanto e contro la Chiesa, e, spacciatesi in esclusione come «da Chiesa» dei puri e dei santi, si scagliavano contro la «Chiesa gerarchica», la «Chiesa istituzione», che si opporrebbe ai «carismi liberi». E così, ignorando del tutto la carità verso gli altri fratelli, criticavano la Chiesa degli Apostoli nei Vescovi con violenza che supera ogni limite, come si sente ancora oggi: «Vescovi e Parroci sono tiranni, impazziti per il potere, ci impediscono di creare la comunità». Atteggiamenti, prassi e linguaggio ancora oggi riscontrabile in tutti i cosiddetti "movimenti", senza esclusione. Ieri almeno l'autorità della Chiesa individuava subito il male e interveniva almeno a porre rimedio, tutelando i poveri fedeli innocenti. Va aggiunto che il paganesimo di ieri e di oggi conosce bene identici fenomeni di "entusiasmo", chiamati con altri nomi.

Paolo però al centro della pericope sui "carismi" pone il v. 7: *tó symphéron*, alla lettera, «il comportante un contributo», ossia in pratica «d'utilità» per l'intera comunità. In nessuna operazione un fedele può trarre la "sua" utilità, ma deve conferire i beni in comune, e lì essi saranno accresciuti dalla compartecipazione. I Padri parleranno molto a lungo di questo, con il termine *ôphéleia*, l'utile, che viene da

*Rom* 3,1; *Giud* 15, e che diventerà anche un nome femminile cristiano.

Infatti i vv. 12-13 parlano del "corpo" articolato, che «è Cristo» (v. 12), dove la ricchezza è la molteplicità che resta tale, ma è enormemente accresciuta dall'essere una e uno: tutti contribuiscono, ma l'unità a tutti reca aumento e vantaggio.

Il titolo di questo è il "battesimo", che nel N.T. e anche presso i Padri, significa l'Iniziazione integrale. Il fatto è questo: il Padre battezza tutti i figli con l'Unico Spirito Santo, e inserisce nella Vita divina dell'Unico Spirito Santo, il quale forma Lui il corpo unico, e questo corpo anche nutre e disseta (v. 13). Quest'ultima immagine è ripresa da 1 *Cor* 10,1-4: Cristo è la Rupe del deserto (*Es* 17,1-7), che seguiva l'esodo d'Israele per dissetarlo, e la Bevanda era lo Spirito Santo.

Questa tipologia dell'A.T. oggi si realizza a partire dalla Pentecoste perenne, soprattutto con la Parola e con i Divini Misteri.

*La Sequenza*

La Sequenza oggi è una grande, continua e articolata epiclesi rivolta allo Spirito Santo per la sua venuta, rievocando i suoi titoli divini e le sue operazioni trasformanti nelle anime dei fedeli.

## III. La Preghiera della Chiesa

*1. L'eucologia*

La Colletta è un'epiclesi affinché il Dono di oggi nei suoi effetti vivificanti discenda ancora nel cuore dei fedeli e in essi si prolunghi.

Del Credo oggi si deve accentuare la fede nello Spirito Santo: il Figlio di Dio, consustanziale con il Padre, è generato in eterno, tuttavia «incarnatosi dallo Spirito Santo e da Maria Vergine» nel tempo. La fede è poi «nello Spirito, quello Santo, quello Signoriale (del *Kyrios* Risorto!), quello Vivificante, Colui che procede dal Padre, e con il Padre e con il Figlio è coadorato e conglorificato, il Parlante mediante i Profeti». Egli è anche il Creatore della «Chiesa l'Unica la

Santa la Cattolica l'Apostolica», l'Operatore onnipotente dell'unico battesimo (= Iniziazione) per la remissione dei peccati, che fa sperare e attendere la resurrezione dei morti e la Vita eterna.

La Preghiera sulle offerte è un'altra epiclesi sapienziale, con cui si chiede che lo Spirito Santo riveli il Mistero divino celebrato, e che, secondo la promessa di Cristo, introduca ancora i fedeli nella pienezza della Verità (*Gv* 14,26; 16,13).

La Preghiera dopo la comunione è ancora un'altra epiclesi, con cui si chiede che sia mantenuta premurosamente dal Padre la grazia nei Doni celesti che sono i Divini Misteri, con l'efficacia del Dono dello Spirito Santo, e che per la forza del Cibo divino di oggi lo Spirito Santo conduca i fedeli alla redenzione eterna.

*2. La Prece eucaristica*

Il Prefazio rievoca il tema dell'evento di Pentecoste e della conseguente Iniziazione, attraverso la quale ancora oggi, nell'opera dello Spirito Santo, è donata nel Monogenito Figlio di Dio la filiazione e la comunione, e ripropone il tema dello Spirito Santo che insegnò agli uomini la conoscenza della Divinità unica, e riunì i popoli nella confessione dell'unica fede.

Questi contenuti e questo modo di pregare debbono essere meditati, poiché dovrebbero essere quelli dell'intero Anno liturgico: la celebrazione del Signore Risorto nel suo Mistero totale attraverso la Parola e i Divini Misteri vivificanti «nella Chiesa» hanno come scopo finale il Dono dello Spirito Santo, sempre rinnovato alla Sposa del Signore con supereffluente abbondanza. Però nella Chiesa la coscienza che esiste stretto vincolo funzionale tra eucarestia e Spirito Santo si è tanto attenuata, da scomparire pressoché del tutto.

Occorre qui una lunga e penosa ma corroborante mistagogia prima al clero, e poi ai fedeli.

## Approfondimento 9:
## Sulla Pentecoste

### 1) Il Fuoco di Pentecoste

Sembra opportuno aggiungere a quanto già detto qualche riflessione sul Fuoco dello Spirito Santo.

I Misteri Divini oggi celebrati sono, come sempre, il supremo, indicibile tramite del Fuoco divino dello Spirito Santo. Il medesimo Fuoco che la Chiesa con il cuore materno si attende per il cuore di tutti i figli suoi (ancora *Rom* 5,5; 8,11). Per Paolo i fedeli debbono essere brucianti di Spirito Santo (*Rom* 12,11). Il grande tema dell'Eucarestia-Fuoco, vivo nei Padri e nelle Liturgie delle Chiese, è tenuto in onore in Oriente, in Occidente è pressoché scomparso.

La metafora biblica del Fuoco deve impressionare. È la «Fiamma di Amore vivente» della teologia simbolica, che parte dalla Scrittura. Già in *Dt* 4,24 il Signore Unico è Fuoco divoratore, vocabolario che indica amore, e amore nuziale geloso, esclusivo, possessivo e fedele (vedi anche *Es* 34,14). Questo è propriamente l'Amore divino «più forte della morte, Fiamma del Signore!», come proclama il *Cantico* (*Ct* 8,6).

Ma perché proprio «Fuoco»? È semplice. Il fuoco in natura, come pochi altri elementi, è irresistibile e affascinante. Indomabile e incontrollabile. E solo esso in natura indica realtà terribili, definitive. Poiché solo esso tocca per primo, ma è intangibile. Afferra, ma è inafferrabile. Doma, ma non è domabile (si pensi qui al fuoco atomico). Purifica, ma non si contamina (si pensi qui alla sterilizzazione degli strumenti chirurgici). Si comunica a tutto e a ciascuno, ma nessuno comunica a esso. Si dona, ma non diminuisce. Riscalda, ma non si raffredda. Trasforma tutto in fuoco, ma non si trasforma in nessun altro elemento. Illumina, e non è illuminato né oscurato. È vita, e non riceve vita da nessuno. Riempie tutto, e da nulla è riempito.

La metafora meravigliosa del fuoco è stata scelta per lo Spirito Santo, poiché lo Spirito del Signore opera tutte queste operazioni per gli uomini, essendo e sussistendo quale «Fuoco che procede dal Fuoco» (i Padri). Il primo divino Approccio con gli uomini non può essere che Fuoco con tutte le sue funzioni vivificanti. Perciò la Pentecoste è perenne. Lo Spirito Santo, l'Eterno, è «l'Amore che procede dall'Amore». E chiede che ci si lasci infiammare divinamente anzitutto da Lui, ci si lasci amare anzitutto da Lui. Che si risponda anzitutto a Lui, amando da Lui il Signore Unico, nell'adorazione filiale indivisa rivolta nel Figlio al Padre, nel quale si raggiunge la Trinità indivisa. Questo è lasciarsi innalzare al Fuoco, all'Amore, alla Vita.

La teologia simbolica che parla del Fuoco dello Spirito Santo rinvia anche a tutte le funzioni che nella divina Economia lo Spirito Santo svolge dopo la Resurrezione. La partenza deve essere sempre l'ascolto della Parola, la fede e la speranza e la carità, la conversione permanente del cuore, l'Iniziazione, il Convito divino, le opere della fede. I Padri avvertono:

*Battezzati in Cristo dallo Spirito, e ricevendo la prima incorruzione secondo la carne, noi attendiamo l'ultima (incorruzione, la divinizzazione) secondo Cristo dallo Spirito in forza del dono aggiunto delle opere buone e della morte accettata, custodendo senza macchia la prima incorruzione. E in base a questa, nessuno di quanti la possiedono teme la perdita dei Beni conseguiti*: S. Massimo il Confessore, *Capita de charitate, Quater centena capita de charitate, ducenta ad theologiam Deique Filii in carne dispensatione spectantia, Centena prima capita 87*, in PG 90, 1120 B.

I Padri hanno una straordinaria, abbagliante teologia sullo Spirito Santo, che chiamano spesso «il Fuoco procedente dal Fuoco» della Divinità sussistente. I loro sforzi di contemplazione non erano fine a se stessi, ma la ricchezza dottrinale per loro merito è rifluita anzitutto sulla predicazione al popolo, poi negli stessi testi liturgici, che ne traboccano. L'Oriente è la culla di tanti tesori, che stanno a disposizione di tutti, però spesso dimenticati (e perfino disprezzati).

Se si ascolta un solo esempio, un'omelia, ci si deve anche domandare come il popolo cristiano dei primi secoli fosse capace di assimilare tanta dottrina; è facile rispondere che la mistagogia santa dei Padri era continua, concentrata sull'essenziale, la Trinità Santa e l'Economia misterica. A Pentecoste, l'anno 379, a Costantinopoli ancora per tanta parte ariana, si poteva ascoltare durante la Divina Liturgia questo squarcio di predicazione:

Lo Spirito esisteva sempre, ed esiste sempre, ed esisterà sempre, né principiato, né verrà mai meno, ma sempre Coordinato e Connumerato con il Padre e con il Figlio (*Mt* 28,19; *2 Cor* 13,13).

Infatti, non era conveniente che il Figlio mai mancasse del Padre, o che lo Spirito mai mancasse del Figlio. Poiché la Divinità sarebbe ingloriosa al colmo, come quella che giungesse alla conpienezza dal pentimento.

*Lo Spirito quindi era sempre Percepibile (Gen 1,1-3), non capace di prendere parte, Perfezionatore, non perfezionato, Santificatore, non santificato, Divinizzante* (theióô), *non divinizzato, Egli sempre il Medesimo a Se stesso, e a Quelli (il Padre ed il Figlio) con i Quali è coordinato* (syntássomai). *Invisibile, Intemporale, Incontenibile, Immutabile, il Senza-qualità, il Senza-quantità, il Senza-forma, il Senza-tangibilità, Automoventesi, il Sempre Mobile, Autolibero* (autexoúsion), *Autopotente* (autodýnamon), *Onnipotente.*

*Anche se Egli si riferisce alla Prima Causa (il Padre), come sono tutte le realtà del Monogenito, così anche sono quelle dello Spirito: (Egli è) Vita e Vivificante, Luce e Guida alla Luce, Buono in sé e Fonte della Bontà. Spirito retto (Sal 50,12), Principale (Sal 50,14); del Principe del popolo (Cristo Risorto), Inviante, Segregante (At 13,3), Costruttore del Tempio per Lui stesso (1 Cor 3,16; 6,19), Condottiero della via* (Hodêgós, *Gv 16,13), Operante come Egli vuole (Gv 3,8), Dividente i carismi (1 Cor 12,4-11.27-28), Spirito della filiazione (Gal 4,6; Rom 8,15), della Verità (Gv 14,17; 15,26; 16,13), della Sapienza (1 Cor 2,10-12), dell'intelligenza, della scienza, della pietà, del consiglio, della forza. del timore, come sono annumerati*

(i 7 Doni, *Is* 11,1-2).

> *Mediante il Quale il Padre è conosciuto, e il Figlio è glorificato, e insieme a*
> *Essi (due) soli è conosciuto: Unica Coordinazione (sýntaxis), unico culto*
> *(latréia) e adorazione (proskýnêsis), e Potenza (dýnamis) e Perfezione*
> *(teléiôsis) e Santificazione (hagiasmós).*
> *Perché io debbo parlare di più? Tutto quanto è il Padre, è del Figlio, meno*
> *l'Innascibilità. Tutto quanto è il Figlio, è dello Spirito, meno la*
> *Generazione. Queste realtà non limitano l'Essenza, secondo il mio parlare,*
> *bensì sono delimitate intorno all'Essenza:* S. Gregorio il Teologo,
> Oratio 41, In Pentecosten 9, in PG 36,441 A - C.

Fuoco divorante d'amore, Potenza irresistibile, lo Spirito Santo resta in Dio «il Mistero», che nessun occhio indiscreto potrà mai scrutare, e se lo fa, inganna se stesso e gli altri.

Senza nome vero, senza volto, onnipotente nel Nome Unico divino e folgorante sul Volto umano di Cristo, lo Spirito Santo si pone, per così dire, nella totale umiltà, accettando di concentrare tutta l'attenzione sul Figlio che rivela il Padre, ma rivelando Lui il Figlio. Perciò dello Spirito Santo va affermata la Divinità, e va individuata e compresa la funzione nell'Economia della storia. Ma resta ancora molto da parlare su Lui. Come è stato grandiosamente, benché in parte, fatto:

> *Ma chi, dice lui, ha adorato (proskynéô) lo Spirito? Chi, o degli antichi,*
> *o dei moderni? Chi Lo ha pregato (proséuchomai)? Dove sta scritto*
> *(nella Scrittura) che (lo Spirito) si deve adorare o pregare? E da dove tu hai*
> *ricevuto questo e lo custodisci? Noi poi renderemo più perfettamente la*
> *causa, poiché dissertiamo qui sulla dottrina non scritta (non della Scrittura).*
> *Per adesso basterà affermare questo: lo Spirito è Quello in cui noi adoriamo,*
> *e mediante il Quale noi preghiamo. «Lo Spirito - dice (la Scrittura) - è Dio,*
> *e quanti Lo adorano, debbono adorarlo nello Spirito e nella Verità»* (Gv
> 4,23-24). *E di nuovo: «Quanto e come noi preghiamo, come si deve (ossia:*
> *secondo la Volontà del Padre), noi non lo sappiamo. Ma lo stesso Spirito*
> *sopravviene a intercedere per noi con gemiti indicibili»* (Rom 8,26 (anche
> v. 27)), *e: «Io pregherò nello Spirito e pregherò anche con la mente»*
> (1 Cor 14,15), *ossia con la mente e con lo Spirito.*
> *Perciò, adorare lo Spirito o pregarlo, appare a me che null'altro sia, se non*

*che Egli presenta (proságô) a se stesso la preghiera e l'adorazione:* S. Gregorio il Teologo, *Oratio 31, Theologica 5, De Spiritu Sancto 12,* in PG 36, 145 B - C.

Presente nei fedeli, come Carità donata dal Padre nel loro cuore (*Rom* 5,5) a partire dall'Iniziazione, nella Pentecoste permanente che costituisce e raduna di continuo la Chiesa, lo Spirito Santo è «il Signore in quanto si comunica agli uomini». Il Signore Eterno che si comunica agli uomini, viene sempre nella Persona dello Spirito Santo, «il Fuoco che procede dal Fuoco», e che prepara la dimora eterna negli uomini nel Fuoco trasformante e divinizzante dell'Amore trinitario.

Di questo occorre che tutti abbiano una salda coscienza.

## 2) La Pentecoste perenne

### 1. La Pentecoste si ripete

Dall'esame attento del testo del N.T. e degli *Atti*, risulta che Giovanni e Luca, con una precisa e serrata teologia della storia, offrono la narrazione motivata dell'unica Pentecoste che non si può limitare a quella che avvenne quella Domenica 50 giorni dopo la Resurrezione. La quale fu come l'evento pentecostale per così dire capo di fila.

A) *Giovanni*: narra due forme del Dono dello Spirito Santo:
  1. esso avviene già dal costato trafitto della Bontà del Signore addormentatosi come l'Adamo Ultimo sulla Croce (*Gv* 19,34, e anche il v. 30; per l'Adamo antico sul quale il Signore getta il sonno per ricavare Eva da una sua costola, vedi *Gen* 2,21-24);
  2. e inoltre anche la sera della Resurrezione, quando il Signore Risorto spira lo Spirito Santo sui dieci discepoli (*Gv* 20,19-23).

B) *Atti*: Luca narra che il Dono della Pentecoste viene ben 5 volte, e 5 è simbolo della "pienezza", che significa anche "perennità":
  1. *At* 2,1-4: a Gerusalemme, sugli Apostoli, che sono Ebrei;

2. *At* 4,31: a Gerusalemme, ai medesimi;
3. *At* 8,14-17: a Samaria, con Pietro e Giovanni, sui Samaritani, parenti degli Ebrei;
4. *At* 10,44-46: a Cesarea, ancora in Palestina, con Pietro, ma sui primi pagani;
5. *At* 19,6-7: a Efeso, con Paolo, su altri pagani.

Come si vede, il raggio della Pentecoste raggiunge progressivamente le regioni lontane. La promessa del Signore è infatti portare il Dono agli estremi confini della terra, dove i discepoli Lo annunceranno e Lo testimonieranno. Il Dono comincia con la Parola, si prepara i fedeli con l'Iniziazione e entra nel cuore e si consuma come divina Dimora (*Rom* 5,5). E solo allora, quelli così consacrati partecipano al Convito dei Misteri divini.

Questa è la Pentecoste perenne della Chiesa, che non cessa, fino alla fine dei secoli.

## 2. Il *Plus infinito della Pentecoste*

Sulla Croce e sulla Resurrezione e sulla Pentecoste mai sarà trattato da chiunque a sufficienza. Di fatto, qui una "conclusione" è impossibile. Dare alcuni punti, è il minimo possibile, e questo è un continuo ricominciare, molto benefico e salutare.

a) *Il dono iniziale*. L'A.T. sta sotto il segno dello Spirito del Signore operante: I) alla creazione: *Gen* 1; II) sull'uomo (*Gen* 2,7).
b) *L'abbandono*. In *Gen* 6,3, il Signore toglie il suo Spirito dagli uomini, a causa delle loro prevaricazioni. Di qui discende la futura promessa del Signore, che mai abbandona gli uomini.
c) *La ripresa e la promessa*. Infatti il Signore non fa mancare agli uomini il suo Spirito divino onnipotente e benefico, a cominciare dal suo popolo, ma con la prospettiva delle nazioni del mondo. Così Lo effonde, come si vide, su Mosè e Giosuè, e sui 70 Anziani più 2; sui Giudici; sul Re messianico (*Is* 11,1-2); sul Re e Profeta e Sacerdote messianico (*Is* 61,1-2); sul suo Servo sofferente (*Is* 42,1); infine, come promessa escatologica, sull'intero popolo santo (*Is* 32,15: *Gioel* 2,28-32).

d) *Il grande Ritorno*. Acutamente i Padri, come si è accennato, hanno formulato la teologia sullo Spirito Santo in rapporto a Cristo Signore: lo Spirito Santo precede, accompagna e segue Cristo Dio nella sua Umanità. Infatti, il Figlio di Dio si incarna volontariamente «dallo Spirito Santo e da Maria Vergine» (*Mt* 1,18.20; *Lc* 1,35).

Giovanni il Battista da parte sua indica ai suoi discepoli l'Agnello di Dio, il Servo sofferente (*Gv* 1,29 e 36; *Is* 53,7-8), e riceve dal Padre il "segno" d'identificazione certa: lo Spirito di Dio che discende su Lui e su Lui "resta" (*Gv* 1,32-33).

Infatti, al Battesimo e alla Trasfigurazione Cristo Signore è "unto" di Spirito Santo dal Padre (*At* 10,38). Egli, come si è visto a più riprese, nella potenza dello Spirito Santo per il Padre opera volontariamente la *Leitourgía* divina, l'«opera per il popolo», che sono l'annuncio dell'Evangelo, le opere della carità del Regno e il culto immacolato.

E si offre al Padre quale Vittima immacolata nello Spirito eterno (*Ebr* 9,14).

Dallo Spirito Santo è resuscitato dai morti (*At* 2,32-33).

La Nube della gloria che è lo Spirito Santo Lo innalza fino al Padre e Lo intronizza alla sua destra come «*sýnthronos*, cointronizzato» in eterno.

Lo Spirito Santo con la Gloria Lo ripresenterà all'ultima Venuta, esattamente come fu all'Ascensione (*At* 1,11), quale Giudice dei vivi e dei morti (*At* 10,42).

e) *Il Dono*. Cristo Signore nella Cena promette lo Spirito Santo ai discepoli 5 volte (*Gv* 14-16).

Secondo la mirabile prolessi narrativa e teologica giovannea, il Padre Lo dona dalla Croce, dal costato trafitto della Bontà del Figlio, alla Chiesa sua Sposa diletta (*Gv* 19,34 e 30).

E il Figlio viene ai suoi discepoli e Lo dona significativamente la sera stessa della Resurrezione (*Gv* 20,19-23). Da adesso la Comunità si raccoglie la sera per celebrare il Signore con preghiere e canti, in modo che all'alba si giunga al culmine dei Divini Misteri.

E a Pentecoste è ancora donato lo Spirito Santo, 50 giorni dopo (*At* 2,1-4). E poi 4 altre volte. E quindi, sempre.

Il Padre dona lo Spirito Santo anzitutto nella Parola e nell'ascolto e nella conversione e nella fede e nella carità.

E «inizia a Cristo» i figli suoi con lo Spirito Santo, battezzandoli in Lui e con Lui "ungendoli" di consacrazione dello Spirito Santo, così abilitandoli alla «vita in Cristo vita nello Spirito» (*Rom* 8,9). Poi li nutre di continuo di Spirito Santo «nella Chiesa» attraverso la Parola il Corpo e Sangue del Figlio.

E Lo dona «nella Chiesa» in tutti gli altri Misteri sacramentali.

E quando i fedeli nell'amore per il loro Signore Risorto Lo annunciano celebrandolo con l'Evangelo e con l'anamnesi del suo Mistero, e Lo testimoniano al mondo.

E quando prestano il cuore e le mani a Cristo Signore, e così operano la carità ai fratelli.

E nella loro vita di preghiera, e di comunione nuziale con il Figlio.

Ed Egli promette a essi la resurrezione, che essi professano nel "Credo". La medesima già operata sull'Umanità del Figlio.

Dopo l'Ascensione, la Pentecoste avvia alla «redenzione fisica», della "natura" creata. Vedi Approdondimento 8.

C) La Pentecoste «coscienza storica» e memoria perenne dei cristiani.

Lo Spirito Santo è donato sempre dal Padre, l'unica Fonte della Divinità. Egli raggiunge sempre i fedeli dalla Bocca del Risorto che Lo effonde (*Gv* 19,30; 20,22), e insieme dal Costato della sua Bontà trafitto sulla santa e vivificante Croce (*Gv* 19,34). Lo Spirito Santo viene normalmente e regolarmente I) nella Chiesa e dalla Chiesa; II) dalla Parola parlata dal Signore nel medesimo Spirito Santo, e nello Spirito Santo proclamata dalla Chiesa, III) e nel Sangue e nell'Acqua dei Misteri sacramentali, che sigillando la fede e speranza e carità, spingono i fedeli come Chiesa a operare le opere del Regno, ai fratelli, ma in vista del Regno. Per questo esige le «tre comunioni» al corpo di Cristo, la Parola, i Divini Misteri, la Chiesa.

Il Dono dello Spirito Santo è trasformante e divinizzante. E tra i diversi aspetti produce nei fedeli un effetto tipico, a cui quasi mai si pensa: la coscienza storica cristiana, la «memoria perenne». Questa è un fatto centrale della vita fedele, sul quale vale la pena soffermarsi un momento.

La «formula della coscienza storica» viene dalla Chiesa apostolica, in specie da Paolo e da Pietro, come si vede dagli esempi che seguono.

Paolo richiama la storia recente ai suoi fedeli efesini, venuti alla fede dal paganesimo:

*Perciò fate memoriale che allora voi (eravate) le nazioni (pagane)*
*nella carne...*
*poiché eravate quel tempo senza Cristo...*
*ma adesso in Cristo Gesù voi, che allora eravate lontano,*
*diveniste vicino nel Sangue di Cristo* (*Ef* 2,11-13)

Da parte sua l'apostolo Pietro parla così nella sua prima epistola, in contesto di Iniziazione cristiana (1 *Pt* 2,10):

*voi che allora (eravate) non popolo, ma adesso popolo di Dio,*
*quelli (allora) non misericordizzati, ma adesso misericordizzati,*

testo che cita *Os* 1,6.9.

Così si vede che anzitutto lo Spirito del Signore, che è Dio, suggerisce nel cuore dei fedeli (mente, intelligenza, memoria, sensibilità, decisionalità, volontà in azione) il primo pensiero che deve permeare e dirigere la loro esistenza: il Signore Dio Onnipotente ed Eterno, il Dio Vivente buono e misericordioso, dall'eternità ma «in questo istante», perciò già prima di essi e senza essi, poi con essi e insieme a essi, quindi dopo di essi «fa memoria permanente» di essi. Come si è visto in specie dai Salmi, «fare memoria», o memoriale o anamnesi di qualcuno, significa accettarlo totalmente, in modo grato. Tuttavia quando il Signore stesso «fa memoriale», accetta amorevolmente per primo, crea di continuo, si cura di persona, provvede in modo largo, generoso, imprevedibile. Si pensi solo al Sal 104, un testo esemplare in questo:

> *Glorificate il Signore...*
> *Fate memoriale delle meraviglie che Egli operò...*
> *Egli fa memoriale dell'alleanza sua nei secoli...*
> *poiché fece memoriale della promessa sua santa*
> *e d'Abramo, servo suo* (*Sal* 103,1a.5a.8a.42),

e dell'altro testo esemplare, il *Magnificat*:

> *Magnifica l'anima mia il Signore...*
> *Accettò Israele, servo suo,*
> *e fece memoriale della propria Misericordia,*
> *come parlò ai Padri nostri* (*Lc* 1,46b.54-55a).

Il termine più proprio per spiegare «fare anamnesi» o memoriale è quindi "accettare".

E di questo si ha la prova tangibile giorno dopo giorno, quando dopo l'Anamnesi storica, offertoriale e sacrificale dei divini Misteri la Chiesa orante supplica epicleticamente come il Salmista: «Ricordati di noi, Signore, nella Benevolenza verso il popolo tuo!» (*Sal* 105,4), o come il Ladrone buono: «Gesù, ricordati di me quando vieni con il Regno tuo!» (*Lc* 23,42). Così la Chiesa fa salire al Trono della Grazia il sospiro della sua fede amante: «Ricordati, Signore e Padre Buono, di questa Chiesa». Da cui e con cui sono nominate anche le altre realtà a cui è tesa il cuore nuziale della Chiesa: la comunione delle Chiese e i loro membri, tutti i viventi, tutti i santi, tutti i battezzati defunti. Si chiede al Padre con questo "Ricordati", di avere nella divina Memoria, che è Amore creante e accettante, tutto quello che riguarda la divina Economia che si svolge nel mondo e nella storia, che avviene nello Spirito Santo. Ma la divina Memoria operante è attiva precisamente con lo Spirito Santo, eterna Sapienza increata in Dio, il medesimo Spirito Santo che dalla Pentecoste alla Venuta del Signore nella gloria fonda e riempie e sostiene la «coscienza storica» cristiana ricevuta all'Iniziazione, restando Lui il contenuto primo di essa.

Lo Spirito Santo è Spirito sacerdotale, Spirito della preghiera e del sacrificio, dell'offerta e dell'intercessione. Il "Ricordati" del

Salmista, e tanto più del Signore stesso nella Cena, quando benedice il Padre sul pane e sulla coppa facendo memoriale di tutti i benefici della salvezza, sono pronunciati nello Spirito Santo. Il «Fate memoriale di me» come precetto centrale della Cena, è consegnato ai discepoli nello Spirito Santo, affinché lo attuino nello Spirito Santo. Non a caso «la preghiera» della Chiesa comincia proprio dalla Pentecoste (*At* 2,41-47; e Domenica II del Tempo pasquale).

Lo Spirito Santo dalla Pentecoste crea quindi la coscienza storica, la memoria cristiana. La Chiesa, sede nuziale dello Spirito Santo, dal medesimo Spirito Santo è spinta al memoriale del suo Signore e Sposo Risorto e glorificato, a invocarlo affinché venga (*Ap* 22,17). La Presenza divina congiunta dello Spirito Santo e di Cristo nei Misteri, santifica la Chiesa e l'innalza fino all'adorazione della Trinità santa consustanziale e indivisibile, infondendole l'amore trasformante. E altro non è, né dovrebbe essere, il contenuto della predicazione stessa della Chiesa, anzitutto a se stessa, poi nella missione al mondo.

Diffusa per l'intera terra nella Grazia che è lo Spirito Santo, la Chiesa rende sempre più specificante la sua "memoria" nello Spirito Santo. Il Centro è e resta per sempre Cristo Signore Risorto e l'adorazione della Santa Trinità. E già questo è sufficiente. E però nella sua fede divina la Chiesa ha la coscienza storica per cui percepisce lucidamente di essere circondata dalla sovrastante «nube ingente dei Testimoni» (*Ebr* 12,1), la corte celeste intorno a Cristo Risorto e glorioso, nell'infinita beatitudine e nella gioia tuttavia crescenti quando altri fedeli si vengono aggiungere a questa corte, o quando i fedeli peccatori si convertono (*Lc* 15,7: gioia del Cielo, che è Dio; v. 10: gioia degli Angeli di Dio).

Qui, la Chiesa antica era molto severa. Nella forte coscienza di essere la Sposa del Signore, dopo il Signore e la Santa Trinità faceva memoria, all'inizio, solo dei santi Apostoli, dei Martiri gloriosi, e dei Vescovi della Chiesa locale. Solo dopo il sec. 6° ampliò la sua memoria liturgica anche alla Madre di Dio, agli Angeli, ai confessori. Della Nube di Testimoni ampliava la visuale.

La coscienza storica cristiana, questa «memoria» che dalle realtà della divina salvezza ricevute si rivolge al Cielo e alle necessità della terra, lì per adorare, lodare, ringraziare e supplicare, qui per predicare, celebrare e operare la carità della fede, è sollecitata dallo Spirito Santo, di continuo, con la Parola e la visione.

La *Parola divina* riporta all'origine storica, l'Israele di Dio, guidato dallo Spirito di Dio, pur nelle traversie, negli errori e nelle angosce dell'attesa, fino al Nome e al Volto del Messia, il Signore Gesù. L'Israele di Dio resta il popolo dell'elezione divina fedele (*Rom* 11,28-29; 9,1-5). Israele di Dio nel quale anche la Chiesa di Dio si riconosce. Non due popoli, due Spose. Unico popolo, unica Sposa del Signore, pur nella situazione tragica della divisione e lacerazione senza rimedio. La coscienza storica dal N.T. risale all'A.T., due momenti dell'unico operare dello Spirito del Signore. Due Testamenti dell'unica Scrittura Santa ispirata dallo Spirito Santo. Di qui ancora una volta si ribadisce la stretta necessità per la Chiesa di Dio di leggere e conoscere l'A.T.

La *visione* è offerta non dalle pullulanti e problematiche visioni e apparizioni e rivelazioni e segreti per creduloni e ritardati, bensì dalla realtà visibile che viene dall'antica Tradizione delle Chiese, sancita dal Concilio Ecumenico di Nicea II (a. 787): dalle sante icone.

Quando si contemplano le sante icone, anzitutto «l'icona» per eccellenza, quella di Cristo Signore, solo, o sul Trono di gloria verginale della Madre di Dio che offre alla nostra adorazione il Figlio, o accompagnato come Grande Re dal corteo degli Angeli e dei Santi, le *.Seba'ôt* celesti inneggianti e adoranti, o in un episodio evangelico della sua Vita storica: allora la coscienza storica cristiana sempre vigilante «fa memoria» di tutto quello detto finora. Nelle sante icone in modo quasi palpabile si conosce e si contempla e si desidera che la Gloria divina, lo Spirito Santo, che riposa sul Signore Risorto e su tutti i suoi Santi, nella quale divinamente riposano il Signore Risorto e tutti i suoi Santi, diventi anche la Gloria dei fedeli. Infatti, nello Spirito Santo il Dio eterno si fece quello che non era, ossia quello che gli uomini sono, affinché nello Spirito Santo li trasformasse in quello che essi non sono, ossia in quello che Egli è. L'icona rinvia a questo: Quanto la Rivelazione divina annuncia, l'icona lo mostra come realizzato dallo Spirito Santo: il medesimo che dei fedeli, le icone di peccato, fa icone redente, santificate e in via verso la divinizzazione.

La coscienza storica, quindi, viene dalla coniugazione della Parola con l'icona. Si comprende come l'Occidente, per varie colpe politiche, ha deviato ribellandosi apertamente contro la Tradizione della Chiesa unita, quando un imperatore barbarico cristiano in due conciliaboli e con i Libri carolini, fece guerra al Concilio Ecumenico di Nicea II, dove si decise l'«iconoclasmo permanente». Si ebbe la rinuncia totale alle sante icone (le chiese calcinate del gotico e della riforma), e si optò per tornare alle statue paganeggianti, due modi in apparenza opposti, in realtà diretti alla distruzione violenta della Tradizione, ossia della Liturgia dei Padri, dei Concili ecumenici. Gli stessi capolavori d'arte che rendono così tanto «musei» certe chiese e cappelle, sono naturalismo, e le chiese luoghi di devozione. Allora si impedì alla Chiesa di essere la Maestra di dottrina nell'arte «sua». E così si comprende anche il brutto orribile dei mostri architettonici e figurativi delle chiese di nuova costruzione: nel brutto non si può pregare né contemplare. «I brutti producono il brutto e il loro brutto resta e fa i brutti». La coscienza storica cristiana è aggredita in un punto molto delicato.

La Pentecoste richiama anche a ripensare a tutto questo.

E richiama anche ad interrogarsi: come sorge e funziona nei fedeli la potenza della coscienza storica che si esprime nella memoria divina e salvifica? La risposta non è difficile. Essa sorge e funziona in modo così semplice, che, sia si accetti, sia si rifiuti, se ne dovrebbe essere sorpresi o spaventati. La memoria storica o coscienza storica cristiana è la presente consapevolezza della divina Bontà. Questo significa che i fedeli sanno che sono già stati divinamente accettati dal Padre nel Figlio (*Ebr* 10,5-14), e il risultato è il Dono dello Spirito Santo. È la coscienza tesa che essi sono stati creati per crescere nella loro storia, e perciò sono stati già redenti e santificati in quanto lo Spirito Santo dall'Iniziazione ha impresso in modo indelebile l'«immagine e somiglianza» di Dio recuperata dal Figlio di Dio per sé e per gli uomini con la Croce e con la Resurrezione, il cui frutto è la Pentecoste di Fuoco. È la coscienza di stare nel «cammino della Croce», verso la Gloria, che segna la divinizzazione degli uomini ad opera dello Spirito Santo.

Lo Spirito Santo fonda poi la coscienza storica dei fedeli anche per un aspetto conseguente. Donato dal Padre mediante il Figlio nella Chiesa in forza della Parola e dei Misteri salvifici, lo Spirito Santo, come si disse, è il Programma battesimale dei fedeli, come lo fu a titolo indicibile per Cristo battezzato. Così solo dallo Spirito Santo agente in essi, se glielo permettono, i fedeli possono riscoprire la loro sorte divina. E insieme, la compattezza della Chiesa Sposa e Madre, l'Orante dimora unica della Trinità beata, e famiglia di Dio. E la loro invulnerabilità di fronte alla superficialità della vita che sono costretti, o forse per paradosso divino lo sono provvidenzialmente, a vivere immersi in parole e immagini dalle sollecitazioni innumerevoli banalizzanti cosificanti alienanti, che si dissolvono giorno dopo giorno, ma purtroppo giorno dopo giorno di nuovo insorgenti, indiscrete e petulanti, a portare messaggi facili e inutili e dannosi.

«Solo in immagine (*eikôn*) passa l'uomo» (*Sal* 38,7), avverte gravemente il Salmista. «Passa la forma (schêma, esteriorità) di questo mondo!» (1 *Cor* 7,31), ripete l'Apostolo. Resta la storia della salvezza, o della non-salvezza. Resta la coscienza storica cristiana avvertita. Resta la memoria storica se operante.

Il Padre stesso per lo Spirito Santo fa memoria dei suoi figli. Nella sua Memoria infinita infallibile la memoria degli uomini li unisce a Lui, nell'indicibile Comunione dello Spirito Santo (2 *Cor* 13,13). Nello Spirito del Signore il Cielo si unisce con la terra, come in Maria poté operare nello Spirito Santo il Verbo, che facendosi carne unì in sé il Cielo eterno con la terra che perisce. Gli uomini sono destinati al Signore. Il Signore è il Sovrano augusto di infinita maestà, che non rinuncia mai, non può rinunciare mai ad alcun figlio, diletto e gradito suddito del suo Regno universale.

# Domenica della SS. Trinità
# I dopo la Pentecoste
# Solennità

«Per Te, la lode è il silenzio», dice la lezione ebraica del Sal 65 (64),2a. Lode a Dio, adorazione gioiosa, sorpresa continua davanti al Signore Unico che sussiste in eterno nelle Persone dell'inseparabile e consustanziale Trinità santa e beata. Lode che è grazia di adorazione, di salita alla comunione. Adorazione che si dirige solo sul Signore Unico e Trino, con i suoi titoli e opere mirabili.

Nei secoli la Chiesa unita si è trovata sempre di fronte al divino Mistero. E questo per sua natura è tale che resta «il Mistero», e per la Grazia dello Spirito Santo è rivelato nell'Economia del Padre in Cristo con il medesimo Spirito Santo. In quanto resta tale, il Mistero è trascendente all'infinito, inaccessibile impenetrabile indicibile. È circondato quindi sempre dal silenzio adorante dei fedeli, prostrati davanti all'Invisibile Indicibile Inafferrabile Inesprimibile, dove l'intelletto ama se la lingua tace come deve tacere. Ma per quanto è rivelato, è oggetto di continuo approfondimento nella fede divina quale grazia gratuita, e deve giungere alla celebrazione plenaria sotto i «santi Segni» della Chiesa. Se il primo atteggiamento è stato chiamato dai Padri «apofasi (indicibilità)», il secondo invece «catafasi (rivelazione secondo la Condiscendenza divina per gli uomini)», ambedue in sapiente equilibrio portano alla dossologia, la glorificazione che sale dall'intero Corpo di Cristo, e questo è il terzo atteggiamento.

Il centro dinamico della Rivelazione trinitaria è e resta sempre la Resurrezione del Signore, attraverso la quale «lo Spirito Santo donato dal Padre rivela il Figlio, e a partire dalla sua Persona il Figlio rivela il Padre, e donando lo Spirito Santo riporta a Lui». I testi base come *Rom* 1,4; At 2,32-33.36; *Lc* 1,35, sono tra i più difficili del N.T. Ma il culmine del N.T. porta sempre verso la pienezza della Rivelazione come grazia: che «Dio è il Padre del Signore nostro Gesù Cristo - nello Spirito Santo» (qui *Ef* 1,3; 4,4-6; 1 *Cor* 8,6; 12,3-6 1 *Pt* 1,3). E se la maggioranza dei testi del N.T. consegna ai fedeli la Rivelazione della grazia effusa attraverso la «divina Economia nella storia», essa tuttavia concede a essi anche qualche prezioso "spiraglio", discreto nella sua rarità, attraverso cui intuire, senza mai inscretamente "scrutare", la Vita divina intratrinitaria. E la Chiesa ha sempre espresso questo al modo della dossologia, ossia glorificando e celebrando per la grazia dello Spirito Santo.

## I. Intorno All'evangelo

*1. Antifona d'ingresso.*

Dossologia trinitaria composita. È la classica *eulogía*, la *berakah* ebraica, la benedizione rivolta al Signore Unico «che operò verso noi la Bontà» sua, dell'alleanza divina. Il Signore Unico è acclamato nella Trinità delle Persone, nelle quali tutto e per intero sussiste in eterno, si manifesta agli uomini, e nelle quali essi Lo amano contemplano adorano con un atto unico indivisibile.

*2. Alleluia all'Evangelo*

«Gloria al Padre», integrato. Come il testo precedente, questo è la dossologia trinitaria più nota e usata, il «Gloria al Padre», integrato con *Ap* 1,8. Il Signore Unico, il Vivente, si è rivelato a Mosè nel Roveto ardente (*Es* 3,4) come «Colui che esiste», l'Unico Esistente in eterno. E tuttavia anche come «Colui che viene» dall'eternità nella storia degli uomini, e si manifesta nel Figlio con lo Spirito Santo, l'Unico Dio che sussiste e si fa contemplare nelle Persone divine.

*3. L'Evangelo: Gv 3,16-18*

La breve pericope è come un'enunciato sul Disegno trinitario eterno, che riposa nel Padre, è attuato dal Figlio, è consegnato agli uomini ma tutto è consumato dallo Spirito eterno. Lo Spirito Santo qui non è nominato, tuttavia si tratta comunque di un testo «trinitario», in quanto dove nel N.T. Due Persone divine sono poste sul medesimo livello, ad esempio come qui il Padre con il Figlio, e allora si apre sempre di fatto la prospettiva trinitaria.

Il Signore si è già presentato come il Tempio nuovo, edificato a partire dalla Resurrezione, e dove inabita la Divinità, da dove s'innalza nello Spirito Santo l'adorazione al Padre (*Gv* 2,13-22). A questo Tempio, e di notte per timore e rispetto umano, si accosta Nicodemo (*Gv* 3,1-17), un Ebreo pio e zelante della Legge santa del Signore, della quale è anche un maestro (3,10). Egli rivolge al Signore il riconoscimento della sua grandezza, individuabile dai grandi "segni" operati e visti, indizio certo che «Dio sta con Lui» (v. 2b). A lui il Signore replica annunciando la rigenerazione che avverrà ormai dall'acqua e dallo Spirito Santo (vv. 3-9), e chiede la fede (vv. 10-12), sulla testimonianza divina di chi discese dal Cielo e ascende ormai al Cielo. Fede nel Salvatore, che allora salvò il popolo con il serpente di bronzo; adesso invece sarà innalzato sulla Croce come Colui che guarirà tutti i mali, anzi, di più, che donerà la Vita eterna (vv. 13-15). Ma per conseguire questo, agli uomini occorre sempre la fede.

I critici qui annotano che dal v. 16 in poi le riflessioni e considerazioni dell'evangelista ormai quasi si fondono e si confondono con le parole di Cristo, in una fusione mirabile e molto alta.

Il primo enunciato è sulla Carità divina, che risiede nella sua Fonte inaccessibile, il Padre. Egli, il Creatore del mondo, ama la sua creatura, «in modo assolutamente eccessivo», diranno i Padri greci. E per questa carità non esita a «donare il Figlio suo, il Monogenito» (v. 16a). È questo un tema centrale del N.T., molto caro a Paolo, che vi torna sopra lungo la sua carriera di apostolo e di scrittore (*Rom* 5,8-9; 8,32; 2 *Tess* 2,16; *Ef* 2,4). Vi torna sopra anche Giovanni (1 *Gv* 3,1; 4,9-10). L'insistenza, come sempre, è segno non solo di una realtà comune sentita come decisiva, ma altresì che questa ormai era forse poco avvertita da qualcuno nelle prime Comunità, e occorreva sempre ribadirla, poiché ne discendevano conseguenze ed esigenze fondamentali.

Il Padre dona «il Figlio suo, il Monogenito»; i due articoli pongono in rilievo la Persona con il Nome divino di Figlio e il titolo divino, principale tra altri, di Monogenito, il Generato unico. E rivela che il Signore Unico nell'infinita ricchezza della sua Divinità genera il Figlio Unico dalla sua medesima sostanza divina, non da fuori di Lui, e Lo genera non in modo che esistano «due dei», ma in modo che il Signore Unico senza aumento e senza diminuzione sia tutto e per intero il Padre, e tutto e per intero il Figlio, come nella Rivelazione compiuta si annuncerà che tale è anche lo Spirito Santo, il Signore Unico anche Lui, il Dio da Dio, il Dio in Dio, il Dio Unico: il Signore, lo IHVH dell'A.T., si presenta come Generante e Generato e Procedente dal Padre.

Il Padre ama il «mondo», che non è solo il cosmo, ma sono soprattutto gli uomini nel mondo. Ora, il mondo si è allontanato da Dio, ha voluto farsi esistenza di peccato. Il Signore e Sovrano non vi rinuncia lo stesso. Destina al mondo il Figlio Monogenito. Con precise funzioni. Una, necessaria, di Rivelazione finale:

*Dio, nessuno vide mai.*
*Il Monogenito Dio, l'Esistente rivolto al Seno del Padre,*
*Egli ne fece esegesi* (Gv 1,18),

dove il verbo *exēgéomai* indica narrazione e spiegazione sufficiente del Padre, per quanto occorra agli uomini.

Una seconda funzione, è sacrificale. La tipologia biblica, che si presenta nell'episodio del Battesimo del Signore, indirizza a comprendere che come Abramo donò al Signore il figlio monogenito, l'unico, l'amato, Isacco (*Gen* 22), così, ma infinitamente di più il Padre dona al mondo di peccato, alla morte redentrice per quel mondo, il Figlio Unico.

Qui qualcuno può obiettare che tra gli uomini a fare vendetta del peccato degli uomini doveva venire proprio e solo il Padre, il «responsabile della famiglia», e non un Figlio innocente (proprio così ragiona la mafia).

Il Padre nella sua infinita sapienza e nel suo invincibile amore per gli uomini invece ha deciso di inviare addirittura il suo Amore, il

Figlio, la realtà personale, per così dire, più cara della sua stessa Persona, non "risparmiandolo" (proprio come Abramo, *Gen* 22,12 e 16), e Paolo lo ha compreso bene (*Rom* 8,32). Mostrando che da parte sua non esisteva un amore più grande per gli uomini. Se avesse "risparmiato" il Figlio, il Padre avrebbe donato un amore minore.

Il fine della venuta del Figlio Monogenito è enunciato di seguito. Che chiunque crede non vada alla rovina eterna, bensì venga in possesso della Vita eterna (v. 16b). È la condizione assoluta, su cui Gesù insiste molto (3,15; 6,40; 11,25-26; 1 *Gv* 5,12-13.20). Il Signore quale Pastore Buono d'altro canto ha promesso di donare «la Vita e con abbondanza» (10,10; e Domenica IV del Tempo pasquale). Ai discepoli ha anche enunciato, un'unica volta, la definizione della Vita eterna: «Che conoscano Te, l'Unico Vero Dio, e Colui che Tu inviasti, Gesù Cristo» (17,3; e Domenica VII del Tempo pasquale). Conoscenza d'amore, che si cumula con la fede accettata quale Dono dello Spirito Santo, fede gratuita e vivificante.

La rovina eterna preoccupa il Signore. In altro contesto afferma: «Io la Vita eterna dono ad essi, e non periranno in eterno, e nessuno le (pecore) rapisce dalle mani mie» (10,28). In questa preoccupazione, spiega ulteriormente: il Figlio è l'unico Inviato del Padre (ai vv. 16 e 17, il verbo è *apostéllō*, da cui *apóstolos*) al mondo, non esistono altri inviati. Tuttavia «il mondo» peccatore non Lo riceve come fosse giudicante e condannante, anche se questo si meriterebbe a causa del suo esistere di peccato. L'Amore paterno invia il Figlio quale unico Salvatore. Nei Due Testamenti, Dio appare infinite volte quale Giudice giusto. Non tollera ingiustizie. Il Giudice nel linguaggio biblico è il Salvatore, che interviene a ristabilire le condizioni della Giustizia, che è la Carità per tutti. Egli allora punisce in modo severo e inappellabile. Tuttavia, si tratta sempre di punizioni medicinali, temporanee, al fine di guarire. Il suo Giudizio è «intervento soccorritore» di misericordia, trovato tante volte nei Salmi, ad esempio. Come qui. Se vi sarà un giudizio di condanna, questo sarà un autogiudizio di condanna, ogni uomo impenitente si riconoscerà colpevole davanti al Signore. Il Signore vuole solo che i peccatori si convertano e vivano, e giungano alla conoscenza della Verità (1 *Tim* 2,4; *Tit* 2,11; 2 *Pt* 3,8; tutti sulla base di *Ez* 18,23.32; 3,18; *Eccli* 11,14; *Sap* 1,13; 11,24; 12,19).

Questo tema impressionante, che è un preciso appello alla responsabilità degli uomini, ricorre in Giovanni per un numero sorprendente di volte (*Gv* 5,22.26.38; 6,29.58; 7,29; 8,42; 10,36; 11,42; 12,47.49; 17,3; 20,31; 1 *Gv* 4,9-10.14). È presente anche in Paolo (*Rom* 8,3), e come tematica è ripresa dal suo discepolo, Luca (*Lc* 19,10; *At* 17,31).

La fede così è vera salvezza. Il mondo non deve temere, come invece le ideologie atee del 1800 hanno insegnato in modo rozzo e malefico, vere «culture di morte». Da esse Dio è concepito come un «mostro orrendo, informe, ingente» che opprime dall'alto e impedisce di realizzarsi come uomini veri. Al contrario, visto da vicino l'Amore divino rispetta talmente l'uomo, che sacrifica «il Figlio, quello Monogenito» per salvare tutti gli altri, tutti meritevoli per propria colpa della rovina eterna, la morte eterna, la lontananza definitiva da Dio che porta all'annullamento dell'essere. Questa rovina ai vv. 16 e 17 è espressa con il verbo *apóllymi*, perire, essere distrutto (v. 17; vedi il terrificante *Mt* 10,28).

La speranza è perciò riaperta con un'altra assicurazione (v. 18a). Chi apre il cuore affinché Dio vi ponga la fede salvifica e rigenerante, non è giudicato né condannato. È chiaro, il codice penale è l'estremo limite posto dalla comunità alla moralità pubblica, chi lo oltrepassa cade sotto le sanzioni previste. Ma un grande Santo sarebbe colpito da una qualunque sanzione penale? Così anche Paolo lo proclama: «l'uomo pneumatico (che possiede lo Spirito Santo) giudica tutto, e da nessuno è giudicato» (1 *Cor* 2,15); qui non esiste iattanza né senso di minoranza spirituale aristocratica. Il vero giusto, quello davanti a Dio, che vive dei doni della sua Grazia, sta al di là e al di sopra ogni legge, che peraltro rispetta e non disprezza. Lo stesso Paolo ha parole severe per indurre a stare sempre sotto l'obbedienza dello stato politico (vedi testi come *Rom* 13,1-7). E non meno l'apostolo Pietro (1 *Pt* 2,11-17).

Per avere la vita eterna occorre quindi credere nel Nome del

Monogenito Figlio di Dio, l'unico Nome donato sotto il cielo che salvi (*At* 4,10.12), poiché invocarlo è aderire a Lui con l'amore che è la fede. La situazione di chi non vuole credere è già da lui stesso decretata: egli è «già giudicato», e quindi «già condannato» da se stesso, a causa esclusiva del suo rifiuto (v. 18b). Non sembri strano, ma contro questo rifiuto di morte, il Signore Onnipotente nulla farà mai per costringere la sua creatura amata a un'adesione forzata. Già nella Promessa antica risuona l'avvertimento severo:

*Ecco, Io pongo davanti a voi oggi il bene ed il male* (*Dt* 11,26).
*Considera tu che Io oggi pongo davanti a te*
*la vita ed il bene, e al contrario la morte ed il male,*
*affinché tu ami il Signore Dio tuo e proceda nelle Vie sue* (*Dt* 30,15-16a).
*Testimoni Io invoco oggi il cielo e la terra,*
*che propongo a voi la vita e la morte, la benedizione e la maledizione.*
*Scegli dunque la vita, affinché viva tu e anche la discendenza tua,*
*e tu ami il Signore Dio tuo e obbedisca alla Voce sua*
*e aderisca a Lui* (*Dt* 30,19-20a).

La vita umana così è di certo un rischio, però non è «una scommessa», come da qualche pensatore si dice in modo pessimistico. È scelta non arbitraria. Sulla Parola vivente del Padre e del Figlio suo, il Monogenito. Che lo Spirito Santo attua sempre nei credenti, solo se lo vogliano con cuore sincero.

*4. Antifona alla comunione:* Gal 4,6.

Il testo ha il parallelo in *Rom* 8,15. Il Padre ha reso gli uomini «figli nel Figlio» (*Rom* 8,28-30), inviando nei loro cuori lo Spirito Santo suo e del Figlio, per prendervi dimora eterna (*Rom* 5,5). Lo Spirito Santo stesso li soccorre con epiclesi e con dossologia, «gridando: *'Abbâ'*, Padre!» Lo stesso grido del Figlio al Getsemani e sulla Croce. Questo a partire dalla loro Iniziazione. Qui si ha un testo trinitario fondante. Infatti, «oggi qui», tutti iniziati a Cristo Signore con il suo Mistero dallo Spirito Santo che li consacra, celebrando il Figlio Risorto con lo Spirito, i fedeli adorano con un unico atto d'amore indivisibile il Padre, e in Lui il Figlio e lo Spirito Santo, i

Tre, il Signore Unico. In questo essi sono guidati dallo Spirito Santo che viene, e li conduce nella Verità intera. E ascoltano la Parola da Lui ispirata, proclamata e mistagogizzata dalla Chiesa che è la sua dimora. Egli così manifesta il Signore glorioso. E si dona come Dono personale, divina Proprietà del Padre e del Figlio, in questi Doni dei Misteri offerti ai figli che invocano in Lui il Padre, e li concorpora con Cristo che già li sta riportando al Padre.

## II. Verso l'Evangelo

*A.T.:* Es *34,4b-6.8-9*

Il Signore Unico, il Dio Vivente, è l'Invisibile Inaccessibile Inafferrabile Indicibile nella sua Esistenza infinita ed eterna. Di Lui si può, e si deve affermare «che esiste». Non si può né si deve affermare «chi è e come è», poiché ogni parola umana su questo sarebbe pura invenzione se non menzogna, se non follia. Ma amare affermare riconoscere adorare il Signore Unico, l'Esistente, significa anche affidarsi a Lui con totale fede, «fidarsi di Lui». Egli non deluderà chi Lo cerca. Rivelerà di sé quanto opera in favore degli uomini, dalla creazione alla storia alla fine dei tempi. E da queste opere rivela anche i suoi titoli divini, almeno alcuni.

Il testo di oggi è uno dei più importanti dell'A.T., e si pone senza tema accanto ai più importanti del N.T. È il centro della divina Rivelazione, cominciata al Roveto ardente, dove a Mosè è consegnato il Nome divino indicibile, *ho On*, IHVH, «l'Esistente Unico», «il Signore» (*Es* 3,14), Colui che «sta con» Israele per sempre, lo crea, lo accompagna nella storia, lo conduce al suo bene, lo ama. Ma altresì con ira gelosa lo redarguisce e lo punisce medicinalmente, fino alla correzione. Comincia l'esodo tra dubbi, angosce e mormorazioni del popolo, poi tra sfiducia e ribellione; al passaggio del Mar Rosso, per la fame, per la sete il popolo dubita e si agita. Condotto al Sinai per ricevere l'alleanza, il popolo ha paura del suo Signore (*Es* 19). E quando Mosè è chiamato a salire al Signore per ricevere le due tavole della Legge divina (*Es* 24,12-18), il popolo s'impazientisce della lunga assenza del suo capo visibile.

E si fabbrica un dio visibile, prodotto dalle mani sue (*Sal* 113,12-16), a imitazione dei popoli dell'ambiente circostante, forse su modello egiziano, il vitello d'oro forse imitando Apis, il dio toro della potenza e della fecondità, conosciuto e adorato in forma simile anche dai Cananei (*Es* 32,1-6). Va detto che forse la concezione soggiacente era che il vitello fosse come il trono dove siedeva l'Invisibile, una specie d'arca dell'alleanza; ma la struttura del cuore umano, che è solo oscuramento e miseria se non sopravviene la Grazia divina, facilmente trasferiva culto e adorazione dall'Invisibile all'idolo visibile, ché quest'ultimo non poteva non diventare. Di qui l'ira sdegnata del Signore manifestata a Mosè sul Monte (32,7-14), e l'ira furibonda di Mosè che frantuma le tavole ricevute (vv. 15-24), e il conseguente sterminio dei colpevoli, senza pietà, cancrena da estirpare alla radice (vv. 25-29). Tra quelli è risparmiato il primo e principale responsabile, il sacerdote Aronne, ma su lui il Signore ha un piano, poiché dovrà essere il capo della stirpe sacerdotale del popolo santo, un discutibile capostipite, comunque, con un brutto antecedente. E adesso che il Signore vuole cancellare tutto il popolo, Mosè intercede in modo epicletico ed efficace presso il suo Signore (vv. 30-35).

Il cap. 33 si inizia con l'ordine divino di proseguire il viaggio (33,1-6). Mosè per primo, fatto erige il tabernacolo fuori del campo e ponendovi a guardia il fido Giosuè (vv. 7-11). E adesso rivolge al Signore una lunga supplica, ripetuta e articolata con abilità di mediatore (vv. 12-23). È uno dei brani più struggenti e tesi di tutto l'A.T., la cui intensità si ritroverà solo in Abramo per Sodoma e Gomorra (*Gen* 18,22-33), nei Salmi e in alcuni Profeti. Anzitutto Mosè chiede al Signore di «conoscere la via» (v. 13), ed il Signore gli assicura che il suo Volto divino stesso verrà con lui (v. 14). Poi Mosè gli chiede di venire sempre con loro (v. 16), e il Signore glielo concede (v. 17). Finalmente Mosè si fa più ardito, e gli chiede di poter contemplare la sua Gloria, presente finora ma nascosta dalla Colonna di Fuoco e dalla Nube (v. 18). Qui il Signore risponde obliquamente: farà sì passare la sua Gloria ed il suo Nome per mostrare pietà e grazia (v. 19), tuttavia sbarra per sempre ogni speranza di visione materiale: «Tu non puoi contemplare il Volto mio, poiché un uomo non può contemplare Me, e vivere!» (v. 20). La struttura umana non può sopportare l'immane Presenza divina che si rivelasse completamente. Allora il Signore dà le istruzioni per questa sublime teofania (vv. 21-23). E Mosè fabbrica le nuove tavole della Legge (34,1-4a). Il lungo preambolo era necessario per comprendere la scena grandiosa che adesso il Signore si degna di presentare al solo Mosè.

Allora Mosè sale, chiamato, verso il Signore, sul Monte misterioso, di notte verso il giorno, secondo l'ordine divino e portando con sé le tavole, vero Libro dove il Dito del Signore indicherà a Mosè quanto va scritto (v. 4). Resterà con il Signore 40 giorni indescrivibili, senza mangiare né bere (v. 28), a contatto con la divina Presenza. Privilegio unico, sul quale i Padri della Chiesa scriveranno pagine difficili e sublimi (S. Gregorio Nisseno), della mistica più oscura e profonda, a cui si dovrebbero avviare tutti i fedeli.

Verso Mosè salito, il Signore si degna di accostarsi, "discendendo" dal suo trono celeste; questo avverrà altre volte, per la mediazione dello Spirito del Signore (*Num* 11,25). Il Signore avverte la sua tremenda Presenza gridando: «Il Nome del Signore!» (v. 5), come aveva promesso (33,19). «Il Nome» è tutta la Potenza personale, che adesso conversa con un uomo. Secondo la promessa però (ancora 33,19) deve farsi presente anche la Gloria, altro termine simbolico della Persona, che indica più precisamente l'irraggiare terribile e insopportabile della Divinità. Ed ecco la Gloria che passa, mentre Mosè dal Signore è riparato dalla stessa Mano divina per non essere annientato (33,22). Solo dopo questo passaggio, tolta la Mano, Mosè potrà vedere il Signore «da di dietro», non il Volto suo (33,23). Mentre passa, il Signore parla parole sublimi e misteriose, che vale la pena di riportare, tanto più che la lettura di oggi ha espunto, non si sa perché, il v. 7:

*Il Signore! Il Signore!*
*Dio Tenero e Gratificante,*
*Tardo all'ira e Grande in Bontà e Fedeltà!*

*Custodiente la Bontà per mille (generazioni),*
*Perdonante l'iniquità e la tortuosità e il peccato,*
*per nulla affatto lascia impunito,*
*Ricercante l'iniquità dei padri sui figli*
*e sui figli dei figli fino alla terza e quarta (generazione)! (vv. 6-7).*

Questi versetti sono ripetuti in *Num* 14,18; in parte in *Neh* 9,17.

Il centro è il v. 6 con i 4 titoli: Tenero, Gratificante, Tardo all'ira e Grande in Bontà e Fedeltà. Essi tornano nell'ordine come stanno, in 2 *Cron* 30,9; *Sal* 85,15; 102,8; 144,8; *Gioel* 2,13.

Tenero (greco *oiktírmôn*, ebraico *ra.hûm*) indica la tenerezza delle viscere materne generanti (*re.hem* è il seno della madre che concepisce). *Gratificante* (gr. *eleêmôn*, ebr. *.hannûn*), dice la Grazia misericordiosa e gratuita che il Signore dona sempre. *Tardo all'ira* (gr. *makróthymos*, magnanimo, ebr. *'erek 'appajim*), indica la divina pazienza nel considerare la fragilità peccaminosa dell'uomo. *Grande in Bontà e Fedeltà* manifesta il comportamento normale del Signore nell'alleanza, in quanto qui *Bontà* traduce gr. *éleos*, ebr. *.hesed*, l'intervento gratuito amoroso premuroso del l'Alleato principale verso l'alleato minore sempre in difficoltà. La *Fedeltà* è la dichiarazione di principio: il Signore è il Dio Amen, il Fedele, ma Fedele solo a se stesso, alla sua Parola donata e mai ritirata, non all'uomo, alle sue ubbie e capricci e tradimenti e infedeltà (v. 6).

Il Signore indica di sé anche altri aspetti. Egli conserva la Bontà qui allusa per 1000 generazioni, numero infinito, e punisce la colpevolezza dei padri con cui i figli sono complici per natura e per volontaria, caparbia partecipazione («peccammo con i padri nostri», *Sal* 105,6!), solo per 3-4 generazioni, ossia per poco, a dimenticare. Il Signore perdona sempre le varie specie di misfatti degli uomini, tuttavia il perdono divino non sarà mai impunità, né tanto meno incitamento e licenza a proseguire nel male. La Bontà divina sta in sovrano equilibrio con la Giustizia medicinale divina.

La tradizione ebraica in questo testo fondamentale ha visto la rivelazione delle 13 *middôt*, le "qualità" o titoli del Signore, ai quali ha dedicato una lunga e amorosa speculazione, assai ricca.

I fedeli debbono tenere presenti tutti questi titoli, che sono come l'introduzione progressiva verso l'irraggiare accecante ma rigenerante della Luce divina scaturente dal Seno infinito dell'Amore sussistente.

Mosè comprende tutto questo. Non è annullato dalla Teofania. Ma la adora, prostrato a terra davanti alla Presenza (v. 8). E dalla Presenza riceve il coraggio di innalzare l'intercessione epicletica per tutto il popolo suo. La preghiera è commovente, parte da un cuore che sa di essere amato e favorito: «Se trovi grazia agli Occhi tuoi, Signore mio». Egli sa che la Grazia divina si è riversata con incredibile abbondanza sulla sua esistenza. Allora può chiedere: «Venga, deh, il Signore nostro in mezzo a noi». È ancora e sempre l'epiclesi per la Presenza, che aveva già innalzato (33,15-16) e che adesso reitera. E aggiunge una leale motivazione, che il Signore deve accettare, conoscendola bene: «poiché popolo dalla nuca dura è». Ed aggiunge un'altra epiclesi: «e Tu dimetti l'iniquità e il peccato *nostro*», poiché Mosè si pone, pur innocente, tra i peccatori, come deve fare l'autentico mediatore, rendendosi quindi unico responsabile del suo popolo.

Infine, l'ultima epiclesi: «e possiedi noi come eredità», alla lettera, «Tu, eredita noi» (v. 9). Infatti Israele è la «porzione» scelta come eredità particolare (gr. *klēronomía*, ebr. *na.halah*) del Signore, il suo possesso specifico, che non fa torto al possesso di tutte le nazioni della terra. È un tema molto caro alla Scrittura (*Dt* 32,9; *Sal* 27,9; 32,12; 77,62; 93,14; *Ger* 10,6; *Zacc* 2,15; del N.T. basti citare i testi capitali: *Ebr* 1,1-4; *Ef* 1,14.18; 5,5; *Col* 3,24).

Dall'immane, soverchiante ma non annichilante contatto divino, Mosè riceve la sua "trasfigurazione". Infatti, il suo volto ormai irraggia la Luce divina, tanto che per riferire al popolo le Parole nuove del Signore, si deve coprire il volto con un velo; mentre quando entra alla divina Presenza per parlare, se lo toglie (*Es* 34,29-35).

Per i cristiani, quel velo è tolto per sempre, poiché adesso dal Volto umano del Figlio di Dio irraggia la Luce dello Spirito Santo, il quale li trasfigura di gloria in Gloria, fino a che essi stessi riflettano quella Luce (*2 Cor* 3,18 - 4,6). E questo avviene quando essi ascoltano la Parola dell'Evangelo, che attua la Parola di Mosè ricevuta dal Signore.

La storia del popolo di Dio comincia qui, con la Teofania. In un certo senso, termina anche qui, poiché la Teofania è perenne, ed è promessa così: «Guardate quale amore ci manifestò il Padre, che siamo chiamati figli di Dio, ma lo siamo! Adesso noi siamo figli di Dio, e ancora non è stato manifestato quello che saremo, però sappiamo che quando sarà manifestato, noi saremo simili a Lui, poiché Lo vedremo come è» (1 *Gv* 3,1-2). Sul Volto del Risorto in eterno, quale Bontà unica trinitaria del Padre e del Figlio e dello Spirito Santo.

*Il Salmo:* Dan *3,52.53.54.55.56, un «inno di lode»*

Nell'esilio babilonese alcuni Ebrei della provincia centrale, privilegiati perché nominati anche amministratori del re, si rifiutano di adorare la statua d'oro di Nabucodonosor. L'auto-divinizzazione era normale per i sovrani orientali, come lo sarà per quelli ellenistici a romani. Oltre la smisurata considerazione di sé e la superbia e l'arroganza, poteva svolgere un ruolo anche la politica di unificare gli imperi sotto un unico culto. La statua d'oro è eretta, il banditore proclama l'obbligo di adorarla (*Dan* 3,1-7). Solo gli Ebrei si rifiutano, fedeli al Signore, il Signore Unico. Catturati, i fedeli Anania, Misael e Azaria, a cui il re aveva imposto nomi babilonesi (Sidrac, Misac e Abdenago), sono condannati alla fornace di fuoco (vv. 8-24). Qui Azaria innalza al Signore una supplica devota (vv. 25-50, la «preghiera d'Azaria»), poi i 3 giovani intonano una lode (vv. 51-56, il «cantico dei tre giovani nella fornace»), che culmina nella lunga "benedizione" (vv. 57-90). Queste due ultime composizioni sono dei veri e propri Salmi che si trovano fuori del Salterio, come altri nell'A.T.

La forma del «cantico dei tre giovani» è un'*eulogía*, la *berakah* o benedizione, che si ripete a ogni versetto, in parallelismo con la ricorrenza dei verbi della lode, *ainéō, hypsóō, hymnéō, doxázō*, ossia lodare, esaltare, inneggiare, glorificare, talvolta accresciuti dalla particella *hyper-*, sopra, ultra. Il testo viene solo dal greco, non esistendo nell'ebraico; ma sotto i termini greci si riconosce facilmente l'ebraico, rispettivamente *hallel*, *ramah*, lodare, esaltare; per «inneggiare» esistono diverse semantiche; *gadal*, magnificare.

Gli Oranti rivolgono la benedizione al Signore Unico, il Dio dei Padri, il Fedele all'alleanza, il Vivente Unico, l'Unico Esistente, che ha scelto i Padri per riversare la sua Grazia sui loro figli. Solo Lui è laudabile, solo Lui è «superesaltato nei secoli», ossia in eterno, in sé, e non solo dagli uomini (v. 52ab). Poiché la sua Persona ha rivelato la sua Potenza, «il Nome» con cui si lascia invocare, è benedetto anche questo, «Nome della Gloria tua, quello santo», Nome che indica la Gloria indicibile e dona la Santità trasformante, la Vita. Va ancora ricordato che «la benedizione torna sempre sul benedicente e unisce a lui il benedetto». Tale è il Nome è sovralaudabile e sovresaltato per tutti i secoli (v. 52cd).

La lode passa a individuare un "luogo" dove il Signore manifesta di voler dimorare. Così Egli è benedetto «nel tempio della santa Gloria» sua, e questo tempio è sia il cielo irraggiungibile, sia l'universo creato, sia il cuore dei suoi fedeli, essendo adesso il santuario di Gerusalemme in rovina. La Gloria santa irraggia in modo infinito e irresistibile nell'universo, per concentrarsi, se si può dire, nel cuore dei tre Oranti (v. 53a). Perciò il Signore è sovrinneggiato e sovraglorioso (v. 53b).

In parallelo sta il Signore benedetto «sul trono del Regno» suo, da dove regna, dove è adorato dai fedeli anche a costo della loro vita, come qui. Questo trono, ancora una volta, sta nei cieli inaccessibili (*Sal* 102,19; *Is* 66,1), nell'universo, e nel cuore dei fedeli, e per questo il Signore è sovrinneggiato e sovresaltato per i secoli dei secoli (v. 54).

Ancora una volta la benedizione Lo raggiunge, come Colui che troneggiando sui Cherubini nei cieli irraggiungibili (*Ez* 1; *Sal* 79,2; 98,1; *Is* 37,16), tuttavia si rende anche presente sulla terra, una volta invisibilmente presente sull'arca guardata dai Cherubini nel santuario di Sion. Da sopra i Cherubini il Signore scruta gli abissi dell'esistente, su cui regna, per cui è laudabile e glorificato nei secoli

(v. 55).

Il Signore è Creatore del firmamento (*Sal* 150,1), opera preziosa delle sue Mani, inizio del resto della sua opera per gli uomini, lì è benedetto, lì è inneggiato e glorificato per i secoli (v. 56).

Con il Versetto responsorio, v. 52, si ripete senza mai cessare che il Signore, il Dio Unico e Trino, è laudabile e sovresaltato per i secoli.

## III. Dall'Evangelo alla Chiesa

*L'Apostolo:* 2 Cor *13,11-13*

La conclusione della 2 *Corinzi* è un testo imponente. Paolo vuole lasciare un saluto finale che resti impresso, e ci riesce. Ai fratelli rivolge il primo imperativo: «Gioite, voi!». La gioia è l'inizio della vita della Comunità davanti a Dio e agli uomini, un programma esigito dall'Apostolo anche per le altre Comunità (*Fil* 3,1; 4,4; *Rom* 15,32). È la gioia che viene dalla Resurrezione del Signore, che sta sempre vicino ai fedeli, e che permea la vita cristiana proprio nell'ambiente del pessimismo disperato di quell'epoca, così simile a quella attuale.

La serie degli imperativi prosegue con «Siate perfetti!», dove il verbo *katartízô* significa essere congruo, adatto, idoneo, ossia perfetto, e al medio passivo, come qui, significa rendersi perfetti, lasciarsi rendere perfetti. Il terzo imperativo è «Esortatevi tra voi», grave questione nella comunità, dove è sempre difficile dirigersi verso veri direttori spirituali che sappiano comprendere e intervenire con spirituale opportunità; la funzione del *parakaléô*, esortare, è anche quella di consolare. Il quarto imperativo è il richiamo all'unità necessaria nelle realtà spirituali: «Il medesimo pensate!», poiché la prima e fondamentale forma del peccato è la diversità irriconciliabile nella fede. La Comunità originaria restava unita (*At* 2,46). Paolo non fa che ripetere quest'esigenza di fondo (*Fil* 2,5; *Rom* 12,1, qui però sulla necessità dell'unico comunitario e personale sacrificio spirituale). Segue un altro imperativo su questioni necessarie, «Abbiate la pace!», la Pace divina che discende agli uomini, che toglie via ogni rancore e dissenso, che apre la via verso tutti gli uomini. Solo allora «il Dio della carità e della pace» potrà essere l'*Immanuel*, Dio con noi (*Mc* 9,49; *Rom* 12,18; 15,32; 1 *Tess* 5,13). In altro contesto, Paolo proclamerà in 3 triplette quale sia «il Frutto dello Spirito»: «carità gioia pace - pazienza benignità bontà - fedeltà soavità temperanza» (*Gal* 5,22-23) (v. 11).

Segue immediatamente un imperativo liturgico: salutarsi durante la celebrazione del Signore con il reciproco «bacio santo», segno sincero dell'amore riconciliato e dello scambio fraterno di chi si appresta a «formare l'unico Spirito» (1 *Cor* 6,17) con il Signore Risorto. Il bacio liturgico è una pratica che l'Apostolo vuole vedere applicata regolarmente nella Comunità (1 *Cor* 16,20; *Rom* 16,16). In cambio assicura il saluto di «tutti i santi», che è la Comunità degli Apostoli di Gerusalemme, la fonte inesauribile di tutta l'azione apostolica (v. 12).

E finalmente viene l'assicurazione suprema di Paolo: già stanno con i fedeli a cui scrive le Operazioni divine. Esse sono elencate nell'ordine della recezione. Anzitutto la Grazia del Signore Gesù Cristo, nomi principali del Risorto (*Rom* 16,20; 1 *Cor* 16,23). Essa è il Dono dello Spirito Santo, ottenuto dal Signore, è la sua Pienezza, il *Plêrôma* che tutti i fedeli abbondantemente ricevorono nella loro Iniziazione (*Gv* 1,16a), e che si configura precisamente come «grazia su grazia» (*Gv* 1,16b), dall'A.T. al N.T. alla Vita eterna.

Ma il *Plêrôma* e Cristo stesso provengono dall'Unica Fonte, il Padre che è Carità (1 *Gv* 4,8.16). Mediante Cristo con lo Spirito Santo il Padre la riversa con supereffluenza nei cuori come Spirito Santo (*Rom* 5,5), e nello Spirito Santo abilita a gridare: «*'Abbâ'!*, Papà!» (*Gal* 4,6; *Rom* 8,15).

Infine, come sintesi, Paolo afferma che già sta con i suoi fratelli la *Koinônía*, la Comunione che è lo Spirito Santo, Comunicazione dei Beni eterni (*Fil* 2,1), che rende gli uomini comunità comunione comunicazione comunanza di questi Beni, per la salvezza del mondo (v. 13).

Tre Operazioni dell'unica Economia dell'Amore del Padre. Nella ricchezza delle Persone che nell'«ordine economico» i fedeli sperimentano. Esse per così dire si avvicendano per innalzarli a vivere al livello della stessa Vita immortale, la Gloria della Trinità Unita.

## IV. La Preghiera della Chiesa

*1. L'eucologia*

La Colletta fa anamnesi dell'invio nel mondo del Verbo della Verità con lo Spirito Santo per annunciare il Mistero del Padre, ed epicleticamente chiede la fede per riconoscere la Gloria della Trinità e l'Unità adorabile della sua Maestà.

La Preghiera sopra le offerte è un'epiclesi di consacrazione dei Doni per la potenza del Nome invocato, affinché diventino sacrificio con valore eterno.

La Preghiera dopo la comunione è un'epiclesi affinché la partecipazione al Mistero diventi la salvezza dell'anima e del corpo, nella confessione della Trinità.

*2. La Prece eucaristica*
Il Prefazio è medievale, un piccolo trattato di teologia trinitaria. Esso riafferma l'Unità di Dio nella Trinità delle Persone, la loro Gloria indivisibile, e l'adorazione unica rivolta ai Tre.

## Approfondimento 10: Il Silenzio Adorante

### 1) L'indicibile Gloria della Trinità Unita

Dopo la Pentecoste, che è Manifestazione trinitaria, la Chiesa d'Occidente verso la fine del medio evo, e non senza perplessità evidenti, volle conferire solennità speciale a una "festa" della Santa Trinità, consacrando a essa una Domenica. Va ancora una volta annotato che anzitutto ogni Domenica i fedeli di tutte le Chiese celebrano invariabilmente Cristo Risorto con lo Spirito Santo per la gloria del Padre, adorando con un unico atto d'amore la Triade santa consustanziale indivisibile. La Domenica della Trinità non può perciò altro che accentuare questo dato *domenicale* fisso e fontale della fede propria alla Chiesa orante. Il senso deve essere che per il resto dell'anno di Grazia resti fortemente nella coscienza storica di tutti i fedeli l'unico Centro della loro vita, il Signore Unico nella Trinità delle divine Persone.

È e deve essere un'invariabilità magnifica. Che deriva ampiamente da altri aspetti, talvolta poco considerati. Sulla Chiesa come la Sposa del Signore, tutta battezzata e confermata dallo Spirito Santo del Padre (*Ef* 4,1-7; 5,22-33), e quindi su ogni suo figlio, è invocato in modo permanente il Nome Unico della Divinità Unica del Padre e del Figlio e dello Spirito Santo (*Mt* 28,19), secondo la promessa antica sempre mantenuta: «Dovunque Io vorrò che sia fatta anamnesi del Nome mio, Io vengo, e Io ti benedico» (*Es* 20,24b).

In effetti, nei secoli l'unica fede e l'unica speranza dei cristiani di tutte le Chiese è la Santa Trinità. È l'unico loro vero amore. Tutta la loro carità adorante è sempre e solo rivolta verso la Santa Trinità del Signore Unico. In essa ricevono e possiedono la Rivelazione definitiva e eterna, ossia il Monoteismo più stretto e geloso, che rifiuta sia ogni triteismo idolatrico, sia ogni riduzione delle Persone all'«uno indistinto», sia anche ogni gerarchia che subordini tra loro le Tre Ipostasi divine. E così la fede santa e salvifica contempla insieme – ma occorre pregare molto, e anche esercitarsi spiritualmente molto per questo – l'Unità nel Signore Unico, il Vivente e Sussistente nella Triade consustanziale e indivisibile delle Persone. Come professavano unanimemente i Padri, nell'Uno si intuiscono e si contemplano i Tre, e dai Tre occorre di continuo tornare all'Uno, e così sempre. Vedi poi il testo di s. Gregorio il Teologo.

La formula privilegiata, insieme rigorosamente monoteista e trinitaria, è quella del N.T., in specie paolina: «il Dio e Padre del Signore nostro Gesù Cristo nello Spirito Santo». Per esplicitarla, e difenderla dalle gravi incomprensioni e disinformazioni di altre religioni, ma anche di tanti cristiani arrabbiati, ieri come oggi, e scivolati nell'eresia aperta e meno aperta, ieri come oggi, alla Chiesa, in specie in Oriente che ne ha sopportato tutto il peso immane, sono occorsi sforzi inenarrabili, difficili e non senza oscurità ed esitazioni, lungo le generazioni. Qui spicca il lavoro dei Padri, che spesso di certo furono tra i massimi geni di tutti i tempi. La Chiesa ha tenuto gelosamente la dottrina immacolata, codificata nel dogma salvifico, del Mistero indicibile e incomprensibile dell'Onnipotente ed Eterno Signore Unico nella Triade delle Persone; tale esso è e resta per sempre, ed è materia della trattazione apofatica, dell'indicibilità. Tuttavia, «per noi uomini e per la salvezza nostra» di questo Mistero la sovrana Bontà divina rivela alle generazioni il Disegno eterno della salvezza, della redenzione, della santificazione, della divinizzazione per tutti gli uomini, nell'effettiva Economia storica del Padre nel Figlio con lo Spirito Santo.

Con analisi lunghe, altamente tecniche e sul piano del pensiero anche assai raffinate, oltre che insistenti e quasi estenuanti, la dottrina trinitaria, sia come *Theología*, sul Dio in sé indicibile (apofasi), sia come Oikonomía, sulla storia della divina salvezza che la Trinità svolge (aspetto detto catafatico, ossia rivelato e trattabile), è stata via via elaborata, con continui avanzamenti sempre efficaci e nobili, dai Padri in Oriente (in nucleo già da S. Ireneo, poi da Origene, da S. Atanasio il Grande e dai Cappadoci, ossia S. Basilio il Grande, S. Gregorio il Teologo o Nazianzeno, e S. Gregorio Nisseno). Questi con magistrale sicurezza stabilirono i temi veri, le prospettive e l'accurata irrinunciabile terminologia (oggi rozzamente rimessa in discussione da piccoli pigmei della pagina stampata). Sulla loro scia, altri grandi Padri portarono il loro contributo, come S. Cirillo Alessandrino, fino al grande Martire, S. Massimo il Confessore, che raggiunse il culmine mai più da qualcuno eguagliato in questa dottrina. In Occidente si seguirono, con meno originalità, le vie orientali, soprattutto da Tertulliano, da S. Ippolito di Roma (che era antiocheno), da S. Ilario di Poitiers, da S. Ambrogio. Soprattutto da S. Agostino, che sta in alto sopra gli altri. Nel medio evo il genio di S. Tommaso ha formulato la sistemazione che nella sola prospettiva occidentale appare come definitiva. Dopo di lui, rare sono le opere di valore sull'argomento, e nessuna originale; oggi ancora meno, in un panorama non confortante.

In un certo senso, si deve essere grati ai Padri, in quanto dopo «si è campato di rendita» su loro.

Per riprendere la prospettiva di 2 *Cor* 13,13 (sopra, l'Apostolo), una formula cara ai Padri insegna che nell'Unità assoluta della Divinità, che risiede presso il Padre, tutto è uno, salva la diversità incomponibile delle Persone. Tuttavia è dato di distinguere quell'ordine «economico», la *táxis* dei Padri, nel senso che il Padre dall'eternità *paternamente* si compiace (*eudokéô*; vedi per le prospettive la Festa del Battesimo del Signore, Evangelo). Il Figlio, inviato dal Padre nella storia degli uomini, *filialmente* opera di persona (*autourgéô*) fino alla Croce, fino alla Resurrezione e Pentecoste. Lo Spirito Santo *spiritualmente*, ossia attivamente coopera (*synergéô*) e coadempie (*symplêróô*) l'opera del Padre e del Figlio, santificando e divinizzando. Ma tutto questo è possibile in quanto Uno dei Tre, il Figlio, oggetto come gli altri Due in Dio della *Theología* (Dio in sé), si fa umilmente e volontariamente l'«Angelo del Grande Consiglio» (*Is* 9,6, solo testo greco; e la Messa del Giorno di Natale), si incarna, e fattosi Uomo vero diventa oggetto anche dell'*Oikonomía* nella storia, riunendo così con lo Spirito Santo il Cielo alla terra. E qui il Figlio *theologéitai* e insieme *oikonoméitai*, è quindi oggetto di *Theología* e insieme di *Oikonomía*, mentre il Padre e lo Spirito Santo solo di *Theología* (i Padri).

È strano che si sia persa la memoria che di continuo si chiede tutto questo, come figli fedeli, con la preghiera del «Padre nostro». Esso, che va pregato nello Spirito Santo (*Lc* 11,13, testo prezioso; e *Gal* 4,6; *Rom* 8,15), è per sua natura trinitario. I Padri lo sapevano e l'insegnano. Ad esempio, per S. Gregorio Nisseno, *Oratio* 3, *De oratione dominica*, in PG 44,1157 C; per S. Massimo il Confessore, *Orationis dominicae brevis expositio ad quemdam Christo devotum*, in PG 90,884 C: quando al Padre si chiede «venga il Regno tuo», in realtà si chiede che vengano Cristo e lo Spirito Santo, poiché i Due sono precisamente il Regno del Padre (*Mt* 12,28; *Lc* 11,20). È l'*autobasiléia*, l'Autoregno di Dio, poiché Dio è il Regno suo. E che cosa è questa Venuta, se non nella Gloria divina, con la Resurrezione che inaugura il Convito del Regno (*Lc* 22,10-19), che porta alla consumazione delle Nozze regali, che dona il Pane divino dell'Immortalità beata ai figli del Regno, che fa risuonare di gioia tutta la Casa del Padre?

Ecco come S. Massimo il Confessore, commentando il «Padre nostro», spiega in modo lapidario tale tratto decisivo:

*In questo il Signore insegna a quanti pregano, di cominciare, come si conviene, dalla Theología, e li invita a riconoscere come sussiste la Causa effettiva degli esseri. Il Padre, e il Nome del Padre, e il Regno del Padre, le parole della preghiera li mostrano in effetto, affinché noi impariamo, a partire dall'Origine, a onorare la Triade Monadica (Trinità Unica), a invocarla e ad adorarla. Poiché il Nome di Dio e Padre essenzialmente sussistente è il Figlio Monogenito, e il Regno di Dio e Padre essenzialmente sussistente è lo Spirito Santo:* Orationis dominicae brevis expositio, cit., in PG 90,884 B-C.

Poco prima, questo grande santo monaco laico e glorioso Martire, nel suo irraggiungibile genio teologico, aveva affermato:

*Il Verbo di Dio fattosi carne insegna la Theología, in realtà, in quanto manifesta in se stesso il Padre e lo Spirito Santo. Poiché il Padre tutto e per intero e lo Spirito Santo tutto e per intero sussistono per essenza e perfettamente nel Figlio tutto e per intero, anche Incarnato, benché essi non si siano incarnati, tuttavia il Primo compiacendosi* (eudokéô)*, ed il Terzo cooperando* (synergéô)*, con il Figlio operante in sé* (autourgoún) *l'Incarnazione, poiché il Verbo è restato intatto, intelligente e vivente, penetrato da nessun altro affatto se non dal Padre e dallo Spirito - anche avendo adempiuto per amore degli uomini l'Unione (la hénôsis delle due essenze o nature nella divina Persona), secondo l'Ipostasi unica, in favore della carne:* Ivi, 876 C - D.

Linguaggio difficile? Di fronte a così grandi realtà divine, calatesi però nella povera realtà umana, occorre confessare che se la mente si perde, se la lingua si fa incapace di parlare più sensatamente, tuttavia il cuore ama e desidera e adora e sospira la Comunione dello

Spirito Santo, che rivela il Risorto che riporta al Padre. E si comprende come la Scrittura attraverso la teologia simbolica presenti la prospettiva eterna: un'ininterrotta azione di grazie al Padre mediante l'Agnello Risorto nello Spirito Santo per l'indicibile Economia del Mistero svoltasi per gli uomini (*Ap* 7,1-17), reduplicata d'altra parte, e in crescendo, dal perenne canto di lode che accomuna la Chiesa con gli Angeli: «Santo Santo Santo!» (*Ap* 4,8). Ma a questa essi sono già ammessi «adesso qui», nella celebrazione della Chiesa Madre comune.

## 2) La fede bimillenaria

Il N.T. rilegge con amore l'A.T. e offre così spiragli per intuire, più che per "scrutare" con indiscrezione, la Vita divina trinitaria inaccessibile. Per le generazioni cristiane l'annuncio salvifico della santa dottrina ha come unico centro il Signore Uno e Trino. Si sa bene come la Chiesa abbia faticato qui per spiegare e chiarire, come abbia anche sofferto lacerazioni dolorose respingendo le negazioni empie. Con la fede divina soprannaturale dello Spirito Santo ha chiarito che il Signore della divina Rivelazione sussiste come Sussistenza beata eterna (anche: esistenza, sostanza) unica indivisibile, per intero eguale a se stessa senza alterazioni; e insieme sussistente tutta e per intero nella Triade unita e non confusa delle divine Ipostasi (o Persone, terminologia preferita dall'Occidente). Da qui viene la scoperta grandiosa, folgorante, dell'ipostasi o persona e della sua teologia unica, decisiva nella storia degli uomini. La ricchezza inesprimibile della sussistenza (esistenza) e della persona forma il nucleo dell'Universo simbolico della Rivelazione, quale poi si manifesta nella storia della divina salvezza. I Padri, la Liturgia, i Concili, l'insegnamento incessante di fede divina di tutta la Chiesa, senza sosta e senza stanchezza riportano tutto alla Vita divina triunica e trinitaria.

Lo Spirito Santo nella Chiesa Unica Santa, la Chiesa Sposa e Madre e Orante, la Cattolica, dona di conoscere la dottrina divina trasformante della Santa Scrittura, secondo la fede inalterabile degli

Apostoli, nell'approfondimento dei Padri, nella celebrazione ininterrotta, nella contemplazione dei grandi spirituali. E insieme dona nella speranza e nell'amore di riportare tutto senza alterazione all'adorazione indivisa del Signore Unico e Trino. Con l'adesione ferma che propone S. Sofronio, Patriarca di Gerusalemme (+ 638) nella lettera sinodica con cui comunica la sua elezione e la sua fede ai confratelli nell'episcopato:

> *Noi conosciamo l'unico Principio, l'unica Divinità, l'unico Regno, l'unico Potere, l'unica Operazione, l'unico Consiglio, l'unica Volontà, l'unica Sovranità, l'unico Movimento. Unità sia creatrice di tutti gli esseri che esistono dopo di Essa, sia Provvidente, sia Donante stabilità e conservazione. L'unica Sovranità, l'unica Eternità - e tutte queste Realtà unitarie, e non soggette, dell'unica Essenza e Natura sussistono nelle Tre Ipostasi personali, né Ipostasi che si confondano tra esse, né che conducano verso un'unica Ipostasi, né che dividano l'unica Essenza o la spartiscano in tre Essenze così separando la Divinità. Ma è l'Unico Dio, Unica Divinità folgorante in Tre Ipostasi, e Tre Ipostasi e Persone conosciute nell'Unica Divinità. Perciò perfetto Dio è il Padre, perfetto Dio è il Figlio, perfetto Dio è lo Spirito Santo: poiché ciascuna Persona possiede l'Unica non spartibile e non diminuita e perfetta Divinità*: S. Sofronio di Gerusalemme, Epistola synodica, in PG 87,3156 D - 3157 B.

Così per divina Rivelazione, grazia sovrabbondante inesauribile gratuita, si conosce per quanto è sufficiente il Mistero trinitario quale unica Fonte di tutta la Vita, Origine infinita senza principio e senza fine, Tesoro inesauribile di esistenza beata, Pienezza incommensurabile di Luce e Fuoco della divina Carità sussistente, Comunione e Comunicazione e Comunanza e Comunità totale dell'unica Beatitudine indivisa tra le tre divine Persone unite e non confuse. E insieme l'Alfa e l'Omega, Termine inaccesso per quanti, sollecitati dalla Grazia dello Spirito Santo, nel timore e tremore amano contemplano adorano celebrano predicano insegnano e testimoniano il Mistero divino.

Perciò l'indeformabile confessione ecclesiale dell'Unico Signore eterno e infinito, onnipotente e buono, che ipostaticamente sussiste nel Padre e nel Figlio e nello Spirito Santo, può essere sempre affidata, per la guida dello Spirito Santo e della Chiesa, a tutti i fedeli. Il Vescovo santo, Gregorio il Teologo, mentre si appresta a iniziare i suoi catecumeni, da lui stesso preparati, a Cristo con il suo Mistero, li avvia anche, per la Grazia inconsumabile dello Spirito Santo, a contemplare e ad adorare la Luce divina increata inaccessibile e trasformante (1 *Tim* 6,16), con sublimi esortazioni:

*Io ti (al catecumeno) voglio donare come compagna e patrona di tutta l'esistenza l'Unica Divinità e Potenza che si trova unita nei Tre, e che comprende Uno per Uno i Tre, e né è diseguale per essenze e nature, né è accresciuta o diminuita per eccedenze e diminuzioni. Bensì Essa è eguale dovunque, la medesima dovunque, come unica è la bellezza e la grandezza del cielo. Di Tre Infiniti Essa è l'Infinita Congiunzione. Ciascuno è Dio se è contemplato in se stesso, come il Padre è il Figlio, come il Figlio è lo Spirito Santo, essendo preservata a Ciascuno la sua proprietà. I Tre sono Dio se sono pensati nella loro reciprocità, e qui per la Consustanzialità, lì per l'unico Principio. Io non arrivo a pensare l'Uno, che sono circumfolgorato dai Tre. Io non arrivo a distinguere i Tre, che sono ricondotto all'Uno. Quando io immagino l'Uno dei Tre, io credo che Egli sia il Tutto, e la mia vista è riempita, e il più (di essa) mi sfugge. Io non posso comprendere la grandezza di Questo, perché Egli conferisca il più (del mio vedere) a quanto sopravanza.*
*Quando con la contemplazione io contraggo i Tre, io scorgo un'unica Fiaccola, poiché io non sono in grado di distinguere e di misurare la Luce Unita:* S. Gregorio il Teologo, Oratio 40, In s. baptisma 41, in PG 36,417 A - C.

Dalla divina Grazia sovrabbondante e gratuita, così la Chiesa di Dio di continuo ancora qui, sulla terra, nel suo stato di esodo doloroso ma sicuro verso la Patria, è di continuo ricondotta a contemplare e ad adorare mediante Cristo Risorto nello Spirito Santo l'unico indivisibile sopraffacente Mistero trinitario. Si tratta di un unico movimento dettato e spinto dalla divina Carità stessa. Ed è l'unica certezza irrinunciabile della vita dei fedeli, consapevoli che «il Signore è Mirabile nei luoghi altissimi» (*Sal* 92,4), e insieme che

Egli è «il Dio Mirabile tra i suoi Santi» (*Sal* 67,32). Egli è Colui che mediante Cristo nello Spirito Santo rende gli uomini figli suoi veri perché li ama. A essi ancora non è manifestato quello che saranno, ma finalmente saranno resi «simili a Lui» affinché Lo vedano «come Egli è» (1 *Gv* 3,1-2), ammessi a «partecipare alla divina Natura» (2 *Pt* 1,4), ad essere «divinizzati» per grazia.

Di fronte a tale Mistero mai scrutato perché inscrutabile da mente umana, con l'Apostolo si può solo innalzare adorando l'inno dossologico che tutti i fedeli debbono fare proprio nelle generazioni:

> *O Abisso della ricchezza e della Sapienza e della conoscenza di Dio!*
> *Come imperscrutabili sono i giudizi di Lui*
> *e non rintracciabili le vie di Lui!*
> *Chi infatti conobbe la Mente del Signore?*
> *Oppure, chi consigliere di Lui divenne?*
> *Oppure, chi ha anticipato a Lui, e retribuirà Lui?*
> *Poiché da Lui e mediante Lui e verso Lui, tutto.*
> *A Lui la gloria nei secoli. Amen!* (*Rom* 11,33-36).

Anche questa Domenica del Risorto, Solennità della Trinità santa, deve essere esemplare per tutto l'anno. Per sempre.

# Il SS. Corpo e Sangue di Cristo
# Giovedì dopo la SS. Trinità
# Solennità

## I. Intorno all'Evangelo

*1. Antifona d'ingresso:* Sal *80,17, EP.*

Nell'esodo del popolo, operato dal Signore, Egli lo ha anche nutrito di Pane dal cielo e di Acqua, soavità di miele (*Es* 16; 17,1-7). Secondo l'immagine paolina (1 *Cor* 10,1-4), il Cibo e la Bevanda divini provengono dalla Rupe divina che seguiva il popolo, Cristo, che in essi donava lo Spirito Santo. Come ancora avviene.

*2. Alleluia all'Evangelo:* Gv *6,51.*

Nel suo «discorso eucaristico» (*Gv* 6,22-58) il Signore rivela di essere il Pane Vivente, non più la manna spirituale, e di essere stato inviato dal Padre (il Cielo, metafora comune) per comunicare la sua Vita divina agli uomini che lo mangiano nella fede e nell'amore. Ma questo Pane è la «carne sua», del Figlio, quella che dona la Vita eterna al mondo.

*3. L'Evangelo:* Gv *6,51-58*

Si rimanda qui alla Domenica XVIII del Tempo per l'Anno, Ciclo B, dove ricorre la medesima Lettura.

Il Pane Vivente disceso da Dio dona la Vita di Dio che possiede in pienezza. Parteciparne è partecipare alla «carne donata per la vita del mondo», espressione che nella sua inaudita durezza, nella sua forma esplicita di cannibalismo repugnante (vv. 51-52), fa dubitare, discutere e irrita gli ascoltatori, che tra poco se ne andranno (vv. 60 e 66).

Gesù procede nel suo rivelare la dottrina dei Misteri più nascosti. Anzi, come è più che evidente ad occhi non prevenuti, Gesù sta dettando la formula della Cena sul Pane e sulla Coppa. Di più: è probabile che questo discorso così ricco, denso, difficile, complesso, non sia altro che la l'elaborato della preparazione dottrinale tenuta durante la Cena, prima di procedere alla benedizione al Padre sul Pane e sulla Coppa. Alcuni critici emettono l'ipotesi che Giovanni stesso, a distanza di 60 anni da quegli eventi decisivi, avrebbe spostato il discorso eucaristico qui, per dargli maggior risalto nell'anticipo, e per non farlo quasi scomparire nell'immenso blocco della Cena (ossia nei 5 capitoli che vanno da 13,1 a 17,26). E un rimando alla «narrazione dell'istituzione» della Cena è probabile, perché Giovanni sa e considera che esistono molte altre redazioni di quella celebrazione: A) paolina lucana, in 1 *Cor* 11,23-26 (vedi però i vv. 17-34); *Lc* 22,19-20 (vedi però i vv. 15-20); B) sinottica, in *Mt* 26,26-28 (vedi però i vv. 26-29); *Mc* 14,22-24 (vedi però i vv. 22-25); C) in *Ebr* 9,11-28, allusione velata al «sangue dell'alleanza» al v. 20, che cita *Es* 24,6-8; esplicitazione in 10,1-25, al v. 25 «non disertiamo la *episynagôgê*, l'assemblea di noi stessi», raccolta a celebrare i Misteri descritti allusivamente. La prima formula potrebbe essere stata usata ad Antiochia, come la terza; la seconda a Gerusalemme e Roma; quella proposta da Giovanni, a Efeso. Così si hanno diverse «tradizioni» del medesimo Evento, meraviglioso arricchimento della Parola.

Tenuto presente questo, come si può del resto controllare da una buona sinossi evangelica greca, e anche da altri testi, come 1 *Cor* 10,16-17; 5,7, e poi dalla tradizione patristica (*Didachê* 9,1-5; Giustino, 1 *Apologia* 66,3; *Dialogo con Trifone* 111,3; *Evangelo degli Ebioniti*, da Epifanio, *Panarion haeresiarum* 30,22,4-5), le parole di Gesù adesso sono eccezionali, singolari. Risponde all'ultima obiezione degli ascoltatori (v. 52, sopra) enunciando al negativo la formula della salvezza eucaristica: avere la morte è non-mangiare la carne, e non-bere il sangue del Figlio dell'uomo (v. 53). Il che, volto al positivo, suona così:

a)  «se mangiate la Carne del Figlio dell'uomo

b) e bevete il Sangue di Lui,
c) possedete la Vita in voi stessi»;

che corrisponde adesso all'esplicito e positivo v. 54, con un'aggiunta che coniuga la vita generica con lo specifico: l'eternità e la resurrezione comune; alla lettera:

d) «il mangiante di Me la Carne
e) e il bevente di Me il Sangue
f) possiede la Vita eterna,
g) e Io resusciterò lui nell'ultimo giorno»,

dove dunque la partecipazione alla realtà "carnale", che con ciò stesso è anche "spirituale", del Signore è condizione assoluta d'ingresso nella Vita divina in forza della resurrezione. Adesso viene la «formula della consacrazione» eucaristica:

h) «infatti la Carne mia è vero Cibo
i) e il Sangue mio è vera Bevanda (v. 55),
j) chi mangia la Carne mia e beve il Sangue mio
k) dimora in Me e Io in lui» (v. 56).

Il Signore incalza per concludere: il Padre, il Vivente, ha inviato il Figlio, il Vivente della stessa Vita del Padre che ne è l'unica Fonte infinita. Adesso, «chi mangia *Me*, anche lui vivrà *mediante Me*» (v. 57). Tale divina efficacia ha il Pane disceso dal Cielo, ossia da Dio. I padri antichi mangiarono altro, e morirono, chi mangia *questo* Pane vivrà l'eternità di Dio (v. 58).

La complessità del testo deve ricevere una semplificazione:

A) le formule a) e b) corrispondono al «Prendete e mangiate, prendete e bevete» correnti nelle nostre celebrazioni;

B) b) la formula c) invece corrisponde a «Questo è il Corpo mio, questo è il Sangue mio»; dalla formula a) e b) l'enunciato della Vita corrisponde al «Corpo donato», al «Sangue dell'alleanza nuova ed eterna versato per voi e i molti (= tutti)». E l'alleanza è sigillata dal Sangue e dallo Spirito Santo (*Gv* 19,30.34), quindi dalla Resurrezione del Signore a partire dalla Croce;

C) dalle tre formule, il «possedere la Vita» e il «dimorare in Lui» corrispondono. con tutto il resto, al «Fate questo come memoriale di Me». Quest'ultimo precetto è ovvio in Giovanni, in quanto tutto il discorso rimanda alla sua attuazione futura, quando i discepoli faranno quanto qui il Signore descrive e prescrive, nella Cena dei Misteri vivificanti e conducenti alla resurrezione. Il che significa alla «dimora di noi in Lui e di Lui in noi», che è dimora preparata dallo Spirito Santo affinché il Figlio vi porti con sé il Padre. È la Vita eterna. È la divinizzazione. Poiché tale è l'effetto dei Misteri celebrati nello Spirito Santo.

Il v. 59 poi ambienta redazionalmente il "discorso" nella sinagoga di Cafarnao, certamente un sabato, l'antico giorno festale del Signore.

*4. Antifona alla comunione:* Gv *6,57.*

Pane Vivente disceso dal Cielo, da presso il Padre, il Signore ai suoi fedeli «qui oggi» offre quale divino Nutrimento se stesso, sotto le due forme simboliche della sua Carne e del suo Sangue prezioso, sotto i segni misterici del Pane e della Coppa. In questo si produce la reciproca dimora, reciproca inabitazione totale: preceduto dallo Spirito Santo, che pone i fedeli come Chiesa in comunione con Cristo Signore, Egli viene e resta, e porta il Padre, formando la Dimora trinitaria in essi, i fedeli, ed essi a loro volta dimorano nella Divinità beata per la Vita eterna.

## II. Verso l'Evangelo: l'A.T.

*La Profezia.*: Dt *8,2-3.14b-16a*

Nel contesto del suo secondo discorso tenuto a Israele nelle steppe di Moab (*Dt* 4,44 - 28,69) Mosè incita il suo popolo, per il suo bene e per vivere nella beatitudine della terra promessa, a osservare con zelo tutti i comandamenti divini (8,1). A questo fine fa appello alla memoria, alla coscienza storica di questo giovane popolo. Esso deve tenere presente sempre che il Signore per punirlo in modo medicinale delle sue infedeltà e resistenze, ha operato in modo da farlo camminare ben 40 anni nel deserto, tempo di penitenza, epoca della preparazione alla vita, attraverso umiliazione permesse e prove imposte, in modo che da questa purificazione sarebbe uscita manifesta l'intenzione del cuore, l'accettazione o il rigetto dei santi comandamenti (v. 2). Mosè avvertirà altresì che solo il Signore darà la forza necessaria per osservare tutta l'alleanza (v. 16).

Così il Signore permise la fame tragica del popolo (*Es* 16,2-3), poi gli inviò il cibo paradossale, la manna (*Es* 16,12.14-15.35; *Num* 11,6-9; 21,5), nutrimento sconosciuto prima, ai padri e a Israele stesso. È il mezzo d'insegnamento sapienziale, l'unico adeguato, poiché afferra l'uomo nelle sue estreme necessità di sopravvivenza. Il Signore manifesta così che si può vivere anche di cibi assurdi, anche del "pane" (il *lehem*, termine che nelle lingue semitiche indica insieme pane, carne e cibo in genere; il *lehem* procurato dal possesso di una terra, dall'ordinato lavoro, dallo stato di benessere). Invece l'uomo vero, davanti a Dio, non vive solo di quel "pane", bensì vive anzitutto di qualunque preziosa Parola che discenda dalla divina Bocca (v. 3). Le testimonianze della Scrittura sono univoche e numerose, nei Profeti (*Ger* 15,16; *Am* 8,11, la fame non di cibo, ma della Parola divina), e nei libri sapienziali (*Pr* 9,1-6, il Convito della provvida e materna Sapienza divina; *Sal* 19,10, la Parola che conserva per la Vita eterna). Il testo del v. 3 è tanto decisivo, che è usato dal Signore stesso come prima respinta del terribile assalto demoniaco, nelle tentazioni nel deserto (*Mt* 4,4; *Lc* 4,4; Domenica I di Quaresima, Cicli A e B).

La seconda esortazione di Mosè è al negativo: non fare che tu non faccia l'anamnesi del Signore, il Dio dell'alleanza, l'unico che si curi d'Israele (*Sal* 77,11; 105,21), tu così manifesteresti orribile ingratitudine per la liberazione dall'Egitto, questa tremenda «casa della schiavitù» per il non popolo (v. 14b). Da allora il Signore si pose alla guida d'Israele da poco creato, lungo il deserto sconfinato e mortale (1,19), pieno di pericoli per l'esistenza. Di questi sono nominati alcuni tra i più paurosi, come i serpenti il cui solo fiato brucia (*Es* 16,35; *Num* 21,6; *Is* 30,6), e gli scorpioni, e la mancanza d'acqua con la sete di morte. Invece il Signore fece scaturire torrenti abbondanti d'acqua sorgiva (*Es* 17,6; *Num* 20,9-11; *Sal* 77,15; 113,8;

*Sap* 11,4), per mostrare che la vita del popolo è assicurata e deve proseguire (v. 15). Non solo, ma donò anche la manna, questo cibo sconosciuto prima (v. 3), così che il binomio acqua/manna indicasse da una parte la provvida cura del Signore, dall'altra, che il popolo da adesso deve attendersi tutta la sua sussistenza, tutta la sua vita dalla Bontà del suo Dio.

*Il Salmo:* Sal *147,12-13.14-15.19-20,* I

I *Sal* 146 e 147 formano un unico poema, conservato come tale dal testo ebraico, spezzato in due tronconi da quello greco. Esso è caratterizzato da 3 riprese, distinguibili dagli imperativi innici rivolti alla Città di Dio: «Lodate il Signore» (146,1); «Cantate al Signore la lode» (146,7); «Loda, Gerusalemme, il Signore» (v. 12).

L'Orante, come sempre è probabile che sia un sacerdote o levita che dirige il canto dell'assemblea, si rivolge alla Città di Dio con i due nomi di Gerusalemme e di Sion, dove il Signore ama dimorare, essendo «il Dio suo», Dio dell'alleanza fedele (v. 12). La motivazione che segue ha come contenuto la cura del Signore verso la sua Città, la sua Sposa. Anzitutto rende inespugnabili le sue porte, sì che essa viva nella pace (*Es* 7,1-3), e poi soprattutto la rende feconda di figli benedetti, le generazioni dei fedeli chiamati alla lode (v. 13).

La motivazione della lode prosegue. Il Signore dona pace e sicurezza ai confini della sua Città (*Es* 34,24; *Pr* 16,7; *Is* 60,17-18), e le assicura larga sussistenza con abbondante frumento (*Sal* 80,17; *Dt* 32,14), che non viene mai meno, e offre così la sazietà (*Sal* 131,15), segno della vita assicurata dal Signore (v. 14). Inoltre il Signore invia la sua Parola creatrice sulla terra (*Sal* 32,6.9; 148,5.8), e questa si diffonde fulmineamente e dappertutto (v. 15), dovunque procurando effetti benefici, da accogliere.

Soprattutto a Giacobbe però il Signore annuncia la sua Parola, che si configura come la rivelazione dei Giudizi e della Giustizia divini, gli interventi soccorritori e misericordiosi (*Sal* 77,15; *Bar* 3,37; *Eccli* 17,10; *Mal* 4,4; *Rom* 9,4), promessi già nell'esodo (*Dt*

33,2-4) e sempre attuati per Israele (v. 19). Questo è un privilegio divino riservato al popolo dal Signore (*Dt* 4,7; 7,10.15; *Am* 3,2), che alle altre nazioni non li manifestò come si svolsero (*Rom* 3,2), benché provveda largamente anche a tutte le nazioni della terra (v. 20).

Il Versetto responsorio, v. 12a, fa riportare la ripetuta lode al Signore per tutto questo ricevuto «oggi qui» dai fedeli, destinatari di tanti benefici, ricevuti come la Comunità Sposa del Signore.

## III. Dall'Evangelo alla Chiesa

*L'Apostolo:* 1 Cor *10,16-17*

Paolo ricorda alla sua comunità, in forma di domanda non dubitativa, ma che contiene in sé la risposta di assenso, che la Coppa sulla quale e per la quale s'innalza al Padre la santa benedizione consacratoria (che torna in 11,23-25 sotto altra forma), è il segno efficace che pone ad opera dello Spirito Santo in comunione con il Sangue prezioso del Signore, con la sua potenza sacrificale, offertoriale e salvifica, insieme purificante, proteggente, propiziante, vitalizzante e ricomunicante. Così per il Pane, oggetto della "frazione" (*At* 2,42; 20,7), che ad opera dello Spirito Santo pone in comunione con il Corpo di Cristo, in modo da formare con Lui «l'unico Spirito» (6,17), l'unica Vita (v. 16).

L'affermazione paolina che segue, e che deriva da quanto detto, è una delle più ardite del N.T. Di solito è male compresa e tradotta quindi in forma riduttiva. L'Apostolo dichiara che tutti coloro che prendono comunione all'«unico Pane» della benedizione, benché molti e diversi, sono «l'unico Pane, l'unico Corpo» (vedi 12,12-13.20; *Rom* 12,5; *Ef* 4,4.16; *Col* 3,15). Non deve meravigliare affatto. Lo Spirito Santo, divina Comunione (2 *Cor* 13,13), assimila a Cristo Risorto, in modo che membra peccaminose e disperse, redente e santificate, diventino membra vive e compaginate dell'unico Corpo. È l'effetto dello Spirito Santo che opera nell'eucarestia, riformando l'unità degli uomini in Cristo Ricapitolatore universale (*Ef* 1,10). Ora, l'unico Corpo è anche un'entità che si è resa ormai visibile a partire dal Pane benedetto e spezzato. Anche i fedeli sono questo

Pane, che si deve offrire per la salvezza del mondo nel continuo sacrificio dello Spirito Santo (*Rom* 12,1) al Padre (v. 17).

## IV. La Preghiera della Chiesa

*1. L'eucologia*

La Colletta è un bell'esempio di teologia, che abbraccia le tre dimensioni del passato storico con il memoriale, del presente con l'attuazione sacramentale, e del futuro, con proiezione verso l'eternità. Questo complesso ha come centro potente la celebrazione dei Divini Misteri del Signore morto ma risorto.

La Preghiera sulle offerte è una supplica epicletica che chiede oggi di ottenere l'unità e la pace per la potenza dei Divini Misteri celebrati.

La Preghiera dopo la comunione, altra supplica epicletica, in forza della partecipazione adesso, nel tempo, ai Divini Misteri, chiede di ottenere la pienezza della Divinità; questo è uno dei temi della divinizzazione.

*2. La Prece eucaristica*

Si sceglie il Prefazio II «della SS.ma Eucarestia». Esso rievoca la Cena quale anticipo della divina Redenzione, disposta dal Signore come memoriale perenne per la sua Chiesa. Questo adorabile Mistero che nutre e che santifica, si chiede oggi che raduni il mondo nell'unità della fede e della carità. La Chiesa si accosta a questa Mensa per ricevere l'infusione della divina Grazia, in modo che finalmente sia trasposta e trasformata «nella forma dell'immagine celeste», altro tema della divinizzazione, che proviene da Paolo (vedi 1 *Cor* 15,49).

# Il Tempo per l'Anno o Tempo Ordinario

# Premessa

Il Tempo per l'Anno non è stato definito ufficialmente «tempo forte», terminologia riservata invece ai «cicli» *ideologici*, in pratica quelli dall'Avvento all'Epifania e dalla Quaresima alla Pentecoste. Ma considerato a fondo, il Tempo per l'Anno è «tempo fortissimo », e per più ragioni:

A) teologicamente, quindi anche per la mistagogia e la pastorale, esso offre il quadro pressoché completo della Vita del Signore, dal Battesimo alla sua Venuta ultima, seguendo la linea intera di uno degli evangeli sinottici, con Giovanni ridistribuito tra essi. Si tratta, come è detto, del prevalente «schema di Matteo», dal Battesimo alla Presenza o *Parousía* del Signore, episodio dopo episodio, in lettura continua, o quasi. Così, senza alterare con scelte tematiche la narrazione evangelica, i fedeli possono farsi discepoli del Signore che, mentre Lo celebrano invariabilmente Risorto, Lo seguono lungo la sua Vita storica, ascoltando l'illustrazione di Lui portata dall'A.T. e dal resto del N.T., seguendolo fino alla Croce e ricevendo da Lui lo Spirito Santo in forza del quale riporta al Padre. Si ha così il modo *naturale* di leggere gli evangeli;

B) quantitativamente il Tempo per l'Anno è il periodo compatto e imponente di ben 34 Domeniche su circa 52, e in più comprendente solennità e feste fondamentali, una decina, tra quali la SS. Trinità e il Corpo del Signore, il 24 e 29 giugno, il 6 e 15 agosto, l'8 ed il 14 settembre, il 1 e 2 novembre. Non si tratta allora di riempire lo spazio che residua tra i «cicli ideologici», ma si tratta invece di una "quantità" autonoma, con propria e immensa dignità celebrativa, una vera linea progressiva, un crescendo ininterrotto.

Il suo scopo è perciò la crescita dei fedeli nel celebrare. Questo è visibile anzitutto, è ovvio, dal Lezionario, che esplicitamente vuole offrire i contenuti di uno degli evangeli sinottici, oltre parti di

Giovanni, ogni anno, seguendo la Vita e la predicazione del Signore, fino alle realtà dell'*éschaton*, i novissimi, i tempi ultimi. La tecnica del Lezionario raccorda con l'Evangelo del giorno una pericope dell'A.T., dai libri storici o profetici. In modo raro e sparso si legge dai libri sapienziali, dei quali si ha questo quadro:

Ciclo A, 5 presenze: le Domenica IV e XXIV, si legge l'*Ecclesiastico*; le Domeniche XVI e XXXII si legge la *Sapienza*; la Domenica XXXIII si leggono i *Proverbi*;

Ciclo B, 6 presenze: le Domenica V e XII si legge *Giobbe*; le Domeniche XIII, XXV, XXVIII si legge la *Sapienza*; la Domenica XX si leggono i *Proverbi*;

Ciclo C, 7 presenze: le Domeniche VIII, XXII, XXX si legge l'*Ecclesiastico*; le Domeniche XIX, XXIII, XXXI si legge la *Sapienza*; la Domenica XVIII si legge l'*Ecclesiaste*.

Si tratta di sole 18 presenze su 102 Domeniche complessive dei 3 Cicli, con le seguenti pericope:
*Giobbe*, 2 pericope,
*Proverbi*, 2 pericope,
*Ecclesiaste*, 1 pericope; *Sapienza*, 8 pericope,
*Ecclesiastico*, 5 pericope.

L'esclusione dei libri sapienziali pare sia motivata dal fatto immaginato che essi riportino solo la morale vecchia dell'A.T. (da colloquio dello scrivente con un qualificato responsabile). Tuttavia, si obietta, solo la cristologia di Paolo e di *Ebrei*, e poi di *Giovanni*, deriva in gran parte dalla Sapienza divina, l'«Icona della Bontà» di Dio (*Sap* 7,26 e *Ebr* 1,1-4), preesistente (*Gv* 1,1-18), creatrice (*Pr* 8,22-31; il Verbo creatore), provvidente (il Figlio regge il creato con la Potenza della Parola sua: *Ebr* 1,2-3), che pone la sua dimora tra gli uomini (*Eccli* 24 e *Gv* 1,14), che rivela Dio (*Gv* 1,18). Nelle scelte umane, come nell'esclusione sapienziale, possono introdursi vecchi pregiudizi.

In questo periodo si è voluta stabilire e offrire la lettura «semicontinua» dell'Apostolo, in pratica Paolo, *Ebrei* e *Giacomo*. Per i 3 Cicli perciò l'ordine è il seguente:
Ciclo A: Domeniche II-VIII, 1 *Corinzi*; Domeniche IX-XXIV

*Romani*; Domeniche XXV-XXVIII, *Filippesi*; Domeniche XXIX-XXXIII, i *Tessalonicesi*; Domenica XXXIV 1 *Corinzi*, qui in accordo con l'Evangelo;

Ciclo B: Domeniche II-VII, i *Corinzi*; Domeniche VIII-XIV, 2 *Corinzi*; Dom. XV-XXI, *Efesini*; Domeniche XXII-XXVI, *Giacomo*; Domeniche XXVII-XXXIII, *Ebrei*; Domenica XXXIV, *Apocalisse*, qui in accordo con l'Evangelo;

Ciclo C: Domeniche II-VIII, 1 *Corinzi*; Domeniche IX-XIV, *Galati*; Domeniche XV-XVIII, *Colossesi*; Domeniche XIX-XXIII, *Ebrei*; Domeniche XXIV-XXVI, 1 *Timoteo*; Domeniche XXVII-XXX, 2 *Tessalonicesi*; Domenica XXXIV, *Colossesi*, qui in accordo con l'Evangelo.

Le presenze dell'Apostolo sono dunque *Romani*; 1 e 2 *Corinzi*; *Galati*; *Filippesi*; *Efesini*; *Colossesi*; 1-2 *Tessalonicesi*; 1 *Timoteo*; *Ebrei*; *Giacomo*; *Apocalisse*. Quanto a Paolo, mancano la 2 *Timoteo*, *Tito*, *Filemone*.

Programmaticamente, l'Apostolo nel Tempo per l'Anno, sui 3 Cicli, non è raccordato all'Evangelo del giorno, bensì segue una sua continuità interna; anche di tale ordinamento le spiegazioni sono imbarazzate. I testi vanno accettati obbe¬dendo sempre, e vanno spiegati come meglio si può. Quanto allo «schema di Matteo» che i 3 Cicli seguono finalmente in linea corsiva e progrediente, si rimanda sopra, alla Parte I, Cap 11, sez. A.

Qui si richiama solo la dinamica: Cristo battezzato svolge il suo programma battesimale nello Spirito Santo, attuando il Disegno divino, operando la «divina Liturgia» del Padre, che consiste principalmente nella concordante azione di annunciare e spiegare l'Evangelo del Regno, e nell'operare le opere del Regno e nel riportare tutti al culto al Padre. Questi aspetti si inseguono e si completano, e di essi va fatta mistagogia continua.

Quanto all'Antifona alla comunione, la rubrica finale del *Messale Romano* (latino, p. 339), redatta in senso pastorale, suggerisce di preferire la seconda, desunta da testi in prosa, e che si accordi con l'Evangelo del giorno, rispetto alla prima, desunta dai Salmi secondo la Tradizione unanime delle Chiese. È chiaro che questa norma è teologicamente sballata, e che allora qui invece si deve preferire sempre l'Antifona desunta dai Salmi, secondo la sana norma obiettiva. La prosa è fatta per leggere, non per cantare. E nella miseria del nostro canto, il proliferare di canti non di Salmi, e sempre di bassa qualità, finisce per portare alla barbarie e allo sconcerto spirituale.

Si ricorda ancora, finalmente, che il Tempo per l'Anno è uno dei modi di «risposta alla Resurrezione», sui quale aspetto si rimanda a quanto spiegato alla Parte I, Cap. 6.

Perciò l'omelia dovrebbe ogni volta menzionare in breve il Battesimo attuato dal Signore con l'Evangelo, le opere e il culto; la linea di questa attuazione, il progresso verso la Croce e la Resurrezione; la Domenica prima e la Domenica dopo, almeno come discreto rimando secondo il «continuo celebrativo».

# La Domenica del Battesimo del Signore
# I del Tempo per l'Anno - Festa

Per sé, la Domenica I per l'Anno, che segue il 6 gennaio, appartiene al tempo della Manifestazione, come anche la II. Insieme, essa introduce grandiosamente a questo periodo «lungo l'Anno». E si pone come un vero capodanno, almeno quanto al Lezionario, che trova qui, come si è detto, uno degli inizi della sua lettura. Di fatto, il Battesimo del Signore nella prima predicazione evangelica (*At* 10,34-43) segna il suo vero ingresso nella «vita pubblica», nel suo ministero messianico; gli «evangeli dell'Infanzia» sono aggiuntivi, come un altro tesoro.

## I. Intorno all'Evangelo

*1. Antifona d'ingresso:* Mt *3,16-17, adattato.*

Si menziona l'apertura dei Cieli sul Signore battezzato, lo Spirito che «resta» su Lui (ma questo da *Gv* 1,32-33), e la voce del Padre con le tre parole per il Figlio. È la Teofania trinitaria, la prima Manifestazione su Gesù.

*2. Alleluia all'Evangelo:* Mc *9,6, adattato*

Di nuovo i Cieli aperti e la voce del Padre, con le tre parole, ma desunte dalla scena della Trasfigurazione; con l'imperativo «Ascoltatelo!», permanente nella Comunità del Risorto, e che risuona proprio all'inizio di questo tempo liturgico, determinando l'attenzione nei fedeli.

*3. L'Evangelo:* Mt *3,13-17*

Anche se a Luca interessa molto presentare l'origine e la Nascita verginale del Figlio di Dio, il Risorto già Crocifisso, tuttavia poi si allinea con la guida sicura tracciata da Matteo, mostrando come la Vita pubblica del Signore si inizia realmente con l'episodio singolare del suo Battesimo al Giordano. La Chiesa antica in Oriente ne ebbe tale coscienza, che la festa del Battesimo del Signore, anche se ricevuta, ma dovutamente purificata, da sette eretiche che l'istituirono (i basilidiani, verso il 120, in Egitto, sul Nilo), fu in effetti la festa più antica, risalente ai primi decenni del secolo 2°. Ancora oggi tutto l'Oriente celebra il 6 gennaio, nei diversi calendari, come una festività di dignità pari alla Resurrezione e alla Pentecoste, arricchita anche dalla grande Benedizione delle acque battesimali.

Il contesto dell'episodio è molto chiaro; si veda lo schema di *Matteo*, sopra. Dopo l'Evangelo dell'Infanzia del Signore (*Mt* 1,1 - 2,23), con la Genealogia del Signore, è presentata la predicazione di Giovanni Battista che annuncia Colui che viene con lo Spirito Santo e il Fuoco, e quindi porta con sé i tempi ultimi (3,1-12). Poi è narrato il Battesimo (3,13-17), e la conseguente tentazione del Signore nel deserto (4,1-11). Il Battesimo e la tentazione rendono in certo senso Cristo idoneo e responsabile all'annuncio dell'Evangelo, che viene in 4,12-25. Per tutto questo occorre rifarsi rispettivamente alla Domenica IV d'Avvento; al 6 gennaio; alla Domenica nell'Ottava del Natale; alla Domenica II d'Avvento; alla Domenica I di Quaresima; alla Domenica III del Tempo per l'Anno.

La pericope di oggi comincia con una formula semplice a prima vista, però se non si conosce lo stile biblico rara e di straordinaria solennità. Dopo il preannuncio del Battista, «Allora si fece vicino (*paragínetai*) Gesù». Il verbo è usato al v. 3,1 anche per Giovanni il Battista (Domenica II d'Avvento). Ma per Gesù con molta più intensità e pregnanza. Vuole indicare l'apparizione, la comparizione grave e solenne del Re messianico, il Sovrano salvatore. È la sua Teofania benevolente, che si degna di «farsi vicino (*parà*)», in senso concreto locale: «dalla (*apó*) Galilea su (*epí*) il Giordano», ma anche personale: «con direzione (*prós*) Giovanni», come atto d'amore umile e forte (v. 13). È l'inizio della Teofania nella carne assunta, prima apparizione nella sua Vita storica. Essa è la *Parousía*, la Presenza indefettibile agli uomini. La filologia annota qui che il termine *Parousía* (da *pará*, presso, vicino, e *eimí*, essere, stare) «nella lingua volgare è usato come nome d'azione del verbo *paragínomai*: venuta, in specie la venuta o visita del regnante nella provincia, la quale venuta era della massima importanza, poiché da essa cominciava un'era nuova» (F. Zorell). Con questo termine Matteo designa la Venuta ultima nella Gloria, per il Giudizio finale (24,3.27.37.39); e così Paolo (1 *Tess* 2,19; 2 *Tess* 2,9; 3,13; 4,15; 5,23; 1 *Cor* 15,23). Essa è quindi la Parousía in quanto è Presenza eterna che adesso si manifesta.

Con la massima solennità, il verbo *paragínomai* è usato con incomparabile efficacia in *Ebr* 9,11: «Cristo poi, *apparso* quale Sommo Sacerdote dei Beni da venire» attraversò il Santuario, ossia tornò in Dio una volta per sempre, avendo trovato l'eterna Redenzione, che attuò per gli uomini davanti al Padre in eterno (vedi qui anche il v. 9,12).

Questa Parusia del Signore, che inaugura la sua Vita visibile tra gli uomini, ha anzitutto uno scopo: viene «per essere battezzato» (v. 13). Intanto però viene tra gli uomini in lui l'intera Economia indicibile della carne, decretata dal Padre e consacrata dallo Spirito Santo. Il ricco sistema di teologia simbolica della Liturgia orientale ha raccolto perfettamente questo senso. Quando nella Divina Liturgia del Rito bizantino il diacono riceve dal celebrante l'Evangeliario dall'altare, dove riposa sempre, per portarlo processionalmente all'ambone con l'accompagnamento solenne della Croce, delle insegne dei Serafini, delle luci e dell'incenso, il popolo presente si inchina al Segno di questa Economia della carne che di continuo «appare» come Presenza trasformante nella Parola evangelica tra i fedeli. È il cosiddetto «Piccolo Ingresso».

La reazione di Giovanni davanti a Colui che viene, da lui stesso atteso e annunciato, è di stupore, e di tale venerazione che lo porta al rifiuto: «gli proibiva» di farsi battezzare proprio da Lui. La Chiesa antica conosceva la «proibizione d'essere battezzato» a causa di ostacoli riassumibili nel non avere la fede (così nel caso, superato, dell'Etiope e del diacono Filippo, *At* 8,38). Qui però si tratta di altro. Giovanni anche nelle dure rampogne verso la folla che pure viene a farsi battezzare, esternando pubblicamente la condizione di necessitosi di purificazione, mai si è posto sopra e al di là dei peccatori. Se li minaccia, è per esortarli alla conversione del cuore. Se annuncia il battesimo terrificante dello Spirito Santo Creatore e del Fuoco consumante (3,11), avverte pur sempre che il Signore si attende dai prevaricatori alla deriva il «frutto degno della penitenza conversione», ossia pentimento, fede, fiducia, riparazione, carità. E infine se annuncia la tragica selezione tra il grano buono, da conservare preziosamente, e la paglia da bruciare fino alla consumazione, poiché il fuoco è inestinguibile e la paglia invece è consumabile, lancia anche l'appello a sfruttare il breve spazio che ancora il Signore concede prima che si faccia presente «Colui che viene» a chiudere i tempi (vv. 7-12).

Giovanni si è ritirato nel deserto proprio per la vita di conversione del cuore integralmente vissuta davanti al suo Signore (v. 4). Egli conosce il valore simbolico spirituale dell'acqua dell'astersione. Il gesto che compie sui penitenti significa circa questo: Signore, come quest'acqua deterge esternamente, Tu perdona la sincerità della conversione del cuore che così si esprime per mezzo del mio gesto di purificazione. Giovanni pone in atto qui la mediazione sacerdotale, essendo anche sacerdote. Ma sa che questo è un atto solo preparatorio. Dal padre Zaccaria sacerdote sa che deve officiare come Elia, convertire nello Spirito Santo al Signore «molti figli d'Israele», al fine di «preparare al Signore un popolo bene disposto (*kataskeuázô*)» ad accogliere il Signore che viene (*Lc* 1,15-17), «per donare la conoscenza della salvezza al popolo di Lui con la remissione dei loro peccati», e questo solo «a causa delle Viscere della Misericordia del Dio» dell'alleanza, con le quali ormai visita il popolo suo come Sole che sorge dall'Alto, illuminando i morti nelle tenebre, rendendo dritti i passi sull'unica Via della salvezza, la Pace divina (*Lc* 1,76-79). Questo sarà servire il Signore «nella santità e nella giustizia» in eterno (*Lc* 1,74-75).

Giovanni conosce le diverse specie di battesimi praticati al suo tempo. Quello ebraico per ammettere i proseliti nella comunità del Signore; quello della setta rigorista e scismatica sulle rive del Mar

Morto, reiterato quotidianamente; quello di altri movimenti religiosi. E sa che solo il suo battesimo dirige verso il Nome e il Volto promessi dal Signore con lo Spirito Santo; solo il suo battesimo riforma questo popolo che accoglierà il Signore. Infine, sa adesso che il Nome e il Volto stanno qui, ed è il primo ad accogliere l'Atteso dei secoli e il suo battesimo con lo Spirito Santo, del quale ha ansia. E come Colui che viene si accosta proprio alla sua umiltà? (v. 14).

La risposta di Gesù è breve, senza replica: «Lascia, concedi, *adesso (árti)*». È la Venuta finale. Un parallelo si può vedere nel rifiuto di Pietro di lasciarsi lavare i piedi; e anche qui la risposta è senza replica: «Quello che faccio, *adesso (árti)* tu non lo sai» (*Gv* 13,7). L'opera divina deve essere non impedita. A Pietro non è data spiegazione.

A Giovanni sì, e densa e misteriosa. Una parola che è di difficile interpretazione, e che ha fatto molto scrivere dalla Tradizione fino a oggi. «Così», e solo in questo modo, se Cristo è battezzato, si conviene che «per noi sia adempiuta l'intera Giustizia» (v. 15ab). A questa espressione, Giovanni «Lo lascia», ossia Lo ammette al suo battesimo.

Queste parole vanno commentate una per una, e tutte insieme. Anzitutto, è conveniente da parte di Dio, è nel suo Disegno decretato immutabilmente, che Cristo sia battezzato. È conveniente «a noi», precisa però Gesù. Un "noi" perentorio. Che indica il Padre e lo Spirito Santo in rapporto a Lui stesso, anzitutto e soprattutto; poi indica Gesù e Giovanni, soggetti dell'azione battesimale, passiva e attiva; poi significa anche il "noi" del popolo di Dio. Solo se Gesù con il "suo" atto battesimale, umile e consapevole, dimostra di far parte del popolo "suo", di assumersene tutte le istanze spirituali, di conversione del cuore, di remissione dei peccati, solo allora il Padre potrà con lo Spirito Santo e mediante il Figlio adempiere (*plêróó*, infinito aoristo passivo, con il passivo della Divinità indicata qui come l'unica Operatrice) «l'intera Giustizia». Quale Giustizia divina?

Quella promessa lungo tutto l'A.T., che adesso, quale Progetto divino magnifico, vivo, storico, doloroso, totalmente sviluppa le sue potenzialità, allora solo in parte poste in atto. La «Giustizia» divina, la dikaiosynê, è l'intervento misericordioso, soccorrevole, spontaneo, gratuito di Dio anzitutto per il popolo suo, e da questo verso tutte le nazioni. Infatti il Signore, mentre decide la punizione di Sodoma e Gomorra, ha questo progetto per Abramo:

> *Poi il Signore parlò:*
> *Ma posso Io nascondere ad Abramo quanto sto per operare,*
> *quando egli sta per essere una nazione grande e fortissima,*
> *e in lui sono da benedire tutte le nazioni della terra?*
> *Io infatti so che prescriverà ai figli suoi e alla sua casa dopo di lui*
> *che custodiscano la via del Signore*
> *e operino giudizio e giustizia,*
> *affinché il Signore produca a causa d'Abramo*
> *tutto quello che parlò a lui* (Gen 18,17-19).

Così, la «via della Giustizia» è stata rappresentata da Giovanni, e accolta solo da pubblicani e prostitute «che credettero però a lui» (*Mt* 21,32). Adesso la Giustizia si farà completa, per modi misteriosi, che il Battesimo stesso dichiarerà apertamente, ma per teologia simbolica. Poiché esso apre alla Croce e alla Gloria. «L'intera Giustizia»: per ora lo comprende sia pure non nell'intera sua estensione verso un futuro inimmaginabile, solo Giovanni, assimilato al suo parente Gesù anche nella morte iniqua. Di tutto questo, il simbolismo sono le acque, l'immersione e la riemersione, lo Spirito Santo, la Parola del Padre.

Le acque del Giordano, segno dei flutti travolgenti, si chiudono su Gesù, che ne è "battezzato", ossia immerso fino in fondo. Come una volta, traversato il Mar Rosso, Israele con l'esodo fu guidato verso la patria e la vita (*Gios* 3,14-17; *Sal* 113,1-8), così Gesù risale dal Giordano per avviarsi al suo «esodo che doveva compiersi in Gerusalemme» (*Lc* 9,31), vero Tabernacolo dell'alleanza che porta con sé la divina Presenza, accompagnato per ora dal sacerdozio di Giovanni. Comincia allora la grandiosa Teofania, nome restato in Oriente per indicare il Battesimo del Signore al 6 gennaio.

E anzitutto «furono aperti per *lui* i Cieli» (v. 16a). I Cieli è la metafora chiara per indicare il Padre. Si apre per il Figlio il Seno del Padre, momento decisivo dell'Economia divina. L'espressione «cieli che si aprono» ricorre ad esempio in *Ez* 1,1, per indicare la definitività della Rivelazione, che mostra «la visione di Dio», preludio e icona alla sua Parola. Si aprono anche per Pietro, quando lo Spirito Santo gli mostra che ormai l'Evangelo deve essere portato definitivamente anche ai pagani, nel caso, Cornelio e i suoi (*At* 10,11). Ma soprattutto il tratto si addice a Cristo. Alla fine dei tempi, al momento della gloriosa *Parousía* del Figlio dell'uomo, i cieli si apriranno con la Folgore divina che ne annuncia la Venuta terribile (*Mt* 24,27), con il Segno suo, la Croce di Fuoco che Lo precede mentre viene sulle nubi (24,30). Sotto altra prospettiva, ma parallela, con grandi segni e terrificanti, si apre anche il Tempio celeste che è Dio stesso con l'Agnello Risorto (*Ap* 21,22), si squarciano i cieli, e appare l'Arca dell'alleanza che è il Trono della divina Presenza, accompagnante l'altro grande Segno, la Donna, la Sovrana, la Chiesa, per la lotta finale con il Drago rosso di fuoco (*Ap* 11,19 e 12,1). Questo è promesso anche ai discepoli: essi alla fine delle realtà del mondo vedranno il Cielo ormai aperto, e gli Angeli di Dio che «salgono e scendono intorno al Figlio dell'uomo» (*Gv* 1,51), la vera Scala di Giacobbe che ormai ha unito il Cielo divino con la terra della miseria (*Gen* 28,12, per Giacobbe); gli Angeli servono, adorano il Figlio dell'uomo (*Mc* 1,13; *Mt* 4,1, dopo le tentazioni nel deserto; *Lc* 22,43, all'agonia del Getsemani), come avverrà in eterno (*Ap* 5,11-12), insieme con il Padre (*Ap* 4). Così i Cieli sono aperti per Cristo all'inizio e alla fine della sua Vita storica.

Dai Cieli aperti, dal Seno del Padre, viene sul Figlio, sulla sua Umanità lo Spirito Santo, nel modo con cui una colomba plana dall'alto sul nido. E lo Spirito Santo si posa su Lui (v. 16b). È il termine fisso del Disegno divino originale. Il Signore aveva plasmato l'uomo dall'argilla, con le Mani sue, che sono il Figlio e lo Spirito divino; e nella sua inerte materialità gli aveva anche infuso il suo Alito divino, sì da farne «anima vivente», l'«immagine e somiglianza di Dio» (*Gen* 2,7; 1,26-27). Ma per il peccato antico moltiplicatosi sulla terra, lo Spirito del Signore non poté più convivere con questa carne fragile e peccaminosa che Lo respingeva, e il Signore Lo ritirò (*Gen* 6,1-3); l'uomo spinse di più se stesso verso la morte eterna. Ma ecco di nuovo lo Spirito del Signore su un Uomo, e per sempre. Ne prende possesso totale. Lo unge, ossia Lo consacra come Sacerdote e Re e Profeta e Sposo, per la sua missione (*At* 10,38), che sarà esplicitata dalle Parole del Padre. Luca da parte sua tornerà più volte sulla permanenza dello Spirito di Cristo: che era ripieno di Spirito Santo (aggettivo *plêrês*, che indica una pienezza originaria, non acquisita) quando il medesimo Spirito Santo Lo conduce alla tentazione nel deserto (*Lc* 4,1); che dichiara che lo Spirito Santo sta su lui come Re, profeta e Sacerdote messianico (*Lc* 4,18-19, che cita *Is* 61,1-2). E introduce Pietro a dichiarare che «Lo unse Dio di Spirito Santo e di Potenza» divina (*At* 10,38, testo capitale), in modo da «passare (tra gli uomini) quale *Evergéte*, Sovrano benefico», potente nelle opere di espulsione dei demoni, «poiché Dio (mediante lo Spirito Santo) stava con Lui» (ivi).

Giovanni infine insiste sulla Dimora divina dello Spirito sul Figlio di Dio: «Ho contemplato lo Spirito discendente quale colomba dal cielo, e restò (*ménô*) su Lui» (*Gv* 1,32), secondo le istruzioni ricevute dal Padre: «Quello su cui tu vedrai lo Spirito discendente e dimorante (*ménô*) su lui, questi è Colui che battezza con lo Spirito Santo» (*Gv* 1,33). Precisamente in *Gen* 6,3 il Signore aveva sanzionato: «Non farà dimora in basso (*kataménô*) lo Spirito mio tra questi uomini (perversi) per il secolo». Ma Cristo, unico possessore dello Spirito Santo alla fine dei tempi, può prometterlo finalmente agli altri uomini, a cominciare dai discepoli (*Gv* 14, 16-17; 14,26; 15,26; 16,7-11; 16,13-15, quindi 5 volte, numero simbolico della pienezza, come 5 e 50 per la Pentecoste).

Ma prima il Signore deve essere battezzato dalla Croce, deve distruggere la sua Umanità, deve ricevere l'Umanità ultima, diventato Egli stesso «Spirito vivificante», l'Adamo Ultimo, capace di donare lo Spirito Santo per sempre (1 *Cor* 15,45). Su questo si dovrà tornare.

Una parola sulla colomba. In Occidente si impose l'uso popolare di rappresentare il Padre come un vecchione decrepito – Egli, il Padre nostro, l'Eterno indicibile, senza principio e senza fine, la

Vita che non conosce alterazioni e tramonti, la Fonte unica dell'Eternità beata del Figlio e dello Spirito Santo! –, il Figlio come un Uomo vigoroso seminudo, «alto, biondo, con gli occhi azzurri, bello come un principe tedesco» (le visionarie nordiche del medio evo), e lo Spirito Santo come una colomba più o meno svolazzante. Si sa che la Trinità beata non è circoscrivibile né descrivibile né rappresentabile. L'unica sua Rappresentazione è Cristo Signore Risorto, l'Icona perfetta del Padre nello Spirito Santo, sul cui Volto *umano* risplende la Bontà unica del Padre e del Figlio e dello Spirito Santo. La colomba perciò non è lo Spirito Santo, l'Invisibile per definizione. La spiegazione qui è varia. Gesù vede lo Spirito Santo venire su lui «come corporalmente una colomba plana sul suo nido». Oppure, primariamente, secondo alcune fonti rabbiniche del tempo di Gesù, la colomba simboleggia la Sposa del *Cantico* (2,14; 4,1; 6,9), quando nella pienezza dei tempi messianici riceverà lo Spirito di Dio. Il popolo di Dio è la dimora dello Spirito Santo, che riceverà da adesso (v. 16).

Si notano finora la docilità di Cristo nel ricevere lo Spirito Santo, e il suo silenzio. E l'attività dello Spirito Santo che procede dal Padre e viene a riposare sul Figlio. Il Battesimo è la Manifestazione trinitaria, Teofania trinitaria. Perciò è necessario anche l'intervento del Padre.

Il Padre è il Signore Unico, l'Invisibile, che nell'eterno Silenzio beato genera in eterno – non con un atto, come i genitori umani – il Figlio, il Verbo tutto pensato ed espresso nello Spirito Santo. Se il Padre parla, parla «il Figlio», «nel Figlio», le cui parole lo Spirito Santo rivela e rende manifeste a chi le accetta nel cuore.

Al divino Silenzio del Padre si oppongono 3 e sole 3 eccezioni. Il Padre in tutto il N.T. parla solo 3 volte, e solo al Figlio. Ogni volta ripete un unico contenuto: «Figlio mio!» Ogni volta alla presenza operante dello Spirito Santo. Ogni volta specificando il momento: I) al Battesimo; II) alla Trasfigurazione; III) alla Resurrezione. Per il Battesimo, si tratterà tra poco; per la Trasfigurazione si rinvia alla Domenica II di Quaresima. Straordinario, e atipico per quanto si attenderebbe, è l'intervento del Padre alla Resurrezione. Paolo nel suo 1° viaggio missionario si trova di sabato ad Antiochia di Pisidia (Asia minore) e si reca in sinagoga; agli Ebrei presenti, avuta la licenza di parlare, espone il *kêrygma* apostolico (*At* 13,13-41), tripartito e molto simile al primo, di Pietro a Pentecoste (*At* 2,14-36). Presentata la Promessa ai Padri (1° punto), che porterà al Dono dello Spirito (3° punto), Paolo annuncia il centro, la Resurrezione (2° punto), e lo fa nell'unico modo possibile, quello biblico:

> *E noi a voi evangelizziamo la Promessa che fu fatta ai Padri:*
> *questa Dio del tutto ha adempiuto in favore dei figli di quelli, noi,*
> *avendo resuscitato Gesù,*
> *come anche nel Salmo secondo è stato (da Dio) scritto:*
> *«Figlio mio sei Tu, Io oggi ho generato Te!»;*

così in *At* 13,32-33, con la citazione di *Sal* 2,7, un «Salmo regale» messianico. Così si rivela che il Padre chiamò il Figlio dal sepolcro, per donargli lo Spirito della Resurrezione (*Rom* 1,4), chiamandolo sempre «Figlio mio!» A partire da questo possiamo comprendere meglio il «Figlio mio!» del Battesimo.

Le Parole rivolte qui dal Padre al Figlio che ha ricevuto lo Spirito Santo sono 3, e formano un compatto contesto (v. 17). L'Uomo Gesù, l'Ebreo, le comprende bene, e le accetta in drammatico silenzio. I suoi fedeli, facendosi Ebrei con Lui, cercheranno adesso di comprenderle, per due motivi di eccezionale importanza: I) per comprendere la Persona, la missione e l'opera del Figlio in favore di tutti gli uomini; II) e il Padre, che da Lui dona lo Spirito Santo. Infatti il Padre al battesimo ripete a ciascuno dei fedeli le medesime parole, come ripeterà le Parole rivolte al Figlio alla Resurrezione, quando sarà la volta della loro resurrezione beata.

Ma prima va annotato che dal Cielo, dal Padre, viene solo la Voce. La Rivelazione è come sempre dalla Parola, e dalla visione, e questa si concentra sul Figlio visibile e sullo Spirito Santo che viene su Lui. La Voce del Padre è di gioia, sia per il Figlio, come si vedrà, sia per gli uomini, gli oggetti preziosi di tutto questo.

## 1) «Questo è il Figlio mio»

«Il Figlio» è individuato in Colui che adesso è battezzato dallo Spirito Santo. Ora, l'espressione «figlio di Dio» nell'A.T. indica un personaggio che appare sotto diverse forme convergenti:

il popolo di Dio (*Es* 4,22-23; *Dt* 32,5-6.11.19; *Os* 11,1, e molti altri passi e contesti, come *Is* 63,16);

il Re messianico (*Sal* 2,7; 88,27-28; 109,3; 2 *Sam* 7,14);

il Servo messianico. Per comprendere questo occorre avere sotto gli occhi il 1° e 2° carme del Servo sofferente:

*Giacobbe (è) il Servo mio* (páis, ebr. ebed), *Io sosterrò lui,*
*Israele (è) l'Eletto mio, l'accoglie l'Anima mia.*
*Io donai lo Spirito mio su lui, giudizio alle nazioni porterà.*
*Non griderà né alzerà (la voce), né si udirà fuori la voce di lui.*
*La canna lesa non frantumerà, e lo stoppino fumigante non spegnerà,*
*ma verso la Verità porterà il Giudizio.*
*Brillerà, e non sarà spezzato, finché non porrà sulla terra il Giudizio,*
*e nel nome di lui le nazioni spereranno.*
*Così parla il Signore Dio, Colui che creò il cielo e lo distese,*
*Colui che stabilì la terra e i viventi in essa,*
*e che donò il Soffio al popolo su essa e lo Spirito a quanti la calpestano.*
*Io, il Signore Dio, chiamai te nella Giustizia,*
*e Io reggerò la mano tua e darò a te la forza,*
*e donai te come Alleanza del popolo, come Luce delle nazioni,*
*al fine di aprire gli occhi dei ciechi,*
*al fine di far uscire dalle catene gli incatenati*
*e dalla casa di custodia i sedenti nella tenebra.*
*Io, il Signore Dio. Questo di Me è il Nome!*
*La Gloria mia all'estraneo Io non donerò,*
*né le Virtù mie alle sculture (idoli).*
*La realtà dal principio, ecco giungono, e le nuove, che Io annuncerò,*
*e prima del loro levarsi furono a Me manifeste* (Is 42,1-9).
*Ascoltate, voi isole, e state attente, voi nazioni!*
*Per molto tempo sarà stabilito.*
*Dal seno della madre mia Egli chiamò il nome mio*

*e pose la bocca mia quale spada tagliente,*
*e sotto la protezione della Mano sua Egli mi nascose,*
*stabilì me quale freccia scelta e nella faretra sua mi riparò.*
*E parlò a me:*
*Servo (doúlos) mio sei tu, Israele, e in te Io sarò glorificato.*
*Ed io parlai:*
*A vuoto io faticai, e invano e per nulla diedi la forza mia.*
*Per questo il Giudizio mio sta presso il Signore,*
*e la fatica mia davanti al Dio mio.*
*Ma adesso così parla il Signore,*
*Colui che mi plasmò dal seno quale Servo (doúlos) per Lui,*
*al fine di ricondurre Giacobbe e Israele a Lui*
*- io sarò ricondotto e glorificato davanti al Signore,*
*e il Dio mio sarà la Forza mia.*
*Ed Egli parlò a me:*
*Grande è per te essere chiamato servo (páis) mio*
*al fine di ristabilire le tribù di Giacobbe*
*e ricondurre la dispersione d'Israele.*
*Ecco, Io ho stabilito te quale Alleanza del popolo,*
*quale Luce delle nazioni,*
*al fine di essere tu Salvatore fino all'ultimo della terra (Is 49,1-6).*

Solo dal testo greco dei Settanta, il testo ispirato per il N.T. e di fatto il solo citato salvo poche eccezioni, e il testo ispirato anche per tutte le Chiese dei Padri, è possibile riconoscere alcuni titoli del Figlio di Dio, presenti nel N.T., ma presto perduti nella sensibilità già delle prime generazioni cristiane. Così, e fondamentali, vengono i titoli:

*Páis*, figlio, ragazzo, giovane servo; vedi qui *Mt* 12,18-21, che cita precisamente *Is* 42,1-4; *Lc* 2,43, «il ragazzo, *páis*, Gesù» che resta a Gerusalemme tra i maestri della Legge nel tempio; *At* 3,13, «Dio glorificò (con la Resurrezione) il *Páis* suo Gesù», promessa di benedizione, inviato al suo popolo da Dio «dopo avere resuscitato il *Páis* suo» (*At* 3,26). Davanti al sinedrio Pietro afferma a nome degli

Apostoli che è impossibile per essi non annunciare Cristo Risorto; poi nella comunità si fa una preghiera, dove si proclama: «Contro il Santo tuo *Páis*, che Tu ungesti (di Spirito Santo)» fecero congiura i malvagi (*At* 4,27), ma nel Nome suo avvengono i prodigi messianici perché egli è «il Santo *Páis* tuo, Gesù» (*At* 4,30).

*Doúlos*, come *Páis*, traduce l'ebraico '*ebed*, con la sfumatura di «schiavo». È un titolo che lo stesso Paolo rivendica nel suo rapporto con il Signore Gesù (*Rom* 1,1). Applicato a Cristo si trova in *Fil* 2,7: il Figlio Dio «vuotò» se stesso (*kenóô*) assumendo «da forma dello schiavo, *doúlos*», l'Adamo Nuovo, figlio esso stesso di Dio.

Cristo stesso rivendica anche l'altro titolo, *diákonos*, servitore che amministra i beni del padrone, quale Figlio dell'uomo che viene «per servire, non per essere servito» (2 volte *diakonéô*: *Mt* 20,28; *Mc* 10,43). Alla sua Venuta, egli «servirà» i suoi servi stessi (*Lc* 12,37), esattamente come farà alla Cena (*Lc* 22,27). Paolo afferma del Signore che «Cristo si fece *Diacono* della circoncisione (gli Ebrei) per confermare le Promesse del Padri» (*Rom* 13,8).

Perdendo questi titoli, con i loro preziosi contesti arcaici, si è perduta un'immensa ricchezza spirituale.

Attesa la prima Parola del Padre, il Figlio perciò cumula in sé tutti questi titoli con le loro funzioni, che dovrà svolgere e attuare nella pienezza sotto la guida dello Spirito Santo ricevuto al Battesimo, il suo esclusivo ministero battesimale. Per cui Egli è il «popolo di Dio», il Nucleo santo di riaggregazione dei figli di Dio dispersi (*Gv* 11,52), il Re e Salvatore messianico, il Servo regale profetico sacerdotale e sofferente.

Ma «il Figlio» indica anche lo Sposo, preparato da Giovanni Battista (*Gv* 3,27-30), unto dal Signore di gioia (*Sal* 44,8), Colui per il quale il Padre indice ormai il Convito nuziale (*Mt* 22,1-14; *Lc* 14,15-24), l'Agnello immacolato sacrificale di *Is* 53,7, che con il suo sacrificio totale si è procurata ormai la Sposa (*Ap* 19,6-9; 22,17 e 20).

A sua volta, il Signore, accetta per sé l'unico titolo di Figlio dell'uomo, che riporta anche al Battesimo. Esso significando «uomo nato da uomo», nel suo caso, «nato da Donna» (*Gal* 4,4-6), riporta a tutte queste sue situazioni.

2) «*Il Diletto*»

Sono errate, anche dottrinalmente, le versioni come «il Figlio prediletto» e simili, e vanno corrette.

«Il Diletto», *ho Agapêtós*, con l'articolo, è un titolo preciso, anzi di straordinaria potenza e significato. Il testo di partenza potrà essere *Gen* 22, che narra la tentazione d'Abramo:

> *E parlò (il Signore):*
> *Prendi il figlio tuo, il diletto* (ho agapêtós),
> *quello che tu amasti* (agapáô), *Isacco... e offrilo in olocausto (v. 2).*
> *Adesso infatti Io conobbi che temi il Signore, tu,*
> *e non risparmiasti il figlio tuo, il diletto* (ho agapêtós) *per Me (v. 12).*
> *Per Me stesso Io giurai - parla il Signore! -,*
> *poiché facesti questo fatto* (rhêma, parola)
> *e non risparmiasti il figlio tuo, il diletto* (ho agapêtós) *per Me,*
> *Io benedicendo voglio benedirti (vv. 16-17a).*

Il testo ebraico per *ho agapêtós* ha *ja.hîd*, l'unico (vv. 2.12.16). «Il Diletto», il Monogenito, è perciò la Vittima sacrificale, che precisamente, nella pienezza dei tempi, il Padre dona per gli uomini alla morte redentrice, «Egli che il proprio Figlio non risparmiò, bensì a favore di noi tutti lo consegnò» alla Croce» (*Rom* 8,32).

L'A.T. ha anche altri usi interessanti di *ho agapêtòs*. In *Gdc* 11,34, l'avventuriero Jefte promette in sacrificio «la figlia unica amata, *monogenês agapêtê*» come scellerato voto per la vittoria, non gradito dal Signore. Nell'oscuro *Sal* 67,13 il testo suona: «Il Re delle schiere dell'*agapêtós*», forse il popolo di Dio. Il titolo del *Sal* 44 (v. 1b) suona: «canto per il Diletto, *ho agapêtós*», il Re messianico (ma ebraico *jedîd*, che vale egualmente per «diletto»). In *Is* 26,17 si annuncia: «E come la partoriente in travaglio si avvicina a partorire, e per le doglie sue gridò (aoristo ingressivo), così noi divenimmo per il diletto (*agapêtós*) tuo a causa del timore di Te, Signore», con allusione al popolo.

Anche in *Ger* 38,20 (ebr. 31,20) Efraim, che rappresenta tutto

Israele, è interpellato così dal Signore: «Figlio diletto (*agapêtós*) Efraim (è) per Me, bambino (*paidíon*) di delizie»; l'ebr. ha qui *jaqîr* per *agapêtós*. In *Zacc* 12,10, citato in *Gv* 19,37, il Profeta annuncia che per il dono dello Spirito di grazia, contempleranno colui che trafissero tutti gli abitanti di Gerusalemme, e ne faranno lutto come per «il figlio diletto» (greco *agapêtós*, ebr. *ja.hîd*, l'unico), e lo piangeranno come il primogenito (greco *prôtótokos*, ebr. *bekor*). In *Zacc* 13,6 la difficile profezia: in occasione del dono della Fonte della purificazione in Gerusalemme, quando cesserà la falsa profezia, nessuno vorrà profetare, ma solo lavorare le distese dei campi, e quando si chiederà conto delle ferite nelle mani, si risponderà: «Di esse fui ferito nella casa del Diletto mio», forse il santuario (qui *ho agapêtós* è in ebraico *'aheb*, da *'ahab*, amare). Invece nel Cantico «il Diletto» ha un'altra semantica, greco *plêsíon*, un neutro invariabile, «il vicino», ebr. *dôd*, l'amato.

In conclusione, *ho agapêtós* riporta in genere al figlio unico, al re, al popolo, quasi sempre con allusione alla sofferenza, se non al sacrificio.

La documentazione per il N.T. si può completare con testi come *Gv* 3,36; 5,20; 10,17; *Col* 1,13; *Ef* 1,6.

### 3) «*Nel quale Io Mi compiacqui*»

Il verbo "compiacersi" qui è *eudokéó*, «bene pensare di», essere soddisfatto di, mostrare compiacenza verso, manifestare il beneplacito per. Qui sta all'aoristo, tempo puntuale del passato, e «passato profetico» che indica il futuro. Infatti il Padre nel suo eterno presente, ma di necessità esprimendosi nella temporalità degli uomini, rivela che si compiace divinamente del Figlio in quanto ne vede già del tutto compiuta l'obbedienza e la missione. L'*Eudokía* divina del Padre già è un fatto. Il primo indizio era l'Inno angelico alla Nascita del Salvatore, quando le schiere celesti glorificano il Signore per il Fatto avvenuto: «Gloria a Dio nei cieli altissimi - sulla terra, Pace - tra gli uomini l'*Eudokía*» (*Lc* 2,14), come si canta ogni Domenica e festa. Qui vengono due punti preziosi:

a) il silenzio accettante del Figlio di Dio;
b) la proposta del Padre. In effetti, «Figlio mio» è l'offerta certa dell'alleanza, che suona così:

*Io sono il Padre tuo,*
*Tu sei il Figlio mio.*

Ora, il Figlio dovrebbe rispondere per accettare, dicendo:

*Tu sei il Padre mio.*
*Io sono il Figlio tuo.*

Come mai questo non avviene?

In eterno, nello Spirito Santo, tra il Padre e il Figlio avviene l'indicibile dialogo divino e lo scambio interpersonale totale dell'esistenza infinita, con due sole Parole: «Figlio mio!» - «Padre mio!», o anche con l'unico "Tu!" reciproco. Altro e di più possono dirsi l'eterno Generante e l'eterno Generato? Ma nell'esistenza anche umana del Figlio, nella storia, deve avvenire il medesimo, poiché nell'unica divina Persona del Figlio di Dio, le due Nature sono connesse indivisibilmente al Padre, in due forme di paternità/filiazione.

Ma è chiaro. Cristo risponderà, e come. Al Getsemani (*Mc* 14,36) e sulla Croce (*Lc* 23,34.46), dalla bocca e dall'anima umane del Signore erompe il supremo grido d'amore: *'Abbà!*, Papà!, alla lettera, ché altro non significa questo prezioso e molto benedetto termine aramaico. Qui l'alleanza paterna e filiale è conclusa e sigillata dallo Spirito Santo. Qui il Battesimo è adempiuto. Qui l'Evangelo è pronunciato. Qui l'«opera del Padre» è svolta per intero. Qui il culto al Padre sale al suo culmine.

Ma prima di rispondere al Padre, Cristo deve svolgere il suo mandato e programma battesimale nello Spirito Santo: annunciare l'Evangelo del Regno, operare le opere del Padre, riportare tutti al culto al Padre. Prima deve solo accettare in silenzio. Il suo Battesimo incombe su Lui.

Che significa allora, e realmente, il «battesimo» se detto di Cristo? Prima va ascoltato Lui. I figli di Zebedeo in modo indiscreto, e scavalcando i confratelli, vogliono assicurarsi i primi posti nel preteso regno umano che si credono che il loro Maestro sia venuto ad instaurare. A essi però il Maestro risponde:

*Voi ignorate quanto chiedete.*
*Potete voi bere la Coppa che Io bevo,*
*o del Battesimo di cui Io sono battezzato, essere battezzati?*
(*Mc* 10,38).

Imprudentemente i due dicono: Possiamo (*Mc* 10,35-38, spec. v. 38). Gesù stranamente sembra assentire:

*La Coppa che io bevo, voi berrete,*
*e del Battesimo di cui sono battezzato, sarete battezzati (v. 39).*

È chiaro. «Io bevo, Io sono battezzato» sono due presenti. La Coppa è bevuta dal Signore in modo permanente fino alla Croce, e al Getsemani come un parossismo della Passione. Il Battesimo gli è amministrato dallo Spirito Santo in modo permanente, sulla Croce come parossismo della Morte. La Coppa dell'ira divina per il peccato del mondo, di stordimento e di rovina (ad es. *Sal* 74,9; *Is* 57,17.21-22; *Ger* 25,15-29; *Ez* 23,31-34; e le 7 coppe dell'*Apocalisse*), è offerta dal Padre al Figlio (*Gv* 18,11!) affinché la vuoti Lui, vi perda la sua vita, per rioffrirla ricolma della Delizia divina dello Spirito Santo ai suoi fedeli. Così la «Narrazione dell'Istituzione» dell'Anafora di S. Giacomo greca. Sul Battesimo e sulla Coppa, vedi la Domenica XXIX, Ciclo B.

*In versione leggermente diversa, in Luca il Signore parla così:*
*Fuoco io venni a gettare sulla terra,*
*e che voglio Io, se non che già fosse acceso!*
*Un battesimo io possiedo da esserne battezzato*
*e come sono in angoscia finché non sia (dal Padre) adempiuto!*

(*Lc* 12,49-50). Il Fuoco dello Spirito Santo non potrà accendersi, se prima il Battesimo non sia dato per intero dal Padre al Figlio. Vedi anche l'Evangelo della Domenica V per l'Anno.

Si ha così la documentazione per comprendere «il Battesimo».

Esso è il sostantivo che rievoca le «acque della morte», le «grandi acque». Anche se non con tali espressioni, il tema ricorre altresì nella teologia del battesimo cristiano, «essere battezzato» significa accettare di farsi sommergere con Cristo nella sua morte (*Rom* 6,3) in vista della resurrezione della vita con Lui.

Si tratta di un grande tema, e ricorrente, dell'A.T. Se si prende come tipologia di base il diluvio, se ne percepisce l'ambiguità, di avvertenza salutare, di minaccia che lascia ancora scampo a chi si converte, oppure d'immane improvvisa irrimediabile ultima rovina.

Ora, la figura della tempesta e diluvio si pone come simbolo dell'accumulo dei peccati degli uomini, della loro peccaminosità intrinseca, della loro esistenza stessa che è peccato, «il peccato del mondo». Su questo certi cristiani, in genere di sensibilità idealista ma di effettiva indole pelagiana, immersi nel mito del progresso e dell'attivismo tutto esterno, non pongono più la mente, scartano questo lato tenebroso della loro esistenza come inutile, sorpassato e irritante, nelle loro analisi perfino teologiche si fanno vincere dall'ideologia dell'ottimismo, «ci interessa l'uomo», «ci interessa solo l'uomo», «siamo fedeli all'uomo», senza mai capire che l'uomo come tale è un cumulo di peccato (il *Miserere*, *Sal* 50,6-7!; 13,1-3).

Gli uomini della Bibbia sono realisti, intelligenti, sensibili e leali con se stessi. Avevano fatta l'unica svolta antropologica seria della storia, quella che il Dio Vivente voleva: da Lui agli uomini verso Lui. La Scrittura ispirata non «parte dall'uomo», ma partendo da Dio senza mai abbandonarlo, si fa presente e parla agli uomini per ricondurli a Dio. Sa però che la superbia degli uomini è il tremendo ostacolo; così la potenza dell'Egitto usurpa l'immagine, credendosi di essere una piena travolgente e irresistibile (*Ger* 46,8). Anche l'empio ricco, l'iniquo per definizione, che si erge contro i fratelli e contro Dio, non scamperà alla punizione che si è voluta (*Giob* 22,11). E dagli amici lo stesso Giobbe è indicato, anche se a torto, come l'oggetto della piena delle acque che ne travolgerà la superbia (*Giob* 22,11).

Le «grandi acque» sono perciò simbolo di morte. Il Signore stesso invia la tempesta potente contro i peccatori (*Is* 28,2, contro Samaria; 17,12-13, contro Damasco; due nemici di Dio e del suo popolo). Anche contro gli increduli e la loro falsa sicurezza (*Is* 28,15-16). Anzi neppure risparmia il suo popolo che ha contratto alleanze «straniere», per essenza e definizione idololatriche (*Is* 8,7-8), né i falsi sacerdoti e profeti che deviano la fede del popolo (*Is* 28,18).

L'Orante biblico ne è atterrito. Anzitutto per la sua stessa esperienza religiosa, e di fronte alla misteriosa permissione divina. Egli sa d'essere peccatore e meritevole di punizione purificatrice. E vede passare su lui le «grandi acque» della morte (*Sal* 41,8; 87,7-8), che crescono intorno a lui senza scampo (*Sal* 68,2-3; *Lam* 3,54), e perfino contro il Re messianico (*Sal* 17,5, però liberato, vv. 17-18). Però ha sperimentato pure che sarebbe stato sommerso, se il suo Signore non fosse intervenuto (*Sal* 123,4-5). Poiché solo il Signore lo scampò dalle onde di morte (*Sal* 17,17), come una volta Mosè dalle acque (*Es* 2,10) e poi Israele al Mar Rosso (*Es* 14,26-31). Anzi nella sua fede sa bene che il Signore lo scampa sempre dal diluvio (*Sal* 31,6).

Di fronte all'inevitabilità delle «grandi acque», l'Orante innalza la sua epiclesi per esserne liberato (*Sal* 68,15-16; 143,7), poiché esse si presentano anche come abisso vorace che attira verso il fondo (54,24).

L'ambiguità delle acque si rivela nel loro aspetto anche positivo. Il Signore le dona, con il «pane della miseria», quale segno di redenzione (*Is* 30,20), così che Israele che torna dall'esilio somiglia alle imponenti ondate che si avanzano tutto coprendo (*Ez* 38,9).

Alla fine dei tempi, il nuovo tempio del popolo messianico ristabilito e rigenerato emanerà i Fiumi dell'Acqua della Vita, lo Spirito del Signore che tutto guarisce e vivifica (*Ez* 47,2), dal «lato destro», come si avvera dal costato di Cristo sulla Croce (*Gv* 19,34 e 30), e come sarà in eterno dal Trono di Dio e dell'Agnello che emanano lo Spirito Santo (*Ap* 22,1-2). Così la voce di vittoria dell'Agnello Risorto è simile alla «voce delle grandi acque», ormai non più segno di morte (*Ap* 1,15).

Poiché le «grandi acque» sono state assunte dal Figlio di Dio, che in modo volontario si è fatto travolgere nella morte sacrificale, nel terrificante Battesimo della Croce. Adesso, piene di Spirito Santo, quelle acque donate ai fedeli come momento battesimale di «morte con Cristo», di «conresurrezione con Cristo».

Perciò il Battesimo del Signore ha questa capitale importanza: della sua consacrazione alla Croce per la Resurrezione e lo Spirito Santo, inizio vero del Battesimo che si conclude sulla Croce e con il sepolcro. E inizio reale della sua Vita davanti a Dio e davanti agli uomini.

Da questo momento con lo Spirito Santo Egli si avvia alla Croce, annunciando l'Evangelo e operando i «segni» della Resurrezione, che riconquistano il Regno al Padre in favore degli uomini. Alla Trasfigurazione riceverà la Confermazione della Luce divina, della Nube divina dello Spirito Santo e della Voce del Padre, per la Coppa e il Battesimo.

Così si comprende anche la risposta ai due discepoli che gli chiedono il male eterno della comunità degli uomini, il potere, con tutta l'arroganza che comporta sempre e comunque (sopra, *Mc* 10,37). Giacomo e Giovanni non possono «bere la Coppa» né «essere battezzati con il Battesimo». Questo dal Padre con lo Spirito Santo è affidato solo al Figlio. I discepoli poi, *en Mystêríô*, nella celebrazione sacramentale, saranno battezzati dallo Spirito Santo, e berranno la Coppa mentre mangeranno il Corpo del Signore. Come poi i fedeli nei secoli.

Così nel Tempo per l'Anno un'omelia domenicale che non ricordi sia pure per un accenno il Battesimo del Signore, non è omelia vera.

Il Tempo per l'Anno, tempo fortissimo, il più forte, viene adesso a mostrare ai fedeli, affinché vi prendano parte, episodio dopo episodio, la Vita del Signore battezzato, che passa visitando gli uomini e preparandoli al Regno.

*4. Antifona alla comunione: Gv 1,32.34.*

Giovanni vide e testimoniò il Figlio di Dio. «Oggi qui» i fedeli Lo contemplano Risorto nello Spirito Santo e battezzato nel medesimo

Spirito Santo, e qui ricevono da Lui la Parola vivente, il suo Corpo e la sua Coppa battesimali, e la confermazione fedele di essere membra del Corpo suo, la Chiesa, tutta battezzata dallo Spirito Santo, la Sposa discepola fedele dello Sposo, che segue dovunque Egli vada, di cui opera tutto quello che egli operò nello Spirito Santo attuando il Disegno indicibile del Padre.

## II. Verso l'Evangelo: l'A.T.

*La Profezia:* Is *42,1-4.6-7*.

La critica moderna individua in *Is* 42-53 e isola 4 brevi composizioni che si è convenuto di chiamare i «canti del Servo sofferente»: I) *Is* 42,1-9; II) 49,1-6; III) 50,4-11; IV) 52,13 - 53,12. Essi trattano di questa figura misteriosa del «Servo» docile, a un tempo una persona, e una comunità, la prima rifluente sulla seconda, e da questa sulle nazioni pagane.

Nel 1° canto (*Is* 42,1-9), oggi letto almeno in parte, il Signore interpella e investe il «suo» Servo, gli riconosce i titoli singolari di «Servo» (41,8; 49,3-6; 52,13; 53,11; *Ez* 34,24; *Zacc* 3,8), «sostenuto (dal Signore)», Israele l'eletto del Signore, il suo Compiacimento (v. 1ab). Poi gli manifesta di avere già effuso lo Spirito «suo» divino su lui (11,2; 61,1-2), con il fine di apportare a tutti i popoli la giustizia, che è la Bontà divina (v. 1c). Lo Spirito del Signore conferisce al Servo le qualità che piacciono al Signore: il nascondimento, la mitezza, la riservatezza (v. 2). E insieme le qualità che servono al Signore: risparmiare la debolezza dei fratelli, anzi soccorrerla, come la canna fessa da non finire di spezzare (57,15; *Sal* 33,19), e il lucignolo incerto da non spegnere. Solo servendosi di questi residui, il Signore mediante il suo Servo potrà diffondere la sua giustizia/bontà (v. 3; *Sal* 9,9). Lo Spirito del Signore conferisce però anche le qualità della vittoria divina: l'irremovibile stabilità del Servo, la sua invincibilità, la sua perseveranza nel portare alla terra la giustizia/bontà, il divino insegnamento atteso dalle isole, le regioni più lontane (v. 4; 60,9; *Gen* 10,5). Il v. 5 (fuori della lettura) parla poi dello Spirito Creatore.

Adesso il Signore si rivolge al suo Servo con la vocazione diretta, personale (41,9), per l'assunzione alla missione, per la progressiva formazione a essere «alleanza con il popolo e Luce per le nazioni» (v. 6; 49,6.8; 60,3), che si configura come il dono del Giubileo biblico: la vista ai ciechi, la liberazione dei prigionieri, la luce a chi sta nelle tenebre. Si può richiamare qui *Is* 61,1; *Lc* 4,18-19, testi giubilari; e *Sal* 144-147 per le opere divine, adesso affidate al Servo con lo Spirito Santo. Affidate a Cristo Servo con lo Spirito Santo battesimale.

*Il Salmo:* Sal *28,1a e 2.3ac-4.3b e 9b-10, I*

L'esordio è l'imperativo innico rivolto dal sacerdote ai «figli di Dio», i fedeli vincolati alla divina alleanza (*Sal* 81,6; 88,7), affinché vengano al santuario per dare la dovuta glorificazione al Nome divino (*Sal* 95,7-6; 67,35 e adorare Lui con tutta la solennità (vv. 1-2). Dal v. 3, nei vv. 4ab, 5a.7a.8a.9a, quindi per 7 volte, numero della completezza, risuona l'espressione ebraica «*qôl* IHVH, Ecco il Signore!», mentre Egli appare dal cielo alla terra, nell'eternità e nella storia, presente e operante in modo irresistibile. E l'inno canta proprio Lui in questa visione. Purtroppo, già più tardi gli Ebrei, poi i Padri, hanno compreso e tradotto il *qôl*, che effettivamente è della semantica di "voce" ma con il senso traslato di "ecco", proprio con "voce", elaborando anche una ricca teologia della Parola divina e della sua onnipotenza, che qui hanno altra base. La comprensione del v. 3a infatti è «Ecco il Signore sopra le acque», come fu alla creazione, al diluvio, per vincere le «acque molte» del peccato degli uomini (v. 3c; non era utile qui lo sforbiciamento del v. 3b, che nel Salmo suona perfettamente, e che qui è spostato per far dire al testo quello che il testo non dice).

Prosegue il Salmo: Ecco il Signore nella potenza (*Sal* 67,34; 45,7): al Battesimo del Signore, dove si ambienta adesso il testo, la Potenza è lo Spirito Santo (v. 4a), e Dio appare nella sua irraggiungibile Maestà (v. 4b). Ma al Battesimo del Figlio il Signore ha aperto i cieli della Maestà per manifestare sul Figlio, con la Gloria dello

Spirito Santo, come già alle acque del Mar Rosso la Nube della Gloria divina accompagnava il popolo santo d'Israele. E la Potenza divina operò tutti i prodigi, come seguita fino al culmine a fare sul Figlio, e con i suoi fedeli fino al culmine.

Il Dio della maestà si manifesta poi nei prodigi della creazione, con tuoni e fulmini, affinché gli uomini comprendano la sua potenza (v. 3b), e radunati nel santuario proclamino insieme la gloria del Signore (v. 9b). Il Signore, che ha dominato ogni forza mostruosa delle acque – di nuovo, episodi richiamati –, ha la sua dimora sopra di esse, al di là del raggiungibile (concezione ebraica delle acque nei serbatoi superiori al cielo visibile), e troneggia come Re Salvatore in eterno (v. 10).

Il Versetto responsorio, v. 11b, canta il Signore che benedice, e poiché avviene che «la benedizione torna sempre al Benedicente e unisce a Lui il benedetto», il popolo suo entra in comunione con Lui per virtù del dono supremo, la pace, *eirênê*, *šalôm*, la condizione di ogni bene divino desiderabile, ossia prosperità, salvezza, integrità, tranquillità dell'esistenza: anticipo simbolico della vita eterna.

## III. Dall'Evangelo alla Chiesa

*L'Apostolo:* At *10,34-38*

Il testo fu trattato il Giorno della Domenica di Resurrezione, al quale si rinvia. Si deve qui accentuare la funzione decisiva del Battesimo del Signore per la sua stessa Vita. Ivi riceve lo Spirito Santo, e quindi i titoli e le funzioni ai quali il Disegno paterno destina la sua Umanità. Propriamente, secondo le Scritture, l'«evento di Cristo» si inizia, come anticipo della Resurrezione, al Battesimo. E da allora «Dio sta con Lui» per attuare il Disegno per gli uomini, e lo Spirito Santo che Lo consacra Lo guida ad annunciare l'Evangelo e a operare le opere del Regno, affinché gli uomini vedendole glorifichino il Padre che sta nei cieli (*Mt* 5,16).

L'applicazione è duplice: a tutto il Tempo per l'Anno, e alla vita di tutti i battezzati, destinati a essere e a operare come il Signore, la Testa della sua Chiesa, essendo il suo corpo sensibile e vivo.

Questa Festa del Signore, neppure dichiarata Solennità (come il 1° novembre o l'8 dicembre...), è come un "osservatorio" splendido, da cui contemplare tutto il materiale biblico visto per l'intero periodo annuale, fino alla visione del Battezzato Risorto, il Re della Gloria che viene alla fine dei tempi. Così è dato di contemplare l'Alfa e Omega, dall'eternità divina al tempo della storia, e poi di nuovo nell'eternità divina. È il modo plenario di celebrare il Signore Risorto.

## IV. La Preghiera della Chiesa

### 1. L'Eucologia

La Colletta, dopo l'anamnesi dello Spirito Santo che al Battesimo manifesta la filiazione divina del Signore, chiede con epiclesi che i battezzati, figli veri di Dio ad opera dello Spirito Santo, vivano sempre nel Compiacimento del Padre, quello manifestato al Giordano.

Con il Credo oggi si accentua la formula «confesso l'unico battesimo per la remissione dei peccati».

La Preghiera sopra le offerte è un'epiclesi di accettazione del sacrificio per la Manifestazione del Battesimo, affinché questi doni siano l'unica Offerta del Redentore al Padre.

La Preghiera dopo la comunione riprende l'Alleluia all'Evangelo: i partecipanti ai Misteri chiedono che, ascoltando il Figlio di Dio, siano figli di Dio anche essi nella realtà, secondo l'effetto battesimale (1 *Gv* 3,1-2).

### 2. La Prece eucaristica

Il Prefazio è la celebrazione del Padre che dal lavacro del Giordano significò i Misteri del Figlio, l'Incarnazione reale del Verbo, l'Unzione dello Spirito Santo sul Servo promesso (da *Is* 61,1-2) e sul Re messianico (*Sal* 44,8).

Da qui saranno presentati i temi delle preghiere della Chiesa solo se queste non siano troppo generiche, ma portino materiale arricchente.

## Approfondimento 11:
## Sul Battesimo del Signore

Un evento così denso andrebbe esplicitato tema per tema. Qui se ne indicano solo alcuni dei principali.

*1. Il Dono dello Spirito Santo*

Come bene vede la Lettura dell'A.T., *Is* 42,1-4.6-7, lo Spirito del Signore è donato al Servo sofferente, per consacrarlo nella sua missione finale. Lo vede bene anche la Lettura apostolica, *At* 10,34-38, soprattutto nel v. 38. Missione che avviene nella Potenza e nella Sapienza del Padre, che è lo Spirito Santo. Essa si svolge come «divina Liturgia», ossia come «opera per il popolo» attuata dal Padre nel Figlio con lo Spirito Santo. Essa, come si sa, si adempie in 3 operazioni congiunte:
*profetica*: l'annuncio dell'*Evangelo del Regno*, e il suo divino Insegnamento;
*regale*: compiere le *opere della Carità del Regno*, con cui è strappato il «regno del Male» a satana, il Maligno (1 *Gv* 5,19);
*sacerdotale*: che si esplica nel *culto al Padre* «nello Spirito e nella Verità» (*Gv* 4,23-24): Cristo (*Gv* 14,6) e lo Spirito Santo (1 *Gv* 5,6);
inoltre, vi si aggiunge l'aspetto *nuziale*: al Figlio il Padre prepara le Nozze, e il Figlio si deve acquistare la *Sposa*, e questo avviene sulla Croce (*Gv* 19,30 e 34). Significativamente, all'Epifania del 6 gennaio, nell'antica Liturgia delle Ore, l'Antifona al *Benedictus*, che chiudeva il II Notturno, e oggi nella Liturgia rinnovata resta come Antifona al Vespro per il *Magnificat*, e alle Lodi per il *Benedictus*, richiamava i 3 Misteri centrati sulle Nozze divine: il Battesimo, i Magi e Cana:

*Hodie coelesti Sponso iuncta est Ecclesia,*

> *quoniam in Iordane lavit Christus eius crimina:*
> *currunt cum muneribus Magi ad regales Nuptias,*
> *et ex aqua facto vino, laetantur convivae. Alleluia.*

Il culmine dell'Evangelo, delle opere, del culto, della nuzialità è *la Croce* santa salvifica *inevitabile*, alla quale precisamente il Padre adesso sta consacrando il Figlio, *il Servo sofferente*, che «si offrì immacolato al Padre nello Spirito eterno» (*Ebr* 9,14).

## 2. «*Il Figlio di Dio*»

Occorre tenere conto qui della filiazione divina duplice, eterna e temporale. Era necessario che il Figlio eterno diventasse anche il Figlio nella carne temporale.

Quanto a questa seconda filiazione, è qui rievocato in forma densa che già nell'A.T. il «figlio di Dio» è il popolo (*Es* 4,22-23; *Os* 1,11), e lo è il Re messianico (*Sal* 109,3; 2,7).

Cristo Signore battezzato è indicato come Nucleo santo del popolo messianico, e Re e «Testa ricapitolante» tutto (*Ef* 1,10; *Gv* 11,52), e quindi diventato concorporale di questo popolo amato, la sua Chiesa (*Ef* 1,19; 2,9).

## 3. «*Il Diletto*»

Questo titolo, realmente supremo e illuminante, richiama:
il Servo sofferente, sul quale riposa lo Spirito del Signore (*Is* 42,1);
il Sacrificio nuovo, l'Isacco Nuovo Ultimo (*Gen* 22,2.12.16, nella rilettura di *Gal* 3,17; *Rom* 8,32);
il Diletto, lo Sposo del Cantico dei Cantici.

## 4. *Applicazione liturgica*

La Domenica del Battesimo del Signore segna l'inizio della sua Vita tra gli uomini, il suo ministero messianico, e l'attuazione di tutto questo.

L'Anno liturgico presenta questa Vita e questa attuazione con ordine e coerenza, soprattutto però nel Lezionario domenicale, che è la Parola evangelica normale nella vita della Chiesa. Le altre serie di letture, che obbediscono a idee teologiche (nei tempi come l'Avvento/Natale e la Quaresima/Pentecoste) sono per sé interruzioni della lettura normale ordinata di ciascun evangelo.

Il Battesimo segna l'inizio di questa lettura qualificata, che porta all'adempimento e all'attesa della Venuta, nell'epilogo glorioso, la Domenica XXXIV.

Nella *mistagogia domenicale*, lungo l'intero Tempo per l'Anno, occorre sempre richiamare il Battesimo del Signore, la sua missione nello Spirito Santo che inizia il suo ministero messianico, ossia dell'«Unto di Dio» (*Lc* 4,18-19; *Is* 61,1-2; *At* 10,38), che opera la divina Liturgia del Padre sulla terra e si procura la Sposa con il suo Sangue prezioso (*Gv* 19,34). Quindi occorre collocare lo spazio e tempo dell'episodio presentato oggi, nel «continuo celebrativo» domenicale.

Infatti, si celebra sempre e solo Cristo Risorto, ma contemplandolo mentre, battezzato dallo Spirito Santo, o annuncia l'Evangelo, o opera la carità nei prodigi, o dà culto al Padre.

Se non si opera così, il Signore appare senza la consacrazione dello Spirito Santo, senza il continuo della sua missione tra gli uomini, senza spazio e senza tempo nella storia concreta.

# Domenica
# «dell'Agnello di Dio»
# II del Tempo per l'Anno

## I. Intorno all'Evangelo

*1. Antifona d'ingresso:* Sal *65,4,* AGC.

Il Salmista canta al Signore la gioia riconoscente, perché Egli ha operato fatti potenti in favore del suo popolo, liberandolo dai nemici sia nell'esodo, sia nella patria. E sempre rispondendo alla preghiera dell'Orante. I vv. 1-4 pullulano di imperativi innici: acclamate, cantate, date gloria alla lode, parlate, anche i nemici si chinano davanti alla divina potenza. Al v. 4a lo iussivo innico (forma imperativale della 3a persona) invita l'intera terra, e quindi tutti i suoi abitanti (21,28; 25,9), ad adorare il Signore prostrandosi a riconoscerlo. E la medesima terra è invitata a unirsi all'assemblea del popolo di Dio, Israele, per «recitare il Salmo», il canto innico tipico dei fedeli del Signore, acclamando il Nome divino indicibile (v. 4b). Si nota qui l'insistenza sul canto dei Salmi, presi come modello della fede che deve espandersi tra le nazioni pagane (e si consideri come nelle nostre assemblee così spesso i Salmi sono eliminati in favore di canzonette brutte, da usa e getta).

*2. Alleluia all'Evangelo:* Gv *1,14a.12a.*

L'inno che Giovanni canta al Verbo (vv. 1-18) ha come epicentro la proclamazione del suo entrare dall'eternità divina in cui sussiste con il Padre e con lo Spirito Santo (vv. 1-3 e 18), nell'evo creato da Lui stesso (v. 3), per «diventare carne», ossia l'«immagine e somiglianza di Dio» creata, creata da Lui stesso al fine di «diventare la sua stessa immagine e somiglianza» (v. 14a). Così che nella divina Persona il

Verbo Dio è la sua carne, e questa «carne del Verbo» è il Verbo Dio (S. Cirillo Alessandrino, *De incarnatione*, in PG 75,1236 B; identificazione espressa con il verbo «diventare proprio» detto della carne: *In Lucam* 22,19, in PG 72,909 A; *Adversum Nestorium* 4,5, in PG 76,193 B; 4,7, *Ib.*, 76,205 D). Il Verbo Dio pone le sue tende tra noi, così che si fa ascoltabile, visibile, palpabile (1 *Gv* 1,1-4), nella carne con cui si comunica. Verbo Dio che appare invincibile e di fatto vittorioso (*Ap* 19,13). Poiché nato realmente nella carne secondo David (*Rom* 1,3), l'Impeccabile fatto dal Padre «peccato per noi» (2 *Cor* 5,21), Colui che si assunse la carne, ma «carne di peccato», ossia soggetta alla morte, per distruggerla e farsi Giustizia di Carità del Padre (*Rom* 8,3), Colui che fu reso maledizione per ottenere la Benedizione e la Promessa d'Abramo che è lo Spirito Santo (*Gal* 3,13-14), secondo il Disegno divino, nella pienezza dei tempi (*Gal* 4,4), come Servo sofferente (*Fil* 2,7-8, fino alla Croce): ebbene, Egli da una parte si manifesta come la divina Sapienza apparsa tra gli uomini (*Bar* 3,37), inviata a porre la dimora tra il popolo ch'è la Città santificata, la sua eredità (*Eccli* 24,13.15-16; *Sal* 131,8), e dall'altra compie l'Economia della salvezza, il Battesimo della Croce. Così solo da Lui gli uomini hanno la potestà finale di essere figli di Dio (v. 12a; *Gal* 3,26; 1 *Gv* 3,1-2; 5,1).

### 3. L'Evangelo: Gv 1,29-34

Prosegue l'aspetto battesimale della Vita storica del Signore, adesso nella prospettiva giovannea. Rifarsi sempre allo schema di *Giovanni*, sopra.

Al contrario dei Sinottici, Giovanni non descrive la scena del Battesimo, ma l'allude e vi rinvia. L'attenzione è posta sul Signore, secondo la testimonianza del Battista. Da questi è stata resa una prima testimonianza ai sacerdoti e leviti inviati da Gerusalemme per chiedergli chi sia in realtà lui (vv. 19-28). Giovanni aveva rinviato a Uno maggiore di lui, che sarebbe venuto (vv. 26-27). Adesso al «secondo giorno» può annunciare che quello è venuto di fatto, come lo ripeterà «al terzo giorno». La teologia simbolica giovannea indica così che al Primo Giorno, l'inizio, Colui che viene deve venire; al secondo, che è venuto; al terzo che ha compiuto l'opera che porta con sé (v. 36). Come al «terzo giorno» si fecero le nozze a Cana di Galilea (2,1), alludendo alla Resurrezione al terzo giorno, e manifestandosi la Gloria divina e cominciò la fede dei discepoli nel Signore (2,11).

Giovanni Battista vede venire a lui, con divina degnazione, Gesù, e riconoscendolo grida: «Ecco l'Agnello di Dio!», formula massimamente solenne. È analoga a quella che, per scherno eppure in modo profetico, usa Pilato quando annuncia: «Ecco l'Uomo!» (19,5), «Ecco il Re vostro!» (19,14). L'Agnello di Dio, l'Uomo, il Re si manifesta. Giovanni Lo vede sotto il primo aspetto, e anzitutto subito e senza minimamente dubitare Lo acclama, e Lo indica come l'Agnello, il Servo sofferente di *Is* 53,7-8. Quello di cui le Scritture sante profetarono:

*Si offrì, poiché Egli stesso volle,*
*e non aprì la sua bocca come l'agnello è condotto all'uccisione,*
*e come l'agnello davanti al suo tosatore tace*
*e non apre la sua bocca.*
*Per l'angoscia e per il giudizio fu eliminato.*
*La sua generazione chi narrerà?*
*Poiché fu reciso dalla terra dei viventi,*
*per i delitti del popolo mio, Io Lo percossi.*

Egli, quello che resta muto di fronte ai suoi omicidi (*Gv* 19,9b), il Servo giusto, il Redentore (*Ger* 11,19; *At* 5,6.9.12).

L'Agnello che è il Servo sofferente viene per «togliere i peccati del mondo», per distruggerli assumendoli come propri senza commetterli (*Is* 52,13 - 53,12; vedi il Venerdì santo), l'Impeccabile che accetta di «essere fatto peccato» (2 *Cor* 5,21), che offrendosi in totale sacrificio al Padre (1 *Gv* 3,5; *Ebr* 10,4-14) nello Spirito eterno (*Ebr* 9,14). Il mondo infatti da sé nulla può contro la propria peccaminosità, anzi se ne compiace e l'aggrava. Giovanni riporta una sequenza sul tema, che fa impressione (3,16-17; 4,42; 12,47; 1 *Gv* 2,2; 4,14). Questo è il mondo tenebra, che tuttavia per amore Dio vuole sia salvo, donando perciò il Figlio Monogenito (3,16) (v. 29).

Il Battista se parlava, com'è probabile, l'aramaico, ha detto circa così: *Hâ' taljeh d-'Alahâ*!, Ecco il *Taljâ'*, l'Agnello di Dio. Ora *taljâ'* è un termine ricco di significati. Ovviamente significa anzitutto agnello (anche *'emar*). Poi significa anche ragazzo, ragazzo di fiducia, servo. E anche pezzo di pane. L'Agnello Servo Figlio Pane di Dio sta qui.

Nel suo empito, Giovanni Battista aggiunge la spiegazione per quanti l'ascoltano. Dai vv. 35-37 si sa che si tratta di discepoli, che in modo pronto e spontaneo, quasi naturale, si faranno discepoli di Cristo (v. 37). La spiegazione è il seguito della testimonianza. Egli aveva annunciato che sarebbe venuto Uno «dopo di lui», tuttavia che «fu fatto prima» di lui, poiché «sussisteva da prima di lui» (v. 30; e v. 27). Prima che lui nascesse, Colui già esisteva. Esisteva da sempre. E viene dall'Alto, da Dio (3,31), e davanti a Lui Giovanni, come tutti, occorre che si faccia piccolo, fino a scomparire (3,31). Questo è affermare la misteriosa Esistenza di Lui, la sua Divinità, tuttavia adesso apparsa in forma di Agnello Servo.

L'affermazione prosegue con una dichiarazione allusiva. Giovanni, benché sia parente di Cristo, nato solo 6 mesi prima e in una misteriosa comunità di vita, dice che non Lo conosceva. Fatto impossibile, secondo l'informazione umana. In realtà Giovanni non conosceva il Nome e il Volto di Colui che viene, ma sa che deve anzitutto manifestarsi a Israele, il popolo dell'alleanza. E quindi, guidato dal suggerimento divino, si pone a battezzare in attesa (v. 31), secondo le parole dell'Angelo (*Lc* 1,17, e v. 76).

Viene così la terza testimonianza, questa volta su fatti. La Parola divina che stava su lui (*Lc* 3,2), è corredata adesso dalla visione, una Teofania. Dello Spirito Santo, «discendente quale colomba dal cielo», da presso Dio. Tale visione per sé era riservata a Cristo stesso mentre gli si aprono i cieli dopo il Battesimo (vedi l'Evangelo della Domenica del Battesimo del Signore), ma vi è ammesso anche il suo Precursore e Profeta e Battista. Ora, i Sinottici affermano che lo Spirito Santo «viene discendendo su Gesù», mentre il Battista ne dà una preziosa e determinante precisazione: lo Spirito del Signore «restava sopra Lui» (v. 32). Come si spiegò per il Battesimo del Signore, il restare, *ménō*, dello Spirito è il segno che finalmente un unico Uomo è degno di questa Dimora personale divina ch'è l'unica salvezza degli uomini, e che la maledizione divina da questi procuratasi vivendo come «carne» ribelle al Creatore (*Gen* 6,1-3, lo Spirito del Signore non poteva più restare, *kataménō*, con la carne), è terminata, anzi si è risolta in nuova benedizione. Poiché da Cristo, «Colui che viene», «il Benedetto dal Nome del Signore» (*Gv* 12,13, che cita *Sal* 117,26), lo Spirito Santo potrà essere finalmente donato agli uomini. Occorre solo che l'Agnello sacrificale, il Servo sofferente, compia la sua missione, e la sua offerta sulla Croce. Però già nella Cena la promessa dello Spirito Santo è annunciata 5 volte, simboliche della pienezza.

E con ogni motivo. Al Re messianico era promessa la dimora dello Spirito del Signore, nella Pienezza sapienzale. Sul Virgulto di Ishaj infatti riposa (*anapáuomai*, l'*anápausis* è il Riposo divino) lo Spirito del Signore (*Is* 11,1-2), in modo permanente, «poiché Dio sta con Lui» (*At* 10,38).

Il fatto è profeticamente annunciato dal Battista. Il quale vi insiste ancora una volta, riaffermando di non avere conosciuto l'Agnello di Dio prima di adesso. Ma il Signore l'inviò (1,6, l'uomo inviato da Dio) a battezzare con la sola acqua, mentre Gesù battezza con acqua e con Spirito Santo (3,5), uno dei suoi segni distintivi perenni. E l'Inviante parlò a Giovanni comunicandogli questo segno distintivo decisivo: lo Spirito suo discende e si posa solo su quello, vi fa dimora perenne (*ménon*, participio presente al neutro). Poiché quello è l'unico che battezza con lo Spirito Santo (v. 33). Il battesimo di Giovanni il Precursore perciò finisce, lui diminuisce e scompare. Viene «il battesimo» di Colui ch'è maggiore di Giovanni, in modo infinito trascendente. Quel battesimo resterà, mentre il Battezzato crescerà (ancora 3,30).

Al modo semitico, Giovanni testimonia ancora: «E io vidi realmente, e ho dato testimonianza veridica: Questi è il Figlio di Dio». Si raggiunge così, per quest'altra mediazione, una testimonianza esterna, la Parola del Padre nel Battesimo sinottico: «Questi è il Figlio mio». La prospettiva dell'evangelo di Giovanni perciò punta non al fatto noto ormai da tutti, che Gesù fu battezzato di Spirito Santo, ma al particolare sinottico che Colui che viene battezza con lo Spirito Santo e il Fuoco (*Mt* 3,11; *Lc* 3,16). L'evangelista vede il fatto annunciato in prolessi, poiché ormai avviene normalmente, dopo la Pentecoste. È il modo anticipatorio del Profeta che è il Battista. Chi l'ascolta ormai deve rivolgersi esclusivamente alla Persona e all'Evento portato da essa (v. 34).

Già nel Prologo era stato detto che dal Figlio di Dio, il Monogenito, dalla sua Pienezza, lo Spirito Santo, noi già «ricevemmo grazia su grazia» (1,16-17), dall'A.T. al N.T. Ma la Grazia divina stessa è lo Spirito Santo donato dal Padre mediante il Verbo.

Dopo la testimonianza così densa e ripetuta di Giovanni il Battista, il Figlio di Dio comincia la sua opera. Ed anzitutto chiama i discepoli alla divina vocazione e alla sequela di Lui (1,35-51).

Il Tempo per l'anno mostra in ordine tutto lo svolgersi di questa Economia, fino al Ritorno del Signore.

Giovanni Prodromo Profeta Battista resta così l'Indice santa perennemente levato a indicare alla Chiesa, a tutti i fedeli, l'Agnello di Dio, e fare appello affinché tutti vadano a Lui nella fede, e si facciano fedeli discepoli di Lui.

4. *Antifona alla comunione:* Sal *22,5ac*, SFI.

L'Orante, che impersona tutto Israele, professa all'inizio che «il Signore pascola *me*», formula dell'alleanza che implica che «Egli è il pastore mio, io sono il gregge di Lui». Dopo l'evocazione del felice pascolo ricevuto, riconosce che da tempi lontani ormai Egli preparò riccamente la Mensa divina, consolazione contro ogni persecuzione e contrarietà. È il convito della Sapienza (*Pr* 9,1-6). Esso cominciò con l'esodo antico, tempo della fondazione del popolo, proseguì nel santuario con il convito sacrificale e l'adorazione e la lode, si puntualizzò nelle moltiplicazioni dei pani e dei pesci, culminò nella Cena, prosegue adesso, «oggi qui per i fedeli». La Mensa è completa con la Coppa che lo Spirito Santo riempie del Sangue del Signore e che porge ai fedeli per comunicarli alla Sorte beata del Risorto (*Lc* 22,18, bevuta da Lui stesso nel Regno inaugurato con la Resurrezione). Non esiste Cibo divino altro, né Coppa più preziosa per la Chiesa, la Sposa, per la quale il Convito nuziale è inaugurato e si svolge.

## II. Verso l'Evangelo: l'A.T.

*La Profezia:* Is *49,3.5-6*

Per la versione letterale di questa pericope importante, vedi l'Evangelo della Domenica del Battesimo del Signore.

Il Signore scelse il Servo suo, lo proclama tale e gli dona la sua alleanza: «Servo mio, tu, Israele!», e gli annuncia che sarà la sua gloria stessa (41,8; 44,21; *Lc* 1,54), nell'opera che dovrà adempire. È una Persona, che riveste anche la funzione di comunione e d'aggregazione del popolo di Dio, quale sarà spiegata tra poco (v. 3).

Essa è enunciata dal Servo stesso, ma con le sole Parole del Signore. Prima si presenta. Il Signore Lo scelse già prima di nascere (v. 1; 44,2), con la predestinazione misteriosa a essere il Servo per Lui solo. È posto come unico Mediatore per riportare al Signore "Giacobbe" (che è il Patriarca, tale nome essendogli stato imposto dall'Angelo del Signore, *Gen* 32,29). Il Signore per la missione gli dona la gloria, ancora nascosta ma efficace, manifestata «sotto specie contraria» nella sofferenza (52, 13); gloria dall'eternità nota e visibile al Signore, ma sfigurata negli occhi impuri dei peccatori. Ma il Signore diede al suo Servo anche la sua Potenza, lo Spirito divino (42,1), l'Irresistibilità divina (v. 5).

Adesso il Servo riporta le Parole divine. Il Signore non lo considera solo come convertitore di Giacobbe Israele. Il Disegno eterno si amplia nel Servo, per la prima volta e realizzando la Promessa d'Abramo (*Gen* 12,1-3), fino alle nazioni pagane, fino ai confini della terra. Il Servo per le nazioni sarà Luce (*Ger* 1,5; *Lc* 2,32; *Gv* 1,9), e per i confini della terra sarà Salvezza (*Sal* 97,3; *Gv* 11,52; 1 *Gv* 2,2) (v. 6).

Il Battesimo al Giordano, con il dono dello Spirito, segna l'inizio di questa missione finale.

*Il Salmo:* Sal *39,2 e 4ab.7-8a.8b-9.10*, AGC

Tutta l'esistenza fedele dell'Orante fu una continua attesa, una tensione verso il suo Signore (26,14; 36,34; 129,4-5), un dono di grazia preveniente. Che fu elargita in modo altrettanto fedele e puntuale da parte del Signore, sempre premuroso verso quanti Lo cercano (v. 2). L'Orante così dichiara tutta la sua fede riconoscente verso il Signore (v. 3), il quale ascoltò ed esaudì le sue lunghe e insistenti preghiere, lo salvò dal pericolo e lo pose sulla via retta. Anzi, di più. Gli diede la facoltà, ch'è essa stessa grazia, di aprire la bocca al rendimento di grazie, alla lode (50,17), gli pose sulla bocca il «cantico nuovo», antico e sempre attuale, quello di Mosè al Mar Rosso (*Es* 15,1-18), intonato di continuo dal popolo in favore del quale in ogni intervento il Signore ripete la gesta dell'esodo (32,3, e molte volte nel Salterio). Questo è il «canto al Dio dell'alleanza», quello che Egli gradisce di più (v. 4ab).

Per tanti benefici, il Signore non volle neppure i sacrifici consueti (49,8; 50,18; 68,32; *Is* 66,3; *Ger* 6,20). Volle infinitamente di più e meglio. Sempre con grazia preveniente operò sulla persona del suo fedele. Il testo è citato splendidamente da *Ebr* 10,5-7, riferito in modo *profetico* e ovvio a Cristo. Si dà qui però un grave inconveniente. Il testo greco, che è ispirato, al v. 5 dice letteralmente: «un corpo invece adattasti per me», indicando la legge dell'Incarnazione. *Ebr* 10,5 cita opportunamente il testo greco, il solo idoneo a questa fondamentale rivelazione. Per sventura, qui il testo segue l'ebraico, che parla, in senso anche alto e profetico, così: «Le orecchie rendesti pervie per me», ossia docili alla divina Parola e Volontà, richiamo al testo d'*Is* 50,5a, il «3° canto del Servo» (anche *Giob* 33,16). Mentre si dovrebbe seguire sempre il testo greco, come fa il N.T. in modo autoritario ed esclusivo, in questo modo ci si trova con il greco di *Ebr* 10,5 che rinvia a *Sal* 39,7 senza più la corrispondenza profetica che contiene. Ma è difficile far comprendere a chi ritiene a torto che l'ebraico sia il «testo originale», che per il N.T. il «Testo originale» è quello greco; quello ebraico deve servire da utile, e necessario, riscontro.

Il Signore, proseguendo, non chiede all'Orante nessuna specie di sacrificio vigente (vedi il complesso sacrificale di *Lev* 1-7: sacrificio quotidiano, offerta pacifica, olocausto, sacrificio espiatorio) (v. 7c). L'Orante comprende questo «di più» che il Signore esige da lui, la sua stessa persona. E meditando la Scrittura, che parla di lui (*Gv* 5,39.46; *Lc* 24,25-27.44), comprende che deve sottomettersi al suo Signore, venire a Lui, a totale disposizione (v. 8). Deve fare la Volontà sua come Servo fedele, come tante volte aveva pregato, a cui tanto del resto si era impegnato (118,16.24.35.92). A suo tempo il Servo, finalmente venuto, saprà che fare la Volontà del Padre è «suo Cibo» divino, l'unico di cui si nutra (*Gv* 4,34). Per questo l'Orante si pose nel cuore, nell'intimo della sua esistenza, la Legge santa del Signore, tutte le Parole rivelate (36,31). Questa fu l'unica norma che regola la sua operazione misteriosa, i cui effetti futuri sa che solo il Signore conosce per i suoi fini (v. 9).

E anzitutto, si fece annunciatore della Giustizia, la Volontà divina di salvezza, alla «grande assemblea», ai fedeli radunati nel santuario per ascoltare la Parola divina e per prendere parte al culto sacrificale. Così fa il Giusto sofferente (21,26). L'annuncio perciò è solo positivo: l'Orante è salvo, l'assemblea è integra e di continuo radunata davanti al Signore che l'attende. E quest'opera, faticosa e continua, è assunta come il primo servizio al Signore (118,13; *At* 20,20.27), in se stesso essendo un «sacrificio delle labbra», un culto reale e totale. L'Orante nell'operare è guidato da una suprema fiducia, poiché il Signore, che l'inviò a questo, sta presente sempre, «lo sa» bene, e aiuta il suo Servo, il suo Profeta, insomma il suo Sacerdote che chiama il popolo al culto della salvezza (*Is* 22,22). L'opera sua si configura così come l'Opera del Signore stesso (v. 10).

Con il Versetto responsorio: vv. 8a.9a, anche i fedeli oggi ripetono con gioia che con il Figlio vanno al Padre, con il Figlio fanno la Volontà sua.

## III. Dall'Evangelo alla Chiesa

*L'Apostolo:* 1 Cor 1,1-3

Nel solenne esordio della sua epistola, la prima che indirizza ai Corinzi, probabilmente da Efeso l'anno 56, Paolo si presenta con il suo titolo principale: «vocato apostolo di Gesù Cristo», la cui unica vocazione è di essere «apostolo», l'inviato del Risorto. Che lo chiamò una volta per sempre a Damasco; non ebbe una vocazione umana, neppure da parte di altri Apostoli (*Rom* 1,1; poi *Gal* 1,15-17). Non si tratta d'orgoglio, anche giusto, ma di realtà: «per la Volontà di Dio» (2 *Cor* 1,1; *Gal* 1,1). Con lui sta il fedele Sostene (*At* 18,17), collaboratore fedele, un "fratello" (v. 1).

L'indirizzo è singolare, unico e plurimo. Anzitutto alla «Chiesa di Dio sussistente in Corinto». Com'è nella sua precisa teologia, a cui deroga forse solo 2 volte, Paolo sa che la Chiesa locale, «particolare», nel posto dove il Signore la stabilisce per mano degli Apostoli fondatori, è l'unica Chiesa, è tutta la Chiesa, è l'«Unica Santa Apostolica», che, nella fraternità con le altre Chiese locali mediata dagli Apostoli forma anche «la Cattolica», come diranno i Padri (da S. Ignazio d'Antiochia e da S. Ireneo di Smirne in poi).

Ma questa Chiesa di Dio non è una pura istituzione. Essa è formata da persone viventi, i «chiamati santi» poiché «santificati in Cristo Gesù» (6,11; 1,30; *Gv* 17,19). Ora, l'espressione «chiamati santi» è precisa, è un linguaggio tecnico. Se analizzata, essa va spiegata così: «a Corinto...la Santa Convocazione», la *klêtê hagía* nei *klêtói hagíoi*. L'ecclesiologia paolina rimanda all'A.T., dove l'espressione si trova, in greco, in passi numerosi (*Es* 12,16; *Lev* 23,2.3. 4.7.8.21; 24,27.35.36.37; *Num* 28,25). Ivi *Klêtê hagía* corrisponde all'ebraico *miqrâ' qodeš*, convocazione santa, la quale fu fatta una volta per sempre nell'esodo, per cui questa «Chiesa di Dio» già nell'A.T. è assemblea sacra che siede permanentemente. E come *Ekklêsía*, da *ek*, lontano, e *kaléô*, chiamare, ossia radunare i dispersi, appare anche in *Dt* 23,1(2).2(3); 1 *Cron* 28,8; *Neh* 13,1; *Mich* 5,2; *Lam* 1,10. Essa è anche e sempre la «Convocazione santa per» il Signore (già *Es* 12,16).

Ma Paolo usa un'altra denominazione aggiuntiva, ed esplicativa. A Corinto la Chiesa è cristiana poiché è formata «da quanti invocano il Nome del Signore nostro Gesù Cristo», formula battesimale (1 *Cor* 12,3; *Rom* 10,9), essendo quello «d'unico Nome in cui siamo salvi» (*At* 4,12 e 10). E questo avviene «in ogni luogo» dove stanno i fedeli, sia provenienti dall'ebraismo, il «nostro luogo», secondo l'invariabile teologia di Paolo vero Ebreo, sia provenienti dal paganesimo, dunque «vostro (luogo)» (v. 2).

A questa Comunità così precisata, e tanto amata dall'Apostolo, si indirizzano adesso le invocazioni: «Grazia e pace» (*Rom* 1,7). La grazia della divina pace, che regna nei cuori dei fedeli e che procura lo Spirito Santo, viene a essi da parte del Padre e del Signore Gesù Cristo (v. 3). Solo in questa prospettiva adesso i fedeli si possono disporre ad ascoltare la parola dell'Apostolo, che è tutta Grazia e Pace. Anche i fedeli oggi si dispongono così. Vedi anche l'Apostolo della Domenica IV d'Avvento.

## IV. La Preghiera della Chiesa

### 1. L'eucologia

La Colletta e la Preghiera sulle offerte sono generiche, ossia non tipiche di "questa" celebrazione, e quindi sono usabili per ogni occasione.

Mirabile invece è la Preghiera dopo la comunione. Questa preghiera per sua natura è sempre un'epiclesi. Oggi con essa si chiede al Padre lo Spirito Santo, Spirito della Carità sua (*Rom* 5,5), affinché così operando sui fedeli nutriti del Pane della Vita, li renda pieni di carità fraterna, che è la concordia.

### 2. La Prece eucaristica

Comincia il periodo della scelta del Prefazio, e della Prece eucaristica, che è limitata al Canone romano, o alla Prece II e III, se è d'obbligo il Prefazio mobile.

# Domenica
# «della prima predicazione di Gesù»
# III del Tempo per l'Anno

## Una nota necessaria

Gli evangelisti dopo la Resurrezione del Signore, e a partire da essa, si impegnano a descrivere con ordine (questo metodo, in *Lc* 1,3) la Vita storica e pubblica del Risorto tra gli uomini, nel suo ministero messianico. Gli evangelisti fanno iniziare la Vita pubblica del Signore dal suo Battesimo del quale il Padre Lo battezzò nello Spirito Santo e Lo manifestò agli uomini, ossia Lo "unse" di Spirito Santo e di Potenza (*At* 10,38, testo di base), così consacrandolo per la Divina Liturgia, l'«opera per il popolo», che il Padre, il Divino Liturgo, decreta e svolge per intero nei Divini Conliturghi, il Figlio e lo Spirito Santo.

Il ministero messianico al quale il Padre invia il Figlio con lo Spirito Santo consiste in tre operazioni: annunciare l'Evangelo del Regno, compiere le opere della Carità del Regno, riportare tutti al culto salvifico da tributare al Padre. Il fine è l'acquisto della Sposa di amore e di sangue, redenta santificata divinizzata, la Chiesa.

La Vita del Signore battezzato tra gli uomini, contemplata episodio dopo episodio, è tutta e per intero battesimale, vissuta nello Spirito Santo battesimale. Essa culmina nella forma suprema del suo Battesimo, la morte di Croce «nello Spirito eterno» (*Ebr* 9,14).

La Croce è il supremo annuncio dell'Evangelo del Regno. È la suprema opera della Carità del Regno. È il supremo atto di culto sacrificale oblativo al Padre.

La Croce è l'atto supremo attraverso cui, morendo, il Signore dal costato della sua Bontà, trafitto dalla lancia, genera la Sposa, emamando «lo stupefacente Mistero dell'intera Chiesa» (*Gv* 19,34).

La Resurrezione e la Gloria sono il divino Sigillo dello Spirito

Santo che il Padre imprime in eterno nell'Umanità glorificata del Figlio suo, il Signore nostro (*At* 2,32-33), rivelandolo al mondo (*Rom* 1,1-4; *At* 2,36).

La Pentecoste è l'effusione infinita e trasformante della Grazia della Resurrezione, fino alla Venuta ultima del Signore Risorto.

Il Tempo per l'Anno offre la contemplazione di tutto questo, nel mirabile e necessario continuo narrativo dell'Evangelo.

Nel Ciclo A, con Matteo si evidenzia di più, rispetto ai Cicli B e C, che attraverso l'intero ministero messianico tra gli uomini, nel suo itinerario verso la Croce, attuando il suo vero e proprio programma battesimale nello Spirito Santo, la prima opera del Signore è anche la «prima e suprema carità», annunciare l'Evangelo del Regno, poiché con esso porta e rivela il Disegno del Padre nella sua fase finale, quella messianica, con tutti i suoi contenuti e tutte le sue conseguenze. L'Evangelo infatti è la Parola rigenerante e divinizzante (1 *Pt* 1,23; *Gc* 1,18). Di essa il Padre nel Figlio con lo Spirito Santo investe gli uomini per farli diventare suoi figli veri. Dall'Evangelo il Signore opera i grandi prodigi della Carità del Regno. Dall'Evangelo riporta al culto al Padre.

Questa Nota dovrebbe essere tenuta presente fino alla Domenica ultima di questo Tempo privilegiato, come una specie di pro memoria per aiutare la comprensione dei testi.

## I. Intorno all'Evangelo

*1. Antifona d'ingresso:* Sal *95,1.6*, SRD.

Con due imperativi innici, l'Orante esorta l'assemblea dei fedeli a cantare al Signore il «cantico nuovo» (v. 1b; e 32,3; 39,4; 97,1; 149,1), ossia, come si è detto più volte, il «cantico dei Mar Rosso» (*Es* 15,1-18), che celebra l'immane irresistibile vittoria divina sui nemici del suo popolo, inizio del suo esodo verso la patria. Ora, l'esodo forma una tipologia, essendo essenzialmente l'unico evento di salvezza, il passaggio dalla morte alla vita, che si dovrà ripetere nella vita d'Israele. Quando il Signore salva, «fa fare esodo», e così i Profeti annunciano il nuovo esodo dall'esilio, fino all'ultimo esodo, quello di Cristo al Padre nella gloria della Resurrezione. Perciò il «canto dell'esodo» è sempre il medesimo, ma sempre nuovo per la novità della vita che suppone già avvenuta. Per questo è invitata l'intera terra ad unirsi alla gioia dell'acquisita salvezza (v. 1c). La lode al Signore prosegue adesso nel presentare la sua Manifestazione sovrana, poiché davanti a Lui si svolge un'immensa celebrazione, nel cielo e sulla terra, e il suo santuario celeste e terrestre appare un'indicibile e magnificante gloria (v. 6; *Is* 60,13), la quale attrae i fedeli nella gioia e nella santificazione.

*2. Alleluia all'Evangelo:* Mt 4,23.

L'Alleluia, che orienta la proclamazione della pericope evangelica, accentua oggi due poli costitutivi del ministero battesimale messianico del Signore, l'annuncio dell'Evangelo e le opere del Regno, qui le guarigioni.

*3. L'Evangelo:* Mt 4,12-23

Dopo il suo Battesimo nello Spirito Santo, dal medesimo Spirito Santo il Signore è condotto nel deserto per essere provato nella sua costanza battesimale, ed è orribilmente tentato dal demonio (*Mt* 4,1-11; Domenica I di Quaresima), affrontando così il laminatoio crocifiggente dell'assalto del Maligno. Egli lo supera tuttavia nello Spirito Santo, con amore e fedeltà totale al Padre secondo la Parola dell'A.T. Quindi è pronto per il suo ministero messianico tra gli uomini.

Gli giunge una notizia tragica, la cattura di Giovanni il Battista da parte dell'iniquo Erode, che prelude al martirio (14,1-12). Non si annota una reazioni di Gesù, che si può tuttavia immaginare. Si sta infatti «compiendo tutta la Giustizia», come Cristo al momento di essere battezzato aveva preannunciato al Battista (3,15).

Dal deserto Gesù torna in Galilea (*Lc* 4,14), luogo della sua partenza per la missione (v. 12), e da Nazaret comincia il suo itinerario (2,23). È un itinerario teologico, il cui fine è Gerusalemme, e serve da trama della narrazione evangelica. La prima stazione è Cafarnao

(8,5; 9,1; *Lc* 4,31; *Mc* 1,21), luogo di mirabili episodi; si pensi qui solo al «discorso eucaristico» (*Gv* 6, 22,59). Da Nazaret alla riva del lago si estende il territorio delle antiche tribù di Zabulon e di Neftali, che si erano trovate alla frontiera con popoli pagani, molti dei quali ormai abitavano nel loro territorio (v. 13). Israele guardava con sospetto questa intrusione etnica, che aveva anche dato luogo ad un certo sincretismo religioso. Ma la promessa divina era anche per questa popolazione ebraica tribolata. Già il Profeta l'aveva annunciata con intensità (*Is* 8,23 - 9,1). Questo popolo che giaceva nello squallore delle tenebre, all'ombra della morte della fede, avrebbe visto la Grande Luce divina (vv. 14-15). Il Pastore permette che il gregge traversi la tenebra e la valle della morte (*Sal* 22,4), ma poi promette la Luce che è Vita (*Lc* 1,79). Vedi l'A.T. di oggi.

La Luce e Vita è il Battezzato che viene, è la sua presenza che rinnova l'esistenza dei più abbandonati (v. 16). E questo avviene nell'annuncio nuovo, fondato sulla Promessa antica, annuncio rinnovato con il suo inizio potente. Il contenuto della predicazione di Gesù è sintetico ed essenziale: la *conversione* perché il *Regno dei cieli* sta qui (v. 17). E il Regno sono Lui e lo Spirito Santo (12,28; *Lc* 11,20). Ma occorre che sia accolto con il cuore convertito, aperto alla grazia, nel pentimento, nella penitenza, nel desiderio di riparazione della vita anteatta.

La «prima carità» della predicazione della divina Parola è permanente con Cristo, che così la offre alle folle, ai discepoli. Nella sua prima attuazione, questa carità adesso vuole rivolgersi a uomini che si facciano predicatori con Cristo e dopo di Lui la portino al mondo. Così avviene la vocazione dei primi discepoli (vv. 18-22).

Qui si nota la tecnica tipica della vocazione del Signore, che avviene con 3 verbi: *passò - guardò - chiamò*. Egli passa, guarda e chiama un'unica volta. I primi oggetti di questa preoccupazione divina sono i due fratelli Simone e Andrea, che poi la Chiesa orientale chiamerà, con grande onore, i *Prōtó-klētoi*, i primi chiamati. Simone, che in ebraico significa «docile all'ascolto», riceverà il suo nuovo nome, *Kêfá'*, Pietra, Pietro (*Gv* 1,42). Sopra di lui, ovviamente non da solo (18,18-20, con gli Undici, e la Comunità), il Signore fonderà la sua

Chiesa (16,16-18). Simone e Andrea erano pescatori, e in quel momento stavano al lavoro (v. 18). Alla parola imperatoria, «Seguite me!», con la promessa di essere costituiti «pescatori di uomini» per il raccolto finale del Regno (v. 19), essi «subito» lasciate le reti seguono il Maestro (v. 20). Perfetto esempio di obbedienza vocazionale, immediata, irreversibile.

Il Signore di nuovo *passa guarda chiama*. Questa volta tocca ai figli di Zebedeo, Giacomo e Giovanni, mentre pescano con il padre e sistemano le reti (v. 21). Anche essi alla chiamata lasciano tutto, barca e padre, lavoro e famiglia, uno strappo improvviso e certo doloroso, e seguono anche essi il Maestro (v. 22). Poi il Maestro, nella sua misteriosa e insindacabile selezione, sceglie tra i discepoli molto numerosi i Dodici, che saranno il nucleo apostolico della Chiesa (10,1-3).

Accompagnato dai primi discepoli, il Signore percorre tutta la Galilea (*Lc* 4,15; *Mc* 1,39). Com'era suo costume (*Lc* 4,16), insegna nelle sinagoghe, di sabato, durante la solenne liturgia festiva, dove si proclamava la Legge con i Profeti. A questo il Signore aggiunge l'annuncio dell'Evangelo del Regno nello Spirito Santo, la sua «prima carità», e le opere del Regno, per ora le guarigioni (v. 23). Questi due poli concreti del ministero messianico del Signore saranno permanenti (9,35). Perché con essi viene il Regno tra gli uomini, e questi, liberati dalle tenebre e sanati nel corpo e nello spirito, sono finalmente strappati via dal «regno di satana» (12,25-26). La terribile lotta finale ha quindi inizio. Le vicende appaiono qua e là incerte, ma l'esito non può che essere vittorioso, nella potenza dello Spirito Santo.

*4. Antifona alla comunione:* Sal *33,6,* AGI.

Il Salmo ha un imperativo di sapore battesimale, con l'esortazione ad accostarsi al Signore e ad aderire a Lui. Questo provoca l'«illuminazione» (vedi qui l'«inno battesimale» di *Ef* 5,14: chi si sveglia e risorge dai morti nell'immersione con Cristo al battesimo, sarà ricolmo della sua Luce). Nel giudizio finale chi riceve l'illuminazione divina non sarà confuso. L'applicazione alla Mensa della Parola e dei Misteri, «oggi qui», è palese. La Luce più intensa è donata nella partecipazione a questi Misteri, ascoltando e mangiando e bevendo e in comunione con la Chiesa. La Luce è la Vita divina, che tra-sforma l'esistenza. Il Messale è pieno di questo tema, che proviene dalla più antica tradizione. Così, nel Rito bizantino dopo la comu-nione i fedeli cantano: «Vedemmo la Luce vera, ricevemmo lo Spi-rito sovraceleste, trovammo la fede vera l'indivisibile Trinità adorando: Essa infatti ci salvò». I fedeli non giacciono più nelle tenebre e nell'ombra della morte, ma nella Luce e nella Vita che debbono accettare e vivere.

## II. Verso l'Evangelo: l'A.T.

*La Profezia:* Is 8,23b - 9,3

Il testo profetico, che forma perfetto accordo con la pericope evangelica, fa parte del «libretto dell'Immanuele» (*Is* 6,1 - 12,6), sul quale si rimanda alla Domenica IV d'Avvento.

In un tempo incerto per l'esistenza stessa di Giuda e di Gerusalemme, il Signore fa giungere al suo popolo mediante il Profeta le parole certe di intervento efficace. La situazione è cupa, eppure è annunciata per questa povera terra in angoscia un improvviso balenare luminoso (8,23a). In realtà il Signore stesso un tempo aveva punito le regioni di Zabulon e di Neftali, per mano della potenza assira, come narra 2 *Re* 15,29: «Al tempo di Peqah, re d'Israele, venne Tiglatpileser, re d'Assiria, e conquistò... la Galilea e tutta la terra di Neftali, e ne deportò la popolazione in Assiria»; questi deportati si persero nel tempo, ma quanti restarono si trovavano nell'attesa continua della redenzione. Isaia presenta proprio la redenzione messianica: «il tempo che viene darà onore alla via del mare, al di là del Giordano, la terra dei pagani» (v. 8,23b).

Questo popolo dei poveri Ebrei, considerati a metà pagani, è descritto nel suo futuro evento salvifico come fosse ormai avvenuto. Dalle tenebre in cui procedevano, dalla terra buia, quasi come negli inferi dei morti, essi videro la Luce grande, poiché in effetti questa si pose a risplendere su loro (v. 9,1; e *Giob* 3,5; Lc 1,79; *Ef* 5,8.14). Tutto questo si presenta con i segni dell'epoca messianica. Il Signore rende moltiplicata la gioia degli oppressi (26,15), la replica di giubilo, e quelli esultano riconoscenti davanti a Lui, tributandogli accoglienze festose come durante un abbondante raccolto stagionale. Anzi di più, come quando nella gioia selvaggia ci si divide la preda del nemico vinto (v. 9,2). Anche nel N.T. il Signore invita a gioire per la messe abbondante del raccolto finale (*Gv* 4,36). La divisione del bottino fu descritta già nell'A.T. (*Gdc* 5,30), e così le vittorie (1 *Sam* 30,16; *Sal* 118, 162). Ma adesso è infinitamente di più. È festa nel Signore.

Il Profeta traccia ora il bollettino della vittoria divina. Il Signore stesso infranse imperiosamente il giogo che apprimeva il suo popolo (10,27; 14,25), lo scettro straniero, che imponeva un dominio iniquo e indegno, idolatra (10,5.24; 14,5; 30,31; *Nah* 1,13). Egli rinnovò così le gesta antiche, che rimbalzano nelle cronache d'Israele, oggetto del canto festoso di questo popolo. Mediante Gedeone il Signore si scelse le schiere sue, con una drastica selezione di 32.000 guerrieri convenuti da Manasse, Aser, Zabulon, Neftali (*Gdc* 6,35); prima li ridusse a 10.000, poi a soli 300 (*Gdc* 7,1-8), affinché la vittoria fosse attribuita solo al Braccio del Signore. Con questi 300, armati solo di trombe e di orcioli con dentro una fiaccola, Gedeone assaltò l'immenso accampamento dei Madianiti nella valle di Iezreel, e al grido di guerra: «Per il Signore e per Gedeone!» lo pose in scompiglio generale e ne fece strage (*Gdc* 7,16-25), e nel successivo inseguimento ne fece sterminio (*Gdc* 8,4-21).

Isaia ripropone con questo esempio la teologia del «resto d'Israele», con il quale il Signore rinnoverà le gesta di Madian e le gesta del Mar Rosso (*Is* 10,20-27, spec. v. 26), e spezzerà il giogo che opprime il suo popolo (v. 27). Poi dopo pochi versetti annuncia l'avvento del Messia con lo Spirito del Signore su lui (10,33 - 11,10).

Quando Israele si troverà ancora oppresso, con una «supplica comunitaria» chiederà al Signore di ripetere la gesta contro Midian (*Sal* 82,12a). Così la grande gesta viene a chiamarsi il «giorno di Midian», giorno di vittoria e di gioia e di luce (v. 9, 3).

Questo Giorno grande con la Luce abbagliante dell'Evangelo è ormai venuto con Cristo che comincia la sua predicazione. Il nuovo Madian sono adesso i terribili nemici degli uomini, il regno delle tenebre, che il santo «Resto d'Israele» saprà sconfiggere totalmente nel tempo stabilito con la sua Croce.

*Il Salmo:* Sal *26,1.4.13-14,* SFI

L'irremovibile fiducia dell'Orante è espressa dall'esordio, una dichiarazione ferma davanti all'ambiente che sembra tremolare sempre: «Il Signore, Luce mia, Salvezza mia!», ossia Vita divina che si comunica, che viene a suo tempo su Gerusalemme (*Is* 60,1), la Sposa che a sua volta è sicura, dopo la caduta, di ricevere di nuovo la Luce divina (*Mich* 7,8). Il Salmista sa che questa Luce si comunica attraverso i comandamenti divini, che illuminano il cuore (*Sal* 18,9). Con questa certezza, con fierezza e senza iattanza, il Salmista ricusa ogni timore da parte di chiunque (v. 1a; 22,4; 55,5.11; 117,6). Anche i Profeti dichiarano lo stesso (*Is* 12,2; 51,12). Paolo codificherà questo nell'esclamazione fondata, di totale fede e fiducia: «Se Dio è per noi, chi è contro di noi?» (*Rom* 8,31b; Apostolo della Domenica XVII).

Nel parallelismo del versetto, l'Orante riafferma con altrettanta forza che il Signore è la Fortezza inespugnabile, per cui non avrà mai paura di nessuno (v. 1b). Gli assalti dei nemici comunque sono inevitabili, tumultuosi e tremendi, ma l'Orante non sarà mai scosso (vv. 2-3, oggi non cantati).

Perciò il Salmista fa l'anamnesi della sua preghiera passata, la quale resta tesa e permanente (25,8; 83,2-3.11; *Lev* 10,42), nel desiderio di porre la sua dimora perenne nella Casa del Signore (14,1; 22,6; 41,5; 60,5; 64,5), come poi farà Gesù ancora ragazzo (*Lc* 2,49). Una dimora che segni perciò l'esistenza dell'Orante «per tutti i giorni della sua vita», senza termine davanti al Signore. Lo scopo dichiarato è provare e gustare le Delizie del Signore nel suo tempio (v. 4). Come si è detto, nel santuario, convocati dal Signore, i fedeli ascoltano la Parola divina e la sua spiegazione sacerdotale in vista dell'attuazione concreta della divina Volontà; inoltre, essi partecipano al sacrificio di comunione, forma molto densa di adesione al Signore e ai fratelli. L'Orante sa che la Mano del Signore è ricca di queste divine Delizie, attraverso le quali mostra il suo Volto di Bontà. Egli si esprime altrove con questo poema mirabile:

> *Signore, la Misericordia tua giunge ai cieli,*
> *la Fedeltà tua fino al firmamento,*
> *la Giustizia tua come i monti divini,*
> *i Giudizi tuoi come l'abisso sterminato:*
> *gli uomini e gli animali Tu benefichi, Signore.*
> *Quanto moltiplicasti la Misericordia tua, Dio,*
> *i figli degli uomini sperano sotto la protezione delle tue ali.*
> *Saranno inebriati dell'ubertà della Casa tua,*
> *e con il torrente della Delizia Tu li disseti,*
> *poiché presso Te sta la Fonte della Vita,*
> *e nella Luce tua noi vedremo la Luce.*
> *Estendi la Misericordia tua a quanti Ti conoscono,*
> *e la Giustizia tua ai retti di cuore* (*Sal* 35,6-11).

Per questo il Salmista è certo di sperimentare sempre i Beni del Signore nella sua esistenza santificata (v. 13; 34,11).

Tutta questa fiducia il Salmista rivolge adesso nel finale come esortazione a se stesso, che vale anche per tutti i fedeli. In 4 momenti (v. 14). Anzitutto, la tensione rivolta sempre al Signore (51,7; 114,9; 141,6; *Giob* 28,13; *Is* 38,11), l'unico riferimento della vita fedele. Il Signore va cercato sempre (*Es* 20,20; 33,7), ed Egli stesso trova quanti Lo cercano. Poi il fedele deve comportarsi con il coraggio e la forza che gli provengono dal Signore stesso (36,34; 51,7; 114,9; *Pr* 20,22), come Egli esortò Giosuè quando venne a morire Mosè, e il nuovo capo ebbe il compito di condurre il popolo nella patria (*Gios* 1,9). Poiché il Signore sta sempre con i suoi. Il cuore del fedele, in terza istanza, dovrà essere totalmente rassicurato da questo. Infine, l'Orante è esortato da se stesso a stare sempre dalla parte del Signore (*Pr* 20,22; *Sal* 30,25), come fu esortato Israele stesso (*Dt* 31,7), e di nuovo Giosuè (*Gios* 1,6; 9,18). Con questa fiducia, l'Orante vuole vivere per sempre.

Il Versetto responsorio, v. 1a, fa contemplare il Signore che quale Luce divina viene ad annunciare l'Evangelo, e così è acclamato come unica Luce e Salvezza dei suoi fedeli che Lo ceebrano.

## III. Dall'Evangelo alla Chiesa

*L'Apostolo:* 1 Cor *1,10-13.17*

Paolo sta di fronte a questa sua comunità, composta in maggioranza di Greci, ma anche di Ebrei, insieme raffinata e sofisticata per l'ideologia popolare ellenistica permeata di platonismo e stoicismo, e ancora molto rozza nelle realtà dell'Evangelo. È una comunità che presenta motivi di "entusiasmo" religioso che non si inquadrano con il severo discorso dei doni dello Spirito Santo. Questi non sono personali e esaltanti, ma sono distribuiti per il bene comune (12,7) e sono un grave servizio da rendere ai fratelli. A tale comunità, visti anche i motivi delle divisioni, Paolo presenta la sana e pura dottrina dell'Evangelo. E dopo i saluti di prammatica (vv. 1-9), comincia riferendo il nucleo della fede cristiana, il «discorso della Croce» del Signore Risorto. L'espressione viene alla lettera nel v. 18, ed è come il cartiglio di tutta la trattazione, che si estende da 1,10 a 2,16. Oltre questa Domenica III il discorso prosegue, con lettura semi-continua, nelle Domeniche IV (vv. 26-31); V (vv. 2,1-5); VI (vv. 6-10).

Lo spunto è preso dalle divisioni nella comunità. L'Apostolo scongiura i fratelli affinché parlino tutti il medesimo linguaggio che li unisce, quello della fede, poiché così spesso i cristiani lo rigettano, privandosi perciò del tesoro della comprensione del Mistero divino. Era questa una tendenza già presente in modo vario ai primordi del cristianesimo, su cui l'Apostolo interviene diverse volte (*Fil* 1,27; 2,5; *At* 4,32, il quadro contrario). Si tratta, dove non sia ottusità mentale e sciatteria, di nominalismo, questa malattia mortale dell'uomo quando rifiuta il significato portato dalle parole. Gran parte di certa teologia ideologica moderna è nominalista, sotto l'insegna dell'idealismo con il suo linguaggio oscuro e rigoroso nell'affermare il puro vuoto. Il quadro antico e quello moderno si somigliano. Nel nome del Signore Paolo esorta perciò a liberarsi di questa malattia del linguaggio, che assume tanti aspetti da creare il caos e l'incomprensione. Anzi crea veri scismi, di cui parlerà duramente ai vv. 11-16 (e 3,3; 11,18). Paolo desidera da tutti i suoi fedeli, della comunità da lui fondata e di cui perciò è responsabile, che si avviino alla conquista della perfezione cristiana, si lascino rendere perfetti (*katartízomai*) con la medesima mente e con il medesimo ritenere e pensare (v. 10).

Questo contrasta frontalmente con le notizie che ha Paolo sulle liti che esistono nella comunità (v. 11). Che a lui appaiono assurde, anzi mostruose, poiché le liti partono da fazioni costituite, che si appellano a supposti capipopolo: Paolo, Apollo, Cefa Pietro, Cristo, dove appunto proprio Cristo è ridotto a uno dei tanti capi delle fazioni (v. 12). Contro questo l'Apostolo si scaglia con violenza: «È stato diviso (*memérístai*, ridotto in parti) Cristo?!» (12,5; 2 *Cor* 11,4), l'Unico Signore, quello crocifisso, proprio come non fu crocifisso Paolo. Quello nel cui Nome, e non di Paolo, tutti furono battezzati (12,3). L'Unico da cui vennero la Redenzione e la fede (v. 13). Paolo ricorda che si limitò a battezzare solo poche persone, e ne ringrazia il Signore (vv. 14-16, fuori lettura).

Poiché quale vero «schiavo vocato apostolo di Gesù Cristo» (v. 1), dal Signore fu inviato non a battezzare, bensì ad evangelizzare. Ora, questo annuncio primordiale dell'Evangelo fu secondo come deve essere trattata la Realtà divina, ossia «non con sapienza di parola» o discorso, ossia non con atteggiamenti culturali sofisticati, snervati, non con bene coordinati e vuoti sofismi, e neppure con il panneggio della retorica. Tutto questo avrebbe «svuotata la Croce di Cristo», che è il Fatto centrale, contro cui non valgono argomenti. Questi sono gli eventuali pretesti della non accettazione della Croce con tutte le sue conseguenze paradossali e dolorose (2,1.4; 2 *Cor* 10, 10; 11,6; 2 *Pt* 1,16). Invece la Croce va accettata con tutto il suo contenuto, anche con il suo vocabolario crudo, alieno dalla sapienza, così fragile quando è solo umana (v. 17).

## IV. La Preghiera della Chiesa

*1. L'eucologia*

La Colletta chiede al Padre di condurre nel suo Beneplacito le azioni dei fedeli, così che moltiplichino le opere buone nel nome del Figlio.

La Preghiera sulle offerte è generica, chiede che esse siano per la salvezza.

Anche la Preghiera dopo la comunione è generica, chiedendo il frutto della grazia, e la gloria di restare al servizio del Signore.

*2. La Prece eucaristica*

Si usa a scelta uno dei Prefazi della Domenica.

# Domenica «delle Beatitudini» IV del Tempo per l'Anno

## I. Intorno all'Evangelo

*1. Antifona d'ingresso:* Sal *105,47,* SI.

Con due epiclesi, l'Orante a nome dell'intera comunità chiede che il Signore, Dio dell'alleanza, salvi il popolo suo, e nella situazione di dispersione e d'esilio raduni i suoi fedeli di tra i pagani (Dt *30,3; Sal* 106,2), fatto a cui il Signore si è impegnato se il suo popolo si converte. Solo allora questo nella pace può celebrare il Nome divino, e trovare la sua unica gloria nella continua lode divina.

*2. Alleluia all'Evangelo:* Mt *5,12a.*

Alla fine delle beatitudini, riportate dall'Evangelo di oggi, il Signore esorta a gioire, poiché chi si lascia fare beato nei modi da Lui adesso annunciati, ha conseguito già la seconda grazia, la ricompensa celeste. Tale è l'orientamento della proclamazione della pericope evangelica che segue.

*3. L'Evangelo:* Mt *5,1-12a*

Si rimanda all'Approfondimento indispensabile, posta sopra, alla Domenica III.

Comincia oggi la lettura semicontinua del «discorso della montagna», questa carta costitutiva della comunità dei figli del Regno. Si rinvia sopra, allo schema di Matteo, per le articolazioni. Il testo, che si estende da 5,1 a 7,29, è il primo dei 6 grandi discorsi di Gesù. Oltre questa Domenica IV, il testo prosegue per altre 5 Domeniche, così: Domenica V, 5,13-16; Domenica VI, 5,17-37; Domenica

VII, 5,38-48; Domenica VIII, 6,24-34; Domenica IX, 7,21-27. Come si vede, vi sono ampie lacune, che tuttavia la buona predicazione omiletica dovrebbe colmare con citazioni e rinvii opportuni.

Nell'A.T. il Signore sul Monte aveva donato la sua Legge al suo popolo. Adesso Gesù sulla montagna conferma la Legge antica e dona un avanzamento ai suoi discepoli. Infatti, non si tratta di un'"altra" Legge che soverchierebbe quella precedente e l'annullerebbe, ma si ha adesso la lettura autentica della Legge antica, che Gesù porta alla sua perfetta attuazione secondo l'unico Disegno divino.

Gesù nello Spirito Santo ha cominciato la «divina Liturgia» del Padre, «l'opera *per* il popolo», con l'annuncio dell'Evangelo e con le opere del Regno, tra le quali vengono le vocazioni (4,23-25; vedi Domenica precedente). La folla comincia a esserne conquistata, e viene da ogni parte. Perciò Gesù adesso sale sul monte, dove si intronizza come la divina Sapienza venuta tra gli uomini. «Si accostano» a Lui, verbo tipico di Matteo, i discepoli, e per sé il discorso che adesso segue sarebbe diretto almeno in principio a essi, o anzitutto a essi, affinché poi lo insegnino ai futuri discepoli (v. 1). Il discorso è sapienziale anche nella formula «aprì la sua bocca» (v. 2), che rinvia a *Sal* 77,2 (vedi anche *At* 8,35; 10,34).

Segue la proclamazione d'apertura, con 8 beatitudini (ma 9 se si considera quella riassuntiva del v. 11). Beato può essere uno perché ha qualche motivo umano di ritenersi tale, e così, può essere proclamato tale, e invidiato, anche da altri uomini meno fortunati. Tuttavia il Signore proclama Lui i beati suoi, e sempre per motivi non umani, bensì divinamente paradossali. *Makarízō* è dire uno beato, ossia felice, makários è il beato, ossia chi è felice. L'A.T. è pieno di *makarismói*, le proclamazioni ammirate della beatitudine. Il *Sal* 1,1 pone una beatitudine proprio all'inizio del Salterio, quando proclama in ebraico: «*O le felicità* dell'uomo che...», dell'uomo che non pratica gli iniqui, bensì ascolta sempre la Legge del Signore. Così, beato è anzitutto Israele, popolo felice poiché ha il Signore per suo Dio (*Dt* 33,29; *Sal* 143,15), e perché conosce il giubilo davanti a Lui (*Sal* 88,16). È anche beato l'uomo che ha finalmente acquisito la Sapienza divina (*Pr* 3,13; spesso nei libri sapienziali). La beatitudine è vista come la grazia dell'adempimento della condizione umana davanti al Signore.

Su questa via però il N.T. sembra rovesciare ogni prospettiva, di certo in peggio, almeno sul piano umano e apparente.

Infatti le beatitudini di Matteo, e nella forma ridotta in Luca (6,20-22), sono le proposte e prospettive massimamente rifiutate dall'uomo normale, che nella migliore prospettiva si attende solo benessere, conforto e aiuto nella sua condizione. In realtà, le beatitudini sono la parafrasi parlata di quello che il segno della Croce rivela e mostra. Essere beato è lasciarsi crocifiggere con Cristo. Come programma da presentare alla società di ogni tempo, è un sicuro, consapevole fallimento in prospettiva, almeno all'apparenza.

La prima è la più famosa delle beatitudini, oggetto anche di frequenti scherzi, dichiara beati i poveri «quanto allo spirito». Non «nello spirito», ossia ricchi di fatto e poveri "spiritualmente", al modo platonico; è questa un'ipocrisia corrente nei secoli tra molti cristiani sazi e compiaciuti. Il testo rimanda a *Is* 57,15; 66,2 (*Mt* 11,29; 18,3; *Lc* 12,32). La spiegazione è abbastanza ingrata e difficile. Si tratta di quelli che dagli uomini e dalla circostanze si lasciano fare poveri del tutto, su ogni piano, economico, sociale, morale, e, confidando solo in Dio, accettano questa loro situazione. E non perché sono rinunciatari, tutt'altro, bensì perché hanno finalmente conosciuto che cosa sia confidare solo in Dio, e che i beni materiali e morali sono il diaframma insidioso che impediscono di aderire a Dio e ai suoi diritti. Rimossi i diaframmi, è chiaro che il Regno dei cieli, i veri Beni esistenti, appartenga ai poveri, che in questo sono fatti "beati". Il Regno qui forma un'inclusione letteraria con il v. 10, all'8a beatitudine, indicando così che le beatitudini sono senza eccezione realtà del Regno, e che al Regno danno accesso per dono divino. Così i «poveri di spirito», i reietti, quelli ad esempio ai quali mai si affiderebbe di dirigere un ministero, una banca o un'industria, e neppure una centrale strategica militare, sono eletti da Dio quali ministri e banchieri e industriali e strateghi del Regno suo (v. 3).

Sono beati i piangenti. Il verbo greco *penthoúntes*, da *penthéō*, è alquanto complesso. Indica anzitutto il dolente per varie cause, ma soprattutto per la tristezza che viene da Dio. Ossia, per i dolori della vita, le avversità che sopporta per amore di Dio; per i peccati di cui si duole sinceramente davanti a Lui; per le afflizioni salutari e le privazioni che accetta come purificazione. Tali condizioni si ritrovano ampiamente nell'A.T. (*Sal* 125,5-6; *Is* 57,18; 61,3) e nel N.T. (*Gv* 16,20; *2 Cor* 1,7; 7,10). I dolenti però, nella loro beatitudine, hanno la certezza della divina consolazione (*Giac* 4,9-10), quando Dio stesso asciugherà indicibilmente le loro lagrime (*Ap* 7,17, che cita *Is* 25,8; e *Ap* 21,4). Non si tratta di discorso vagamente consolatorio, bensì di promessa dell'amore divino beatificante (v. 4).

Anche i miti, questi uomini rari e quasi insignificanti, che hanno rinunciato a ogni rivalsa verso gli uomini e verso Dio, che guardano tutto con umiltà, con pietà e con partecipazione, sono beati (*Sal* 36,11). Se in antico a essi era annunciata e data di possedere in pace la terra promessa, da ora avranno come eredità la Patria, il Regno con tutti i suoi Beni (v. 5), partecipando così alla stessa mitezza divina. Poiché mite e umile è Cristo stesso, consustanziale con il Padre (*Mt* 11,29).

Esiste anche la categoria degli affamati e assetati. Non tanto di cibo e bevanda materiali, quanto di Giustizia divina (*Am* 8,1), del Signore (*Sal* 41,2; 62,2), del divino (*Is* 55,1-2), di Cristo (*Gv* 7,37-39; 4,13-14). Dissetatrice e nutrice è la Sapienza divina, in eterno (v. 6).

Beati sono dichiarati i misericordiosi, gli *eleêmones*, che troveranno divina Misericordia, come dalla promessa antica (*Sal* 25,34-36; *Tob* 4,7; *Pr* 19,16). Il N.T. ribadisce quella promessa (*Mt* 18,33; *Giac* 2,13). Poiché esiste un preciso ordine di valori. «*Oiktírmôn* e *Eleêmôn*, Misericordioso e Tenero» è il Signore stesso, tale rivelatosi una volta per sempre a Mosè nella teofania al Sinai (*Es* 34,6), e perciò sempre cantato come tale dal Salmista (*Sal* 102,8; 144,8). Proprio perché è il Misericordioso, il Signore vuole che tutti i suoi figli siano santi come lo è Lui (*Lev* 19,2), che nella rilettura del N.T. significa essere *téleioi*, perfetti come lo è Lui (*Mt* 5,48), e quindi in parallelo, al culmine della loro perfezione, essere *eleêmones*, misericordiosi come lo è Lui (*Lc* 6,36). E il Padre Misericordioso dona agli uomini il Figlio quale Sommo Sacerdote «*Eleêmôn kái pistós*, Misericordioso (verso gli uomini) e Fedele al Padre suo» (*Ebr* 2,17). Così i figli di Dio che esercitarono la misericordia verso tutti (Domenica XXXIV!) conseguiranno la divina Misericordia beatificante (v. 7).

I «puri di cuore» nel senso biblico in tutti i tempi sono considerati un'assurdità da respingere con fastidio, se non con orrore. Già nell'A.T. essere puri di cuore è la condizione prerequisita per accedere al santuario della divina Presenza (*Sal* 14; 23,4; e 72,1). Così è ancora nel N.T. (2 *Tim* 2,22; *Ebr* 12,14; 1 *Gv* 3,2-3; *Ap* 22,4). Non si tratta solo, come ad orecchio si potrebbe recepire, di quelli che custodiscono intatti il 6° e 9° comandamento sulla purità sessuale e la sua ampia sfera. Certo, si tratta anche di questo, e per larga parte, tuttavia non in modo primario. Come si è detto sopra, gli occhi della mente e del cuore possono essere diaframmati, impediti quindi di vedere le Realtà vere, che sono anzitutto, e biblicamente in quest'ordine preciso, quelle che riguardano se stessi, poi i fratelli, poi il mondo, e infine, soprattutto, Dio, che si pone sempre all'ultimo. Quei diaframmi possono essere molti, possono coesistere sovrapponendosi in modo rovinoso, e diventare "idoli". Possono essere il potere e la superbia, la ricchezza e l'avidità avara, il successo mondano e la stima di se stessi, l'odio e l'invidia, può anche essere una persona (qui, il 6° e il 9° comandamento), o un gruppo culturale e sociale, una religione che imprigiona. Esiste in questo tuttavia una speciale categorizzazione, delineata da Paolo in *Rom* 1,10-32. Qui il cuore, ossia il centro della persona, la mente e la volontà, se è "impuro" comincia nel non voler conoscere la realtà del mondo creato attraverso le quali è inevitabile conoscere il divino Creatore, e così non si vuole riconoscere Dio, tributandogli con umiltà creaturale l'azione di grazie e la lode per la sua opera. Questo porta il cuore a «incurvarsi in se stesso», a «fuggire dalla realtà» oggettiva, a rifugiarsi negli idoli del proprio cuore, quelli elencati sopra. Allora Dio, che «mai abbandona, se prima già non sia stato abbandonato», permette che essi si diano alle passioni perverse. Si innesca un circolo vizioso, il cuore sprofonda nell'impurità della propria esistenza. L'ultimo passo, è che questi viziosi abituali sanno che Dio condanna alla morte chi commette tutti questi fatti vergognosi, tuttavia essi seguitano a commetterli, e anzi perfino approvano chi li commette. La civiltà moderna potrebbe specchiarsi esattamente in questo quadro sinistro.

I puri di cuore invece vedranno Dio (v. 8). E se «vedere Dio» per una creatura è morire (*Es* 33,20), tuttavia accettare di essere fatti figli del suo amore e quindi essere ammessi da Lui a contemplarlo significa diventare «simili a Lui», secondo la mirabile promessa dell'Apostolo di Dio Carità (1 *Gv* 3,1-2; e 4,8.16).

Oggi il pacifismo, nel suo esclusivo aspetto negativo, non fare guerra, affascina vani strati di gente in tutto il mondo occidentale. Invece l'A.T. loda l'uomo di pace, pacificato dentro e quindi diventato operatore di pace (*Eccli* 4,11). David non poté costruire il tempio perché fu uomo di guerra, Salomone, «il pacifico», lo poté. La Pace viene dall'Alto. Essa è frutto della Giustizia divina, la Carità comune per tutti, quindi è frutto seminato nella pace, da quanti la pace sinceramente cercano per se stessi e per gli altri (*Giac* 3,18). Il Padre è la Pace (1 *Tess* 3,16). Cristo è la Pace nostra (*Ef* 2,14). Lo Spirito Santo ha come Frutto la pace (*Gal* 5,22-23). I pacifici avranno la divina chiamata a essere figli nel Figlio. Chi pacifico non è, sarà rigettato (v. 9).

L'8ª beatitudine è per i «perseguitati a causa della Giustizia». E la Giustizia divina nel linguaggio biblico è la Misericordia che interviene sempre a ristabilire le condizioni pacifiche dell'umana convivenza. Al suo popolo in pericolo, il Signore impedisce le alleanze umane di guerra (*Is* 8,11-13); così, ancora poco prima della distruzione di Gerusalemme, per bocca di Geremia, prescrive di assoggettarsi ai Babilonesi anziché intraprendere la guerra che è sempre rovinosa. Geremia stesso è il tipo del perseguitato per la Giustizia divina. E lo è massimamente il Servo sofferente, l'Agnello di Dio che con il sacrificio di se stesso toglie il peccato del mondo, e che tace davanti al persecutore, che lo sta uccidendo (*Is* 53,7-8, e *Gv* 1,29.36). Solo questa persecuzione subita e non vendicata, come testimoniano i Martiri gloriosi, porta la pace e la Redenzione. Il centro vero di tutto questo è Cristo Signore con la sua Croce salvifica. La beatitudine per i perseguitati è ripetuta nella tradizione del N.T. (1 *Pt* 3,14, alla lettera; 2 *Tim* 2,12; *Giac* 5,11). Essa fa conseguire il possesso del Regno dei cieli (v. 10). L'inclusione letteraria con il v. 3 si salda felicemente. Il Regno consiste anche di tutti questi beati.

Ma viene un'altra beatitudine riassuntiva (v. 11), composta di tre situazioni umanamente insopportabili: l'oltraggio subito senza reagire, la persecuzione, la calunnia perversa e menzognera di cui si è oggetto, ma a causa di Cristo (*Ebr* 11,26; 1 *Pt* 14,14.18). Situazione che in questi 2000 anni, e sotto condizioni variate ma sostanzialmente ricondotte a Cristo, si è puntualmente verificata per masse innocenti di cristiani, e si verifica adesso con una virulenza parossistica (Timor, Sumatra). Cristo l'aveva preannunciato (*Gv* 15,21). Il mondo Lo odiò e Lo odia, ancora oggi, Lo teme, Lo elimina se può dalla sua visuale (*Gv* 15,23). E, impotente contro di Lui, si rivolge contro i suoi fedeli. Questi debbono sopportare, senza inutili vittimismi, così umani, certo, e così fastidiosi. In questa tribolazione sta la gioia, un tema frequente nel N.T. (per gli Apostoli: *At* 5,41; per Paolo e per i suoi fedeli: *Rom* 5,3; 2 *Cor* 12,10; *Cor* 1,11.24; per tutti i fedeli: *Ebr* 10,34; *Giac* 1,2; 1 *Pt* 4,3). La gioia è coscienza che al di là della sofferenza la mercede divina già sta pronta, ricca e preparata dall'eternità nei cieli (v. 12a).

La grande pagina delle beatitudini riceve sempre un'applicazione esclusivamente umana. «Beati voi siete», è detto solo, e globalmente, degli uomini? A rileggere bene l'elenco, si è colpiti subito da questo fatto: l'anonimato. È beato chi si trova in questa o quella situazione, certo. Ma chi si trova in tutte quelle situazioni, e insieme, e totalmente? Solo Cristo. Solo Lui è il Beato.

In realtà, Lui è il povero di spirito, e possiede il Regno. Lui è il Dolente sofferente, e ricevette la divina Consolazione, lo Spirito Santo. Lui è il Mite, e possiede la Patria, la Casa del Padre. Lui ebbe fame e sete di tutta la Giustizia, e fu divinamente saziato dal Cibo del Padre (*Gv* 4,34). Lui è il Misericordioso, che riceve dal Padre la Misericordia da donare agli uomini. Lui è il Puro di cuore, e contempla Dio in eterno. Lui è il Pacifico, ed è il Figlio di Dio. Lui sopportò la persecuzione e la maledizione e la calunnia a causa di se stesso, della sua divina missione, e gioì della Gioia eterna.

Così, nel plurale anonimo di modestia, Egli si pone come l'unico che vive ogni beatitudine, come Modello supremo di chi vuole essere beato, e insieme mostra che è possibile, anzi è esaltante essere beati insieme con Lui, secondo il Cuore divino del Padre.

*4. Antifona alla comunione:* Sal *30,17-18a,* SI.

L'Orante innalza al Signore l'epiclesi del Volto (*Sal* 4,6; 35,10; 66,2; 79,4; 88,16; 118,135), che proviene in modo specifico dalla benedizione sacerdotale (*Num* 6,25), e chiede che il suo servo riceva la teofania della Luce. Poiché la Luce è sempre la Vita e la salvezza misericordiosa (v. 17). E prosegue chiedendo di non restare confuso nel giudizio finale, poiché la sua preghiera è sempre rivolta al suo Signore (v. 18a; *Ger* 17,18; *Eccli* 2,11). Ora, nella triplice comunione di «oggi qui», accettando le beatitudini, allora la Parola, la Mensa, la Chiesa sono luogo e mezzo di recezione della Luce del Volto sui servi fedeli, che invocano il Signore con la fede e la speranza incrollabili.

## II. Verso l'Evangelo: l'A.T.

*La Profezia:* Sof *2,3; 3,12-13*

Si ha nella Profezia la visuale preparatoria alle beatitudini evangeliche. L'oracolo del Profeta è rivolto alle nazioni pagane. L'invito iniziale è a cercare il Signore d'Israele, dimostrando così la sincera volontà (*Am* 5,4.6), e la mansuetudine (*Sal* 75,10; *Is* 11,4, dote del Re messianico), quindi anche la volontà di attuare gli ordini divini. In questo si ripete l'imperativo di cercare il Giusto e Mansueto (*Dt* 30,15.19; *Am* 5,14-15), che rende simili a Lui, al fine che possa scampare le sue creature dal terribile «giorno dell'ira» divina, ponendosi Egli stesso come il loro riparo (*Is* 2,10; 26,20), poiché altro non ne esiste (v. 2,3).

Il Profeta adesso rivolge l'oracolo contro Gerusalemme, che termina bensì con la promessa della redenzione vicina. Il Signore le rivolge la sua sublime promessa di nuova redenzione. Egli si sceglie e si seleziona, per farlo dimorare nella sua Città, un popolo reso povero e umile (*Is* 14,32; *Ez* 6,8; *Ger* 39,9-10), un "resto" di perfetti, che finalmente confida e spera (cfr 3,2) solo nel Nome divino (v. 3,12). Questo «resto d'Israele» sarà santo della divina santità: non conoscerà più l'iniquità (*Is* 60,21), non proferirà menzogna, una sola bocca d'inganno non esisterà più in esso (*Sal* 31,2; e *Gv* 1,47; *Ap* 14,5). Essi staranno in pace come un gregge al pascolo sicuro (*Mich* 5,4), godranno del riposo pacifico, essendo scomparso ogni timore, per la quiete procurata dal Signore (v. 3,13). I tempi messianici con la loro condizione simbolica di pace e di idillio, stanno per essere inaugurati per i mansueti. Le beatitudini sono in atto. Il Signore mantiene la sua antica promessa (*Lev* 26,6; *Is* 17,2; *Mich* 4,4; *Nah* 2,11).

*Il Salmo:* Sal *145,7.8-9a.9bc-10*, I

Il gruppo di Salmi 144-150 sono «Inni di lode». Già in antico, per gli Ebrei formavano il «*Hallel* mattutino», ossia i Salmi con alleluia che aprivano la preghiera della giornata. Tali restano sostanzialmente nelle Chiese per le Liturgie laudative del mattino. La loro caratteristica è anche di formare per così dire un'estesa dossologia finale del Salterio. All'interno del gruppo però si notano anche due particolarità: I) il *Sal* 144 contiene in sé come il programma conciso, che poi i *Sal* 145-149 sviluppano, un preludio che è svolto in un concerto più ampio e articolato. Nella lode, come si sa, con preghiera gioiosa, innica, solenne e disinteressata, si celebra il Signore in sé, in quanto è Lui, con i suoi titoli e le sue opere; II) il *Sal* 150 è sapientemente posto alla fine come «dossologia della dossologia» dell'intero Salterio.

L'Orante qui loda il Signore poiché mantiene inalterata nei secoli la sua Fedeltà (= verità), promessa con la sua Parola e sigillata nell'alleanza (99,5; 116,1). Per questo «fa il Giudizio», ossia interviene in modo soccorrevole in favore degli oppressi (102,6) e ciba gli affamati (103,27; 106,9; 144,15), prendendosene cura; e libera i prigionieri, sia dall'esilio, sia dalla prigionia ingiusta (*Is* 61,1-2, funzione del Re messianico, che per questo «fu unto» dallo Spirito del Signore; *Sal* 67,7). Queste sono le prime categorie dei bisognosi (v. 7).

Ma il Signore restituisce la luce ai ciechi (*Is* 29,18; *Gv* 9,7; *Mt* 9,30; 11,5), e rialza i caduti (144,14; 146,6). Inoltre ama i giusti (v. 8), e si prende personalmente cura dei pellegrini (*Es* 22,21-22; *Dt* 10,18-19; *Sal* 10,35), degli stranieri, che sono i senza casa né diritti né speranza (v. 9a). A Lui stanno sommamente a cuore da sempre due categorie, tra le più povere e socialmente prive di tutela, l'orfano e la vedova (v. 9b), dei quali si pone, ed è invocato, quale Padre e Giudice (67,6). La gamma della divina Bontà qui riceve solo una descrizione densa ed efficace.

Tuttavia, Gratificante e Tenero (*Es* 34,6), il Signore non di meno odia la protervia dei peccatori (*Es* 34,7), e ne disperde le vie, ossia i piani e i comportamenti (146,6). Quelle vie non terminano se non nella rovina (v. 9c).

Con questi titoli e con queste funzioni si riconosce così la Regalità divina. Il Signore regna in eterno, ma nel tempo il suo regnare indica il suo salvare, il ristabilire le condizioni ideali e perenni della salvezza (92,1; 98,1, etc.). Però in questo si rivela anche come il Signore di Sion, la Sposa diletta, la Città del Grande Re (46,3), per tutte le generazioni dei figli che donerà alla Sposa (v. 10).

Il Versetto responsorio, *Mt* 5,3, fa cantare i poveri e il Regno che a essi appartiene.

## III. Dall'Evangelo alla Chiesa

*L'Apostolo: 1* Cor *1,26 - 3 1*

Prosegue il «discorso della Croce» (dalla Domenica III). La pericope si adatta bene con l'Evangelo d'oggi.

Al v. 18 l'Apostolo aveva affermato che «il discorso della Croce infatti per i perduti è pazzia, invece per i salvati, noi, è potenza di

Dio», e al v. 25 che «quanto è pazzo di Dio è più sapiente degli uomini, e quanto è debole di Dio, è più forte degli uomini». La logica divina ha l'immane potenza di rovesciare tutte le sicurezze umane.

Perciò adesso Paolo rinvia i suoi fedeli a considerare bene la loro vocazione divina. Tra essi non esistono molti che siano sapienti in scienza e cultura e arte («secondo la carne»), né potenti e di nobili natali (v. 20; 2,8; *Gv* 7,48; *Mt* 11,25). Ma precisamente in questa modestia piatta il Signore può operare altre scelte (v. 26). Infatti preferisce quanto è pazzo del mondo, ossia tale per gli uomini del mondo, come unico e infallibile mezzo per confondere i falsi sapienti, e quanto è debole per il mondo per sbaragliare i forti (v. 27).

Non solo, ma in modo inesorabile sceglie anche *tá agenê*, le realtà non-nate, o nate male, non nobili (vedi qui per contrasto *eu-genê*, bene-nate, nobili), e quelle disprezzate, insomma, le realtà non esistenti per il mondo che conta (*Rom* 4,17), per investire e distruggere «le realtà esistenti» ossia quelle che contano agli occhi del mondo (v. 28; e 2,6; *Giob* 34,19.24). Con queste realtà deboli opera, e attua il suo Disegno, come una volta operò con i 300 di Gedeone (A.T. della Domenica III), in modo che davanti a Lui «nessuna carne», ossia nessun uomo che non sia animato dallo Spirito Santo, possa mai gloriarsi (v. 29; *Ef* 2,9; *Rom* 3,27). La piccola e breve gloria della carne, infatti, non è che vana apparenza, e di durata infima.

Tale è la situazione anche dei Corinzi. A essi l'Apostolo ora applica questo discorso quasi in parabola. Essi sono pochi rispetto al mondo circostante, piccoli, deboli e anche considerati pazzi. Perciò stesso stanno nella condizione ideale: «in Cristo Gesù», che si configura come «vita nello Spirito» (*Rom* 8,9). E proprio Cristo Gesù per l'imperscrutabile Disegno divino divenne e si fece per essi Sapienza che proviene da presso Dio (v. 24; *Col* 2,3; *Lc* 11,49). E inoltre Giustizia divina che riporta la carità e la ricchezza (*Ger* 23,5.6; 33,16; *2 Cor* 5,21; *Fil* 3,9). E Santificazione, che avvenne sacerdotalmente nel suo sangue (*Ebr* 1,1-4; *1 Tess* 4,3). E finalmente Redenzione divina (*Ger* 9,23-24; *Rom* 3,24; *Ef* 1,7; *Col* 1,14) (v. 30).

Tutta l'operazione divina discende sempre e solo da Dio, anche se vuole sempre passare per i collaboratori umani, chiamati per grazia a parteciparvi. Perciò si verifica quanto la Scrittura ha profeticamente annunciato: «Chi si gloria, nel Signore (solo) si glorii» (*Ger* 9,23-24). Ivi sta la comunione con Lui (2 *Cor* 10,17). Ogni altra forma è destinata all'inganno dell'autorovina (v. 31).

## IV. La Preghiera della Chiesa

### 1. L'eucologia

La Colletta chiede di poter venerare Dio con l'intera mente, che è il cuore intero, e di amare il prossimo con l'affetto della mente, che è il cuore che ama.

La Preghiera sulle offerte è generica, chiede che siano accettati i doni del culto presente, affinché diventino lo strumento dell'umana redenzione.

Ad essa è simile la Preghiera dopo la comunione.

### 2. La Prece eucaristica

Il Prefazio si sceglie tra quelli delle Domeniche del Tempo per l'Anno.

# Domenica
# «della Luce del Mondo
# e del sale della Terra»
# V del Tempo per l'Anno

## I. Intorno all'Evangelo

*1. Antifona d'ingresso:* Sal *94,6-7a,* EP.

L'Orante, sacerdote e profeta, rivolge l'esortazione al popolo raccolto nel santuario, ancora non pienamente consapevole della sua situazione. Il primo imperativo è di venire alla presenza del Signore, per adorarlo con amore e con gioia, prostrati davanti al Creatore onnipotente (99,3; 138,14; 149,2; *Dt* 32,6), in specie però Creatore del popolo suo (v. 6), del suo gregge che conduce (v. 7bc). La motivazione è primaria, poiché Egli è il Dio dell'alleanza (v. 7a; 47,15; 99,3), alleanza infinitamente fedele, che attende il suo popolo, e questo deve attuare da parte sua i contenuti salvifici ricevuti per il suo unico bene.

*2. Alleluia all'Evangelo:* Gv *8,12b.*

Cristo è la Luce del mondo, in quanto Verbo (1,5), Luce venuta nel mondo (3,19), che non lascia nelle tenebre i suoi fedeli (12,46). È la Luce promessa (*Sal* 35,10; *Is* 42,6, delle nazioni, come 49,6; Mal 4,2), che tuttavia già risplende (1 *Gv* 2,8). La Luce è il simbolo della Vita, destinata a chi la segue come possesso permanente, sì da potere a sua volta donare agli uomini «la Luce della Vita». Questo orienta la proclamazione evangelica che segue.

*3. L'Evangelo:* Mt *5,13-16*

Si rimanda all'Approfondimento utile, apposta sopra, alla

Domenica III.

La breve pericope dei vv. 13-16 è molto densa di significato, e richiama diversi temi strettamente connessi, anche se non a prima vista. Nel suo «discorso della montagna», dopo proclamate le beatitudini (5,1-12), il Signore prosegue per definire direttamente quelli che vogliono essere suoi fedeli, con due appellativi, di cui almeno il primo è abbastanza problematico: «sale della terra» e «luce del mondo».

Al v. 13a l'espressione «sale della terra» anzitutto va intesa come sale «per la terra», non «dalla terra», un'essenza destinata alla terra, ma proveniente da un'altra sfera. Ora, si è mai sentito che il sale sia benefico alla terra? In antico, i nemici distruggevano una città, spargendo il sale sulle sue rovine, nel senso simbolico e reale che dal sale nulla più nascerà; un terreno salsugginoso è del tutto sterile per le culture agricole. Va scartata come spiegazione il «sale della sapienza», un rito che si era introdotto nel battesimo proveniente dalla superstizione della cultura dei barbari del primo medioevo, e del tutto sconosciuto al complesso delle Chiese antiche, nonché dall'A.T. e dal N.T. Forse la direzione giusta è quella di comparare alcuni testi, in una relazione alquanto complessa: *Mt* 5,13 con *Mc* 9,49-50, un parallelo anomalo, e con *Lc* 12,49-50, nonché con *Mc* 10,38-40, che ha a sua volta il parallelo in *Mt* 20,22-23. Ma va ascoltato prima il v. 13.

Il Signore definisce i suoi discepoli come il sale della terra, sale destinato perciò a esercitare una funzione sulla terra, sugli uomini. Se tuttavia questo sale diventa scipito, «in che cosa sarà salata (*halízô*)» la terra? Tale sale scadente e "scaduto", come oggi si dice, va «gettato fuori» dall'ambiente in cui deve funzionare, e può essere calpestato come insignificante da tutti. Ma che funzione è allusa qui? Ecco allora l'illustrazione dei paralleli.

a) *Mc* 9,49-50:

*Ognuno infatti con fuoco sarà salato* (halízô).
*Buono (è) il sale.*

> *Se però il sale diventa scipito, con che lo condirete?*
> *Abbiate in voi stessi sale*
> *e abbiate pace gli uni con gli altri.*

Il testo ha contenuto sacrificale. Esso rimanda infatti a *Lev* 2,13, nel complesso delle «leggi dei sacrifici» (*Lev* 1-7), che detta così:

> *E ogni oblazione della tua offerta*
> *con sale salerai (gr. sarà salata,* halízô*),*
> *e non farai mancare il sale dell'alleanza del Dio tuo sull'offerta tua,*
> *su ogni oblazione tua offrirai sale.*

La triplice insistenza sul sale, e la precisazione di «salare con sale» mostra che il sacrificio d'offerta, «memoriale sull'altare, sacrificio di aroma soave al Signore» (*Lev* 2,2b), «il santo dei santi (= realtà santissima) tra i sacrifici del Signore» (2,3b), deve essere preparato compiutamente, ben condito e ben cotto, per essere vero sacrificio a cui si partecipa prima spiritualmente, e poi nel convito come segno di comunione.

*Mc* 9,49 richiama questo. Ogni discepolo deve prepararsi a essere, con il Signore, questo sacrificio di aroma soave per il Dio dell'alleanza, di redenzione della terra e di comunione tra gli uomini. Se il sale non esplica tale funzione sacrificale, non avrà nessuna rivalutazione «da fuori». Occorre avere questo sale sacrificale dentro il cuore, e allora il sacrificio spirituale porterà pace sulla terra;

b) *Lc* 12,49-50:

> *Fuoco Io venni a gettare sulla terra,*
> *e che voglio, se non che già fosse acceso?*
> *Un battesimo Io possiedo da esserne battezzato,*
> *e come sono in angoscia finché non sia adempiuto.*

Il "fuoco" si riferisce alla Passione, vero sacrificio d'olocausto per il Signore (vedi l'Approfondimento 22, vol. V, sul Fuoco divino del sacrificio), che scatenerà poi il Fuoco dello Spirito Santo sui fedeli (*Lc* 3,16). Come si è visto nella Domenica I, il Battesimo del Signore riassume tutta questa prospettiva sacrificale, nel segno della

Croce. La sola tesa angoscia del Signore è che il Padre adempia tutto questo;

c) *Mc* 30,38-40 // *Mt* 20,22-23

È il *lógion* della Coppa e del Battesimo, opposto ai desideri di potere dei due figli di Zebedeo, richiamano le prospettive adesso presentate. Vedi la Domenica XXIX, Ciclo B. I discepoli del Signore, e fin dall'inizio, sono chiamati alla perfetta assimilazione con il loro Maestro: essere il sacrificio «vivente, santo, accetto, il culto dello Spirito Santo» (*Rom* 12,1), in favore della terra. Se questa funzione dei discepoli viene meno, non esiste rimedio. Il Signore questo sale senza sapore «getterà fuori» del santuario, esposto al disprezzo degli uomini (v. 13b). Infatti, tale sacrificio implica la fede, la sofferenza, la via alla perfezione. In altra prospettiva, ma in senso abbastanza congruente con questo tema, Paolo griderà ai suoi fedeli che se Cristo non fosse stato resuscitato, oltre che vana è la fede e vana la predicazione degli Apostoli, i cristiani resterebbero ancora a sperare invano in questa vita, e cristiani e Apostoli sarebbero i più miserabili di tutti gli uomini (1 *Cor* 15,12-19, spec. 19), quindi "calpestabili" dagli uomini.

La seconda definizione dei discepoli è altrettanto piena di responsabilità: essi sono «la luce del mondo» (v. 14a), quindi in tutto assimilati anche da questa parte con il loro Signore, il Verbo Vita che è «la Luce del mondo» (*Gv* 8,12), e poi la Luce delle nazioni (*Lc* 2,32). I discepoli debbono diventare «figli della Luce» (*Ef* 5,8; *Fil* 2,15). Lo debbono essere anzitutto in se stessi, come comunicanti alla Luce divina increata e trasformante; e per poi gli uomini, in quanto debbono irraggiare solo la Luce divina e portarli a diventare anche essi figli della Luce.

Il paragone è della città posta su un alto monte (*Is* 2,2), che non può essere e restare nascosta, indica immediatamente e con probabilità la città di Safed, in Galilea; ma allude anche alla città ordinata, modello, Gerusalemme con il suo culto divino che irraggia nel mondo (v. 14b).

L'altro paragone è la lucerna accesa, la quale non si usa ricoprire con un secchio, il recipiente di legno che rovesciato serviva anche come mensola, ma invece è posta in alto sul candelabro, affinché risplenda in tutta la casa (v. 15; *Lc* 8,16; 11,33; *Mc* 4,21). Perciò la funzione assegnata ai discepoli, come sale della terra e come luce del mondo, non deve essere mai disattesa.

Si potrebbe anche dire: luce del sacrificio in favore della terra. A questo richiama ancora il Signore, quando dà le motivazioni di questa funzione. Tale luce deve sfolgorare davanti agli uomini, come esempio efficace. È luce che emana dalle opere buone, che attuano il senso profondo del sacrificio. Gli uomini le attendono, e finalmente le vedono, e pieni di riconoscenza daranno gloria al Padre loro nei cieli (v. 16; *Lc* 2,52; *Rom* 14,18; *Fil* 2,15; *Flm* 6; *Ef* 5,8-9; 1 *Pt* 2,12). E glorificare il Padre è lo scopo finale della salvezza, è entrare in comunione finale con Lui (*Mt* 8,9; *Lc* 7,16; *Gv* 15,8; 2 *Cor* 9,13; *Fil* 1,11). I discepoli come figli fedeli e riconoscenti portano così altri figli al Padre, tuttavia seguendo sempre il Figlio Unico.

*4. Antifona alla comunione:* Sal *106,8-9,* AGC.

I fedeli sono «oggi qui» chiamati dall'Orante a celebrare il Signore per le sue infinite misericordie (vv. 15.21.31), operate come «fatti mirabili», che provocano in essi rinnovata sorpresa, ammirazione e gioia (v. 8). Tra questi fatti mirabili, uno spicca tra tutti, che il Signore si prende cura personale delle loro esistenze, come perennemente già agiva nell'A.T. (33,11; 145,7; *Mt* 5,6), dando cibo divino alle anime languenti, e ricolmando di bene e di beni le anime affamate (*Lc* 1,53), rendendo dunque gradevole la vita davanti a Lui (v. 9). Questi fatti mirabili si ripetono oggi qui per con incredibile precisione. Destinati a essere il sale della terra e la luce del mondo, i fedeli ne ricevono anche tutta l'immensa Grazia dello Spirito Santo: sia dall'ascolto della Parola evangelica, sia dalla comunione dello Spirito Santo che si attinge alla Mensa dei Misteri, sia dall'appartenenza alla Chiesa, la Sposa del Signore, la Madre, l'Orante, ossia il luogo del sacrificio "salato" per l'alleanza divina, essendo posta con lo Sposo come Luce delle nazioni.

## II. Verso l'Evangelo: l'A.T.

*La Profezia:* Is *58,7-10*

Il testo fa parte del «Terzo Isaia», che secondo la critica è una raccolta di oracoli profetici del tempo immediatamente dopo l'esilio. Essa era indirizzata verosimilmente a un popolo ancora molto demoralizzato, che aveva visto avverarsi le promesse del ritorno, ma non aveva ancora posto l'anima, il cuore, l'intelligenza, l'emozione, l'amore alla nuova situazione voluta dal Signore. In una parola, un popolo restato nelle conseguenze del peccato vecchio, che non aveva saputo recepire il momento di rigenerazione. Due direzioni della sua vita erano distorte, il culto puro nella Casa del Signore, e la carità fraterna intracomunitaria. Il Profeta ribatte instancabilmente questi punti decisivi, mostrando che esistono tutte le condizioni per attuarli nella pienezza desiderata dal Signore.

La pericope è rivolta a questo secondo punto. Essa comincia con il denunciare la demoralizzazione: «Ma a che noi digiuniamo, se Tu poi non guardi? A che ci mortifichiamo, se Tu poi l'ignori?» (v. 3a). Il Signore replica subito e duramente: «Ma nel giorno in cui voi digiunate, tuttavia trafficate affari e opprimete i vostri sottoposti!» (v. 3b). Allora detta le norme per la carità fraterna vissuta (vv. 4-6).

Occorre infatti spezzare il pane all'affamato (v. 7; e v. 10; *Ez* 18,7.16; *Mt* 25,35-36; *Lc* 3,11). Il che non vuoi dire gettare pane sboccconcellato e tozzi muffiti come a cani, bensì ammettere il povero alla propria tavola come padre di famiglia che raduna i suoi e «spezza il pane», ciba tutti i suoi. Il fedele deve dare dimora in casa sua al fratello che la casa non possiede, non lasciarlo disperato all'aperto. E deve rivestire i nudi, per la sola motivazione: «è carne tua!», è il te stesso che soffre e che per amore di te stesso tu devi curare (*Neh* 5,5). Il v. 7 è una somma di carità, frequente nell'A.T., al contrario di come si sarebbe portati a ritenere. E se si chiama «una pagina evangelica», vale anche il contrario, che l'Evangelo è «una pagina attuante dell'A.T.».

Ora, se questo popolo ancora svagato e inerte agirà così, il Signore promette una condizione del tutto nuova. La sua luce erromperà come un'alba nuova (v. 10; 60,1; *Sal* 36,6; *Mal* 4,7), alba di vita, ed esso otterrà la subitanea guarigione (*Ger* 30,17). Non solo, ma esso sarà preceduto sulle Vie di Dio dalla sua giustizia (52,12; *Sal* 84,14), e sarà seguito e raggiunto dalla stessa Gloria divina che lo circonderà (v. 8; 60,1). Ecco la città irraggiante, ecco la lucerna in evidenza, ecco la luce del mondo, ecco il sale della terra.

In questa condizione, si ristabilisce la relazione antica ideale davanti al Signore. Questo popolo sarà assiduo a invocare il Signore come il Signore a esaudirlo (30,19; *Sal* 90,15; *Ger* 33,3). Non farà in tempo a chiamarlo, che Lui già ha risposto: «Eccomi!» Tuttavia il Signore esige le opere anzitutto per i fratelli, prima che per Lui, e quindi i fedeli debbono liberare i loro simili dall'oppressione, non più minacciare i debitori e i deboli, rinunciare ai piani vani di oppressione che ancora si formulano (v. 9).

In sostanza, i fedeli del Signore debbono dare l'anima, se stessi, all'affamato, come si era detto in apertura (v. 7), debbono consegnare l'anima a lui che è la propria anima, e saziare il se stesso affamato che è il fratello. Ecco di nuovo la promessa del v. 8: dalle tenebre della miseria morale presente, il Signore procederà a una nuova creazione, facendo scaturire la luce della vita e della salvezza (*Sal* 36,6; *Eccli* 32,20; *Mt* 5,16), in un giorno nuovo che sarà solo pienezza di luce perenne, un eterno mezzogiorno che non conoscerà tramonto, come la Carità divina (v. 10).

*Il Salmo:* Sal *111,4-5.6-7.8a.9, DSap*

Il Salmo comincia con il proclamare beato l'uomo che teme il Signore e trova diletto solo nei suoi comandamenti (v. 1), e allora il Signore lo benedirà con l'abbondanza (vv. 2-3). Ecco che per lui, uomo retto davanti a Dio e agli uomini, spunterà dalle tenebre la Luce (96,11; *Giob* 11,17; *Mich* 7,8). Non è un simbolo astratto, poiché la Luce è lo stesso Signore in quanto è la Vita, con i suoi titoli divini e le funzioni che svolge per gli uomini giusti, Egli che è

Tenero e Gratificante e Giusto (v. 4a). Si comprenderà meglio quest'ultimo aspetto, se si considera che i *Sal* 110, un «Inno di lode»; il *Sal* 111, questo presente, e il *Sal* 112, un altro «Inno di lode», formano un trittico contenutistico, per cui nella raccolta del Salterio furono posti di seguito. I *Sal* 110 e 112 sono il canto di lode al Signore «Gratificante e Tenero» (110,4b), nella meraviglia delle sue opere; essi formano i pannelli per così dire esterni, racchiudenti, mentre il *Sal* 111 è il pannello e specchio interno, che riflette nell'uomo giusto la stessa Bontà divina celebrata. Così il giusto, di cui i vv. 5-9 cantano le opere di bontà simili a quelle divine, riceve come premio e sotto forma di Luce la stessa Bontà divina, o meglio, la stessa Persona divina, il Signore pieno d'amore.

Al v. 4b i 3 titoli divini, benché in ordine diverso, rimandano alla teofania del Sinai (*Es* 34,5-7), da cui derivano molti paralleli sparsi nella Scrittura, ma in specie nel Salterio (*Sal* 85,15; 110,4b; 116,5a; 102,8; 144,8). Si rimanda qui all'A.T. della Domenica della SS. Trinità.

L'Orante prosegue nella descrizione del giusto ricolmo di Luce divina. Egli vive nella gioia del dono, mosso da misericordia (36,6; 96,11; 40,3), come in un perenne giubileo, ch'è restituzione dovuta, ma con il cuore, a chi è privo (*Lev* 25,8-42). Così realmente dispone dei suoi beni con totale giustizia, ch'è carità. Paolo a sua volta darà il tocco finale a questo, quando ricorda ai Corinzi, citando *Pr* 22,8, che «Dio ama il donante gioioso», che scruta il cuore (2 *Cor* 9,8), ed è il solo capace di contraccambiare infinitamente (2 *Cor* 9,9). È la morale biblica, che era ancora del tutto sconosciuta al mondo antico (v. 5).

La ricompensa divina giunge puntuale. Il giusto donante resta saldo in eterno nella sua esistenza di bene (*Sal* 54,23; 126,5), la sua memoria sarà eterna, scritta com'è nel libro della Vita, ma anche resta come valido esempio per le generazioni degli uomini (*Pr* 10,7; *Sap* 4,1), che lo ammirano, lo benedicono, e dovrebbero imitarlo (v. 6). Non solo, ma egli non ha timore di tristi annunci (*Pr* 1,33), poiché il suo cuore è preparato e sicuro, nella perfetta speranza e fiducia nel Signore (*Sal* 58,8; 11,7), e solo in Lui (v. 7). La sua preparazione alla vita è remota e insieme attuale, indefettibile, risposta perenne alla Grazia divina, che gli rende saldi il cuore, ossia l'intelletto, la sensibilità e la volontà. Lo rende liberato ormai da ogni timore (v. 8; 124,1; *Eccli* 22,19).

Ed ecco il giusto, il donante, in funzione. Egli distribuisce i suoi beni, in modo largo e gratuito, senza nulla pretendere, ai poveri, creature di Dio (2 *Cor* 9,9). E questa sua carità resta in eterno presso il Signore, del quale il giusto si è fatto umile imitatore. La gloria del Signore perciò esalterà la sua «potenza», qui indicata con l'espressione «corno»; questo termine (gr. *kéras*, ebr. *qeren*) è polivalente, indicando insieme il corno, ad esempio del toro, temibile figura della sua potenza; per traslato, appunto, potenza; e anche luce che brilla (*Sal* 74,11), così che Mosè dopo la teofania del Sinai aveva la «faccia cornuta», ossia risplendente della divina Gloria (*Es* 34,29-35). L'esistenza del giusto e retto è così assunta nella Luce divina in eterno. Egli è «figlio della Luce», trasformato nella Luce che è la Vita eterna (v. 9).

Il Versetto responsorio, v. 4a, fa cantare che se nell'esistenza spesso buia e grigia si segue la Carità divina, sorge la Luce divina in eterno.

## III. Dall'Evangelo alla Chiesa

*L'Apostolo: 1* Cor *2,1-5*

Prosegue l'annuncio vitale dell'Apostolo, il duro ma benefico «discorso della Croce» (1 *Cor* 1,18 - 2,16). Paolo adesso rimemora quale fu la sua venuta evangelizzatrice a Corinto. Egli doveva annunciare la «testimonianza di Dio» (1,6), che non si fa racchiudere in categorie di pensiero solo umano, neppure quando fossero «secondo l'eccellenza di discorso o di sapienza» (v. 1; vedi 4,13; 2 *Cor* 1,12). Paolo ebbe una valida formazione, sia umanistica a Tarso, sia teologica da Ebreo, «ai piedi di Gamaliele», il famoso rabbino, a Gerusalemme (*At* 22,3; 5,34); conosceva perfettamente la cultura letteraria e filosofica dell'ellenismo, e la sua cosiddetta «teologia popolare», di tinta prevalente stoica e con notevoli punte morali.

Eppure si pose nella condizione cosciente, voluta, di ignorare tutto, e di conoscere unicamente «Gesù Cristo - e questo, Crocifisso» (v. 2; *Gal* 6,14). È un fatto notevole, essendo Paolo, come lo dimostrerà con forza, quasi con violenza, anzitutto l'annunciatore della Resurrezione (qui 1 *Cor* 15, specialmente i vv. 10-20). Ma la Resurrezione è del Crocifisso, ed è eterna, quindi il «discorso della Croce» avviene dopo, a causa, a partire dalla Resurrezione, per la grazia della Resurrezione, e avvia alla resurrezione comune.

Paolo si confessa. Venne a Corinto non con l'autorità umana, e neppure in fondo con quella, che svolge di diritto, quale Apostolo. Bensì venne nella debolezza (4,10; 2 *Cor* 11,30; 12,5.9; 13,4.9; e *Gal* 4,13), e non si vergogna di ricordarlo, perché è un fatto vero. Giunse a Corinto (*At* 18,1.6.12) con timore e tremore grandi, poiché sapeva, ancora non conoscendo i futuri fedeli, che la città era famosa sia per la raffinata cultura, sia per i suoi perversi costumi (v. 3). Ma sapeva bene che proprio questa città era da affrontare con il metodo dell'Evangelo. Il suo *kérygma*, l'annuncio primordiale (1,21) della salvezza, non poteva essere consegnato in persuasivi discorsi di sapienza, con dimostrazioni discorsive solo umane, bensì solo nella «dimostrazione (*apódeixis*) dello Spirito e della Potenza», ossia nella Potenza dello Spirito Santo che erompe dall'Evangelo (4,20; 1 *Tess* 1,5; *Rom* 15,13.19; 2 *Pt* 1,16). Che sbaraglia ogni speculazione solo umana. Che annulla tutte le categorie della sicurezza della ragione, salvando però la ragione (*Rom* 1,10-32), salvando perciò tutto degli uomini (v. 4).

E questo, all'unico scopo del far nascere la fede, non fondata sulla sapienza solo umana, bensì nello Spirito Santo, l'unica Potenza di Dio (v. 5; 2 *Cor* 4,7; 6,7). In questa consapevolezza, i Corinzi debbono accettare tale esordio, ch'è unico e che fonda la loro esistenza redenta.

## IV. La Preghiera della Chiesa

*1. L'eucologia*

La Colletta chiede per la «famiglia di Dio», che sono i servi del

Signore, la protezione continua della divina Grazia, nella quale sola essa confida.

La Preghiera sopra le offerte chiede che queste specie da consacrare diventino il Mistero efficace per l'eternità.

La Preghiera dopo la comunione chiede che la partecipazione all'altare, che rende tutti i fedeli unico corpo, li faccia vivere portando frutto per la salvezza del mondo.

*2. La Prece eucaristica*

Il Prefazio si sceglie tra quelli del Tempo per l'Anno.

# Domenica «della Giustizia Nuova» VI del Tempo per l'Anno

## I. Intorno all'Evangelo

*1. Antifona d'ingresso:* Sal *30,3b-4,* SI.

Dove potrà l'Orante trovare l'Aiuto, la Fortezza inespugnabile, se non nel Signore, la sua sola salvezza? (v. 3b). Solo il Signore è invocato quale Forza e Rifugio (*Is* 25,4; *Ger* 16,19), in virtù dell'alleanza fedele. Così il Signore per amore del Nome suo (*Sal* 22,3) è il sicuro e stabile Condottiero dell'Orante, l'unico da cui l'Orante tragga la sussistenza vitale, il cibo (v. 4).

*2. Alleluia all'Evangelo:* Mt *11,25 adattato.*

Il testo fa parte del «giubilo messianico», o «comma giovanneo» (*Mt* 11,25-30), di cui è l'esordio solenne, gioioso, gridato nello Spirito Santo (così nel parallelo, *Lc* 10,21 e 21-24). Il Figlio a nome di tutti i fedeli fa salire la sua benedizione al Padre, perché il Padre rivelò i Misteri del Regno solo ai piccoli e umili, quindi anzitutto al Figlio che piccolo e umile si è fatto volontariamente. Vedi anche la Domenica XIV.

*3. L'Evangelo:* Mt *5,17-37*

Si rimanda all'indispensabile Approfondimento apposta sopra, alla Domenica III.

Prosegue il «discorso della montagna». I vv. 17-48 racchiudono una sezione singolare, in cui mentre Cristo proclama di essere venuto a confermare la Legge santa del Signore, la Legge antica, in tutto il suo rigore letterale, chiede d'altra parte di viverla diventando «perfetti come il Padre celeste è perfetto» (v. 48); dove il termine *téleios*, compiuto, perfezionato, interpreta e applica a *Lev* 19,2, che suona così: «Siate santi, poiché Santo sono Io!» Dentro questi due estremi, il Signore per 6 volte fa risuonare la parola paradossale: verso la Legge occorre porsi in un atteggiamento fondamentale ch'è per sua natura e necessità tripolare: I) occorre infatti stare in continuità con la Legge, II) ma anche in rottura, e III) finalmente, occorre anche viverne il superamento. La Legge è divina e resta. Però è una fase della Rivelazione, e questa corre verso i suoi adempimenti. La Legge, pur mantenuta, va superata. Come? Vivendola in un modo "altro" rispetto a quello condotto finora. Lo sforzo chiesto è immane, e si deve basare solo sulla forza della Parola portata da Cristo. A guardare bene, non si direbbe che questo nei secoli sia sempre riuscito.

La prima dichiarazione netta del Signore è un'assicurazione. Egli venne per adempiere «la Legge e i Profeti», ossia tutto l'A.T. E si comprende, essendo questo il Disegno divino che correva verso la sua attuazione plenaria (v. 17; *Rom* 3,31; 10,4). Il Signore ricorre alla formula massimamente solenne: «Come Dio *Amen*», il Fedele alla Parola pronunciata e consegnata, adesso parla. Alla Parola antica aggiunge adesso la Parola convalidante e definitiva, che interpreta e attua la prima. E l'attuazione è enunciata: fino alla fine del mondo, non cadrà a vuoto della Legge antica neppure la più piccola lettera dell'alfabeto, la iota, la *i*, che aveva come forma una minuscola L rovesciata di 180 gradi, e neppure il più piccolo puntino d'interpunzione, una «virgola». Fino alla fine del mondo, al contrario, Dio attuerà tutto, e quindi sia a suo tempo, sia secondo tutto il suo Progetto (v. 18; *Lc* 16,17; 21,33).

A questo è apposta una severa sanzione. Chi annulla anche uno solo dei minimi comandamenti della Legge, e insegnerà così agli uomini questa pratica indegna, nel Regno dei cieli sarà chiamato da Dio come il "minimo", un insignificante, un perduto davanti alla Maestà divina (anche *Giac* 2,10). Al contrario, chi eseguirà tali precetti minimi e inoltre insegnerà anche a compierli, nel Regno sarà da Dio chiamato "grande", e occuperà il posto segnalato (v. 19).

Gesù aggiunge adesso la clausola finale, grandiosa e severa. Per compiere tutto questo, la "giustizia" dei discepoli, che è il senso di Dio, della sua Misericordia e Carità, da riversare sui fratelli, deve superare quella pur grande dei rabbini di allora, che erano gli esperti della Legge santa, e dei pii di allora, che erano i farisei, gli zelanti esecutori della Legge secondo il diritto di Dio. Ora, occorre fare molta attenzione a questa parola. La giustizia dei rabbini e farisei non solo non è negata, ma è posta come necessaria base di partenza per ulteriori perfezioni, come modello da superare, ancora una volta con la tripolarità: I) proseguire il fatto ovvio della "giustizia", II) insieme rompere con la quantità di essa vissuta a quel tempo, e III) superarla verso l'infinito della perfezione divina (v. 48!). È un ordine perentorio, valido per sempre, fino a noi e oltre (v. 20).

Gesù fa seguire adesso le 6 parole programmatiche, con la formula solenne ricorrente: «Voi ascoltaste dalla Parola antica - Io però parlo a voi». Ancora la tripolarità adesso richiamata, ancora esigenza imperiosa e prescrittiva.

Il primo tema è il comandamento 5°: «Tu non uccidi» (*Es* 20,13; 21,12). L'omicida cade sotto la sanzione inesorabile (v. 21; *Lev* 24,17; *Dt* 17,8-13). Ma occorre passare dal negativo di un precetto posto come ultimo limite della moralità, al positivo di una spontaneità caritativa. Contrariamente a quanto forse si crede, qui il Signore non innova come lettera, ma come spirito. Infatti anche l'A.T. proibiva l'ira contro il fratello (ad esempio, vedi solo *Sal* 36,1.7-8, e paralleli). L'ira è rea di giudizio e di condanna proprio in quanto tale, anche senza giungere alla violenza. Così chi dice parole quasi innocenti, d'uso quotidiano, invece molto insidiose, come *rhaká* (dall'aramaico *rêqâ'*, vuoto, stupido, oppure *merahaqâ'*, rigettato, maledetto), come *môré*, ebete, arreca offese già così gravi che portano alla condanna, anzi alla «gehenna di fuoco», dove si è consumati e annullati nell'esistenza in eterno (v. 22; e vedi il testo fondamentale di 10,28, Domenica XII).

In positivo, si indica il rimedio alle offese. Nel culto al Signore, basta che il fratello sia stato offeso, «abbia qualche fatto contro» il fratello» (v. 23), allora occorre che questo lasci il sacrificio iniziato e corra a riconciliarsi con il fratello (*Mc* 11,25), e solo dopo può tornare a terminare di offrire al Signore (v. 24). Vale a dire che chi si è riconciliato con il fratello, con ciò stesso si è riconciliato con il Signore, e di questo fatto felice il sacrificio sarà lo splendido sigillo finale. Segue poi una norma assai difficile da attuare, praticamente inaudita, poiché occorre cedere al nemico mentre si va in giudizio, per non essere consegnati al giudice e, perduto il giudizio, essere così rinchiusi nel carcere (qui *Mt* 18,21-35; *Lc* 12,58-59) (v. 25), fino alla saldatura totale del debito contratto (v. 26).

Viene una seconda Parola antica, e nuova. Nella Legge si proibisce l'adulterio (*Es* 20,14, il 6° comandamento, che attrae anche il 9°) (v. 27). Ma un uomo non deve neppure desiderare una donna anche non sposata, e reciprocamente una donna non deve volgere lo sguardo a un uomo anche non sposato, poiché il solo desiderare incomposto e peccaminoso è già perpetrare l'adulterio (*Giob* 31,1; 2 *Pt* 2,14), che avviene così nel cuore, nella profondità della persona (v. 28). Anche l'A.T. aveva questa alta moralità (*Eccli* 9,12-13; 41,27; e vedi la Domenica V di Quaresima, Ciclo C).

Adesso si chiede il sacrificio totale delle facoltà umane, per il fine superiore della «giustizia maggiore» che è la santità. La presentazione è paradossale, privarsi addirittura delle membra del corpo che danno impedimento e scandalo nella vita spirituale. Certo, la norma non fu mai presa alla lettera, e la sua applicazione in pratica fu inesistente. Anzi, per evitare eccessi, fu severamente proibita dalla Chiesa, e fu causa ad esempio di impedimento agli ordini sacri (si veda il caso clamoroso di Origene, e qua e là di monaci squilibrati). Comunque la lettera del testo qui propone il grave consiglio che ogni membro del corpo che opera il male e che faccia cadere rovinosamente sulla via della salvezza, fosse pure l'occhio destro, la parte più cara del corpo, o la mano destra che serve di più, sia meglio amputarlo, anziché poi essere proiettati con il corpo intero, tutto peccatore, nella gehenna, il fuoco distruttore di tutto l'uomo, anima e corpo (vv. 29-30). Infatti si deve temere il Signore «che può uccidere l'anima e il corpo nella gehenna», ossia che può operare l'annientamento dell'uomo (*Mt* 10,28), parole terrificanti, a cui probabilmente i cristiani nei secoli non si sono più fatti attenti (vedi poi la Domenica XII).

Il Signore reitera per la terza volta la sua parola. In antico era normale il divorzio per varie cause, anche solo se il coniuge non piaceva più (*Dt* 24,1); era una piaga, una tabe sociale, con conseguenza familiari, morali ed economiche devastanti, senza contare le sofferenze del coniuge ripudiato (v. 31; vedi Domenica XVII, Ciclo B). Il Signore esclude per sempre ogni forma di divorzio. Infatti questo produce sempre l'adulterio, sia da parte della sposa ripudiata che si risposasse, sia da parte dello sposo che sposasse un'altra donna, libera o ripudiata (v. 32). La prescrizione è netta, non ammette eccezioni. Sta qui tuttavia un inciso che ha fatto molto discutere: «eccetto il motivo della *pornéia*». Ora *pornéia* per sé indica la "prostituzione", la repugnante, antica ed inestirpabile pratica di povere donne che per denaro vendono il proprio corpo, ma anche simbolicamente l'idololatria, per cui i fedeli «fornicano di prostituzione» con le divinità pagane. In ebraico il termine corrispondente è *zenût*. Al tempo di Gesù, i rabbini già ne discutevano. Se Gesù offre questa eccezione a una norma tanto netta, deve stare qui qualche fatto importante. I rabbini chiamavano *zenût* anche un matrimonio non valido, che poneva i coniugi in condizione di abietta reciproca "prostituzione". Questa sarebbe la spiegazione più consona al contesto.

Viene adesso la quarta parola nuova del Signore. In antico era stabilito che non si prestasse falso giuramento (8° comandamento; *Es* 20,7; *Lev* 19,12; *Num* 30,3). Ogni giuramento doveva essere riferito al Signore stesso, assunto quale Testimone (*Is* 66,1) (v. 33). Adesso Gesù prescrive che ogni giuramento è del tutto escluso (v. 34; già *Eccli* 23,9). Non si deve chiamare mai a testimone il cielo, trono della divina Maestà (*Sal* 17,10; 67,35; 88,7; *Bar* 3,29; *Eccli* 24,7), né la terra, sgabello dei piedi del Signore (*Is* 66,1; *Sal* 99,5), né Gerusalemme, sede del santuario e perciò «Città del Grande Re» (*Sal* 47,3) (v. 35). Anzi è escluso anche ogni giuramento che pone la responsabilità e la sanzione sulla propria persona, poiché dire «giuro per la mia vita» significa accettare che in caso di falsità sopravvenga il malore di morte; mentre nessuno ha potere neppure di sbiancare o di annerire naturalmente la propria capigliatura (artificialmente, oggi sembra sia la norma...). Così è negato ogni valore all'autoaffermazione (v. 36).

Qui il Signore insegna la semplicità cristiana. La parola si deve limitare al «sì sì, no no», come fu in Cristo stesso che al Padre pronunciò solo il suo «Amen», il Sì fedele (2 *Cor* 1,17). Quanto oltrepassa questo, viene dal Maligno, e porta alla morte (v. 37). Purtroppo la pratica cristiana sotto la pressione degli eventi civili tornò alle forme in vigore nel paganesimo, il giuramento è accettato seriamente dalla legislazioni antiche e moderne. Esso è stato perfino codificato nella canonizzazione, per la quale la semplice parola del fedele secondo i casi non vale nulla. Si è tenuto conto della condizione umana «*ex lege peccati*», non della potenza della Parola che vive nel fedele, e che al fedele dovrebbe essere insegnata come tale.

*4. Antifona alla comunione:* Sal *77,29-30a*, DSt.

Il testo riporta il cupo episodio dell'esodo, quando Israele, che aveva mormorato contro il Signore, ebbe cibo in abbondanza, ma cadde nella punizione della morte. Qui è letto positivamente, con ardita applicazione. L'ascolto della Parola e la Mensa sono il Convito del Regno, che porta la divina sazietà. Donando le sue Delizie, il Signore attua i desideri del cuore dei fedeli, ricolmato di Spirito Santo, che viene dalla Parola (*Gv* 6,63), dal Cibo e dalla Bevanda (1 *Cor* 10,1-4) e risiede nella Chiesa Sposa del Signore, vera divina Comunione per tutti i fedeli.

## II. Verso l'Evangelo: l'A.T.

*La Profezia:* Eccli *15,16-21*

Il cap. 15 dell'*Ecclesiastico* (o *Siracide*) è dedicato a tratteggiare la sapienza e felicità di chi opera il bene, e l'insipienza e infelicità del malvagio. Si tratta non di un caso, ma del disposto dal divino Disegno, che lascia la libertà all'uomo. All'inizio il Signore creò l'uomo, e l'affidò a se stesso, al suo intendimento (v. 14), tuttavia non lo fece restare solo e abbandonato a se stesso, bensì gli propose i suoi divini comandamenti (v. 15), avvertendolo in modo anticipato e chiaro che i precetti osservati sono la custodia salutare per lui, nell'elezione della sua buona volontà (v. 16).

Fin dall'inizio perciò il Signore davanti all'uomo, affinché toccasse con mano e scegliesse, pose l'acqua e il fuoco (v. 17), la vita e la morte, il bene e il male (*Eccli* 17,6; *Gen* 2,17; *Dt* 11,26; 30,15.19; *Ger* 21,8; *Gios* 24,15; *Rom* 2,7-8). Nel dirigersi verso l'uno o l'altro di questi due estremi inconciliabili, l'uomo deve decidersi e deve determinarsi in modo drammatico, poiché dipende solo da lui scegliere in modo consapevole, e irreversibile (v. 18). Sta in questo non il fato, non l'insensibilità del Signore, che invece ama l'uomo, sua creatura diletta. Dio non propone un tiro di dadi. Nella sua infinita Sapienza e nella sua Onnipotenza, il Signore vede tutto nell'eterno presente, e concede all'uomo tutto quello che gli serve per indirizzarsi verso il meglio della salvezza (v. 19).

Il Signore sta con gli occhi fissi su chi Lo teme (17,16; 34,19; *Sal* 33,16; 32,18), e scruta ogni opera dell'uomo (17,13; 23,27.28; 39,24; *Giob* 34,21). Esiste qui, certo, la predestinazione divina, tuttavia mai al male, bensì sempre al bene (come ribadisce Paolo, *Rom* 8,28-30). Di fatto, seguendo il Signore, l'uomo può conseguire il bene e astenersi sempre dal male (v. 20). Di fatto il Signore propone solo il bene. Di nessuno Egli è stato mai suasore al male (v. 12). A nessuno concede il permesso di peccare (v. 21). Se il peccato avviene, è sempre contro l'esplicita divina Volontà di bene.

*Il Salmo:* Sal *118,1-2.4-5.17-18.33.34*, DSap

Il più esteso Salmo del Salterio è il più splendido «elogio della Parola» divina dell'intera Scrittura (vedi qui i *Sal* 1 e 18), ed è anche la più intensa sua contemplazione. Va detto che l'elogio della Parola si trova presente a tratti anche in molti altri Salmi. Una caratteristica del *Sal* 118 è che procede per via delle lettere dell'alfabeto. Come si sa, le lettere dell'alfabeto ebraico sono 22; ora, ogni lettera qui è usata in modo che una stanza o strofa di 8 versetti cominci sempre con quella, e così fino alla fine. Inoltre, gli 8 versetti riportano a loro volta quasi di regola 8 sinonimi per Parola o Legge, ossia 7+1, la pienezza; essi sono (non tenendo conto delle varianti delle traduzioni moderne): Legge, testimonianze, vie, comandi, statuti, precetti, decreti, Parola.

Ora, se con 8 si indica la pienezza, anche con 22 viene fuori questo concetto. Il ragionamento del Salmista (anche negli altri Salmi «alfabetici», molto più concisi) è questo: io vorrei, Signore, esprimere davanti a Te tutto quello che sento; ma il mio vocabolario è esiguo e inespressivo per un compito così grande. Allora io Ti dono tutta la mia lingua, che è la combinazione dell'alfabeto, e Te la presento nel simbolo delle 22 lettere. Il resto, devi compierlo Tu.

Il testo proposto oggi è desunto dalle «stanze»: I) *Alef*, i vv. 1-2.4-5; III) *Gimel*, i vv. 17-18; V) *He*, vv. 33-34.

L'esordio è una beatitudine. L'Orante, che medita profondamente, proclama beato chi è senza macchia (100,2.6; *Pr* 11,20; 13,6), grande tema sapienziale, poiché lo è chi procede sicuro secondo la Legge divina (127,1), come mostrarono i grandi giusti dell'A.T., ad esempio il loro tipo universale, Abramo (*Gen* 17,1). Il v. 1 con l'accenno al procedere richiama come immensa inclusione letteraria il v. 176, che chiude il poema. Qui l'Orante inopinatamente si dichiara una pecora errante del gregge divino, e con epiclesi chiede al suo Signore di cercarlo, come il Pastore che lascia le 99 pecore per l'unica smarrita (*Lc* 15,4; *Mt* 18,12). Ma così, a causa di questa figura letteraria dell'inclusione, tutto il Salmo indica che il Signore è il divino Pastore, che pascola e nutre con la sua Parola il suo gregge amato.

La beatitudine è ripetuta per i fedeli, che stanno sempre a scrutare le "testimonianze", le rivelazioni certe fatte conoscere dal Signore, come fa l'uomo del *Sal* 1,2; questo significa darsi alla lettura della Parola giorno per giorno, porre ogni diletto in essa (v. 2). Anche il Signore Risorto rimanda i suoi discepoli a scrutare le Scritture (*Lc* 24,25-27.44-45), e riconosce che anche gli Ebrei del suo tempo lo facevano nell'attesa del Messia (*Gv* 5,39). È la prima e più salutare pratica per il fedele, poiché le "testimonianze" si possono comprendere solo così (18,8; 77,5), ponendovi il cuore, ossia tutto lo spirito (vv. 10.34; *Dt* 4,29; *2 Cron* 15,2).

Il Signore stesso però dà l'ordine salutare di custodire i suoi comandamenti, con tutta la cura (v. 4), e l'Orante sospira perché vuole che le proprie "vie", o comportamenti, siano sempre diretti a custodire le "giustificazioni" divine, i benefici e imperscrutabili Decreti divini che a suo tempo diventano interventi soccorritori, generosi e gratuiti (v. 5; 36,23). Perciò adesso l'Orante rivolge la sua epiclesi al Signore, per chiedergli di ottenere il bene, la grazia, in quanto è servo suo, vincolato dall'alleanza nel culto fedele (12,6); solo allora avrà la vita vera, e potrà custodire nel cuore le Parole del Signore, che portano a Lui (v. 17). Con un'altra epiclesi, di tipo "sapienziale", chiede la luce degli occhi al fine di contemplare le meraviglie nascoste nella Legge del Signore, e appropriarsene (v. 18).

E insiste, ancora con epiclesi, a chiedere al Signore che gli doni la sua Legge, quale via per apprendere le "giustificazioni" divine (v. 33).

Segue un'altra epiclesi sapienziale, che ricorre spesso nel Salmo (vv. 73.125.144.169; e 31,8; *Giob* 32,8; *Pr* 2,6; *Sap* 7,7; *Giac* 1,5): solo se il Signore concede l'intelligenza profonda, il suo servo potrà custodire la Legge divina, con tutto il cuore (v. 2), con tutta la sua esistenza santificata (v. 34).

Con il Versetto responsorio, v. 1b, i fedeli ripetono con il Salmista la loro beatitudine se procedono nella Legge del Signore, quella confermata e attuata da Cristo unico Maestro.

## III. Dall'Evangelo alla Chiesa

*L'Apostolo:* 1 Cor 2,6-10

Termina qui la parte che si legge del «discorso della Croce» (1,18 - 2,16), in prosecuzione dalla Domenica precedente.

Paolo afferma che con i perfetti, resi tali dall'Evangelo e dallo Spirito Santo (3,1; *Fil* 3,15; e *Mt* 5,48), egli «parla la sapienza» (*Giac* 3,5), e specifica che non si tratta di quella di questo secolo, neppure di quella dei principi malvagi di questo secolo, potenze perverse che portano la distruzione e la rovina (1,28), quelle contro i quali la Croce ha impegnato l'ultimo combattimento (v. 6). Bensì parla «da Sapienza di Dio in Mistero», quella nascosta nei secoli eterni in Dio, ma da Lui predestinata alla gloria degli uomini (v. 7). Ora, ai discepoli è donato il Mistero del Regno (*Mt* 13,35; *Col* 1,27), che è il Regno stesso in Cristo con lo Spirito Santo adesso pienamente manifestato (*Mt* 12,28; *Lc* 11,20), ma già preordinato dall'eternità per quanti l'accettano (*Rom* 16,25-26; *Col* 1,26; *Ef* 3,5.9). Nella sua Economia salvifica, da parte di Dio non esiste più segreto, che possa essere ancora desiderato o indagato. Tale è il Disegno eterno sapienziale divino; adesso è giunto alla sua piena attuazione, deve essere solo accolto.

Tuttavia non fu accolto da tutti; anzi i principi di questo mondo lo respinsero, in conseguenza crocifissero il Signore della gloria, come non avrebbero operato se l'avessero conosciuto (v. 8). L'espressione «principi di questo secolo», o mondo, può essere intesa in diversi modi. O si tratta dei governanti iniqui che processarono Gesù; oppure, secondo altri punti della teologia paolina, forse delle potenze misteriose, celesti, avverse al Disegno divino, che provocarono come causa vera la morte del Signore (*Ef* 3,1.12). Tuttavia agli esegeti questo non è del tutto chiaro, poiché si ha qui uno dei contenuti paolini più inesplicati. Il «Signore della gloria» è un'espressione unica nel N.T. L'unico parallelo, anch'esso raro, sta nel *Sal* 23,7-10, con il «Re della gloria» che entra trionfalmente in processione, con l'arca, nel santuario, a cui si debbono spalancare le porte. Il senso converge su Cristo Signore entrato nella Gloria eterna del Padre.

Ora, se queste misteriose potenze avessero conosciuto il Mistero, avrebbero anche conosciuto la Scrittura, che preannuncia il Bene divino:

*Quanto occhio non vide e orecchio non ascoltò,*
*e sul cuore dell'uomo non salì,*
*questo preparò Dio per quanti Lo amano.*

La citazione è *Is* 64,4, dal greco (*Ger* 3,16; *Eccli* 1,8). Si ha qui la *hetoimasía*, la preparazione eterna del Consiglio divino (*Giac* 1,12; *Mt* 26,34; *Ebr* 11,16), che predispone tutto al sommo bene, come ricorre in *Rom* 8,28-30. L'uomo non l'immagina, con tutta la sua esperienza (occhio e orecchio) e con il suo ragionamento (il cuore). Resta un tratto tragico in quel «per quanti Lo amano», che fa comprendere come Dio vuole essere accettato. Chi Lo respinge volontariamente, cade nell'autorovina (v. 9).

La Bontà divina è supereccessiva, dicono i Padri, e con ragione. Dio ha impegnato tutto se stesso, la sua Vita, il Figlio, il suo Spirito Santo, per questa Rivelazione. E non la fece scaturire da uomini, anche se questi furono i mediatori necessari, i profeti che sono i suoi portaparola, i quali nulla parlarono di propria iniziativa di quanto dissero. Solo lo Spirito Santo infatti conosce tutto e tutto scruta (*Pr* 20,17), anche «le profondità», l'Abisso trascendente di Dio, essendo Egli stesso Dio da Dio, partecipante consustanziale e sussistente al Consiglio divino dall'eternità (v. 10).

Così la Rivelazione è completa: lo Spirito Santo rivela il Signore della Gloria, Cristo Risorto, «il Crocifisso», il Mistero di Dio, l'Abisso del Padre. E Cristo rivela pienamente il Padre, Mistero del tutto rivelato, e riporta al Padre, ai Beni indicibili che Egli ha preparato per quanti Lo amano, essendo questi già prima amati da Lui.

## IV. La Preghiera della Chiesa

*1. L'eucologia*

La Colletta chiede che come Dio promette di abitare dentro cuori retti e sinceri, così dia ai suoi fedeli la sua grazia per cui possa degnarsi di dimorare in essi.

La Preghiera sulle offerte chiede che il sacrificio di oggi segni la purificazione dei fedeli, e che essi, praticando la divina Volontà, ne ricevano l'eterno premio.

La Preghiera dopo la comunione chiede che questa partecipazione faccia desiderare le Realtà divine di cui i fedeli vivono.

*2. La Prece eucaristica*

Il Prefazio è a scelta tra quelli del Tempo per l'Anno.

# Domenica
# «del 'siate perfetti come il Padre'»
# VII del Tempo per l'Anno

## I. Intorno all'Evangelo

*1. Antifona d'ingresso:* Sal *12,6a-c,* SI.

L'unica speranza dell'Orante è la divina Misericordia, da sempre, come ricorda al Signore. La sua esistenza esultò ed esulta nella salvezza di cui Egli è ricco. Così il Salmista si impegna a cantare l'azione di grazie e la lode al Signore, sempre largo nel donare i suoi beni (9,15; 118,17), allora come adesso.

*2. Alleluia all'Evangelo: 1* Gv *2,5.*

L'affermazione dell'Apostolo pone in rapporto la perfetta custodia della divina Parola operata dai discepoli, con la carità divina che risiede nei discepoli stessi. Questa deve essere rivolta insieme, nella fede a Dio, e nella fede e amore ai fratelli. Nessuna carità è più completa. La Fonte immacolata è la Parola, il fine è l'amore che unisce con Dio e con il prossimo.

*3. L'Evangelo:* Mt *5,38-48*

Si rimanda prima all'Approfondimento apposto sopra, alla Domenica III.

Il «discorso della montagna» (*Mt* 5,1 - 7,29) prosegue ancora, e si dirige adesso verso il centro stesso, il cuore della fede cristiana, l'amore verso i nemici. Della fede cristiana però questo cuore è anche uno dei punti meno accettati dagli uomini, per non parlare delle altre religioni come l'islamismo, che pone l'odio per i nemici come regola di vita, possibilmente fino allo sterminio, se non si accetta la conversione forzata. In effetti, è una norma che ripugna alla natura umana, non foss'altro che per quell'istinto di difesa che anima ogni fibra dell'esistenza di ogni uomo. Ma la lettera della norma è questa, deve essere solo accettata.

La pericope sta in prosecuzione con quella della Domenica precedente. È la quinta parola nuova del Signore, delle sei che questo contesto proclama. Nella Legge antica stava la ferrea «legge del taglione», formulata con il classico «occhio per occhio e dente per dente» (*Lev* 24,19-20) (v. 38). Va detto subito che taglione viene dal latino «*talio esto*». E che la legge biblica, al contrario di come si crede di solito, era una norma restrittiva e a suo modo benefica. Nel senso che in antico la vendetta per un danno o un'offesa subiti era illimitata. Si veda solo *Gen* 4,23-24, il piccolo «canto di Lamek»:

*Ada e Zilla, ascoltate la mia voce,*
*mogli di Lamek, ascoltate la mia parola:*
*io uccido un uomo per una mia ferita,*
*un giovane per un livido!*
*Caino sarà vendicato 7 volte,*
*ma Lamek 77 volte!*

Si confronti solo con *Mt* 18,22, dove Gesù prescrive a Pietro di perdonare non 7 volte, ma 70 volte 7, numero simbolico dell'iperbole, dell'infinito. La vendetta antica era illimitata, implacabile e feroce, e per raggiungere la soddisfazione poteva essere esercitata indifferentemente sul colpevole, vero o presunto, o su un familiare, o su una persona del suo gruppo, perfino sui suoi beni. Essa era quindi diretta o trasversale, la più abietta forma di incitamento alla delinquenza comune organizzata, come è il cancro divoratore della mafia.

La Legge viene a porre un limite drastico. A un danno si dà la riparazione proporzionata: se un dente, si paga solo un dente. Si poteva talvolta, per il reato colposo, addivenire a transazione pacifica, riparando il danno con versamento pecuniario. La colpa anche grave perpetrata per inavvertenza andava assolta. Preoccupava invece di reprimere il reato, previa l'identificazione del colpevole; se questa non avveniva, si procedeva ad apposito rito e la colpa cessava. E soprattutto premeva l'identificazione del colpevole, affinché non restasse impunito, dandosi esca al proliferare e al perpetuarsi dei delitti.

Anche di fronte a questa legislazione tutto sommato, tenendo conto dei costumi antichi, assennata ed equilibrata, il Signore sconvolge tutto. «Io parlo a voi» suona in assoluto, completato dal paradossale: non resistere al nemico malvagio, non resistere al male. Se colpito, non rifiutare di offrirti per essere ancora colpito; qui, con lo schiaffo, ch'era ed è un'offesa gravissima (v. 39). In giudizio, occorre cedere tutto, fino a farsi spogliare; se l'avversario vuole la tunica, gli si deve abbandonare anche il mantello (v. 40). Se costretti a fare un miglio, se ne debbono fare spontaneamente due, per volenterosa concessione (v. 41). Mai si deve rifiutare a chi chiede, mai si deve rifiutare un prestito. Quest'ultimo tratto viene dall'A.T., dalle provvide leggi del Giubileo e dell'Anno sabbatico (ad es. *Dt* 15,1-11), poste per giungere alla ricomposizione ordinata della compagine sociale, dove tra fratelli non debbono esistere diaframmi sociali, tanto meno d'ordine economico, che sono i più gravi, quelli che alienano i fratelli ad esempio intorno all'eredità, anche misera (v. 42). Vedi anche *Lev* 25,8-22.

Ma chi, colpito, accetta d'essere ancora colpito, chi si fa spogliare delle vesti, chi accetta di fare 1 o 2 miglia gravato dalla Croce, chi dona tutto e sempre? È chiaro. Cristo solo. Che si pone, senza esporsi con il nome, quale esempio supremo di comportamento della divina carità. La sua Passione attua alla lettera tutte queste parole paradossali. La Passione è il Paradosso divino.

Viene adesso il sesto detto, che corre al culmine di tutto il discorso. Nella Legge antica stava il precetto grave e difficile dell'amore per il prossimo (*Lev* 19,18; *Es* 23,4-5). L'interpretazione extrabiblica di qualche scuola isolata aveva aggiunto una massima dura, dettata dalla paura e dalla difesa: odierai il nemico tuo (v. 43). Ma questo non viene dalla Legge antica. Ancora una volta Gesù spinge verso la continuazione, la rottura e il superamento. L'amore verso il prossimo, doveroso, è ampliato illimitatamente. Poiché per la legge dell'unica creazione dell'unica «imagine e somiglianza di Dio» (*Gen* 1,26-27), tutti sono prossimo, anche, e forse di più, i nemici, che hanno più bisogno di carità; ora la prima carità è pregare per loro, anche se persecutori spietati (v. 44), poiché solo così si diventa figli veri del Padre di tutti, dispensatore provvido del suo sole benefico su cattivi e buoni, e della sua pioggia benefica su giusti e ingiusti (v. 45). Il Padre Buono non è un «Dio ragioniere», pronto a far scattare in modo meccanico e isterico, come molti vorrebbero, una cieca retribuzione delle colpe, la legge del taglione, «occhio per occhio». Al contrario, nella sua longanimità eccessiva, lascia ai malvagi e iniqui lo spazio per la conversione, sperandovi fino all'ultimo. Tema imponente nella Scrittura (per il N.T., vedi 1 *Tim* 2,4; *Tit* 2,4.6.11; 2 *Pt* 3; per l'A.T., vedi *Ez* 3,18; 18,23.32; *Eccli* 11,14; *Sap* 1,13; 11,24; 12,19).

La spiegazione che viene è di perfetta logica conseguenza. Anche la peggiore specie di taglieggiatori del popolo santo, gli esattori delle imposte per conto degli occupanti romani, un ceto considerato impuro e abietto, escluso dall'assemblea cultuale del popolo di Dio, amano chi li ama. Ma il discepolo del Signore che agisca così, non ha alcun merito (v. 46). Anche i pagani senza legge e senza morale hanno amicizia, "salutano" quelli che sono amici, da cui «sono salutati». Il discepolo del Signore che agisce così, non fa più di loro (v. 47). Il problema sta posto in modo molto diverso dalla logica umana e da Dio, sia pure in favore degli uomini.

Ed eccolo spiegato dall'ultimo precetto, il massimo di tutti: «Siate perciò perfetti come il Padre vostro celeste è Perfetto!» Il detto viene, ma modificato, come si è accennato, da *Lev* 19,2: «Siate santi, poiché Io sono Santo!». Perfetto qui è *téleios*, uno compiuto, adempiuto, che ha raggiunto la massima forma. Ha raggiunto la Santità divina. Anzi, si è lasciato rendere perfetto da Dio, quasi assorbire dalla sua Santità. Non è data una spiegazione più a fondo. Il v. 48 va esplicitato con il suo parallelo lucano: «Siate misericordiosi, come il Padre vostro è Misericordioso!» (*Lc* 3,36). Vedi la Domenica VII, Ciclo C.

La perfezione, la santità, in Dio e nell'uomo, consiste quindi nella misericordia. Qui sta il culmine che insegna l'intera Scrittura.

*4. Antifona alla comunione:* Sal *9,2a-3,* AGI.

Come il Salmista, «oggi qui» i fedeli vogliono narrare tutti i «fatti mirabili» divini (25,7; 74,2; 77,4; 95,3; 104,5; 144,5), il modo sovrano per conoscerli, prenderne atto, accettarli, viverli e celebrarli. E vogliono gioire di perfetta esultanza nel Signore Misericordioso (30,8; 44,16), esprimendo tutto questo nel canto di Salmi al Nome divino dell'Altissimo (7,18; 82,19). La divina Misericordia anche oggi infatti dona la Parola di Vita, la Mensa del Convito della Vita, la comunione alla Chiesa, Madre di Vita, nell'opera inconsumabile dello Spirito Santo che essi ricevono con infinita abbondanza.

## II. Verso l'Evangelo: l'A.T.

*La Profezia:* Lev *19,1-2.17-18*

Nella struttura del *Levitico*, il blocco imponente dei cap. 17-26, distinguibile chiaramente per prospettive e linguaggio, è detto dai critici «legge di santità». Le prescrizioni regolano in pratica tutta la vita del «popolo santo del Signore». E così per il culto (17,1-16); per la vita coniugale (18,1-30); per la morale e di nuovo per il culto (19,1-37); per le sanzioni penali (20,1-27); per il sacerdozio (21,1-24); per la partecipazione al convito sacro (22,1-33); per il calendario delle feste annuali (23,1-44); per alcuni riti complementari (24,1-9); per estirpare la bestemmia e limitare la vendetta (24,10-23); per il culmine della santità del popolo di Dio, la carità che si esprime nell'Anno giubilare (25,1-54, con molte articolazioni). Concludono le benedizioni per chi aderisce alla Legge, e le maledizioni per chi la rigetta (26,1-46).

Il cap. 19 sta come al centro di questa legislazione in vista della santità del popolo. Esso è scandito dalla clausola «Io, il Signore Dio vostro», dal quale proviene la Parola della Santità. I vv. 9-10 e 15-18 sono propriamente un vero decalogo della carità, che merita di essere riconosciuto e approfondito; i vv. 11-14 invece ripetono i precetti 5°, 6°, 7°, 8°, 9° 10° del decalogo maggiore (ossia *Es* 20,1-17).

L'inizio si accorda con la proclamazione evangelica di oggi, in quanto parte dalla Parola divina comunicata dal Signore a Mosè (v. 1), con la suprema prescrizione a tutta la comunità dei «figli d'Israele»: «Siate santi!» Il motivo è la Santità stessa del Signore, la quale è spiegata e trattata ampiamente nei cap. 17-26, come si è detto (v. 2). Santità che indica d'altra parte l'allontanamento da ogni forma di impurità che limiti la trasparenza immacolata della vita, impurità impossibile in Dio, ma purtroppo normale o quasi negli uomini. Trasparenza vuol dire anche comunicazione della divina Bontà. La Santità divina infatti è massimamente comunicabile, e di fatto comunicata nella Bontà divina.

Il v. 17 contiene una parte del 5° comandamento di questo speciale decalogo. Esso segue il 4° al v. 16, nella prescrizione: non sparlare del prossimo, non fare impeto contro di lui. Prosegue il v. 17a: non odiare il fratello (*Ger* 9,8; 1 *Gv* 2,11; 3,14). Il v. 17bc contiene 2 precetti, il 6°, rimprovera francamente il tuo prossimo, e questa è la «correzione fraterna» (*Sal* 140,5; *Pr* 27,5-6; 28,23; *Eccli* 19,13; *Mt* 18,15; *Lc* 17,3; *Gal* 6,1; *Ef* 5,11); e il 7°, non gravarti di colpa per lui (22,16; *Rom* 1,32; 1 *Tim* 5,22; 2 *Gv* 11).

Il v. 18 contiene ben 3 comandamenti del «decalogo della carità». L'8° (v. 18a), è breve e netto: non devi vendicarti. La norma ricorre altre volte nell'A.T. (*Pr* 20,22; *Eccli* 18,1), prima di diventare una costante del N.T. (*Rom* 12,17.19; *Ebr* 10,30). Infatti se vendetta è giustizia, deve essere lasciata al Signore, l'unico Giusto e l'unico Giudice, com'è proclamato già nella Legge come parola del Signore:

*A Me la vendetta e la ricompensa,*
*quando il loro piede sarà scosso,*
*poiché vicino sta il giorno della rovina,*
*e viene rapida la loro sorte!* (*Dt* 32,35),

testo citato in *Rom* 12,19.

Il v. 18b proclama una norma più sottile e più radicale, il 9° precetto: non si deve neppure conservare il rancore contro i fratelli.

E finalmente al v. 18c il culmine riassuntivo e totale: «Anzi, tu ami il prossimo tuo come te stesso - Io, il Signore!», che è il 10° e culminante precetto. Con l'altro, di *Dt* 6,4-5, l'amore verso il Signore, l'A.T. qui ha raggiunto il culmine della Rivelazione divina. Il N.T. accoglie questo culmine e lo rende ormai, per così dire, normale e totalizzante, e come tale obbligante: *Mt* 5,43; 19,19; 22,39; *Mc* 12,31; *Lc* 6,27; *Gv* 13,34; *Rom* 13,9; *Gal* 5,14; *Giac* 2,8.

*Il Salmo:* Sal *102,1-2.3-4.8 e 10.12-13, I*

Questo poema meraviglioso è a sua volta un altro dei culmini della rivelazione dell'amore divino per gli uomini, sia per Israele, sia per quanti temono il Signore. È una delle fonti per intendere il Disegno divino, i cui temi si ritrovano largamente nell'A.T. e nel N.T.

Come forma letteraria, si tratta di una compatta "benedizione", come fa intendere l'inclusione letteraria che formano i vv. 1a e 22c, l'inizio e la fine. Il Signore è benedetto lungo l'intero componimento, a motivo della sua Persona, dei suoi titoli e delle sue opere. Ma Persona, titoli e opere sono solo e per intero bontà e misericordia.

All'inizio l'Orante rivolge a se stesso un coortativo innico, la forma dell'imperativo della prima persona. La sua anima, tutto il suo interno sono invitati a benedire il Nome ed il Signore (v. 1); così ancora il *Sal* 103,1, immediatamente successivo e molto connesso. Il v. 2a ripete l'invito all'anima, e insieme l'imperativo cogente a non dimenticare i benefici divini (v. 2b), come già esortava *Dt* 6,12; 8,11.

Ai vv. 3-5 ricorre una serie di «participi innici», verbi al presente, che indicano l'operazione divina continua. Essi servono anche di motivazione alla benedizione. Il primo è «il Propiziante» tutte le iniquità dell'Orante, che rappresenta il popolo (i titoli di *Es* 34,7; *Mt* 9,2; *Lc* 7,47-48), e il secondo è «il Guarente» tutte le sue malattie materiali e morali (146,3; *Es* 15,26; *Is* 53,5; *Mt* 8,17, il Servo inviato per questo), riflesso costante della Bontà divina (v. 3).

Al v. 4 altri due participi innici, «il Redimente» dalla corruzione della morte la vita dell'Orante (*Sal* 48,16), e «il Coronante» il suo fedele di bontà e di tenerezza (2 *Tim* 4,8; *Giac* 1,12).

I titoli principali vengono, in due doppietti, al v. 8. Si sono visti alla Domenica della SS. Trinità, commentando Es 34,4b-6.8-9; lì si rinvia. Tutti e 4 indicano la Bontà divina come tenerezza, gratifica, longanimità e multimisericordia.

Per queste qualità divine, il Signore non retribuisce secondo le iniquità dei suoi fedeli (*Ez* 20,44). Il Salmista in altro luogo proclama infatti: «Se Tu, Signore, tieni conto delle iniquità, Signore, chi potrà sussistere?» (*Sal* 129,3, il *De profundis*, che rimanda a 89,8; 142,2; e *Giob* 9,3). Né il Signore retribuisce tenendo conto dei peccati degli uomini (v. 10). Al contrario, Egli allontana da essi le loro iniquità, le rende irraggiungibili, come lo sono tra essi l'oriente dall'occidente (*Is* 38,17; *Mich* 7,19), e perciò le rende inefficaci (v. 12).

La motivazione finale è commovente: il Signore mostra la sua tenerezza per quanti Lo temono, come un padre è tenero con i suoi figli (*Gioel* 2,18; *Mal* 3,17; *Lc* 15,11-24). Il culmine è raggiunto (v. 13).

Il Versetto responsorio, v. 8a è intercalato dai fedeli al canto del Salmo, che ripetono che il Signore è Tenero e Gratificante; la ripetizione indica la perennità di questa divina disposizione.

## III. Dall'Evangelo alla Chiesa

*L'Apostolo: 1* Cor *3,16-23*

La parte dottrinale dell'epistola entra adesso nel vivo di una seria questione, che sta sommamente a cuore all'Apostolo, la struttura compatta della sua comunità. Nei vv. 5-15 egli rivendica la propria posizione apostolica inattaccabile, di annunciatore dell'Evangelo, e di fondatore di Chiese, da lui edificate come sapiente architetto sulle fondamenta uniche, ossia su Gesù Cristo. L'edificio così innalzato sarà provato dal fuoco. Ma esso ha un valore unico, propriamente divino.

Infatti Paolo domanda severamente se i fedeli ignorino d'essere «tempio di Dio», dove lo Spirito di Dio inabita (v. 16). Il tempio, naós, è una realtà complessa dalla duplice coestensiva priorità. È il luogo visibile che raduna i fedeli, un segno della loro unità nella fede e nell'adorazione, e insieme è «il luogo» dove abita la Presenza del Signore stesso (6,19; 2 *Cor* 6,16; *Ef* 2,21; 1 *Pt* 2,1-10). Ma è precisato: «tempio dello Spirito Santo», che «vi inabita». Questa divina Presenza è anzitutto lo Spirito Santo, che porta in tale dimora il Figlio, che a sua volta porta sempre con sé il Padre. L'adorazione perciò sale al Padre «nello Spirito Santo e mediante il Figlio». Lo Spirito Santo è la divina Energia, che fa avanzare la comunità verso l'adorazione (testi come *Gal* 4,6; *Rom* 8,15; *Fil* 3,3; *Giud* 20; *Rom* 12,1; e *Ap* 22,17). Ora, lo Spirito Santo «inabita nei cuori» dei fedeli come divina Carità, perché lì fu effuso dal Padre dal battesimo in poi (*Rom* 5,5). E per tutto questo al tempio, inteso nel duplice senso qui annotato, va dedicato il massimo rispetto. Chi lo corrompe, lo porta alla rovina, sarà portato alla rovina della corruzione eterna da Dio stesso (v. 17a). Infatti il tempio di Dio, della Santità di Dio ch'è lo Spirito Santo, è santo, sempre nel duplice senso esposto sopra. La persona dei fedeli e la comunità sono questo tempio, sono santi dal battesimo in poi (2 *Cor* 7,1), e qui non si ammette diminuzione o scomparsa della santità, ma solo crescita all'infinito, indotta dallo Spirito Santo (v. 17b). I Padri in precisa conseguenza chiamano la Chiesa *naophóra*, portatrice del tempio, e i fedeli *naophóroi*, portatori del tempio, e tempio vivente e permanente e attivo.

L'Apostolo ritorna motivatamente a quanto aveva esposto nel «discorso della Croce» (1,18 - 2,16). Perciò eleva un altro rimprovero: nessuno inganni se stesso, come ripeterà altre volte (6,9; *Gal* 6,3). E così chi si reputa sapiente secondo questo mondo, deve diventare pazzo affinché si riconverta sul serio in sapiente (v. 18; 8,2; *Ger* 8,8-9). La motivazione è dura e non ammette repliche. Infatti la sapienza del mondo (1,20) presso Dio è pura pazzia, un vuoto totale della mente. Paolo fonda questa affermazione sulla Scrittura, con due citazioni, una da Giobbe (5,13): il Signore è il racchiudente, e comprimente, i sapienti nella loro stessa astuzia, la quale perciò conduce alla rovina (v. 19). L'altra dal *Sal* 93,11: il Signore conosce bene i ragionamenti dei sapienti, che sono vani e vuoti (v. 20).

Tra gli uomini quindi nessuno ha motivo di vantarsi (v. 21; e vv. 4-5; 1,12 e 4,6). Al contrario nei fedeli deve sorgere la legittima fierezza per la loro condizione unica. A essi tutto appartiene per diritto non umanamente acquisito, ma divinamente concesso in quanto battezzati nella fede. Perfino le persone appartengono a essi, e anzitutto gli annunciatori accreditati dell'Evangelo, come Paolo, Apollo, Cefa, E poi le realtà create, come il mondo, la vita, la morte. E poi il presente ed il futuro di Dio (anche *Rom* 8,29), tutto e per tutto (v. 22). E reciprocamente, essi, con tutto questo immenso patrimonio, appartengono a Cristo (2 *Cor* 10,7; *Gal* 3,20), e Cristo a Dio (11,3). Il circolo è compiuto nella «reciproca inabitazione», che ha come termine il Padre e la sua eternità beata (v. 23).

## IV. La Preghiera della Chiesa

*1. L'eucologia*

La Colletta è una richiesta fondata su un gioco di parole: noi meditiamo cose razionali, e con parole e fatti le eseguiamo con la grazia.

La Preghiera sulle offerte è generica: i Misteri siano per la gloria divina e per acquisire l'umana salvezza.

Così la Preghiera dopo la comunione, che chiede di conseguire l'effetto totale del pegno percepito nella partecipazione eucaristica.

*2. La Prece eucaristica*

Solita scelta del Prefazio tra quelli disposti per il Tempo per l'Anno.

# Domenica
# «del Padre Provvido»
# VIII del Tempo per l'Anno

## I. Intorno all'Evangelo

*1. Antifona d'ingresso:* Sal *17,19b-20*, SR.

Questo Salmo solenne e drammatico, narra le vicende incerte e poi felici del Re messianico sostenuto dal suo Signore, e si apre con una sequela innica di titoli divini:

> *Io amo Te, Signore, Forza mia,*
> *Signore, Rupe mia, Fortezza mia, Liberatore mio,*
> *Dio mio, Rocca mia, in cui mi rifugio,*
> *Scudo mio, Corno di salvezza mia, Asilo mio,*
> *e degno di lode io proclamo il Signore,*
> *e dai nemici miei sono salvato (vv. 2-4).*

L'Orante prosegue nel riconoscere che unico Protettore per lui fu il suo Signore (v. 19b); Egli lo trasse al largo dal pericolo (v. 37; 4,2; 30,9; 117,5; *Pr* 4,12; *Giob* 3 6,15-16), lo portò alla salvezza, poiché il suo Signore ebbe amore per lui (v. 20), una continua cura provvidente per il Re amato, posto come salvezza per il suo popolo. Vedi l'Evangelo.

*2. Alleluia all'Evangelo:* Ebr *4,12a.c.*

Il testo contiene una delle più immediate definizioni della Parola divina: essa è Vivente e personale (*Sap* 18,15-16; *Ger* 23,29; 1 *Tess* 2,13). È onnipotente ed efficace. E nella sua irresistibilità è Sapienza infinita, che giunge nel più intimo dell'uomo, nei suoi pensieri riposti e spesso tenebrosi (1 *Cor* 14,24-25), nella sua volontà così spesso incerta e vacillante.

*3. Evangelo:* Mt *6,24-34*

Si prega di leggere prima l'Approfondimento necessaria, apposta sopra, alla Domenica III.

Prosegue il «discorso della montagna» (*Mt* 5,1 - 7,29). L'attenzione è adesso convogliata da Gesù verso il comportamento dei discepoli nella vita, dove l'aspetto materiale non deve mai sopraffare quello dei diritti di Dio.

Il primo diritto di Dio è di essere il Sovrano senza rivali umani. I discepoli debbono decidersi una volta per sempre, non possono servire «due (o più) signori», poiché il loro animo si dirigerà di preferenza verso uno, che ameranno, che a essi piacerà, mentre di necessità l'altro non sarà preferito, nel linguaggio biblico, sarà odiato (l'ebraico e l'aramaico non hanno il verbo per indicare "preferire"), sarà perciò mal servito e poi forse sempre più disatteso, fino al suo abbandono (v. 24a; 16,13; *Rom* 6,16; *Gal* 1,10; *Giac* 4,4). È inevitabile per ogni uomo. Tuttavia questa sorda lotta si può ridurre di fatto a due contendenti, come due poli che dirigono tutta la vita umana: servire Dio, oppure il mammona (v. 24b). Il greco *mamônás* trascrive l'aramaico *mamônâ'*, che per sé significa solo denaro, lucro; ma si pone in modo sinistro come lucro iniquo, come una personificazione, un idolo così spesso servito, ossia adorato dagli uomini (v. 24; *Lc* 6,9.11.13). Ed è chiaro, come l'esperienza quotidiana insegna, servire il mammona, il successo a tutti i costi, è come donargli l'anima, perdersi per esso, quando è diventato l'unico motivo emergente e sufficiente di un'esistenza vana, e che va verso la rovina. Cristo, ripetendo testi preziosi della Scrittura, quando è posto dal Tentatore di fronte al mammona, al successo imponente, ai regni del mondo e alla loro gloria, risponde con violenza efficace: «Va' indietro, satana! Infatti sta scritto (da Dio): Il Signore Dio tuo tu adorerai, e solo a Lui darai culto» (*Mt* 4,10, che cita *Dt* 6,13). «Dio tuo» come sempre è la formula dell'alleanza. Il contrario è l'alleanza con il «mammona proprio». La scelta per molti è drammatica, ma pende in modo quasi inevitabile verso lo smodatamente desiderato mammona, nella tristezza amara dell'odiare, ossia di non preferire il

Signore Vivente.

Il mammona è quindi perdere l'anima dietro l'incanto effimero. Per questo il Signore incalza con formula solenne: «Io parlo a voi» (v. 25a). L'avvertenza severa è a non preoccuparsi per la propria vita nell'aspetto solo materiale, «mangiare e bere» qui è endiadi che indica totalità (vv. 28.31.34; 10,19; 13,22; *Lc* 10,41; 1 *Cor* 7,32; *Fil* 4,6; 1 *Tim* 6,6; *Ebr* 13,5; 1 *Pt* 5,7); e a non preoccuparsi anche per il vestire. Infatti gli uomini sono l'«immagine e somiglianza di Dio», e questo quanto al corpo e quanto all'anima, e agli occhi di Dio il corpo e l'anima valgono infinitamente di più del cibo e del vestire (v. 25), e questo dovrebbe essere anche la retta considerazione degli uomini.

Con linguaggio parabolico, il Signore rinvia ad esaminare con attenzione la creazione divina, tema oggi di drammatica attualità a causa del deterioramento fisico e chimico del pianeta. Ecco i volatili del cielo, questa meraviglia della creazione, che non seminano né mietono né raccolgono nei granai. Poiché precisamente il Creatore divino, il Padre provvido, e Padre anche per le sue creature più piccole, umili e gentili, nutre largamente i volatili (*Giob* 38, 41; *Sal* 146,9). L'argomentazione si conclude con il tipico procedimento rabbinico «dal minore al maggiore»: se è così, tanto più gli uomini sono un valore per il Padre Buono (v. 26; 10,29-31; 12,12; *Sap* 11,25). Ora, prosegue in modo stringente l'argomentazione, nessuno dei discepoli, nella sua preoccupazione per la vita, può aumentarsi la statura di un cubito (quasi mezzo metro, come tanti e tante desidererebbero, poiché questi centimetri in più farebbe comodo a molti, anche a diversi sportivi...) (v. 27; *Sal* 38,6).

L'esemplificazione vale altresì per il vestirsi, ancora oggi una preoccupazione vivace, che impegna somme folli. Anche qui il rinvio parabolico è andare a imparare dai gigli (forse però giacinti, che in Palestina formano in primavera interi tappeti); essi crescono liberamente nel campo, senza faticare per lavorare e senza industriarsi e tessere (v. 28). Il Signore usa di nuovo la formula solenne, poiché si tratta di un fatto importante: «Io parlo a voi », e propone uno splendido paragone. Neppure Salomone «in tutta la sua gloria» (1

*Re* 10,4-7; per cui però aveva dissanguato il popolo) si poteva confrontare con lo splendore di un solo giglio (v. 29). Viene di nuovo l'argomentazione di tipo rabbinico «dal minore al maggiore». Il giglio del campo in fondo è solo un'erba, oggi fiorente, domani, dopo la falciatura, è bruciata nel forno o nel camino; eppure Dio lo riveste in modo fantasmagorico e inimitabile. E tuttavia tanto più farà in favore dei discepoli, benché ancora siano «uomini dalla fede piccola» (v. 30; 8,26; 14,31; 16,8), ancora di nulla meritevoli.

Perciò seguono le esortazioni positive, da attuare. Non ci si deve preoccupare, anzitutto e soprattutto e quindi a scapito di ogni altro aspetto della vita, per il mangiare e per il bere e per il vestirsi (v. 31). Era l'antico avvertimento che risuonava già in *Dt* 8,1-3, testo che precisamente il Signore oppose al Tentatore, che gli proponeva, quando era affamato, di tramutare pietre in pane (4,4). Tale preoccupazione rovina la vita, assorbendola e non lasciandole spazio per altro, proprio come è costume di vita presso i pagani e i neopagani di tutti i tempi (v. 7; e 5,47). Mentre il Padre Buono sa bene che i figli suoi hanno necessità di tutto questo (v. 32). Cristo Signore già l'aveva detto introducendo al «Padre nostro» (6,8). Non solo, Egli ma chiederà stretto conto se si sia sovvenuto proprio a questa necessità dei fratelli (25,31-46), facendone il criterio unico del suo Giudizio finale.

Il fatto è che esiste una graduatoria delle vere necessità. Gesù non è così ingenuo da proporre il digiuno assoluto e il nudismo assoluto; Egli stesso è considerato un «mangione e bevone» (*Mt* 11,19), e indossa una veste così pregevole, che i soldatacci non la tagliano, ma se la sorteggiano (*Gv* 19,23-24). Tuttavia, in una logica nuova e benefica, occorre anzitutto e soprattutto cercare il Regno di Dio quale meta di tutti gli uomini, e la sua Giustizia, che è bontà e misericordia. Questo è quanto già spetta ai beati che con la loro condotta cercarono tali realtà supreme (5,3.10). Occorre allora attivare da parte di ciascuno la giustizia secondo Dio (5,20; *Sal* 54,23). Questo è l'essenziale, il Dono ambito che il Padre è pronto a concedere sempre ai suoi figli. E poiché Egli è il Donante senza limite, che si preoccupa dei figli suoi tutti insieme e uno per uno, il resto lo dona in più (1 *Re* 3,11-14; *Mc* 10,29-30; *Rom* 14,17; 1 *Tim* 4,8; 1 *Pt* 3,9), proprio in vista di far giungere i figli al Regno, giorno dopo giorno (v. 33). E di fatto, quando dona il pane quotidiano, quando rimette i debiti, quando non permette che la tentazione rovini del tutto gli uomini, quando libera dal Maligno, che altro sta facendo?

Il sigillo di questo è una parola difficile (v. 34). Non preoccuparsi del domani, che forse ci sarà e non ci sarà, e che ripropone da parte sua la preoccupazione quotidiana (*Giac* 4,13-14). Ecco il difficile: «basta al giorno la cattiveria sua». Ossia, ogni giorno deve preoccuparsi dei mali della vita. Tanto più i discepoli, che debbono affidarsi totalmente, con fede e fiducia, al Padre loro. Paolo da parte sua afferma: «come sapienti, redimete il tempo, poiché i giorni sono malvagi» (*Ef* 5,16), a essi si deve resistere con la Parola dello Spirito (*Ef* 6,13), nella coscienza nuova, quella del Regno da raggiungere.

*4. Antifona alla comunione:* Sal *12,6cd,* SI.

La risposta alla provvida Bontà del Padre è il canto dei fedeli. Egli donò a essi tutti i suoi Beni (9,5; 118,17), allora promessi, adesso realtà a loro disposizione. Donò se stesso nel Figlio con lo Spirito Santo; con la Parola e con la Mensa dei Misteri; con la Chiesa Madre di tutti; con la Comunione alla Pienezza dello Spirito Santo. I Salmi che essi cantano in questo momento è il giubilo riconoscente, e la lode adorante. Il Signore ama che a Lui si cantino i Salmi che ha donato al popolo suo.

## II. Verso l'Evangelo: l'A.T.

*La Profezia:* Is *49,14-15*

Il misterioso Profeta con la sua scuola, che i critici credono di individuare come il «Secondo Isaia» (*Is* 40-55), scrive durante l'esilio, qualche decennio prima della fine della prigionia, per rincuorare gli esiliati e disporli al grande evento del «secondo esodo», il ritorno in patria. La pericope di *Is* 49,7-26 trattano questo tema fondamentale per la vita dell'Israele che deve essere rigenerato, ma che adesso è ancora molto spento e demoralizzato nella prigionia forzata di Babilonia.

È posta una "lamentazione" sulla bocca di Sion, la Sposa del Signore. Essa parla del suo Signore e Sposo divino, piangendo di dolore e di rimorso, e credendo di essere stata abbandonata (anche 40,27; 54,6; 62,4) e addirittura dimenticata da Lui (v. 14). Sono pensieri solo umani, apparentemente giustificati dalla condizione di estremo degrado in cui la Sposa versa adesso lontano dalla patria amata.

Invece il Signore veglia sulla sua Sposa, e non ha mai cessato di farlo. Di certo permise che i suoi nemici provocassero la sua catastrofe nazionale e l'esilio, tuttavia secondo una sapiente pedagogia, a scopo medicinale e quindi temporaneo. Egli risponde in modo immediato per la bocca del Profeta, e con linguaggio di parabola: mai una donna può dimenticare il bambino che allatta con il suo seno prosperoso (43,1; *Sal* 26,10; *Eccli* 4,11), mai può cessare di amare con tutta l'intensità del suo cuore materno la carne concepita nel suo grembo, sentita come sua. Anche se per assurdo, ma non concesso, una madre agisse così, ebbene, il Signore non usa comportarsi così. Una prostituta, tuttavia madre, una volta preferì cedere il proprio bambino a un'altra prostituta, anziché vederlo squartato dalla spada di Salomone (1 *Re* 3,26). Il Signore, molto di più. Egli non si dimentica, e si sa che «non dimenticare» è fare memoriale, e questo significa accettare l'oggetto memorato, conferendogli esistenza e favore (*Ger* 31,20). Per questo la Sposa sarà redenta, santificata, riassunta nella sua dignità di diletta dallo Sposo che si cura di lei anche da lontano, anche nelle apparenti condizioni negative (v. 15). Nei versetti che seguono, questo significa che la Sposa sarà di nuovo Madre feconda di figli.

*Il Salmo:* Sal *61,2-3.6-7.8-9ab*, SFI

La fiducia totale dell'Orante è espressa fin dall'inizio, con una dichiarazione che suona come polemica per quanti non intendono vivere così: solo dal Signore, presso Lui, nel suo santuario, alla sua Presenza trasformante, il Salmista trova benefico riposo, l'appagamento di ogni suo desiderio dell'esistenza, tutta la sua salvezza a cui tendeva da sempre (v. 2). Con immagine figurata, egli concepisce l'opera del Signore per lui come offrirsi quale Rupe invincibile, dove si trova la salvezza da ogni nemico, la Fortezza potente, dove non si prova più terrore né scuotimento (v. 3; 10,27).

L'Orante quindi può esortare la sua anima, tutto se stesso, ad affidarsi alla quiete che solo il Signore sa donare. Solo in Lui egli trova finalmente la forza della sopportazione, della pazienza, della costanza che vince ogni avversità (v. 6; e v. 2). Si tratta di un ritornello ricorrente, costituito dai vv. 2-3 e 6-7, che ripetono i medesimi temi (e da questo punto di vista, la scelta dei versetti non pare troppo felice).

Altre espressioni descrivono la condizione di fiducia a cui l'Orante si abbandona, con diverse ripetizioni. il Signore per lui è la Salvezza, ed è anche l'unica gloria (3,9), la Fortezza e il Rifugio sicuro (v. 8). Perciò adesso si rivolge a «tutta l'assemblea del popolo» (meno buona la versione latina al plurale, non autorizzato dal greco né dall'ebraico), esortandolo ad avere fiducia solo in Dio, alla cui Presenza si deve riversare la piena grata e gioiosa e laudante del cuore fedele (v. 9; *Sal* 41,5; *Lam* 2,19). Nel Signore, che concentra in sé l'intera e fausta speranza dei fedeli, si trova anche la somma dei beni, che come provvido Donante Egli sa distribuire ai suoi figli.

Il Versetto responsorio, v. 2a, fa cantare e ripetere come una cadenza gioiosa, che i fedeli ripongono nel Signore ogni loro fiducia, ed Egli dona a essi il suo mirabile riposo presso di sé.

## III. Dall'Evangelo alla Chiesa

*L'Apostolo: 1* Cor *4,1-5*

Paolo passa a trattare della sua condizione di annunciatore dell'Evangelo nel lungo tratto che va da 3,5 a 4,21. Tra le sue funzioni sta quella di architetto dell'edificio che è la comunità tempio dello Spirito Santo (Apostolo della Domenica precedente). Adesso vanta altri titoli e altre funzioni, che derivano dal suo essere e operare come Apostolo di Cristo.

E anzitutto richiama i suoi fedeli a considerarlo rettamente. Egli infatti è *hypêrétês*, ministro in servizio, ed *oikonómos*, distributore ed amministratore. La prima funzione è relativa esclusivamente a Cristo (3,5), la seconda al «Mistero di Dio». Servendo Cristo, è di fatto amministrato, dispensato, distribuito a tutti i fedeli il divino Mistero della Rivelazione e della redenzione. Questo significa anzitutto l'Evangelo, nella provvida amministrazione (9,17; 1 *Pt* 4,10) di chi di esso si è fatto servo (v. 1). E servo fedele, come è proprio dell'amministratore probo e responsabile (*Mt* 24,45; 25,21.23; *Lc* 19,17; *Ebr* 3,5; 1 *Tim* 3,13). Tra questi ministri si ricerca almeno uno con tali requisiti (v. 2).

Tuttavia Paolo rifiuta ogni giudizio umano, sia dei Corinzi, sia dal «giorno umano », questo tempo che passa senza lasciare traccia; anzi, neppure sottopone se stesso al proprio giudizio (v. 3). Di se stesso non ha coscienza di qualche cosa, in bene o in male, riguardo alla propria funzione apostolica. Egli ha sospeso ogni giudizio, e in nulla perciò è giudicato, ossia condannato o assolto, benché altre volte si sia presentato all'esame delle sue comunità come immune da qualsiasi colpa (a Mileto, *At* 20,18-21; e anche davanti al sinedrio, *At* 23,1). Infatti egli si rimette all'unico Giudice giusto, Dio (v. 4).

In consonanza con le parole del Signore (*Mt* 7,1-5), Paolo invita i suoi fedeli a non giudicare prima del tempo; il giudizio maturo avviene solo quando tutto sia compiuto. Prima, ogni giudizio è temerario (*Lc* 6,37; *Rom* 2,1; 14,13). Allora, quando verrà il Signore (*Gv* 21,22; *Rom* 2,16), illuminerà e metterà allo scoperto i segreti gelosi delle tenebre, ossia del peccato (3,13), e renderà manifesti i consigli dei cuori, malvagi e buoni. Solo allora tutto sarà adempiuto, e solo allora Dio assegnerà la lode a ciascuno secondo i meriti che Egli solo sa valutare (v. 5; 25,21.23.34-36).

## IV. La Preghiera della Chiesa

*1. L'eucologia*

La Colletta chiede la pace del mondo secondo le disposizioni divine, e che la Chiesa svolga nella gioia spirituale il culto devoto.

La Preghiera sulle offerte riconosce che la Chiesa offre al Padre quanto Egli già prima aveva donato e ne attribuisce i meriti, e chiede che questo giovi per il premio eterno.

La Preghiera dopo la comunione chiede i frutti della partecipazione eucaristica in vista della Vita eterna.

*2. La Prece eucaristica*

Il Prefazio va scelto tra quelli disposti per il Tempo per l'Anno.

# Domenica
## «della casa sulla roccia»
## IX del Tempo per l'Anno

### I. Intorno all'Evangelo

*1. Antifona d'ingresso:* Sal *24,16-18,* SI.

Con l'Orante, i fedeli pregano che il Signore riguardi verso di loro (68,17; 85,15; 118,132), nella sua infinita Misericordia, poiché se essi sono da Lui abbandonati, allora sono realmente soli e poveri (v. 16). A questa prima epiclesi si aggiunge l'altra, parallela e analoga, con cui essi chiedono al Signore di scrutare l'umiltà e la tribolazione di quanti Lo pregano, e quindi di perdonare tutti i peccati commessi (v. 17). L'invocazione e acclamazione che viene a sigillare queste epiclesi forti e ripetute dall'Orante e dalla comunità che si identifica con lui, è «Dio mio», la formula dell'alleanza fedele del Signore, per il cui titolo Egli è largo nell'intervenire (v. 18).

*2. Alleluia all'Evangelo:* Gv *15,5.*

Nella Cena il Signore proclama di essere la Vigna o Vite feconda, che è la figura della divina Sapienza scesa in mezzo agli uomini per donare ad essi i suoi pingui frutti (*Eccli* 24,23; *Ger* 2,21). La Vigna di Dio può essere intesa anche come la Vite. Il Signore però proclama che i suoi discepoli sono i tralci estesi di questa Vite (l'olivo in *Rom* 11,17; e 1 *Cor* 12,12.27), vivificati dalla medesima Linfa della Vite, ossia dallo Spirito Santo. Ma il Signore è esigente, e in questa condizione privilegiata, ideale, non ammette che i suoi discepoli non portino frutto abbondante (v. 16; e *Col* 1,6.10), di fede e di opere, per la Vita eterna.

*3. L'Evangelo:* Mt *7,21-27*

Si rimanda prima all'Approfondimento necessario, apposto sopra, alla Domenica III.

Verso la conclusione del «discorso della montagna» (5,1 - 7,29; e rifarsi sempre allo schema di Matteo, sopra), in un epilogo che comprende i vv. 13-29, il Signore dà gli ultimi avvertimenti di questa sua «carta di fondazione». Si tratta di tre gruppi di parole, che cominciano ogni volta con *pás*, ognuno, chiunque, ogni, tutti (vv. 21.24.26). Così, per converso, nessuno può dire «io non lo sapevo». Le parole del Signore però sono concentrate nell'imperativo: si deve eseguire quanto ascoltato, che si oppone in modo netto al solo parlare inutile.

La prima questione verte sul solo invocare e pregare «Signore, Signore!» (*Lc* 6,46; *Rom* 2,13; *Giac* 1,22.25; 2,14; già *Os* 8,2). Non basta invocare così per entrare nel Regno (*Gv* 3,3.5), bensì occorre insieme «fare la Volontà del Padre» comune che sta nei cieli (12,50; e il «Padre nostro»). La Volontà del Padre è rivelata nel Figlio, non è nascosta, e quindi si può eseguire (v. 21). Il Signore anticipa anche quanto avverrà «in quel giorno» terribile, del rendiconto (*Mal* 3,17). Purtroppo per tutti, i «molti» (25, 11.12; *Lc* 13,25.27). Essi, presentandosi al Giudice, avanzeranno pretese che ritengono plausibili, e quindi accettabili da parte del Giudice: noi nel Nome tuo siamo stati tuoi portaparola, o profeti (*Num* 24,4; *Ger* 14,4; 27,15; *Gv* 11,51; 1 *Cor* 13,2). Ma essi erano solo falsi profeti, non inviati «dal Nome e nel Nome», anche se operarono perfino prodigi strepitosi, come espellere i demoni (*Mc* 9,37-38; *At* 19,13-16), e altri segni potenti (v. 22). Il Signore a questi oppone la sua homología, la sua confessione e testimonianza, netta e definitiva, terrificante nella sua sostanza: Mai io conobbi voi! (10,33; *Lc* 12,9; 13,25; e *Sal* 100,4), con la sanzione inevitabile e finale: «Andate via da me, voi operatori di iniquità», parola dura che viene alla lettera dal *Sal* 6,9. Questo è l'anticipo di quanto poi si ripeterà nel Giudizio (25,41). E la scena si chiude senza appello (v. 23).

Viene il "quindi" esplicativo, con una frase di contenuto sapienziale. «Ognuno che (*pás*)» che ascolta e fa le Parole divine, è assimilato all'uomo sapiente (in 25,2, le 5 vergini; *Ez* 13,10-14; 1 *Cor* 3,12-15), tale per dono divino, quello che nella sua accortezza consumata si preoccupa di costruire la casa sulla roccia viva (così il Signore a Pietro, 16,18). Contro questa casa nulla possono la pioggia violenta, o le inondazioni o gli uragani. La casa è e resta salda. La frase che motiva questo è lapidaria: essa è stata fondata sulla pietra. È salda come la pietra (vv. 24-25).

L'allusione a Cristo, la Pietra Vivente (1 *Cor* 10,1-4; 1 *Pt* 2,1-10; *Mt* 21,42 e par., che citano *Sal* 117,22-23; *At* 4,11; *Rom* 9,33), è più che palese.

La terza parola, con il terzo «ognuno che, *pás*», è la riprova al contrario: chi solo ascolta la Parola, e tuttavia non la pone in pratica, costruisce la casa sulla rena cedevole, e questa per le tempeste crolla in un'immensa, irreparabile rovina (v. 27).

L'avvertimento è dato per sempre.

*4. Antifona alla comunione:* Sal *16,6*, SC.

Con l'Orante i fedeli fanno anamnesi della loro continua preghiera, ma insieme del continuo esaudimento da parte del Signore. Ancora una volta essi gli innalzano l'epiclesi fiduciosa, affinché tenda a essi l'orecchio (30,3; 87,3), e li esaudisca, oggi, qui. Dopo l'ascolto della Parola sigillata dai divini Misteri, i fedeli nella Chiesa, l'Orante, chiedono nella fede che la Parola nasca in essi, che da ascoltatori diventino anche «fattori della Parola», e nella perfetta esecuzione della Volontà del Padre, e, guidati dallo Spirito Santo del Signore Risorto, portino la Parola al mondo.

## II. Verso l'Evangelo: l'A.T.

*La Profezia:* Dt *11,18.26-28.32*

Mosè nella lunga sua catechesi mistagogica sull'evento dell'esodo, presentata al suo popolo Israele e prolungata per 3 discorsi, insiste di continuo sull'accettazione delle Parole del Signore, che vengono dal dettato della sua bocca divina. Adesso esorta ad imprimersi nel cuore, nell'intelligenza, nell'anima, nell'esistenza queste parole offerte e da accettare. Così egli aveva ribadito diverse volte prima (4,9-10; 6,6-8; 9-1). E tuttavia, ancora una volta raccomanda che quelle Parole siano un segno scritto portato sempre sulle mani, e segno sulla fronte, sempre per scritto (6,6), in modo da averle sempre presenti, come un mirabile programma sempre pronto per essere eseguito (v. 18).

Da queste Parole discende il destino per Israele. Esse sono riassunte nella drastica, e drammatica, proposta alternativa, che segna la vita o la morte. Ma questo avviene non ieri, né domani, bensì "oggi", e l'"oggi" ricorre come clausola attuante ben 4 volte, ai vv. 26.27.28.32. Nel presente di Dio. Presente operativo che si deve afferrare, altrimenti svanisce. Come sempre la formula "Ecco" implica un annuncio solenne (30,1.15.19; *Eccli* 15,18; *Ger* 21,8). Ecco, il Signore oggi davanti a essi, raccolti in assemblea sacra davanti a Lui, pone l'offerta alternativa della benedizione oppure della maledizione (v. 26).

L'alternativa è netta e chiara, ed è anche incondizionata. Nella sua parte positiva va accettata, e se è rifiutata si è investiti dalla parte negativa. Perciò, la benedizione (28,2-14) è semplicemente il dono se essi obbediscono, ossia se ascoltano e praticano i comandamenti "oggi" donati dal Signore, il dono dell'alleanza divina infinitamente fedele, e ricolma di bene (v. 27). Al contrario, la maledizione (28,15-45) viene inesorabile se, se si disattendono questi precetti, e ci si allontana dalla "via" che è «comandata oggi» dal Signore, e si seguono «altri dei», gli idoli mai prima conosciuti, che portano ad alleanze di morte (v. 28).

La raccomandazione finale è di adempiere con cura e scrupolo le «leggi e decreti» (5,32; 12,32), che "oggi" il Signore nella sua infinita Bontà dona a Israele popolo suo (v. 32).

*Il Salmo:* Sal *30,2-3a.3bc-4.17 e 25,* SI

L'Orante, che è l'intera comunità, afferma con fede di avere sempre sperato solo nel Signore, e chiede di non trovarsi nella confusione del giudizio finale, e perciò di essere liberato e redento dalla Giustizia divina, l'intervento misericordioso e soccorritore (v. 2). A queste due epiclesi sono aggiunte due altre, nella medesima fiducia: che il Signore ascolti (85,1; *Is* 37,17; *Bar* 2,16), e si affretti a liberare l'Orante. Infine, l'ultima epiclesi chiede che il Signore si offra quale Rupe invincibile per i suoi fedeli (v. 3; 17,3).

L'espressione della fiducia prosegue con altre affermazioni di fede. Il Signore è l'unica Forza del suo popolo (*Is* 25,4; *Ger* 16,19), l'unico Rifugio. L'Orante sa bene che per amore del suo Nome il Signore lo guida e lo pascola con sicurezza (23,3), Pastore divino che si cura del suo gregge (v. 4). Ancora una volta il Salmista innalza al suo Signore l'«epiclesi del Volto», chiedendone la Luce benefica e vivificante (vedi qui la «benedizione sacerdotale» di *Num* 6,25, necessario e splendido testo di partenza; e *Sal* 4,6; 35,10; 66,2; 79,4.8.15.20; 88,16; 118,135). Solo così il servo del Signore può procedere verso la vita, e trovare la grazia e la misericordia che segnano per sempre la salvezza della sua esistenza (v. 17).

Il Salmista può adesso rivolgersi all'assemblea, che impersona, e esortare i fedeli suoi fratelli a essere forti, con il cuore saldo nella fede (26,14), ricordando che tutti essi sperano solo e sempre nel Signore (v. 25; 32,18; 146,11; *Is* 49,23).

Il Versetto responsorio, v. 3b, chiede al Signore di essere sempre per i fedeli la Rupe della loro difesa incrollabile.

## III. Dall'Evangelo alla Chiesa

*L'Apostolo:* Rom *3,21-25a.28*

Nella parte considerata dottrinale della sua epistola, che è la maggiore (cap. 1-8 e 9-11), Paolo tratta i principali temi della fede cristiana. La presente pericope, irta di prospettive, tratta della fede, delle opere e della giustificazione dal peccato.

Già in 3,9-20 aveva affermato che tutti gli uomini di ogni epoca stanno sotto il peccato, che nessun uomo è mai giusto davanti a Dio. E nel trattare questo argomento tragico e amaro si fonda sulla base ferma della Scrittura, citando perciò alcune parti assai cupe di *Sal* 13,2-3; 5,11; 139,4; 9,28; poi i Profeti, *Is* 59,7-8, e i libri sapienziali, *Pr* 1,16, per concludere ancora con il *Sal* 35,2. E infine ribadisce in modo drastico che nessun uomo, per quanto buono e pio, consegue la sua giustizia in forza delle opere della Legge, poiché la Legge, pur santa, dà solo la cognizione del peccato, non la liberazione da esso (v. 20).

Ma in questi tempi, gli ultimi della salvezza, la Giustizia divina si è manifestata, senza la Legge, bensì testimoniata dalla Legge e dai Profeti, ossia dall'intero A.T. (v. 21). Lo aveva già affermato (1,17), e vi tornerà sopra (16,26; 2 *Tim* 1,10). La Scrittura qui è troppo preponderante (*At* 10,43; *Rom* 1,2, sulla testimonianza; e *Gv* 5,46). Essa parlava di Cristo, e la Giustizia divina si ottiene con la fede in Gesù Cristo, per quanti credono in Lui (4,5; 2 *Tim* 3,13), poiché ormai non esiste più distinzione di persone davanti a Dio (10,12; *At* 15,9; *Gal* 3,28; *Col* 3,11), tutti sono eguali (v. 22).

Tale eguaglianza parte da lontano. Essa si fonda sull'uniformità del genere umano, dove tutti gli uomini peccarono come tali, per questo sono privi della Gloria divina, poiché consistono tutti sulla medesima base di rovina (vv. 9.10-18, con le citazioni bibliche numerose citate in apertura). Perciò il movimento verso la salvezza è donato adesso dalla giustificazione gratuita, dalla pura grazia divina mai meritabile da qualunque sforzo umano, grazia che è essenzialmente ottenuta dalla divina gratuità (4,4-5.16; *At* 15,11), in forza della redenzione operata da Cristo Gesù (1 *Cor* 1,30, la Redenzione nostra è Lui!; *Col* 1,14; *Ef* 1,7; *Ebr* 9,15), ossia dall'evento della Croce (v. 23).

Questa realtà viene dal Consiglio eterno di Dio, che con decreto immutabile predestinò, prepose (*Ef* 1,9-10) il Figlio come unico strumento vivente e sensibile dell'umana salvezza (v. 24). È usato qui il termine liturgico di propiziatorio, la superficie superiore dell'arca dell'alleanza, sul quale nel rito del *Kippûr*, l'espiazione nazionale d'Israele (*Lev* 16), il sommo sacerdote spruzzava per 7 volte il sangue sacrificale, significando la purificazione per astersione di ogni peccato, e la propiziazione del Volto divino (*Lev* 16,15; anche

*Rom* 5,9; *Ef* 2,13; *Ebr* 10,19). Ora, l'arca è simbolo della Presenza divina che dimora nel santuario, e nel Santuario celeste, che è il Padre, Cristo come Sommo sacerdote della nuova alleanza penetrò con il suo Sangue una volta per sempre, divenendo anche Propiziazione nostra (1 *Gv* 2,2). Ma questa Propiziazione adesso esige la fede (v. 25a).

Su questo fondamento, l'Apostolo afferma il suo giudizio ultimo: l'uomo è giustificato da Dio gratuitamente, per i meriti del Sangue del Figlio e Signore, e per la fede conseguente, essa stessa dono divino. Non invece in forza delle opere secondo le prescrizioni della Legge. Ossia, lo sforzo solo umano, anche se in ottemperanza alla Legge santa, è sterile, destinato al nulla. Il Gratuito divino deve essere solo accettato. Esso solo giustifica, ossia rende l'uomo capace di «accettare di essere già stato accettato» da Dio senza alcuna contropartita (v. 28; *Ebr* 10,5-14). È ovvio, le opere sono necessarie, ma esse debbono essere solo la risposta autentica di fede e di amore alla grazia divina.

## IV. La Preghiera della Chiesa

*1. L'eucologia*

La Colletta chiede al Signore, infallibile nel provvedere, che allontani ogni danno dai fedeli e conceda a essi le realtà future.

La Preghiera sulle offerte chiede la purificazione che viene dai Doni adesso presentati.

La Preghiera dopo la comunione è notevole. Essa è un'epiclesi al Padre per ottenere lo Spirito Santo, affinché sia il Condottiero, il divino *Hodēgós*, del popolo fedele nutrito con i Misteri del Figlio, e così essi nella confessione del Padre con la parola e con le opere e la fedeltà, meritino l'ingresso nel Regno.

*2. La Prece eucaristica*

Il Prefazio è a scelta tra quelli disposti per il Tempo per l'Anno.

# Domenica
# «della Vocazione di Matteo»
# X del Tempo per l'Anno

## I. Intorno all'Evangelo

*1. Antifona d'ingresso:* Sal *26,1.2bc*, SFI.

La fiducia è proclamata e riaffermata dall'Orante, chiamando il suo Signore con i titoli di Luce e Salvezza sua (18,9; *Is* 60,20; *Mich* 7,8), modi per esprimere che è la Vita sua. Per questo nulla teme da nessuno (22,4; 55,5.11; 117,6; *Is* 12,2; 51,12; *Rom* 8,31) e per nessun motivo (v. 1a). In parallelo, egli proclama che il Signore è la Fortezza che protegge la sua vita, per cui anche da questa parte nulla teme (v. 1b). Al contrario, debbono tremare di terrore davanti al Signore quanti tribolano la vita del protetto da Lui (v. 2bc), che tuttavia non hanno alcuna forza per nuocergli.

*2. Alleluia all'Evangelo:* Lc *4,18*.

Nella sinagoga di Nazaret, citando *Is* 61,1-2, il Signore proclama la sua missione nello Spirito Santo che Lo ha unto di consacrazione profetica, regale e sacerdotale, e che resta su Lui. Questa missione consiste anzitutto nell'Evangelo ai poveri e nella liberazione dei prigionieri. I più poveri e i più oppressi sono i primi destinatari della salvezza.

*3. L'Evangelo:* Mt *9,9-13*

Si rimanda prima all'Approfondimento necessario, apposto alla Domenica III.

Dopo il «discorso della montagna», l'insegnamento duro ma sublime sul Regno (5,1 - 7,29), il Signore opera diversi segni prodigiosi (8,1 - 9,8). Attua così il suo ministero battesimale nello Spirito Santo, che consiste nell'annuncio dell'Evangelo del Regno e nel compiere diversi miracoli attraverso i quali riconquista al Padre quella parte del Regno che è detenuto da satana e dal suo regno del Male. Ma tale programma comprende anche molte altre operazioni, e tra queste, la prima è la vocazione dei discepoli (4,18-22, e la Domenica III). La quale è ripetuta, anzi resta permanente, di preminenza assoluta per la costituzione della compagine dei discepoli di allora, e di quelli che sarebbero venuti, e per la loro formazione alla futura missione.

Si presenta adesso un'altra vocazione, e singolare, quella di un pubblicano, un esattore delle imposte per conto dei Romani invasori e occupanti, gli stranieri abominati e oltretutto, agli occhi della fede dei padri, i pagani per definizione. La vessazione esosa che era la riscossione delle imposte, odiata in sé, era una funzione tanto più disprezzata dal popolo ebraico, quando era esercitata da Ebrei che si erano prestati a essere i collaborazionisti degli stranieri. Ai pubblicani era stato decretato l'ostracismo, evitando il loro contatto e infine escludendoli dall'assemblea liturgica del popolo santo.

Perciò la singolarità della vocazione sta nel personaggio stesso, Matteo il pubblicano. Egli è così chiamato qui, mentre i due paralleli, *Lc* 5,27-32 e *Mc* 2,13-17, parlano di un Levi (figlio) d'Alfeo. Già dall'antichità si discute se i due nomi, Matteo e Levi, indichino la medesima persona, ossia l'evangelista Matteo. Che sia così, è tuttavia certo, e tutto lo conferma. Vedi nella Parte I, Cap. 11, la presentazione dell'evangelo di Matteo.

Comunque, da Nazaret Gesù parte di nuovo. Sono posti in funzione i 3 verbi tecnici della vocazione: Gesù passò guardò chiamò. Davanti all'Ebreo pubblicano esprime il regale «Segui Me!» Un imperativo irreversibile, che non ammette rifiuto, ma solo obbedienza ed esecuzione da parte del prescelto e interpellato. Matteo in quel momento sta, per così dire, "lavorando", seduto al banco da cui si controlla "occhiutamente" i passanti e si fanno i conti sui residenti per tartassarli. Egli sarà stato forse sorpreso, non lo dirà nelle sue memorie scritte che sono il suo evangelo. Annota solo un'obbedienza spontanea, generosa: «Alzatosi, Lo seguì»(v. 9). Il verbo alzarsi, qui, è *anistánô*, che si usa anche per la resurrezione. Il Signore ha acquisito un altro discepolo, che si pone alla sua sequela fedele.

La gratitudine di Matteo per questa scelta che segna la sua vera liberazione e redenzione, inattese e improvvise, si esterna con un convito preparato a casa sua. Sono chiamati e stanno presenti Gesù con i discepoli, ovviamente. Però Matteo vuole far partecipare alla novità della sua gioia anche i suoi colleghi pubblicani, dai quali prende congedo per sempre, e altri "peccatori", ossia gente dalla morale di basso livello, comunque non in regola con le norme religiose ebraiche (anche 11,19; 21,31-32; e 5,46); tutti personaggi che per un Ebreo fedele sono da evitare, molti di essi essendo anche scomunicati. Tuttavia, quando sarà l'occasione, alla morale intransigente di ogni tempo, quella borghese spesso gretta e boriosa, il Signore opporrà l'insegnamento che chi segue quella morale in modo cieco e risentito verso il prossimo giudicato peccatore, sarà preceduto nel Regno da due categorie aborrite e anche evitate, «da pubblicani e prostitute - perché credettero» (21,31-32). La fede, che è anche conversione del cuore, è la condizione per entrare nel Regno dei cieli. Tra i peccatori il Signore di fatto trova sempre maggiore disposizione a credere e alla conversione del cuore che decide la vita (v. 10).

Nel gruppo dei convitati, e per fare festa, si trovano presenti anche alcuni farisei, uomini devoti della Legge e più osservanti, che restano sorpresi dell'atteggiamento del "Maestro", ché proprio come tale Lo riconoscono. E, forse per rispetto di Lui, chiedono ai discepoli il motivo del suo comportamento discutibile se non irregolare, ossia perché mangi «con pubblicani e con peccatori», ponendo così la comunione con essi. La domanda è in buona fede, e dettata da preoccupazione per la novità; essa torna anche altre volte (*Lc* 15,2). Gesù nella sua attenzione per tutti, ha ascoltato la domanda. Va sempre tenuto presente che per un Ebreo dell'alleanza mangiare insieme ad altri Ebrei dell'alleanza è un atto sacro, una vera liturgia, che comincia con la benedizione al Signore (e non al cibo!) e termina con un'altra benedizione al Signore; la prima è di lode, la seconda è di azione di grazie. Gli sco¬municati non vi sono ammessi (v. 11). I cristiani, con le dovute eccezioni, hanno perduto il senso che mangiare insieme è un atto liturgico.

Perciò Gesù adesso spiega con paziente carità la vera situazione. Egli si presenta con uno dei titoli più importanti, di Medico delle anime e dei corpi, titolo propriamente divino già nell'A.T. Basterà qui citare lo splendido testo di *Es* 15,26c: «Poiché Io sono il Signore, Colui che ti guarisce». Ora, chi ha bisogno urgente del Medico? Non i sani, è elementare, bensì i malati, alla lettera, «quelli che si hanno malamente» (v. 12). Quindi il Signore invita i farisei ad andare e imparare, ossia a scrutare bene la Scrittura e la sua dottrina benefica (12,7), e offre all'attenzione anche un testo d'avvio per questo studio nuovo e più salutare. Il testo citato è tra i più importanti dell'A.T. per l'argomento della carità, anche per il suo contesto, che va tenuto ben presente, e che oltre tutto quadra in modo splendido con il presente episodio evangelico:

> *Venite, e torniamo (=convertiamoci) al Signore,*
> *poiché Egli lacerò e ci guarirà, percosse e ci fascerà.*
> *Ci vivificherà dopo due giorni, e al terzo giorno ci resusciterà*
> *e noi vivremo davanti al Volto suo.*
> *E affrettandoci, affrettiamoci a conoscere il Signore,*
> *Come l'aurora è sicura la sua uscita,*
> *ed Egli verrà come pioggia invernale, per noi,*
> *come pioggia primaverile fecondante la terra.*
> *Che farò Io per te, Efraim, che farò Io per te, Giuda?*
> *La vostra misericordia infatti è come un mattino*
> *e come rugiada che presto se ne va.*
> *Per questo Io li lacerai con i Profeti,*
> *li uccisi con le Parole della Bocca mia.*
> *E il tuo giudizio come Luce esce,*
> *poiché misericordia Io voglio e non sacrificio,*
> *e conoscenza di Dio più che olocausti* (*Os* 6,1-6).

Il testo di *Osea* parla quindi di resurrezione al terzo giorno, come guarigione divina totale. Esso richiama alla misericordia (greco *éleos*, ebr. *.hesed*), che indica la compassione tenera verso il prossimo, e insieme la *pietas* verso Dio, la devozione. Questo *éleos* non è buono quando si rivolge solo verso Dio, e Dio non lo accetta, poiché così con esso si evitano i doveri stretti e primari verso il prossimo da amare e da riportare a Dio nella conversione del cuore. Tutta questa operazione parte del resto da Dio stesso, dalla sua Volontà salvifica. In questo appunto il Signore stesso pone una graduatoria che sbarra tale attitudine. Egli desidera che *prima* si ami il prossimo, in specie quello che ne ha più urgente bisogno, i peccatori e fuorviati, da guarire e da convertire alle vie del Signore. *Dopo*, vuole *anche* l'espressione dell'anima adorante verso di Lui, sacrifici e olocausti, e culto e feste.

La formula «misericordia e non sacrificio, conoscenza di Dio più che olocausti», al modo ebraico, non indica l'aut-aut dell'esclusione dei due termini, bensì solo la precisa precedenza logica e temporale di essi. Il sacrificio allora sarà il sigillo dell'attitudine amante verso il prossimo già in atto. Nessun sacrificio crea questo movimento dell'anima. Il quale deve sorgere prima (v. 13a). Avviene qui in analogia nel campo ecumenico, dove i Misteri Divini non formano affatto l'unità delle Chiese scismatiche tra esse, bensì, riformata l'unità nella carità, verranno a sigillarla divinamente.

Il Signore aveva già anticipato questo tratto così centrale per i suoi discepoli, quando nel «discorso della montagna» aveva detto di lasciare l'offerta sull'altare per andare prima a riconciliarsi con il fratello offeso (5,23-24; e Domenica VI, sopra). Lezione quindi insistita, perché difficile.

Tanto che adesso il Signore vi appone una clausola finale riassuntiva: Io venni per i peccatori, non per i giusti (*Lc* 15,7; *Gv* 9,39; 1 *Tim* 1,15). Non che i giusti siano abbandonati. Ma essi, e per sola Grazia divina, sono già pronti e disposti per il Regno (v. 13b).

*4. Antifona alla comunione:* Sal *17,3ab,* SR.

Si rinvia all'Antifona d'ingresso della Domenica VIII, sopra.

## II. Verso l'Evangelo: l'A.T.

*La Profezia:* Os *6,3b-6*

Una parte della spiegazione è stata anticipata poco sopra. Ma il testo è ricco, e va ancora approfondito.

Il Profeta si trova di fronte alla manifestazione evidente del Signore che sta in in attesa, e vuole operare come Medico e Resuscitatore e Vivificatore (vv. 1-2). Perciò, prima che Egli parli severamente, esorta il popolo malato e come morto e privo di vita ad attivarsi subito, e anzitutto a conseguire la «conoscenza di Dio» e dei suoi diritti. È questo il «partire da Dio», dall'alto, dal Disegno divino. Formula che oggi forse non è accettata perfino da buoni cristiani, che hanno coniato lo stanco motivo del «partire dall'uomo», «dal basso» (la cosiddetta svolta antropologica), come se con questo si potesse poi risalire verso l'alto, ossia dare avvio serio a qualche fatto positivo. Mentre lo stesso Signore porrà lo Spirito suo sul suo Re messianico anche affinché porti al mondo «la conoscenza di Dio di cui piena è la terra, come lo è il mare delle acque che lo ricoprono» (*Is* 11,9b). Poiché senza la conoscenza di Dio, il divino Prototipo unico, l'uomo «ad immagine e somiglianza di Dio», che già è incapace di alzare la testa e così capisce poco per se stesso, non comprende più nulla. Proprio questa conoscenza per così dire a picco, verticale farà vedere quello che gli occhi da soli, senza aiuto, sono inadeguati, se non impotenti a scorgere: che il Signore "esce", ossia si fa incontro agli uomini (*Mich* 5,2) come è certo che l'aurora spunta ogni giorno. Egli sopraggiunge sugli uomini quasi come è attesa la pioggia che prepara le culture d'inverno, e la pioggia per quelle della primavera, promesse dal Signore nella terra ingrata che è la Palestina, in cui si deve stare solo alla disposizione divina (*Dt* 11,14; *Gioel* 2,23; *Am* 7,1) (v. 3b).

Sulle Parole divine del Profeta interviene adesso il Signore stesso, il Padre di Efraim (il regno settentrionale delle 10 tribù d'Israele; vedi 11,1-11, spec. 1 e 8), non meno però di Giuda (il regno meridionale delle 2 tribù di Giuda e Beniamino). Egli si chiede che cosa possa fare per un intervento efficace di fronte a questo popolo suo diviso e lacerato. Osea, profeta del sec. 8° a.C., opera in un'epoca di gravissima crisi, che è politica a causa dell'egemonia assira, è sociale a causa del diffuso benessere del momento che fa impazzire la gente, è morale poiché l'egoismo divampa e la violenza e lo sfruttamento dei poveri dilagano, è religiosa perché il cuore è distolto dal Signore. E si seguita tuttavia a tributare il culto al Signore. Ora il Signore rinfaccia tutto questo. Tale pietà religiosa (*éleos*, .*hesed*), è come il breve volgere del mattino, o della rugiada che svanisce al primo tepore del sole (v. 4; 13,3; *Sap* 11,23). Esiste un rimedio a questo, senza la collaborazione volenterosa degli uomini? A esperienza d'uomo, non appare probabile.

Il Signore già inviò in modo opportuno i suoi Profeti, che portarono oracoli di richiamo, di minaccia e di sventura, benché invano. Il popolo fu come sbranato dalla Parola divina (*Ger* 23,29), che esce dalla Bocca del Signore quale spada affilata e inesorabile (*Ebr* 4,12). Il Signore emise il suo Giudizio di condanna medicinale per il suo popolo. Quel Giudizio uscì come Luce folgorante (v. 5), la quale non lascia nascosti i recessi tenebrosi del peccato (*Sof* 3,5). È un Giudizio tuttavia che condanna a vivere al bene, e a morire al male. Il Signore infatti da questo suo popolo amato vuole la misericordia (*éleos*, .*hesed*), la conoscenza del Signore, prima e al di là del pingue culto che invece quel popolo seguita a offrirgli. Poiché solo il Signore è l'*Eleêmôn*, il .*Hasîd*, il perfetto possessore e attuatore dell'*éleos*, il .*hesed* dell'alleanza, la bontà misericordiosa. Quindi esige un popolo di *eleêmones*, di .*hasîdîm*, che accettino la morale dell'alleanza a cui si sono vincolati, che consiste nei comandamenti verso il prossimo, e poi verso Lui stesso. Se si rispettano solo i secondi, a nulla vale. Il Signore riserva la precedenza ai precetti verso il prossimo, la vera primordiale giustizia e santità. L'amore verso il Signore passa d'obbligo, come dispone proprio Lui, attraverso l'amore del prossimo. Allora il culto sarà accetto, allora scenderanno da esso le benedizioni divine (v. 6).

*Il Salmo:* Sal *49,1 e 8.12-13.14-15,* EP

Questo Salmo è un insegnamento esortativo profetico e sapienziale, posto in connessione con il Sal 50, il Miserere, che ne è come la lezione imparata finalmente da chi, pentito, torna al suo Signore. Ma intanto il Signore esce a esprimere la rampogna salutare a un popolo immerso nel peccato, e questo peccato, ancora una volta, è il cumulo dei peccati verso il prossimo, ricoperti dal velo di un culto fastoso, solenne e vuoto, ossia privo del suo scopo ultimo, la comunione con il Signore.

Adesso parla il «Dio degli dei», espressione che al modo semitico indica il Signore Unico, e la sua sovranità, rimossa ogni inutile forma di culto (*Dt* 10,17; *Is* 22,2). Procede a un giudizio severo ma regolare. Si premura di citare i suoi testimoni fedeli e infallibili, almeno 2 secondo la Legge (*Dt* 19,15), e sono l'oriente (cfr 112,3) e l'occidente, ossia tutto il percorso del sole, che assiste ogni giorno a tanti misfatti degli uomini. E l'oriente e l'occidente obbediscono al Signore in modo puntuale, al contrario degli uomini (v. 1).

La requisitoria in giudizio si concentra sul culto. Il Signore non ha da recriminare sul culto, quotidiano e abbondante, fin troppo (*Is* 1,11; *Sal* 39,7), quasi come una stanca abitudine degli uomini soddisfatti di sé, che con i sacrifici vogliono dimostrare di ringraziare il Signore del bene che godono (v. 8). Ma forse essi non comprendono che con questo non fanno che restituire al Signore quello che già è suo, tutti gli animali creati (vv. 9-1 1). Se davvero Egli avesse fame, avrebbe tutto dalla terra, che creò e quindi gli appartiene in esclusività assoluta e inalienabile (v. 12; 23,1; *Lev* 25,23). E poi che, il Signore si nutre forse di tori e di capri immolati? Ma allora questo popolo davvero crede che sia «uno degli dei», Egli, il Signore Unico eterno e invisibile? (v. 13).

Invece, ecco quanto Egli desidera in modo severo ed esigente: l'immolazione del sacrificio di lode, il tipico sacrificio spirituale che consiste anzitutto nella devozione interiore motivata dalla giustizia attuata e dalla santità della vita vissuta (v. 23; 26,6; 68,31-32; 106,22; 115,17; *Ebr* 13,15; già *Os* 14,3; e *Rom* 12,1). Questo culto si risolve nel bene operato verso il prossimo, come diranno i vv. 16-20. Allora l'animo grato e laudante potrà rivolgersi efficacemente al Signore (vv. 15 e 23), e trovare da Lui la Meta certa della vita fedele (v. 14a). Non solo, ma all'Altissimo si sciolgono i voti fatti solo dopo questa vita proba (v. 14b; 21,26; 60,9; 65,13; 75,12; 131,1; *Num* 30,3; *Dt* 33,21; *Giob* 22,27; *Eccle* 5,3-4).

Allora, anche nei giorni più tristi della vita, se il fedele Lo invocherà (76,3; 80,8; 106,6; *Zacc* 13,9), il Signore infallibilmente interverrà e lo libererà (90,15), e allora lui di nuovo nella serenità e nella gioia potrà di nuovo e finalmente tributargli il culto puro e degno (v. 15; v. 23; e 21,24).

Il Versetto responsorio, v. 23b, fa ripetere che a chi vivrà irreprensibilmente la sua "via", ossia la sua condotta, il Signore manifesterà la sua salvezza.

## III. Dall'Evangelo alla Chiesa

*L'Apostolo:* Rom *4,18-25*

Il cap. 4 segue la trattazione sugli uomini peccatori, giustificati dal dono della fede (cap. 3), ed è concentrato sul tipo del credente, Abramo, «il Padre nostro nella fede». La partenza è data dal v. 4,3, che cita *Gen* 15,6: «Abramo credette a Dio, e questo gli fu computato a giustizia». Il fatto avvenne prima del dono della Legge a Mosè. Abramo accettò la promessa in un momento di totale smarrimento della sua esistenza, quando le prospettive della Promessa ancora non si aprivano, poiché Dio che crea le realtà prima inesistenti, può anche vivificare le realtà morte (vv. 16-17).

La fede d'Abramo perciò fu grande, fu esemplare. Egli «contro la speranza nella speranza credette», e questo fu il primo dono. Essendo il secondo l'elezione divina che doveva farne il «Padre di molte nazioni» (*Gen* 12,1-3), nella confermazione che doveva seguire: «Contempla le stelle del cielo - così sarà la tua progenie» (*Gen* 15,5). Il Disegno divino perciò veniva adempiendosi (v. 18). La difficoltà umanamente grave stava nella stessa condizione di Abramo, nel suo «corpo morto», nel senso della sua non vitalità generativa a causa dell'età avanzata, 99 anni; e anche a causa della necrosi del seno materno della sua anziana sposa, Sara. Eppure questo pensiero non poté indebolire la sua fede (v. 19; *Ebr* 11,12; *Gen* 17,17; 18,11).

La saldezza della sua fede fu quindi tale, che egli non esitò ad accettare la Promessa, non tentennando per incredulità. Anzi crebbe nella fede stessa, «dando gloria a Dio», riconoscendone quindi l'infinita Sovranità e la misteriosa Onnipotenza (v. 20). Questo avvenne nella lucida e piena conoscenza, da lui ricevuta divinamente, che quanto Egli promette è potente anche nell'operarlo (*Gen* 18,4; *Ebr* 11,19), come mai potevano le divinità del paganesimo da cui Abramo proveniva (v. 21). Perciò qui Paolo ripete il v. 3 e la citazione di *Gen* 15,6: «per questo fu computato (da Dio) a lui come giustizia» (v. 22).

La riflessione dell'Apostolo va verso la conclusione del tratto. Paolo torna bruscamente ai suoi ascoltatori, per i quali era stata svolta la complessa argomentazione. «Gli fu computato (da Dio)» non «fu scritto», ossia non entrò a far parte delle Sacre Scritture ispirate, l'A.T., solo a causa di Abramo, e solo a favore di Abramo (*Rom* 15,4; 1 *Cor* 9,9; 10,6.11; 2 *Tim* 3,16-17; e *Sal* 101,19), ché allora si sarebbe trattato di storia chiusa (v. 23). Bensì fu scritto anche «per noi», ossia per quanti poi avrebbero ricevuto la grazia della fede, e la grazia che anche questa fede sarebbe stata «computata a giustizia», sarebbe stata giustificante e redentrice. Ma fede che ha un unico contenuto, credere e aderire a Colui che resuscitò dai morti Gesù, il Signore (v. 24; 10,9; 1 *Pt* 1,21; poi *Rom* 6,4; *At* 2,24). Il Signore come Servo sofferente «fu consegnato per i delitti nostri» alla morte (Is 53,4-5; *Rom* 5,6.8-9; 8,32; *Gal* 1,4; 2,20; 1 *Tim* 2,6; *Tit* 2,14; e *Mt* 20,28), ma dal Padre fu resuscitato al fine della giustificazione nostra (v. 25; 5,10; 1 *Cor* 15,3.4.17). L'Evento redentore è la Resurrezione.

## IV. La Preghiera della Chiesa

*1. L'eucologia*

La Colletta è generica. Chiede che il Padre, dal quale procede tutto il bene, doni l'ispirazione delle realtà secondo il suo Disegno, e che i fedeli le eseguano sotto la sua condotta.

La Preghiera sulle offerte è generica. Chiede che il Padre accetti questo culto, accetti le offerte, e queste operino per l'aumento della carità.

La Preghiera dopo la comunione è generica. Chiede che i Misteri operino la guarigione dei partecipanti, e così, liberati da quanto nuoce, li conduca alla realtà divine.

*2. La Prece eucaristica*

Il Prefazio va scelto tra quelli disposti per il Tempo per l'Anno.

# Domenica
# «della scelta dei Dodici»
# XI del Tempo per l'Anno

## I. Intorno all'Evangelo

*1. Antifona d'ingresso:* Sal *26,7a.9cd*, SFI.

All'inizio della celebrazione, l'Orante chiede epicleticamente che il Signore esaudisca la sua voce di preghiera, con cui grida a Lui tutto il suo bisogno di aiuto e di grazia (v. 7a). E supplica l'«epiclesi per il Volto»: che il Signore non lo distolga (68,18; 101,3; 142,7), poiché da esso vengono tutte le benedizioni e tutta la misericordia; mentre dal suo nascondimento viene l'abbandono della morte. L'Orante chiede infine che il Signore non si renda assente perché è adirato contro i suoi peccati, ma venga in suo aiuto, passando sopra al ben motivato disprezzo contro il peccatore. Questi sa che la sua unica salvezza sua sta solo nel Signore (v. 9).

*2. Alleluia all'Evangelo:* Mc *1,15*.

All'inizio della Vita pubblica, dopo il Battesimo e le tentazioni, il Signore esercita la prima carità, nella comunicazione della Parola divina di salvezza, e proclama che il tempo ormai è stato adempiuto da Dio secondo il suo Disegno, che il Regno sta qui, e il Regno sono Cristo con lo Spirito Santo (*Mt* 12,28; *Lc* 11,20). L'accoglienza al Regno deve essere pertanto la conversione del cuore, primo e ultimo atto che accetta la salvezza donata, e credere all'Evangelo, il cui contenuto è il Figlio di Dio. Ogni discepolo del Signore ha davanti agli occhi della sua anima e per sempre queste quattro realtà nella loro inscindibile unità.

*3. L'Evangelo:* Mt *9,36 - 10,8*

Si rimanda all'Approfondimento necessario, apposto sopra, alla Domenica III.

Secondo lo schema proprio a Matteo (vedi sopra), i vv. 35-38 sono dedicati alla sintesi del ministero messianico di Cristo, prima del «discorso di missione», che estende i suoi contenuti da 10,1 a 11,1. I due testi formano però una stretta unità, il secondo essendo l'esplicitazione programmatica del primo. Quanto il Signore annunciò ed operò nello spazio tempo del suo ministero messianico, i suoi discepoli dovranno portare al mondo, anche se per ora solo a Israele. Ma dopo la Resurrezione, anche alle genti, nello spazio tempo della predicazione apostolica, che non conosce più limiti.

La sintesi del ministero di Cristo si configura come il suo itinerario esteso alla Galilea, per ora, quando insegna di sabato nelle sinagoghe, quando annuncia l'Evangelo del Regno, quando opera i miracoli di guarigione (v. 35). È il sunto del suo ministero che attua il suo preciso programma battesimale nello Spirito Santo.

Egli s'incontra con le folle di poveri, degli abbandonati e dei tribolati, come avviene anche altre volte (14,14). E come sempre, «ebbe viscere di misericordia», come indica il verbo *splagchnízomai* (*splágchna* sono le viscere materne che gestiscono la vita), modo figurato per indicare la divina Misericordia; questo verbo è usato pressoché esclusivamente per indicare il moto divino di pietà per i sofferenti (15,32; *Mc* 6,34). Cristo si trova di fronte malati di ogni genere (v. 35), vessati dalla disgrazia, prostrati (*Lc* 7,6; 8,49), un quadro cupo, che fa di essi «pecore senza pastore» (v. 36; anche 10,6; *Es* 34,5; *Num* 27,17; *Zacc* 10,2).

La reazione del Signore, oltre gli interventi indicati al v. 35, è anche quella di travolgere nella cura delle folle di dolenti altri collaboratori. Distruggere ogni male è aprire la strada al Regno del bene. Cristo sa che deve iniziare e completare quest'opera, e lo fa nell'onnipotenza dello Spirito Santo. Però sa che la sua opera deve estendersi e continuare. E il campo da lavorare è enorme, illimitato, con una messe sovrabbondante da raccogliere con ogni cura, tutti gli uomini (*Lc* 10,2; *Gv* 4,35). Ai discepoli lo dice, avvertendo che gli operai sono pochi, e per sé questo "sono" se era allora un presente durativo, lo è ancora oggi, poiché gli operai del Signore sempre troppo pochi per le reali necessità (v. 37). Perciò li esorta a pregare «il Signore della messe», il Creatore e Sovrano di tutti, affinché invii gli operai per la messe "sua" (v. 38; 20,2). Questi dovranno lavorare come il loro Maestro, nel medesimo Spirito Santo. E insieme dovranno essere anche in seguito come il frutto benefico delle preghiere dei futuri discepoli, poiché questi discepoli dovranno perciò meritarsi altri operai.

Comincia così, dopo il «discorso della montagna», il «discorso di missione» è il 2° grande programma esposto dal Signore (*Mt* 10,1 - 11,1). Ora, il primo gesto, avanti di dare le istruzioni per la missione, è di raccogliere i primi operai della messe. Il Disegno divino in un certo senso «ha bisogno degli uomini», poiché vuole che la salvezza divina non sia come miracolistica e astratta, ma storica e concreta, e perciò sia sempre mediata da uomini volenterosi agli altri uomini. Il Signore lavora, gli uomini collaborano e da parte loro raccolgono. Vedi qui quanto Gesù dice in proposito in *Gv* 4,37-38.

Gesù perciò tra molti discepoli ne sceglie Dodici, simbolo delle tribù d'Israele con i loro capostipiti. Li «chiama a sé» (*Mc* 3,13-15) e consegna a essi la medesima *exousía*, il potere divino salvifico ricevuto dal Padre come Figlio dell'uomo (da *Dan* 7,13-14; poi *Mt* 28,18). Ogni potere di salvezza si svolge solo nella Potenza dello Spirito Santo. Il primo e immediato effetto di questo potere è espellere i demoni, i principali oppositori e impeditori del Regno. E anzi uno dei segni che «il Regno sta qui» è precisamente il fatto che Cristo espelle sovranamente i demoni «per la Potenza dello Spirito di Dio» (12,28; *Lc* 11,20; e *Es* 8,15, il «dito di Dio»). Questo potere si eserciterà anche nel guarire ogni malattia (v. 10,1).

Ai vv. 2-4 viene l'elenco dei Dodici. Simone Pietro è detto *prôtos*, il primo; è il capo nominato e riconosciuto, il corifeo o portaparola degli altri undici. Ha il primato, ma né *sopra*, né mai *senza* gli altri, con cui forma il collegio dei Dodici. Gli altri non sono gli Undici "sotto" di lui perché il Signore li pone "con" lui. Essi saranno il nucleo fondante della Chiesa, la Comunità messianica, la Sposa del Signore. Assisteranno alla Vita pubblica del Signore. Fuggiranno nella sua Passione. Riceveranno l'annuncio della Resurrezione mediato dalle Donne fedeli. Saranno poi consacrati dal Fuoco consumante dello Spirito Santo, e andranno in missione ad annunciare l'Evangelo del Regno a tutta la creazione (*Mc* 16,15-20), accompagnati dalla Parola divina e dai segni potenti che la confermano (*Mc* 16,20).

A questi il Signore può cominciare a dare ormai istruzioni più specifiche sulla loro missione, consonanti ma diverse da quelle del «discorso della montagna», destinato invece a tutti i discepoli d'ogni tempo.

Il Signore li invia quindi muniti di tali istruzioni. Anzitutto l'itinerario: evitare i pagani e anche i cugini degli Ebrei, i Samaritani (v. 5). Dopo, avvenuta la Pentecoste, verrà il turno dei Samaritani (*At* 8,5-17; e *Gv* 4,9.39-40) e dei pagani. Perciò Cristo dirà: «Non sono inviato (dal Padre) se non alle pecore perdute della casa d'Israele» (15,24). Missione precisa, la sua, solo per Israele, e perciò si è anche fatto «Diacono della circoncisione» (*Rom* 15,8). Si tratta di esclusivismo? Non pare. Anzitutto per il titolo dell'alleanza fedele (*Rom* 9,1-5) Israele dal Signore ha diritto di ricevere per primo il Regno. Poi «la salvezza viene dagli Ebrei» (*Gv* 4,22), quindi da Israele debbono uscire gli apostoli. Israele deve diventare il popolo missionario.

Ed ecco l'invio. Esso va piuttosto verso le pecore perdute della casa d'Israele, quelle senza pastore (9,36). Poiché il Pastore divino si preoccupa del suo gregge restato senza pastori (*Is* 53,6; *Ger* 50,6; *Ez* 34). Il suo popolo Lo ha pregato nei secoli, considerandosi come pecora smarrita, affinché il Pastore finalmente venisse a cercarlo (*Sal* 118,176).

Il Pastore adesso sta qui (*Gv* 10), in opera, e si cura di farsi aiutare anche da altri pastori, resi validi dalla Parola che ricevono (10,6).

Come il Pastore, i pastori, eliminando da sé le realtà mondane che sono demandate ad altri, debbono limitarsi all'annuncio già dato del loro Capo e Maestro. Il quale aveva proclamato come esordio assoluto: «Si avvicinò, sta qui, il Regno dei cieli!» (4,17). Non altro annunceranno i discepoli, se non l'Evangelo del Regno (v. 7). Ma vi aggiungeranno l'altra opera messianica, le guarigioni, come il Signore stesso opera (9,35; 11,5), le resurrezioni (9,18-26), l'espulsione del Nemico del Regno, il demonio.

La vocazione, la scelta, il potere ricevuto, e quindi l'assimilazione al Maestro, è dono divino, gratuito e mai meritabile. Essi come tale lo ricevettero divinamente. Come tale debbono adesso donarlo, in modo largo e anche gratuito (v. 8). La storia della Chiesa primitiva ne mostra la prima realizzazione (*At* 3,6; 8,18-20; 20,33.35). I missionari di tutti i tempi hanno proseguito a donare questo gratuito divino fino ai nostri giorni. Va esaminato se nella comunità cristiana questo sia avvenuto sempre e generosamente, e se la comunità cristiana vi si sia prestata nella sua integralità. L'obbedienza totale all'Evangelo è stata spesso scarsa.

*4. Antifona alla comunione:* Sal *26,4,* SFI.

Con il Salmista, nella piena fiducia al Signore, «oggi qui» i fedeli possono chiedere solo questo (25,8; 83,2-3.11; *Lev* 10,42): la beatitudine di dimorare con il Signore, nella Casa sua (14,1; 22,6; 41,5; 60,5; 64,5; *Lc* 2,49, Cristo stesso lo desiderò), in eterno. Solo qui essi ascoltano le Parole della Vita eterna attivate in essi dallo Spirito Santo; ricevono le Delizie del Convito dei Misteri che lo Spirito Santo comunica a essi largamente; e sono confermati quali viventi membra della Chiesa, la Sposa del Signore. Così essi ricevono di continuo la missione del Signore per il mondo, e anche le istruzioni per essere veri suoi discepoli e inviati, che si identificano nella fede dei Dodici.

## II. Verso l'Evangelo: l'A.T.

*La Profezia:* Es *19,2-6a*

Mosè conduce per tre mesi la massa del suo popolo, e finalmente al 3° mese dopo l'uscita dall'Egitto giunge nel deserto del Sinai; la datazione del giorno non appare (v. 1). Dalla sosta di Refidim (*Num*

33,15), l'ultima stazione, l'accampamento è posto nel deserto, sotto il Sinai (v. 2). Avviene subito una scena grandiosa, la teofania.

Mosè sale sul monte, come farà altre volte (20,21; 34,2), sempre chiamato dal Signore, che deve consegnargli le Parole della vita per la sua gente. Questa deve infatti diventare un popolo vero in forza dell'alleanza (v. 3; e la prima vocazione di Mosè, in 3,4). Il Signore comincia a parlargli quanto poi deve con assoluta fedeltà riferire al popolo.

Anzitutto costituisce il popolo in giudizio: «Voi stessi vedeste!» (*Es* 14,30-31, al Mar Rosso; *Dt* 29,2), il che significa che da adesso non possono negare più i fatti visti e partecipati. Essi videro la potente Mano del Signore, e lo cantarono (*Es* 15,1-18, spec. v. 6). Ma adesso il Signore opera di più, li conduce a sé, «come su ali di aquile», con potenza e sicurezza, e con volo sublime (*Dt* 32,11-12; *Is* 63,9; *Ap* 12,14). Qui debbono ricevere tutto il resto (v. 4), come gli aquilotti dall'aquila.

E la prima richiesta del Signore è di ascoltare la sua Voce e di osservare l'alleanza, condizioni per il Signore per stare con il suo popolo (v. 5a). Solo allora gli Ebrei potranno godere dello statuto eccellente, essere per il Signore il «possesso speciale» tra tutti i popoli (v. 5b). Il Signore è Sovrano universale e lo dichiara: «Essi sono servi miei!» (*Lev* 25,42, e «la terra è mia!» *Lev* 25,23; *Dt* 10,14; *Giob* 41,2; *Sal* 23,1; 49,12; 1 *Cor* 10,26.28), Dio di bontà verso tutti i popoli, sue creature, persone concrete, tutte «immagine e somiglianza» sua. Tuttavia il suo Disegno contempla una funzione specifica assegnata a Israele. E questa si può esplicare solo nella stretta adesione a Lui, e solo se Lui possiede Israele come proprietà particolare, pronta e devota ad ogni suo ordine (*Dt* 7,6; 14,2; 26,18; 32,8-9; *Sal* 134,4; *Eccli* 17,15; *Mal* 3,17; e 1 *Pt* 2,9).

La funzione d'Israele è spiegata subito. Dovrà essere un «regno di sacerdoti», una «nazione santa» (v. 6a). Queste due espressioni, riprese tante volte nell'A.T. (*Es* 22,31; *Dt* 7,6; 14,2; 26,18; 28,9; *Is* 61,6; 62,12; 66,21; *Ger* 2,3; *Am* 3,2) e nel N.T. (1 *Tess* 5,27; 1 *Pt* 2,1-10; *Ap* 1,3-6; 5,9-10; 20,6), non possono essere usate per fondare il sacerdozio comune di tutto il popolo di Dio, escludendo, come operò la riforma protestante, quello gerarchico; questo viene da una lettura distorta, che ignora del tutto la teologia biblica globale dell'A.T. e del N.T.

Infatti «regno di sacerdoti», ebraico *mamleket kohanîm*, indica due realtà distinte ma unite. "Regno" significa la condizione di salvezza che il re buono procura ai suoi sudditi a sua sola cura e spese, gratuitamente, benché nell'accettazione dei sudditi medesimi. Ora questo regno qui è inteso come procurato dai sacerdoti nel senso proprio del termine, i quali sono certamente inseriti nell'unico sacerdozio e nell'unico culto di tutto il popolo santo; ma di questo sono la necessaria propulsione e direzione, senza cui né si instaura il regno, né si è santi. La verità è che poi il Signore mediante Mosè sceglie una tribù, quella di Levi, per dedicarla alle specifiche funzioni sacerdotali, e gelosamente (*Num* 1,47-53); da questa tribù però sceglie Aronne e i suoi figli (*Num* 4,1-3) e li fa consacrare da Mosè (*Es* 29,1-37, il progetto; *Lev* 8,1-36, il rito). Così, mentre Aronne con i figli rappresenta tutto il sacerdozio e la sua tribù, questa tribù rappresenta tutto il sacerdozio e il popolo. Da Aronne al popolo esiste un unico sacerdozio santo, distinto in funzioni specifiche. Paolo codificherà tutto questo quando prescrive che nella comunità tutto si esegua «in ordine» (1 *Cor* 14,40). Nella comunità degli Apostoli, come in Israele, tutti eseguono tutto quello che sacerdotalmente a essi spetta secondo il grado e la funzione, ma solo questo.

## *Il Salmo:* Sal *99,2.3.5, I*

Questo Salmo è anche un inno per l'ingresso sacerdotale del popolo nel santuario della divina Presenza. Di tono gioioso, nella Chiesa antica, come ricorda S. Basilio il Grande, era cantato la Domenica come inno mattutino.

L'Orante, un sacerdote o levita che guida l'assemblea, indirizza una serie di imperativi innici ai presenti. Anzitutto però anche ai lontani, la terra intera chiamata al giubilo divino (65,1), poi ai fedeli, incitati a tributare il culto al Signore (2,11) nella gioia dell'esistenza redenta e santificata. L'invito si estende alla processione che sosta davanti al santuario, esortata a entrare alla divina Presenza nell'esultanza (94,2). Così ai 3 verbi imperativi si collegano 3 note di gioia celebrativa e festosa (v. 2).

Agli inviti iniziali è fatta seguire, in forma di memoriale, la formula dell'alleanza: «Il Signore solo è Dio» nostro; qui l'ebraico non ha "sappiate", bensì il più esatto "esclamate", che significa riaffermate l'alleanza, che del resto è un modo per far conoscere questa realtà. La formula è triplicata, anzitutto con il tema della creazione: «Egli creò noi!» (94,6; *Dt* 32,6; *Is* 29,23; *Ef* 2,10), e non noi stessi ci creammo da soli, e perciò apparteniamo a Lui (*Ez* 29,3). Quindi, come Egli è il Signore Dio nostro, noi siamo popolo suo (*Sal* 78,13; *Ez* 34,31; *Zacc* 9,16). Infine, si riconosce in Lui l'unico Pastore Buono (*Sal* 22; *Ez* 34). Questi tratti ricorrono quasi paralleli in *Sal* 94,3-7 (v. 3).

La motivazione verte sul centro del comportamento del Signore verso il suo popolo. Egli è soave (24,8; 72,1; 105,1; 118,68; 134,3; *Sap* 12,1; *Ger* 33,11; *Nah* 1,7) e misericordioso. La sua Mano è sempre aperta e generosa nel donare le delizie del suo santuario, la Parola e il Convito sacrificale. E poiché è «il Fedele», mantiene tutto questo, come frutto della divina alleanza, di generazione in generazione (v. 5).

Con il Versetto responsorio, v. 3c, i fedeli ripetono con fede la formula dell'alleanza: noi siamo il popolo di Dio, noi siamo il gregge delle pecore del Pastore buono.

## III. Dall'Evangelo alla Chiesa

*L'Apostolo:* Rom *3,6-11*

Ancora nella parte dottrinale (cap. 1-11), Paolo presenta una teologia della storia. Gli uomini prima di Cristo sussistevano in una condizione di miseria, «senza forza», incapaci del tutto di operare il proprio bene, la propria salvezza (vv. 8.10; *Col* 1,21; *Ebr* 9,14; 1 *Pt* 3,18). Ma nel tempo stabilito dal Disegno divino, Cristo stesso si offrì di morire in favore degli empi, ossia di tutti gli uomini (v. 6; 4,23). Umanamente, nessun eroe si presta a morire in favore di un uomo giusto, o almeno è molto raro; si potrebbe morire forse per un uomo buono, che abbia meriti (v. 7). E invece il Padre dà la prova suprema della sua carità per i peccatori, poiché fece morire il Figlio per loro (v. 8; *Gv* 3,16; 13,12; *Ef* 3,2), nel tempo della loro iniquità. E adesso li giustifica per il Sangue "prezioso", il prezzo dell'umana redenzione (3,25), li rende di nuovo accetti a se stesso, li scampa dalla già inevitabile «ira divina» che sovrastava sul genere umano, e contro ogni ingiustizia degli uomini, che «detengono imprigionata nell'ingiustizia la Verità» (1,18). L'ira stava per venire, e gli uomini finalmente ne sono stati resi esenti (1 *Tess* 1,9-10; 2,16; e *Mt* 3,7). Essi sono trasportati nel Regno dell'infinita Bontà del Padre (v. 9; *Col* 1,12-13).

Paolo insiste nel presentare questa novità inaudita. Gli uomini erano apertamente nemici di Dio, per la loro stessa esistenza non redenta e lontana da Dio. La Morte del Figlio li ha riconciliati con Dio (2 *Cor* 5,18-20), se non glielo impediscono. Ma tanto più la Vita del Figlio li riconcilia, li rende amici e figli amati e amorevoli (2 *Cor* 4,10-11). E accettando questa sovrana riconciliazione, essi sono adesso in grado di gloriarsi in Dio (v. 3; 12,12; 1 *Cor* 1,31 e *Ger* 29,14, vedi Domenica IV di questo Tempo, sopra), e solo in Lui (v. 11). Per Paolo tuttavia l'unica gloria che il cristiano possa vantare è «nella Croce del Signore nostro Gesù Cristo» (*Gal* 6,14).

## IV. La Preghiera della Chiesa

### 1. L'eucologia

La Colletta riconosce che gli uomini fragili e mortali possono operare il bene solo con la grazia divina, e chiede a Dio Padre, la Forza degli speranti, questa grazia per attuare la sua Volontà.

La Preghiera sopra le offerte riafferma la fede nel nutrimento divino e nella rigenerazione operata dal sacramento celebrato, e chiede che esso seguiti a determinare sia nel corpo sia nell'anima il bene dei fedeli.

La Preghiera dopo la comunione chiede che questa partecipazione, che prefigura e anticipa l'unione con Dio, operi anche l'unità all'interno della Chiesa.

*2. La Prece eucaristica*

Il Prefazio si sceglie tra quelli per le Domeniche del Tempo per l'Anno.

# Domenica
# «di Colui che può perdere nella Gehenna»
# XII del Tempo per l'Anno

## I. Intorno all'Evangelo

*1. Antifona d'ingresso:* Sal *27,8-9.* SI.

Il Salmista riafferma la sua fede e la sua fiducia nel suo Signore, che è unica Forza del suo popolo, con il quale si è vincolato in forza dell'alleanza. Inoltre Egli è il divino Sovrano che protegge, e dirige la salvezza, e invia anche a portarla al suo popolo il suo Unto, il suo Re messianico consacrato dallo Spirito del Signore (*Is* 11,2; 61,1-2) (v. 8). L'Orante poi fa seguire un'epiclesi, quella che si chiama la «supplica per la nazione»: «Salva, Signore, il popolo tuo!», reiterata con un'altra epiclesi al Signore per ottenere la benedizione (28,11) per l'eredità preziosa e santa del Signore, che è il suo popolo (77,71-72). Poi innalza ancora un'epiclesi affinché il Signore di questo suo popolo sia il Sovrano potente e il Condottiero infallibile (*Is* 63,9) per l'eternità (v. 9).

*2. Alleluia all'Evangelo:* Gv *15,26b.27a.*

Nella Cena, il Signore promette cinque volte lo Spirito Santo, e alla terza di esse ne manifesta una qualità propria, di rivelarsi come lo Spirito della Verità, Spirito che è la Verità (1 *Gv* 5,6), lo Spirito di Cristo che è la Verità del Padre (14,6). E lo Spirito Santo, così «testimoniando» Cristo, Lo rivelerà totalmente, affinché a sua volta Egli possa rivelare totalmente il Padre. Così i discepoli sono associati dal Signore a questa testimonianza su di Lui che si deve portare al mondo.

*3. L'Evangelo:* Mt *10,26-33*

Si rimanda prima all'Approfondimento necessario, apposto alla Domenica III.

Il «discorso di missione» (10,1 - 11,1) proclamato finora va verso il suo epilogo. Il Signore sta dando la prima formazione ai suoi discepoli, per renderli idonei al futuro invio in missione. E adesso dà alcuni avvertimenti in modo da porli in guardia, ossia che siano preparati per quando dovranno incontrare gli uomini, almeno certi uomini, nella loro missione e nel loro ministero di predicazione. Aveva detto infatti che li avrebbe inviati «come pecore in mezzo ai lupi», con l'intelligenza proverbiale dei serpenti ma con la semplicità altrettanto proverbiale delle colombe (v. 16). Certi uomini non faranno altro che perseguitare fino alla morte questi discepoli, odiati a causa del Signore, posti nella sorte del Signore (vv. 17-23). I discepoli del Signore però non dovranno temere quegli uomini, poiché il Maestro si terrà di continuo presente ai suoi discepoli, e invierà anche l'assistenza continua dello Spirito Santo del Padre (v. 21).

E qui i discepoli debbono tenere sempre presente che nulla resterà coperto, che tutto sarà rivelato, che nulla potrà tenersi nascosto, che tutto sarà alla fine conosciuto (*Mc* 4,22; 1 *Tim* 4,24-25). Cosicché tutti i misteri e tutti i segreti dell'iniquità umana di necessità dovranno venire allo scoperto (v. 26). Il Signore esorta che quanto adesso Egli parla come al buio, nel cerchio ristretto dei suoi, poi, quando riceveranno lo Spirito Santo, i discepoli dovranno parlare nella piena luce; e quanto adesso ascoltano con parola pronunciata a bassa voce, in modo discreto e e calmo, nell'orecchio, dovranno poi annunciarlo in modo pubblico e largo come da una tribuna elevata, da sopra i tetti (v. 27; *Lc* 5,19).

La seconda rassicurazione dopo quella contro la menzogna e l'inganno, è sulla violenza, da non temere. Gli uomini possono al più uccidere il corpo, non l'anima, nel senso che non possono abolire la sopravvivenza delle creature nel Cuore divino del loro Dio e Creatore; perciò quelli non vanno temuti (*Is* 8,12-13; 7,29; *Lc* 12,4). Invece va temuto, e in modo totale, nel tremore grande, sempre e solo Dio, poiché egli è l'unico «che può annichilare corpo e anima nella gehenna» (v. 28).

Questa parola è passata forse inosservata, oppure volutamente ignorata, dalla tradizione orientale, anche da quella occidentale almeno dal primo medio evo. Infatti allora la speculazione di privati teologi ha dovuto immaginarsi l'inferno come fuoco eterno, con tariffe di pene corrispettive. Qui si può menzionare come esempio, anzitutto una certa arte popolare, che ha popolato le fiamme di persone a mezzo busto, con i diavoli che vibrano il tridente per immergerle di più nel bollore (come il cuoco fa con la carne nel brodo). Ancora resta da fare il bilancio di come l'arte popolare, che prendeva vaghi spunti da Scrittura e leggende, influì in modo notevole su certa teologia, e in modo determinante sulla sensibilità popolare. Si pensi qui alla rappresentazione dell'ira di Cristo che leva la mano per colpire, mentre la Madre sua si copre il volto e sotto di Lui l'inferno sta in ebollizione, che il genio di Michelangelo ha voluto affrescare nella Cappella Sistina in Vaticano. Come primo esempio si pone qui la fantasia poetica (con umorismo?) di Dante, quando con altero arbitrio descrive l'inferno e le sue pene, e poi lo popola di personaggi da lui ritenuti grandi peccatori, o da lui condannati alla pena eterna per antipatie anche politiche; si sa però che Dante, dal sapere enciclopedico, selezionava idee sia da filosofie e teologie correnti, sia dalle credenze influite dalla predicazione del suo tempo, decadente e fantasiosa, sia da fonti promiscue e eterodosse, che la critica è andata individuando. Senza dubbio erano prevalse ormai: I) le idee della giustizia inesorabile, quella feudale del medio evo, automatica e spietata, tale che non conosceva l'istanza d'appello (e la cassazione...) e la misericordia: chi offende l'imperatore, deve riparare e pagare, e basta; II) l'idea delle pene eterne, negativo fotografico e speculare del premio eterno; III) l'idea che il fuoco delle pene eterne fosse inestinguibile ed eterno, ma anche la materia così bruciata, l'anima e il corpo, fosse indistruttibile; IV) il concetto che Dio potesse assistere al dolore immane della «morte eterna» permettendo però una vita eterna felice all'esatto contrario; V) che infine Dio «non può» distruggere quanto ha creato, tanto meno l'anima umana, che è immortale «per natura» non per creazione; questo è un residuo del platonismo, per cui l'anima dell'uomo è il principio immortale perché è divino, partecipa all'essenza divina.

Ma per la Chiesa primitiva, non afflitta da tante speculazioni astratte e mitologie e fantasie, si poneva al contrario la terrificante questione, che se il diavolo potesse dominare e mantenere il suo regno in eterno, e quindi l'inferno in eterno, il diavolo stesso sarebbe il «Principio eterno del Male», opposto in modo speculare, ossia eguale e contrario, al «Principio *eterno* del Bene». Questo predicavano i più accaniti nemici della Rivelazione biblica e della fede salvifica, ossia le sette tra esse affini dei marcioniti, degli gnostici e dei manichei (antichi e moderni). In sostanza, il diavolo in modo finale e definito avrebbe vinto la sua tremenda lotta contro Dio, nel senso che così al Regno di Dio eterno e onnipotente avrebbe sottratto in eterno una grande massa degli uomini. Che del resto molti dopo il medio evo presumono che sia innumerevole, in pratica, si crede, la maggioranza dell'umanità creata. Ma allora il diavolo possederebbe un "regno" onnipotente ed eterno di Male, frontalmente opposto al Regno divino eterno di Bontà.

Per evitare questo trabocchetto, altri (come Origene) ipotizzavano piuttosto che alla fine dei tempi il Signore avrebbe di nuovo offerto la salvezza ai dannati, e al diavolo stesso, e così tutto sarebbe finito bene. Non si vedeva che così la Redenzione divina storica sarebbe stata vanificata, sarebbe stato un episodio ristretto del Disegno universale divino, e così anche la Giustizia divina non avrebbe avuto senso.

Per comprendere meglio v. 28 occorre rileggere alcuni spunti che vengono dall'A.T. Il materiale è enorme, viene dai libri storici, profetici e sapienziali, e una ricerca a fondo di esso non è molto diffusa. Si potrebbe partire qui dal famoso v. 29 del *Sal* 102, riguardo alle sostanze create in genere:

> *Tu distogli il tuo Volto e esse (le creature) sono sconvolte,*
> *Tu togli il loro spirito, e esse vengono meno,*

*e alla loro polvere tornano.*

Poi si può proseguire con gli uomini creati. Si tratta quasi sempre dei nemici di Dio e del suo popolo, la cui sorte è segnata da essi stessi in quanto si oppongono frontalmente al Signore di tutti. In specie Amaleq, il temibile e spietato nemico, il popolo degli Amaleciti, che si oppose dall'inizio dell'esodo contro Israele, non dovrà lasciare neppure la memoria sulla terra (*Es* 17,8-14; *Num* 24,20; *Dt* 25,19; 1 *Sam* 15,3.7; 30,1-17). Così Romelia, re d'Israele, e Rasin, re arameo di Damasco, che hanno congiurato contro l'esistenza di Giuda (*Is* 7,4: due tizzoni fumiganti che stanno per estinguersi e sparire). Così gli empi che reputano un nulla la vita, dopo la quale nulla resta, e che si danno a godere la vita in ogni forma meno lecita (*Sap* 2,1-5).

La scomparsa da ogni forma d'esistenza, anche del nome, è riservata ai peccatori impenitenti (*Sal* 103,35; *Sal* 36,38; 57,5-9;72,19-20; *Pr* 2,22; 4,4.10; 9,11; 10,17; 24,20), poiché verrà il tremendo Giorno divino della loro distruzione (*Is* 13,9).

Esiste poi anche una riflessione sapienziale, chiamata la «contestazione atea», nel senso che si avanzano proposizioni pessimiste e ardite per far reagire il popolo diventato poco reattivo ai valori religiosi dell'alleanza. A partire dal fatale detto di *Gen* 3,19: «Poiché tu sei polvere, e alla polvere tornerai» si sviluppa una specie di disperazione dell'esistenza. Questo è visibile nei Salmi (*Sal* 48,20-21); perfino i principi e gli eroi non lasceranno traccia di sé (*Sal* 145,5). In specie nell'Ecclesiastico (*Eccle* 2,6, e spesso), ma soprattutto in *Giobbe* (*Giob* 3,19; 10,9; 14,10-12; 20,6-9; 33,30; 34,14-15).

Di fronte a questa evidenza, è ovvio, occorre rileggere il complesso dell'A.T., dove domina il senso magnifico della vita dono divino, e dell'esistenza umana che ha valore proprio perché creata dal Signore Buono, che è la Vita, è la Luce, è l'Eternità, è la Gioia.

Tuttavia, la lettera di *Mt* 20,28, anche alla luce di quanto adesso esposto, non ammette scappatoie: Dio va temuto perché «può perdere (*upóllymai*, rovina totale) sia l'anima e sia il corpo, nella gehenna». La gehenna è un toponimo, è la valle che da Gerusalemme conduce al Mar Morto. Essa era adibita come "depuratore" permanente delle immondizie della città, le quali, lì accumulate, erano incendiate e quindi bruciavano fino all'estinzione, un vero inceneritore utilissimo per gli abitanti della città, che allora, come tutte le altre dell'antichità, e ancora dell'Oriente vicino, non brillava per igiene. Va notato che nella gehenna ardeva questo fuoco dalla mattina alla sera, esso era "inestinguibile", ma la materia che inceneriva, le immondizie, era "estinguibile" per definizione, e di fatto, incenerita ogni giorno, spariva nel nulla.

Ora, Gesù proclama qui severamente che chi resiste a Dio e Lo respinge per sempre, è destinato al «fuoco inestinguibile». Ossia, si tratta qui propriamente di «fuoco perenne», nel senso preciso che dura fino all'estinzione totale del condannato, anima e corpo, fino all'annichilimento totale della sua esistenza. In *Mt* 5,29.30 per due volte Gesù di fatto aveva ammonito severamente che è meglio amputarsi un organo del corpo, occhio o mano, che provochi "scandalo", o inciampo e caduta rovinosa sulla via di Dio, piuttosto che quell'organo sia occasione per cui tutto il corpo finisca nella gehenna (vedi Domenica VI del Tempo per l'Anno, sopra).

Fin dal sec. 2°, i Padri della Chiesa, così vicini alla Tradizione biblica, e così poco rovinati dalle «meravigliose avventure del pensiero e della scienza», avevano compreso il testo di *Mt* 20,28 nel suo preciso e indiscutibile senso letterale, qui sopra riportato. Si veda anche *Ap* 20,11-15, che descrive come i nemici di Dio condannati e la Morte e l'Inferno (personificazioni) saranno gettati da Dio nello «stagno di fuoco», detta anche «la morte seconda», quella definitiva, l'ultima, quella totale, dell'annichilamento. La riprova è che in *Ap* 21,4 è proclamato da Dio stesso: «e la Morte non esisterà più». I Padri argomentavano che il Creatore che dal non essere chiama in modo sovrano e positivo gli esseri creati all'esistenza (2 Cor 4,6), con un atto eguale e contrario "può" in modo sovrano e insindacabile togliere ad essi l'esistenza. "Può" è il principio da riaffermare e da sostenere, argomentavano i Padri, contro le negazioni molteplici (platonismo, gnosticismo, manicheismo) dell'Onnipotenza divina illimitata, che è anche negazione della Bontà divina illimitata.

Il v. 28 è cupo, terrificante e tragico, e incute perciò molto fastidio. Per questo nei secoli è stato rimosso dall'attenzione, seguitandosi ad argomentare come si è presentato sopra. Ma si deve comunque cercare di ragionare alla presenza di tutti gli elementi, e con calma. Si deve anche versare nella documentazione un argomento stringente, che si può formulare così: a chi rifiuta Dio, come a quelli ad esempio che oggi liquidano Dio con l'espressione ormai abituale: «non esiste», «non mi interessa», «è roba d'altri tempi», «oggi la scienza ha risolto il problema di Dio», e simili, a questi, come mai potrà Dio, l'unico Misericordioso, far accettare il suo Amore divino attraverso la Misericordia della sua salvezza? Costringendoli ad accettarla, forse, e così violentandoli nella loro libertà che Dio stesso ha reso intangibile? E allora, che bene sarebbe quello imposto con la forza?

Il testo di *Mt* 20,28 va conosciuto, studiato e meditato, e così la sua interpretazione nei secoli. Ma va lasciato nella sua letteralità, senza spiegazioni distorte o evasive e sfuggenti. Inoltre e insieme, va pregato il Signore che la gehenna non annichili nessuno. E si deve anche procurare di lavorare molto, affinché la gehenna resti vuota, disoccupata e spenta.

Gesù prosegue adesso con l'esortazione a non temere, e riprende i paragoni dei passeri, di cui Dio si cura, e dei capelli del capo, che Dio conosce nel loro esatto numero. Per il Signore gli uomini contano infinitamente più dei passeri, le loro azioni gli sono note più dei capelli del loro capo. Occorre perciò rimettersi con totale fiducia a Lui (vv. 29-31 e 6,26-31, per cui vedi Domenica VIII, sopra).

Il Signore poi chiede ai discepoli suoi l'adesione, come quella che i fedeli gli hanno professato al battesimo (*sýntaxis, adhaesio*), e chiede di confessarlo davanti agli uomini, costi anche la morte (*Rom* 10,9-10; *Ebr* 10,35; *Ap* 3,5; 7,14-15). Allora Egli stesso confesserà questi suoi discepoli fedeli, ossia li presenterà al Padre ottenendo per essi l'ingresso nel Regno dei cieli (v. 32).

Ma verso di Lui può esistere anche l'atteggiamento contrario. Si può aderire a Lui, e poi temere, o peggio vergognarsi di confessarlo davanti agli uomini (*Mc* 8,38; *Lc* 9,26; 2 *Tim* 2,12; 2 *Pt* 2,1; 1 *Gv* 2,23). Questo è successo tante volte nella storia delle Chiese. Le centinaia di diocesi dell'Africa romana cristiana passarono in massa ai musulmani invasori, assetati di conquista e di preda, senza una goccia di sangue. Quello fu rinnegare Cristo davanti agli uomini, e in più fu esporlo al ludibrio dei suoi nemici. Cristo rinnegherà davanti al Padre suo celeste quanti agiscono così (v. 33; 7,23; 25,12; *Lc* 13,25). E che altro potrebbe fare, mentire al Padre? O chiedere al Padre il perdono per chi non volle essere perdonato, quelli ai quali Cristo «non interessava», mentre a essi interessava forse piuttosto di salvarsi dagli uomini che possono uccidere solo il corpo? Ma in questo modo possono uccidere, sia solo spiritualmente, anche l'anima.

*4. Antifona alla comunione:* Sal *144,15, I.*

L'Orante inneggia al Signore, ai suoi titoli e alle sue opere. Lo celebra come il Centro unico di tutti gli uomini e di tutte le speranze. Gli occhi dei fedeli sono rivolti solo a Lui (103,27; 122,2), come al Sovrano buono e adorabile. Solo Lui, al tempo stabilito, nutre tutti (103,27; 110,5; 135,25; 146,9; *Mt* 6,31-33; *At* 14,19). Nessun migliore tempo esiste di quello stabilito dagli Apostoli, la Domenica, Giorno del Signore Risorto (*At* 20,7; 1 *Cor* 16,1-3; *Ap* 1,10). Dalla loro Speranza unica, il Padre, i fedeli «oggi qui» sono nutriti con la sua Parola, alla Mensa del suo Convito, e sono confermati come figli della Chiesa, la Sposa del Signore. E il Padre rimuove da essi ogni timore, conducendoli alla confessione del Risorto, per la quale a essi dona sempre lo Spirito Santo.

## II. Verso l'Evangelo: l'A.T.

*La Profezia:* Ger *20,10-13*

Geremia è forse l'unico profeta che lasci lunghe pagine autobiografiche, dolorose e lucide. Così qui (20,7-9) narra come il Signore lo sopraffece con la violenza, imponendogli di annunciare la sua Parola, un oracolo di sventura per Gerusalemme impenitente perfino di fronte all'imminente catastrofe (vedi l'A.T., Domenica XXII). Per la sua predicazione, il Profeta ebbe feroci oppositori nel tempio, nella reggia, nell'amministrazione (20,1-6), con tentativi anche di eliminazione fisica. Poiché a causa della Parola divina che porta al suo popolo, intorno al Profeta di Dio si è ormai diffuso il terrore.

Ed ecco i nemici di Geremia, che si accaniscono su lui: Terrore all'intorno, denunciatelo, lo vogliamo denunciare (34,15-16). Geremia lo ascolta con le sue orecchie (*Sal* 30,14). Perfino gli amici si attendono che egli abbia il crollo finale: Si farà ingannare, noi lo prenderemo e ci vendicheremo su lui (v. 10). È curioso, ma Geremia sta proprio nel terrore, però solo del suo Signore; si è autodenunciato come rivendicatore dei diritti di Lui; è stato da Lui sedotto, e catturato, e attende adesso la divina giustizia. Ma nemici e amici non lo sanno.

E lui reagisce. Con la fede, riaffermando il Dio Immanuel: Con me sta il Signore (1,8; 15,20). Era questa la formale divina promessa per lui. Il Signore sta come un Eroe forte, che abbatte ogni nemico, e i nemici del Profeta cadono o restano confusi e perduti (17,18; *Sal* 34,4-8), hanno fallito l'impresa iniqua, la loro obbrobriosa vergogna resta con essi, e Dio non la dimenticherà (23,40), secondo la sua Legge santa (v. 11).

Il Profeta prega. Invoca il suo Dio, il Signore delle .*Seba'ôt*, in mezzo a cui Egli ama risiedere in trono (*Is* 61-3; *Ap* 4,1-11). Egli mette alla prova il giusto, ma scruta le intenzioni profonde (il cuore e i reni), e perciò procede in modo infallibile (11,20; 17,10). Il suo fedele gli chiede di poter assistere alla giusta vendetta sui nemici. Egli non si vendica di persona, perché ha rimesso il suo processo all'unico Giusto (v. 12; *Sal* 108,21-29).

Consapevole della sicurezza in cui sta, nonostante la condizione disastrosa in cui versa, Geremia adesso invita a cantare al Signore (*Sal* 34,9-10; 108,30-31), a lodarlo, perché è il Salvatore potente dell'anima del suo povero, che ha finalmente scampato dalle mani degli empi malfattori (v. 13).

*Il Salmo:* Sal *68,8-10.14 e 17.33-35,* SI

Questo poema dolente si presenta come il canto del Giusto sofferente di fronte al suo Signore, mentre si trova ormai in procinto di finire la sua esistenza, circondato da ogni parte da minacce, sommerso dalle «grandi acque» (vv. 2-6). Eppure si rimette nella fede al suo Signore (v. 7). Egli sa che il suo destino fa parte del divino Disegno, e che solo a causa del Signore si trova nell'obbrobrio e nella confusione (v. 8; *Ger* 15,15; Sal 43,22). Per questo perfino i fratelli non lo riconoscono, la sua carne lo rigetta (v. 9; 30,12; 37,12; 87,9; *Giob* 19,13; e *Gv* 1,11; 9,29). Egli si è assunta la causa di Dio, del suo santuario profanato dagli empi, e verso il quale è divorato dallo zelo (118,139; *Mal* 3,1-3; *Gv* 2,17). Ma lì sta la Presenza divina, lì sta il rifugio d'ogni salvezza, lì sta la gloria del suo popolo. Così gli empi, che si rivoltano oltraggiosamente contro Dio, fanno ricadere questo sulla testa del suo fedele (v. 10; 88,42.51-52; *Rom* 15,3).

Però questi si raccoglie in preghiera, come ogni pio e giusto (108,4), nel tempo opportuno, segnato dal Signore (*Is* 49,8), e si rimette alla Fedeltà divina soccorrevole, che lo esaudisce per le molte sue misericordie (v. 14; *Eccli* 5,14). Egli allora insiste ancora epicleticamente, rimemorando al Signore che la sua Misericordia è sempre benevola (62,4; 108,21), e deve prendere in considerazione la preghiera del fedele, guardando a lui (24,16) e soccorrendolo secondo l'infinita Misericordia, ossia secondo il comportamento divino dell'alleanza (v. 17; 105,45).

Il soccorso portato a lui sarà poi motivo positivo per gli umili, che lo contempleranno (21,27; 33,3). Così a questi potrà rivolgere l'esortazione a cercare sempre il Signore, per avere l'esistenza investita dalla vita e ricolma di essa (v. 33). Infatti il Signore sempre ascoltò e intervenne in favore dei suoi poveri, e sempre liberò i suoi prigionieri (67,7), come la prima volta, dall'Egitto. Poiché quella fu la gesta esemplare, dalla quale derivano le altre gesta magnifiche. Infatti il Signore ripete sempre la medesima opera con la medesima efficacia (v. 34).

L'invito alla lode al Signore per tutto questo è adesso esteso dall'Orante (con iussivo innico, imperativo della terza persona) a «cielo e terra», ossia all'universo indicato dalle due estremità, con tutti i mari e gli animali che lo popolano. La lode divina diventa cosmica e corale (v. 35; 95,11; *Is* 44,13; 49,13; *Sal* 148,1-13 e *Dan* 3,57-88).

Il Versetto responsorio, v. 14c, è un'epiclesi per ottenere l'esaudimento dell'immensa divina Misericordia.

## III. Dall'Evangelo alla Chiesa

*L'Apostolo:* Rom 5,12-15

Vedi la Domenica II di Quaresima.

## IV. La Preghiera della Chiesa

*1. L'eucologia*

La Colletta è molto bella. Essa chiede di ottenere insieme il perenne «timore e amore» del Nome divino, poiché il Signore mai fa mancare la sua guida al fedele che ha stabilito saldamente nella sua Carità.

La Preghiera sopra le offerte chiede l'accettazione del sacrificio, che segni la purificazione e la successiva oblazione dell'amore.

La Preghiera dopo la comunione chiede che il rinnovamento prodotto dal Cibo eterno, nella totale devozione porti alla redenzione sicura.

*2. La Prece eucaristica*

Il Prefazio si sceglie tra quelli delle Domeniche per l'Anno.

# Domenica
# «dell'accettazione della Croce»
# XIII del Tempo per l'Anno

## I. Intorno all'Evangelo

*1. Antifona d'ingresso:* Sal *46,2,* SRD.

L'imperativo innico dell'Orante è rivolto a tutte le nazioni, affinché applaudano al Signore (*Is* 55,12) in segno di lode e di gioia. Esso è reiterato con l'invito a esprimere il giubilo al Signore con un coro gioioso e strepitante, come quello per la vittoria e per le maggiori feste del popolo santo.

*2. Alleluia all'Evangelo: 1* Pt *2,9.*

L'Apostolo ricorda ai suoi fedeli che sono gente scelta dal Signore come sacerdozio regale e nazione santa, per annunciare le opere potenti e mirabili del Signore. Infatti, essendo ancora essi pagani viventi nelle tenebre del peccato e dell'ignoranza, operando una creazione nuova, li chiamò alla folgorante Luce sua della santità e della verità.

*3. L'Evangelo:* Mt *10,37-42*

Si rimanda all'Approfondimento necessario, apposto sopra, alla Domenica III.

Il «discorso di missione» (*Mt* 10,1 - 11,1) si conclude, e in crescendo. Il Signore ha scelto i Dodici, li istituisce insegnando a essi il contenuto della predicazione, che è il Regno, li istruisce sul modo di operare la missione, li avverte delle condizioni ingrate che troveranno, e dei pericoli che incontreranno. Inoltre, chiede ai discepoli che si facciano assimilare a Lui, anche nella sorte che il Padre a Lui ha assegnato con il Battesimo nello Spirito Santo e fino alla Croce.

Infatti il discepolo autentico è quello che, secondo il divino Disegno e in perfetta imitazione del Maestro, ha rinunciato a tutto. In realtà, il Signore ha rinunciato alla madre in quanto Dio, e al padre in quanto Uomo. Egli che, in un certo senso, ha amato gli uomini più del Padre e della Madre che abbandonò, il Padre dal cielo senza separarsene, e la Madre per la terra e la Croce, dove la ritrova. E così vuole che anche i discepoli amino Lui più che il loro padre e la loro madre. Che provochino uno strappo alla loro carne. Che preferiscano la vita di abbandono in Lui, anziché i piccolo agi, e il modesto benessere che può offrire la vita, e famiglia, e la cultura del loro popolo, e la sicurezza dell'esistenza, tutto questo essendo solo al modo umano, e spesso tanto meschino. Per essere degni di Dio (*Sap* 3,5; e *Mt* 10,11 e 22,8) l'amore intramondano, quello solo per le realtà terrene (*Dt* 33,9), deve essere ripudiato. Anche se si trattasse di quella parte della propria carne, così gelosamente rivendicata, che è un figlio o una figlia (v. 37).

Spazzati via i diaframmi che impedirebbero l'adesione al Maestro e Signore, l'unico abbraccio di vita che resta finalmente al discepolo è la propria croce, ricevuta e accettata (*lambánô*), e seguendo il Signore che già la porta dal Battesimo (v. 38). Non è degno del Signore chi vorrebbe sì seguirlo, bensì senza la croce, e tanto meno è degno chi non Lo segue affatto. Per accettare la croce però occorre anche già prima «rinnegare se stesso» (16,24), poiché si potrebbe abbandonare tutto e però restare nel proprio compiacimento. Occorre rientrare nei limiti creaturali posti da Dio, riconoscere la propria pochezza, e anche la propria inutilità. E improvvisamente si riconosce però anche la propria immensa dignità di «immagine e somiglianza di Dio», assimilata alla perfetta Icona del Padre Prototipo Unico (*Col* 1,15), Cristo Crocifisso, ma Risorto.

Infatti, se uno non si rinnega, fa ancora valere i suoi diritti, e crede di poter stare in cerca per «trovare l'anima sua», conquistarla e viverne per sempre. Illusione mortale. Tale presunzione, che è superbia, si punisce da sé sola, poiché miliardi di uomini sono morti nei millenni senza lasciare neppure una traccia fisica, e anche oggi quando un uomo muore nella grande generalità dei casi, quindi nella normalità, ne resta il nome in qualche registro e su qualche iscrizione tombale, e la memoria nella cerchia ristretta di qualche parente e amico, poi anni dopo più nulla. E del resto solo i libri e la costrizione delle istituzioni scolastiche fanno pensare fugacemente a un Alessandro e a un Napoleone, ma solo nella nostra cultura, poiché per un cinese Napoleone è trascurabile e ignorato. I cristiani dovrebbero riabituarsi alla «contemplazione della morte», non nelle tetraggini di epoche passate, ma alla luce del Signore con il suo Evangelo, e quindi con la sua Croce e con la sua Resurrezione. Qui occorre rinnegare se stessi, e qui il rinnegarsi è ritrovare la propria anima, l'«immagine e somiglianza» di Dio. Questa sì per l'eternità. Questa sì scampa al fuoco annichilante della gehenna (v. 39; e Evangelo della Domenica XII).

Quando si dice però che si deve accettare la Croce, si dice che si deve accettare anche il Crocifisso, altrimenti quella sarebbe solo un simbolo platonico. E con il Crocifisso anche il Padre suo. Ora, gli inviati del Signore in un certo senso "sono" il Signore stesso, la sua icona, e come il Signore stesso, il loro Modello, essi vanno accettati. In modo che se gli uomini operano un solo atto di generosa accoglienza dei discepoli, per merito degli inviati per l'Evangelo e in forza della loro accoglienza il Padre e il Figlio, ad opera dello Spirito Santo, possano fare dimora nei nuovi discepoli, preparata dallo Spirito Santo (v. 40). Il tratto è frequente nel N.T., e proviene dal-l'A.T., e anche dalla teologia rabbinica (18,5; 25,40; *Lc* 10,16; *Gv* 13,20; *Gal* 4,14). Del resto, esso non è ignoto al diritto romano, anzi al diritto delle genti, poiché in ogni tempo un ambasciatore è accolto con ogni onore, proprio come si onorerebbe la nazione stessa che egli rappresenta, dal cui capo fu inviato a questa rappresentanza.

Ora, si può accogliere in diversi modi. Un profeta fu accolto da uomo di Dio, così Elia dalla vedova di Sarefta (1 *Re* 17,10-15), e un altro profeta, Eliseo, dalla facoltosa donna di Sunem (2 *Re* 4,8-10). Allora si avrà la ricompensa di profeta (lì essa furono i miracoli di Elia e di Eliseo per le loro ospiti). Oppure si potrà accogliere un giusto, e si avrà la ricompensa del giusto (v. 41).

Basta perfino che nel nome del discepolo del Signore si dia un bicchiere d'acqua fresca. Sa che cosa signifchi questo solo chi vive o chi ha visitato i paesi orientali, con il loro caldo arido e il deserto impietoso. Basta quindi uno solo bicchiere d'acqua dato nella carità all'assetato (18,5; 25,35), e chi avrà agito così riceverà «da sua ricompensa». Non è specificata quale. Ma è chiaro, quella che spetta al discepolo del Signore, che è grande nei cieli. E questo è confermato dalla formula massimamente solenne: «Come Dio Amen, Io parlo a voi». La carità chiude il «discorso di missione» (v. 42).

*4. Antifona alla comunione:* Sal *102,1, I.*

Per tutte queste ricchezze del Regno, suona «oggi qui» per i fedeli l'imperativo del Salmista, che rivolge a se stesso l'invito a inneggiare con la benedizione al Signore, e con il proprio interno al suo Nome santo, operatore di mirabili prodigi. Come discepoli del Signore i fedeli così contemplano anzitutto i prodigi della Parola, poi del Convito, poi il mirabile prodigio della divina carità, la vocazione della Chiesa tutta battezzata a celebrare ancora una volta il Signore e la sua Resurrezione, spintavi dallo Spirito Santo (*Ap* 22,17).

## II. Verso l'Evangelo: l'A.T.

*La Profezia: 2* Re *4,8-11.14-16a*

A Sunem, nell'alta Palestina, nei confini della tribù di Issacar, sotto il Piccolo Hermon, a oriente di questo, una donna ha saputo scorgere in Eliseo «l'uomo di Dio» (v. 9b). Ella è facoltosa, e insiste che il profeta mangi da lei (v. 8a); anzi, rende stabile quest'accoglienza generosa, spontanea e gratuita (v. 8b). La sua constatazione sull'uomo di Dio è comunicata a suo marito (v. 9); essi decidono di costruire una camera riparata, quieta e ammobiliata, per il riposo di Eliseo (v. 10). Eliseo accetta (v. 11). E pensa come sdebitarsi, facendosi consigliare dal suo fedele servo Ghezi, il quale risponde solo che la donna, con il marito anziano, è priva di figli (v. 14). Come si sa, l'infecondità di natura era il massimo sconforto per una donna antica, soprattutto orientale, la rendeva invisa gli occhi del marito, e la indicava in genere alla vergogna sociale. Così Eliseo invia a chiamarla, e quella si presenta (v. 15). Il profeta le preannuncia un figlio per l'anno dopo, entro 12 mesi (v. 16a). Così avviene un nobile esempio di quella che è la «ricompensa del profeta».

Si ripete il gesto che al Padre Abramo avvenne da parte dei Tre Personaggi, quando gli predissero che la moglie Sara, anziana e sterile, avrebbe avuto un figlio, il «figlio della Promessa», Isacco (*Gen* 18,10-14; 17,21).

*Il Salmo:* Sal *88,2-3.16-17.18-19,* SR

L'Orante è il Re messianico in persona, nella figura di David. Egli proclama la sua volontà di cantare in eterno con un poema le Misericordie divine (i vv. 3.15.25.29.34.50; 87,11; 91,2-3; 100,1), e di volere così annunciare e far conoscere vastamente lungo le generazioni la Fedeltà del Signore verso di lui (i vv. 3.9.34.50; 87,11; 118,90) (v. 2). Misericordia e Fedeltà sono due sinonimi, che quali-ficano il Signore Buono, e che qui l'Orante pone in parallelismo poetico. Il motivo è che il Signore già parlò: «La Misericordia sarà costruita in eterno» (35,6); il che, tenendo conto che in ebraico "eternità" è *'ôlam*, che indica lo spazio tempo, "secolo" o "mondo". Così si può intendere anche «sarà costruito un mondo eterno di Misericordia».

Quindi l'Orante regale può affermare ancora una volta che la Fedeltà del Signore resta irremovibile nei cieli, e che questo porta quale naturale conseguenza che essa si attui infallibilmente sulla terra come Disegno divino efficace (v. 3).

E allora per questo può proclamare una beatitudine per il popolo che conosce la gioia clamorosa, festosa (*Lev* 23; *Sal* 23,24). Infatti questa gioia segue una vittoria ed è gridata dall'intera assemblea del popolo. Il Re guida questo suo popolo, che procede alla «Luce del Volto»divino (4,7; 55,13), nella cui «Luce la Luce» vede (35,10), e la Luce è segno della Vita divina (v. 16). Perciò i fedeli esulteranno perennemente nel Nome divino eterno (19,6.8). Così riceveranno la loro esaltazione nella Giustizia divina, che è l'intervento divino misericordioso e potente (v. 17; *Giob* 31,7). Poiché il Signore è lo

Splendore della forza di questo popolo (77,61), e con il Favore divino sarà esaltata e glorificata la potenza di esso (qui simboleggiata dal corno, segno del tremendo impeto del toro, v. 25; 74,11). Tale potenza regale non è politica né militare, ma è solo resa attuale dalla fedeltà all'alleanza e consiste nell'adempimento della Legge (v. 18). Per il resto invece il popolo ha uno Scudo infrangibile, il suo Signore (26,10; 46,10; 90,5), che è l'unico Re del popolo, il Santo d'Israele (v. 19; 70,22; l'espressione «il Santo d'Israele» ricorre come un motivo insistito in *Isaia*).

Con il Versetto responsorio, v. 2a, si esprime come ritornello la volontà dei fedeli di cantare in eterno le Misericordie divine rivelate dalla Parola divina letta nell'assemblea.

## III. Dall'Evangelo alla Chiesa

*L'Apostolo:* Rom 6,3-4.8-11

Si rinvia all'Apostolo della Notte della Resurrezione.

## IV. La Preghiera della Chiesa

*1. L'eucologia*

La Colletta richiama la Volontà divina che con l'Iniziazione battesimale volle donare la filiazione divina (*Gal* 4,6; *Rom* 8,15), e con epiclesi chiede che i fedeli non tornino alle tenebre dell'errore ma che si resti nella luce della verità acquisita per dono.

La Preghiera sopra le offerte invoca il Signore, operatore dei suoi Misteri, affinché renda il culto della Chiesa degno delle sante offerte.

La Preghiera dopo la comunione è un'epiclesi al Padre affinché la Vittima offerta e partecipata doni la Vita e nell'unione della carità con Lui si possa produrre un frutto perenne.

*2. La Prece eucaristica*

Il Prefazio va scelto tra quelli delle Domeniche del Tempo per l'Anno.

# Domenica «del Giubilo Messianico» XIV del Tempo per l'Anno

## I. Intorno all'Evangelo

*1. Antifona d'ingresso:* Sal *47,10-11,* CS.

Sion, la Città del Grande Re, la Sposa eletta del Signore, esprime il suo immenso giubilo festoso, poiché dal santuario divino ricevette l'abbondanza della divina Misericordia (39,12), sotto la forma delle delizie divine del convito. E di questo fa anche contemplazione (v. 10). Come è immenso il Nome di Lui (112,3; *Mal* 1,11), così sono estese le sue lodi ai confini della terra (v. 11ab). E la lode investe anche la generosità del Signore, la cui Destra è sempre ricolma di quelle delizie per i suoi fedeli radunati alla sua Presenza (v. 11c).

*2. Alleluia all'Evangelo:* Mt *11,25, adattato*

È la benedizione del Figlio al Padre per aver rivelato i Misteri del Regno solo ai piccoli. Il testo ovviamente va riletto nel contesto della pericope evangelica.

*3. L'Evangelo:* Mt *11,25-30*

Si rimanda prima all'Approfondimento necessario, apposto alla Domenica III.

Questo passo di solito è chiamato «giubilo messianico», poiché nel suo parallelo *Lc* 10,21-24 ha come esordio stupendo: «In quella hôra gioì nello Spirito Santo e parlò». Esso ha alcune risonanze di Giovanni, e quindi è chiamato anche «comma giovanneo». È un testo molto denso per la tematica sapienziale. Ma soprattutto perché è uno dei rari squarci che permettono di contemplare, con sorpresa e anche senza possibilità di indiscreto scrutare, i sentimenti personali del Signore in rapporto al Padre suo. Dove appare insieme l'eternità che si fa temporalità, e questa rinvia all'eternità, ma investe la storia degli uomini.

Come struttura, sembra che il testo di Matteo debba essere distinto in 3 paragrafi connessi, che riguardano 3 aspetti diversi ma convergenti: I) vv. 25-26; II) v. 27; III) vv. 28-30. L'inizio è annotato come una temporalità solenne: «in quel *kairós*», il tempo stabilito, ma non precisato da Matteo; nel parallelo, *Lc* 10,21, invece la *hóra* è fatta corrispondere con il ritorno dei 72 discepoli che il Signore aveva istruito e inviato in missione (vv. 17-20).

Inoltre, il v. 25a precisa che Gesù «avendo risposto (*apokrínomai*)» a qualcuno o a qualche cosa, parlò; ma prima, in 11,20-24, aveva ancora parlato Lui, con le invettive contro le città impenitenti. La risposta in questo parlare è perciò alla sollecitazione dello Spirito Santo, un'esperienza interiore appena accennata in *Lc* 10,21.

La parola del Signore è una dossologia al Padre. Comincia così il primo brano.

I) vv. 25-26.

L'indirizzo al Padre comincia con il verbo exomologoúmai, che spesso nell'A.T. traduce l'ebraico '*ôdeh*, ed esprime una nota volontaria: io voglio confessare, nel senso di celebrare, lodare, magnificare. L'oggetto qui è il Padre, con il titolo di «Signore del cielo e della terra», titolo già dell'A.T. (*Dt* 10,14; 3,24; 4,39; *Gios* 2,11; *Esr* 5,11), anche in quanto Creatore del cielo e della terra (*Gen* 1,1; *Es* 20,11; 31,17; *Is* 45,18; 51,13; 65,17, crea cieli nuovi e terra nuova), e come Sovrano di essi (*Sal* 49,4; 88,12; 134,6), come Colui che riempie cielo e terra (*Ger* 23,24), a cui è dovuta la celebrazione dal cielo e dalla terra (*Sal* 148,14). Il titolo di Creatore è entrato anche nel «Credo», il Simbolo battesimale.

La motivazione di questa celebrazione filiale è che il Padre nascose «queste realtà» (non "cose"!) ai sapienti e intelligenti. Sta qui una nota sapienziale polemica, che risuonava già nell'A.T., per cui i superbi e autosufficienti non sono ammessi ai segreti della divina Sapienza, la cui rivelazione procede per altre vie. Così già in *Is* 29,14, (citato in 1 *Cor* 1,19; vedi sopra il «discorso della Croce»); e così in *Giob* 37,24; *Sap* 10,21. Il Signore vi tornerà ancora sopra (*Mt* 13,11; 21,16).

La motivazione prosegue come discorso di rivelazione sapienziale. In realtà, il Padre rivelò le Realtà sue ai *nêpioi*, «i piccoli» (v. 25). Questi sono gli umili, i poveri, quelli senza linguaggio che si faccia rispettare dagli uomini "grandi". E invece avviene proprio che «la Sapienza aprì la bocca ai muti, e rese eloquenti le lingue dei piccoli» (*Sap* 10,21). Allora, occorre farsi trovare in queste condizioni, come avverte il sapiente d'Israele:

*Quanto più tu sei grande, tanto più umiliati,*
*e troverai grazia presso il Signore,*
*poiché grande è la Potenza del Signore,*
*e ai piccoli Egli rivela i suoi Misteri* (*Eccli* 3,18-19).

È il fatto che rovescia la piccola boria umana, e la dottrina sapienziale diffusa nell'A.T. ne riporta molti tratti:

*La Legge del Signore è perfetta, ricrea il cuore.*
*La Dottrina del Signore è certa, istruisce i piccoli* (*Sal* 18,8).
*L'enunciato delle Parole tue illumina*
*e dona l'intelligenza ai piccoli* (*Sal* 118,130).

E si potrebbe seguitare a lungo. La logica della cultura autonoma e autosufficiente è ridicolizzata. E come un impero finanziario, una consorteria di «teste d'uovo» non affiderebbero la direzione ad un "piccolo", così il Signore dell'universo e delle sue ricchezze, la Sapienza infinita non affida i suoi Misteri indicibili a quei «grandi intelletti» di breve circuito e di pancia piena. Si ha qui la medesima nota del «beati i poveri di spirito» (5,3b) (v. 25).

Il Figlio adesso esclama il suo Amen! al Padre (greco *nái*; 2 *Cor* 1,19). È un assenso totale, glorificante: *'Amên, 'Abbâ'*, la cui motivazione è: «poiché così l'*Eudokía* avvenne davanti a Te» (v. 26). È il Disegno divino, il Beneplacito divino che si sta attuando definitivamente, a cominciare dalla Nascita del Figlio (*Lc* 2,14, l'inno angelico; *Lc* 12,32), al Battesimo (3,17), fino alla vocazione degli Apostoli (*Gal* 1,15). Cristo, come diranno i Padri, appare come il *syneudokôn*, il Con-compiacentesi insieme con il Padre suo, per tutta la Rivelazione salvifica, totalmente consegnata agli umili, ai "piccoli", i piccoli del Regno.

II) v. 27. Si possono qui distinguere 3 principali affermazioni:

«tutto fu consegnato a Me dal Padre», formula che tornerà a sigillare l'evangelo di Matteo al momento dell'Ascensione (28,18; vedi la Solennità dell'Ascensione). Cristo qui si dichiara come il Figlio dell'uomo, a cui l'Anziano di giorni, il Dio eterno, ha rimesso ogni potere in cielo e in terra per la salvezza degli uomini (*Dan* 7,13-14), all'inizio della sua Vita storica (*Gv* 3,35; 13,3; 17,2) e alla fine, con «il Nome» adorabile (*Fil* 2,9);

«e nessuno conosce il Figlio se non il Padre, né il Padre qualcuno conosce se non il Figlio». Cristo qui apre uno spiraglio di rivelazione sull'Oceano infinito della divina Sapienza. Solo Dio conosce l'Abisso della divina Sapienza, e solo la divina Sapienza conosce l'Abisso di Dio, formando insieme l'unica Vita indivisibile, l'unica Sapienza, l'unica Maestà, l'unica Gloria, l'unico Splendore, e avendo concepito insieme l'unico Disegno, da attuare nell'unica Operazione. Il tema è affermato con forza nei libri sapienziali (*Giob* 28,21-28; *Bar* 3,32-36; *Eccli* 1,1-9; *Sap* 6,9-18). Nel N.T. vi insiste con altrettanta energia Giovanni, mostrando che del Dio invisibile «fa esegesi» solo il Verbo, il Figlio Monogenito che sussiste rivolto verso il Seno del Padre (*Gv* 1,18), sua suprema Cattedra per l'insegnamento. Così ancora nel «discorso eucaristico» (6,46), nei discorsi di polemica (7,29; 10,15), e finalmente nell'ultimo insegnamento ai discepoli, alla Cena, sotto forma della Preghiera sacerdotale (17,25).

Ma anche il Mistero del Padre, che è il Figlio, è conosciuto solo dal Padre, nell'intimità inviolabile della Vita divina eterna tra-scendente. Si tratta di conoscenza interpersonale, infinitamente interreciproca,

*Domenica «del Giubilo Messianico» – XIV del Tempo per l'Anno*

a cui prende parte come Comunione totale lo Spirito Santo;
«né il Padre conosce, se non il Figlio, e colui a cui il Figlio voglia rivelarlo». Il Mistero divino sono le divine Persone, tuttavia per così dire esso risiede nel suo Principio, la sua Fonte inesauribile, il Padre. Il Figlio nello Spirito Santo ne è l'unico Rivelatore (*Gv* 17,26). La sua volontà rivelante però si dirige secondo la sua decisione insindacabile; e già si è visto che essa si dirige solo ai "piccoli". Non che la Rivelazione sia nascosta e privata, e ridotta ai "piccoli". Essa è pubblica, da predicare da sopra i tetti (10,27). Ma solo ai piccoli il Figlio, divina Sapienza in opera, dona la Grazia inconsumabile dello Spirito Santo, che viene dal Padre, affinché si conoscano i Doni divini (1 *Cor* 2,12) (v. 27). Poi questi piccoli la porteranno al mondo. Vedi qui Domenica V del Tempo pasquale.

III) vv. 28-30.

Adesso il Signore si rivolge ai "piccoli", con l'appello supremo che viene da Lui quale Sapienza divina: «Venite a Me tutti». È l'invito che la Sapienza rivolge ai "piccoli" già nell'A.T., per il Convito preparato (*Pr* 9,5), per quanti la desiderano come Sposa diletta per saziarsi dei suoi ricchi frutti (*Eccli* 24,19). È l'invito pressante che questa Sapienza divina incarnata rivolge per il Convito finale adesso pronto (*Gv* 6,35.37.44.65), al fine di ottenere il Dono supremo, lo Spirito Santo, l'Acqua della Vita (*Gv* 7,37-39). L'invito è illimitato, ma rivolto a chi si fa trovare nella condizione ideale, umanamente ingrata e spiacevole: «tutti gli affaticati e appesantiti» dalle vicende infelici della vita, quelli già dichiarati beati (*Mt* 5,3-11).

Per tutti questi la Promessa era il ristoro divino. Ottenuto contro i falsi profeti e i falsi sacerdoti: «Si parlerà a questo popolo: Qui (presso il Signore) sta il riposo, lasciate riposare chi è stanco, qui sta il refrigerio» (*Is* 28,12); contro le vie malvage: «Così parla il Signore: Sostate sulle vie, e guardate, osservate i sentieri antichi per scrutare quale sia la via buona e procedervi, e trovare riposo alle anime vostre» (*Ger* 6,16); in vista del ritorno dall'esilio: «Io infatti ristorerò l'anima affranta, e ogni anima che languisce Io sazierò» (*Ger* 31,25).

Ristorare è con il verbo *anapáuô*, dare riposo, dare quiete, dare ricetto, dare sazietà e benessere. Dio stesso si riposò dopo la creazione, nella sua infinita Beatitudine, la medesima a cui il Figlio adesso ammette i piccoli (*Gen* 2,2-3). Nessun ristoro, nessun riposo, se non nel Figlio Monogenito che sussiste nel Padre e il Padre in Lui (v. 28; *Gv* 10,38).

Vengono due altri inviti della Sapienza. Anzitutto a sottoporsi al giogo suo, ossia al giogo della divina Parola, portata dalla Sapienza, che ne fa il suo divino insegnamento (*Eccli* 6,18-37), nel timore di Dio. La Sapienza invita ancora una volta a venire a Lei quanti sono tuttavia "ignoranti", per sostare con Lei nella «casa dell'insegnamento» della Parola (*Eccli* 51,23), rinunciando al pretesto di esserne privi quando se ne ha ardente sete. Infatti la dottrina salvifica è donata gratuitamente, quale giogo facile, che aiuta a cercare, poiché essa si lascia sempre trovare, senza fatica, e con molto piacevole riposo (*Eccli* 51,24-27).

La Sapienza invita ancora a imparare la Dottrina divina, che si può riassumere nel fatto adesso evidente in Cristo: Egli è mite e mansueto e umile di cuore. Ama la mansuetudine e l'umiltà, e le insegna e le comunica. I suoi "piccoli" saranno assimilati a Lui anche in questo, anzi soprattutto in questo. E precisamente in questo essi troveranno il divino Riposo (v. 29). La spiegazione sta anche in *Gv* 13,15; 1 *Pt* 2,21; *Ef* 4,20.

L'ultima nota è sul giogo. Esso indica per sé la tremenda schiavitù e fatica senza fine che nei millenni sono state imposte senza pietà su buoi e altre povere bestie che le hanno dovuto sopportare. Ma il giogo che adesso la Sapienza divina viene a proporre, è «buono (*chrêstós*)», è imposto dal Buono e rende buoni (v. 30). In altro contesto è spiegato splendidamente. È la Parola divina, con i suoi comandamenti della carità da osservare sempre, e di Dio «i comandamenti non sono pesanti» (1 *Gv* 5,3). Come aveva annunciato il Signore, i comandamenti stanno vicini agli uomini che li accettano, e benché giogo obbligante, da cui non ci si libera, sono facili da praticare (*Dt* 30,11).

Il giogo è lieve. Infatti come Croce di redenzione l'ha portato

Cristo stesso. Che aiuta sempre i suoi fedeli a portarlo.

*4. Antifona alla comunione:* Sal *33,9,* AGC.

L'invito della divina Sapienza a venire al suo Convito suona con tutta la gioia: Gustate, e solo così sperimenterete (*Ebr* 6,5; 1 *Pt* 2,3) che il Signore è Buono. È soave sempre (*Sal* 99,4). Ricolma delle Delizie della sua Destra misericordiosa e generosa. Ammette sempre al suo Convito. E fonda la speranza degli uomini, che sono beati se si affidano solo a Lui (2,13; 39,5; 83,13; *Ger* 17,7; *Eccli* 34,14.19). Come avviene ai suoi fedeli «oggi qui», nutriti del Cibo divino della Parola, ammessi al divino Riposo, accettando in quanto Chiesa guidata dallo Spirito Santo il giogo dell'inesauribile insegnamento che la Sapienza divina dona a essi nella sua prodigalità materna e nuziale.

## II. Verso l'Evangelo: l'A.T.

*La Profezia:* Zacc *9,9-10*

In parte il testo è spiegato nell'Evangelo della processione delle Palme, a cui si rinvia. Esso concorda bene con l'Evangelo di oggi. I vv. 9-17 sono un oracolo sui tempi messianici e sulla venuta del Re, dietro il quale si profila la Presenza divina (vv. 14-16). L'attesa nei tempi calamitosi traversati da Israele era una grande «guerra di liberazione» violenta e vittoriosa, non senza l'istinto della vendetta contro i nemici persecutori da secoli. Sul piano solo umano, questo si può comprendere. Tuttavia nel Disegno divino è escluso. Poiché dal male della guerra non nasce il bene della pace, e nel cuore dell'uomo resta sempre l'odio, seme di altre guerre. L'intervento divino avviene con altri mezzi: debbono sorgere tempi nuovi.

E anzitutto, deve avvenire come un incontro nuziale tra lo Sposo divino e la Sposa umana, che lo attende da quando esiste. La Sposa è chiamata «Figlia di Sion e Figlia di Gerusalemme», principessa maestosa e preziosa, anche se è assalita dai nemici da ogni parte. Della principessa, lo Sposo non può essere che Re. La Sposa è invitata perciò a esultare e a giubilare (v. 9a; *Sof* 3,14) quando le giunge l'annuncio solenne portato dagli araldi: «Ecco il Re tuo!» (*Ger* 23,5; *Mich* 5,2). Egli viene, come tutti i grandi re, a visitare la sua Città, per recarle i doni nuziali. Questi consistono nel fatto che il Re, autentico e veridico, svolge tutte le sue funzioni vere: giustizia e salvezza, come il buon re deve operare per il suo popolo. Ma al contrario della boria inguaribile dei monarchi della terra, il Re messianico ha una qualità che lo rende unico: è povero, è umile, è solo, non viene con eserciti e provviste, né conta sul saccheggio. E lo dimostra con la sua tenuta, in quanto viene incontro alla Sposa cavalcando un asino docile e lento e mansueto, non spumanti e soffianti cavalli da guerra. Raggiunge a suo tempo la Sposa, e a suo tempo comincia la sua missione regale, che apre la via alle nozze con lei (v. 9b).

Anzitutto, proprio dalla Sposa, da questo popolo che si illude ancora di guerreggiare contro nemici soverchianti, farà sparire per sempre i carri e i cavalli; e in questo segnerà anche l'unità di questo popolo diviso tra due gruppi alienati, Efraim (le tribù settentrionali) e Gerusalemme (*Os* 2,18; *Mich* 5,10). Si realizzerà l'antico oracolo, che è anche l'antico sospiro degli uomini, l'arco da guerra sarà frantumato per sempre (*Sal* 36,15; 45,10; 75,4; 1 *Sam* 2,4).

Il Re parlerà, poiché tutto viene dalla potenza della sua Parola. Darà l'annuncio della pace alle nazioni della terra (*Mich* 5,5), e la pace regnerà nel suo nuovo regno. I confini del quale indicano il suo dominio (*Es* 23,31; *Sal* 71,8), e comprenderanno il territorio da mare a mare, e dal Fiume ai confini ultimi (*Sal* 88,26; 79,9-12). Per sé, geograficamente, si tratta solo dal Mediterraneo al Mar Morto, e dall'Eufrate all'Egitto. Ma adesso l'estensione è idealizzata, fino ad abbracciare l'intera terra (v. 10).

I versetti successivi parlano della guerra che combatterà il Signore stesso, fino all'instaurazione dei tempi messianici.

*Il Salmo:* Sal *144,1-2.8-9.10-11.13cd-14, I*

Come fu spiegato alla Domenica IV di questo Tempo, il *Sal* 144 apre il «*Hallel* mattutino», ossia il gruppo di Inni di lode 144-150, che prendono nome dall'Alleluia di apertura e di chiusura, *Hallelû-Iah*, lodate il Signore! Essi erano e sono usati dagli Ebrei per l'ufficiatura della lode mattutina. La caratteristica del *Sal* 144, uno splendido canto, è di contenere come in sintesi i contenuti tematici che poi svilupperanno i *Sal* 145-149 che lo seguono. E tali contenuti sono accentrati nella lode al Signore, in direzione tripolare: la sua Presenza, i suoi titoli e le sue opere grandi.

L'Orante esordisce manifestando la sua volontà di esaltare il Signore (98,5.9), il Re della sua alleanza (97,6), e di benedire il Nome suo in eterno. Si tratta di verbi del «parlare», che si susseguono per tutto il Salmo, che così è un inno dossologico (v. 1). Tale volontà è riaffermata come fatto quotidiano: benedire il Signore e lodarne il Nome (145,2), e questo ancora in eterno. Si noti l'inversione dei verbi, dal Signore al Nome divino (v. 2).

Tra i titoli lodati stanno quelli che il Signore stesso rivelò a Mosè nella Teofania del Sinai (*Es* 34,5-7), di cui si è trattato nella Domenica della SS. Trinità, a cui si rinvia (v. 8).

Prosegue la lode, contemplando il Signore e Re soave verso tutti, senza preferenza di persone, anzi neppure di sfere dell'esistenza, poiché è tale anche verso gli animali e l'universo creato (99,5). Tanto che tra tutte le sue opere magnifiche, si estolle in alto come primaria la sua eccezionale Misericordia (v. 9; *Eccli* 18,12; *Sap* 6,8). E così il Salmista può rivolgere il duplice iussivo innico (imperativo della terza persona), a un immenso coro formato dalle stesse opere del Signore, che si fanno inno di lode gioioso (*Sal* 18,2; 102, 22; 148,1-10; *Dan* 3,57-81), e dai "santi" del Signore, i suoi fedeli raccolti in assemblea sacra nel santuario per celebrarlo degnamente (v. 10; 139,9.16; 133,1-3).

Tutti questi debbono parlare, ossia proclamare la gloria del Regno divino, Regno di pace e di salvezza, e seguitare a parlare e a narrare e ad annunciare la Potenza del Signore che tutto crea, tutto regge e a tutto provvede (v. 11).

Il Salmista interviene da parte sua a lodare il Signore, l'unico Fedele quando ha parlato la sua Parola di promessa (v. 17), e l'unico

Santo quando opera in modo irreprensibile i contenuti dell'alleanza fedele; e questo avviene sempre e anche al presente (v. 13cd). Ma in specie il Signore è tenero verso quanti sono caduti sotto il peso della tribolazione (36,17.24), e si fa presente per risollevarli; inoltre, verso quanti restano oppressi dalle catastrofi della vita, e anche questi viene a rialzare. E dona a tutti questi una sede regale tra i principi del popolo (112,7-8; 106,40-41). Non li abbandona mai alla sventura (v. 14; 145,8).

Con il Versetto responsorio, v. 1 adattato, si canta la benedizione eterna che i fedeli tributano a Dio, il Re dell'alleanza.

## III. Dall'Evangelo alla Chiesa

*L'Apostolo:* Rom 8,9.11-13

Il grande cap. 8 comincia con la Resurrezione di Cristo, che sarà anche la resurrezione degli uomini, e che inizia la loro vita nuova, non più soggetta alla "carne", ossia all'esistenza nemica di Dio (vv. 1-8). Infatti i fedeli non vivono più «nella carne», ossia seguendo gli impulsi malvagi della loro indole, poiché la loro vita è «nello Spirito del Signore», che dal battesimo inabita in essi (5,5) quale Mozione divina che li conduce al Padre (v. 15; e *Gal* 4,6). Non si tratta di uno spirito qualsiasi, ma dello «Spirito di Cristo», che è sempre uno e medesimo, provenendo da Dio (v. 11; 5,5; 1 *Cor* 3,16; 6,19; 2 *Cor* 6,16; 2 *Tim* 1,14). Però Dio Lo dona a partire da Cristo (*At* 2,32-33; 16,8), per animare la vita intera dei fedeli. Questi in tal modo sono realmente morti al peccato, e tuttavia sono vivi per la giustificazione ormai ottenuta (v. 10, fuori lettura). Questa è la «vita in Cristo vita nello Spirito» (v. 9).

Paolo adesso precisa. Abita nei fedeli lo Spirito del Padre, Colui che resuscitò Gesù dai morti, di cui l'annuncio è il cuore dell'Evangelo. Perciò il medesimo Padre che ha resuscitato il Figlio dona lo Spirito Santo che verrà ad abitare nei fedeli, e darà la vita eterna anche ai corpi mortali (v. 11). Con la sua presenza attiva lo Spirito Santo è così la divina Caparra, l'Anticipo gratuito della resurrezione beata. Perciò i fedeli ormai sono debitori solo di questo, e non della carne in modo da vivere nella soggezione schiavizzante di essa (v. 12). Le conseguenze sono che chi segue la carne è destinato alla morte eterna. Invece chi sottopone la carne alla guida dello Spirito Santo, nella continua mortificazione (*Col* 3,5), è destinato alla Vita (v. 13). «Come a Cristo, così a noi».

## IV. La Preghiera della Chiesa

*1. L'eucologia*

La Colletta fa memoria al Padre del Figlio che nel suo estremo abbassamento rialzò il mondo degli uomini che era prostrato nella rovina, e con epiclesi chiede la gioia santa per i fedeli redenti, e che essi siano condotti alla gioia eterna.

La Preghiera sopra le offerte è epiclesi che chiede al Padre la purificazione dai peccati in forza dell'Offerta santa, la quale di giorno in giorno operi per portare alla Vita eterna.

La Preghiera dopo la comunione, riconosciuta la pienezza ricevuta di così grandi Doni, chiede al Padre con epiclesi che essi siano compresi e ricevuti interiormente, e che la lode di Lui sia perenne nei fedeli.

*2. La Prece eucaristica*

Il Prefazio va scelto tra quelli delle Domeniche per l'Anno.

# Domenica «della parabola del Seminatore» XV del Tempo per l'Anno

## I. Intorno all'Evangelo

*1. Antifona d'ingresso:* Sal *16,15*, SI.

L'Orante dal Signore ha ricevuto la sorte d'essere giusto, e adesso vuole «comparire davanti al Volto», espressione che indica la volontà di visitare il Signore nel santuario, dove dimora in modo invisibile, imperscrutabile, misterioso sull'arca tra i Cherubini (62,3; *Giob* 19,25; 33,25). Egli sa che dal Volto della divina Bontà emana la Luce trasformante (1 *Gv* 3,1-2). Questa proviene dalla teofania, la manifestazione divina mediata dall'insegnamento della Parola e dal sacrificio seguito dal convito, unico cibo, unica sazietà meravigliosa per il fedele (15,11; *Is* 26,19; *Dan* 12,2).

*2. Alleluia all'Evangelo: composizione.*

Anticipando la parabola evangelica, il Seme fecondo è la Parola divina rigenerante (1 *Pt* 1,23; *Giac* 1,18), e il Seminatore buono è Cristo Signore. E vive in eterno chi trova Lui.

*3. L'Evangelo:* Mt *13,1-23*

Si rimanda prima all'Approfondimento necessario, apposto alla Domenica III.

Per la sua importanza, questa parabola è patrimonio comune dei tre Sinottici (*Lc* 8,4-13; *Mc* 4,1-20). Essa in Matteo sta nel 3° grande discorso, quello «delle parabole»; si veda sopra lo schema.

La prima annotazione vuole dare importanza a quanto segue: «in quel giorno», formula non precisata, ma che indica un momento importante per Gesù e per i discepoli. Egli esce dalla casa sua, come uscì dal suo Mistero, dove dimora e riposa presso il Padre. Adesso viene in riva al mare, il lago di Genesaret, e si intronizza come la divina Sapienza che raccoglie intorno a sé i figli per nutrirli con il cibo divino della sua dottrina (v. 1). Il suo parlare è la Divina Liturgia del Padre svolta nello Spirito Santo, è una solenne divina celebrazione.

Raccoltasi così una moltitudine, le folle ingenti, intorno a Lui, è costretto a trasportare la sua sede su una barca, per porre spazio tra Lui e le folle sulla spiaggia (v. 2). Quindi comincia ad insegnare «molte realtà con parabole» (v. 3), tanto che l'evangelista annota che parlava «tutto alle folle con parabole» (v. 34, fine della parabola della zizzania).

Il testo si divide agevolmente: I) esposizione della parabola (vv. 3b-9); II) la giustificazione del parlare in parabole (vv. 10-17); III) la spiegazione della parabola stessa (vv. 18-23).

L'inizio ha la formula profetica "Ecco", che indica sempre un evento prodigioso che viene dall'Alto. Il Seminatore, ancora non identificato, esce con il solo scopo di seminare (v. 3b). Va notato che, secondo l'antico uso palestinese, di una coltivazione primitiva, poco razionale, non si parla qui di terra già lavorata; infatti, prima si seminava, e poi si passava l'aratro «a chiodo», con un vomere che era poco più di un grosso chiodo di ferro, oppure anche di legno, abbastanza leggero, che rivoltava la terra arida in attesa della pioggia autunnale. Per questo esiste anche un severo avvertimento del Profeta, che si serve del simbolismo della semina stagionale dei campi:

Questo parla il Signore all'uomo di Giuda e di Gerusalemme:

*dissodate per voi un campo dissodato,*
*e non seminate sopra le spine! (Ger 4,3),*

e si apre poi alla vita spirituale attraverso con questa esigente applicazione:

*Circoncidete per il Signore e rimuovete i prepuzi dei vostri cuori,*
*uomini di Giuda e abitanti di Gerusalemme,*

*affinché non erompa come fuoco la mia indignazione
e divampi e non esista chi la estingua
a causa della malizia dei vostri pensieri!* (Ger 4,4).

Questo si adatta bene allo spirito della parabola. Infatti, nel seminare, si hanno 4 situazioni. Un poco di seme cade «vicino la via», il sentiero che traversa la maggese quando questa non ha ancora culture, destinato poi a essere arato anch'esso. La terra calpestata offre facile pasto agli uccelli (v. 4). Altro seme cade sul terreno roccioso, quello con poca terra utile da rivoltare; esso cresce subito, ma all'infierire del sole si inaridisce, non potendo mettere la radice (vv. 5-6). Altro seme cade tra le spine, piante selvatiche e molto vitali e tenaci, che crescono e soffocano il tenero germe del grano (v. 7; Ger 4,3). Finalmente il seme cade sulla terra buona, e mena frutto, dove 100, dove 60, dove 30 (v. 8; v. 23). Il 100 è il numero della benedizione plenaria, come avvenne a Isacco quando seminò a Gerar (*Gen* 26,12).

La parabola sta tutta qui, nella sua semplicità apparente e quindi sorprendente. Ma riceve un singolare sigillo, uno dei versetti più brevi di tutta la Scrittura: «L'avente orecchio, ascolti!» (v. 9; e v. 43). È questo il richiamo sapienziale. L'orecchio indica l'intendimento di tutta la persona, il quale va posto in azione. Infatti l'Autore dell'orecchio e della sua intelligenza è il Signore stesso (*Is* 50,4-5; *Pr* 20,12; *Eccli* 17,3), e la storia d'Israele è un lungo e reiterato invito divino ad ascoltare con gli orecchi docili, che percepiranno così la divina Sapienza (*Dt* 5,1; *Pr* 2,2; 4,20; 5,1; 22,17; *Eccli* 2,2; *Bar* 3,9; *Sal* 77,1). Poiché «l'orecchio dei sapienti cerca l'insegnamento» ricco di vita (*Pr* 18,15; *Eccli* 3,31), mentre un popolo stolto vi si rifiuta (*Ger* 3,21; *Ez* 12,2). Ascoltare è obbedire e porre in pratica docilmente.

I discepoli si accostano con venerazione al Maestro, di cui intuiscono solo la sapienza, ma ancora non conoscono che è la divina Sapienza, per chiedergli come mai parli in parabole alle folle (v. 10). La risposta del Signore è singolare, nella sua gravità. Il Padre ha donato per grazia che solo i discepoli, ossia quanti si fanno discepoli, abbiano dei Misteri del Regno la conoscenza profonda, sperimentale, che travolge l'esistenza. Sono i medesimi Misteri che poi essi dovranno annunciare a Israele e alle nazioni (11,25; 19,11; 1 *Cor* 2,7-10, dallo Spirito Santo; *Col* 1,27; 1 *Gv* 2,20.27), i Misteri salvifici (*Sal* 2,22); i Misteri prima nascosti, adesso rivelati (*Rom* 16,25-27). Agli "altri" non è concesso (v. 11). Si apre qui lo spiraglio sull'immenso mistero dell'elezione di alcuni, e non di altri. In Dio non esiste accezione di persone, ripete la Scrittura. Eppure questo avviene, in modo singolare, poiché si forma un "resto" di eletti. Che ne è degli altri? Sono destinati alla rovina? Non sembra. Le frasi che seguono, così dure da apparire quelle che sono, paradossali, verranno a darne la spiegazione.

Ma la prima spiegazione a sua volta è deludente. Chi possiede, riceverà di più e abbonderà (25,29; *Gv* 15,2; *Giac* 4,6). Mentre a chi non ha, sarà tolto «anche quanto ha» (v. 12; *Ap* 2,3). La parabola dei talenti (25,14-30) in realtà lo spiega bene. Tutti hanno ricevuto dall'inizio i loro talenti. Tutti li possiedono. Alcuni li commerciano, e quindi abbondano nella gioia del Signore (25,21.23). Altri li immobilizzano e li rendono sterili. A questi è tolto tutto, poiché è come se non avessero mai avuto (25,26-30). Così la delusione non esiste più, dove esiste una coscienza accorta e vigile (v. 12).

La seconda spiegazione è tragica, inaudita. Torna il problema della predestinazione al male? Non sembra. Il testo su cui si fonda il Signore viene da *Is* 6,9-10. La prima affermazione ne è una parafrasi. Gesù parla in parabole, linguaggio figurato e facilmente comprensibile se vi si pone l'orecchio (v. 9), ma inafferrabile per chi non lo vuole penetrare. Infatti si può «guardare e ascoltare», sono i due verbi della Rivelazione divina, per la Parola e la visione, e tuttavia si può non vedere né comprendere, non "sentire" in profondità (v. 13). Si realizza così la terribile profezia d'Isaia, inviato dal Signore al popolo in modo da confonderlo e perderlo. Il testo va lasciato come sta, senza tentativi di alleggerirlo nella terrificante sostanza; poi ne va cercata la spiegazione vera. Il testo di *Is* 6,9-10 nella parabola sta nei vv. 14b-15. Esso dice appunto dell'ascolto senza comprensione e della visione senza percezione, derivata dal "cuore" ispessito, come dire dall'intelligenza che si irrigidisce e che si rifiuta, dal «non mi interessa» che si sente ripetere con allarmante frequenza ai nostri giorni per i fatti della fede. Ora, il Profeta è inviato a parlare nonostante questa situazione, e la sua Parola indurirà ancora di più «il cuore del faraone», affinché il faraone non si converta sì che il Signore possa guarirlo. Che senso ha tutto questo, se il Signore è Dio di misericordia, di bontà, di pazienza, di perdono? Le Parole del Profeta, e perciò adesso quelle consapevoli di Gesù, hanno effetto di procurare la rovina eterna? Il paradosso sta nella realtà. E questa si presenta così, che il Profeta, e Gesù che ne attua il preannuncio fino alle ultime conseguenze, non parlano mai una volta sola. Nell'A.T. infatti la Parola divina è continua, anche se non accolta (*Dt* 29,4; *Is* 43,8; *Ger* 5,21; *Ez* 12,2). Nel N.T. avviene il medesimo, da Cristo (*Mt* 15,10; 16,12; 19,31) agli Apostoli (*Rom* 11,8; 2 *Cor* 3,14; 4,4; *Ef* 4,18). Nonostante tutto, la Parola deve essere predicata, avvenga quello che avvenga. Ma essa è predicata generazione dopo generazione, e perciò ogni generazione può ricevere questo Seme rigenerante. Ogni generazione si deve disporre alla tensione salvifica, «ascolto e visione». Ogni generazione è lasciata alla sua responsabilità di scelta, accettare o rifiutare. Ogni generazione è preavvertita, e non avrà alcuna scusa.

E in ogni generazione vi saranno quelli che il Signore trova con occhi non chiusi (*Gv* 9,39.41), con orecchie non coperte (*Ebr* 3,11), con il cuore non gravato (*Rom* 10,10). Bensì disposti a vedere e ad ascoltare. E quindi saranno detti beati (v. 16; 16,17; *Lc* 10,23-24). Infatti i profeti e giusti dell'A.T. furono tesi verso l'Evento, che avevano preannunciato o vissuto in spirito, ma il Signore non gli concesse di viverlo (*Ebr* 11,13.39-40; *Lc* 2,29; *Gv* 8,56; 12,41; *Pt* 1, 10-12), perché attendeva noi (v. 17).

La spiegazione finale della parabola adesso è più agevole, nel suo significato ora palese (v. 18). Chi ascolta e non vuole capire la «Parola del Regno», è come la strada che ricevé il seme buono, strada da calpestare, e calpestata di fatto dal Maligno, che porta via tutto il seminato (v. 19; 5,37; 6,13; *Gv* 17,15; 2 *Tess* 3,3; *Ef* 6,16; 1 *Gv* 2,13-14; 3,12; 5,18-19). Chi poi riceve il seme sulla roccia, sembra che riceva la Parola, e con gioia (v. 20; *Is* 58,2; *Ez* 33, 31; *Mc* 6,20;

*Gv* 3,33), tuttavia è superficiale, senza procurarsi la sostanza buona da mettere radici e nutrirle (*Gal* 1,6;5,7), senza costanza, e di fronte a tribolazioni e persecuzioni fallisce, resta senza frutto (v. 21). Chi riceve il seme «tra le spine», è chi le spine le vuole, chi si fa involgere dalla preoccupazione del successo e delle ricchezze, che sono le sue spine pungenti e velenose (6,25; 19,22; 2 *Tim* 4,9; 6,9; *Ebr* 3,13); e se presta un orecchio distratto alla Parola, non pone opera per farla fruttare a suo proprio beneficio (v. 22).

Finalmente però viene l'aspetto positivo, che ricompensa di tutte le delusioni. Esiste chi presta il suo buon terreno, arato e rivoltato e concimato, ossia se stesso preparato a dovere, al seme della Parola. E la ascolta, e la comprende, e la pone in pratica, e la fa fruttare. Ed ecco il risultato, nei numeri simbolici 100 (multiplo di 5 e di 50), la pienezza, 60, altra forma di pienezza (5 x 12), e 30, ennesima forma di pienezza (3 x 10) (v. 23; *Os* 14,8; *Gv* 15,3.16; *Col* 1,6; *Fil* 1,11). Anche i talenti ebbero questo risultato.

L'insegnamento può forse essere completato così. Ciascuno di noi può essere uno delle quattro aree del campo, e perfino tutte e quattro insieme. La terra buona viene dal fatto che è curata, è lavorata assiduamente, senza permettere che l'attraversino i viottoli, liberandola dalle pietre, sarchiandola dalle spine, presentandola perciò pronta alla semina quando viene. La semina però viene sempre.

*4. Antifona alla comunione:* Sal *83,4-5,* CS.

Nella loro apparente spensieratezza, gli uccelli dell'aria sono molto preoccupati di trovarsi il nido per loro e per i piccini. Il fedele anche, di avere il suo nido sicuro. La sua costante dimora per lui sono gli altari, quello del sacrificio, quello dell'aroma soave che brucia gradito al Signore, quello del Pane che sta sempre alla divina Presenza: del Re e Dio dell'alleanza, del Signore delle *Seba'ôt*, i turni continui dell'adorazione (v. 4; e 3,3). Così i fedeli che abitano sempre alla Presenza del Signore, avendo fatto della loro comunità e del loro cuore il santuario della Divinità, sono beati, e per i secoli eterni possono glorificare il loro Signore (v. 5; 41, 3.12; 42,3). È la situazione dei fedeli «oggi qui», che nel santuario divino ricevono la Parola, la Mensa e la Comunità Madre nostra, pronti a restituire al Si-gnore i frutti abbondanti per la grazia dello Spirito Santo.

## II. Verso l'Evangelo: l'A.T.

*La Profezia:* Is *53,10-11*

Per questa pericope, vedi la Lettura V della Notte della Resurrezione.

*Il Salmo:* Sal *64,10abcd.10e-11.12-13.14,* AGC

Questo splendido Salmo si può distinguere in 2 parti. I vv. 2-9 formano un inno riconoscente al Signore, Dio della creazione e della storia degli uomini; i vv. 10-14 sono un'azione di grazie alla divina Bontà, che si rivela soprattutto dopo il giubileo generale della terra.

Il Signore infatti dopo il riposo della terra (*Lev* 25,8-22) viene a farle visita, e, come Seminatore buono, le dona l'abbondanza rinnovata, in modo sovreffluente. I suoi rivi, che discendono dal tempio (*Ez* 47,2), che caratterizzano la Città di Dio (45,3; poi *Ap* 22,2), sono gonfi di acqua benefica. Con il seme buono, il Signore stesso prepara la messe dei suoi figli (67,11; 147,14), e così rende feconda la terra fino alla pienezza dei suoi frutti (v. 10). Egli stesso si preoccupa, da buon Contadino divino, di lavorarla dovutamente, irrigandola ed erpicandola, inviando le piogge benefiche stagionali (*Dt* 32,2), e benedicendo i teneri germogli appena spuntati, in modo che crescano fino alla loro pienezza, producente i frutti abbondanti desiderati (v. 11).

Ecco il Signore che benedice il giubileo del suo popolo. L'anno della sterilità della terra, lasciata in abbandono, è coronato dal Signore con la sua Bontà, procurando doppio raccolto (*Dt* 30,9; e *Is* 61,1; *Lc* 4,18-19, i frutti giubilari dello Spirito del Signore sul Re messianico). È stato, quello passato, un anno di bontà tra gli uomini. Adesso il Signore lo ricompensa largamente. Viene di persona a vedere le culture, ed è come se passando lasci delle orme che stillano l'abbondanza (v. 12).

La terra desertica, incolta, diventa tutto un pascolo virente e grasso (*Ger* 9,10; *Is* 35,1-2; *Am* 1,2; *Gioele* 2,22; *Giob* 38,26-27), dove il Pastore divino esercita la sua sapiente arte di condurre il suo gregge (*Sal* 22) che ama. Al suo comparire, anche i colli esultano (*Is* 55,12; *Sal* 97,8) al loro Creatore e Sovrano. In un istante, ecco i folti greggi coprire i prati, ecco le valli amene rivestirsi di biade, eccole risuonare di grida e di canti dei mietitori, che per il raccolto eccezionale ringraziano e lodano il loro Signore e Padre sempre buono e provvidente (v. 14).

Il Versetto responsorio qui è Lc 8,8, adattato: il Seme della Parola cadde alfine sulla terra feconda, e portò il suo frutto.

## III. Dall'Evangelo alla Chiesa

*L'Apostolo:* Rom *8,18-23*

Il testo si adatta magnificamente all'Evangelo di oggi. Paolo prosegue a descrivere la vita nuova portata dalla Resurrezione di Cristo. Essa non è un fatto psicologico, che investa solo gli uomini nel loro intimo e non abbia altre conseguenze. Al contrario, anche se qui si ha una pagina assai difficile dell'Apostolo, la Resurrezione per sua natura è un fatto universale, che ha incidenza decisiva sul cosmo.

Paolo parte dalla constatazione che questo tempo patisce molte sofferenze, tuttavia esse «non sono degne», ossia non possono impedire affatto la gloria futura che inevitabilmente si manifesterà negli uomini (v. 18; 2 *Cor* 4,17; 1 *Pt* 5,6). Questa rivelazione è certa e inevitabile (2,7; 1 *Pt* 4,13; 5,1; 1 *Gv* 3,1-2), nella sua folgorante pienezza.

La stessa creazione visibile attende questa Rivelazione (*Lc* 17,30; 1 *Cor* 1,7; *Fil* 3,20; *Ebr* 9,28), che per sé passa attraverso i figli di Dio (v. 19; vv. 14-15; *Lc* 20,36; e *Sal* 81,6). Poiché avvenne una tragedia per il peccato di Adamo (*Gen* 3,16-24) e degli uomini stessi (*Gen* 5,29; 6,1-3), e tutta la creazione per loro colpa fu assoggettata alla «vanità (*mataiótēs*)» (*Eccle* 1,2, e *passim*). Non volendolo essa, bensì solo per causa degli uomini, pur nella speranza che non muore (v. 20). Poiché essa dai figli di Dio che saranno glorificati, conoscerà la liberazione dalla schiavitù della corruzione attuale (*At* 3,21), e godrà della libertà gloriosa degli uomini (v. 21).

Paolo sa bene che tutta la creazione non si trova nella condizione ideale per cui il Signore la pose in esistenza. Al contrario, e sempre per colpa degli uomini, essa geme e soffre i dolori di un parto difficile (*Ger* 12,4.11; 23,10), in una tragedia che abbraccia il cosmo, finora e senza tregua (v. 22). Non solo, l'Apostolo sa di più. I fedeli stessi dal battesimo già possiedono le Primizie dello Spirito Santo, che dovranno svilupparsi nel pieno Raccolto (2 *Cor* 3,3). Ora, essi fanno parte del cosmo quali creature di esso e come esso. Il loro corpo è desunto da elementi creati del cosmo, dall'argilla della terra (*Gen* 2,7). E perciò anche essi, in un empito di estensione cosmica, gemono in se stessi (2 *Cor* 5,2.4), nella loro condizione di parto difficile, attendendo la piena filiazione divina (vv. 19.25; *Is* 25,9; *Gal* 5,5). Questa è la resurrezione del corpo umano mortale, da cui irraggerà la gloria nel mondo (v. 23; 7,24; *Ef* 4,30).

Testo quindi difficile. Ma non tanto, se si pensa che sotto la guida dello Spirito Santo e della sana ragione il lavoro umano è probo, e si oppone crudamente allo sfruttamento indegno delle risorse a fini egoistici e irresponsabili, come sta avvenendo. La scienza e ogni conquista dello spirito umano, anche se chi le opera non lo sa, o non vuole saperlo, sono tutti avvii alla redenzione umana, e della stessa creazione, che adesso per bocca dei fedeli è ammessa a dare lode e gloria al Signore (*Sal* 92; 95; 97; 97; 98, tutti SRD).

Il pensiero principale è la resurrezione della carne, che con la Resurrezione di Cristo è il centro che anima tutta la fede e tutta la speranza. Così si professa nel "Credo".

## IV. La Preghiera della Chiesa

### 1. L'eucologia

La Colletta invoca il Padre che dona la luce della verità per riportare gli erranti sulla via della salvezza, e gli chiede con epiclesi che i cristiani professanti rigettino quanto è nemico del Nome divino, e seguano le realtà idonee ad esso.

La Preghiera sopra le offerte è l'epiclesi al Padre per l'accettazione dell'Offerta della Chiesa supplicante, che per la loro partecipazione producano la crescita dei fedeli.

La Preghiera dopo la comunione chiede al Padre con epiclesi che la partecipazione del divino Mistero incrementi il conseguimento della salvezza.

*2. La Prece eucaristica*

Il Prefazio va scelto tra quelli delle Domeniche per l'Anno.

# Domenica
## «della parabola della zizania»
## XVI del Tempo per l'Anno

### I. Intorno all'Evangelo

*1. Antifona d'ingresso:* Sal *53,6.8*, SI

Con l'Orante i fedeli all'inizio della celebrazione riconoscono che il loro unico aiuto sta nel Signore (Sal 117,7), sempre operante, che li accoglie sempre e li difende (v. 6). Perciò con animo devoto vogliono offrirgli il sacrificio divino, e confessare al mondo mondo il Nome suo, nel quale si trova l'unico bene (51,11), poiché è l'unico Nome che salva (v. 8).

*2. Alleluia all'Evangelo:* Mt *11,25, adattato.*

Si rinvia all'Alleluia all'Evangelo della Domenica XIV, sopra.

*3. L'Evangelo:* Mt *13,24-43*

Si rimanda prima all'Approfondimento necessario, apposto sopra, alla Domenica III.

Nel grande «discorso di parabole» (*Mt* 13,1-52), dopo la parabola del Seminatore (13,3-23) Matteo fa seguire la parabola del seme buono e della zizania (13,24-30.36-43), intervallata da altre due parabole, del granello di senape e del lievito, con la dichiarazione che con le parabole si ha l'adempimento delle profezie (13,31-35). Il testo appare così abilmente redatto, e la spiegazione della parabola della zizania è posta alla fine, in modo da impressionare.

Il Signore propone quindi un'altra parabola, con la formula: «avviene nel Regno dei cieli come quando», alla lettera, «il Regno dei cieli fu assimilato a». Nel Regno quindi avviene un'"economia", un'operazione che trae un effetto voluto, come quando, ad esempio, un uomo tra le sue molteplici e misteriose realtà semina il seme buono nel campo di sua proprietà (v. 24). Poi dorme tranquillo per il buon lavoro terminato. Ma proprio allora, e nelle tenebre della notte, il Nemico "suo" invade con arbitrio, violenza e frode la sua proprietà, e sopra il grano buono semina con malignità la zizania, o loglio, il seme disgustoso e velenoso (v. 25). Quando il grano germoglia e mostra il suo frutto, appare imprevista e sgradita anche la zizania (v. 26). All'osservazione preoccupata dei servi del padre di famiglia, che sanno della buona semina, e domandano donde mai provenga la zizania, per essi inesplicabile (v. 27), il padrone risponde che sa bene chi sia stato, «un uomo nemico». E a quelli, che andrebbero subito a estirparla finché c'è tempo (v. 28), oppone il diniego (1 *Cor* 4,5), per la preoccupazione reale e sapiente che insieme potrebbe essere estirpato anche il grano buono (v. 29). Crescano pure insieme le due piante, al tempo giusto della mietitura egli ordinerà di raccogliere con cura prima la zizania, facilmente distinguibile, in covoni da bruciare fino alla loro distruzione, poi di convogliare il grano buono nei suoi depositi (v. 30).

E la parabola è lasciata qui, per narrarne un'altra, la terza della serie. Avviene sempre nel Regno dei cieli l'"economia" del granello di senape, anch'esso seminato a suo tempo e nel suo luogo nel campo (v. 31); esso è minuscolo, quasi impalpabile rispetto ad altri semi, tuttavia cresce più di qualsiasi arbusto e diventa un vero albero, sì che vi fanno il loro nido gli uccelli dell'aria (v. 32). È una parabola di adempimento profetico, che quindi rimanda a testi dell'A.T. molto densi. Anzitutto a due parabole di *Ezechiele*. La prima, relativa al Re messianico, che sarà come una piccola cima di cedro (teologia del «resto d'Israele»). Il Signore la pianterà nella sua terra, ed essa diventerà un albero imponente, e tra i suoi rami verranno gli uccelli dell'aria a porre il loro nido, così che tutti gli alberi della foresta conosceranno il Signore, che abbatte i superbi e innalza gli umili (*Ez* 17,22-24). La seconda parabola di rimando è simile alla prima, è di segno contrario ma ha una conclusione analoga. Questa volta albero maestoso è il re d'Assiria, il persecutore spietato, che invade la terra bensì con il divino permesso, e tra i suoi rami gli uccelli dell'aria pongono i loro nidi, e sotto partoriscono gli animali. Un impero. Ma quest'albero immane esagerò nella sua spropositata superbia davanti al mondo, e allora il Signore l'abbatté, affinché nessun altro albero si esalti (*Ez* 31,1-18). Finalmente, una terza parabola profetica che si può richiamare qui, viene da *Dan* 4,7-24. Adesso l'albero, nel quale vengono gli uccelli a fare il nido per la sua maestà, è Nabucodonosor, l'invadente re di Babilonia, anche lui abbattuto per la sua superbia. Non avviene, tuttavia, così dell'albero di senape, per la sua umiltà, per la sua utilità, per la sua domesticità. Il Regno dei cieli, come esso, cresce da principi umili e quasi insignificanti, per diventare la dimora eletta delle creature di Dio.

Segue un'altra parabola, di sapore ancora più domestico. Avviene nel Regno dei cieli come quando la donna di casa, come si usa, riceve il lievito dalla sua fedele vicina, lo impasta in una grande quantità di farina, e da questo piccolo ma indispensabile principio trasformante tutta la massa fermenta e diventa il pane buono. La similitudine è ripresa da *Gen* 18,6, dove Sara prepara il pane per i Tre Personaggi che visitano Abramo. Il tema del lievito ritorna diverse volte nel N.T. (*Lc* 13,20-21; 1 *Cor* 5,6; *Gal* 5,9), per la sua familiarità e per il suo facile significato (v. 33).

Matteo adesso annota con cura che Gesù usava parlare solo in parabole (v. 34), affinché si attuasse la profezia antica: «Io voglio aprire la mia bocca con parabole, eruttare le realtà nascoste dalla fondazione del mondo», che rimanda al testo sapienziale di *Sal* 77,2 (v. 35; *Mt* 22,1). Realtà nascoste erano intese anche, dopo l'esposizione della parabola del Seminatore, nell'enunciato sul dono dei Misteri del Regno ai discepoli (*Mt* 13,11); e sono ripresentate da Paolo come rivelate e attuate (1 *Cor* 2,7; *Rom* 16,25-25). Esse formano il contenuto del Disegno eterno divino, che fu concepito da prima della creazione del mondo (*Mt* 25,34; *Lc* 11,50; *Gv* 17,24; *Ef* 1,4; *Ebr* 4,3; 1 *Pt* 1,20).

Terminate queste esposizioni, Gesù torna a casa sua, da cui era partito (*Mt* 13,1). Con il tipico verbo che denota rispetto, adesso «si accostano» a Lui i discepoli come al Maestro venerato e sapiente, colpiti dalla parabola della zizania, e chiedono che ne dia spiegazione (v. 36; 15,15). Il Signore di certo li attendeva per questo. E così può esporre la singolare e drammatica spiegazione.

Il Seminatore è il Figlio dell'uomo, che ebbe tutti i poteri dal Padre (sempre *Dan* 7,13-14) per la salvezza degli uomini, e tra questi poteri il primo e assoluto è quello di seminare la Parola divina (*Gv* 4,36-37), che contiene il Tesoro di tutte le realtà del Regno (v. 37). Egli semina però solo questo Seme buono della Parola. Paradossalmente, ma non troppo, il Seme buono sono i figli del Regno, espressione ebraica per indicare coloro che per divina concessione vi prenderanno parte (8,12).

Ora, è normale che il campo è il mondo, quest'immensa agricoltura di Dio (1 *Cor* 3,9). Sono seminati perciò solo i figli del Regno, a partire sempre dal Seme buono della Parola. A essi si oppongono in modo insidioso e mortale i «figli del Maligno», la zizania (v. 38). Il tema è ripreso e sviluppato da Giovanni. Il Signore a chi Lo rifiuta oppone parole durissime:

> *Perché il mio parlare voi non conoscete?*
> *Voi dal padre vostro, il diavolo, siete,*
> *e la concupiscenza del padre vostro volete fare.*
> *Quello, omicida era dall'inizio* (Gen 3,4; Sap 2,24),
> *e nella Verità non stette, poiché verità non esiste in esso,*
> *quando parla la menzogna, delle proprie realtà parla,*
> *poiché è menzognero anche il padre suo* (Gv 8,43-44).

È richiamata qui la tentazione primordiale, con la rovinosa caduta conseguente, di *Gen* 3,1-8, che l'Omicida cerca di perpetuare in modo incessante e ossessionante, attivandosi a seminare la zizania mortale (vv. 38-39a).

Ma viene inesorabile la mietitura, che è la «consumazione del secolo», la fine del mondo, di questo mondo. Allora i mietitori sono gli Angeli di Dio (v. 39b; vv. 40.49; 24,31; 25,31; *Ebr* 9,26; *Dan* 12,13). Allora la zizania sarà raccolta e consumata dal fuoco (3,12; *Mal* 4,1), che è il segno della fine del mondo (v. 40). Infatti, per mandato del Figlio dell'uomo nel pieno dispiegarsi dei suoi poteri, saranno inviati gli Angeli, i quali raccoglieranno fuori del Regno del Figlio dell'uomo (*Sof* 1,2-3) tutti gli scandali e gli «operatori d'iniquità» (*Ez* 14,3-4.14; *Lc* 13,27); questa espressione viene da *Sal* 6,9.

Questi covoni malefici saranno gettati nella fornace di fuoco fino alla completa distruzione, e lì si può solo piangere e stridere i denti (vv. 41-42). Questo è ripetuto poi al v. 50. Il tema del fuoco non "eterno", bensì per natura "inestinguibile", indomabile fino alla consumazione dell'oggetto che vi si getta e divora, viene da *Is* 66,24.

Si presenta qui anche la visione finale *dell'Apocalisse* (9,2; 19,20; 20,11-15) nella resurrezione generale e prima della gloria dei beati. Sul significato terrificante di questo, che non deve essere nascosto né attenuato da sofismi, vedi sopra *Mt* 20,28, nell'Evangelo della Domenica XII.

Ed ecco finalmente la gloria dei beati. I giusti, i figli del Regno, il seme buono, brilleranno come il sole nel Regno (*Dan* 12,3). Essi sono trasformati dalla Luce divina increata. È la loro sorte annunciata (*Sap* 3, 7; *Pr* 4,18), adesso avverata (1 *Cor* 15,41-42). E questa è la *divinizzazione* dei giusti, in uno dei suoi aspetti maggiori.

La clausola finale, che ripete il v. 9 (ma anche 11,15), è: «L'avente orecchi, ascolti» (v. 43). Di più non è da dire.

### 4. *Antifona alla comunione:* Sal *110,4-5a, I.*

Il Signore va glorificato e magnificato sempre, poiché stabilì il memoriale perenne delle sue «gesta mirabili» (*Es* 12,14; 13, 9). Queste proseguono nel loro effetto, essendo Egli Gratificante e Tenero (*Es* 34,6; A.T., Domenica della SS. Trinità).

Tra queste gesta, la prima è il Cibo divino della Parola e del Convito, donato ai fedeli, i suoi timorati, che vogliono eseguire la sua Volontà, per essere con il Figlio i «figli del Regno» nella Grazia dello Spirito Santo, la Chiesa comunità di amore e seme di bene.

## II. Verso l'Evangelo: l'A.T.

*La Profezia:* Sap *12,13.16-19*

Il libro della Sapienza, tardivo (tra il 50 ed il 30 a.C.) è prezioso, in quanto riflette e rilegge l'antica tradizione ebraica, e ne offre dense dottrine. Il cap. 12 esordisce con la dichiarazione che lo Spirito del Signore sta in ogni realtà, Spirito di bontà, per cui con giudizio giusto, infallibile, il Signore punisce in modo lieve, a poco a poco (vv. 1-2), dando luogo alla conversione del cuore sincera (v. 10) (v. 12).

Poiché al Signore solo (*Dt* 32,39) stanno a cuore tutte le realtà create, di cui si cura assiduamente (6,8; 1 *Pt* 5,7), mostrando che tutti i suoi giudizi, ossia gli interventi operativi e soccorrevoli, sono assolutamente giusti (v. 13).

Tale Giustizia proviene dalla stessa onnipotenza divina, e il Sovrano di tutto e di tutti nella sua immensità è per sua natura indulgente con tutti (cfr 11,24.27), è longanime senza limite (v. 16). Al contrario, a quanti restano increduli di fronte alla sua onnipotenza, mostra tutta la sua forza irresistibile (*Es* 5,2; 2 *Re* 18,35). Mentre a quelli che la riconoscono ma poi non seguono le sue vie, manifesta e rimprovera la loro temerarietà (v. 17). Nell'immensità della sua Potenza, pur potendo annullare chiunque, tuttavia emette giudizi miti, e il suo governo si attiene a molta moderazione. Egli guida i suoi figli con enorme rispetto, benché disponga di ogni potere su essi e su tutto (v. 18; *Sal* 113,10; 134,6; *Dan* 4,32).

Così operando, ha voluto insegnare al suo popolo (*Mt* 5,44-45) che occorre essere giusti e umani. Perciò si creò figli che vivano della buona speranza, la viva fede in Lui, e nel giudicare e intervenire nella loro vita lascia sempre largo spazio alla conversione del cuore (v. 19; 11,24), il sincero ritorno a Lui che attende tutti.

*Il Salmo:* Sal *85,5-6.9-10.15-16a,* SI

L'Orante proclama al Signore e professa che Egli è per sua essenza soave e mite (v. 15; *Es* 34,6; *Gioel* 2,13; *Sal* 102,8; 144,8-9), e si comporta sempre con immensa misericordia verso quanti si rivolgono a Lui e Lo invocano (v. 5). Perciò ancora una volta l'Orante osa ricorrere a Lui con due suppliche epicletiche, per l'ascolto della sua preghiera insistente, a cui il Signore deve tendere i suoi orecchi (v. 6; 5,2; 129,2; 54,2-3).

Per la sua soavità, il Signore è la meta di tutte le nazioni che ha creato (65,4; 64,3; *Is* 66,23; *Zacc* 14,26; *Ap* 15,4), e così esse verranno alla sua presenza per adorarlo, e invocheranno il Nome divino per glorificarlo (v. 9). Infatti solo Lui è grande (76,14), e compie gesta mirabili (*Dt* 6,4; *Is* 37,16; 44,6-8; 45,5; 1 *Cor* 8,4-6) solo Lui (71,18). In nessun altro perciò le nazioni riconoscono il loro Signore (v. 10).

Perciò l'Orante osa ancora supplicare il Signore con i titoli della sua Bontà: Gratificante e Tenero, Longanime e Multimisericorde (v. 15; vedi A.T., Domenica della SS. Trinità), affinché riguardi il suo fedele, e mostri ancora una volta la sua misericordia infinita (v. 16; 24,19).

Con il Versetto responsorio, v. 5a, i fedeli dopo ogni versetto del Salmo invocano litanicamente il Signore soave e mite.

## III. Dall'Evangelo alla Chiesa

*L'Apostolo:* Rom *8,26-27*

La debolezza degli uomini è congenita, però spesso essi si nascondono dietro un ottimismo naturalistico e pelagiano. Solo lo Spirito Santo perciò, avverte Paolo, può venire in loro soccorso. Essi sono deboli soprattutto nelle realtà spirituali, e nemmeno conoscono per che cosa pregare (*Mt* 20,22; *Lc* 13,1; *Giac* 4,3), e perfino come si deve pregare. Tuttavia interviene allora lo Spirito Santo in certo senso a sostituirsi ai fedeli, di sua divina iniziativa, e intercede presso il Padre con gemiti indicibili, e di essi i fedeli neppure si rendono conto (v. 26; per l'effetto, v. 34).

E il Padre, che scruta i cuori (*Sal* 138,1; 1 *Cor* 4,5; 1 *Tess* 2,4), conosce solo Lui l'intendimento dello Spirito Santo, il suo programma per gli uomini, poiché lo Spirito Santo solo sa intervenire ad intercedere efficacemente, quindi «secondo Dio» (1 *Gv* 5,14), a favore di essi, i «santi», i battezzati dallo Spirito Santo stesso (v. 27).

Lo Spirito Santo si fa conoscere così anche come Spirito di preghiera, Spirito di sacrificio, Spirito sacerdotale. Insieme con il Figlio divino, Egli è l'Intercessore e Avvocato potente. «Dio prega Dio».

## IV. La Preghiera della Chiesa

### 1. L'eucologia

La Colletta chiede al Padre con epiclesi che sia propizio verso i suoi servi, moltiplicando sulle loro offerte la Grazia dello Spirito Santo, così che essi, ardenti di speranza, di fede e di carità, siano perseveranti e vigilanti nel custodire i suoi precetti.

La Preghiera sopra le offerte ricorda al Padre che il regime delle offerte della Legge antica è trasformato nella perfezione dell'unico Sacrificio del Figlio suo, e chiede con epiclesi la benedizione santificante di questa offerta di oggi, come fu allora per quella di Abele, e così la presentazione a Lui da parte di alcuni giovi alla salvezza di tutti.

La Preghiera dopo la comunione chiede al Padre con epiclesi la sua presenza propizia, e che porti dalla vecchiaia alla Vita nuova quanti istruì con i Misteri celesti.

### 2. La Prece eucaristica

Il Prefazio va scelto tra quelli delle Domeniche per l'Anno.

# Domenica
# «delle tre parabole»
# XVII del Tempo per l'Anno

## I. Intorno all'Evangelo

*1. Antifona d'ingresso:* Sal *67,6b-7a.36bc,* AGC.

Il Signore regna e guida dal suo santuario, dove abita nella sua invisibile e imperscrutabile Presenza (v. 6b), e da dove raduna il suo popolo, altrimenti disperso, affinché dimori compatto nella sua Casa (v. 7a). Di qui Egli concede la forza (28,11) e la potenza di vivere al popolo della sua alleanza (v. 36bc). In questa situazione il suo popolo oggi Lo celebra.

*2. Alleluia all'Evangelo:* Mt *11,25, adattato.*

Vedi l'Alleluia all'Evangelo della Domenica XIV, sopra.

*3. L'Evangelo:* Mt *13,44-52*

Si rimanda prima all'Approfondimento necessario, apposto alla Domenica III.

Con questa pericope termina il «discorso di parabole» di Matteo, che occupa per intero il cap. 13 (*Mt* 13,1-53). Ma Matteo espone anche altre parabole, variamente collocate.

Le 3 parabole che si presentano adesso appaiono esigue come estensione. Però mette sempre in guardia una regola letteraria, per cui un testo breve e denso, se è ricco per sua natura può risultare difficile da spiegare. Questo è vero per la parabola del «tesoro nascosto», contenuta in 1 unico versetto e racchiusa da 31 sole parole (v. 44).

La formula solita è «che avviene nel Regno dei cieli come quando». Qui, come quando esiste un «tesoro nascosto», in un campo, e chi lo scopre lo riseppellisce subito, per poter acquistare poi il campo dietro la vendita di tutti gli altri suoi beni. Tutto qui. Eppure il tema centrale rivela una quantità enorme di fatti. Il «tesoro nascosto» è la realtà più preziosa, già annunciata nell'A.T. È la Sapienza divina, il Tesoro unico che riposa in Dio per l'eternità. Occorre allora procedere qui con 5 avanzamenti.

Il Signore solo dall'eternità e per l'eternità possiede il suo Tesoro, la Sapienza divina, Se stesso, con i suoi Doni, come sta scritto:

> *Poiché (la Sapienza) per gli uomini è il Tesoro inesauribile,*
> *e quanti la usano diventano amici di Dio (Sap 7,14).*

La usano nei suoi Doni, che sono Doni dello Spirito di Dio:

> *Io, la Sapienza, dimoro nel consiglio,*
> *e sto presente negli intelletti formati.*
> *Il timore di Dio odia il male, l'arroganza,*
> *la superbia e la via perversa,*
> *e Io detesto la bocca bilingue.*
> *Miei sono il consiglio e la prudenza,*
> *mia è la prudenza, mia è la fortezza,*
> *mediante Me i re regnano,*
> *e i legislatori fondano la giustizia,*
> *mediante Me i principi governano,*
> *e i potenti decretano la giustizia,*
> *Io amo chi ama Me,*
> *e quanti vegliano al mattino Mi trovano.*
> *Con Me stanno le ricchezze e la gloria,*
> *ricchezze superbe e giustizia.*
> *Infatti il frutto mio è migliore dell'oro e di pietra preziosa,*
> *e il succo mio più dell'argento raffinato.*
> *Io procedo per le vie della giustizia,*
> *in mezzo ai sentieri del giudizio,*
> *per arricchire quanti Mi amano,*

e così Io riempia i loro tesori (Pr 8,12-21).

Esiste l'assimilazione della Sapienza con lo Spirito del Signore, e Spirito Santo:

*La Sapienza non entra nell'anima malvagia,
né dimora in un corpo schiavo del peccato.
Infatti lo Spirito Santo fugge da chi ha dottrina ipocrita,
e si sottrae dai pensieri senza intelligenza,
e si ritira dalla sopravveniente iniquità.
Buono infatti è lo Spirito della Sapienza,
e non libererà il maledico dalle sue labbra,
poiché dei reni di lui è Testimone Dio,
e del cuore di lui Scrutatore è il Vero,
e della lingua di lui è Ascoltatore.
Poiché lo Spirito del Signore riempì l'orbe terraqueo,
e in quanto tutto contiene, ha conoscenza della (sua voce)* (Sap 1,4-7).

E la Sapienza dona lo Spirito Santo, benché anche viceversa:

*Convertitevi ai miei insegnamenti,
ecco, Io vi conferirò lo Spirito mio,
e vi manifesterò le Parole mie* (Pr 1,23).

Lo Spirito come divina Sapienza è connotato da ben 21 ag-gettivi in *Sap* 7,26, che culminano nell'«Icona della Bontà» divina, testo citato in *Ebr* 1,3. E la Sapienza Spirito Santo avverte i suoi fedeli che sta qui, a disposizione di tutti:

*In Me la grazia d'ogni via e verità,
in Me ogni speranza di vita e di forza....
Infatti lo Spirito mio è più soave del miele* (Eccli 24,25.27).

E il sapiente riconosce che tutto sta nella Sapienza Tesoro:

*Infatti nella mano di Lei stiamo noi e i discorsi nostri,
e tutta la sapienza e la scienza delle opere e la dottrina* (Sap 7,16).

La Sapienza tuttavia è il Mistero, è inaccessibile agli uomini con le sole loro forze. Così il Profeta si chiede:

*E chi trovò il luogo di Lei,*
*e chi entrò nei Tesori di Lei? (Bar 3,15),*

quesito che nella presentazione della Sapienza nascosta, per l'autore di Giobbe ritorna come massimo problema:

*Ma la Sapienza dove si trova,*
*e qual'è il luogo dell'intelligenza?...*
*Da dove perciò viene la Sapienza,*
*e qual'è il luogo dell'intelligenza? (Giob 28,12.20).*

Israele stesso è giunto perciò solo per via di rivelazione e di riflessione, dopo esperienze negative, a comprendere che il cul-mine dell'esistente è la divina Sapienza, «il Tesoro di Dio». Poi-ché per sé tale Mistero resta precluso alla sola mente umana.
Ma allora interviene provvidamente l'iniziativa divina:

*Io voglio arricchire quanti Mi amano,*
*e voglio riempire i loro tesori (Pr 8,21).*

Perciò il Signore a suo tempo sul Re messianico della Radice di Iesse effonderà il suo Spirito Santo, con i Doni della Sapienza (*Is* 11,1-3a). Così i Tesori divini sono riversati sugli uomini, e i tesori degli uomini saranno ricolmi di infinite ricchezze. Ma ancora non basta.
Occorre che gli uomini si attivino, e anzitutto, secondo la prospettiva biblica, che preghino molto. Così suona una supplica profetica:

*Signore, pietà di noi! In Te noi sperammo!*
*Sii Tu la Forza nostra ogni mattino,*
*sì, la Salvezza nostra in tempo d'angoscia.*
*Per il rumoreggiare potente, le nazioni fuggono,*

*quando Tu sorgi si disperdono le nazioni.*
*Israele raduna la preda come si radunano le cavallette,*
*vi salta sopra come saltano i grilli.*
*Eccelso è il Signore, poiché abita in alto,*
*Egli riempie Sion di misericordia e di giustizia.*
*La stabilità della sorte tua è forza e salvezza, sapienza e conoscenza.*
*Il timore del Signore, ecco il tesoro tuo!* (Is 33,2-6).

E così la preghiera deve essere tradotta in operazione attiva, persistente. Occorre scavare il Tesoro ad ogni costo:

*Figlio mio, se accetterai le parole mie,*
*e i precetti miei tesaurizzerai presso di te,*
*così che l'orecchio tuo ascolti la Sapienza,*
*volgi il cuore tuo all'intelligenza.*
*Se infatti invocherai la Sapienza*
*e volgerai il cuore tuo all'intelligenza,*
*se la cercherai come guadagno,*
*e come Tesoro la scaverai,*
*allora comprenderai il timore del Signore*
*e troverai la conoscenza di Dio*
*- poiché il Signore dona la Sapienza,*
*e dalla Bocca sua l'intelligenza e la conoscenza* (Pr 2,1-6).

Nel N.T. basterà accennare qui in trafila che i Magi, i sapienti orientali, quasi certamente non Persiani, bensì Ebrei che scrutavano le Scritture, vengono dall'Oriente (forse Damasco) a Betlemme per recare i loro tesori al «Bambino nato, il Dio preeterno» (*Mt* 2,11), Colui che è «il Mistero di Dio, Cristo, in cui sono nascosti tutti i Tesori della Sapienza e della conoscenza» (*Col* 2,2-3; 1 *Cor* 1,24.30; 2,6-7; *Ef* 1,8; 3,19; *Is* 45,3).

La parabola del Tesoro nascosto mostra che in quel Tesoro occorre mettere il cuore (già in 6,21). Lo scopritore del Tesoro nascosto considera tutto il resto una perdita per lui (così Paolo, *Fil* 3,7-8!), perciò vende tutto quello che possiede (19,21, il consiglio al giovane ricco), e acquista quel campo così fortunato, e rivela il "suo" Tesoro. Ha conseguito il Dono dello Spirito Santo, la rivelazione della Sapienza, che è l'Amore divino nuziale.

La parabola della perla preziosa, di quell'unica perla, e non di altre perle né di altre pietre di pregio, ha struttura e significato affine alla precedente (vv. 45-46). L'antichità cristiana, sia ortodossa sia eretica, svolsero in numerosi poemi e trattati spirituali il tema della perla.

Invece di diverso intendimento e fine è la parabola della rete (vv. 47-48, e conclusione, vv. 49-50). Il Signore promette ai discepoli di farne «pescatori di uomini» (4,19). Ora il Regno dei cieli è questa grande e fausta cattura. Spesso sulle spiagge si può assistere allo spettacolo diventato ormai un bozzetto, di pescatori che selezionano la pesca, separano il pesce buono dagli scarti, e preparano con cura le ceste (o cassette) per il mercato; poi riparano poi le reti. Per la parabola, il fatto porta a una conclusione obbligata, che fa da sintesi a tutte le parabole. Alla fine, in vista del Giudizio finale, gli Angeli di Dio faranno quella tremenda cernita e quel tremendo scarto. Qui è taciuta, perché già anticipata (v. 43), la sorte dei buoni. Mentre è ribadita la sorte dei malvagi, proiettati nella fornace del fuoco annichilatore (vv. 49-50; e v. 42). In altro contesto, la separazione dei buoni dai malvagi all'ultimo dei tempi spetta allo stesso Figlio dell'uomo (25,32).

Alla fine, il Signore interroga i discepoli. Nel parallelo marciano, la domanda non era così innocente e quasi blanda. Mentre qui si dice: «Comprendeste tutto questo?», e i discepoli rispondono semplicemente: "Sì" (v. 51), in Marco, per la parabola del Seminatore della Parola la domanda è quasi irritata, in quanto Gesù investe i discepoli che ancora assorti lo avevano «interrogato sulle parabole» (*Mc* 4,10) con questa raffica: «Non sapete *questa* parabola? E come conoscerete *tutte* le parabole?» (*Mc* 4,13). Anche secondo *Gv* 10,6 i discepoli non avevano compreso la parabola del Buon Pastore. Dalla parabola del Seminatore della Parola, per tale contesto, dipende la comprensione di tutte le parabole. Qui in *Mt* 13, alla fine del «discorso di parabole», e dopo le molteplici spiegazioni che si sono succedute, i discepoli sono giunti a una prima certa comprensione.

Il Signore però avverte che poi lo Spirito della Verità renderà del tutto manifesta la Rivelazione (*Gv* 14,26; 16,13).

Comunque, a questo punto il Signore rinvia di nuovo a scrutare le Scritture, a farsi «scriba istruito sul Regno dei cieli», poiché gli scribi erano i maestri accreditati della Legge santa del Signore. Chi incomberà sul Testo di Dio, sarà come il padre di famiglia premuroso del bene della casa, il quale ha già acquisito quel famoso tesoro, e ne offre sempre ai familiari «realtà nuove e antiche», le nuove fondate sulle antiche, l'Attuazione sulla Promessa, il N.T. sull'A.T., l'unico Tesoro (v. 52). Matteo riportando questo tratto per due volte (anche in 12,34), quasi di certo mostra che lui stesso è uno di questi scribi buoni per i fedeli di tutti i tempi. E questi gliene debbono essere grati per sempre. Il Concilio Vaticano II ha accolto quella voce, e ripropone che al popolo santo «siano aperti più largamente i Tesori biblici» (SC 51).

*4. Antifona alla comunione:* Sal *102,2, I.*

Si rinvia all'Antifona alla comunione della Domenica XIII, sopra.

## II. Verso l'Evangelo: l'A.T.

*La Profezia:* 1 Re *3,5-12*

Salomone è da poco re. Nel primo periodo del suo lungo e fastoso regno, che per i suoi eccessi e anche per forme di culto idolatrico causò in seguito lo sciagurato scisma tra Israele e Giuda, si comportò bene, «amò il Signore seguendo i decreti di David il padre suo» (1 *Re* 3,3). Tuttavia sta qui già qui l'allusione a quanto poi sarebbe avvenuto, perché il versetto termina così: «però offriva sacrifici e incenso sugli alti luoghi», contro la legge dell'unità del santuario, e quindi con un primo incentivo all'idololatria. E proprio in uno di questi santuari osa andare a chiedere al Signore l'aiuto necessario (v. 4).

Il Signore allora in Gabaon gli appare di notte in sogno (9,2; 11,9). Così fu per Abramo, per Giacobbe, per Giuseppe, per Daniele. Il Signore privilegia talvolta questo mezzo di rivelazione, poiché rende profeti e sapienti anche con sogni (*Giob* 33,14-18). E l'avvertì anche una volta per sempre parlando ad Aronne e a Mirjam nel deserto: «Ascoltate bene le mie parole, voi! Se esiste un profeta del Signore, Io mi faccio conoscere a lui in visione, Io parlo con lui in sogno» (*Num* 12,6). Anche nel N.T. Giuseppe riceve nel sonno la rivelazione sul Figlio di Dio e sulla Madre sua (*Mt* 1,20; 2,13.19). Adesso a Salomone il Signore chiede di domandargli quanto desidera il suo cuore (v. 5).

Salomone, che è molto accorto, prima espone al Signore l'anamnesi dei fatti. Il Signore fu buono e generoso con David, il padre suo, che si era comportato irreprensibilmente davanti a Lui (2,4; 9,4; *Sal* 14,2), e per colmo di benevolenza gli donò un figlio secondo la promessa (2 *Sam* 7,5-16), e quindi un regno che deve proseguire (v. 6; 1,48). Salomone ricorda al Signore altresì che è stato fatto re da Lui (1 *Cron* 28,5) come successore del padre (v. 7a). Adesso entra nel vivo della questione, e per primo fatto espone al Signore che è ancora troppo giovane (1 *Cron* 29,1), e che non sa «uscire ed entrare»; con tale espressione, che si compone di due estremità, si indica tutto il comportamento umano; in pratica, Salomone non sa che cosa fare e non fare, non sa regnare (v. 7b; *Num* 27,17), tanto più che ha un popolo numeroso, il popolo scelto, secondo la promessa fatta ad Abramo (v. 8; 4,20; e *Gen* 13,16; 15,5).

A questo punto, dopo la *captatio benevolentiae*, il re può avanzare la sua richiesta: desidera la sapienza che solo il Signore può donare (*Pr* 2,6.9; *Giac* 1,5), con cui governare con giusti giudizi (così il Re messianico, *Sal* 71,1-2), distinguere il bene e il male in favore del suo popolo (*Is* 7,15; 2 *Sam* 14,17; *Ebr* 5,14: con la Parola) (v. 9).

Al Signore la richiesta piace (v. 10), e manifesta il suo compiacimento, perché Salomone non chiese vita lunga, ricchezze, vittorie, ma l'intelligenza della giustizia (v. 11). Perciò adesso eseguirà la sua parola, con il dono di tale intelligenza, che mai più sarà eguagliata (v. 12; 4,29-31; 5,12; 10,23-24; *Eccle* 1,16; *Pr* 2,3-6).

*Il Salmo:* Sal *118,57 e 72.76-77.127-128.129-130,* DSap

Per l'inquadramento, vedi la Domenica VI di questo Tempo. I presenti versetti sono desunti dalle «stanze» del Salmo, ordinate secondo le 22 lettere dell'alfabeto ebraico. E così il v. 57 dall'VIII stanza, lettera *Het*; il v. 72 dalla IX, *Tet*; i vv. 76-77 dalla X, *Iod*; i vv. 127-128 dalla XVI, *'Ajin*; i vv. 129-130 dalla XVII, *Pe.* Come si sa, il *Sal* 118 è contemplazione che si fa «elogio della Parola».

L'Orante afferma la sua ferma fede, rivendicando che la sua sorte, il lotto ereditario (15,5), è custodire la Legge divina, meditandola e osservandola (v. 57). Essa per lui è il Tesoro, che vale più di 1000 pezzi d'oro e d'argento, un numero sterminato (v. 72; e vv. 14.127; 18,11; *Pr* 8,10-11). Ma contestualmente prega che secondo la promessa divina per i fedeli, il Signore gli manifesti la sua Misericordia, l'unica consolazione della sua povera esistenza (v. 76; 108,21). Dalla meditazione della Legge, che riempie la sua esistenza, sa che può chiedere le divine misericordie, che sono vivificazione per lui (v. 77; *Lam* 3,22).

Quindi afferma di nuovo che ama i precetti divini più dell'oro e del topazio prezioso (v. 127; vv. 14.72; 18,11; *Pr* 8,10-11), e che la sua esistenza è stata sempre diretta verso tutti i comandamenti che il Signore ha fatto conoscere, mentre ha odiato sempre la "via", o comportamento, dell'iniquità (v. 128; e v. 104).

Di fronte alle testimonianze rivelate del Signore, l'Orante si è ritrovato sempre in rinnovata sorpresa, essendo esse «fatti mirabili» (vv. 18.27), e così non ha fatto altro che darsi alla loro contemplazione (v. 129). Non solo, ma è stato illuminato dall'esposizione delle Parole divine (v. 105; 18,9). Da tale dottrina i "piccoli" come lui, gli umili e devoti, ricevono dal Signore l'intelligenza per comprendere tutti i suoi Disegni (v. 130; 18,8; *Pr* 1,4; *Sap* 10,21).

Così avviene il rimando all'Evangelo di oggi, e al «giubilo messianico» di *Mt* 11,25, per il quale vedi sopra, la Domenica XIV.

Il Versetto responsorio, v. 97a, dalla stanza XII, *Mem,* fa ripetere insistentemente l'amore dei fedeli per la Legge santa del Signore (vv. 113.140.159. 162; 1,2; *Rom* 7,22).

## III. Dall'Evangelo alla Chiesa

*L'Apostolo:* Rom *8,28-30*

La vita nuova ricevuta dal Padre, che è «vita in Cristo vita nello Spirito» (8,9), si può riassumere in una teologia della storia, che parte dal Disegno divino eterno e giunge alla sorte ultima dei fedeli. Paolo adesso lo presenta in un testo denso e conseguente.

E anzitutto il Disegno divino. Esso è predestinazione favorevole, certa e fissa. Per quanti Lo amano, Dio opera in modo che tutto concorra al loro bene. Paolo parla di scienza certa (*Eccle* 8,12; *Eccli* 39,32; 1 *Tim* 4,4), poiché sa che chi ama Dio fa parte della schiera dei «santi», i battezzati, chiamati dal Decreto eterno, dalla *próthesis* divina, la Disposizione immutabile (9,24; 1 *Cor* 1,9; 7,15.17; *Gal* 1,15; 5,8; *Ef* 4,1.4; 2 *Tim* 1,9; *Ebr* 9,15), a essere la *Hagía Klêtê*, la Convocazione Santa, l'*Ekklêsía* di Dio (vedi la Domenica II di questo Tempo, sopra). Tutto perciò parte dal divino e immutabile Disegno (v. 28).

Il quale è posto in atto. Il Signore preconobbe i suoi eletti (11,12; 1 *Pt* 1,2), e li predestinò (9,23; 1 *Cor* 2,7; *Ef* 1,5-11) dall'eternità alla sorte mirabile, di diventare «conformi all'Icona del Figlio suo». Cristo è «l'Icona» perfetta del Padre (*Col* 1,15) nello Spirito Santo, la sua unica Manifestazione consustanziale, così che chi vede Lui vede il Padre (*Gv* 14,6). Tale è dall'eternità (*Col* 1,15-20), come Verbo incarnato (*Gv* 1,14 e 18). Tale è nella storia come Uomo (2 *Cor* 3,18 - 4,4). Egli è «la Forma» visibile del Dio Invisibile, «la Testa» ricapitolante tutta la realtà esistente (*Ef* 1,10). È il Figlio Icona della Bontà del Padre (*Sap* 7,26), e solo mediante Lui il Padre parla (*Ebr* 1,1-4). La sorte predestinata agli uomini, figli di Dio, l'«immagine e somiglianza di Dio», è il recupero pieno in essi della «Forma di Dio», la «conforma con la Forma», se si può dire, la piena assimilazione al Figlio di Dio per essere perfetti figli di Dio (*Fil* 3,21; 1 *Cor* 15,49; *Col* 3,10; 1 *Gv* 3,1-2). Questo comporta di essere assunti misteriosamente a far parte, come creature, dell'Uomo Risorto, formando così l'unico Corpo composto della Testa e delle sue membra, e perciò a far parte creaturale, in qualche modo, della stessa Persona unica del Verbo. Solo allora è attuato il Disegno divino, quando il Figlio Monogenito resterà tale in eterno, e tuttavia potrà finalmente essere non più unico e solo, bensì il «Primogenito tra molti fratelli», tutti figli del Padre (*Col* 1,1.18; *Ebr* 1,6; *Ap* 1,5), Capo dunque dell'immensa Famiglia di Dio (*Ebr* 3,6). È la *divinizzazione* degli uomini fedeli (v. 29).

Paolo descrive allora la sequela ordinata secondo la quale questo è attuato dal Disegno divino: che predestina, chiama alla divina vocazione, giustifica, rende accetti, glorifica (1 *Cor* 6,11; *Gv* 17,22; *Ebr* 2,10). Anche da questa parte, la teologia della storia porta alla divinizzazione degli uomini redenti e santificati (v. 30).

## IV. La Preghiera della Chiesa

*1. L'eucologia*

La Colletta invoca il Padre protettore di quanti in Lui sperano, poiché senza Lui nulla ha valore e nulla è sano, e con epiclesi gli chiede di abbondare nella sua Misericordia, affinché come Condottiero divino guidi i suoi figli attraverso i beni che passano fino a che essi conseguano quelli perenni.

La Preghiera sopra le offerte chiede al Padre con epiclesi che accetti i doni che Egli stesso nella sua generosità divina offrì ai suoi fedeli, affinché con la Potenza del suo Spirito Santo i Divini Misteri santifichino la vita terrena e conducano alla gioia eterna.

La Preghiera dopo la comunione testimonia la partecipazione a questo Mistero divino, che è il memoriale perenne della Passione del Figlio, e chiede con epiclesi al Padre che esso, donato dalla sua indicibile Carità, giovi alla salvezza.

*2. La Prece eucaristica*

Il Prefazio va scelto tra quelli delle Domeniche per l'Anno.

# Domenica «della moltiplicazione dei pani e dei pesci» XVIII del Tempo per l'Anno

## I. Intorno all'Evangelo

*1. L'Antifona d'ingresso:* Sal *69,2.6cd*, SI.

All'inizio di questa celebrazione l'Orante aiuta a pregare degnamente, chiedendo con due epiclesi parallele che il Signore si appresti ad intervenire in soccorso, anzi che si affretti ad aiutare (v. 2; dr v. 6; 30,3; 68,18; *Mt* 8,5). Le necessità dei suoi fedeli anzi sono così urgenti, che l'Orante reitera l'epiclesi per la Presenza, chiedendo al Signore, l'unico Soccorso e l'unico Liberatore, che non tardi, se non vuole che si perisca (v. 6cd). Questo celebre testo è posto anche all'inizio dell'officiatura delle sante Ore. Il «Non tardare» è un tipico tratto dell'Avvento.

*2. L'Alleluia all'Evangelo:* Mt *4,4b*.

Si rinvia all'Evangelo della Domenica I di Quaresima.

*3. L'Evangelo:* Mt *14,13-21*

Si rimanda prima all'Approfondimento necessario, apposto alla Domenica III.

Il Programma battesimale del Signore con lo Spirito Santo ha come scopo la «divina Liturgia» del Padre, l'«opera *per il* popolo», che prevede la progressiva riconquista del Regno del Padre. Questo è impedito dalla tenebra dell'ignoranza, ed ecco la luce dell'Evangelo. È impedito però anche dal Male, dal Maligno, dal Nemico, ed ecco l'espulsione dei demoni, questi «spiriti dell'impurità». Inoltre, è impedito dal male fisico, dalla fame, dal male morale, ed ecco le guarigioni, il nutrimento, le conversioni e vocazioni e consolazioni. L'ultimo, ma non meno pauroso impedimento, è costituito dalla creatura ribelle a Dio e nociva agli uomini, ed allora ecco il Signore dominare gli elementi, quietare le tempeste, camminare sulle acque.

Prodigio singolare, la moltiplicazione del cibo per la sua importanza è narrata nei due episodi in cui si svolge (vedi anche 15,29-39). Gesù ha udito della scellerata uccisione di Giovanni il Battista (14,1-12). È singolare qui che non siano annotate reazioni di Gesù, l'evangelista le lascia immaginare: orrore e sofferenza, ma anche ossequio al Disegno divino, e di certo intensa preghiera per i carnefici, mentre sul piano solo umano ci si aspetterebbe interventi liberatori violenti. Invece Gesù parte su una barca e si ritira ancora a pregare e a meditare nel deserto (v. 13a). Le folle, ormai attaccate a Lui perché sperano sempre nei suoi interventi provvidenziali, per così dire Lo braccano da vicino, Lo seguono (v. 13b) e Lo anticipano sulla spiaggia quando sbarca. Egli guarda la folla, e come gli avviene sempre (9,36, e Domenica XI, sopra), ne ha tenera compassione, e anzitutto guarisce miracolosamente i malati (v. 14). Prosegue così la progressiva riconquista del Regno del Padre. Nel frattempo, si può immaginare, che, com'è suo costume, seguiti a insegnare alle folle, come riferisce il parallelo di *Mc* 6,34.

Alla fine del giorno, quando è ora della Cena, del Convito della divina Sapienza (*Pr* 9,1-6; *Eccli* 24,17-22), i suoi discepoli, ancora ignari della strategia divina del loro Signore, «si accostano a Lui» con il solito rispetto reverenziale, e gli chiedono un gesto estremo, licenziare le folle per l'ora tarda, e così lasciarle libere di procurarsi il cibo nei villaggi, finché rimane il tempo (v. 15; v. 22; 15,23). Gesù li mette alla prova. Quelli non debbono andarsene, perché proprio i discepoli debbono sfamarli. È un precetto permanente, imperatorio. Al Giudizio infatti il Signore produrrà questa requisitoria: «Io ebbi fame e voi Mi sfamaste», oppure: «e voi non Mi sfamaste» (25,35 e 42). Così la moltiplicazione dei pani e dei pesci si deve leggere in questa precisa prospettiva. Essa infatti comincia questo «dare da mangiare» dei discepoli a tutti gli uomini (v. 16).

I discepoli, che pure hanno già visto tanti segni prodigiosi e miracolosi del Signore (8,1-34), non comprendono, e si rifanno alla miseria dei soli cinque pani e dei soli due pesci che si potrebbero rimediare sul posto (16,9; *Mc* 8,19) (v. 17). Gesù ha infinita pazienza, e si fa portare quella piccola refezione (v. 18). Adesso la Sapienza sta in atto con il suo Convito per i suoi figli, i "piccoli". E avviene il suo "gesto".

Anzitutto Gesù dispone tutti in ordine, sull'erba, che in Palestina è fiorente in primavera anticipata, verso la pasqua. È come l'accampamento di allora, dell'esodo, ordinato in modo che le tende nella steppa siano disposte con al centro il tabernacolo della divina Presenza (*Num* 2,1-34), dove nel "santo" si espongono in perennità davanti all'invisibile Signore i Pani della preposizione (*Lev* 24,5-9). Adesso Gesù si rivolge al Padre, da cui parte la Potenza dello Spirito Santo nella quale opera, alza gli occhi al cielo, tipico suo gesto sacerdotale (*Mc* 7,34; *Gv* 11,41; 17,1), gesto di mediazione, d'intercessione, di epiclesi, d'azione di grazie, di lode. Quindi eleva fino al Padre l'*eulogía*, la *berakah*, la benedizione di lode e d'azione di grazie. La moltiplicazione perciò è una liturgia solenne, come lo è il convito che segue, dove la folla mangia insieme con Gesù. Alla Cena sono ripetuti i medesimi gesti. Come alla Cena, Gesù spezza, e il testo non dice «i pani», poiché in realtà spezzò «il pane» come un'indicibile unità che si moltiplica all'infinito. I commentatori nei secoli furono come ossessionati dal simbolismo dei numeri: 5 e 7 per i pani, 2 per i pesci, e 12 e 7 per le ceste; certo, i numeri fanno parte della teologia simbolica, e hanno la loro importanza. Tuttavia qui si tratta «del pane» unico. Se si prende «un pane», si veda che succede (e così per gli altri 5 o 7 pani delle moltiplicazioni, accomunati nell'unità). Quale Capo della famiglia, Gesù "spezza" e distribuisce un pane (e via via per gli altri), e così dona il medesimo pane a tutti. Ma in modo che deve restare nella comunità dei discepoli, e da lì partire. Infatti il pane è moltiplicato e consegnato solo nelle mani dei discepoli, affinché essi lo porgano alle bocche dei presenti. I discepoli sono già qui deputati per sempre alla mediazione del Convito. Così i presenti che mangiano l'unico pane diventano l'unica famiglia di Dio, di cui Gesù è il Capo (v. 19; e *Ebr* 3,6).

Paolo condenserà questo nella sua mirabile pagina che scrive e lascia in 1 *Cor* 10,16-17, quando afferma che tutti i fedeli comunicano all'unico Pane "spezzato" e all'unica Coppa «della benedizione», benché siamo molti, come allora le folle, e diventano così «d'unico Pane». La moltiplicazione ne è un primo impressionante anticipo.

Resta da dire ancora sui pesci. Quasi in genere si scrive o si dice per comodo «moltiplicazione del pane» o «dei pani», quasi mai si nomina «il pesce» o «i pesci»; poi si ricorre a simboli catacombali tardivi per spiegare che pesce, in greco *ichthýs*, con 5 lettere, *i, ch, th, y, s*, è l'acrostico, ossia l'abbreviazione che prende la lettera iniziale, per indicare una specie di «parola d'ordine» dei cristiani perseguitati, che suona «Gesù Cristo, di Dio Figlio, Salvatore (*Iêsoús Christós Theoú Hyiós Sôtêr*)». Ma il pesce nell'evangelo, riferito come qui a Cristo, non significa questo.

La spiegazione viene da tutt'altro aspetto. Infatti, il pesce, questa magnifica creatura di Dio, è un animale vivo e guizzante, che vive nel suo ambiente, non in quello degli uomini. Diventa il cibo squisito e salutare degli uomini solo uscendo dal suo ambiente, entrando in quello degli uomini e perciò morendo. Pescato, è cotto dal fuoco e poi è mangiato come cibo buono. Cristo Dio, il Verbo eterno, discende dal Padre per entrare nella storia degli uomini, e diventa Uomo mortale, di fatto muore sulla Croce, sacrificio consumato dal Fuoco dello Spirito Santo, lo Spirito della Carità divina, e diventa così il Cibo divino, con il Pane e con la Coppa, nel Convito della Sapienza.

Un esempio allusivo di questo resta in *Gv* 21,1-14. Vedi qui la Domenica II del Tempo pasquale, Ciclo C, e l'Approfondimento 22 (vol. V), sul Fuoco dello Spirito Santo e il divino Sacrificio. Questo tratto giovanneo restò come un testo significante, molto amato e commentato dai Padri.

Dal convito del pane e del pesce avviene il convito della sazietà (v. 20), già anticamente promessa. La Sapienza aveva chiamato al Convito (*Pr* 9,1-6). Aveva promesso ai suoi figli così: «Venite a Me, voi che Mi desiderate, e saziatevi dei frutti miei, poiché il mio memoriale è più soave del miele» (*Eccli* 24,19-20a). Da qui procede il «Venite, prendete e mangiate e bevete, fate memoriale di Me!» della Cena. Convito che sazia e che disseta per la Vita eterna (*Gv* 4,13-14; 6,27).

I saziati dalla moltiplicazione furono 5000 capi famiglia con le spose e con i figli (v. 21). Il «segno» della moltiplicazione deve restare. I discepoli raccolgono il pane "spezzato", non avanzato e sbocconcellato, ma proprio e solo quello che viene dalla Mano del Signore. «Spezzare il Pane» diventa il rito della Chiesa primitiva. «Raccogliere il pane» in 12 ceste assume e conserva un senso enorme.

I discepoli avranno sempre a disposizione e pronto «il pane», dovranno ancora e ancora «spezzare il Pane» come il Signore ha insegnato E sarà allora il Pane della Parola. E il Pane dei Misteri santi. E il pane del corpo. Il triplice unico Pane della divina Carità nuziale, della divina Sapienza.

La Chiesa ancora continua questa "moltiplicazione" prodigiosa nel mondo tra le nazioni. Questo è l'unico miracolo che sa ancora e sempre fare nella Potenza dello Spirito Santo che in essa dimora.

*4. Antifona alla comunione:* Sap *16,20bc.*

Il testo rilegge l'evento verificatosi nell'esodo, di cui fa anamnesi grata. Allora il Signore fece discendere la manna dal cielo (*Sal* 77,24; 104,40; e *Gv* 6,31, che ne offre il commento), come dono al suo popolo Israele (*Es* 16,13-14; *Num* 11,7). Questo pane, la manna, allora si adattava al gusto di ciascuno, era ricolmo d'ogni dolcezza (*Es* 16,31; *Num* 11,8; 21,5), portava ogni sazietà.

Questa anticipazione si verifica anche «oggi qui» per i fedeli, sotto la forma dell'adempimento, nel Convito dell'altare, della Parola e dei santi Segni, che forma l'unità della Chiesa.

È la Grazia divina che discende dal cielo, moltiplicata dalle mani dei discepoli del Signore, e che procura la Vita eterna. Il mandato del Signore di «raccogliere e spezzare» e distribuire prosegue, sempre attuato.

## II. Verso l'Evangelo: l'A.T.

*La Profezia:* Is *55,1-3*

Vedi la V Lettura della Notte della Resurrezione.

*Il Salmo:* Sal *144,8-9.15.16.17-18, I*

Per le generalità sul Salmo e per i vv. 8-9, vedi la Domenica XIV. L'Orante qui riafferma inneggiando, che tutti gli uomini hanno sempre gli occhi rivolti al Signore (103,27; 122,2), la loro unica speranza di esistenza. Poiché sanno che Egli dona sempre il cibo a tutti, e al momento giusto, con infinita Bontà provvidente (21,27.30; 103,27; 110,5; 135,25; 146,9; *Mt* 6,31-33; *At* 14,19, per i pagani), che mai fa distinzioni (v. 15). Il Signore opera così, che apre largamente la sua Mano prodigiosa (103,28), la medesima che vinse i nemici (*Es* 15,5), e con cui già prima aveva creato l'uomo dall'argilla (*Gen* 2,7), Mano sempre ricolma di ogni bene, che così riempie ogni vivente secondo la sua necessità e il suo gusto (v. 16).

In questo, e in tutto il resto del suo comportamento, il Signore si manifesta nella sua essenza: Giusto «nelle sue vie», quando agisce (v. 13c; *Dt* 32,4), e Santo nella realizzazione del le opere del suo Disegno, di santità inaccessibile, che tuttavia discende fino agli uomini (v. 17). A questi Egli si fa sempre vicino quando Lo invocano (29,3; 33,19; 118,151; *Dt* 4,7; *Eccli* 2,12; *At* 7,27, anche ai pagani!), se Lo invocano «nella verità», che da parte degli uomini è sincerità, da parte di Dio è l'incrollabile sua fedeltà all'alleanza (v. 18). Poiché Signore vuole essere adorato «nello Spirito e nella Verità» (*Gv* 4,23-24).

Il Versetto responsorio, v. 16a, adattato, fa cantare il Signore che anche oggi apre la sua Mano prodigiosa e sazia delle sue Delizie.

## III. Dall'Evangelo Alla Chiesa

*L'Apostolo:* Rom 8,35.37-39

La predestinazione disposta dal Signore per il bene dei suoi figli, per cui tutto concorre a loro favore (vedi Domenica XVII) fa esclamare all'Apostolo: «Se Dio con noi (= l'*Immanuel*), chi contro noi?» (v. 31), Egli infatti che non risparmiò il Figlio per gli uomini, e glielo donò? Nessuno più può accusare i suoi figli in giudizio davanti a Lui, nessuno più li condanna (vv. 32-34). E, tanto più, chi potrà più separarli dallo Spirito Santo, che è la Carità di Cristo effusa dal Padre nei loro cuori di battezzati? (5,5). Non lo può né la grande tribolazione escatologica che incombe sulla loro esistenza redenta, e tanto meno l'angoscia, la persecuzione, la fame, la nudità, il pericolo, la spada (v. 35). Si tratta di esperienze che Paolo stesso ha affrontato nei suoi viaggi apostolici; la spada, forse presago il cuore glielo dice, lo attende alla fine, come indicibile corona del suo essere «schiavo di Cristo» (*Rom* 1,1).

Tutte queste traversie vorrebbero impedire lo svolgersi del l'esistenza cristiana, e un animo debole si deprimerebbe con facilità. Paolo invece è animato dall'ottimismo che gli deriva dalla «coscienza storica» cristiana. Egli sa che, nonostante il tempo malvagio e contrario, mediante Colui che ama gli uomini «già supervincemmo» (verbo *hypernikáō*, stupendo neologismo paolino, con cui indica la vittoria finale già in atto) (v. 37).

Su questa base riposa il suo saldo convincimento, espresso da una frase fiume, irruenta e in crescendo (vv. 38-39). Ormai nessuno più, in qualunque sfera dell'esistenza, potrà separarlo dalla Carità di Dio che sta in Cristo Gesù Signore nostro. L'elenco si avanza così: né la morte, né la vita; né gli angeli né i principati; né le realtà presenti né quelle future; né le potenze; né le sommità né gli abissi; né nessuna creatura. Come si vede, si hanno diverse enunciazioni di estremità distali, che indicano totalità, interrotte 2 volte dalle "potenze" e dalla "creatura". Secondo una non ben spiegata teologia paolina, che forma un problema serio per gli interpreti, le potenze angeliche qui nominate sarebbero gli spiriti inerti, che non sono contro né a favore del Disegno divino, e che, se si comprende bene, è compito della Chiesa di evangelizzare (*Ef* 3,1-13).

## IV. La Preghiera della Chiesa

*1. L'eucologia*

La Colletta chiede con epiclesi al Padre di ottenere la sua presenza e il dono della sua perenne Bontà, affinché per quanti si gloriano di averlo come Condottiero, ripari quanto gli è grato e glielo conservi.

La Preghiera sopra le offerte chiede con epiclesi al Padre che santifichi i doni presentati, e accettata l'offerta della Vittima nello Spirito Santo, faccia dei fedeli un sacrificio perenne.

La Preghiera dopo la comunione chiede al Padre con epiclesi che ai fedeli creati nuovi con il Dono celeste, sia sempre presente, e, sempre curandoli, li renda degni della redenzione eterna.

*2. La Prece eucaristica*

Il Prefazio va scelto tra quelli delle Domeniche per l'Anno.

## Approfondimento 12: La parola cibo

La Santa Scrittura proviene dalla Vita divina stessa come dalla Fonte di infinita e inesauribile supereffluenza, e vuole portare gli uomini a vivere la Pienezza divinizzante. La condizione è accettare il Signore Gesù Cristo che lo Spirito Santo del Padre rende presente con il Cibo divino, vera indicibile *Parousía*, la Presenza perenne, se accettata.

*1. Parola Cibo, realtà decisiva*

«Nulla era senza simbolo presso Dio» (S. Ireneo). Della Vita divina i simboli efficaci sono diversi, ciascuno con la sua dinamica: la Luce, la Sapienza, lo Spirito, il Fuoco, l'Acqua, il Sangue, il Cibo, la Parola.

La Parola Cibo, sotto il simbolo del pane, della carne, dell'acqua e del vino, del miele, occupa un grande spazio. Resta poi una trattazione preponderante presso i Padri della Chiesa, per diversi aspetti più estesa e più importante perfino di quella sui divini vivificanti Misteri, ma in connessione funzionale stretta con questi.

Il "cibo" sotto le sue varie forme accennate sopra, indica la necessità vitale primaria per gli uomini: il nutrimento e la sua assimilazione per vivere. In specie, la Parola Cibo indica la comunione assimilante, dove i fedeli in un certo senso con l'«ascolto-manducazione» ovviamente restano se stessi, e tuttavia sono consumati, perfezionati, «diventano quello che assumono».

Il punto di orientamento generale qui potrebbe essere il *lógion* difficile di *Lc* 8,21. Il Signore Gesù proclama infatti che chi ascolta e pone in pratica il suo *lógos*, la Parola, diventa addirittura «madre sua e fratelli suoi», e questo in un senso non secondario e accomodatizio, bensì primario e reale.

Il tema della Parola Cibo visto da vicino traversa l'intera Santa Scrittura, dall'A.T. al N.T., dalla *Genesi* all'*Apocalisse*. Esso si pone al centro stesso della Vita del Signore tra gli uomini da redimere e santificare e divinizzare. Infatti Egli dichiara, in modo misterioso per quanti allora Lo ascoltarono senza comprenderlo, almeno per il momento: «Mio cibo è che Io faccia la Volontà dell'Inviante Me (il Padre), e che compia l'Opera di Lui» (*Gv* 3,34). Il suo Nutrimento divino è quanto ascoltò e vide presso il Padre suo.

Qui di seguito si passerà in rassegna questo tema, in alcuni dei testi più indicativi.

## 2. L'Antico Testamento

Il tema qui è fittamente presentato nei diversi contesti letterari e teologici.

a) Libri storici.

Il testo guida qui va letto a partire dalla drastica risposta del Signore, tentato vanamente da satana nel deserto (*Mt* 4,1-11; *Lc* 4,1-13). Ora, la prima delle tre tentazioni è il suggerimento subdolo di trasformare le pietre in pane, con un gesto miracolistico che si esaurirebbe in se stesso. Gesù dopo 40 giorni, come Mosè (*Dt* 34,28), avendo digiunato contemplando il Disegno del Padre su Lui e sugli uomini, ha fame, farebbe un miracolo facile e soddisferebbe il suo appetito (*Mt* 4,3; *Lc* 4,3). Ma il Signore vede la malizia assoluta del Tentatore. Se facesse il miracolo adesso, poi potrebbe donare ai discepoli, alle folle, solo il pane materiale, non quello epioúsios, "supersustanziale", che fa chiedere con il «Padre nostro» (*Mt* 6,11), il solo primo vero frutto della divina Carità, che è insieme il pane del corpo, il Pane della Parola e il Pane del Mistero sacrificale del suo Corpo, che proviene solo dalla Croce, dalla Resurrezione, dal Dono inconsumabile dello Spirito Santo.

Così la risposta tagliente di *Mt* 4,4; *Lc* 4,4, elimina anche l'insinuazione del dubbio: «Se sei Figlio di Dio...», che va contro la Parola divina della teofania del Battesimo. La risposta va riletta nel suo contesto, che è il cap. 8 del *Deuteronomio*. Qui il Signore ammonisce Israele che non deve confidare affatto nella sua *ischýs*, la forza, nel *krátos tês cheirós*, nella forza della mano, nel *poiéin*, il "fare" la sua propria *dýnamis*, la potenza superba e autonoma (*Dt* 8,17). Israele deve arrendersi al suo Signore. Deve stare alla sua sola disposizione provvidente, tenere la sua fede e manifestare la sua fiducia in Lui, solo in Lui. Ecco l'esordio di questo grande, irrepetibile capitolo 8:

> *Tutti i precetti che Io vi precetto oggi, custoditeli per attuarli*
> *affinché viviate e vi moltiplichiate ed entriate e possediate la terra*
> *che il Signore Dio vostro giurò ai Padri vostri.*
> *E ti ricorderai dell'intera via nel deserto,*
> *su cui ti guidò il Signore Dio tuo per affliggerti e per tentarti,*
> *e conoscere quanto avevi nel cuore tuo, se custodivi i precetti di Lui, o no.*
> *E poi ti afflisse e ti sfinì di fame,*
> *e ti nutrì con la manna che non conobbero i Padri tuoi,*

> *al fine che ti annunciasse che non di pane solo vivrà l'uomo,*
> *bensì di ogni Parola procedente dalla Bocca di Dio vivrà l'uomo.*

La sequela deserto, afflizione, tentazione, manna, Parola dalla Divina, Bocca, è singolare e determinante. La manna è cibo, ed è anche simbolo della divina Parola che dona la vita. Ora, occorre notare alcuni fatti: I) cibo biblicamente si dice in genere "pane", che significa anche carne, termine che si troverà ancora; II) secondo gli studi più recenti, il "pane" che si chiede con il «Padre nostro» va comunque connesso con la "manna", simbolo comprensivo della vita davanti al Signore, della dipendenza stretta da Lui per avere la vita, e dello strumento *epioúsios*, "supersustanziale", che supera la sostanza d'oggi, ossia che «giorno dopo giorno» porta alla Vita eterna; III) perciò la divina Manna è la Parola e la Carne e Sangue del Mistero sacrificale.

In sostanza, satana chiede a Gesù di scavalcare, per così dire, l'Economia divina della Parola e del Sacrificio. E non per caso le tre tentazioni nel deserto si ripetono sotto la Croce, nell'identica finalità.

b) Libri profetici.

Il *Deuteronomio* esercitò un influsso decisivo sui Profeti (e reciprocamente, almeno per alcuni di questi). Il tema della Parola Cibo emerge già nei primi Profeti scrittori, quelli del sec. 8° a.C. In un ordine cronologico presuntivo si presenta questo materiale principale.

*Am* 8,11-12. In un oracolo con cui grida la «rabbia profetica» contro gli oppressori dei poveri, il Profeta inserisce una condanna, con la solita formula iniziale: «Idoú, Ecco», che indica l'intervento divino prodigioso (e come tale va sempre segnalato):

> *Ecco, giorni vengono - parla il Signore! -,*
> *e Io invierò fame sulla terra, non fame di pane, né sete d'acqua,*
> *bensì fame di ascoltare la Parola* (lógos) *del Signore!*
> *E si sconvolgeranno le acque fino al mare,*
> *e dal settentrione all'oriente essi correranno*

*cercando la Parola* (lógos) *del Signore,*
*e non la troveranno.*

«Giorni vengono» è il preannuncio di tempi ultimi, decisivi, nei quali il Signore si manifesterà con la tremenda punizione per chi ebbe la permanente possibilità di ascoltare e praticare la sua Parola vivente, ma non vi si dispose, e perse l'occasione di obbedire ai Profeti suoi. E «Se non ascoltano Mosè ed i Profeti, non crederanno neppure se uno resuscitasse dai morti!» (*Lc* 16,31). Il «troppo tardi» è una realtà per il popolo di Dio, da temere con tremore.

*Ger* 15,16. La situazione del Profeta è grave. A causa della sua divina missione egli è investito e travolto da nemici spietati che lo assediano da ogni parte (15,15-21). Il solo testo ebraico narra questo evento nella vita tribolata di Geremia:

*Furono trovate le Parole tue, io le mangiai,*
*allora fu la Parola tua per me gioia ed esultanza nel cuore mio,*
*poiché fu invocato il Nome tuo su me,*
*Signore Dio dei turni adoranti* (.seba'ôt).

Il Profeta fedele ha quindi come Cibo sostanziale la realtà prima e ultima della sua esistenza, la Parola divina che nutre, procurando la gioia unica, quella che unica vale.

*Ez* 2,8 - 3,4. Discepolo spirituale di Geremia, il profeta Ezechiele è investito della medesima missione al popolo ribelle. Dopo la «visione della Gloria» divina trasportata dal carro dei Cherubini (cap. 1), egli adesso riceve la «visione del rotolo» della Parola divina, il quale contiene e conferisce la missione e l'investitura per il Profeta. Il simbolismo del testo che segue, come del resto in tutto il libro, è semplicemente straordinario:

*E tu, figlio dell'uomo, ascolta il Parlante a te,*
*non essere esacerbato come la casa (d'Israele) esacerbata.*
*Apri la bocca tua, e mangia quanto Io dono a te.*
*E io guardai, ed ecco la Mano tesa a me, e in essa il rotolo di un libro.*
*Ed essa lo svolse davanti a me, e in esso stava scritto dietro e davanti,*
*e stavano scritti in esso lamenti e nenie funebri e guai.*

*Domenica «della moltiplicazione dei pani e dei pesci»* – XVIII del Tempo per l'Anno

> *Ed Egli parlò a me:*
> *Figlio dell'uomo, mangia questo rotolo, poi va', e parla ai figli d'Israele.*
> *E aprì la mia bocca, e mi cibò con il rotolo.*
> *Ed Egli parlò a me:*
> *Figlio dell'uomo, la bocca tua mangia,*
> *e il ventre tuo sarà riempito di questo rotolo, che è donato a te.*
> *E io mangiai, ed esso fu nella bocca mia come miele dolcificante.*
> *Ed Egli parlò a me:*
> *Figlio dell'uomo, procedi, entra alla casa d'Israele,*
> *e parla le Parole (lógoi) mie a essi...*

Il testo è esemplare. Anzitutto il predicatore, deve nutrirsi della Parola divina, e questa sarà per lui nutrimento soavissimo, da assimilare come sua stessa sostanza. Solo allora potrà parlare con altrettanto effetto e frutto al popolo di Dio.

*Is* 55,1-11. Il Deutero Isaia (*Is* 40,1 - 55,13) si chiude con la promessa dell'alleanza eterna, donata con amore, e tuttavia condizionata sempre dall'ascolto e dall'attuazione della divina Parola nell'esistenza del popolo. La divina Parola qui assume ancora una volta la forma altamente simbolica, significante, del cibo e della bevanda donati:

> *Voi assetati, andate all'acqua,*
> *e quanti non possedete denaro, procedete,*
> *comprate e bevete senza denaro né prezzo di vino e di cibo pingue.*
> *Perché spendere denaro ed il vostro sforzo (di lavoro)*
> *non per la sazietà?*
> *Ascoltate Me, e mangerete buoni prodotti,*
> *e gioirà di buoni prodotti l'anima vostra!*
> *Porgete i vostri orecchi e seguite le Vie mie, ascoltate Me,*
> *e vivrà di buoni prodotti l'anima vostra!*
> *Allora Io stabilirò per voi l'alleanza eterna,*
> *realtà sante e fedeli di David...*
> *Cercate Dio, e trovandolo, invocatelo, poiché Egli si avvicinerà a voi...*
> *Non sono di fatto i Consigli miei come i consigli vostri,*
> *né come le vie vostre le Vie mie - parla il Signore!*

*Ma come dista il cielo dalla terra,*
*così dista la Via mia dalle vie vostre,*
*e i Pensieri miei dalle menti vostre.*
*Come infatti se viene giù la pioggia o neve dal cielo*
*e non torna finché non inebrii la terra,*
*e questa partorisce e germina,*
*e dona seme al seminatore e pane per il cibo,*
*così sarà la Parola* (rhêma) *mia, quella che esce dalla Bocca mia:*
*essa non ritornerà, se non adempie quanto Io volli,*
*e Io farò ben procedere le vie tue e i Precetti miei!*

È un testo assoluto, che richiama all'Assoluto del Signore, nel quale solo consiste l'esistenza redenta e santificata dei fedeli. È anche letto nella Veglia della Resurrezione come V Lettura.

c) Libri sapienziali.

Anche qui si procede secondo una cronologia presuntiva, che si indica senza turbare la sequenza dei testi.
*Pr* 9,1-6. È indetto il celebre «convito della Sapienza» divina, che spesso ricorre nella Liturgia delle Ore sante, in specie con applicazione mariologica. Il testo viene alla fine di una "collezione" di proverbi ritenuta più recente (cap. 1-9), tanto più preziosa perciò in quanto tiene conto di esperienze già vissute, e anche letterariamente si colloca in modo opportuno come un culmine mirato. È introdotta a parlare la divina Sapienza, che prepara il Cibo del suo insegnamento vivificante:

*La Sapienza costruì per se stessa la casa, e vi stabilì sette colonne,*
*macellò le sue proprie vittime, mescé nel cratere il suo proprio vino*
*e preparò la sua propria tavola* (trápeza).
*Inviò i suoi propri servi, convitando con altissimi annunci al cratere,*
*parlando:*
*Chi è stolto, si diriga a Me!*
*E a chi manca di comprensione, parlò:*
*Venite, mangiate* (phágete) *i miei propri pani,*
*e bevete* (píete) *il vino che Io mescei per voi!*

*Lasciate la stoltezza, e vivrete, e cercate l'intelligenza affinché viviate,*
*e rendete retta con la conoscenza la comprensione!*

Il Signore Gesù, l'indicibile Sapienza divina preeterna, realizza questo Convito, invia i discepoli e chiama al Cibo superno. Si notino la tavola, la carne sacrificale, il vino, il pane, il «Venite, mangiate e bevete» che anticipano la Cena del Signore. E poi il "vivere" che ne deriva, come torna nella teologia del «discorso eucaristico» di *Gv* 6,22-58. Il grande tema qui è: l'insegnamento sapienziale divino è Cibo vivificante, la conoscenza della divina dottrina è la Vita divina stessa.

*Pr* 16,24. L'antica collezione dei «proverbi di Salomone» (10,1 - 22,16; non senza reminiscenze della sapienza orientale, come quella egiziana) contiene preziosi insegnamenti sulla Parola. Uno di essi è:

*Favi di miele le parole* (lógoi) *buone,*
*e le loro dolcezze sono cura dell'anima.*

Si tratta bensì di "parole" di uomini, e però parole di sapienza, che perciò provengono dall'Alto, e non solo "nutrono", ma sono cibo che nutre con abbondanza e che sostiene con forza e costanza l'anima.

*Pr* 22,17-19. Il testo sta nella prima delle due collezioni delle «parole dei sapienti» (22,17 - 24,22, e 24,23-34), e offre gemme preziose:

*Alle parole* (lógoi) *dei sapienti, tu presta il tuo orecchio,*
*e ascolta la mia parola* (lógos),
*il tuo cuore applica(vi),*
*affinché tu conosca che sono buone (come cibo),*
*e se le sistemi nel tuo cuore,*
*ti allieteranno insieme sulle tue labbra,*
*affinché di te stia nel Signore la speranza,*
*ed Egli ti farà conoscere le sue Vie.*

*Pr* 24,13-14. Ritorna il simbolismo della Parola Cibo di miele:

*Mangia il miele, figlio,*
*buono infatti è il favo,*

*affinché sia resa dolce la tua gola:*
*così sentirai* (aisthánomai) *la Sapienza con la tua anima.*
*Se infatti (La) troverai, sarà buona la tua sorte,*
*e la speranza non ti abbandonerà.*

L'insegnamento della divina Sapienza nutre come cibo soave, e produce frutti copiosi di favore, e la speranza che sorregge l'esistenza.
*Eccli* 15,1-3. L'invito pressante dirige verso la divina Sapienza:

*Il timorato del Signore opererà questo,*
*e chi possiede la Legge, la (Sapienza) possederà (in Sposa).*
*Ella gli si farà incontro quale Madre,*
*e quale Sposa di verginità lo accoglierà (nuzialmente):*
*lo nutrirà con il pane della comprensione,*
*e l'acqua della Sapienza lo disseterà.*

Il Cibo divino viene allora dalla costanza nuziale, dalla vita ormai familiare con la Sapienza insieme Madre generante e Sposa d'amore, dalla quale deriva l'intera esistenza santificata per il popolo.
*Eccli* 23,37. Qui il testo più antico proviene dalla Vulgata latina:

*Sperimenteranno i derelitti*
*che nulla è meglio del timore di Dio,*
*e nulla è (cibo) più dolce*
*che contemplare i precetti del Signore.*

I "derelitti" sono i piccoli del Regno, i «poveri di Dio», ossia i fedeli e devoti, quelli che si attendono tutto solo dal loro Signore.
*Eccli* 24,23-30. Anche qui il testo più attendibile è della Vulgata latina (nei LXX, cf. vv. 17-22):

*Io (la Sapienza) quale Vite, feci germogliare la grazia,*
*e i fiori miei (produssero) frutto di gloria e di ricchezza.*
*Accostatevi a Me, quanti Mi desiderate,*
*e dai miei prodotti riempitevi.*
*Io, la Madre del Buon Amore,*

> *e del timore e della conoscenza e della santa speranza.*
> *In Me la Grazia di ogni via e verità,*
> *in Me ogni speranza di vita e di forza.*
> *Venite a Me, voi tutti che Mi desiderate,*
> *e dai miei prodotti riempitevi.*
> *Poiché lo Spirito mio è più dolce del miele,*
> *e l'Eredità mia più del miele e del favo.*
> *L'anamnesi di Me, nelle generazioni dei secoli.*
> *Quanti mangiano Me, ancora hanno fame,*
> *e quanti bevono Me, ancora hanno sete.*
> *Quanti ascoltano Me, non saranno confusi,*
> *e quanti opereranno con Me, non peccheranno...*

È appena qui il caso di accennare qui alle fitte reminiscenze al N.T., a Cristo Signore, all'invito a «fare anamnesi» di Lui, mangiando e bevendo di Lui nella Cena, alla Vita che da Lui si riceve, ma sempre a partire dall'ascolto della sua Parola vivificante, la sua dottrina della Vita, la «grazia su grazia» (*Gv* 1,16-17).

*Sap* 16,26. Il libro della *Sapienza di Salomone* è tardivo (intorno al 50-30 a.C., secondo alcuni critici), e, va ripetuto, come tale è tanto più prezioso in quanto è la "rilettura" dell'intero A.T. Il contesto è la rievocazione teologica e spirituale degli eventi dell'esodo dall'Egitto. In 16,12 è presentata la Parola divina che fu medicina salutare per i morsi dei serpenti (*Num* 21,4-9). Al v. 20 comincia un tratto suggestivo: la manna fu «cibo degli Angeli», «pane dal cielo già preparato»; era la dolcezza stessa del Signore (v. 21), che nutriva i suoi giusti, quelli che obbediscono al loro Signore (v. 22. La Benevolenza del Signore infatti è tale che «tutto nutre», in specie quelli che pregano (v. 25):

> *... affinché conoscessero i figli tuoi che Tu amasti, Signore,*
> *che non le germinazioni dei frutti alimentano gli uomini,*
> *bensì la Parola tua, che conserva quelli che credettero in Te.*

d) I Salmi.

Oltre i numerosi testi che parlano della dolcezza del Cibo che i fedeli ricevono rifugiandosi nel santuario divino (vedi la Domenica XI, Ciclo C), il Salterio insiste sul fatto del Signore che nutre i poveri e li sazia (*Sal* 21,27), ma altrettanto opera anche con gli opulenti della terra (21,30), così convertiti. Anzi, il Signore è il magnifico Sovrano che nutre anche gli animali della terra (*Sal* 103,14ab), e in specie tutti gli uomini con pane e vino, donando l'olio dell'esultanza (103,14c-15).
Il Salmista però conosce il tema squisito del Cibo dei cibi, la divina Parola.
*Sal* 18,10b-11. È il secondo «Inno di lode» della serie del Salterio. Letterariamente, esso è stato composto con due poemi: I) vv. 2-7, che sono la lode al Signore, tributatagli come Creatore universale già dalle stesse «opere delle Mani» di Lui, ossia dalla mirabile creazione; questa da sola è il "linguaggio" che traversa tempo e spazio, ed investe con il suo risaltante splendore tutti gli uomini della terra; II) vv. 8-15 sono poi un «elogio della Parola». Questa riceve qui molti appellativi: *nómos*, Legge; *martyría*, testimonianza; *dikaiômata*, giustificazioni; *entolê*, precetto; *phóbos*, timore (del Signore); *krímata*, giudizi. L'Orante descrive successivamente gli effetti: la Parola è preziosa, va custodita, procura molta ricompensa, è purificante, è proteggente. In cambio, al v. 15, concludendo, l'Orante chiede al Signore che gli siano graditi le parole e i pensieri suoi. Qui interessano i vv. 10b-11:

> *I giudizi del Signore sono fedeli, giustificati con ciò stesso:*
> *più desiderabili dell'oro e di pietra molto preziosa,*
> *e più dolci del miele e del favo.*

La Parola divina perciò è il bene più desiderabile prezioso, ed è il Cibo tra tutti il più soave per i fedeli.
*Sal* 118,103. Con i suoi 176 versetti, questo è il Salmo più esteso del Salterio, e costituisce un poema splendente. Fu molto amato dai Padri, per la ricchezza del suo contenuto offerto da medita-re; è in

genere deprezzato, invece, dalla critica moderna, con va-rie motivazioni, sia perché vi vede in atto un ipotetico «procedi-mento antologico» (ossia: una tardiva raccolta di spunti promi-scui, che formano una specie di mosaico poco originale); sia per-ché la ripetizione, con variazioni senza fine che ha per oggetto la Parola divina, è ritenuta incolore e noiosa; sia perché per alcuni esso conterrebbe una sopravvalutazione della Parola, che sareb-be prospettata già come quasi ipostatica, come la personifica-zione della Legge (come poi sa-rebbe per gli Ebrei fino ad oggi, la *Tôrah* eterna). In realtà, il Salmista usando abilmente le 22 let-tere dell'alfabeto ebraico, come si è già detto, vuole esprimere circa questo: Signore, la mia parola è del tutto limitata e insuf-ficiente. Io non so troppo parlare. Tuttavia oso farlo davanti a Te, ripresentandoti le infinite ricchezze della "tua" Parola, nel segno simbolico delle infinite virtualità dell'alfabeto. Ogni lettera occupa una "stanza" di 8 versetti, in cui le risonanze della Parola ricevono diverse definizioni: *nómos*, Legge; *martyría*, testimonian-za; *hodós*, via; *entolê*, precetto; *dikáiôma*, giustificazione; *krímata*, giudizi; *lógos*, parola; *lógion*, parlare, con i loro plurali e con i loro composti (ad esempio, *hodós tôn martyríôn*, via (= comportamen-to) delle testimonianze (divine)). Il Salmista lavora su diversi registri: l'opera divina; l'efficacia della Parola divina; il comportamento recettivo del Salmista di fronte a tanti doni divini che riceve; il comportamento malvagio di chi invece disprezza e rifiuta la Parola divina. Al v. 103 l'Orante riconosce e afferma con gioia e con riconoscenza ammirata:

*Come dolci alla mia gola le Parole* (lógia) *tue,*
*più del miele e del favo per la mia bocca!*

Così la Parola è Cibo è quotidiano, che giorno per giorno nutre e ristora e delizia l'Orante. Questi la riceve e la contempla e l'assimila lungo la sua esistenza santificata.

### 3. Il Nuovo Testamento

La linea del N.T. su questo tema, che è grande realtà, consiste nel ritenere il contenuto dell'A.T., nel proseguirlo, e insieme nell'approfondirlo, esplicitandolo fino alle conseguenze ultime: la Parola divina è Cibo anzitutto per il Signore Gesù, come già premesso, e quindi da Lui per tutti i suoi fedeli discepoli.

a) Parola Cibo del Signore Gesù.

Come si anticipò sopra, si può assumere come partenza il testo citato di *Gv* 4,34: Cibo del Signore è fare la Volontà del Padre suo che Lo inviò nel mondo degli uomini, in modo da adempiere l'opera secondo il Disegno paterno. A questo tratto immane vanno riportate le ripetute affermazioni del Signore, che quel Cibo Volontà Disegno Opera del Padre per Lui, Egli dal Padre *vide* e presso il Padre *ascoltò*. Vedi ad esempio *Gv* 5,30; 6,38; 14,31; etc.

Capitale qui è la dura opposizione alla tentazione miracolistica di satana nel deserto, come sopra prospettato. Rilanciando per sempre il testo fondante il *Dt* 8,3, il Signore si comporta così (*Mt* 4,4; Lc 4,4):

> *Egli però rispose:*
> *È stato scritto (da Dio): Non di pane solo vivrà l'uomo,*
> *bensì di ogni Parola* (rhêma) *che procede dalla Bocca di Dio.*

È così presentato lo statuto immutabile per ogni uomo che voglia, il quale "vivrà" solo del Pane della Parola divina, da raccogliere preziosamente dalla Fonte inesauribile, la Bocca stessa del Signore, simbolo plastico della sua Persona e della sua presenza personale.

b) Cristo Verbo Dio, Cibo donato dal Padre.

Il N.T. conserva tale insegnamento, in specie però Giovanni, fedele alle parole del Signore. Il tratto è concentrato nel cap. 6, che per i vv. 22-58 si usa chiamare genericamente «discorso eucaristico». Più propriamente però si dovrebbe chiamare «discorso sul Pane duplice», della Parola per la fede, e della Carne e Sangue del Signore per il nutrimento.

Al v. 27 viene l'affermazione capitale: Cristo Signore che parla è il Cibo della Vita eterna, donato dal Padre, ma con il Sigillo divino e definitivo dello Spirito Santo, che ne "segna" l'unicità. Il testo ha anche una discreta allusione a *Is* 55,2 (vedi sopra).

Al v. 29 il Signore prescrive che si deve *credere* a Lui che parla, quale unico Inviato dal Padre, perciò quale unico divino Profeta di Dio.

Al v. 32 Egli afferma che solo Dio dona questo Pane vivente disceso – anche di sua iniziativa, come l'«Angelo del Grande Consiglio» di *Is* 9,6 (LXX) – dal cielo, da parte del Padre, quale suo Verbo vivente. Anche qui il rimando è a *Is* 55,6-11.

Al v. 33 questo Pane è caratterizzato così: esso dona la Vita divina al mondo, se è accettato. Poi nei vv. 48.50.51a, la medesima affermazione vale anche per il Cibo della Carne e del Sangue del Signore.

Al v. 35 il Signore afferma di nuovo, in modo circolare, di essere il Pane della Vita, al quale si deve "andare" per ascoltarlo, e il quale si deve "credere" per nutrirsene. Parallelo per l'Acqua Viva, *Gv* 7,37-39.

Al v. 40 viene l'altra affermazione capitale: il Padre stesso vuole ed esige che il Figlio sia conosciuto e creduto per quanto parla. Così dalla sua Resurrezione donerà la Vita.

Il v. 45 è centrale: «I Profeti (l'A.T.!) affermano: Saranno tutti insegnati da Dio» con la sua Parola. La citazione è complessa. Per sé alla lettera è *Is* 54,13, testo che a sua volta ha una lunga storia precedente e seguente. Il Deutero Isaia (circa 550 a.C., data presuntiva) qui ripete la parola del suo grande e antico maestro spirituale, Geremia. Questi nel contesto dell'«alleanza nuova», espressione che viene per la prima volta nell'A.T. (*Ger* 31,31-34), riporta i "segni" supremi di questo evento ultimo, che sono due: I) allora solo il Signore sarà il divino Maestro di tutti (v. 34a); II) Egli si dimenticherà (= annullerà) i peccati del suo popolo così da Lui istruito (v. 34b).

Nel N.T. *Ger* 31,31-34 è citato in *Ebr* 8,10-11. Ma Giovanni insiste. In 1 *Gv* 2,20 ricorda alle sue comunità che i fedeli ricevono «l'Unzione» divina (per sé, «l'Unguento»), che è lo Spirito Santo, la Sapienza divina, l'unico Docente. Il quale resta in essi, sì che non abbiano più necessità di "altri" maestri umani, come viene in 1 *Gv* 2,27.

Da parte sua, Paolo riprende il tratto diverse volte, come quando ricorda il rispetto che ha per la fede che i suoi fedeli ricevettero dal Signore una volta per sempre (2 *Cor* 1,24; 2,5). Circa lo stesso ripete l'Apostolo Pietro (1 *Pt* 5,3).

Ma il tratto proviene dal Signore stesso, che anche in altro contesto ribadisce che unico divino *Didáskalos*, il Maestro, e divino *Kathêgêtês*, il Cattedratico, è Lui, «il Signore», e nessun altro mai (*Mt* 23,8.10).

c) La Parola è Cibo.

Per il N.T., occorrerebbe tenere conto qui di altri gruppi di testi, ai quali si può solo rinviare per l'approfondimento.

Anzitutto il «Padre nostro», specialmente *Mt* 6,11a; *Lc* 11,3, nell'epiclesi per il Pane, da interpretare, con i Padri, come il pane del corpo, il Pane della Parola, il Pane del Mistero celebrato.

Poi la prima di tutte le parabole, quella del Seminatore (*Mc* 4,13: «Non comprendete questa parabola? E come allora com prenderete tutte le altre?»), in questa consapevolezza: Parola Seme, Parola Pane buono; (qui in specie *Mt* 13,1-23, sopra, Domenica XV).

Viene anche la Parola come il «pane dei figli» che non va gettato ai piccoli cani, nell'episodio della donna cananea (vedi dopo, la Domenica XX). E però la cananea ottiene con la sua fede proprio quella Parola onnipotente, che guarisce la sua povera figlia (*Mt* 15,21-28, e par.).

La controprova viene dalla parola stessa, la predicazione e dottrina dei farisei e saducei, che è «cibo altro», è «il lievito» non buono, del quale non ci si deve nutrire (*Mt* 16,5-12, e par.).

Infine, uno splendido testo viene da *Ap* 10,8-11, che rimanda e riassume *Ez* 2,8 - 3,4 visto sopra, e quindi richiama anche tutti gli altri testi affini già presentati sulla Parola-Cibo soave, il "miele". Dopo la 6a tromba del Giudizio, l'Angelo del Signore, che è Cristo stesso, ordina al veggente Giovanni di sigillare nel libro le visioni ricevute, finché il Mistero sia compiuto. Segue allora un'azione simbolica misterica. Una voce parla dal cielo a Giovanni:

> ... *Va', prendi il Libro aperto dalle mani dell'Angelo*
> *che sta in piedi sul mare e sulla terra.*
> *E io mi accostai all'Angelo, dicendogli di consegnarmi il Libro.*
> *Ed Egli parla a me:*
> *Prendi, e mangialo, e ti amareggerà il ventre,*
> *ma nella bocca sarà dolce come miele.*
> *E io presi il Libro dalla mano dell'Angelo, e lo mangiai,*
> *ed esso era nella bocca mia dolce come miele,*
> *e quando lo mangiai, amareggiò il mio ventre.*
> *E parlano a me:*
> *Tu devi di nuovo profetizzare su popoli e nazioni e lingue e re molti.*

Si può concludere con una considerazione di peso. La divina Parola è Cibo supersostanziale, e soave. Ed è insieme il Cibo *pikrós*, amaro e amareggiante. Poiché il profeta che è chiamato dal Signore ad annunciare la divina Parola, deve sapere bene che questa non sarà sempre accolta e "mangiata" per la Vita eterna. E perciò segnerà tragicamente l'esistenza di «popoli...e re molti».

Ieri come oggi. È la precisa esperienza del Signore Gesù. Dei suoi divini Apostoli come Paolo. Dei missionari nei secoli. Dei predicatori dell'Evangelo, anche in futuro.

Ma esperienza esaltante, che va vissuta fino in fondo. Fino alla Parola della Croce.

### 4. Un rinvio ai Padri

È ovvio che qui non si possa dare conto dei testi sulla Parola Cibo, che in numero incalcolabile, impressionante, ricoprono alla lettera l'opera esegetica, omiletica e pastorale dei Padri teofori. Tali testi in gran parte sono dimenticati, o disattesi da chi dovrebbe invece rilanciarli di continuo; le eccezioni qui sono rare, benché auree, in studiosi moderni, che però non incidono sulla teologia e sulla spiritualità.

Forse qui si ha lo svantaggio dello squilibrio impostosi dal medio evo, a vantaggio dei Divini Misteri ma a svantaggio della Parola, due forme indicibili dell'unico Cibo supersustanziale in reciproco equilibrio. Ristabilire tale equilibrio, vorrebbe dire scandalizzare qualcuno, ma non i fedeli, i semplici, che questo ascoltavano dai loro maestri e pastori, i Padri. Oggi non li conoscono più, e forse li vorrebbero.

In breve, i Padri sottolineavano in modo insistito e incessante il primato logico e temporale della divina Parola sui Misteri celebrati. Non dunque un primato per così dire qualitativo, che non esiste. Infatti i Padri insegnano rettamente che dalla Parola, ossia da «*questa parabola tutte le altre*» saranno comprese riguardo ai Misteri del Regno, come detto qui sopra. Poiché solo dalla Parola deriva ogni Realtà divina di Cristo e del Regno: l'ascolto, la conversione del cuore, la fede, la speranza, la carità, l'idoneità ai Misteri celebrati a partire dall'Iniziazione.

Si hanno così due "manducazioni", per comunicare in modo effettivo ed efficace al triplice Corpo di Cristo: la Parola che si mangia, i Misteri dell'altare che si mangiano e si bevono, nella Chiesa Sposa. Tre forme della *koinōnía*, la divina Comunione che lo Spirito Santo dona del Corpo di Cristo (2 *Cor* 13,13). Però, la manducazione dei Misteri dell'altare è per così dire strumentale, ossia è divinamente disposta, e non in senso materiale e grossolano, per assimilare la manducazione della Parola, attraverso la quale di continuo si percepiscono le Realtà divine del *Lógos*, il Verbo Dio che nella Parola sua aveva parlato e di continuo si rivela, viene, si comunica alla Sposa diletta.

Se questo può sembrare esagerazione oltranzista, "spiritualista", tale non era affatto nel pensiero dei Padri. Come può essere verificato dal semplice fatto constatabile, e su cui i pastori sono chiamati a riflettere: se la «comunione eucaristica», anche molto pia, non sia intesa piuttosto come grazia, in un certo senso fine a se stessa, ordinata alla generica santificazione personale del fedele, e non come violenta, totalizzante, trasformante salita, consapevole perché già annunciata dalla Parola, all'unione nuziale consumante con Lui, il Signore, lo Sposo dell'amore nuziale unitivo e consumante.

Ma con tutte le sue Realtà divine. Precisamente quelle portate solo dalla sua Parola, con cui dall'origine e per sempre vuole che dai suoi fedeli, già prima *nutriti*, sia amato e conosciuto nel Padre con lo Spirito Santo. Questo intendevano esprimere i Padri.

# Domenica
# «di Gesù che cammina sulle acque»
# XIX del Tempo per l'Anno

## I. Intorno all'Evangelo

*1. Antifona d'ingresso:* Sal *73,20a.19b.22a.23a, SC.*

La supplica epicletica iniziale è rivolta al Signore affinché tenga presente sempre la sua alleanza fedele, per la quale Egli si è impegnato in eterno a favore del popolo suo (105,45; *Lev* 26,44-43), come promise una volta per sempre ad Abramo (*Gen* 17,7.8; vedi 12,1-3), e confermò per bocca dei suoi santi Profeti (*Gen* 33,21) (v. 20a). Per questo si chiede ancora che non abbandoni mai le anime dei poveri "suoi", astretti a Lui dal vincolo dell'alleanza fedele (v. 19b; 9,17; 67,11). L'Orante si fa perfino più ardito nelle immagini. È come se il Signore dormisse, e perciò gli chiede di alzarsi, per pronunciare finalmente il verdetto nel tremendo giudizio instaurato dai nemici contro i suoi fedeli. L'Orante ricorda al Signore che in fondo questo processo contro i suoi fedeli in realtà è intentato contro di Lui, l'Alleato principale che forma una stretta comunità di vita con essi (v. 22a). Così non deve lasciar cadere nel vuoto e nella dimenticanza successiva la voce di quanti sinceramente e con ansia Lo cercano, e cercano solo Lui (v. 23a).

*2. Alleluia all'Evangelo:* Sal *129,4c-5a, adattato,* SI.

I fedeli qui pregano con il *«De profundis»*, riaffermando che l'unica loro speranza sta nel Signore e nella sua Parola potente.

*3. L'Evangelo:* Mt *14,22-33*

Si rimanda prima all'Approfondimento necessario, apposto alla

Domenica III.

Come si spiegò introducendo l'Evangelo della Domenica XVIII, uno degli ostacoli alla divina sovranità da esercitare in favore degli uomini e della creazione stessa (*Rom* 8,18-23, Apostolo della Domenica XV), è lo scisma posto dal peccato degli uomini tra loro e la creatura di Dio; questa dovrebbe essere subordinata a quelli, in una completa reciproca collaborazione, gli uomini dovendo riempire la terra (*Gen* 1,28), mentre si ammucchiano indecentemente solo nelle grandi città (*Gen* 11,1-9), e dovendo esercitare il dominio sulla terra, mentre cercano solo di sfruttarne ogni risorsa ma distruggendone le fonti. Non a caso un significante e decisivo indizio del superamento di questo malessere sta in *Mc* 1,13, dove si annota che nel deserto il Signore battezzato e tentato stava nella pace messianica, ritrovata, con le belve, in un ritorno in crescita all'innocenza primordiale.

È inaugurata così l'era messianica, come dalla promessa ripetuta molte volte. Basti qui citare *Is* 11,1-10, dove sul Re messianico opera lo Spirito del Signore; *Is* 35,1-10, dove la terra si trasforma per il ritorno degli esiliati, e in favore di questi; *Is* 54,1-17, dove Gerusalemme, reintegrata come Madre, dopo l'esilio sarà trasformata, e la creazione si troverà verso di lei in condizioni ideali; e così *Is* 60,1-22 e 62,1-12. Il paradiso iniziale sta nel Progetto divino. Quello finale però lo supererà per infinita magnificenza. Per l'opera del Re messianico e dello Spirito del Signore che riposa su Lui (*Is* 11,1-2).

Ed ecco il Re messianico, Cristo, in opera. Si sono già viste le sue due massime opere: l'Evangelo e i "segni" miracolosi. Viene ora uno di questi segni, che non è mirabolante, oppure semplice e quasi innocente, come si crede, ma grandioso e significante.

Dopo la moltiplicazione dei pani e dei pesci (14,13-21; vedi Domenica precedente), il Signore obbliga i discepoli a fuggire con Lui in barca, trasferendosi sull'altra riva del lago di Genezaret, congedate le folle (v. 22); il motivo non è spiegato, ma si Dopo la moltiplicazione dei pani e dei pesci (14,13-21; vedi desume dal parallelo di *Gv* 6,15, che le folle volevano impadronirsene per farlo re. Un re mondano, quindi, che sapeva sì operare prodigi, come era atteso dalle folle di allora, ma solo come prodigi umani. Sarebbe stato il fallimento del Disegno divino, che ha come epicentro la Croce per la Resurrezione.

Trovatosi solo, come spesso cerca, Gesù si raccoglie a pregare il Padre, fino alla sera (v. 23). In specie Luca annota che Gesù pregava molto (*Lc* 3,21; 3,16; 6,12; 9,18.28, etc.), fino alla Cena, al Getsemani, alla Croce, al tempo dopo la Resurrezione.

Intanto la barca con i discepoli, alla deriva per il vento contrario, era scossa dalla tempesta che cominciava, e si era allontanata «per molti stadi» (misura lineare, di circa 160 metri). La tempesta di un lago è improvvisa e terribile, più del mare, per la legge di fisica che accelera il moto delle particelle d'acqua in un bacino ristretto. I discepoli sono nella classica balia delle onde (v. 24). E stranamente il loro Maestro tarda al soccorso, attende addirittura la «quarta vigilia della notte»; il computo dell'orario antico della giornata segnava l'inizio del giorno alla sera, verso le nostre ore 18; la notte, come la giornata, era divisa in 12 vigilie; la 4a vigilia andava dalle 22 in poi, ossia a notte fonda. Gesù comunque sa che la tempesta serve alla fede dei discepoli in due modi: per provarla, ma anche per portare a comprendere l'immenso prodigio che adesso segue.

E si mette in cammino direttamente sopra le acque. Ecco il Re messianico che nello Spirito Santo battesimale prende possesso della "sua" creatura nel momento in cui provoca un pericolo mortale contro gli uomini. E la creazione si fa docile al suo servizio, riconoscendolo. È il primo momento (v. 25). Chi ha mai visto un uomo vero camminare sulle acque, e non affondare? Nessuno, tanto meno i discepoli, buoni Ebrei, e perciò dal sano spirito critico, anche molto acuto e diffidente. Perciò Lo vedono così, credono che sia un fantasma, e urlano spaventati. Essi sono sempre spaventati, anche quando Lo vedranno Risorto (*Lc* 23,37). Ancora non Lo hanno compreso (v. 26).

Possiamo anche immaginare il sorriso buono di Gesù, quando li rassicura: «Abbiate fiducia, *tharséite*!» (17,7; *Dt* 31,6; *Is* 41,13; 43,1-2; *Gv* 16,33). Ma non basta, occorre dare una base alla fiducia che non esiste ancora: «Io sono!» (v. 27). Anche se questa celebre formula è più usata, come un punto nodale, da Giovanni, tuttavia qui deve essere intesa nel suo senso più forte. «Io sono Colui che sono» infatti è il Nome divino, IHVH, rivelato a Mosè (*Es* 3,14), e Gesù, il Figlio di Dio, con il Padre e con lo Spirito Santo è «lo IHVH Unico» (*Dt* 6,4). Ed è autorizzato a far risuonare questo suo vero Nome.

Al solito impetuoso, Pietro vuole lanciarsi verso il Maestro, e gli chiede di camminare anche lui sulle acque. Il Signore lo invita, ma Pietro, per la tempesta, affonda, e grida: «Signore, salvami!» (vv. 28-30), un grido che tante volte risuona nei Salmi, e che Pietro, pregandoli, avrà ripetuto chi sa quante volte. Ma così riconosce che la salvezza sta solo nel Signore. Il quale con grazia soccorrevole e spontanea gli tende la mano, e da divino Bagnino d'emergenza lo pone al sicuro. Però si riserva la rampogna: «Uomo di poca fede, perché dubitasti?» (v. 31). Sta lì il Signore, eppure il discepolo, che è pure il primo dei chiamati, ancora dubita. Tuttavia il Signore già aveva avvertito i discepoli che erano di poca fede, preoccupati solo del loro presente e del loro futuro (6,30). Quindi li aveva messi in guardia, finora però invano. Come quindi salgono sulla barca, il vento cessa (v. 32).

Il prodigio adesso è completo: la Presenza divina ha placato il mostro inferocito, l'abisso acqueo ammansito. Nella Scrittura l'abisso delle acque è il segno terrificante tra tutti del caos primordiale e divoratore, domato dalla parola divina (*Gen* 1,1-3). Anche adesso, sotto la potenza della medesima Parola divina, la creazione si fa ancora più docile al suo Signore. Il Regno così si avanza e si estende anche alla creatura, Cristo lo sta recuperando contro ogni aspettativa. Ogni buon fisico sa che placare all'istante l'energia cinetica delle molecole d'acqua, è «impossibile in natura». Il miracolo è perciò grandioso.

L'episodio è sigillato dalla professione di fede dei discepoli: «Veramente Figlio di Dio sei!» (v. 33). E proprio questo è il centro dell'Evangelo di Dio. Ma per essere accettato questo Evangelo, il Signore dovrà prima essere innalzato sulla Croce santa, da cui proviene il Dono dello Spirito Santo, lo Spirito inconsumabile della Verità.

*4. Antifona alla comunione:* Sal *147,12a.14b, I.*

Tutta Sion, la Sposa radunata «qui oggi» come Comunità orante, è esortata a lodare il Signore per tutti i suoi divini prodigi. I quali sono come sintetizzati e sigillati da quello finale e più grande, con cui il Signore sazia noi suoi fedeli «di pingue Frumento», il divino Pane della Vita dopo il Pane della Parola (80,17; *Dt* 32,14). E così i fedeli possono solo far salire a Lui le loro poche e povere parole oranti, confortate però dal canto dei Salmi, Parola ispirata, «la Preghiera» autentica della Chiesa.

## II. Verso l'Evangelo: l'A.T.

*La Profezia: 1* Re *19,9a.11-13a*

Il Signore mostra sul Monte Horeb, un altro nome per il Sinai, che è il Sovrano della creazione. Come una volta chiamò Mosè, adesso chiama Elia (vv. 5-8), che sale al monte e si pone in una grotta al riparo. E viene a lui la Parola del Signore (v. 9a), con l'avvertenza di uscire e di fermarsi alla divina Presenza. Vedi qui l'analogia con le parole rivolte a Mosè nell'occasione della sua teofania sul Horeb (*Es* 34,2).

Il Signore allora passa, preceduto dalla tempesta (*Ez* 1,4), e dal terremoto. Ma non sta in essi (v. 11). Poi è preceduto dal fuoco, ma neppure qui sta (v. 12a). Ecco allora un soffio lieve. Elia comprende che qui sta la divina Presenza (v. 12b), e come allora Mosè al Roveto (*Es* 3,6) si copre il volto, esce e sta in attesa. La Voce divina l'interpella: «Tu che fai qui?» (v. 13). Elia gli narra allora la sua vicenda dolorosa: l'alleanza divina abbandonata dal popolo, il culto divino andato ormai deserto, lui isolato e minacciato nella vita (19,1-2), per cui si sente ardere dal sacro zelo per il Signore (v. 14; *Sal* 68,18; *Eccli* 48,7).

La pericope mostra perciò la maestà del Signore, a cui obbediscono gli elementi creati, Egli che delle nubi fa il suo carro, che vola sulle ali dei venti, che dei venti fa i suoi messaggeri, e della fiamma di fuoco i suoi "liturghi" o ministri (*Sal* 103,3-4). Ma questa obbedienza è docile, sì che la teofania si pone anche come un'immensa visione, spiegata dalle parole. Perciò essa si pone come insegnamento per gli uomini.

*Il Salmo:* Sal *84,9ab-10.11-12.13-14,* SC

Questo Salmo, una «Supplica comunitaria», è visibilmente composto di due sezioni, I) i vv. 2-8, in cui prevale la supplica epicletica della comunità, e II) i vv. 10-14, in cui si prospetta la visione finale della salvezza. Il v. 9 fa da necessaria cerniera. Qui di fatto la comunità sta raccolta a supplicare il suo Signore. È probabile che si stia svolgendo un sacrificio propiziatorio, seguito dal convito di comunione. I sacerdoti hanno proclamato la Legge del Signore, e l'hanno anche dovutamente spiegata al loro popolo. Il Signore allora si degna di operare una teofania, manifestando così la sua Presenza e la sua Volontà.

Allora prende la parola uno a nome della comunità: «Adesso io ascolto quanto parlerà il Signore!» Questo tratto si chiama "oracolo", presente diverse volte nei Salmi, e che esprime con formule come quella del *Sal* 19,6: «Adesso conosco!» Infatti durante la preghiera il Signore rivela qualche suo pensiero all'Orante. Questi percepisce ora, qui che il Signore ha solo parole di pace per il popolo della sua alleanza e per i santi, i fedeli dell'alleanza (v. 9; 121,8; *Zacc* 9,10; *Ag* 2,10). E in realtà, i santi sono i primi e i più docili all'ascolto (49,5; *Dt* 7,6).

Adesso anzitutto la Parola annuncia che la salvezza divina sta ormai prossima per i timorati di Dio, quelli che vogliono eseguire tutta la sua Volontà con totale dedizione (144,18; *Is* 46,13). Così la divina Gloria verrà a dimorare di nuovo e per sempre nella loro patria (v. 10; *Zacc* 2,5). Si ha qui l'anticipo di una più mirabile Presenza, quella che sarà rivelata con l'Incarnazione (*Gv* 1,14). Ecco allora profilarsi il divino corteo. Anzitutto vengono la Grazia della misericordia (88,13; 39,12) e la Fedeltà, che procedono unite e verso il Signore (v. 11a). E precisamente dal Verbo Incarnato «noi ricevemmo il suo *Plērōma,* la sua Pienezza, e grazia su grazia» (*Gv*

1,16), poiché «la Grazia e la Fedeltà avvennero mediante Gesù Cristo» (*Gv* 1,17b). La seconda coppia è parallela e in certo senso omonima: la giustizia e la pace divine, doni messianici per eccellenza (*Is* 32,15.17, dono dello Spirito del Signore; *Sal* 71,3, dono del Re messianico; *Ef* 2,13-17, dono finale di Cristo) (v. 11b). Ora, la terra stessa dal Signore è resa feconda, e farà germogliare la Fedeltà, mentre Egli invierà la sua Giustizia dal cielo della sua dimora (v. 12), come era stato promesso (*Is* 45,8; *Sal* 96,6).

Così il Signore mostra e dona la sua Bontà dal cielo, mentre farà scaturire dalla terra degli uomini il loro migliore frutto, il Re messianico, nel segno della terra pacificata, ridistribuita (*Lev* 25,19, il Giubileo) e resa feconda (*Sal* 66,7) (v. 13). Verrà il Signore stesso a visitare il suo popolo, preceduto dalla sua Giustizia Misericordia (88,15; *Is* 32,12; 58,8), che a Lui mostra i passi, eccellente divina staffetta che prepara il corteo regale al Sovrano del mondo (v. 14).

Il Versetto responsorio, v. 8, è una splendida epiclesi, ripetuta a ogni versetto, con cui i fedeli chiedono al loro Signore la sua teofania della grazia, che provoca bontà e salvezza.

## III. Dall'Evangelo alla Chiesa

*L'Apostolo:* Rom *9,1-5*

Terminata la prima parte, che si usa chiamare dottrinale, della sua grande epistola (cap. 1-8), Paolo intercala alla parte parenetica o pastorale (cap. 12-15; il cap. 16 è la singolare conclusione dell'epistola) una sezione egualmente dottrinale, i cap. 9-11, in cui traccia le linee difficili del drammatico «mistero d'Israele». Israele è il popolo dell'alleanza, che dall'Oceano infinito dell'eternità beata del Signore Unico attende che giungano sulla riva della sua storia temporale il Nome e il Volto del suo Messia. Il Messia è venuto, e Israele non l'ha accolto. Tuttavia, anche nel momentaneo suo smarrirsi e sbandare, Israele conserva i suoi privilegi divini irrevocabili, non affatto per suo merito, bensì perché la Fedeltà del Signore a se stesso, espressa una volta per sempre nella sua Promessa ai Patriarchi, nella sua alleanza con il popolo mediante Mosè, non può venire meno.

Nella sua onniscienza e nella sua infallibilità il Signore non si pente mai della sua chiamata rivolta agli uomini, nella sua infinita generosità non ritira mai i doni con cui riccamente li ha dotati.

Paolo comincia questa trattazione, così problematica e insidiosa, con una forte dichiarazione, che è anche testimonianza della sua situazione di Ebreo, una condizione incancellabile e del resto irrinunciabile, e di «schiavo di Gesù Cristo» e suo apostolo: «Io, verità parlo in Cristo - non mentisco!» Formule simili, sempre come avanzamento in questioni gravi, sono usate da lui in altri contesti (1,9; *Gal* 1,20; 2 *Cor* 11,10; 1 *Tim* 2,7). Paolo non può mentire, poiché lo Spirito Santo che parla in lui gli rende la coscienza certa, in grado di contestimoniare insieme con lo Spirito Santo quello che adesso afferma. E il primo contenuto della testimonianza è che egli è morso nel cuore da dolore grande e ininterrotto (vv. 1-2).

La spiegazione, sostenuta da un "infatti", segue subito. La sua prima affermazione sono i suoi voti (*éuchomai*), la sua opzione, di essere "anatema", ossia scomunicato e maledetto, alla lettera «tagliato via» da Gesù Cristo a causa degli Ebrei. Paolo sa che non può essere più separato da Cristo (8,35, pochi versetti prima), ma adesso lo desidererebbe, poiché gli Ebrei sono «fratelli suoi secondo la carne», e la nascita non si può abolire o nascondere, e tanto meno rinnegare (v. 3; v. 6; 11,14). Altra volta Mosè desiderò essere cancellato dal libro del Signore per i suoi fratelli, resisi apostati a causa del vitello d'oro (*Es* 32,32), poiché non voleva abbandonare il suo popolo. Paolo si trova nella medesima situazione drammatica, ma in più sa che se con Mosè cominciava la vita d'Israele, adesso sono venute «le fini dei mondi» (1 *Cor* 10,11). Ossia i due mondi, questo terreno e quello celeste, con Cristo hanno raggiunto i loro fini. Non si può tornare indietro più.

Ora, il dolore di Paolo per i fratelli ebrei riflette, e con ammirazione infinita e adorando, su questi privilegi inderogabili e perenni concessi dal Signore. Essi sono numerosi e validi. Fondano il popolo dell'alleanza e sono un segno sacramentale dell'alleanza divina infinitamente fedele a loro concessa. Anzitutto, questo popolo sono Israeliti, titolo nobiliare nella Bibbia, di fronte ad altri titoli gentilizi come Ebrei e Giudei; del resto lo stesso suona ancora nella nostra lingua.

Altro titolo sovreccellente è la *filiazione divina*, dichiarata dal Signore molte volte: *Es* 4,22-23, «Israele è il figlio mio, il primogenito mio»; *Dt* 32,6.19; *Os* 11,1, etc. E se "primogenito" implica che poi venga il secondogenito e il terzogenito e così via, tuttavia il primato temporale, logico e teologico salvifico d'Israele nell'ordine dell'eredità divina è inalienabile.

A Israele spetta anche *la Gloria*, la Presenza divina che lo visitò nel deserto e fece dimora nel santuario (*Es* 40,34) e nel tempio (1 *Re* 8,10-11), ancora in funzione mentre scrive Paolo. Ma la Gloria divina, Paolo lo sa bene in quanto rabbino, segue il suo popolo come tempio anche nell'esilio (*Ez* 10,18-22), anche nell'esilio di tanti Ebrei vittime della violenza malvagia degli uomini da allora al tempo nostro.

E a Israele spettano a titolo poziore *le alleanze*, quella con Abramo (*Gen* 15; 17,2) e i Patriarchi, rinnovata a Mosè (*Es* 24; *Dt* 29,14), ricordata nel N.T. (*Lc* 1,72), e quella peculiare con i sacerdoti, Aronne e Pinhas. L'alleanza è una Parola irreversibile del Signore, accettata e quindi sigillata in modo perenne e inviolabile dal sangue del sacrificio (*Es* 24,1-11). Sì che se gli uomini vogliono infrangerla, non la infrange tuttavia il Signore, che è il Fedele alla sua Parola una volta pronunciata a se stesso e non agli uomini, ma poi fatta conoscere anche agli uomini, a loro favore, ma, se serve al loro bene, anche contro di essi.

Inoltre, Israele possiede questa Parola sotto forma della *Legge* santa e irrefragabile, tesoro santo, dono unico e inestimabile (*Dt* 4,14; *Sal* 147,19-20), mai offerto a un altro popolo. «La Legge non può essere annullata», proclama Cristo altamente (*Gv* 10,35), neppure in un suo *jod*, la iota, o una sua virgola (*Mt* 5,17-19). Deve essere attuata tutta.

Tra i privilegi, di non minore conto sta *il culto* santo, prescritto dal Signore (*Es* 20,5; 23,25, e poi sempre nell'A.T.), culto immacolato all'indicibile Presenza divina, culto del cuore e delle labbra, culto unitivo. Basta, qui, citare il Salterio. Culto che si aprì nell'antica notte della creazione d'Israele come popolo, quella dell'uscita dall'Egitto, in forza della quale il Signore aveva disposto la creazione originale. Per questo da allora l'Israele che prega resta come un'assemblea cultuale che siede in permanenza, *seba'ôt* umane, i turni di adorazione perenne al Re della Gloria. Sì che, come Paolo sa bene, la situazione attuale dopo la venuta di Cristo tra gli uomini è che esiste un unico popolo santo del Dio Vivente, l'«Israele di Dio», orrendamente lacerato e diviso in due assemblee cultuali del Signore alienate tra loro, la Sinagoga dei primogeniti e la Chiesa dei misericordizzati.

Altro grandioso privilegio immortale è *la Promessa*, di cui godono al presente anche i cristiani irriconoscenti, e forse soprattutto essi. Ad Abramo il Signore ha consegnato la sua Parola della Promessa irrevocabile (*Gen* 12,1-3). Tutta la storia della salvezza non è stata altro che l'attuazione di essa. Abramo è stato nominato dalla divina Parola eterna «Padre di molte genti», e certamente Padre anzitutto d'Israele, e poi dei pagani (e i cristiani quasi senza eccezione sono discendenti di pagani che vivevano nelle tenebre della morte quando Israele celebrava il Signore suo e loro). Così, Cristo stesso, l'Isacco Nuovo, si può fregiare con gloria e fierezza del titolo di «Figlio della Promessa» (*Gal* 3,16), e da Lui, anche i suoi fedeli (*Gal* 4,28) (v. 4).

Infine, agli Israeliti appartengono *i Padri*, da cui essi discendono secondo le genealogie, nella linea diretta della carne. E poco dopo Paolo stesso dirà che gli Ebrei sono «i diletti» di Dio per amore dei Padri (11,28), e riassumerà tutto il mirabile v. 4 con la frase lapidaria e definitiva: «i doni e la chiamata di Dio sono senza pentimento» (11,29).

Ma dai Padri amati da Dio proviene Cristo stesso (*Mt* 1,11; *Lc* 3,23-38; *Rom* 1,3-4, per la linea regale di David), che se volle nascere come Uomo vero, dovette scegliere di necessità la genealogia (Domenica I d'Avvento). Cristo era Ebreo e Israelita, e riassume tutti i privilegi d'Israele per i suoi fedeli, senza minimamente intaccarli riguardo al suo popolo.

Egli è «il Cristo secondo la carne - che sopra a tutti è il Dio benedetto nei secoli», che sancisce la Promessa a doppio titolo, come l'Uomo che la ratifica nella sua carne, dalla santa sua circoncisione fino alla Croce, e come Dio che la mantiene nei secoli eterni, Dio adorato sopra ogni esistente (*Col* 1,16-19; *Ef* 1,21; 4,6). Anzi, al modo ebraico, è il Dio «benedetto» (1,25; 2 *Cor* 11,31), la cui benedizione unisce i fedeli a Lui, come la loro benedizione li unisce a Lui.

Di fronte a tanto Mistero, inesplicabile per sua essenza e per suo divenire nella storia, Paolo invita ad adorare il Signore Buono, imperscrutabile nelle sue vie, e che gli uomini debbono accettare nei suoi decreti sapienti, disposti per il bene di tutti gli uomini. Il v. 5 infatti è una dossologia commossa, chiusa da un Amen asseverativo. Il Mistero va adorato come è e come vuole essere.

È d'obbligo morale, qui, fare un'annotazione grave e motivata.

Tanto più qui va meditato con una grave stretta al cuore di credenti l'ostilità accanita, il disprezzo e l'odio dei cristiani d'Oriente e d'Occidente, provenuti dal paganesimo peccatore, contro gli Ebrei amati dal Signore. Intorno alla lettura di *Rom* 9-11 (vedi le Domeniche che seguono) Paolo esorta i cristiani di allora e quelli di sempre a considerare da quale miserabile condizione la divina Misericordia li riscattò precisamente innalzandoli per pura e mai meritabile misericordia alla condizione goduta per diritto da Israele, dell'alleanza divina di redenzione.

Ora, è incredibile che a partire proprio dall'inizio del secolo 2° cominciò una deviazione cristiana generale dalla verità e autenticità del N.T., attraverso l'ideologia falsa e blasfematoria, consegnata nell'abominevole letteratura "cristiana" antiebraica, che ebbe nomi variopinti ma che spesso osò perfino chiamarsi esplicitamente *Adversus Iudaeos, Contro gli Ebrei*. Tale spregevole libellistica era la fissazione per scritto di un'intensa e quasi maniaca predicazione «contro gli Ebrei», e proseguì ad opera perfino di grandi Padri della Chiesa, che qui hanno tremenda responsabilità nel creare nelle masse di cristiani inconsapevoli un'avversione viscerale e istintiva contro gli Ebrei; ma si sa che nei Padri non tutto è oro, essi hanno lasciato anche diversa paglia. E attraverso rivoli impuri, quegli autori non si vergognarono neppure delle persecuzioni "cristiane" violente contro gli Ebrei innocenti, che pure avevano più o meno consapevolmente sobillato durante quasi 16 secoli, e lasciarono quella letteratura che si deve chiamare con tutta severità l'«insegnamento del disprezzo». Che giunge fino a oggi, se personaggi clericali senza coscienza ancora pubblicano libercoli contro gli Ebrei (l'autorità è intervenuta proprio di recente a censurare e a far ritirare dalla diffusione pubblica un libro antisemita di un mediocre ecclesiastico, che tuttavia ancora insegna in modo sfacciato e impunito in una pontificia facoltà di teologia).

Quella predicazione malefica aveva reso insensibile l'animo delle masse dei fedeli, che poteva assistere alla persecuzione violenta contro gli Ebrei in tutta l'Europa "cristiana", cattolica, protestante e ortodossa – bell'esempio di ecumenismo involontario –, che divampava qua e là, con improvvisi stermini di innocenti. In questo si salvano dall'orrore solo la civile Olanda, unica isola di rifugio per gli Ebrei dovunque oppressi e perseguitati, e parzialmente gli stati pontifici.

Per un millennio e mezzo si era andato preparando via via nella cultura, nella psicologia di massa, nelle idee politiche il «momento dell'inferno». E così si può dire quasi fatalmente, non a caso in una cultura che in genere giunge lenta e sempre in ritardo, ma assume e porta tutto alla dissoluzione, era perpetrato lo sterminio nazista di milioni di fratelli Ebrei innocenti. Di questo i cristiani nella grande massa non solo non hanno preso vera coscienza, ma molti di essi rimuovono l'immane crimine dalla loro visuale, e alcuni osano perfino revocarlo in dubbio con infamia, e altri applaudirlo.

Il danno principale dell'«insegnamento del disprezzo» fu di creare due convinte ideologie, che impugnano il cuore del Disegno divino salvifico misericordioso, e quindi sono false e menzognere sul piano teologico, e rovinose sul piano storico. Esse sono due aspetti conseguenti:

I) la Chiesa come «*nuovo popolo* di Dio», come «nuovo Israele», come «vero Israele». Per nulla il N.T. usa questa terminologia. Infatti "nuovo" significa "altro", quindi Dio si sarebbe acquisito un popolo amato, e per un qualche errore di percorso poi, rigettandolo, ne avrebbe costituito un altro egualmente amato. Il N.T. proclama che la Chiesa, costituita da alcuni Ebrei e dalla maggioranza dei pagani, è riassunta per pura misericordia dal peccato vecchio per essere inserita a far parte dell'unico e santo popolo di Dio, Israele. Il contrario predicò per secoli una pubblicistica cristiana eretica, e inestirpabile. Ma fa pena al cuore leggere ancora oggi quel «nuovo popolo» perfino nei testi conciliari, frutto di quella vecchia e falsa teologia, e nell'opera dei maggiori e troppo famosi teologi contemporanei, alcuni dei quali posti troppo in alto;

II) di qui deriva la conseguente *«teoria della sostituzione»*, che era formulata circa così: per non avere accettato il Messia promesso, Israele è decaduto dai suoi privilegi, è stato condannato e reietto da Dio, è stato abbandonato al suo destino. Il suo posto è stato preso di diritto (!) dalla Chiesa, per cui Israele è ormai un ente inutile. Sedicenti buoni cristiani potevano per secoli insegnare che Israele così, essendo questo ente ormai inutile per definizione e ingombrante per la sua condizione, era una "quantità" imbarazzante, da disprezzare. Quindi da maltrattare, da emarginare dalla società civile, politica ed economica. Perciò da perseguitare con legislazioni giugulatorie che privavano gli Ebrei per lunghissimi secoli dei diritti umani elementari. Proseguendo l'inevitabile catena, gli Ebrei erano un ente da rinchiudere criminosamente nei "ghetti", questa specie di cordone sanitario. Da calunniare, per giustificare i crimini perpetrati contro di essi, sempre inermi, accusandoli di grande congiura per ottenere il «dominio del mondo». E ancora e quindi e finalmente, da strapparli dalle case e da spogliare di tutti i loro beni, e da ammassare nei Lager, da sterminare, liberando l'umanità, il progresso fu irresistibile, fino alla tremenda ora del nazismo. Davanti alla quale, tutte le autorità del mondo "civile" furono informate, poiché gli archivi gelosamente chiusi, ma non tanto, storicamente dimostrano che tutte furono consapevoli. Quelle autorità, che avrebbero avuto un'arma propagandistica enorme contro il nazismo che pure combattevano, tacquero. Contente che i nazisti con la «soluzione finale» risolvessero per sempre lo spinoso problema della presenza degli Ebrei al mondo.

Riflessioni amarissime almeno per i credenti nell'unico Misericordioso Padre di tutti.

L'errore dottrinale tragico e fatale dei cristiani, cominciato al limitare del 2° secolo, e che perdura in modo ottuso e impenitente fino a oggi, fu ed è *cristologico*. Insomma, noi cristiani non vogliamo capire:

che il Soggetto principale è Cristo Signore nostro con la sua Chiesa, e non i fedeli come tali, fossero pure i più grandi geni teologici nei millenni;

che i rapporti storici e teologici sono perciò solo tra Cristo, il Figlio Monogenito di Dio (*Gv* 1,18), e l'Israele di Dio, il figlio di Dio, il primogenito di Dio (*Es* 4,22-23). Rapporti genetici misteriosi e reali, ancora non contemplati e ammirati;

che Cristo Signore ha voluto essere Ebreo, e ha amato e ama d'infinita divina "dilezione" il suo popolo, Israele, al quale non rinuncia. Quindi ha voluto vincolato i suoi fedeli «a una sua certa *ebraicità*», anzitutto quindi alle Scritture dell'A.T. e alla lo-ro teologia simbolica, e all'Economia divina dei Misteri, che deriva in linea diretta da quella dell'A.T. e che porta alla resur-rezione della carne, e così agli elementi sacramentali concreti: l'acqua, l'olio, il pane, la coppa, il vino. Per cui i "cristiani" se sono autentici, fedeli al loro Signore, sono «*spiritualmente Ebrei*», tali resi dallo Spirito Santo nell'Iniziazione;

che i cristiani se vogliono, come debbono, riflettere sul «miste-ro d'Israele», debbono passare attraverso Cristo Signore, che nello Spirito Santo adempie il Disegno misericordioso del Padre;

e usare l'amore di misericordia dovuto al loro «prossimo più prossimo» che sono i fratelli maggiori, gli Ebrei di tutti i tempi;

e se è tardi per la riparazione impossibile di tanti crimini "cri-stiani" verso gli Ebrei, i cristiani di oggi debbono esercitare ogni sforzo almeno per recuperare la verità storica e teologica, per manifestare l'amore e la stima e il rispetto veso gli Ebrei, per garantire a essi la loro esistenza pacifica e prospera. Per fa-re, in una parola, la

Volontà del Padre verso i figli che troppo hanno sofferto a causa dei fratelli "bastardi", adesso redenti dalla pura grazia e resi anche essi figli, benché del tutto immeritevoli.

Cristo Signore e Paolo e l'intero N.T. ci obbligano a questa riconsiderazione del fatto divino e grande, voluto dal Disegno eterno: l'Israele di Dio.

*«Pace su Israele!» (Sal 124,5).*

## IV. La Preghiera della Chiesa

*1. L'eucologia*

La Colletta invoca Dio Onnipotente ed Eterno che i fedeli osano chiamare Padre, e con epiclesi gli chiede che renda perfetta la presenza dello Spirito divino della filiazione, affinché meritino di entrare nell'eredità promessa.

La Preghiera sopra le offerte chiede al Padre con epiclesi di accettare propizio l'Offerta che Egli stesso per divina Misericordia donò affinché gli sia riofferta, e faccia che il Mistero segni la salvezza.

La Preghiera dopo la comunione chiede con epiclesi al Padre che la partecipazione al Mistero porti la salvezza, e confermi nella luce della sua Verità.

*2. La Prece eucaristica*

Il Prefazio va scelto tra quelli delle Domeniche per l'Anno.

# Domenica
## «della donna cananea»
## XX del tempo per l'anno

### I. Intorno all'Evangelo

*1. Antifona d'ingresso:* Sal *83,10-11a*, C.S.

La solenne celebrazione domenicale si apre molto bene con la preghiera epicletica del Salmista, il quale, impersonando tutta la Comunità orante, chiede al suo Signore che come Sovrano e unico loro Protettore riguardi i suoi fedeli qui adunati (3,4; 30,5; 5,17), e rivolga lo sguardo anche sul volto del suo Unto, gr. *Christós*, il suo Consacrato dallo Spirito Santo (*Is* 11,1-2; 61,1-2). Su questo Egli ha concentrato il suo Compiacimento, perché deve eseguire il suo Disegno (79,15) (v. 10). Attratta dalla sublimità della divina comunione, la Comunità riconosce che anche un solo momento vissuto alla Presenza del Signore nel suo santuario, è preferibile a «mille giorni», il numero dell'illimitatezza, i quali passerebbero invano per l'esistenza dei fedeli (36,16; *Pr* 15,16; 16,8; 17,1) (v. 11a).

*2. Alleluia all'Evangelo:* Mt *4,23*.

Il versetto, che deve essere riletto con *Mt* 9,35, è la sintesi del ministero messianico del Signore, che consiste, come si è ripetuto tante volte, nel compiere la Divina Liturgia del Padre nello Spirito Santo, e quindi nell'Evangelo, nelle opere prodigiose e nel culto al Padre. Vedi sopra, le Domeniche II e XI di questo Tempo.

*3. L'Evangelo:* Mt *15,21-28*

Si rimanda qui all'Approfondimento necessario, apposto alla Domenica III.

Oltre la «fuga in Egitto» (*Mt* 2,13-23), spostamenti di Gesù fuori della Palestina propriamente intesa (la Decapoli, abitata da pagani ellenizzati, per sé era un antico territorio palestinese delle tribù d'Israele) non sono conosciuti. Questo narrato oggi resta perciò il tipo di un'"uscita" del Signore fuori della sua patria naturale, per molti versi misteriosa. Il parallelo sinottico sta in *Mc* 7,24-30.

Gesù dalla regione galilaica intorno al lago di Genezaret «si ritirò» (*anachôréô*, da cui anacoreti, gli asceti del deserto) verso le parti di Tiro e Sidone, antichissime e prospere città fenicie, marinare e mercantili, e, come tutti i ricchi, anche viziose per natura e definizione. Così non a caso i Profeti dell'A.T. avevano pronunciato diversi oracoli di sventura per simili città (ad esempio, *Is* 23,1-18; *Ez* 28,2-24; *Am* 1,9-10), predicendo l'inevitabile divina punizione. Eppure, il peccato di chi non accetta Cristo è stigmatizzato come immensamente superiore a quello di Tiro e Sidone, che se avessero ricevuto la predicazione dell'Evangelo si sarebbero convertite, e perciò riceveranno migliore sorte nel Giudizio (11,21-22). Gesù con questa puntata da quelle parti, sembra quindi che di questo dia una specie di riprova, un riscontro profetico. Il motivo apparente del suo "ritirarsi" lì, è forse che vuole ritrovare un momento di tranquillità, fuggendo dalle folle che ormai Lo opprimono da ogni parte (v. 21).

Appare adesso sulla scena una donna. Matteo introduce la formula solenne, quasi della sorpresa: «ed ecco una donna cananea, uscita da quei confini». Gesù quindi non sta proprio nelle due città. Va notato qui, come nel caso della Samaritana (vedi Domenica III di Quaresima), la Cananea ha due difetti irreparabili agli occhi degli uomini. Il primo, e anzitutto, è donna. Ora le donne per gli antichi, che pure ne erano attratti e le volevano irresistibilmente, era un «male necessario», ma questo, non per Israele. Un male talvolta non spiacevole, specialmente se gettato dopo l'uso, e su questo si potrebbe raccogliere tutta una letteratura, che dall'antichità, traversando il medio evo, giunge fino a noi, e forse proseguirà imperterrita dopo di noi. Il secondo difetto, è biblico, ma di tutt'altra natura: quella donna è Cananea, una discendente di Cam - Canaan, l'indecente dispregiatore del padre suo Noè, e da questi maledetto, con un piccolo, tremendo poema, dove appunto Cam è anche Canaan:

*Maledetto Canaan!*
*Servo dei servi dei fratelli suoi sussista!*
*Benedetto il Signore Dio di Sem,*
*e sia Cam servo di essi!*
*Jafet, Dio lo estenda,*
*e abiti nelle tende di Sem,*
*e sia Canaan servo di essi!* (*Gen* 9,25-27).

Tale maledizione è confermata in Israele lungo le generazioni, per il fatto che i Cananei, abitanti della Palestina con altre popolazioni di varia civiltà, ma tutti idololatri e dediti a culti orgiastici, ossia osceni, alla prostituzione sacra dei due sessi, erano il costante pericolo di sincretismo religioso per Israele; contrarre un'alleanza politica, o anche nuziale, era di fatto accettare reciprocamente la cultura e la religione dell'altro contraente, e dava luogo all'inevitabile culto idolatrico. I libri storici, profetici e sapienziali sono pieni di invettive contro i Cananei, diventati anche un tipo di rovina religiosa e morale per le loro prostituzioni, l'«adulterio fornicatore contro il Signore».

Gesù tuttavia considera il primo difetto, essere donna, come una benedizione divina quale fu dall'inizio e seguita ad essere (*Gen* 1,26-28 e 28; 2,18-24), per cui Egli è «nato da Donna» (Gal 4,4), e della Chiesa fa la sua Donna e Sposa (*Ef* 5,25-33). Per il secondo difetto, questo sì vero e mortale, viene appunto a porre rimedio e l'unico rimedio: chiede la fede, insegnando così come debba dirigersi la predicazione degli Apostoli alla nazioni pagane della terra. Inoltre, non per caso la fede del N.T. viene anzitutto dalle donne: Elisabetta, Maria Semprevergine, Anna, le Discepoli fedeli che seguono il Signore dovunque vada; il tipo della fede che è la Maddalena; e prosegue l'inesauribile lista con le donne incontrate da Paolo, delle quali traccia lo stupendo elenco in *Rom* 16, quasi tutte provenienti dal paganesimo; e così ancora Lidia a Filippi, a cui «il Signore aprì il cuore» all'Evangelo degli Apostoli (*At* 16,14), e le «molte donne e non pochi uomini» greci di Tessalonica (*At* 17,12), e l'unica donna ateniese, Damaride, che credette dopo il suo discorso sulla Resurrezione all'Areopago (*At* 17,34), e Priscilla con il marito Aquila a Corinto (*At* 18,2), e così avanti.

La Cananea, sentito di Gesù, gli esce incontro e gli grida un'epiclesi, dove si riflette lo strappo delle sue viscere materne, facendo appello alle viscere di Cristo. Ne emerge improvvisa l'accettazione di tutta la fede dell'A.T., come quella dei due Ebrei, i poveri ciechi di Gerico: «Impietosisciti di noi (*eléêson hêmás*), Signore, figlio di David!» (*Mt* 9,27). Chi ha insegnato alla donna pagana che David aveva annunciato «nello Spirito Santo»: «Oracolo del Signore mio al Signore mio: Siedi alla Destra mia!» (*Sal* 19,1; in *Mt* 22,43-45), se non lo Spirito Santo, che aveva codificato così la Promessa di Dio, su un Figlio suo da venire (*Sal* 88,27-30)? Perciò, solo dal Signore, il Re messianico, il Figlio di David adesso presente, ella si attende la salvezza da ogni male: «la figlia mia orrendamente (*kakôs*) è indemoniata». Il demonio impedisce il Regno del Figlio di David (v. 22). La donna è anche un'ottima teologa, che come ogni vero teologo risponde non alle proprie idee, i concettuzzi schematizzati a tavolino dopo cena e dopo la televisione, bensì agli impulsi interiori dello Spirito Santo. Ella insieme invoca e prega, ed espone una "lamentazione" di tipo salmico, che è versare al Signore, per intero e lealmente, il proprio stato di necessità. Poiché, oltretutto, in ogni cultura della terra avere una figlia "indemoniata" è anche una vergogna religiosa e sociale. Così la madre non indietreggia davanti a quella che "sa" che è "adesso" l'unica vera occasione della sua povera esistenza.

L'atteggiamento di Gesù è paradossale, indisponente: «Non rispose a lei parola» (v. 23a). I discepoli, sempre meno lucidi sulle intenzioni del Maestro, «si accostano» con rispetto e gli chiedono di respingere la donna, perché dà fastidio, «grida dietro a noi» (v. 23b), neppure comprendendo che quel "gridare" è preghiera: «Dalla profondità io grido (*krázô*) a Te, Signore! Signore, ascolta la voce mia!» (*Sal* 129,1b-2a).

È paradossale e indisponente è anche la risposta di Gesù ai discepoli: «Il Padre Mi inviò unicamente alle pecore perdute della casa d'Israele» (v. 24), testo che rimanda a una compatta teologia profetica dell'A.T. (*Is* 53,6; *Ger* 50,6; *Sal* 118,176). Del resto lo aveva detto poco prima dell'inizio del «discorso di missione» (*Mt* 9,36), e lo ripeterà per la parabola della pecora perduta (*Mt* 18,12), precisando sempre la propria identità di unico Inviato del Padre, al popolo del Padre e suo, e influendo anche, almeno per adesso, sulla coscienza dei discepoli, unici inviati da Lui a quelle pecore perdute (Evangelo della Domenica XI, sopra). Egli anzitutto e soprattutto, bensì non esclusivamente, come tra poco mostrerà, «si fece Diacono (= Ministro) della circoncisione» (*Rom* 15,8). Solo a suo tempo disporrà i discepoli all'invio verso i pagani, in specie l'apostolo per eccellenza, Paolo, «liturgo di Cristo Gesù per le nazioni (pagane), sacerdotalmente operando l'Evangelo di Dio, affinché avvenga l'offerta sacrificale delle nazioni, quella accetta (da Dio), santificata dallo Spirito Santo» (*Rom* 15,16).

Ma a chi risponde con tale aperta e autoritaria sicurezza, Gesù? Risponde a molti. Anzi, risponde a tutti quelli che ascolteranno o no. Al Padre che Lo invia, e al mandato del quale sta obbedendo. Agli Ebrei di allora e di sempre, per dimostrare a essi, ancora una volta, l'immenso fedele Amore divino per loro. Ai discepoli, che non Lo comprendono, e non lo possono ancora. Alla Cananea, per mostrarle l'eccezione che farà, ed eccezione enorme. Ai discepoli futuri, per fargli comprendere che essi stessi sono investiti ancora oggi da questa divina eccezione (v. 24).

Ma la madre vigila, si erge e reagisce, scatta come un animale ferito, e ferito nelle viscere vitali, quelle di madre. Arditamente, e si deve anche dire, regalmente, ma con totale umiltà insieme, «venuta (a Lui) adora (Lui)» e gli parla parole di stupenda intensità: «Signore, aiutami!» Sono le parole del Salmista (*Sal* 69,5; 79,9; 108,26; 118,86.117.175; e innumerevoli altre volte, nella forma «Il Signore è Aiuto mio», o «Il Signore mi aiutò»). Lo Spirito Santo, di nuovo e sempre, pone la Parola "sua" sulla bocca degli umili, che santifica. E la donna qui si trova alla divina Presenza, e con totale abbandono, anche se nella disperazione, santamente Lo adora (v. 25).

La terza parola del Signore è altrettanto e più insopportabile, incredibile, di inaudita violenza e di spietata durezza. Poiché, almeno in apparenza, così parlando sa quale reazione ne verrà. E dice: «Non è buono prendere "il pane dei figli" e gettarlo ai cani!» Già nel «discorso della montagna» aveva ordinato ai discepoli ancora disattenti: «Non donate il Santo ai cani, e non gettate le perle vostre ai porci!» (7,6). Alludeva lì al «Santo dei Santi», la realtà più santa, il Pane del Regno, il Tesoro dei Misteri divini, quello più prezioso. Gli "estranei" all'alleanza sono considerati come animali impuri. Se non si lasciano fare "santi", con la fede, essi non saranno mai ammessi al Pane dei figli del Regno. È proprio il caso della Cananea e della figlia sua, verso le quali anzi il detto del Signore allude che fanno parte del genere dei cani, ed essendo due donne, di cani di genere femminile. È il colmo di ogni offesa, per un Ebreo e anche per un pagano (v. 26).

La reazione della Cananea è di incrollabile fede, di fiducia non scossa, e di santità, poiché riconosce la sua situazione miserabile di estraneità ai "figli" autentici e al loro pane. Per questo il suo urlo immediato, che si innalza violento più delle parole del Signore, esprime il Dono che già in lei è depositato. Il testo greco, «*Nái, Kýrie!*», va lasciato al suo impeto violento, non va ingentilito e sdolcinato, ossia va tradotto alla cruda lettera, stringendo da vicino il suo vero significato, che è questo: «*Ma sì*, Signore! *Infatti anche* i cagnolini mangiano dalle briciole cadenti dalla tavola dei loro signori!» Li mangerebbero anche quelli considerati come cani rognosi, e quindi esclusi fuori, come il povero Lazzaro, quelli che si contentano, anzi si contenterebbero di briciole perdute, se gliene gettassero (*Lc* 16,21). Certo, che i figli che hanno diritto al Pane, sono "signori". Il loro Pane, la Parola, il Convito, la carità fraterna.., quante briciole lasciate cadere e disperse, che farebbero la sazietà di tanti esclusi. La civiltà moderna lo sta mostrando in modo sfacciato, insensato, irresponsabile e autolesionista, fino alla nausea dei consapevoli.

Con questa parola la Cananea osa quindi resistere in modo aperto, frontale, al Signore, osa contraddirlo in modo durissimo, in un certo senso, osa dargli apertamente torto, osa rinfacciargli che in ultima istanza, se i fatti stessero realmente come Lui afferma, Egli, nel suo torto evidente, perfino mentirebbe. Infatti, se padroni incuranti e insensibili gettano briciole ai cani, Lui, «il Signore, il Figlio di David», Colui che tutti sanno, perfino la Cananea straniera lo sa, che ha sempre la misericordia per tutti, adesso non è più Lui stesso. E questo, proprio davanti a due infime e bisognosissime "cagnoline" (v. 27).

E proprio qui, cadono quella specie di finzione e la prova che Gesù ha voluto porre tra sé, sempre pronto alla misericordia, e il cuore materno e la fede che nasce da una madre sofferente, troppo provata. E può rispondere, come già aveva deciso da sempre: «O donna, grande è la fede tua!» (v. 28a). Qui il termine *gýnai*, donna, è un titolo di nobiltà, che si usa per la regina, per le grandi dame. Che Gesù usa verso la Madre sua (*Gv* 2,4; 19,26). Questa donna e madre, così grande e nobile, ha accettato nel suo cuore il dono divino alla Presenza misteriosa del Divino stesso. Per cui Gesù aggiunge le stesse parole di guarigione pronunciate per il servo che era caro al centurione di Cafarnao (*Mt* 8,13): «Sia fatto a te come vuoi» (v. 28b). Ora, se «Dio è l'Operante in voi sia il volere, sia l'operare a causa dell'*Eudokía*» sua, il suo divino Compiacimento (*Fil* 2,13), d'altra parte è vero anche il contrario, che opera sempre in modo che «appaga i desideri di quelli che Lo temono, e loro suppliche esaudisce, e li salva» (*Sal* 144,19).

Dalla Scrittura appunto si ricava una larga messe, su cui si farebbe un ricco trattato, su questo tema: Dio fa la volontà degli uomini, a condizione che questa, per l'esclusivo loro bene, sia «secondo la Volontà» sua. Si prenda come partenza l'epiclesi: «Signore, ascolta me!» Che chiede, l'Orante, se non che Egli faccia quanto lui adesso desidera e gli espone? Un testo come 1 *Gv* 3,21-22 già sarebbe sufficiente a dimostrarlo. Ma la messe dei testi si fa imponente già nell'A.T., dai Profeti (*Is* 48,14; cfr 41,2, per Ciro), dai libri sapienziali (*Giob* 23,14, con conseguenze però; *Pr* 10,24); dai Salmi (*Sal* 15,3, anche se il testo è difficile, non chiaro; 19,5-6; 20,3, due testi per il re; 36,4, per il giusto, sapiente e paziente).

Il N.T. sulla scia solita dell'A.T., non è meno esplicito. Come preambolo necessario al «Padre nostro», il Signore premonisce i suoi discepoli: «Conosce infatti il Padre vostro quello di cui avete necessità, prima che glielo chiediate», e che tuttavia gli va chiesto (*Mt* 6,8). E poco dopo ribadisce: «Cercate prima il Regno di Dio e la sua giustizia, e tutto questo (le necessità materiali) vi sarà aggiunto in più», con la motivazione che precede e che ripete l'affermazione di 6,8: «Conosce infatti il Padre vostro celeste che voi avete necessità di tutto questo» (6,33.32). Giovanni riporta un detto degli ascoltatori di Gesù: «Noi sappiamo che i peccatori Dio non ascolta, ma se qualcuno è devoto, Egli fa anche la volontà di lui» (*Gv* 9,31), con riferimento a Cristo che opera i segni miracolosi, qui per il cieco nato. Finalmente, Paolo nella seconda epistola che invia ai Tessalonicesi, afferma ai suoi diletti fedeli: «Per questo (la testimonianza sua), noi anche preghiamo sempre in favore vostro, affinché renda degni voi della vocazione il Dio nostro, e adempia ogni compiacimento (l'*eudokía* dei fedeli, la loro volontà nel Signore) di bontà e l'opera della fede nella Potenza» dello Spirito Santo, l'onnipotenza personale del Padre (2 *Tess* 1,11).

Il volere della madre è il bene della figlia. Come il Signore non li compirà, l'uno e l'altro? Da quel momento, la figlia «fu guarita» da Dio. L'«immagine e somiglianza» santificata della madre, la sua dignità di figlia di Dio, dalla sua fede sono comunicate al frutto delle sue viscere. Fortunata madre che genera due volte la figlia sua nell'amore totale: in forza della fede verso il Signore, e in forza della carità verso la sua propria carne (v. 28c). Le donne, benedizione del Signore, quando si fanno trovare come la donna cananea.

*4. Antifona alla comunione:* Sal *129,7*, SC.

Il «*De profundis*» viene a quadrare bene con il centro della pericope evangelica di oggi. Come la Cananea, i fedeli sanno che il Signore elargisce la sua Misericordia che dimora in Lui in pienezza, e che la grazia della sua Redenzione è illimitata (*Eccli* 5,6; *Is* 55,7), e li raggiunge (24,22; 110,9; *Tob* 2,14; *Lc* 1,68; *Mt* 1,21). Così Egli li ammette ancora una volta «al Santo», al Tesoro, al «Pane dei figli», sotto la forma della sua Parola Cibo e del suo Convito della Vita, nella fede della Chiesa Madre che li genera, e che per i figli suoi chiede il Dono dello Spirito Santo, amando e celebrando il Figlio di David, Cristo Signore Risorto.

## II. Verso l'Evangelo: l'A.T.

*La Profezia:* Is *56,1.6-7*

Il testo forma un buon accordo con l'Evangelo. Esso è l'inizio della collezione individuata dai critici moderni come il «Terzo Isaia» (*Is* 56-66). Si tratta di testi composti subito dopo il ritorno dall'esilio (dall'editto di Ciro, a. 538 in poi). Ossia quando i rimpatriati non si erano ancora ripresi dal trauma lacerante della catastrofe della nazione e della deportazione in esilio (a. 586 a.C.), stentavano a riprendere un'intensa vita di fedeltà all'alleanza del Signore, avevano contrasti interni, erano incerti sull'avvenire, avevano avuto rapporti con idolatri abominevoli, ma anche con tanti pagani di buona volontà. Il Signore parla al suo popolo, ma investe anche i pagani che giungono a conseguire il santo "timore" di Lui.

La prima parola è perciò per gli Israeliti. L'imperativo cogente, e rifondante la vita fedele, è che si osservi la divina giustizia rivelata nella Legge santa del Signore, e che si esplica nelle opere della carità fraterna (vedi poi il cap. 58). Resta adesso poco tempo, la Salvezza divina, terribile nella sua manifestazione, ormai è prossima (v. 1; e 46,13), e coglierà tutti impreparati, se, preavvertiti, non vi si dispongono degnamente. Al v. 2 (fuori lettura) è proclamata la beatitudine di chi opera così, di quanti vi si associano, di chi osserva il sabato in favore dei fratelli e dando culto al Signore, senza mai e per nessun motivo commettere in modo volontario e dannoso «il male con la loro mano».

Interviene a parlare lo straniero, che con il cuore aderì al Signore d'Israele ma se ne sente rigettato; e poi l'«eunuco», lo sterile di frutti vitali, per impossibilità congenita di produrli con il popolo di Dio

(v. 3, fuori lettura). A questo risponde «il Signore degli eunuchi», di quelli però che già osservano il sabato, e adempiono la Volontà del Signore espressa nella Legge dell'alleanza. Egli promette di assegnargli un posto nella Casa sua, e di dargli un nome perfino superiore a quello «dei figli e delle figlie» del Signore, un nome eterno (vv. 4-5, fuori lettura).

Inoltre, il Signore risponde anche agli stranieri all'alleanza, anche questi, però, se aderirono al Signore, gli prestano adorazione, amano il Nome (la Persona) di Lui e vogliono servirlo, osservando il sabato e desiderando di vivere l'alleanza divina (v. 6). Sono parole di pace e non d'afflizione, di speranza e di consolazione. Il Signore li condurrà (65,1; *Es* 19,24-25, fatto negato al popolo) sul Monte della sua Santità, dove dimora e regna la sua Presenza (v. 22; 57,13), e li allieterà con le delizie della casa della preghiera (*Mt* 21,13). Li ammetterà ai culmine della santificazione, che è il culto sacrificale gradito (10,7; e *Rom* 15,16!), sia agli olocausti che salgono a Lui come aroma soave, sia ai sacrifici di espiazione e di comunione, questi ultimi, base del convito sacro.

La motivazione ultima è dettata dall'amore universale salvifico e vivificante dei Signore, il Padre buono di tutti gli uomini, da Lui creati a sua «immagine e somiglianza». Egli ad alcuni dona il privilegio della primogenitura, ma a favore dei secondogeniti e degli ultimogeniti. Perciò adesso trasforma la casa dove Egli è Sovrano nella «Casa di preghiera per tutti i popoli» (v. 7).

Di fatto questo già si era realizzato a Gerusalemme, poiché nel tempio, ancora all'epoca di Cristo, oltre il culto normale d'Israele, si accettava di compiere sacrifici per i governanti anche pagani (un sacrificio quotidiano, ad esempio, per l'imperatore romano; quando fu abolito nel 66, fu il vero segnale della guerra di liberazione dal tiranno romano occupatore), e per offerenti pagani, per i proseliti che avevano cominciato ad accettare la fede ebraica; nel tempio si pregava per i pagani che lo volessero sinceramente, in adorazione al Dio Vivente; e come opera religiosa e sociale, nel tempio, nella sua intangibile sacralità, si potevano depositare denaro e preziosi da tutto il mondo.

L'invio degli Apostoli ai mondo rende la pratica orante insieme universale e normale. La Casa di preghiera è dovunque sta una comunità cristiana, però è anche ogni anima dei fedeli dei Signore.

*Il Salmo:* Sal *66,2-3.5.6 e 8,* AGC

Si rinvia ai Salmo responsorio del 1° gennaio. Meno che il Versetto responsorio, qui il v. 4, con cui si chiede epicleticamente al Signore un fatto che dovrebbe occupare un posto segnalato nella preghiera dei fedeli: che i popoli della terra giungano alla confessione dell'Unico Dio (116,1), per la gloria di Dio che è anche la loro vita e salvezza.

## III. Dall'Evangelo alla Chiesa

*L'Apostolo:* Rom *11,13-15.29-32*

La pericope forma contesto con l'Apostolo della Domenica precedente, che si deve tenere sotto l'occhio. Anche per le considerazioni finali sul rapporto dei cristiani con gli Ebrei. Nei cap. 9-11 Paolo prosegue la parte propriamente dogmatica e dottrinale della sua epistola (cap. 1-8), affrontando lo spinoso problema dei privilegi intangibili dell'Israele di Dio, che tuttavia, non nella sua massa, che passò alla fede cristiana in tutto il mondo, ma nella sua parte qualificata restò sordo e inerte all'appello missionario rivoltole dall'Evangelo, che tendeva ad associarli a Cristo e agli Apostoli suoi per annunciare il Signore Unico nel mondo e santificarne il Nome.

Nelle sue prime epistole (1 *Tessalonicesi, Galati*) Paolo aveva assunto, come frutto dell'amara sua esperienza d'annunciatore disatteso dagli Ebrei qualificati, un atteggiamento duro, di riprovazione e di insofferenza. L'ulteriore esperienza, e poi la contemplazione del Mistero della divina elezione d'Israele, lo portò via via a sistemare meglio il suo pensiero, e anche il suo comportamento verso gli Ebrei.

Che era successo, il Disegno divino era stato frustrato? Non sia mai. Proprio il Disegno divino aveva previsto che il primogenito fosse geloso del secondogenito, l'Israele qualificato fosse geloso delle nazioni pagane. Ma come spiegarlo ai secondogeniti, che sarebbero stati infinitamente arricchiti dalla comunione con il loro fratello primogenito?

Paolo lo spiega con diversi argomenti, tutti derivati dal Disegno imperscrutabile del Consiglio eterno sapienziale divino. Nel cap. 11 ne offre le ultime, decisive conclusioni (la pericope di oggi non è tagliata felicemente, ad esempio, per l'esclusione del fondamentale v. 28). Egli si rivolge a Romani, ossia per definizione a una nazione pagana e lontana, e parla a essi con solennità. In quanto è «Apostolo delle nazioni» per designazione del Risorto (*At* 9,15), e per decreto del concilio degli Apostoli a Gerusalemme (a. 50; *At* 15,16), anche nel proprio convincimento (*At* 26,17), egli glorifica, ossia onora e svolge in pieno la sua *diakonía*, il ministero assegnatogli. Il suo atteggiamento verso gli Ebrei è semplice: provocare nei suoi fratelli di carne l'emulazione, lo zelo sacro di santità verso il Signore. Così, affrontandosi con il medesimo zelo con i cristiani, avverrebbe per essi il vero avvicinamento al Signore, la loro salvezza, procurata però dall'Apostolo (1 *Cor* 7,16; 9,22; 1 *Tim* 4,16; *Giac* 5,20) (v. 13, e conseguente v. 14). E se alcuni di essi saranno salvati, trarranno anche altri alla medesima salvezza divina.

In questo modo si rivela in pieno il Disegno misericordioso. Ché se il momentaneo «rigetto (*apobolê*)» degli Israeliti ha reso possibile la «riconciliazione (*katallagê*)» del mondo, ossia degli uomini che vivevano nella tenebra mortale dell'idololatria, come aveva già detto (5,9), tanto più la loro «assunzione (*próslêmpsis*)» altro non sarà che «vita dai morti», la resurrezione di tutto il genere umano, quando il Signore la deciderà (*Ef* 2,1; *Col* 2,13), nella sua totale Manifestazione tanto attesa da Paolo (v. 15). Purtroppo qui si saltano gli importanti vv. 16-28, che conviene però leggere.

Paolo giunge al culmine della sua argomentazione, dove fa la sintesi essenziale. L'affermazione completa suona:

*Secondo l'Evangelo sono nemici a causa vostra,*
*invece secondo l'Elezione sono diletti* (agapêtói),

*a causa dei Padri (v. 28).*

La spiegazione qui è ovvia: gli Ebrei per gelosia si sono alienati dai cristiani provenienti dalla paganità, perché questi hanno accettato l'Evangelo, benché portato da Ebrei, gli Apostoli. Ma con la loro Elezione il Signore ha consegnato a essi la sua Promessa irreversibile e irrefragabile (vedi *Gen* 12,1-3), perciò essi sono e restano in eterno «i diletti di Dio», proprio come il Diletto è il Figlio suo (vedi il Battesimo, la Trasfigurazione). E questo in forza dell'amore e della fedeltà del Signore verso i Patriarchi, anzitutto verso il Padre Abramo. Segue perciò l'affermazione capitale, che taglia ogni discussione possibile, anzi taglia ed elimina ogni forma di antisemitismo scellerato che ha aizzato il cuore dei cristiani nei secoli:

*Infatti senza pentimento sono i doni* (charísmata)
*e la vocazione* (klêsis) *di Dio (v. 29).*

Dei doni Paolo aveva parlato in 9,4-5 (Domenica XIX), della vocazione lungo i cap. 9-11, e di quella dei pagani in 8,28 (Domenica XVII). Il Dio infallibile non torna sulle decisioni. Mai.

L'applicazione allora è facile, e si deve adesso dirigere ai pagani per cercare di far comprendere a essi, nel modo più lucido possibile, che cosa avvenne, e quale fu l'immensa Bontà divina. Essa si divide in due momenti. Il primo, fu suscitare la coscienza storica cristiana. I cristiani venuti dal paganesimo «una volta» non credevano nel Dio Unico, "adesso" hanno ricevuto per sempre la divina Misericordia proprio a causa dell'incredulità degli Ebrei, che permise di ampliare il raggio apostolico ai pagani. La dialettica del *«póte - nýn*, allora - adesso», è drammatica. Mentre i pagani debbono esserne riconoscenti al Signore, debbono comprendere che Egli permise un fatto paradossale, i suoi figli primogeniti, gli Ebrei, in un certo senso fanno posto ai secondogeniti, i pagani, come afferma il testo visto sopra:

*Benedetto il Signore Dio di Sem (gli Ebrei)!*
*Jafet (i pagani), Dio lo estenda,*
*e abiti nelle tende di Sem (gli Ebrei)* (Gen 9,26b.27ab),

fatto che adesso si è realizzato nel rigore letterale dei termini. E allora proprio Jafet, l'avventizio, vorrà cacciare Sem dalle tende di Sem? Ecco la coscienza storica cristiana: sapersi irradicati in Israele come le tende con i pioli, sapersi di essere Israele (v. 30).

In secondo luogo, «così anche essi», gli Ebrei, adesso, *nýn*, non credettero affinché sorgesse la Misericordia divina per i pagani, affinché già da adesso, *nýn*, anche essi ricevano la medesima Misericordia (v. 31).

Così è avvenuto, in realtà, che il Signore racchiuse, comprese, fece stare tutti nell'incredulità, prima i pagani, poi gli Ebrei, al fine di poter usare a tutti la medesima Misericordia (v. 32; *Gal* 3,22; *Rom* 3,9).

Ulteriore insegnamento di questo ai fedeli provenuti dal paganesimo è offerto da Paolo in *Col* 1,21; *Ef* 2,2-3.11-13; *Tit* 3,3.

Non si conoscono le reazioni dei Romani cristiani di allora a questa martellante, rigorosa, definitiva teologia della storia su Israele, che Paolo impone a tutti i cristiani di ogni tempo. Si potrebbero immaginare, forse, stupore, e discussioni infinite. Il primo, lo stupore nel Signore sempre grande, non esiste più. Queste ultime durano fino a noi, fino e oltre alla Dichiarazione *Nostra aetate* 4 sugli Ebrei, voluta dal Concilio Vaticano II. Un'azione altamente meritoria, e chiarificante, è svolta in questo campo dal Consiglio (già Segretariato) per l'Unità dei cristiani, nell'apposito settore riservato ai contatti ufficiali con gli Ebrei, i primi dopo 2000 anni. Si sa che l'antisemitismo cristiano è tenace, viscerale, pretestuoso, dalle autorità ai più oscuri fedeli, sempre falsamente fondato su argomenti pseudostorici e pseudoreligiosi, in realtà dettati solo dall'odio e dal disprezzo a ogni costo contro gli Ebrei.

Si conoscono invece le reazioni di Paolo: adorare in ginocchio il Mistero della Bontà divina, per quanto imperscrutabile esso sia, anzi proprio perché è imperscrutabile. Ed ecco allora l'Apostolo erompere letteralmente in una delle più stupende dossologie dell'intera Scrittura, i vv. 33-36, che formano l'Apostolo della prossima Domenica XXI.

## IV. La Preghiera della Chiesa

*1. L'eucologia*

La Colletta fa memoria che il Padre a quanti Lo amano preparò i Beni eterni (*Rom* 8,28-30), e gli chiede con epiclesi che riversi nel cuore dei fedeli la sua Carità (*Rom* 5,5), affinché, amandolo in tutto e per tutto, essi conseguano le sue promesse, che superano ogni desiderio (1 *Cor* 2,9).

La Preghiera sopra le offerte chiede al Padre con epiclesi che accetti l'Offerta che opera il divino scambio tra il divino e l'umano, affinché la presentazione a Lui di quanto Egli stesso donò per primo, porti a conseguire Lui stesso.

La Preghiera dopo la comunione riconosce che con questa comunione al Mistero si è ricevuta la partecipazione a Cristo stesso, e chiede con epiclesi alla clemenza del Padre che, diventati adesso sulla terra, per lo Spirito Santo, conformi alla sua Icona, il Figlio (*Rom* 8,29), essi ottengano in cielo la medesima sorte divinizzante (2 *Pt* 1,4).

*2. La Prece eucaristica*

Il Prefazio va scelto tra quelli delle Domeniche per l'Anno.

# Domenica «del primato di Pietro»
# XXI del Tempo per l'Anno

## I. Intorno all'Evangelo

*1. Antifona d'ingresso:* Sal *83,1a.2b-3,* SI.

L'assemblea orante, rappresentata dalla voce del Salmista, si pone davanti al Signore, e gli innalza una serie di 4 epiclesi. Anzitutto, affinché il Signore tenda l'orecchio (30,3; 87,3), e ascoltando esaudisca la preghiera che gli giunge (v. 1a). Poi per chiedere il dono della salvezza gratuita e immeritata di chi si proclama servo del Signore, membro della sua santa alleanza, e che ha sempre sperato solo nella sua bontà (v. 2b). Infine, per chiedere la sua divina misericordia (vv. 5.16; 33,2; 36,2), ricordando al Signore la continuità e l'intensità della preghiera che sale a Lui tutto il giorno e ogni giorno (v. 3).

*2. Alleluia all'Evangelo:* Mt *16,18.*

Il versetto vuole orientare la proclamazione dell'Evangelo del giorno insistendo sulla fede e sul primato di Pietro. Il centro della pericope è la rivelazione del Figlio del Dio Vivente che il Padre per misterioso disegno di dilezione consegna anzitutto a Pietro.

*3. L'Evangelo:* Mt *16,13-20*

Si rimanda qui all'Approfondimento necessario, apposto alla Domenica III.

Il taglio della pericope è anzitutto cristologico. Il taglio per così dire petrino testo è sviluppato anche al 29 giugno, a cui si rimanda.

Il contenuto di questi versetti si comprende meglio se si ha presente lo schema principale di Matteo, anche tenendo in parallelo lo schema secondario di Marco. Il Signore entra in una terribile "crisi" di uomini. Lo scopo del suo annuncio dell'Evangelo del Regno, che tendeva a fare di Israele, il suo popolo, un solo missionario con Lui, è fallito. Dopo il ministero messianico in Galilea il Signore così si ritrova praticamente solo, con dodici discepoli ancora impari a sostenere l'immane compito dell'Evangelo. Ma ha bisogno proprio di loro, della loro fede, per svolgere l'ultima parte della sua missione, la Croce. Poiché dopo la Croce sa che come Risorto dovrà inviare uomini pronti nella fede a portare l'Evangelo della Resurrezione in tutto il mondo. Sulla base di questa fede che chiede adesso, può chiedere subito al Padre suo la sua divina Confermazione della sua condizione di battezzato e destinato alla Croce. Essa avviene con la Trasfigurazione (Domenica II di Quaresima; e il 6 agosto). E così può superare la crisi momentanea. Infatti dopo la professione di fede dei discepoli per bocca di Pietro, il Signore può annunciare per la prima volta la sua Morte e la sua Resurrezione (vv. 21-23, con la reazione "satanica" di Pietro), e delineare quale sia la condizione ultima di chi accetta di essere suo discepolo, ossia rinnegarsi e accettare la croce e la Venuta del Figlio dell'uomo. Subito dopo la Trasfigurazione, questi temi si ripeteranno, ma in ordine inverso.

Gesù giunge allora nella regione di Cesarea di Filippo, una regione di pagani, dominata dalla mole imponente del Monte Hermon. È un posto isolato, un ritiro. Qui ha agio di interrogare i discepoli sul concetto che la gente ormai si è fatta del Figlio dell'uomo, di Lui (v. 13). Però Figlio dell'uomo era anche un Uomo vero atteso (*Dan* 7,13-14), che doveva venire da parte del Signore, e, si credeva, caricandosi di significato, doveva ristabilire il regno con potenza, restaurando la dinastia davidica, portando la liberazione e la prosperità al popolo. All'epoca di Cristo l'attesa era grande, ma altrettanto l'incertezza sulla figura precisa di questo Veniente, sulla sua origine, sulle prospettive vere. Gli animi nel popolo ebraico erano accesi; qualcuno si era presentato come "messia", e aveva anche sollevato gruppi armati di entusiasti, prontamente sterminati dal romano invasore; qualche autore così parla di «febbre messianica» di quel tempo.

Le risposte dei discepoli rispecchiano queste incertezze. Essi hanno di certo raccolto le reazioni delle folle, dove ciascuno vedeva

Gesù in diversa prospettiva. Alcuni vedevano in lui Giovanni il Battista; ossia, essendo notorio che il Battista era stato iniquamente spento da Erode (14,1-12), e d'altra parte essendo il Battista di sicuro la figura di maggiore rilievo dell'epoca per la sua santità e giustizia, si pensava che fosse resuscitato dai morti in forma non meglio spiegata; così era il parere dello stesso Erode (14,2). Per altri, si trattava di Elia, espressamente promesso dalla Profezia come inviato davanti al Signore stesso che sarebbe venuto appresso, e con la funzione di preparare quel «giorno grande e terribile» (*Mal* 4,3); poiché Elia, rapito in cielo dal carro di fuoco (2 *Re* 2,11), quale servo zelante del Signore, era ancora vivo, a disposizione per la grande venuta. Per altri ancora, il Figlio dell'uomo sarebbe stato Geremia, una figura del servo sofferente, ucciso iniquamente e misteriosamente nell'esilio egiziano, sacerdote e profeta, riscattatore dei diritti di Dio e del suo popolo da redimere.

Infine, alcuni pensavano piuttosto, e più rettamente, a «uno dei Profeti». La profezia si era interrotta in Israele. Tuttavia dai tempi della fondazione del popolo, dall'esodo, il Signore per bocca del suo servo Mosè aveva in effetti promesso che avrebbe inviato un profeta come Mosè, suscitato di mezzo ai suoi fratelli ebrei, che avrebbe parlato le Parole del Signore, e quanto avrebbe parlato si sarebbe verificato, come segno supremo della divina missione, e quindi era da ascoltare da tutti, pena la punizione di morte (*Dt* 18,13-22).

Ora, le folle hanno visto Gesù predicare come Giovanni Battista la conversione del cuore. Preparare come Elia il giorno grande e terribile. Ne avevano intuito la funzione di Servo profetico come Geremia. E soprattutto lo avevano sperimentato come «Profeta grande» (*Lc* 7,16), parlatore di divine Parole e operatore di "segni" prodigiosi che le confermavano. Non avevano certo compreso che Gesù era più del Battista, come questi aveva denunciato pubblicamente (3,11). Era più di Elia, poiché egli stesso è il Giorno grande (*Ebr* 13,8). Era il Servo profetico, ma anche regale e sacerdotale e sofferente, trascendendo ogni prospettiva di Geremia. Ed era «il Profeta grande», il più grande di tutti, l'ultimo dei Profeti del Signore (v. 14). Insomma, il Messia atteso da tutti.

Gesù tuttavia vuole conoscere l'esatta fede dei discepoli. Se in essi sia sorto almeno un germe di fede, che potesse essere "confermata" provvisoriamente, come avverrà alla Trasfigurazione. E se questa fede riposi su una conoscenza di Lui almeno più avanzata di quella dei contemporanei. E interroga: «*Voi, poi,* chi dite che Io sia?» (v. 15). Desidera una risposta corale: «*voi*, chi dite», non un parere personale di questo o di quell'altro.

E un parere corale ottiene. Pietro arditamente, com'è suo carattere, si fa corifeo, come lo chiamano le Chiese orientali, portaparola dei Dodici, il gruppo scelto e fedele. La sua risposta è di fede, e di fede messianica: «Tu sei il Cristo, il Figlio del Dio Vivente!» (v. 16). Discutono gli autori se questa formula sia autentica, o se non sia risalente e originale quella di *Mc* 8,29 (che è parallela e secondaria), e se le parole «il Figlio del Dio Vivente» non sia un'aggiunta della Chiesa primitiva. Il problema non cambia, sarebbe leggermente spostato, nel senso che la Chiesa primitiva, e quindi Pietro, credevano fortemente che il loro Maestro, «il Cristo», ossia «il Messia», non poteva essere che il Figlio del Dio Vivente. Con «il Messia» Pietro raggiunge e compendia le funzioni di Giovanni Battista, di Elia, di Geremia, del Profeta come Mosè. Con «il Figlio del Dio Vivente» raggiunge il culmine della Rivelazione dell'A.T., assunta anche come culmine del N.T. Il Dio Vivente significa l'Unico Esistente (*Es* 3,14, rivelazione al Roveto ardente). Tale Nome si trova ad esempio con Mosè (*Dt* 13,26) e con il suo successore Giosuè (*Gios* 3,10), con i profeti come Geremia (*Ger* 10,10), prima ancora con Osea (*Os* 1,10), poi con Daniele (*Dan* 6,20); si trova nella preghiera d'Israele (*Sal* 41,3). È il Dio Creatore dei vivi, ma è anche il Dio dei morti, il Donatore della vita. Il Figlio suo è Dio Vivente anche Lui.

In una parola, Pietro non fa che rilanciare la Parola del Padre al Figlio al Battesimo, quando gli dona lo Spirito Santo (3,17). E il Padre tale Parola ripeterà ancora, poco dopo, "confermandola" alla Trasfigurazione (17,3), e con essa confermando la fede messianica dei discepoli, anche se per dopo la Resurrezione (17,3). Il Padre sta quindi all'inizio e alla fine, e sta al principio e alla fine della fede dei Dodici, certo, in specie di Pietro, come sarà evidente tra poco.

Infatti Gesù lo dichiara beato, perché questo gli è rivelato dall'amore speciale del Padre celeste per lui mediante lo Spirito Santo (1 *Cor* 2,10), come Pietro del resto aveva già sentito, forse non ponendoci troppo mente, nel «giubilo messianico» (11,25; e Domenica XIV). È questa la rivelazione della carità, che scavalca ogni prospettiva umana di puro ragionamento e intuizione, poiché qui non entrano in funzione «carne e sangue». L'uomo da solo non può giungere al culmine sublime del Mistero divino (per l'espressione, *Eccli* 18,31; *Gv* 1,13; anche *Gal* 1,16; 1 *Cor* 15,50; *Ef* 6,16; *Ebr* 2,14). Semmai, tutto questo entrerà in funzione, sventuratamente, poco dopo (v. 23!). Ma adesso si ha la purezza della Parola divina rivelante e della sua accettazione umana sincera da parte del primo e capo dei discepoli del Signore (v. 17).

Gesù ha chiamato Pietro con il suo vero nome: *Šim'on bar-Iônâ'*, ma adesso può «prendere possesso» intero di lui, come si faceva imponendo il nome, ad esempio agli schiavi. La solita formula solenne, «E Io a te parlo», introduce le parole straordinarie che Gesù pronuncia: Tu sei Pietro, con la sua fede, da adesso in poi. «La Pietra», ovviamente è solo Cristo (vedi ad esempio 21,42, e le parole stesse di Pietro, 1 *Pt* 2,1-10). Pietra unica, di fondamento e chiave di volta dell'edificio che dovrà essere fondato tra poco. Ma la Pietra, può delegare ad altri questa sua funzione, dopo avere svolto la missione sua propria: fondare l'«*Ekklēsía* sua», la Santa Convocazione finale e salvifica che raccoglie i figli di Dio dispersi, "sopra" un suo "inviato", reso così il primo e il principale responsabile del peso. La Chiesa è fondata «su Pietro», poiché la Chiesa è il Soggetto principale, per cui Pietro non starà mai «sulla Chiesa», incombendo umanamente su essa, bensì «sotto la Chiesa», a suo servizio senza resto: «servo dei servi», dirà in modo splendido, commovente, S. Gregorio Magno. Di fatto, dopo la sua Ascensione al Padre, il Signore a Pietro demanda la funzione vicaria come allo "schiavo" suo, e gli impone il nome della sua funzione stessa. E come contro la Pietra divina nulla può di quanto esiste di creato in cielo, in terra e sotto terra, che anzi dovrà adorarlo (*Fil* 2,10-11), così contro la Chiesa sorretta dalla pietra vicaria nulla potranno le «porte dell'in-ferno». L'espressione viene da *Is* 38,10 (*Giob* 38,17; *Sal* 9,15; 16,18), è detta delle insaziabilmente voraci fauci della morte. Il Figlio del Dio Vivente pone la sua Chiesa come santuario della Vita, di cui Porta unica è la Pietra divina stessa (*Gv* 10,7). Così Cristo, come aveva preannunciato, costruisce sulla pietra la Casa sua, contro cui nessuna tempesta né diluvio potranno nulla (7,24). E costituisce questa pietra vivente, Pietro, come primo tra i Dodici, il corifeo o portaparola (v. 18). Al di là dei difetti umani, delle mancanze nella storia, nonostante tutto questo, poiché la Promessa divina è irreversibile.

Con le conseguenze. Egli, il Figlio dell'uomo con tutti i poteri di salvezza (*Dan* 7,13-14), può delegare e di fatto delega vicariamente tali poteri. Questo fatto è denotato dall'espressione ebraica delle chiavi, che per teologia simbolica indicano l'«aprire e chiudere», ossia tutto il potere, far entrare e uscire, non far entrare e non far uscire, in una parola, tutta la vita spirituale. È ripreso qui *Is* 22,22, sia pure con l'idoneo adattamento (vedi sotto, A.T.); il tema sta anche in *Sap* 16,13. Ancora una volta, il Possessore delle chiavi è Cristo, il Figlio di David, il Re messianico, come proclama splendidamente l'*Apocalisse* (1,18; 3,7). Qui Egli le trasmette. Così in Pietro agente per suo mandato e come suo inviato, e come il diritto romano affermava: «il sostituente il sostituito è il sostituito», in certo senso è in funzione l'Inviante, e come tale va accettato. Per questo può «legare e sciogliere», altre estremità binarie che indicano la totalità del potere. Per questo dovrà agire sulla terra, ma l'operato suo sarà ratificato nel Cielo, dal Padre (v. 19).

Il testo, grandioso, va correttamente interpretato nel contesto evangelico più ampio. In *Mt* 18,18 il «legare e sciogliere», con la ratifica divina, sono conferiti anche ai Dodici. E nella Cena i Dodici sono confermati in questo, e simbolicamente il Signore promette loro che si siederanno sui troni per giudicare le 12 tribù dell'Israele eterno (*Lc* 22,30). Ma in specie Pietro, per il quale il Figlio ha pregato il Padre per la terrificante tentazione satanica permessa contro i discepoli, dopo il rinnegamento, convertito finalmente, dovrà confermare i suoi fratelli (*Lc* 22,31-32). E ancora a Pietro a condizione che Lo ami, il Signore affida il pascolo del suo gregge (*Gv* 21,15-17).

La consegna di questo potere avviene definitivamente con il Dono dello Spirito Santo ai Dieci, la sera beata della Resurrezione gloriosa (*Gv* 20,23), con una formula esplicitante, a chi essi rimetteranno i peccati, o non li rimetteranno, saranno rimessi, e rispettivamente non rimessi. È la formula del Giubileo biblico divinamente attuato (Domenica II del Tempo pasquale, di questo Ciclo). Poi verrà sui Dodici e sugli altri discepoli il Dono plenario dello Spirito Santo a Pentecoste (*At* 2,1-4).

Da allora, l'esperienza vera e piena dell'*Ekklēsía* di Dio si fa nella stretta obbedienza ai Dodici, e ai loro legittimi Successori, i Vescovi, ciascuno dei quali, nella Chiesa locale a loro affidata, e dove sussiste e cresce l'Una Santa (LG 23; 26; UR 14), ha l'intero potere dei Dodici, non una povera parcella. Chi non sta sotto quest'obbedienza diretta deve sapere che a suo rischio, e purtroppo a spese anche di altri, fa un'esperienza solo parziale di *Ekklēsía*, spesso solo velleitaria.

Il Signore adesso impone il silenzio sul fatto che è «il Cristo, il Messia», poiché la sua *hōra* deve ancora giungere (v. 20; 17,9; 12,16).

*4. Antifona alla comunione:* Sal *103,13b.14c.15a, I.*

L'assemblea in questo momento sublime fa sue le parole dell'Orante, che con proclamazione innica ricorda al Signore quanto è evidente: la terra è fecondata in modo esuberante dalle opere divine che producono frutto. La pienezza di questi doni è significata dal «pane e vino», due estremità che indicano tutto il cibo. Il Signore «fa uscire» (il medesimo verbo dell'esodo) il pane dalla terra per la sua Potenza benefica (*Giob* 28,5), e dona il vino quale gioia per il cuore dell'uomo (*Gdc* 9,13; *Pr* 31-4-7; *Eccle* 10,19; *Eccli* 31,35; 40,20). Poiché, come si sa bene, che sarebbe la vita degli uomini senza il Pane della Parola e del Convito, «e che vita è quella a cui viene meno il Vino?» (*Eccli* 31,33), quello della Coppa preziosa, questo Cibo e Bevanda della Vita eterna per la Chiesa fondata dal Signore.

## II. Verso l'Evangelo: l'A.T.

*La Profezia:* Is *22,19-23*

Isaia oppone un oracolo profetico di sventura contro Gerusalemme (22,1-14) e contro i suoi corrotti funzionari, posti per il bene del popolo e diventati invece la loro rovina (vv. 15-25).

Dopo avere investito un esemplare di essi, Sobna, preannunciandogli la sventura finale, il Profeta gli sentenzia per adesso la volontà del Signore, che lo rimuove dal suo posto e dalle sue funzioni (v. 19). Per comprendere questo occorre sapere che dal sec. 8° a.C., il tempo di Isaia, la crisi del benessere aveva stroncato ogni energia sana nel popolo. Meglio, ogni energia direttiva del popolo, ossia il re, i sacerdoti, i profeti, i sapienti, gli amministratori, tutti preoccupati solo di sfruttare la loro gente fino all'ultima risorsa. I Profeti ribollono di «rabbia profetica», con invettive violente e ripetute, segno certo di poca efficacia, contro la protervia dominante, oltre tutto mascherata dal velo dell'ipocrisia religiosa (*Is* 1,1-23). Purtroppo, nella predicazione della Chiesa non risuona più questa voce profetica:

> *Guai a quanti aggiungono casa a casa,*
> *che avvicinano campo a campo,*
> *finché non ci sia più posto,*
> *e voi siate lasciati ad abitare soli in mezzo alla terra!* (*Is* 5,8).

La crisi seguitava per tutto il sec. 7°. Alla fine di questo, l'altro grande profeta, Geremia, codifica i contorni e bolla questo sistema vorace, sfrontato e parassita, investendo in modo esemplare il «triangolo malefico» corrotto, formato da re, sacerdoti e sapienti (gli esperti, i tecnici, gli amministratori), ai quali annuncia la fine totale e prossima (vedi *Ger* 2,8; 4,9; 5,31; 6,13; 8,1.8-10; 9,11-12; 13,13; *Mich* 3,9-11, questo, dell'8° secolo a.C.). Sono assaliti anche i falsi profeti, che contestano tale catastrofe sociale, e ricevono la loro parte (*Ger* 5,13-14; 14,11-22; 23,9-24 e 25-32). E non meno il popolo, in qualche modo complice (*Ger* 7,16; 11,14; 14,11; 15,1). La retta e buona amministrazione è fallita, i re detengono il potere di salvezza del loro popolo nell'iniquità; i sacerdoti detengono nella corruzione l'arte del governo spirituale della loro gente. Tutto è corruzione. In alto e in basso.

Il Signore interviene adesso. Chiamerà il «servo suo», Eliacim (nome simbolico, *'El-jaqîm*, Dio farà risorgere), figlio di Elcia (altro nome simbolico, .*Hilqî-Jahû*, Eredità mia è il Signore). È la vocazione finale, «in quel giorno», l'ultimo (v. 20). A Eliacim il Signore affida la funzione di supremo amministratore, con le vesti, la cintura e il potere di Sobna che è rimosso, e, come una volta Giuseppe per l'Egitto (*Gen* 45,8) e in futuro Mardocheo per la Persia (*Est* 13,6; 16,11), così adesso lui sarà il vero padre, ossia sacerdote, re e amministratore giusto per gli abitanti di Gerusalemme e per la stessa corte dei re di Giuda (v. 21). Il Signore porrà sulla sua spalla, ossia a sua disposizione, la chiave della casa di David (*Mt* 16,19; *Ap* 3,7), quindi il potere decisionale supremo. Egli aprirà e nessuno avrà forza e potere di chiudere, e così sarà quando chiuderà (*Giob* 12,14), poiché il Signore non permette il contrario (v. 22).

Il Signore lo renderà stabile e consolidato, quale chiodo che affondi in un luogo solido (33,20; 54,2; *Eccli* 14,24; *Eccle* 12,11), e sarà la figura del trono glorioso d'una nuova dinastia (*Ap* 3,21), che «in quel giorno», alla fine dei giorni, si manifesterà (v. 23).

Questo potere sarà affidato allora ad un piccolo Bambino, il Re «nato per noi» (*Is* 9,6, testo greco; Antifona d'ingresso della Messa del Giorno di Natale).

*Il Salmo:* Sal *137,1-2a.2bc-3.6 e 8bc,* AGI

L'Orante manifesta la volontà di confessare, ossia di celebrare il suo Signore con tutto il suo intendimento, il cuore (9,2; 110,1; *Eccli* 5,1), con animo riconoscente, poiché Egli ascoltò, come sempre, la preghiera della sua bocca. Non solo, ma adesso l'Orante vuole salire al santuario, dove i Cherubini fanno da guardia d'onore al Signore che troneggia sull'arca, per cantargli i Salmi, la preghiera a Lui gradita, insieme con i leviti e con l'assemblea dei fedeli (v. 1). Egli infatti vuole adorarlo con il cuore nella santità del tempio della divina Presenza (5,8; 27,2; *Dan* 6,10), e celebrare, confessare, pro-clamare il Nome divino, come azione di grazie per la Misericordia e la Fedeltà del Signore, il normale divino comportamento a causa dell'alleanza (v. 2).

L'azione di grazie, come sempre, sfocia anche nell'epiclesi fiduciosa, con cui l'Orante chiede di essere ancora esaudito ogni volta che prega, sapendo che il Signore solo può conferirgli la grande forza necessaria per vivere (v. 3). Egli afferma da una parte che il Signore è infinitamente lontano e trascendente, Egli l'Eccelso (112,4-7; 130,1; *Pr* 3,34; *Lc* 1,48; *Giac* 4,6), dall'altra tuttavia che si fa vicino per conoscere e confondere il superbo, che imperversa nella comunità fedele (17,28), e per ostacolarlo e punirlo (v. 6).

Così la preghiera dell'Orante termina con la lode al Signore, la cui Misericordia è eterna e tangibile sempre (91,5; 13,51), e la lode è seguita da un'epiclesi. Egli creò l'uomo a sua immagine e somiglianza con le sue Mani benigne (*Gen* 2,7). Adesso l'uomo, memore, gli chiede di non abbandonare mai quest'opera preziosa, che altre volte aveva fatto esultare di gioia il Salmista (91,5) e gli aveva fatto chiedere di rendere feconda l'opera delle mani umane, immagine e somiglianza di quelle divine (89,17). Solo nelle Mani divine sta la certezza della vita del fedele, che a esse quindi totalmente s'affida (v. 8bc).

Il Versetto responsorio, v. 8bc, è una preghiera fiduciosa, che chiede, ripetendolo ad ogni versetto, la Misericordia e la protezione delle Mani del Signore.

## III. Dall'Evangelo alla Chiesa

*L'Apostolo:* Rom *11,33-36*

Per comprendere questa pericope apostolica, occorre tenere presente quanto fu detto nelle due Domeniche precedenti.

Il testo si compone solo di una splendida dossologia, una delle più ricche delle tante di Paolo, e anche una delle più significative della Scrittura. Nei cap. 9-11 l'Apostolo aveva trattato del drammatico «mistero d'Israele», questo popolo sottratosi momentaneamente, ma per Disegno divino, alla Visita del Signore alla sua casa. Nonostante questo fatto terribile, Israele mantiene tutti i suoi privilegi, a causa della Parola data dal Signore ai Padri suoi una volta per sempre. E allora, quale deve essere la reazione del cristiano di fronte alla realtà sconcertante, che il primogenito si rifiuta di comunicare con gli ultimogeniti ammessi alla grazia divina? Deve essere l'adorare con il cuore grato il Mistero imperscrutabile della divina Bontà.

Ecco la finale dei 3 capitoli tanto irti. Una dossologia, che sente i temi sapienziali e profetici e se ne serve per magnificare il Signore.

Paolo fa una prima acclamazione dossologica all'Abisso (*Sap* 8,1; *Eccli* 1,3) della Ricchezza e della Sapienza e della Scienza di Dio (9,23; 10,12), qualità di Dio stesso, che, stando in Dio, per vie misteriose rifluiscono sugli uomini che le accettano. Solo in Lui stanno tutte queste Ricchezze divine (*Sal* 138,6; *Col* 2,3; *Ef* 3,10). Esse sono illimitate, non sono scrutabili (*anexêráunêta*) e non rintracciabili (qui, *anexichníastoi*, termine della caccia), configurate come sono sia in Giudizi giusti, che l'uomo non sa valutare, e sia in Vie fedeli, che l'uomo non sa comprendere e tanto meno imitare (v. 33; *Dt* 29,29; *Giob* 11,7). Si tratta qui di atteggiamento di apofasi, l'indicibilità (*Is* 55,8).

Il secondo attacco è una breve frase, composta solo di una citazione biblica, da *Is* 40,13-14, desunta, come fa quasi sempre il N.T., dal greco (ma non dell'usuale traduzione dei Settanta, bensì da quella riflessa ancora dagli antichi codici onciali del sec. 5°, sigle A e S). Essa è un'esclamazione ammirata, che erompe dal cuore dell'Apostolo: «Chi infatti conobbe la Mente del Signore, o consigliere di Lui si fece?» (*Is* 40,13; 1 *Cor* 2,16; e *Giob* 15,8; 21,22; *Sap* 9,13; *Ger* 23,18). E prosegue: «O chi dette prima a Lui, e gli sarà restituito (da Lui)?» (*Is* 40,14; *Giob* 41,2, spec. 35,7). La Mente e il Consiglio del Signore, che qui si è sempre chiamato il suo divino Disegno, sono inarrivabili, inafferrabili, incomprensibili, indicibili, indescrivibili (v. 34).

Nessuno mai può presumere di dare consigli a Lui, Egli è suo proprio Consigliere, anzi propriamente, poiché secondo i Padri «quello che si dice di Dio, in Dio è Dio», Dio è il suo stesso Consiglio. Egli è anche il Creatore, eterno e preesistente a tutto. Chi può presumere di avergli donato qualche cosa, per cui Dio dopo debba ricompensarlo restituendogli il dono? Nessuno. Né Israele, né la Chiesa (v. 35). Infatti tutte le realtà create provengono da Lui (1 *Cor* 8,6; 11,12; *Col* 1,16; *Ebr* 2,10), e procedono solo mediante Lui, ossia sussistono a causa sua, e tutte sono ordinate in modo che tornino a Lui, unico Principio, unico Mezzo, unico Fine dell'esistente creato.

Per questo Paolo termina con la dossologia della dossologia, un'espressione consueta nella Scrittura dei Due Testamenti: «A Lui la gloria per i secoli. Amen!» Tale gloria è preesistente ed eterna, gli appartiene in proprio. Solo a Lui spetta la gloria sua, e tanto più quella che parte da noi a Lui. Quella dobbiamo riconoscergli, questa dobbiamo tributargli. Ambedue le manifestazioni durano «per i secoli», ossia senza più limite spaziale e temporale (*aiôn*, secolo, indica queste due quan tità), in eterno (anche 16,27; *Fil* 4,20; *Ef* 3,21; 1 *Tim* 1,17; 1 *Pt* 4,11; 2 *Pt* 3,18; *Giud* 25; *Ap* 1,6; 5,13, tutte espressioni dossologiche). Di più Paolo non sa parlare. La lingua tace. Il cuore adora (v. 36).

Per sé, l'attitudine «dossologica», da *doxázô*, glorificare, che si esprime nella lode innica, è la più alta forma di preghiera. Essa per l'eternità beata, cessata ogni necessità di supplicare, dura in eterno, insieme con l'azione di grazie (*Ap* 4-5). La dossologia è la salita per grazia alla comunione con il Mistero trasformante. Essa è quasi assente dalla nostra attuale spiritualità, benché la Scrittura e la liturgia ne siano traboccanti, tanto che non esiste preghiera liturgica che non termini con la dossologia al Padre e al Figlio e allo Spirito Santo.

La dossologia, come insegna l'Apostolo, deve invece investire e traversare e permeare di sé l'intera esistenza redenta e santificata.

Si rilegga qui quanto fu detto al termine delle considerazioni dell'Apostolo della Domenica XIX, per quanto riguarda i rapporti tra cristiani ed Ebrei.

## IV. La Preghiera della Chiesa

*1. L'eucologia*

La Colletta invoca il Padre che rende unanimi le menti dei fedeli, e gli chiede con epiclesi che i suoi popoli amino quanto Egli comanda e desiderino quanto promette, così che tra i mutamenti del mondo i loro cuori si fissino fedelmente alle gioie vere.

La Preghiera sopra le offerte riconosce che l'unico Sacrificio acquistò al Padre il popolo della sua filiazione, e gli chiede con epiclesi che conceda alla sua Chiesa i doni dell'unità e della pace.

La Preghiera dopo la comunione chiede con epiclesi al Padre che operi in pienezza la medicina della sua Misericordia, e che in modo favorevole renda i fedeli in tutto a Lui graditi, e seguiti a curarli in questo.

*2. La Prece eucaristica*

Il Prefazio va scelto tra quelli delle Domeniche per l'Anno.

www.ingramcontent.com/pod-product-compliance
Lightning Source LLC
Chambersburg PA
CBHW071231300426
44116CB00008B/984